河北省明长城资源调查报告

—— 第二卷 ——

唐山市 承德市

河北省文物局
河北省文物与古建筑保护研究院 编著

文物出版社

河北省明长城资源调查报告

编辑委员会（第二卷）

主　　任：张立方　　罗向军

副 主 任：谢　飞　　李恩佳　　韩立森　　徐艳红　　张建勋　　刘智敏　　李　英　　孙晶昌

　　　　　刘忠伟

委　　员：（以姓氏笔画为序）

　　　　　于　耀　　王　凯　　史　展　　次立新　　孙荣芬　　李宏杰　　李英弟　　张文瑞

　　　　　张守义　　孟　琦　　赵仓群　　贾金标　　郭建永　　郭瑞海　　韩朝旗

主　　编：郭建永

副 主 编：孟　琦　　张守义

参编人员：孟　琦　　张守义　　张　勇　　刘绍辉　　赵克军　　李子春　　张朋鸣　　冯　琰

　　　　　王　博　　王晓强　　赵世利　　王桂歧　　王凤柱　　刘　朴　　郭建永　　郑兴广

　　　　　邵晨光　　韩　旭　　高鸿宾　　赵学锋　　杨宝军　　杜鲜明　　雷永禄　　王　鹏

　　　　　张世标　　魏　敏　　张　明　　尉迟书宁　　王培生　　郭绘宇　　邱晓亮　　刘其放

　　　　　徐聪慧　　赵　健　　李鼎元

目　录

唐山市

唐山市地处河北省东部，地理坐标：东经 117° 31′～119° 19′，北纬 38° 55′～40° 28′之间，市域东西长约 130 千米，南北宽约 150 千米，总面积为 13472 平方千米。东隔滦河与秦皇岛市相望，西与天津市毗邻，南临渤海，北依燕山隔长城与承德市相望。距石家庄市 366 千米，距北京市 154 千米，距天津市 102.8 千米。

一、地形地貌

唐山市位居燕山南麓，境内地貌可分为燕山山地丘陵区与滦河平原区两大地貌区。内陆区地势北高南低，自西、西北向东及东南趋向平缓，直至沿海。北部和东北部多山，海拔 300～600 米；中部为燕山山前平原，海拔在 50 米以下，地势平坦；南部和西部为滨海盐碱地和洼地草泊，海拔在 15 米至 10 米以下。唐山境内最高峰是青山关八面峰，海拔 842 米。沿海区大陆海岸线总长 229.7 千米，东起乐亭县、昌黎县交界线沿河堤，与秦皇岛市接壤，西至涧河口西侧津冀省际北界线，与天津市相邻。滦河口外、曹妃甸海域共有大小岛屿 100 多个，岛屿岸线 125.7 千米，著名的岛屿有祥云岛、月坨岛、菩提岛、龙岛等。

二、气候

唐山市气候属暖温带半湿润大陆性季风性气候。春季风多雨少，蒸发量大，空气干燥，多旱。回暖快，一般年份 3 月下旬闻初雷。夏季高温高湿，雨水集中，多暴雨、冰雹、雷雨、大风等灾害性天气。秋季多晴好天气，气温变化大，降温快，风速小，空气清爽。冬季天气比较寒冷、干燥，降水稀少，盛刮西到西北风。

三、自然资源

（一）水资源

唐山市共有河流 70 条，地表水资源量 14.62 亿立方米，地下水资源量 14.35 亿立方米，扣除重复计算量，水资源总量为 24.16 亿立方米，人均 329 立方米。

（二）矿产资源

唐山市矿产资源丰富，已发现并探明储量的矿藏有 50 余种。唐山市蕴藏着丰富的铁矿资源，其保有量 62 亿吨，次于鞍山，多于攀枝花，为国家三大铁矿集中区之一，境内蕴藏着丰富的金矿资源，主要分布在遵化、迁西两县。金矿开采历史悠久。相传唐代高句丽人就在金厂峪一带挖金，清朝末年迁西金厂峪已是中国三大金矿产地之一。已探的唐山地区黄金储量 78543 千克。唐山市含锰地层为长城系高于庄组的中下部，储量达 21.37 万吨。另外，唐山还有银矿、铜矿、铝土矿、钼矿、锡矿、汞矿等多种金属矿产。唐山市地下蕴藏的非金属矿主要有石灰岩、白云岩、石英砂岩、耐火黏土、铁矾土、油石、柘榴石、石墨、油泡石黏土等。

四、明长城资源

此次调查明长城资源涉及迁安市、迁西县、遵化市共 3 个县（市）。迁安市东接秦皇岛市刘家口长城 4 段，遵化市西接天津市蓟县赤霞峪长城 8 段。

长城起点：迁安市杨各庄镇徐流口村东北约 2.2 千米，坐标：东经 118° 55′ 06.40″，北纬 40° 08′ 52.80″ 高程：341 米。

长城止点：遵化市东陵乡新立上海村西北约 2.4 千米处，坐标：东经 117° 34′ 01.10″，北纬 40° 11′ 20.20″，高程 887 米。

唐山市调查长城墙体 288 段，总长 220169 米；单体建筑 931 座，其中：敌台 646 座、马面 178 座、烽火台 96 座、水关（门）2 座、其他单体建筑 9 座；关堡 65 座；相关遗存 27 处。

唐山市明长城资源调查统计表

地域	墙体（段、米）		单体建筑（座）					关堡（座）	相关遗存
	段数	长度	敌台	马面	烽火台	水关（门）	其他单体建筑		
迁安市	54	45303	157	89	24		6	12	12
迁西县	172	106439	240	41	57		3	32	
遵化市	62	68427	249	48	15	2		21	15
总计	288	220169	646	178	96	2	9	65	27
			931						

迁安市

迁安市位于唐山市东北部，地理坐标：东经 118° 26′ ～ 118° 55′，北纬 39° 51′ ～ 40° 15′，县域东西宽 36.79 千米，南北长 45 千米，总面积 1227 平方千米。东隔青龙河与秦皇岛市卢龙县相望，南与滦县相邻，西接迁西县，北以长城为界与秦皇岛市青龙满族自治县毗邻。东与抚宁县接壤，南依昌黎县，西与唐山市迁安市、滦县相望，北与青龙满族自治县毗邻。距北京市 195 千米，距天津市 160 千米，距唐山市 60.5 千米，距石家庄 421.8 千米。

迁安市明长城分布在 16 个乡镇。东接秦皇岛市卢龙县刘家口长城 4 段，西接迁西县将军帽山险。

长城起点：杨各庄镇徐流口村东北约 2.2 千米，坐标：东经 118° 55′ 06.40″，北纬 40° 08′ 52.80″，高程 341 米。

长城止点：五重安乡红峪口村东北约 1.9 千米，坐标：东经 118° 37′ 14.20″，北纬 40° 15′ 06.70″，高程 592 米。

迁安市调查长城墙体 54 段，总长 45303 米；单体建筑 276 座，其中：敌台 157 座、马面 89 座、烽火台 24 座、其他单体建筑 6 座；关堡 12 座；相关遗存 12 处。

（一）墙体

迁安市明长城墙体一览表（单位：米）

编号	认定名称	认定编码	类型	长度	保存程度				
					较好	一般	较差	差	消失
1	徐流口长城1段	1302833821103170001	砖墙	1740	247	114	821	558	
2	徐流口长城2段	1302833821102170002	石墙	210			210		
3	河流口长城1段	1302833821103170003	砖墙	430	340		90		
4	河流口长城2段	1302833821102170004	石墙	2103	625	1478			
5	河流口长城3段	1302833821103170005	砖墙	313	117	73		123	
6	河流口长城4段	1302833821103170006	砖墙	62					62
7	河流口长城5段	1302833821103170007	砖墙	995	525	470			
8	老辈子沟长城1段	1302833821102170008	石墙	2423	215	1801	407		
9	老辈子沟长城2段	1302833821102170009	石墙	300		217	21	26	36
10	老辈子沟长城3段	1302833821106170010	山险	27		27			
11	老辈子沟长城4段	1302833821102170011	石墙	1687	220	258	1209		
12	老辈子沟长城5段	1302833821106170012	山险	28		28			
13	杨丈子长城	1302833821102170013	石墙	3267	810	1758	584	115	
14	东二道河长城1段	1302833821102170014	石墙	839			401	278	160
15	东二道河长城2段	1302833821102170015	石墙	1643			1111		532
16	冷口长城1段	1302833821103170016	砖墙	489		489			
17	冷口长城2段	1302833821106170017	山险	92		92			

（续）

编号	认定名称	认定编码	类型	长度	保存程度				
					较好	一般	较差	差	消失
18	冷口长城3段	1302833821103170018	砖墙	110					110
19	冷口长城4段	1302833821102170019	石墙	1313			508		805
20	教场沟长城1段	1302833821103170020	砖墙	280		220		60	
21	教场沟长城2段	1302833821102170021	石墙	1558		1276	282		
22	教场沟长城3段	1302833821103170022	砖墙	636	636				
23	汤杖子长城1段	1302833821102170023	石墙	299		299			
24	汤杖子长城2段	1302833821103170024	砖墙	507	230	277			
25	汤杖子长城3段	1302833821102170025	石墙	336		226	110		
26	观音沟长城1段	1302833821102170026	石墙	2830		2830			
27	观音沟长城2段	1302833821102170027	石墙	1160	250	495	400		15
28	大龙庙长城1段	1302833821102170028	石墙	164		164			
29	大龙庙长城2段	1302833821103170029	砖墙	1383	1225	123		35	
30	大龙庙长城3段	1302833821102170030	石墙	203				183	20
31	大龙庙长城4段	1302833821106170031	山险	70		70			
32	大龙庙长城5段	1302833821102170032	石墙	1226		1036		93	97
33	白道子长城	1302833821103170033	砖墙	2750	1588	1162			
34	白羊峪长城1段	1302833821102170034	石墙	687		687			
35	白羊峪长城2段	1302833821102170035	石墙	130		130			
36	白羊峪长城3段	1302833821102170036	石墙	110		65	45		
37	白羊峪长城4段	1302833821102170037	石墙	173		173			
38	白羊峪长城5段	1302833821103170038	砖墙	98					98
39	白羊峪老爷庙西沟长城1段	1302833821102170039	石墙	617		355	152		110
40	白羊峪老爷庙西沟长城2段	1302833821103170040	砖墙	339	339				
41	白羊峪老爷庙西沟长城3段	1302833821102170041	石墙	897		491		406	
42	白羊峪老爷庙西沟长城4段	1302833821106170042	山险	230		230			
43	大片石长城1段	1302833821102170043	石墙	1279			1279		
44	大片石长城2段	1302833821103170044	砖墙	312	312				
45	大片石长城3段	1302833821102170045	石墙	1432			594	838	
46	白河滩东沟长城1段	1302833821102170046	石墙	1727		117	322	1288	
47	白河滩东沟长城2段	1302833821106170047	山险	145		145			
48	白河滩东沟长城3段	1302833821102170048	石墙	1595			530	1065	
49	马井子长城1段	1302833821102170049	石墙	1270			1270		
50	马井子长城2段	1302833821103170050	砖墙	24	24				

（续）

编号	认定名称	认定编码	类型	长度	保存程度				
					较好	一般	较差	差	消失
51	马井子长城 3 段	130283382102170051	石墙	240				240	
52	马井子长城 4 段	130283382103170052	砖墙	144	144				
53	马井子长城 5 段	130283382102170053	石墙	740			552	188	
54	四十二口梁长城	130283382102170054	石墙	1775		1775			
合计		共 54 段：砖墙 17 段，石墙 31 段，山险 6 段		45303	7847	19703	7985	7723	2045
百分比（%）		100			17.3	43.5	17.6	17.1	4.5

类型：砖墙、石墙、土墙、山险墙、山险
保存程度：较好、一般、较差、差、消失

1. 徐流口长城 1 段 130283382103170001

位于徐流口村东北约 2.2 千米，起点坐标：东经 118° 55′ 06.40″，北纬 40° 08′ 52.80″，高程 341 米；止点坐标：东经 118° 54′ 19.20″，北纬 40° 09′ 22.70″，高程 415 米。

墙体全长 1740 米，共分 12 段。其间设敌台 12 座，包括徐流口 01 号敌台、徐流口 02 号敌台、徐流口 03 号敌台、徐流口 04 号敌台、徐流口 05 号敌台、徐流口 06 号敌台、徐流口 07 号敌台、徐流口 08 号敌台、徐流口 09 号敌台、徐流口 10 号敌台、徐流口 11 号敌台、徐流口 12 号敌台；马面 6 座，包括徐流口 01 号马面、徐流口 02 号马面、徐流口 03 号马面、徐流口 04 号马面、徐流口 05 号马面、徐流口 06 号马面；暗门 1 座；采石场 1 处。徐流口 05 号敌台向南侧约 40 米处设立保护标识碑 1 座。条石基础，外包城砖砌筑，白灰砌筑，白灰勾缝，厚 0.84 米，台芯毛石垒砌，顶部地面方砖铺墁，外侧设垛口墙。

第 1 段：处于迁安与卢龙县交界点向西北至徐流口 01 号敌台之间，长约 338 米，保存较差。城墙顶宽 6 米，底宽 6.6 米，墙体高 3.2～4.76 米，外侧底部 3～4 层料石墙基，上部垛口不存。墙体为砖包石结构，外包砖厚 0.84 米。墙体顶部、两侧散落大量碎砖、碎石及大量白灰，在坍塌的墙砖中发现有"左"字砖，字体为楷书凸印文。墙体中部，南侧有部分坍塌，两侧坍塌处裸露内部石砌墙体。距徐流口 01 号敌台约 50 米处南侧内部石墙体全部裸露，石墙用白灰勾缝，多数已脱落。在散落的城砖中发现了"右""中"凸印文长城砖。

第 2 段：处于徐流口 01 号敌台向西北至徐流口 02 号敌台之间，长约 85 米，保存较差。顶宽 6 米，底宽 6.6 米，墙体高 3.2～4.76 米，顶部垛口不存。砖包石结构，外包砖厚 0.5～0.84 米，内、外包砖部分坍塌，墙体顶部、两侧散落大量碎砖、碎石及大量白灰。

第 3 段：处于徐流口 02 号敌台向西北至徐流口 03 号敌台之间，长约 100 米，保存差。墙体顶宽 6 米，底宽 6.6 米。墙体高 3.2～4.76 米，上部垛口不存。砖包石结构，外包砖厚 0.84 米，南侧残损较为严重，砖墙多局部坍塌，内部石砌墙体裸露，北侧砖包墙体保存较好，但也有局部砖包墙上部坍塌，墙体顶部、两侧散落大量碎砖、碎石及大量白灰。在徐流口 02 号马面与徐流口 02 号敌台之间，发现有

"右"字凸印文长城砖，其字体有隶书和篆书两种。徐流口 03 号敌台与徐流口 03 号马面之间，在坍塌的散砖中多发现"中"字印文砖，字体不十分规整。徐流口敌台 02 号与徐流口 03 号敌台之间墙体，南侧残损较为严重，砖墙多局部坍塌，内部石砌墙体裸露，北侧砖包墙体保存较好，但也有局部砖包墙上部坍塌，垛口无存，保存差。

第 4 段：处于徐流口 03 号敌台向西北至徐流口 05 号敌台，长约 208 米，保存较差。墙体顶宽 6 米，底宽 6.6 米。墙体高 3.2～4.76 米，上部垛口不存。墙体砖包石结构，外包砖厚 0.84 米，外侧包砖较好，内侧坍塌严重。周围散落碎条砖、碎毛石和白灰粉。

第 5 段：处于徐流口 05 号敌台向西北至徐流口 06 号敌台，长约 110 米，保存差。内侧残存条石，最高处 3 层，高 1.3 米，包砖大部坍塌，墙体上形成人行小道。外侧包砖全部坍塌，可见内部毛石，毛石厚 0.9 米。徐流口 04 号马面南部有一段墙体保存较为完好，垛墙尚存有瞭望孔，东侧墙体高约 9 米，内垛墙高 1 米，西侧墙高 3.3 米，垛墙厚 0.77 米，墙体宽 2.5 米。望孔高 0.3 米，宽 0.3 米。

第 6 段：处于徐流口 06 号敌台向西北至徐流口 07 号敌台，长约 114 米，保存差。内侧残高 3.7 米，其中底部可见一层料石墙基，高 0.4 米，外侧残高 4.5 米，墙体宽 4.8 米，砖包石结构，内、外包砖厚 0.8 米，残存包砖 40%，条砖规格为 0.385 米 ×0.19 米 ×0.095 米。

第 7 段：处于徐流口 07 号敌台向西北至徐流口 08 号敌台，长约 160 米，保存较好。墙体宽 5.2 米，外侧高 5 米，底部 2～4 层料石墙基，高 1.3 米，包砖厚 1.15 米，保存较好；内侧 50% 包砖坍塌，墙体顶部海墁方砖：0.39 米 ×0.37 米 ×0.085 米。自徐流口长城 1 段拐点 004 点至徐流口 08 号敌台，存有长 63 米较好垛口墙。

第 8 段：处于徐流口 08 号敌台向西北至徐流口 09 号敌台，长约 114 米，保存一般。砖包石结构，内侧坍塌严重，外侧包砖厚 0.8～1.2 米，大部分脱落坍塌，现仅存 30%，徐流口 08 号敌台西 16 米处，有一两块方砖拼成的桃形孔，下部埋在土中，形制、用途不明，疑是瞭望孔砖。

第 9 段：处于徐流口 09 号敌台向西北至徐流口 06 号马面，长约 87 米，保存较好。墙体为砖包石结构，外侧包砖较好，高 6.6 米，包砖厚 0.8 米，内侧坍塌，墙宽不清。

第 10 段：处于徐流口 06 号马面向西北至徐流口 10 号敌台，长约 134 米，保存差。内、外两侧坍塌严重，墙体高度、宽度不清。

第 11 段：处于徐流口 10 号敌台向西北至徐流口 11 号敌台，长约 100 米，保存差。砖包石结构，墙体宽 4.76 米，通高 6.8 米，其中底部 5 层料石，高 1.8 米，厚 0.12 米石檐，上部垛墙 1～1.5 米，垛墙厚 0.8 米，现存 6 个瞭望孔，内侧包砖坍塌。

第 12 段：处于徐流口 11 号敌台向西北至徐流口长城 1 段拐点 007，长约 190 米，保存较差。砖包石结构，包砖大部坍塌，仅存 42 米外包砖，其余部分露出内部石墙，且内侧毛石墙坍塌。

2. 徐流口长城 2 段 1302833821102170002

位于徐流口村东北约 2.2 千米，起点坐标：东经 118° 54′ 19.20″，北纬 40° 09′ 22.70″，高程 415 米；止点坐标：东经 118° 54′ 11.80″，北纬 40° 09′ 26.40″，高程 446 米。

墙体长约 210 米，其间设敌台 2 座，包括徐流口 13 号敌台、徐流口 14 号敌台，外包毛石砌筑，墙芯碎石夯筑，顶宽 2.68 ～ 2.9 米，残高 0.5 ～ 3.6 米，两侧毵石厚 0.5 ～ 0.9 米，内填碎石厚 1.05 ～ 1.4 米。墙体两侧时有坍塌散落碎毛石，顶部垛墙不存。处于迁安与青龙两县交界的山脊上，墙体两侧山势陡峭，外侧山险，长城两侧植被多为宜林山地，个别地段为零星松柏林。

3. 河流口长城 1 段 130283382103170003

位于河流口村东约 1 千米，起点坐标：东经 118° 54′ 11.80″，北纬 40° 09′ 26.40″，高程 446 米；止点坐标：东经 118° 53′ 54.50″，北纬 40° 09′ 23.80″，高程 443 米。

墙体长 430 米，其间设敌台 2 座，包括徐流口 15 号敌台、徐流口 16 号敌台；马面 1 座，为徐流口 07 号马面；登城步道 1 座；墙体残存炮台 3 座。

第 1 段：处于徐流口 14 号敌台向西至徐流口长城 1 段拐点 009，长约 65 米，保存较差。墙顶宽 5.15 米，可见高 6.01 米，墙顶防御设施无存，包砖坍塌不存，墙顶部散落大量条砖。

第 2 段：处于徐流口长城 1 段拐点 009 向西至徐流口 16 号敌台，长约 270 米，保存较好。墙顶宽 5.15 米，可见高 6.01 米，墙顶防御设施无存，墙顶部散落大量条砖。

第 3 段：处于徐流口 16 号敌台向西至徐流口长城 1 段拐点 011，长约 25 米，保存较差。墙顶宽 5.15 米，可见高 6.01 米，墙顶防御设施无存，包砖坍塌不存，墙顶部散落大量条砖。

第 4 段：处于徐流口长城 1 段拐点 011 向西至徐流口长城 1 段拐点 014，长约 70 米，保存较好。墙顶宽 5.15 米，可见高 6.01 米，墙顶防御设施无存，墙顶部散落大量条砖。

4. 河流口长城 2 段 130283382102170004

位于河流口村东南约 700 米，起点坐标：东经 118° 53′ 54.50″，北纬 40° 09′ 23.80″，高程 443 米；止点坐标：东经 118° 52′ 36.10″，北纬 40° 09′ 31.30″，高程 268 米。

墙体长 2103 米，共分 6 段。其间设敌台 12 座，包括徐流口 17 号敌台、徐流口 18 号敌台、河流口 05 号敌台、徐流口 20 号敌台、徐流口 21 号敌台、河流口 01 号敌台、河流口 02 号敌台、河流口 03 号敌台、河流口 04 号敌台、河流口 05 号敌台、河流口 06 号敌台、河流口 07 号敌台；马面 3 座，包括河流口 02 号马面、河流口 03 号马面、河流口 04 号马面；存 4 座炮台。

第 1 段：处于徐流口长城拐点 014 向西至徐流口 2 段长城拐点 015，长约 600 米，保存一般。毛石墙宽顶 2.75 ～ 3.5 米，高约 1.2 ～ 3.1 米，局部坍塌，残存部分垛墙，高 0.4 ～ 0.8 米，宽 0.8 ～ 1 米。

第 2 段：处于徐流口 2 段长城拐点 015 向西至徐流口 21 号敌台之间，长约 193 米，保存一般。石灰岩毛石墙体，内填碎石土，墙体宽 2.6 ～ 2.9 米，外残高 2.1 ～ 2.38 米，内残高 0.4 ～ 0.8 米，可见石垛墙高 0.1 ～ 0.3 米，厚 0.8 米。外侧坍塌 50%。残存炮台 3 座，宽 2.2 米，长 2 米，残高 0.5 米。长城外侧成片油松林，内侧宜林地。

第 3 段：处于徐流口 21 号敌台西南至河流口 02 号敌台，长约 397 米，保存较好。石灰岩毛石墙体内填碎石土，宽 2.7 ～ 2.85 米，残高 2.1 ～ 3.2 米，残存部分垛墙厚 0.8 米，高 0.2 ～ 0.9 米。残存炮台 1 座，宽 1.75 米，长 1.5 米，残高 0.8 米。

第 4 段：处于河流口 02 号敌台西南至河流口 03 号敌台，长约 231 米，保存一般。敌台之间石灰岩毛石垒砌墙体，宽 2.35 ～ 2.55 米，残高 2.39 米。

第 5 段：处于河流口 03 号敌台西南至河流口 04 号敌台，长约 228 米，保存较好。石灰岩毛石墙体，宽 2.2 ～ 3.05 米，残高 3.05 ～ 3.52 米。

第 6 段：处于河流口 04 号敌台西北至河流口 07 号敌台，长约 454 米，保存一般。石灰岩毛石墙体，宽 1.8 ～ 2.6 米，残高 2.2 ～ 4.5 米，垛墙残高 0.2 ～ 1.45 米，厚 0.8 米，内侧坍塌严重，外侧保存较好，可见白灰平缝。

5. 河流口长城 3 段 130283382103170005

位于河流口村西南约 400 米，起点坐标：东经 118° 52′ 36.10″，北纬 40° 09′ 31.30″，高程 268 米；止点坐标：东经 118° 52′ 36.90″，北纬 40° 09′ 39.70″，高程 144 米。

墙体位于迁安河流口村南侧山坡上，全长 313 米，共分 3 段。其间设敌台 3 座，包括河流口 08 号敌台、河流口 09 号敌台、河流口 10 号敌台。条石基础，外包城砖砌筑，白灰砌筑，白灰勾缝，台芯毛石垒砌，顶部地面方砖铺墁，外侧设垛口墙。长城两侧植被为松树林。

第 1 段：处于河流口 07 号敌台东北至河流口 08 号敌台，长约 117 米，保存较好。外侧包砖，内侧石灰岩毛石墙体，墙体宽 4.16 米，残高 5.57 米，底部 3 ～ 4 层料石，内外包砖厚 0.7 米，墙顶残存少量墁地方砖，方砖规格：0.4 米 × 0.4 米，墙顶发现残石雷一个。

第 2 段：处于河流口 08 号敌台向北至河流口 3 段长城拐点 010，长约 73 米，保存一般。砖包石墙体，残高 6.1 米，包砖厚 1.2 米，坍塌严重。

第 3 段：处于河流口 3 段长城拐点 009 向东北至河流口 3 段长城断点 001，长约 123 米，保存差。墙体不存，只存土垄。

6. 河流口长城 4 段 130283382103170006

位于河流口村西南约 100 米，起点坐标：东经 118° 52′ 36.90″，北纬 40° 09′ 39.70″，高程 144 米；止点坐标：东经 118° 52′ 36.70″，北纬 40° 09′ 41.70″，高程 152 米。

墙体长 62 米，处于迁安河流口村季节性河道内，已无存。

7. 河流口长城 5 段 130283382103170007

位于河流口村西南约 100 米，起点坐标：东经 118° 52′ 36.70″，北纬 40° 09′ 41.70″，高程 152 米；止点坐标：东经 118° 52′ 31.30″，北纬 40° 10′ 09.50″，高程 491 米。

墙体全长 995 米，共分 6 段。其间设敌台 7 座，包括河流口 11 号敌台、河流口 12 号敌台、河流口 13 号敌台、河流口 14 号敌台、河流口 15 号敌台、河流口 16 号敌台、河流口 17 号敌台；马面 1 座，河流口 05 号马面；采石场 2 处（位于尖座楼周围）。条石基础，外包城砖砌筑，白灰砌筑，白灰勾缝，厚 0.8 ～ 1.1 米，台芯碎石素土夯筑，顶部地面方砖铺墁，外侧设垛口墙。

第 1 段：处于河流口长城断点止向西北至河流口 12 号敌台，长约 235 米，保存一般。墙体砖包石结构，城墙残厚 3.2 米，残高 2.75 ～ 3.8 米，其中被小路穿断 3 米，人为破坏严重，外包砖及条石墙基不存。

第 2 段：处于河流口 12 号敌台向北至河流口 13 号敌台，长约 135 米，保存一般。砖包石结构，残宽 2.6 米，残高 3 米，人为破坏严重，外包砖及条石墙基不存，墙体周围发现文字砖一块，残断，阴刻"廿日□坯九"。东侧距墙体8～10米设拦马沟（偏坡），沟深2～4米，沟宽7～9米。

第3段：处于河流口13号敌台西北至河流口14号敌台，长约245米，保存较好。砖包石结构和砖墙结构交接点在这段墙体上，相交点为河流口14号敌台南90米处。墙体周围发现"河右""中"字砖，残碑一块，砖包石墙85米包砖坍塌，内侧包砖全部坍塌，砖包石墙外侧底部料石缺失。

第4段：处于敌河流口14号敌台西北至河流口15号敌台，长约100米，保存一般。墙宽4.25米，残高5.87米，墙顶残留大量条砖、尖砖、"右"字条砖。存登城步道1处，位于河流口14号敌台北侧，设于墙体西侧，宽1.76米，由南向北登城，登道阶梯内被乱砖填满，级数不详。

第5段：处于河流口15号敌台向北至河流口16号敌台，长约145米，保存较好。墙体内外包砖，墙宽4.5米，高5.95米，底部可见五层料石高1.75米，墙体高出河流口15号敌台3米，残存68米较好垛墙。存登城步道1处，设在河流口15号敌台北侧2.6米，门向西，宽0.8米，券脚高1.35米，起券方式为一伏一券，券高0.28米，顶部坍塌，梯道由南向北上，梯道宽1.52米，内部堆满碎条砖和杂土，级数不清。

第6段：处于河流口16号敌台向北至河流口17号敌台，长约135米，保存较好。墙体内外包砖，墙体宽4.5米，外侧残高9.28米，其中底部可见3～4层料石高1.4米，保存较好垛口4个，长约20米，垛宽0.42米，垛口石长0.58米，宽0.38米，厚0.12米。外包砖厚1.1米，坍塌28米。内包砖厚0.41米，残高3.93米，底部可见3～4层料石，高1.4米。方砖瞭望孔7个，宽0.12米，高0.18米，方砖规格：0.37米×0.37米。墙体两侧为大面积采石场。

8. 老辈子沟长城1段 1302833821 02170008

位于河流口村东约1千米处，起点坐标：东经118°54′11.80″，北纬40°09′26.40″，高程446米；止点坐标：东经118°53′44.60″，北纬40°10′09.80″，高程297米。

全长2423米，分11段。其间设烽火台4座，包括河流口01号烽火台、河流口02号烽火台、河流口03号烽火台、河流口04号烽火台；马面12座，包括河流口06号马面、河流口07号马面、河流口08号马面、河流口09号马面、河流口10号马面、河流口11号马面、河流口12号马面、河流口13号马面、河流口14号马面、河流口15号马面、河流口16号马面、河流口17号马面；相关遗存3处。外包毛石砌筑，厚0.65～0.85米，墙芯碎石垒砌，顶部地面毛石板铺墁，外侧设垛口墙。顶部发现多处圆形或方形坑，开口向内，深0.7～1.2米，直径1.2米左右。

第1段：处于徐流口14号敌台向东北至老辈子沟1段长城拐点002，长约603米，保存一般。墙体内外毡石交替坍塌，坍塌墙体外侧残高1.2～2.1米，内侧残高1～1.8米。

第2段：处于老辈子沟1段长城拐点002向东北至老辈子沟1段长城拐点003，长约72米，保存较差。毛石墙体坍塌严重，墙体宽3.1米，残高0.8～1.6米。

第3段：处于老辈子沟1段长城拐点003向东北至河流口09号马面，长约90米，保存一般。墙体内外毡石交替坍塌，坍塌墙体外侧残高1.2～2.1米，内侧残高1～1.8米。

第4段：处于河流口09号马面向东北至河流口10号马面，长约95米，保存较好。内高2.4～2.8米，外墙高2.6～4.2米，墙宽3.2～3.5米，顶铺平整毛石。垛墙厚0.8米，残高0.2～1.7米，垛墙下部设瞭望孔，孔高 0.3 米，宽 0.3 米。城墙上存有 5 座炮台，毛石干垒，并在垛口墙上留有垛口，垛口宽 0.9 米，炮台高 1.9 米（包括垛墙），南北长 2.5 米。

第 5 段处于河流口 10 号马面向北至老辈子沟 1 段长城拐点 004，长约 373 米，保存一般。内外毙石交替坍塌，坍塌墙体外侧残高 1.2～2.1 米，内侧残高 1～1.8 米。

第 6 段处于老辈子沟 1 段长城拐点 004 向西北至老辈子沟 1 段长城拐点 005，长约 77 米，保存一般。墙体内外毙石交替坍塌，坍塌墙体外侧残高 1.2～2.1 米，内侧残高 1～1.8 米。

第 7 段处于老辈子沟 1 段长城拐点 005 向西北至老辈子沟 1 段长城拐点 006，长约 25 米，保存较差。毛石墙体坍塌严重，墙体宽 3.1 米，残高 0.8～1.6 米。

第 8 段处于老辈子沟 1 段长城拐点 006 向西北至老辈子沟 1 段长城拐点 007，长约 138 米，保存一般。墙体内外毙石交替坍塌，坍塌墙体外侧残高 1.2～2.1 米，内侧残高 1～1.8 米。

第 9 段处于老辈子沟 1 段长城拐点 007 向西北至老辈子沟 1 段长城折点 001 之间，长约 120 米，保存较好。墙上面用石块平铺，西侧墙高 2.1 米，东侧墙 3.1 米，墙体宽 3.7 米。

第 10 段处于老辈子沟 1 段长城折点 001 向西北至河流口 04 号烽火台，长约 520 米，保存一般。墙体内外毙石交替坍塌，坍塌墙体外侧残高 1.2～2.1 米，内侧残高 1～1.8 米。

第 11 处于河流口 04 号烽火台向西至老辈子沟 1 段长城断点 001，长约 310 米，保存较差。毛石墙体坍塌严重，墙体宽 3.1 米，残高 0.8～1.6 米。

9. 老辈子沟长城 2 段 130283382102170009

位于老辈子沟东沟西北约 650 米处，起点坐标：东经 118° 53′ 44.60″，北纬 40° 10′ 09.80″，高程 297 米；止点坐标：东经 118° 05′ 30.34″，北纬 40° 10′ 08.00″，高程 343 米。

墙体长 300 米，分 3 段。其间设河流口 05 号烽火台 1 座、河流口 18 号马面 1 座。墙体顶部发现多处圆形或方形坑，开口向内，深 0.7～1.2 米，直径 1.2 米左右。外包毛石砌筑，厚 0.65～0.85 米，墙芯碎石垒砌，顶部地面毛石板铺墁，外侧设垛口墙。

第 1 段：处于老辈子沟长城断点 001 向西北至老辈子沟长城断点 002，长约 36 米，墙体消失。被河流口村至西蚂蚁滩村的道路中断。

第 2 段：处于老辈子沟长城断点 002 向西北至老辈子沟拐点 008，长约 26 米，保存差。只存石垒，宽 2.8～4.2 米，残高 0.4～1.1 米。

第 3 段：处于老辈子沟 2 段长城拐点 008 向西南至老辈子沟 2 段长城拐点 011，长约 217 米，保存一般。石灰岩毛石墙体，高 1.7～4.43 米，顶宽 2.3～3 米，在 5 号烽火台周围墙顶上设有 4 座下沉式防御设施，呈长方形，宽 1.77 米，进深 1.45 米，间距 4～5 米，一座保存较好，三座均被乱石填满，顶部垛不存，整体保存一般。

10. 老辈子沟长城 3 段 130283382106170010

位于河流口村西北约 750 米处，起点坐标：东经 118° 53′ 34.60″，北纬 40° 10′ 08.00″，高程 343 米；止点坐标：东经 118° 53′ 33.50″，北纬 40° 10′ 07.80″，高程 365 米。

此段为山险，长 27 米，位于迁安河流口村与青龙东蚂蚁滩村之间的山脊上，长城两侧植被多为树木、灌木、杂草。

11. 老辈子沟长城 4 段 130283382102170011

位于河流口村西北约 750 米处，起点坐标：东经 118° 53′ 33.50″，北纬 40° 10′ 07.80″，高程 365 米；止点坐标：东经 118° 52′ 32.40″，北纬 40° 10′ 09.60″，高程 471 米。

墙体全长 1687 米，分 6 段。其间设烽火台 3 座，包括河流口 06 号烽火台、河流口 07 号烽火台、河流口 08 号烽火台；马面 9 座，包括河流口 19 号马面、河流口 20 号马面、河流口 21 号马面、河流口 22 号马面、河流口 23 号马面、河流口 24 号马面、河流口 25 号马面、河流口 26 号马面、河流口 27 号马面。墙体顶部发现多处圆形或方形坑，开口向内，深 0.7～1.2 米，直径 1.2 米左右。外包毛石砌筑，厚 0.65～0.85 米，墙芯碎石垒砌，顶部地面毛石板铺墁，外侧设垛口墙。

第 1 段：处于老辈子沟长城断点 001 向西南至河流口 20 号马面，长约 155 米，保存一般。墙体顶部防御设施不存，墙体顶部甏石坍塌，顶宽 2.3～2.6 米，残高 1.7～2.3 米。

第 2 段：处于河流口 20 号马面向西南至老辈子沟长城折点 002，长约 92 米，保存较差。墙体顶部甏石坍塌严重，外侧基本坍塌，墙体宽 2.3～3.6 米，外侧残高 1.2～2.6 米，内侧残高 1～1.8 米。

第 3 段：处于老辈子沟长城折点 002 向西南至老辈子沟长城拐点 012，长约 220 米，保存较好。毛石墙体外侧高 4.2 米，内侧高 2.8 米，顶宽 3.05～3.5 米，下宽 3.7 米，墙体收分 0.35 米，墙顶平毛石板铺墁；垛墙宽 0.8 米，残高 0.2～1.7 米，残存 4 个瞭望孔，孔高 0.2 米，宽 0.2 米；墙体外侧约 10 米处设拦马墙一道，长 25 米，大部分坍塌。

第 4 段：处于老辈子沟长城拐点 012 向西至老辈子沟长城拐点 014，长约 1052 米，保存较差。石灰岩毛石墙体坍塌严重，呈石垄状，高 1.7～3.3 米，顶宽 1.2～2.1 米，底宽 5.2～7.4 米，由坍塌断面看出，此段墙体后期向外侧加厚 0.8 米。

第 5 段：处于老辈子沟长城拐点 014 向西至河流口长城拐点 016，长约 103 米，保存一般。毛石墙顶部防御设施不存，墙体顶部甏石坍塌，顶宽 2.3～3.1 米，残高 1.7～2.3 米。其中由点老辈子沟长城拐点 015 向西墙体向内加宽 1.3 米。

第 6 段：处于河流口长城拐点 016 向西至河流口长城拐点 017，长约 65 米，保存较差。石灰岩毛石墙体坍塌严重，呈石垄状，高 1.7～3.3 米，顶宽 1.2～2.1 米，底宽 5.2～7.4 米。

12. 老辈子沟长城 5 段 130283382106170012

位于河流口村西北约 800 米，起点坐标：东经 118° 52′ 32.40″，北纬 40° 10′ 09.60″，高程 471 米；止点坐标：东经 118° 52′ 31.30″，北纬 40° 10′ 09.50″，高程 491 米。

此段为山险，长 28 米，位于迁安河流口村与青龙东蚂蚁滩村之间的山脊上，尖座楼东侧，长城两侧植被多为宜林山地。

13. 杨丈子长城 130283382102170013

位于河流口村西北约 800 米，起点坐标：东经 118° 52′ 31.30″，北纬 40° 10′ 09.50″，高程 491 米；止点坐标：东经 118° 50′ 52.00″，北纬 40° 10′ 44.80″，高程 109 米。

此段全长 3267 米，分 13 段。其间设敌台 12 座，包括杨丈子 01 号敌台、杨丈子 02 号敌台、杨丈子 03 号敌台、杨丈子 04 号敌台、杨丈子 05 号敌台、杨丈子 06 号敌台、杨丈子 07 号敌台、杨丈子 08 号敌台、四道河 01 号敌台、四道河 02 号敌台、东二道河 01 号敌台、东二道河 02 号敌台；烽火台 2 座，包括河流口 09 号烽火台、青龙烽火台；马面 10 座，包括杨丈子 01 号马面、杨丈子 02 号马面、杨丈子 03 号马面、杨丈子 04 号马面、四道沟 01 号马面、四道沟 02 号马面、东二道河 01 号马面、东二道河 02 号马面、东二道河 03 号马面、东二道河 04 号马面 1 座；登城步道 5 处，暗门 1 处，基址 5 处，2 处位于敌台、烽火台附近。

外包毛石砌筑，厚 0.65 ～ 0.85 米，墙芯碎石垒砌，顶部地面毛石板铺墁或铺墁方砖，外侧设垛口墙。

第 1 段：处于河流口 17 号敌台向北至杨丈子 01 号敌台，长约 189 米，保存较好。石灰岩毛石墙体，墙体表面为较规整毛石垒砌，墙体宽 2.98 米，外侧残高 4.3 米，内侧残高 3.46 米，底层为马道，宽 1.36 米，二层为战台，宽 0.82 米，高于马道 0.66 米。垛墙厚 0.8 米，残高 0.6 米。设 1 处登城步道，垂直城墙，梯道宽 0.85 米，13 级石阶，踏步宽 0.15 米，踢步高 0.2 米。此处毛石墙体向内加宽 0.75 米，由 2.75 米加厚到 3.5 米。

第 2 段：处于杨丈子 01 号敌台向西北至杨丈子 02 号敌台，长约 254 米，保存较差。石灰岩毛石墙体，墙宽 5 米，残高 2.6 米，坍塌成一道石垄。

第 3 段：处于杨丈子 02 号敌台向西北至杨丈子 03 号敌台，长约 330 米，保存较差。石灰岩毛石墙体，墙宽 5 米，残高 2.6 米，大部分坍塌成一道石垄。

第 4 段：处于杨丈子 03 号敌台向西北至杨丈子 04 号敌台，长约 125 米，保存一般。石灰岩毛石墙体，条砖垛墙，内侧坍塌，外侧残高 4.6 米，垛墙坍塌，顶部残留大量条砖。

第 5 段：处于杨丈子 04 号敌台向西北至杨丈子 05 号敌台，长约 197 米，保存一般。石灰岩毛石墙体，条砖垛墙，内侧坍塌，外侧残高 4.8 米，垛墙坍塌，顶部残留条砖。

第 6 段：处于杨丈子 05 号敌台向西北至杨丈子 06 号敌台，长约 311 米，保存一般。石灰岩毛石墙体，条砖垛墙，墙体内侧坍塌，外侧残高 4.2 ～ 4.8 米，砖垛墙坍塌，仅存杨丈子 04 号马面东侧 100 米处砖垛墙，长 3 米，残高 1.7 米，2 个瞭望孔。墙顶部残留条砖，内侧烽火台 1 座。在敌台西约 20 米处存基址 1 处，长约 10 米，向北有残墙 1.2 米。

第 7 段：处于杨丈子 06 号敌台向西至为杨丈子 07 号敌台，长约 244 米，保存一般。石灰岩毛石墙体，部分墙体坍塌。

第 8 段：处于杨丈子 07 号敌台向西北至之间，长约 295 米，保存一般。石灰岩毛石墙体，内侧坍塌严重，在 45 号敌台北约 200 米处东侧，有 1 处登城步道，该步道由南向北登城，可见 8 层登城台阶，均用毛石垒砌，南北长 2.3 米，东西 0.85 米。高 3.6 米。登城步道 1 处，保存较好。

第 9 段：处于杨丈子 08 号敌台向西北至四道沟 01 号敌台，长约 313 米，保存较好。石灰岩毛石墙宽 2.65 ～ 3.5 米，外残高 4.6 ～ 5.3 米，内残高 3 米，顶部可见部分平整毛石墁地。存暗门 1 处；登城步道 2 处，一处位于 46 号敌台向北约 70 米，凹于墙内，垂直墙体而上，可见毛石阶梯 10 个，口宽 0.8 米，高 3.5 米。整体均用毛石垒砌。一处位于上处登城步道 1 北约 50 米，其形制与上一个基本一致，但外口处上端有一块较大横石置门楣之上。可见 7 个登城步道，口宽 0.7 米，高 2.8 米。

第 10 段：处于四道河 01 号敌台向西北至四道河 02 号敌台，长约 130 米，保存较好。石灰岩毛石墙宽 2.65 米，外残高 4.6～5.3 米，内残高 3 米，顶部可见部分平整毛石墁地，残存 25 米长垛口墙残高 1.9 米，厚 0.92 米。

第 11 段：处于四道河 02 号敌台向西至东二道河 01 号敌台，长约 178 米，保存较好。石灰岩毛石墙宽 3.2 米，外侧总高 6.38 米，内侧高 2.7 米，白灰平缝。垛墙高 2.7 米（其中后期加高 0.8 米），厚 0.65 米，垛口宽 0.58 米，垛口高 1.9 米（其中后期加高 0.8 米），垛口石为一石板，厚 0.12 米，部分垛口后期堵砌。顶部可见部分平整毛石墁地。顶部可见后期增加的战台，高 1.2 米，宽 1 米。存登城步道 1 处，毛石垒砌，东西 2.6 米，南北 2.78 米，西侧残高 1.09 米。残存 5 步台阶，踏步 0.2～0.25 米，抬步高 0.25～0.3 米，最上步现距城顶高 2.6 米。基址 1 处，宽 6.65 米，长 7.4 米，残高 1.1 米。

第 12 段：处于东二道河 01 号敌台向西南至东二道河 02 号敌台，长约 586 米，保存一般。石灰岩毛石墙，厚 2.95 米，其中马道宽 0.85 米，残高 5.1 米。登城步道 1 处，设在墙体内侧，毛石垒砌，四步台阶，留有休息平台，转东残存 4 步，口宽 0.8 米，踢步 0.25～0.3 米，踏步 0.15～0.25 米。

第 13 段：处于东二道河 02 号敌台向西南至杨丈子长城断点 001，长约 115 米，保存差。只存墙基痕迹，结构尺寸不清。存房址 1 处。位于东二道河敌台 002 号敌楼东南角约 3 米处，有一个平台，用毛石垒砌，东西长 2.5 米，南北宽 1.2 米，高 1.7 米。于此平台下部 3 米又有一个平台，东西长 13.5 米，宽 6.1 米，高 2.7 米。

14. 东二道河长城 1 段 130283382102170014

位于青龙东二道河村东南约 400 米，起点坐标：东经 118° 50′ 52.00″，北纬 40° 10′ 44.80″，高程 109 米；止点坐标：东经 118° 50′ 22.40″，北纬 40° 10′ 42.20″，高程 241 米。

墙体全长 839 米，分 5 段。其间设敌台 6 座，包括东二道河 03 号敌台、东二道河 04 号敌台、东二道河 05 号敌台、东二道河 06 号敌台、东二道河 07 号敌台、东二道河 08 号敌台。外包毛石砌筑，墙芯碎石垒砌，顶部地面毛石板铺墁，外侧设垛口墙。

第 1 段：处于东二道河长城断点 001 向西南至东二道河 04 号敌台，长约 160 米，墙体消失。

第 2 段：处于东二道河 04 号敌台向西南至东二道河 05 号敌台，长约 30 米，保存差。墙体为毛石垒砌，墙宽 3.05 米，残高 1.2 米，坍塌严重。

第 3 段：处于东二道河 05 敌台向西南至东二道河 06 号敌台，长约 106 米，保存较差。毛石墙体宽 3.15 米，残高 1.5 米，长城地处海拔较低地段，人为破坏严重。

第 4 段：处于东二道河 06 号敌台向西至东二道河 07 号敌台，长约 295 米，保存较差。墙体宽 2.25 米，后期加宽 0.9 米，高 3.84 米。

第 5 段：处于东二道河 07 号敌台向西北至东二道河 08 号敌台，长约 248 米，保存差。坍塌严重，墙体宽 2.8 米，高 1.1～1.9 米。

15. 东二道河长城 2 段 130283382102170015

位于青龙东二道河村西南约 150 米，起点坐标：东经 118° 50′ 22.40″，北纬 40° 10′ 42.20″，高程 241 米；止点坐标：东经 118° 49′ 27.90″，北纬 40° 11′ 01.70″，高程 117 米。

墙体全长 1580 米，分 2 段。其间设烽火台 1 座，为冷口 01 号烽火台。外包毛石砌筑，厚 0.7 米，墙芯碎石垒砌，外侧设垛口墙。

第一段处于东二道河 08 号敌台向西北至东二道河长城断点 001，长约 1048 米，保存较差。毛石墙体局部坍塌，也有较为完整区段，完整处墙体宽 2.8 米，北侧高 2.7 米，南侧高 3.1 米，距东二道河 08 号敌台西北 50 米处，向西出现一条分支墙体，长约 40 米，宽约 3 米，北高 2.5 米，均用毛石垒砌。存登城步道 1 处，由南侧上墙，步道口宽 0.9 米，长 2 米，高 1.4 米。

第二段处于东二道河长城断点 001 向西北至冷口 01 号敌台，长约 532 米，墙体消失。墙体被河流、道路中断消失。

16. 冷口长城 1 段 130283382103170016

位于青龙东二道河村西南约 150 米，起点坐标：东经 118° 50′ 22.40″，北纬 40° 10′ 42.20″，高程 241 米；止点坐标：东经 118° 50′ 21.20″，北纬 40° 10′ 27.70″，高程 157 米。

墙体全长 489 米。其间设敌台 1 座，为冷口 01 号敌台；马面 1 座，为冷口 01 号马面。外包城砖砌筑，墙芯碎石素土夯筑，顶部地面方砖铺墁，外侧设垛口墙。处于东二道河 08 号敌台向南至冷口长城墙体止点 001 之间，长约 489 米，保存一般。顶部防御设施不存，墙体大部分包砖人为拆除，墙体最高处 4.75 米，厚 3.38 米，墙底可见二层料石。

17. 冷口长城 2 段 130283382106170017

位于冷口南门东北约 230 米，起点坐标：东经 118° 50′ 21.20″，北纬 40° 10′ 27.70″，高程 157 米；止点坐标：东经 118° 50′ 17.90″，北纬 40° 10′ 26.40″，高程 87 米。

此段为山险，长 92 米，其间设敌台 1 座，为冷口 02 号敌台。

18. 冷口长城 3 段 130283382103170018

位于冷口关南门东北约 300 米，起点坐标：东经 118° 50′ 17.90″，北纬 40° 10′ 26.40″，高程 87 米；止点坐标：东经 118° 50′ 13.60″，北纬 40° 10′ 25.40″，高程 95 米。

处于沙河河谷内，长 110 米，现已无存，被洪水冲毁，其间设敌台 1 座，为冷口 02 号敌台。

19. 冷口长城 4 段 130283382102170019

位于冷口关南门西北约 400 米，起点坐标：东经 118° 49′ 54.70″，北纬 40° 10′ 27.90″，高程 164 米；止点坐标：东经 118° 49′ 27.90″，北纬 40° 11′ 01.70″，高程 117 米。

全长 1313 米，分 4 段。其间设敌台 2 座，包括冷口 04 号敌台、西二道河 01 号敌台；烽火台 2 座，包括西二道河 01 号烽火台、西二道河 02 号烽火台；马面 1 座，为冷口 06 号马面；兵营 1 处。外包毛石砌筑，厚 0.65 ～ 0.85 米，墙芯碎石垒砌，252 省道穿墙而过，两侧为松柏林和刺槐林。

第 1 段：位于冷口长城拐点 003（冷口关西北角）向西北至冷口长城拐点 004，长约 96 米，保存差。毛石墙体坍塌严重，宽 2.6 ～ 4.9 米，外侧砦石残高 1.4 ～ 2.2 米，墙顶防御设施不存，内侧大部分坍塌。

第 2 段：位于冷口长城拐点 004 向西北至冷口长城拐点 005，长约 130 米，墙体消失。被 252 省道中断。

第 3 段：位于冷口长城拐点 005 向西北至冷口马面 06 号，长约 412 米，保存差。毛石墙体坍塌严重，宽 2.4 ～ 3.9 米，残高 1.1 ～ 2.6 米，大部分只剩墙基，墙体西侧现存营址 1 处，墙体西侧设马面 1 座。

第 4 段：位于冷口 06 号马面向西北至西二道河 01 敌台，长约 675 米，墙体消失。被 252 省道中断。

20. 教场沟长城 1 段 130283382103170020

位于青龙满族自治县西二道河村西约 500 米，起点坐标：东经 118° 49′ 27.90″，北纬 40° 11′ 01.70″，高程 117 米；止点坐标：东经 118° 49′ 19.20″，北纬 40° 11′ 06.90″，高程 239 米。

全长 280 米，分 2 段。其间设敌台 1 座，为西二道河 02 号敌台；马面 1 座，为西二道河 01 号马面。外包城砖砌筑，墙芯碎石垒砌，外侧设垛口墙。长城两侧多为宜林山地，零星植有松树。

第 1 段：处于西二道河 01 号敌台向西北至西二道河 01 号马面，长约 60 米，保存差。现只存遗址，可见内外包砖基址。

第 2 段：处于西二道河 01 号马面向西北至西二道河 02 号敌台，长约 220 米，保存一般。墙体宽 3.4 米，内外包砖不存，残高 3.28 米。

21. 教场沟长城 2 段 130283382102170021

位于青龙满族自治县西二道河村西约 700 米，起点坐标：东经 118° 49′ 19.20″，北纬 40° 11′ 06.90″，高程 239 米；止点坐标：东经 118° 48′ 31.50″，北纬 40° 11′ 34.10″，高程 400 米。

长 1324 米，共分 5 段。其间设敌台 5 座，包括西二道河 03 号敌台、西二道河 04 号敌台、汤丈子 01 号敌台、汤丈子 02 号敌台、汤丈子 03 号敌台；马面 3 座，包括西二道河 02 号马面、汤丈子 02 号马面、汤丈子 03 号马面。外包毛石砌筑，厚 0.65 ～ 0.85 米，墙芯碎石垒砌，顶部地面毛石板铺墁，外侧设垛口墙。个别地段墙体顶部发现椭圆形坑洞，用途不明。两侧多为宜林地，零星植有松树。

第 1 段：处于西二道河 02 号敌台向北至西二道河 03 号敌台，长约 234 米，保存一般。墙宽 3.05 米，残高 3.27 ～ 6.35 米，内侧高 4.55 米，残存部分垛墙，残高 0.4 米，厚 0.8 米，长约 20 米。西二道河 03 号敌台西南角存基址 1 处，基址平面呈不规则长方形，南北长 18 米，东西宽 8 米，面积 144 平方米。

第 2 段：处于西二道河 03 号敌台向北至西二道河 04 号敌台，长约 200 米，保存一般。石灰岩毛石墙，宽 3.05 米，外侧残高 3.27 ～ 6.35 米，内侧残高 4.55 米。残存 20 米长垛墙，残高 0.4 米，厚 0.8 米。

第 3 段：处于西二道河 04 号敌台向北至汤丈子 01 号敌台，长约 367 米，保存一般。其间设马面 2 座。西二道河 04 号敌台至西二道河 02 号马面之间毛石墙体，宽 3.45 米，残高 2.44 米，垛墙不存。

第 4 段：处于汤丈子 01 号敌台向北至汤丈子 02 号敌台，长约 475 米，保存一般。毛石墙体宽 3.45 米，残高 2.44 米，垛墙不存。汤丈子 04 号马面至汤丈子 02 号敌台之间墙体内侧后期加厚 1.2 米。

第 5 段：处于汤丈子 02 号敌台向北至汤丈子 03 号敌台，长约 282 米，保存较差。毛石墙宽 3.6 米，残高 0.8～3.1 米，其间墙体顶部发现 9 个椭圆形坑洞，两三成组，间距 5 米左右，坑内只容一人，用途不清。

22. 教场沟长城 3 段 130283382103170022

位于青龙满族自治县汤杖子九队南约 1 千米，起点坐标：东经 118° 48′ 31.50″，北纬 40° 11′ 34.10″，高程 400 米；止点坐标：东经 118° 48′ 09.30″，北纬 40° 11′ 42.70″，高程 391 米。

长 636 米，共分 3 段。其间设敌台 2 座，包括汤丈子 04 号敌台、汤丈子 05 号敌台；马面 2 座，包括汤丈子 05 号马面、汤丈子 06 号马面，登城步道 1 处；基址 1 处；下段外包条石砌筑，上段城砖砌筑，白灰勾缝，墙芯碎石垒砌，顶部地面方砖铺墁，外侧设垛口墙。外侧油松林，内侧多为宜林地。

第 1 段：处于汤丈子 03 号敌台向西北至汤丈子 04 号敌台，长约 380 米，保存较好。墙体结构内外包砖，墙宽 4.54 米，高 5.46 米，底部可见两层料石高 0.7 米；外侧残存 14 米石檐，厚 0.11 米，宽 0.3 米，每块长 0.56～0.8 米，发现"中"字砖一块，汤丈子 05 号马面以西 133 米部分内包砖坍塌，可见内部毛石砌体，白灰勾缝，墙高 4.33 米，内、外包砖厚 0.77 米。墙体由教场沟长城拐点 010 点向西，包砖向内加宽 0.92 米，向外侧加宽 0.19 米。基址位于墙体北侧，建筑朝向：北偏东 25°，为毛料石砌筑，低于城墙 5.1 米，疑为废弃马面。登城步道位于汤丈子 04 号敌台南侧约 30 米处，设于墙体西侧，宽 1.7 米，可见 10 个阶梯，均为石砌而成。西侧高 2.37 米，登城步道西侧为砖包墙体。

第 2 段：处于汤丈子 04 号敌台向西北至汤丈子 05 号敌台，长约 104 米，保存较好。墙体结构内外包砖，墙宽 4.54 米，高 5.46 米，底部可见两层料石高 0.7 米。

第 3 段：处于汤丈子 05 号敌台向西北至教场沟长城拐点 011，长约 152 米，保存较好。墙体为内外包砖，宽 5.3 米，底部可见两层料石高 0.7 米。

23. 汤杖子长城 1 段 130283382102170023

位于青龙满族自治县汤杖子九队西南约 1.2 千米，起点坐标：东经 118° 48′ 09.30″，北纬 40° 11′ 42.70″，高程 391 米；止点坐标：东经 118° 47′ 58.10″，北纬 40° 11′ 43.30″，高程 402 米。

墙体全长 299 米，共分 2 段。设敌台 1 座，为汤丈子 06 号敌台；登城步道 1 处。外包毛石砌筑，墙芯碎石垒砌，顶部地面毛石铺墁。两侧多为宜林地，偶有松树林。

第 1 段：处于汤丈子长城拐点 011 向西北至汤丈子 06 号敌台，长约 35 米，保存一般，宽 3 米。

第 2 段：处于汤丈子 06 号敌台向西至汤丈子长城拐点 002，长约 264 米，保存一般，宽 2.4 米。存登城步道 1 处，保存一般。

24. 汤杖子长城 2 段 130283382103170024

位于青龙满族自治县汤杖子九队西南约 1.2 千米，起点坐标：东经 118° 47′ 58.10″，北纬 40° 11′ 43.30″，高程 402 米；止点坐标：东经 118° 47′ 45.60″，北纬 40° 11′ 55.10″，高程 426 米。

墙体全长 507 米，共分 3 段。其间设敌台 2 座，包括汤丈子 07 号敌台、汤丈子 08 号敌台。条石基础，外包城砖砌筑，白灰勾缝，墙芯毛石垒砌，设砖拔檐，顶部地面方砖铺墁，外侧设垛口墙。两侧多为宜林地，偶有松树林。

第 1 段：处于汤丈子长城拐点 002 点西北至汤丈子 07 号敌台，长约 50 米，保存较好。墙体向外用毊石包砖加厚 1.9 ～ 4.3 米，八层毊石，料石总高 2.46 米，十四层条砖高 1.5 米，顶部外垛墙大部分坍塌。

第 2 段：处于汤丈子 07 号敌台西北至汤丈子 08 号敌台，长约 180 米，保存较好。墙体结构为北侧底部七层料石墙基，墙基上包砖，顶部砖垛墙不存。南侧为毛石墙，顶部宇墙不存。

第 3 段：处于汤丈子 08 号敌台西北至汤丈子长城拐点 007，长约 277 米，保存一般。此点南为包砖墙，墙体结构为北侧底部七层料石墙基，墙基上包砖，顶部砖垛墙，现包砖部分坍塌，顶部垛墙大部分不存。

25. 汤杖子长城 3 段 130283382102170025

位于青龙满族自治县汤丈子九队西约 1.5 千米，起点坐标：东经 118° 47′ 45.60″，北纬 40° 11′ 55.10″，高程 426 米；止点坐标：东经 118° 47′ 37.40″，北纬 40° 12′ 03.70″，高程 445 米。

墙体长 336 米，共分 2 段，外包毛石砌筑，墙芯碎石垒砌，外侧设垛口墙，其间设敌台 1 座，为观音沟 01 号敌台，北侧零星松树林，南侧宜林地。

第 1 段：处于汤丈子长城拐点 007 西北至观音沟 01 号敌台，长约 226 米，保存一般。宽 3.2 米，残存少量毛石垛墙。

第 2 段：处于观音沟 01 号敌台西北至汤丈子长城拐点 008，长约 110 米，保存较差。毛石墙体，宽 3.3 米。

26. 观音沟长城 1 段 130283382102170026

位于青龙满族自治县观音沟西南约 1.5 千米，起点坐标：东经 118° 47′ 37.40″，北纬 40° 12′ 03.70″，高程 445 米；止点坐标：东经 118° 46′ 55.10″，北纬 40° 12′ 18.30″，高程 521 米。

墙体长 2830 米。其间设烽火台 3 座，包括观音沟 01 号烽火台、观音沟 02 号烽火台、观音沟 03 号烽火台；马面 12 座，包括观音沟 01 ～ 12 号马面；登城步道 7 处。外侧约 30 米处设拦马沟（偏坡）。在观音沟 08 号马面处有一道毛石墙向北方延伸。外包毛石砌筑，墙芯碎石垒砌，外侧设垛口墙。北侧宜林地，南侧为杂灌木。

汤丈子长城拐点 008 向西北，经将军坟南折交于长城小龙庙 01 号敌台，全长 2830 米，保存一般。石灰岩毛石墙体，外侧高 4.49 米，内侧高 2.39 米，马道宽 1 ～ 1.5 米，残存部分垛墙，垛墙厚 0.8 米，部分地段战台宽 1 米。设垂直并连接城墙的拦马墙一道，毛石墙东西长 23 米，宽 1 米，残高 3 米。

1 号登城步道：位于观音沟 01 号马面西南 37 米处，中间宽 0.8 米，两侧梯道宽 1 米，被碎石填实，级数不清。

2 号登城步道：位于观音沟 02 号烽火台东南 95 米处，内嵌式步道，由西向东上，然后分为南北双向登城，进口宽 0.8 米，南北两侧步道宽 0.93 米。

3 号登城步道：位于观音沟 02 号烽火台西北 95 米处，内嵌式步道，由南向北上，然后分为东西双向登城，进口宽 0.95 米，高 2.3 米，可见 4 级；东西两侧宽 0.7 米，其中东侧可见 10 级，西侧可见 5 级。

4 号登城步道：位于观音沟 12 号马面北侧 60 米处，此处城墙宽 3.5 米，内侧高 2.6 米，一层毛石放脚，外侧高 4.26 米，底部三层毛石放脚找平。步道为内嵌式，由东向西上，然后分为南北双向登城，东西宽 1.55 米，进口宽 0.71 米，向南北步道宽 0.7 米，西上 6 级石阶，向南上 5 级石阶。步道口外侧设围墙，东西长 3.85 米，南北宽 3.3 米，毛石墙宽 0.65 米，残高 0.5～0.8 米，东侧中间设门。

5 号登城步道：位于观音沟 12 号马面东南侧 80 米处，此处城墙宽 3 米，内侧高 2.9 米，三层毛石放脚找平，外侧高 4.6 米。步道为内嵌式，由东向西上，然后分为南北双向登城，南北长 4.1 米，东西宽 1.57 米，进口宽 0.59 米，向南北步道宽 0.71 米，西上 5 级石阶，向南、北上各 9 级石阶。垛墙残高 1.13 米，冒失垛口宽 0.4 米，残高 1.23 米，毛石望孔宽 0.19～0.26 米，高 0.33～0.35 米。

27. 观音沟长城 2 段 1302833821021170027

位于青龙满族自治县观音沟西南约 1.5 千米，起点坐标：东经 118° 47′ 37.40″，北纬 40° 12′ 03.70″，高程 445 米；止点坐标：东经 118° 46′ 55.10″，北纬 40° 12′ 18.30″，高程 521 米。

墙体全长 1160 米，共分 7 段。其间设敌台 5 座，包括小龙庙 01 号敌台、小龙庙 02 号敌台、小龙庙 03 号敌台、大龙庙 01 号敌台、大龙庙 02 号敌台；马面 1 座，为小龙庙 01 号马面；墙顶残存 5 座炮台。北侧约 20 米处设拦马沟（铲偏坡）。外包毛石砌筑，厚 0.65～0.85 米，墙芯碎石垒砌，顶部地面毛石板铺墁，外侧设垛口墙。

第 1 段：处于观音沟长城拐点 008 西北至小龙庙 01 号敌台，长约 260 米，保存较差。墙体顶部宽 3.3 米。存炮台 2 座，一处位于小龙庙 01 号马面西侧约 30 米，骑墙而建，与墙体等宽，东西 3.6 米，南北 3.3 米，南侧高 1.7 米，外侧与垛口墙齐平。一处位于小龙庙 01 号马面西侧约 90 米，东西 1.6 米，残高 1.2 米。

第 2 段：处于小龙庙 01 号敌台西北至观音沟长城拐点 010，长约 130 米，保存一般。墙体顶部宽 3.2 米，内侧坍塌严重。

第 3 段：处于观音沟长城拐点 010 向西至观音沟长城拐点 011，长约 15 米，墙体消失。墙体位于河谷内，被洪水冲毁。

第 4 段：处于观音沟长城拐点 011 向西北至小龙庙 02 号敌台，长约 130 米，保存一般。墙体顶部宽 3.2 米，内侧坍塌严重。

第 5 段：处于小龙庙 02 号敌台西北至小龙庙 03 号敌台，长约 235 米，保存一般。墙体顶部宽 3.23 米。存炮台 1 座，位于小龙庙 02 号敌台向北约 105 米处，东西 1.8 米，南北 1.6 米，残高 0.5 米，毛石码边，内填碎石。保存较差。

第 6 段：处于小龙庙 03 号敌台西北至大龙庙 01 号敌台，长约 250 米，保存较好。宽 3.2 米，垛口残高 0.8～1.2 米，厚 0.6～0.9 米。存炮台 1 座，位于小龙庙 03 号敌台西侧约 50 米处，东西 2.7 米，南北 1.7 米，残高 0.3 米，保存较差。

第 7 段：处于大龙庙 01 号敌台向西北至大龙庙 02 号敌台，长约 140 米，保存较差。

28. 大龙庙长城 1 段 1302833821021170028

位于迁安市大龙庙村东北 1.3 千米，起点坐标：东经 118° 46′ 55.10″，北纬 40° 12′ 18.30″，高程 521 米；止点坐标：东经 118° 46′ 54.00″，北纬 40° 12′ 13.50″，高程 510 米。

墙体长164米，共分2段。其间设敌台1座，为大龙庙03号敌台；下沉式防御设施1处。外包毛石砌筑，墙芯碎石垒砌，顶部地面毛石板铺墁，外侧设垛口墙。

第1段：处于大龙庙02号敌台向南至大龙庙03号敌台，长约128米，保存一般。墙宽3.05米，外侧残高5.05米，其中垛墙高1.57米，垛口宽0.47米；内侧残高2.85米；墙顶铺墁平整毛石板长23米。设下沉式防御设施1处，南北宽1.31米，东西长2.55米，口宽0.66米，内侧门口设毛石围墙，围墙南北长4.6米，东西宽3.1米，墙厚0.8米，残高0.6米。

第2段：处于大龙庙03号敌台西南至大龙庙长城拐点002，长约36米，保存一般。墙宽3.35米，外侧残高3.33米，内侧残高2.92米，垛墙残高0.5米，厚0.85米。

29.大龙庙长城2段 130283382103170029

位于迁安市大龙庙村东北约1.1千米，起点坐标：东经118°46′54.00″，北纬40°12′13.50″，高程510米；止点坐标：东经118°46′19.70″，北纬40°11′45.00″，高程338米。

墙体全长1383米，共分8段。其间设敌台7座，包括大龙庙04号敌台、大龙庙05号敌台、大龙庙06号敌台、大龙庙07号敌台、大龙庙08号敌台、大龙庙09号敌台、大龙庙10号敌台。暗门1处，墙顶残有炮台24个，登城步道2处。条石基础，外包城砖砌筑，白灰勾缝，墙芯毛石垒砌，设砖拔檐，顶部地面方砖铺墁，外侧设垛口墙。

第1段：处于大龙庙长城拐点002西南至大龙庙04号敌台，长约248米，保存较好。墙宽4.54米，残高4.48米，底部可见七层料石，上部垛墙高1.11米，厚0.4米，外包砖坍塌55延长米；墙顶残存0.37米×0.37米墁地方砖。设炮台8座，其中2座砖砌，6座毛石砌筑，长3.85米，宽2.74米，残高0.97米。存登城步道1处，由南向北上4级石阶转向东7级石阶上墙顶，步道南口宽1.56米，长1.67米，东口宽0.86米，东西向步道距内侧墙面0.76米。

第2段：处于大龙庙04号敌台西南至大龙庙05号敌台，长约228米，保存较好。墙宽4.55米，外侧包砖，总高4.85米，底部料石高1.87米，顶垛墙高1.65米，厚0.4米，垛口宽0.45米，高0.7米，设垛口石，长0.77米，宽0.4米，铳孔直径0.04米。内侧甃石，总高2.98米，其中甃石高2.48米，其上为0.2米包砖，然后0.08~0.1米厚的石檐，石檐上残存高0.3米宇墙。墙顶残有0.36米×0.36米墁地方砖面层，厚0.08米，其下0.38米×0.19米条砖一层，厚0.09米，在下为0.1~0.15米夯实素土，墙芯为毛石砌体。墙顶多处存有劈水砖、方砖、条砖。内甃石断续坍塌六处，计15米。存登城步道一处，已坍塌。

第3段：处于大龙庙05号敌台西南至大龙庙06号敌台，长约158米，保存较好。宽4.9米，外侧包砖高4.27米，底部可见六层料石2.07米，顶部垛墙残高1.1米，厚0.38。内侧甃石高2.6米，顶部宇墙不存。墙顶残有墁地方砖：0.36米×0.36米，0.37米×0.37米。登城步道宽1.5米，高1.65米，可见5级。望孔有宽0.61、高0.35米和宽0.205、高0.32米两种，交替使用，间距3.2~3.6米。墙顶设炮台8座。

第4段：处于大龙庙06号敌台向西至大龙庙07号敌台，长约175米，保存较好。墙宽4.55米，外侧包砖高3.94米，底部可见五层料石，包砖厚0.8米。内侧甃石，内侧高2.37米，石檐一层高0.08

米，垛墙残长 35 米，高 0.5 米，厚 0.4 米，外侧坍塌 8 米包砖、条石基础。望孔 6 个。墙顶残有 0.38 米 ×0.38 米墁地方砖。

第 5 段：处于大龙庙 07 号敌台向南至大龙庙 08 号敌台，长约 210 米，保存较好。墙宽 4.7 米，内侧瓬石，外侧包砖，外侧高 2.9 米，底部可见七层料石高 2.7 米，外侧包砖、条石基础坍塌 32 米，坍塌处可见内部毛石墙，顶部残存墁地方砖 0.37 米 ×0.37 米，内侧砖宇墙不存。

第 6 段：处于大龙庙 08 号敌台向南至大龙庙 09 号敌台，长 206 米，保存较好。墙宽 3 米，外侧残高 2.9 ～ 3.72 米，内侧残高 2.68 米，内侧瓬石、外侧包砖保存较好，包砖高 1.2 ～ 1.6 米，厚 0.92 米，底部 5 层～ 8 层条石完好，墙顶残存部分墁地方砖，方砖规格有：0.38 米 ×0.38 米 ×0.1 米和 0.37 米 ×0.36 米 ×0.1 米两种。存炮台 3 座。设暗门 1 处，门宽 0.915 米，高 2.03 米，券脚高 1.5 米，一伏一券，券高 0.6 米；门券宽 1.26 米，高 2.55 米，券脚毛料石垒起，高 2 米，一伏一券；门闩石宽 0.33 米，高 0.76 米，厚 0.18 米，孔径 0.115 米，距地面 0.6 米；顶部残有门上槛孔，宽 0.26 米，高 0.32 米。

第 7 段：处于大龙庙 09 号敌台向南至大龙庙 10 号敌台，长约 123 米，保存一般。残宽 3.3 米，残高 3.1 ～ 3.4 米，底部可见 5 ～ 8 层料石，每层高 0.3 米，外侧包砖仅存 0.5 ～ 1.2 米，内侧瓬石不存。

第 8 段：处于大龙庙 10 号敌台西南至大龙庙长城拐点 001，长 35 米，只存痕迹，保存差。

30. 大龙庙长城 3 段 130283382102170030

位于迁安市大龙庙村西约 500 米，起点坐标：东经 118° 46′ 19.70″，北纬 40° 11′ 45.00″，高程 338 米；止点坐标：东经 118° 46′ 19.70″，北纬 40° 11′ 39.00″，高程 389 米。

墙体长约 203 米，分 3 段。其间设敌台 1 座，为大龙庙 11 号敌台；马面 1 座，为大龙庙 01 号马面。外包毛石砌筑，墙芯碎石垒砌，顶部地面毛石板铺墁，外侧设垛口墙。长城两侧植被多为宜林山地。

第 1 段：处于大龙庙长城断点 001 西南至大龙庙长城断点 002，长约 20 米，墙体消失。长城被道路穿断。

第 2 段：处于大龙庙长城断点 002 向南至大龙庙 11 号敌台，长约 78 米，保存差。只存石垒。

第 3 段：处于大龙庙 11 号敌台向南至大龙庙长城石锤位于 001，长约 105 米，保存差。毛石墙只存墙基，宽 1.6 ～ 2.4 米，残高 0.6 ～ 2.6 米。

31. 大龙庙长城 4 段 130283382106170031

位于迁安市大龙庙村西约 500 米，起点坐标：东经 118° 46′ 19.70″，北纬 40° 11′ 39.00″，高程 389 米；止点坐标：东经 118° 46′ 18.40″，北纬 40° 11′ 37.10″，高程 447 米。

此段为山险，长 70 米，位于大龙庙村西北侧高山之巅，两侧险峻，形成山险，顶部长满杂灌木。

32. 大龙庙长城 5 段 130283382102170032

位于迁安市大龙庙村西约 500 米，起点坐标：东经 118° 46′ 18.40″，北纬 40° 11′ 37.10″，高程 447 米；止点坐标：东经 118° 45′ 31.30″，北纬 40° 11′ 33.50″，高程 401 米。

墙体长 1226 米，分 9 段。其间设敌台 6 座，包括大龙庙 12 号敌台、大龙庙 13 号敌台、大龙庙 14 号敌台、大龙庙 15 号敌台、南杖子 01 号敌台、南杖子 02 号敌台；马面 3 座，包括大龙庙 02 号马面、南杖子 01 号马面、南杖子 02 号马面；登城步道 1 处。外包毛石砌筑，厚 0.65 ～ 0.85 米，墙芯碎石垒砌，顶部地面毛石板铺墁,外侧设垛口墙。

第 1 段:处于大龙庙长城山险止点向南至大龙庙 12 号敌台,长约 93 米,保存差。毛石墙只存墙基,宽 1.6 ～ 2.4 米,残高 0.6 ～ 2.6 米。其间发现碑座一块,位于"大龙庙 12 号敌台"(俗称扁楼)东北 60 米,碑座长 0.66 米,宽 0.37 米,中有插碑槽,槽长 0.22 米,宽 0.115 米,深 0.11 米。

第 2 段:处于大龙庙 12 号敌台向西至大龙庙 13 号敌台,长约 182 米,保存一般。毛石墙厚 2.4 米,残高 2.87 米,垛墙不存,其间设马面 1 座。

第 3 段:处于大龙庙 13 号敌台向西至大龙庙 14 号敌台,长约 280 米,保存一般。干茬毛石墙宽 3.2 米,残高 2.2 米,外侧后期加厚 1 米。

第 4 段:处于大龙庙 14 号敌台向西至大龙庙长城拐点 005,长约 65 米,墙体消不存。

第 5 段:处于大龙庙长城拐点 005 向西至大龙庙长城拐点 006,长约 181 米,保存一般。干茬毛石墙宽 1.9 米,残高 2.5 米。设登城步道 1 处,宽 1.4 米,坍塌严重。

第 6 段:处于大龙庙长城拐点 006 向西至大龙庙 15 号敌台,长约 32 米,墙体消失不存。

第 7 段:处于大龙庙 15 号敌台向西至南杖子 01 号敌台,长约 180 米,保存一般。干茬毛石墙宽 2.7 米,残高 3.7 米,残存垛墙厚 0.7 米。

第 8 段:处于大龙庙 15 号敌台向西至南杖子 02 号敌台,长约 130 米,保存一般。干茬毛石墙宽 2.7 米,残高 3.2 ～ 3.9 米,残存垛墙厚 0.3 ～ 0.7 米。

第 9 段:处于南杖子 02 号敌台向西至南杖子长城拐点 001,长约 83 米,保存一般。干茬毛石墙宽 2.7 米,残高 3 ～ 3.8 米。

33. 白道子长城 1302833821031700033

位于青龙满族自治县南杖子村南约 1 千米,起点坐标:东经 118° 45′ 31.30″,北纬 40° 11′ 33.50″,高程 401 米;止点坐标:东经 118° 43′ 53.60″,北纬 40° 11′ 33.00″,高程 353 米。

墙体长 2750 米,分 13 段,其间设敌台 13 座,包括南杖子 03 号敌台、韩杖子 01 号敌台、韩杖子 02 号敌台、韩杖子 03 号敌台、韩杖子 04 号敌台、韩杖子 05 号敌台、王台子 01 号敌台、王台子 02 号敌台、王台子 03 号敌台、王台子 04 号敌台、白羊峪 01 号敌台、敌白羊峪 02 号敌台、白羊峪 03 号敌台;马面 5 座,包括南杖子 03 号马面、南杖子 04 号马面、王台子 02 号马面、王台子 03 号马面、王台子 03 号马面;烽火台 2 座,包括青龙烽火台、王台子 1 号烽火台;暗门 1 处;登城步道 3 处;炮台 1 座;相关遗存 3 处。条石基础,外包城砖砌筑,白灰勾缝,墙芯毛石垒砌,设砖拔檐,顶部地面方砖铺墁,外侧设垛口墙。

第 1 段:处于南杖子长城拐点 00 向西至南杖子 03 号敌台,长约 268 米,保存较好。包砖墙内外两侧设垛墙,外包砖坍塌 21.5 米,残存大部分外墙垛口,望孔有的保存完好,望孔多有印文饰,墙体中多见"中"字砖,包砖墙宽 4.63 ～ 5 米,高 5.42 米,垛墙厚 0.57 米,内垛墙厚 0.53 米,墙顶宽 3.75 米,外垛墙残高 1.85 米,垛口外口宽 0.76 米,垛口口宽 0.49 米,残高 0.73 米,垛石长 0.72 米,宽 0.4 米,厚 0.17 米。

第 2 段:处于南杖子 03 号敌台西南至韩杖子 01 号敌台,长约 370 米,保存较好。设炮台 1 座,保存较差。韩杖子 01 号敌台南 30 米处存基址 1 座，宽 2.64 米，长 3.24 米，残高 0.6 米。包砖墙宽 4.43 米，总高 7.75 米，外垛墙残高 1.57 米，内垛墙残高 1.57 米，厚 0.39 米，内外两层砖檐。

第 3 段：处于韩杖子 01 号敌台西南至韩杖子 02 号敌台，长约 162 米，保存一般。包砖墙宽 5.1 米，内侧包砖坍塌长度一半，顶部包砖墙垛墙不存。设暗门 1 处，宽 1.43 米，高 2.6 米，进深 5.05 米，内侧存一门柱石，宽 0.32 米，厚 0.32 米，高 1.2 米，两伏两券，券高 2.4 米，券脚高 1.78 米，为通往外侧烽火台（青龙烽火台）的通道。登城步道 1 处，全部坍塌。

第 4 段：处于韩杖子 02 号敌台西南至韩杖子 03 号敌台，长约 121 米，包砖墙宽 5.1 米，顶部垛墙不存。

第 5 段：处于韩杖子 03 号敌台向西南至韩杖子 04 号敌台，长约 173 米，保存一般。墙宽 4.36 米，高 6.08 米，内外侧两层砖檐，顶部垛墙不存。外包砖厚 1 米，内有白灰平烽的毛石墙，距外侧包砖 1.2 米。南杖子长城拐点 002 点向西约 40 米内包砖坍塌。

第 6 段：处于韩杖子 04 号敌台向西至韩杖子 05 号敌台，长约 160 米，保存一般。总高 7.57 米，其中垛墙 1.7 米，外包砖较好，顶部垛墙较好，内侧包砖坍塌严重，仅存 22 米。

第 7 段：处于韩杖子 05 号敌台向西至王台子 01 号敌台，长约 380 米，保存一般。内包砖坍塌 50.49 米，南杖子长城拐点 003 点内包砖坍塌长 15.24 米，王台子 02 号马面西侧内包砖坍塌 14.25 米，南杖子长城拐点 004 点西侧内包砖坍塌 21 米，南杖子长城 05 拐点点内包砖坍塌 18 米。外包砖较好，垛墙不存。王台子 01 号敌台南侧存相关遗存 1 处，现有梯田地，总面积约 10 亩，推测可能是当时明军守边时的屯田用地，设毛石墙围墙坍塌，宽 0.8 米，残高 0.4 米。

第 8 段：处于王台子 01 号敌台向西至王台子 02 号敌台，长约 166 米，保存一般。外包砖较好，墙体高 4 米；内侧包砖坍塌 41 米，王台子 01 号敌台向西约 20 米开始坍塌，长约 25 米；王台子 03 号马面向东约 22 米开始坍塌，长约 16 米。

第 9 段：处于王台子 02 号敌台向西至王台子 03 号敌台，长 140 米，保存较好。宽 4.66 米，高 4.31 米，顶部垛墙不存，外垛墙上设礌石孔、石直檐，较好礌石孔 3 个，宽 0.32 米，高 0.47 米；内垛墙上设望孔、砖混檐，宽 0.15 米，高 0.23 米。存石质界碑 2 块，镶于墙体内侧中部，东侧碑书"东拹燕河路西界"、西侧碑阴刻双勾楷书"中拹太平路东界"。两块界碑分别高 0.96 米，宽 0.35 米，相距 0.5 米，距地面 2.1 米。字体 0.15 米见方，界碑保存完好。

第 10 段：处于王台子 03 号敌台向西至王台子 04 号敌台，长约 75 米，保存较好。包砖墙宽 3.51 米，高 4.75 米，外垛墙上设礌石孔、石直檐，石檐厚 0.1 米，宽 0.07 米；内垛墙上设望孔、砖混檐，砖檐厚 0.09 米，出 0.05 米。楼体距西侧墙 1.1 米处，南侧为上墙券门，门宽 0.85 米，高 2 米。东门外一段墙体保存较好，北侧垛口下有礌石孔、望孔尚存，礌石孔宽 0.3 米，高 0.48 米。

第 11 段：处于王台子 04 号敌台向西至白羊峪 01 号敌台，长约 245 米，保存较好。包砖墙宽 3.73 米，高 4.51 米。外垛墙上设石直檐、垛口石，垛口宽 0.5 米，垛口石长 0.7 米，宽 0.4 米，厚 0.13 米；内垛墙设砖混檐、垛口砖，垛口为直角，宽 0.51 米。存登城步道 1 处，宽 1.33 米，高 2.51 米，门宽 1 米。

第 12 段：处于白羊峪 01 号敌台向西北至白羊峪 02 号敌台，长约 290 米，保存较好。城墙宽 4.18 米，高 4.89 米，内外垛墙较好，外垛墙设石直檐、垛口石、礌石孔；内垛墙设砖混檐、垛口石、望孔；墙顶阶梯式，宽 1.15 米，"左三司""左一部""左二司"等多种文字砖。此段墙体上有印文字砖，一般分有框和无框两种，文字有"左二司"，"左一司"有框为竖写，框长 0.075 米，宽 0.024 米。砖长 0.4 米，宽 0.2 米，厚 0.1 米。"左三司"框长 0.06 米，宽 0.025 米。无边框的"右一"为铺地方砖，"右二"框长 0.065 米，宽 0.03 米。方砖规格：0.36 米 × 0.36 米。存登城步道 1 处，宽 1.46 米，高 4.2 米，门宽 0.97 米，发现"右二"墁地方砖一块。

第 13 段：处于白羊峪 02 号敌台西北至白羊峪 03 号敌台，长约 200 米，保存较好。包砖墙宽 4.28 米，高 6.12 米，下部可见二层料石。顶部垛墙残高 1.91 米，垛口宽 0.46 米，残高 0.74 米；垛口石长 0.72 米，宽 0.4 米，厚 0.13 米。其中白羊峪长城拐点 001 点墙顶为阶梯式墙面，宽 1.72 米。

34. 白羊峪长城 1 段 1302833821021700034

位于迁安白羊峪村东约 700 米，起点坐标：东经 118° 43′ 53.60″，北纬 40° 11′ 33.00″，高程 353 米；止点坐标：东经 118° 43′ 36.90″，北纬 40° 11′ 48.20″，高程 266 米。

墙体长 687 米，分 5 段。其间设敌台 4 座，包括白羊峪 04 号敌台、白羊峪 05 号敌台、白羊峪 06 号敌台、白羊峪 07 号敌台。外包毛石砌筑，厚 0.65 ～ 0.85 米，墙芯碎石垒砌。

第 1 段：处于白羊峪 03 号敌台西北至白羊峪 04 号敌台，长约 185 米，保存一般。毛石墙体宽 4.6 米，残高 3 米，外侧嵳石坍塌 32 米，内侧大部分坍塌，只存 60 米。

第 2 段：处于白羊峪 04 号敌台西北至白羊峪 05 号敌台，长约 156 米，保存一般。毛石墙坍塌严重，宽 4 米，高 3.22 米，现用毛石干茬整齐。距白羊峪 05 号敌台 16.4 米处，存一敌坑，长 1.45 米，宽 1.24 米，深 1.09 米。白羊峪 05 号敌台东南约 40 米存基址 1 处，毛石垒砌，南北约 8.6 米，东西约 4.6 米，残高 1.2 米，用途不清。

第 3 段：处于白羊峪 05 号敌台西北至白羊峪 05 号敌台，长约 126 米，保存一般。毛石墙宽 4.4 米，高 3.2 米，现用毛石干茬整齐。

第 4 段：处于白羊峪 06 号敌台西北至白羊峪 07 号敌台，长约 110 米，保存一般。毛石墙宽 4.3 米，高 2.4 米，现用毛石干茬整齐。

第 5 段：处于白羊峪 07 号敌台西北至白羊峪谎城，长约 110 米，保存一般。墙顶宽 4.3 米，高 2.8 米，现用毛石干茬整齐。

35. 白羊峪长城 2 段 1302833821021700035

位于迁安白羊峪村东约 700 米，起点坐标：东经 118° 43′ 34.40″，北纬 40° 11′ 48.60″，高程 263 米；止点坐标：东经 118° 43′ 32.00″，北纬 40° 11′ 52.30″，高程 222 米。

墙体长 130 米，外包毛石砌筑，厚 0.65 ～ 0.85 米，墙芯碎石垒砌，顶部地面方砖铺墁，其间设敌台 1 座，为白羊峪 08 号敌台；处于白羊峪长城拐点 002 西北至白羊峪 08 号敌台，长约 130 米，保存一般。毛石墙宽 4.6 米，高 4.2 米，现用毛石砌筑，砂灰勾平缝，顶部偶见 0.39 米 × 0.395 米方砖。白羊峪 08 号敌台南侧 15 米处存基址一处，南北长 9.6 米，东西宽 8.7 米，残高 3.2 米，毛石砌筑，中间有长

2.9、宽 2.3 米的坑，深 0.9 米。整体保存较差。

36. 白羊峪长城 3 段 1302833382102170036

位于迁安白羊峪村东北约 300 米，起点坐标：东经 118° 43′ 32.00″，北纬 40° 11′ 52.30″，高程 222 米；止点坐标：东经 118° 43′ 30.60″，北纬 40° 11′ 55.70″，高程 225 米。

墙体全长 110 米，分 2 段。外包毛石砌筑，厚 0.65 ~ 0.85 米，墙芯碎石垒砌，其间设敌台 1 座，为白羊峪 09 号敌台；基址 1 处。

第 1 段：处于白羊峪 08 号敌台向北至白羊峪长城拐点 004，长约 45 米，保存差。毛石墙宽 4.6 米，高 0.8 米。白羊峪敌台 008 号西北 40 米处存基址 1 处，半圆形毛石砌筑，南北 59.5 米，东西 11.08 米，残高 2.8 米。整体保存较差。

第 2 段：处于白羊峪长城拐点 004 点向北至白羊峪 09 号敌台，长 65 米，保存一般。毛石墙宽 3.4 米，高 5.9 米，收分 0.6 米；内外设垛墙，厚 0.8 米，残高 1 米。

37. 白羊峪长城 4 段 1302833382102170037

位于迁安白羊峪村东北约 300 米，起点坐标：东经 118° 43′ 32.00″，北纬 40° 11′ 52.30″，高程 222 米；止点坐标：东经 118° 43′ 25.00″，北纬 40° 11′ 51.40″，高程 150 米。

墙体长 173 米，分 2 段。外包毛石砌筑，厚 0.65 ~ 0.85 米，墙芯碎石垒砌，其间设敌台 2 座，包括白羊峪 10 号敌台、白羊峪 11 号敌台。

第 1 段：处于白羊峪 08 号敌台向西至白羊峪 10 号敌台，长约 100 米，保存一般。毛石墙宽 4.8 米，高 6.4 米，现用毛石砌筑整齐。

第 2 段：处于白羊峪 10 号敌台向西至白羊峪 11 号敌台，长约 73 米，保存一般。毛石墙宽 4.8 米，北侧高 6.4 米，南侧高 0.9 米，现用毛石砌筑整齐。

38. 白羊峪长城 5 段 1302833382103170038

位于迁安白羊峪村东北约 300 米，起点坐标：东经 118° 43′ 25.00″，北纬 40° 11′ 51.40″，高程 150 米；止点坐标：东经 118° 43′ 20.90″，北纬 40° 11′ 51.50″，高程 190 米。

墙体长约 98 米，墙体位于白羊河谷内，已无存。

39. 白羊峪老爷庙西沟长城 1 段 1302833382102170039

位于迁安白羊峪村西北约 300 米，起点坐标：东经 118° 43′ 19.90″，北纬 40° 11′ 52.70″，高程 150 米；止点坐标：东经 118° 43′ 10.30″，北纬 40° 12′ 08.20″，高程 252 米。

墙体长 617 米，分 4 段。其间设敌台 4 座，包括白羊峪 12 号敌台、白羊峪 13 号敌台、白羊峪 14 号敌台、白羊峪 15 号敌台；马面 1 座，为白羊峪 01 号马面。外包毛石砌筑，厚 0.65 ~ 0.85 米，墙芯碎石垒砌。

第 1 段：处于白羊峪长城拐点 005 向北至白羊峪 12 号敌台，长约 110 米，保存差。毛石墙墙体，现只存墙基。

第 2 段：处于白羊峪 12 号敌台向北至白羊峪 13 号敌台，长约 230 米，保存一般。毛石墙体宽 2.6 ~ 3.35 米，残高 2.7 米，两侧种植侧柏。

第 3 段：处于白羊峪 13 号敌台向西北至白羊峪 14 号敌台，长约 152 米，保存较差。毛石墙宽 4 米，高 5.1 米，顶部偶见条砖墁地，墙体内外多处坍塌严重。

第 4 段：处于白羊峪 14 号敌台向西北至白羊峪 15 号敌台，长约 125 米，保存一般。毛石墙宽 4～4.3 米，高 2.6～5.1 米，顶部偶见条砖墁地，墙体内外多处坍塌。

40. 白羊峪老爷庙西沟长城 2 段 130283382103170040

位于迁安白羊峪村北约 700 米，起点坐标：东经 118°43′10.30″，北纬 40°12′08.20″，高程 252 米；止点坐标：东经 118°43′01.90″，北纬 40°12′15.40″，高程 319 米。

墙体长 339 米，分 3 段。其间设敌台 2 座，包括白羊峪 16 号敌台、白羊峪 17 号敌台；马面 1 座，为白羊峪 02 号马面。条石基础，外包城砖砌筑，白灰勾缝，墙芯毛石垒砌，内侧设砖拔檐，外侧设石拔檐，顶部地面方砖铺墁，内侧设宇墙，外侧设垛口墙，置礌石孔、望孔。整体保存较好，包砖保存较好，顶部墁砖、砖石檐、垛墙保存较好，大部分垛口石不存。

第 1 段：处于白羊峪 15 号敌台向西北至白羊峪 16 号敌台，长约 186 米，保存较好。砖包石结构，墙宽 4.59 米，高 6.2 米，外侧 0.2 米厚的包砖脱落。

第 2 段：处于白羊峪 16 号敌台向西至白羊峪 17 号敌台，长约 127 米，保存较好。砖包石结构，墙宽 4.59 米，高 6.2 米，保存较好，内外垛墙 57 米，外石檐一层、礌石孔，内砖混檐一层、望孔，垛口宽 0.43 米，高 1.85 米，垛口石不存。存炮 2 座，宽 1.65 米，长 2.7 米，高 0.48 米。

第 3 段：处于白羊峪 17 号敌台向西北至砖墙变石墙处，长约 26 米，保存较好。墙宽 4.24 米，高 6.2 米，外石檐一层、礌石孔，内砖混檐一层、望孔，垛口宽 0.43 米，高 1.85 米，垛口石不存。

41. 白羊峪老爷庙西沟长城 3 段 130283382102170041

位于迁安白羊峪村北约 800 米，起点坐标：东经 118°43′01.90″，北纬 40°12′15.40″，高程 319 米；止点坐标：东经 118°42′30.40″，北纬 40°12′26.50″，高程 512 米。

墙体长 897 米，分 5 段。其间设敌台 4 座，包括白羊峪 18 号敌台、白羊峪 19 号敌台、白羊峪 20 号敌台、白羊峪 21 号敌台；马面 3 座，包括白羊峪 03 号马面、白羊峪 04 号马面、白羊峪 05 号马面。

第 1 段：处于白羊峪长城拐点 006 点西北至白羊峪 18 号敌台，长约 56 米，保存一般。墙宽 4.24 米，高 3.45 米，墙顶可见条砖墁地，垛墙不存。外包毛石砌筑，厚 0.65～0.85 米，墙芯碎石垒砌。

第 2 段：处于白羊峪 18 号敌台西北至白羊峪 19 号敌台，长约 205 米，保存一般。毛石墙大部分内侧坍塌，宽 1.97～2.2 米，高 2.4～2.88 米。

第 3 段：处于白羊峪 19 号敌台西北至白羊峪 20 号敌台，长约 230 米，保存一般。毛石墙宽 1.97 米，高 2.88 米，两侧山杏林。

第 4 段：处于白羊峪 20 号敌台向西至白羊峪 21 号敌台，长约 306 米，保存差。毛石墙宽 1.9～2.2 米，残高 0.6～1.7 米。

第 5 段：处于白羊峪 21 号敌台向西至白羊峪山险，长约 100 米，保存差。毛石墙宽 1.9～2.2 米，残高 0.6～1.7 米。

42. 白羊峪老爷庙西沟长城 4 段 130283382106170042

位于白羊峪村西北约 1.2 千米，起点坐标：东经 118°42′30.40″，北纬 40°12′26.50″，高程 512 米；

止点坐标：东经 118° 42′ 21.20″，北纬 40° 12′ 27.50″，高程 569 米。

此段为山险，长 230 米，其间设烽火台 1 座，为四道沟烽火台 01 号。两侧植被多为树木、灌木、杂草。

43. 大片石长城 1 段 130283382102170043

位于四道沟村东北约 1.5 千米，起点坐标：东经 118° 42′ 21.20″，北纬 40° 12′ 27.50″，高程 569 米；止点坐标：东经 118° 41′ 56.20″，北纬 40° 12′ 59.50″，高程 644 米。

墙体长 1279 米，分 4 段。其间设敌台 3 座，包括四道沟 02 号敌台、四道沟 03 号敌台、四道沟 04 号敌台。外包毛石砌筑，墙芯碎石垒砌。

第 1 段：处于四道沟 01 号敌台向北至四道沟 02 号敌台，长约 398 米，保存差。毛石墙体宽 2.24 米，高 0.94 米。

第 2 段：处于四道沟 02 号敌台向西北至四道沟 03 号敌台，长约 265 米，保存差。毛石墙体宽 2.2 米，高 0.6 ～ 0.94 米。

第 3 段：处于四道沟 03 号敌台向西北至四道沟 04 号敌台，长约 266 米，保存差。毛石墙体宽 2 ～ 2.2 米，高 0.6 ～ 0.9 米。

第 4 段：处于四道沟 04 号敌台西北至大片石长城拐点 002 点，长约 350 米，保存差。宽 2.6 米，残高 1.8 米，坍塌严重。

44. 大片石长城 2 段 130283382103170044

位于四道沟村东北约 2 千米，起点坐标：东经 118° 41′ 56.20″，北纬 40° 12′ 59.50″，高程 644 米；止点坐标：东经 118° 41′ 46.70″，北纬 40° 13′ 05.80″，高程 562 米。

墙体长 312 米。其间设烽火台 1 座，登城步道 3 处。条石基础，外包城砖砌筑，白灰勾缝，内外侧设砖拔檐，顶部地面方砖铺墁，外侧设垛口墙。

处于大片石长城拐点 002 点西北至大片石长城拐点 003 点，长约 312 米，保存较好。包砖墙宽 3.8 米，高 4.43 米，内外设垛墙、望孔和砖檐，望孔宽 0.21 米，高 0.24 米。原垛口尚存，外垛墙高 1.95 ～ 2.16 米，厚 0.41 米，垛口宽 0.45 米，残高 0.92 米，设垛口石。内垛口墙残高 1.4 米，垛口宽 0.42 米，设垛口砖，垛墙之间 2.87 米。条砖规格：0.37 米 × 0.19 米 × 0.095 米。墙顶长有山丁子灌木，直径 13 厘米油松一棵。长城内侧油松林。设登城步道 3 处：其一门宽 0.92 米，厚 0.48 米，高 1.75 米，券脚高 1.41 米，一伏一券；其二宽 0.98 米，券顶已坍塌；其三门宽 0.83 米，此处发现石碑座一块，宽 0.4 米，长 0.72 米，厚 0.22 米，碑槽宽 0.19 米，长 0.29 米。

45. 大片石长城 3 段 130283382102170045

位于四道沟村东北约 2 千米，起点坐标：东经 118° 41′ 46.70″，北纬 40° 13′ 05.80″，高程 562 米；止点坐标：东经 118° 41′ 02.30″，北纬 40° 13′ 27.20″，高程 411 米。

墙体长 1432 米，分 5 段。其间设敌台 6 座，包括四道沟 05 号敌台、四道沟 06 号敌台、四道沟 07 号敌台、小关 01 号敌台、小关 02 号敌台、小关 03 号敌台；烽火台 2 座，包括四道沟 02 号烽火台、四道沟 03 号烽火台；基址 2 处。外包毛石砌筑，墙芯碎石垒砌。

第 1 段：处于大片石长城拐点 003 点西北至四道沟 05 号敌台，长约 178 米，宽 2.6 米，残高 1.8 米，坍塌严重。

第 2 段：处于四道沟 05 号敌台西北至四道沟 06 号敌台，长约 310 米，毛石墙坍塌严重。四道沟 03 号烽火台南侧 20 米存基址 1 处，东西 18 米，南北 6 米，墙厚 0.8 米，残高 2.4 米。

第 3 段：处于四道沟 06 号敌台西北至小关 01 号敌台，长约 350 米，保存差。毛石墙坍塌严重，只存墙基。

第 4 段：处于小关 01 号敌台向西至小关 02 号敌台，长约 432 米，保存较差。毛石墙宽 3 米，残高 1.7 米。

第 5 段：处于小关 02 号敌台西北至小关 03 号敌台，长约 162 米，保存较差。毛石墙宽 3.1 米，残高 1.9 米。长城内侧存方形基址 1 处，长 7.9 米，宽 7.4 米。

46. 白河滩东沟长城 1 段 1302833821021700046

位于迁安小关村东北约 2 千米，起点坐标：东经 118° 41′ 02.30″，北纬 40° 13′ 27.20″，高程 411 米；止点坐标：东经 118° 40′ 14.40″，北纬 40° 13′ 58.90″，高程 663 米。

墙体长 1727 米，分 8 段。其间设敌台 7 座，包括小关 04 号敌台、小关 05 号敌台、小关 06 号敌台、小关 07 号敌台、新开岭 01 号敌台、新开岭 02 号敌台、新开岭 03 号敌台；马面 2 座，包括小关 01 号马面、新开岭 02 号马面。外包毛石砌筑，墙芯碎石垒砌。

第 1 段：处于小关 03 号敌台向西北至小关 04 号敌台，长约 117 米，宽 3 ～ 4.3 米，残高 2.8 ～ 3.6 米。

第 2 段：处于小关 04 号敌台向西北至小关 05 号敌台，长约 238 米，保存较差。毛石墙宽 3 ～ 4.3 米，残高 3.64 米。

第 3 段：处于小关 05 号敌台向西北至小关 06 号敌台，长约 84 米，保存较差。毛石墙宽 3 ～ 4.3 米，残高 3.6 米。

第 4 段：处于小关 06 号敌台向西北至小关 07 号敌台，长约 330 米，保存差。毛石墙宽 3 ～ 4.3 米，残高 0.6 ～ 2.6 米，大部分只存墙基。

第 5 段：处于小关 07 号敌台向西北至新开岭 01 号敌台，长约 438 米，保存差。毛石墙宽 0.8 ～ 1.7 米，与山险交叉砌筑，坍塌严重。

第 6 段：处于新开岭 01 号敌台向西北至新开岭 01 号敌台，长约 200 米，保存差。毛石墙宽 1.7 米，与山险交叉砌筑，坍塌严重。

第 7 段：处于新开岭 02 号敌台向西北至新开岭 03 号敌台，长约 220 米，保存差。毛石墙宽 1.7 米，与山险交叉砌筑，坍塌严重。

第 8 段：处于新开岭 03 号敌台向西北至白河滩长城山险，长约 100 米，保存差。毛石墙宽 1.7 米，与山险交叉砌筑。

47. 白河滩东沟长城 2 段 1302833821061700047

位于迁安新开岭村东北约 1.5 千米，起点坐标：东经 118° 40′ 14.40″，北纬 40° 13′ 58.90″，高程 663 米；止点坐标：东经 118° 40′ 09.50″，北纬 40° 14′ 00.30″，高程 683 米。

此段为山险，长 145 米。其间设烽火台 1 座，为四道沟 04 号烽火台。两侧植被多为树木、灌木、杂草。

48. 白河滩东沟长城 3 段 130283382102170048

位于迁安新开岭村东北约 700 米，起点坐标：东经 118° 40′ 09.50″，北纬 40° 14′ 00.30″，高程 683 米；止点坐标：东经 118° 39′ 32.80″，北纬 40° 14′ 37.70″，高程 629 米。

墙体长 1595 米，分 6 段。其间设敌台 6 座，包括新开岭 01 号敌台、新开岭 05 号敌台、新开岭 06 号敌台、马井子 01 号敌台、马井子 02 号敌台、马井子 03 号敌台；马面 1 座，为新开岭 02 号马面；烽火台 1 座，为新开岭 02 号烽火台。外包毛石砌筑，墙芯碎石垒砌。

第 1 段：处于白河滩长城山险西北至新开岭 04 号敌台，长约 215 米，保存差。毛石墙宽 1.7 米，与山险交叉砌筑。

第 2 段：处于新开岭 04 号敌台西北至新开岭 05 号敌台，长约 240 米，保存差。毛石墙宽 1.7 米，毛石墙与山险交替砌筑。

第 3 段：处于新开岭 05 号敌台西北至新开岭 06 号敌台，长约 345 米，保存较差。其间毛石墙由宽变窄，白河滩长城拐点 008 点后东向西由宽 2.4 米变为 0.8 米，高由 3.1 米变为 1.3 米。

第 4 段：处于新开岭 06 号敌台西北至马井子 01 号敌台，长约 185 米，保存较差。墙宽 1.4 米，高 1.1 米，其中 128 米墙体坍塌只存墙基。

第 5 段：处于马井子 01 号敌台西北至马井子 02 号敌台，长约 180 米，保存差。毛石墙残存墙基，毛石墙与山险交替砌筑。

第 6 段：处于马井子 02 号敌台西北至马井子 03 号敌台，长约 430 米，保存差。毛石墙残存墙基，毛石墙与山险交替砌筑。

49. 马井子长城 1 段 130283382102170049

位于马井子村东北约 1.5 千米，起点坐标：东经 118° 39′ 32.80″，北纬 40° 14′ 37.70″，高程 629 米；止点坐标：东经 118° 38′ 52.30″，北纬 40° 14′ 55.80″，高程 592 米。

墙体长 1270 米，分 3 段。其间设敌台 2 座，包括马井子 04 号敌台、马井子 05 号敌台；马面 1 座，为马井子 01 号马面。外包毛石砌筑，墙芯碎石夯筑。墙体北侧多为宜林山地，南侧偶有松树林。

第 1 段：处于马井子 03 号敌台西北至马井子 04 号敌台，长约 615 米，保存差。毛石墙残存墙基，宽 1.4 米，高 0.7 米，与山险交替砌筑。

第 2 段：处于马井子 04 号敌台西北至马井子 05 号敌台，长约 330 米，保存差。毛石墙宽 1.7 米，残高 3.12 米，内侧为天然岩石。

第 3 段：处于马井子 05 号敌台西北至马井子长城断止点，长约 325 米，毛石墙只存墙基。

50. 马井子长城 2 段 130283382103170050

位于马井子村东北约 1.3 千米，起点坐标：东经 118° 38′ 52.30″，北纬 40° 14′ 55.80″，高程 592 米；止点坐标：东经 118° 38′ 51.30″，北纬 40° 14′ 56.00″，高程 687 米。

墙体全长 24 米，顶宽 3.3 米，残高 5.13 米，垛墙厚 1.04 米，内侧宇墙不存。

51. 马井子长城 3 段 1302833382102170051

位于马井子村东北约 1.3 千米，起点坐标：东经 118° 38′ 51.30″，北纬 40° 14′ 56.00″，高程 687 米；止点坐标：东经 118° 38′ 42.10″，北纬 40° 14′ 57.40″，高程 641 米。

墙体长 240 米，分 2 段。其间设敌台 1 座，为马井子 06 号敌台。外包毛石砌筑，墙芯碎石夯筑，两侧多为宜林山地。

第 1 段：处于马井子长城拐点 005 西北至马井子 06 号敌台，长约 180 米，仅存墙基。

第 2 段：处于马井子 06 号敌台向西南至马井子长城拐点 007，长约 60 米，仅存墙基。

52. 马井子长城 4 段 1302833382103170052

位于马井子村北约 1.5 千米，起点坐标：东经 118° 38′ 42.10″，北纬 40° 14′ 57.40″，高程 641 米；止点坐标：东经 118° 38′ 38.60″，北纬 40° 14′ 54.00″，高程 577 米。

墙体长 144 米，条石基础，外包城砖砌筑，白灰勾缝，设砖拔檐，顶部地面方砖铺墁，外侧设垛口墙。包砖墙宽 3.5 米，墙体高 5.34 米，其中垛墙残高 1.77 米，砖墙通道宽 1.45 米。外侧阶梯式垛墙，墙顶存有少量墁地方砖，方砖规格：0.38 米 ×0.38 米，外设礌石孔，孔宽 0.22 米，高 0.57 米，一层砖檐。内侧存登城步道 4 处。

登城步道 1：由马井子 03 号敌台向南在狼牙墙内侧（东侧）有通墙券门，门洞宽 1.56 米，门宽 1.12 米，高 2.03 米，深 0.92 米。上为一伏一券，券厚 0.3 米。与此相对外墙垛向南 5 米有礌石孔，孔宽 0.2 米，高 0.63 米，深 0.44 米。内侧一层砖混檐，宇墙不存。

登城步道 2：门宽 1 米，高 1.42 米，深 0.86 米。上券为一伏一券，墙距 1.32 米。墙体内侧有出水槽，宽 0.25 米，高 0.16 米，深 0.35 米。下置有石槽以备排水。

登城步道 3：门宽 1.11 米，高 1.54 米，深 0.77 米。

登城步道 4：门宽 1.11 米，高 1.54 米，深 0.77 米。

53. 马井子长城 5 段 1302833382102170053

位于马井子村北约 1.5 千米，起点坐标：东经 118° 38′ 38.60″，北纬 40° 14′ 54.00″，高程 577 米；止点坐标：东经 118° 38′ 12.60″，北纬 40° 14′ 55.90″，高程 468 米。

墙体长 740 米，分 3 段。设敌台 2 座，包括马井子 07 号敌台、马井子 08 号敌台；马面 1 座，为马井子 02 号马面；登城步道 1 处。外包毛石砌筑，墙芯碎石垒砌。

第 1 段：位于马井子长城拐点 008 西南至马井子 07 号敌台，长约 326 米，整体保存一般。毛石墙残高 4.29 米，顶宽 3.7 米，其中后期加宽 1.1 米，外侧大部分坍塌，顶部偶见二层条砖。

第 2 段：位于马井子 07 号敌台西北至马井子 02 号马面，长约 226 米，整体保存一般。毛石墙宽 3.2 米，残高 4.22 米，外侧 80% 坍塌，仅存内侧 1 ～ 1.7 米墙体，墙顶偶见二层条砖。

第 3 段：位于马井子 02 号马面西北至马井子 08 号敌台，长约 188 米，整体保存较差。毛石墙内侧坍塌 80%，外侧拦马墙。马井子 07 号敌台西内侧 25 米处设登城步道 1 处，宽 1.2 米，高 2.27 米，坍塌严重。

54. 四十二口梁长城 130283382102170054

位于马井子村西北约 1.6 千米，起点坐标：东经 118° 38′ 12.60″，北纬 40° 14′ 55.90″，高程 468 米；止点坐标：东经 118° 37′ 14.20″，北纬 40° 15′ 06.70″，高程 592 米。

墙体长 1775 米，分 7 段。其间设敌台 6 座，包括马井子 09 号敌台、红峪口 01 号敌台、红峪口 02 号敌台、红峪口 03 号敌台、红峪口 04 号敌台、红峪口 05 号敌台、登城步道 1 处，暗门 2 处，北侧约 30 ～ 80 米处设拦马沟。外包毛石砌筑，墙芯碎石夯筑。

第 1 段：处于马井子 08 号敌台西北至马井子 09 号敌台，长约 390 米，保存一般。毛石墙体宽 4.36 米，高 3.6 米。马井子 08 号敌台西内侧 8 米存登城步道 1 处，宽 1.2 米，高 2.27 米，坍塌严重。马井子 09 号敌台南约 20 米存暗门 1 处，暗门内设登城步道，外侧门口门券洞宽 1 米，高 1.77 米，深 1.18 米，门宽 0.59 米，高 1.54 米。门柱石厚 0.4 米，高 0.92 米。门槛石无存。压柱石以上 9 块石起券。内侧门宽 1.07 米，高 1.78 米。墙梯口宽 1.54 米，向南有 6 级台阶，向北有 18 级台阶。

第 2 段：处于马井子 09 号敌台向西至红峪口 01 号敌台，长约 158 米，保存一般。毛石墙宽 3.8 米，近代修缮整齐，顶部铺墁碎条砖。

第 3 段：处于红峪口 01 号敌台向西至红峪口 02 号敌台，长约 210 米，保存一般。毛石墙近代修缮整齐，顶部铺墁碎条砖。

第 4 段：处于红峪口 02 号敌台向西至红峪口 03 号敌台，长约 200 米，保存一般。毛石墙近代修缮整齐，顶部铺墁碎条砖。

第 5 段：处于红峪口 03 号敌台西南至红峪口 04 号敌台，长约 85 米，保存一般。毛石墙近代修缮整齐，顶部夯三合土。

第 6 段：处于红峪口 04 号敌台西北至红峪口 05 号敌台，长约 462 米，保存一般。墙宽 4.5 米，高 4.72 米，大部分毛石墙现代修缮整齐，顶部铺墁碎条砖与夯三合土相结合。其中红峪口长城拐点 006 为近代修缮，中部外侧有 35 米坍塌。墙体宽 3.9 米，高 3.7 米；四十二口梁长城暗门 001 两侧为近代修缮过的便门及墙体，墙体长 64 米。存四十二口梁长城暗门 001，宽 3.54 米，高 4.36 米，券角高 3.21 米，门进深 8.57 米。

第 7 段：处于红峪口 05 号敌台向西至迁安与迁西县交界点，长约 270 米，保存一般。毛石墙体，墙顶部夯土。红峪口 05 号敌台外侧东北山坳处，存毛石拦马墙，长 100 米。

（二）单体建筑

迁安市明长城单体建筑一览表（单位：座）

编号	认定名称	认定编码	材质	保存程度				
				较好	一般	较差	差	消失
1	徐流口 01 号敌台	130283352101170001	砖			√		
2	徐流口 02 号敌台	130283352101170002	砖	√				
3	徐流口 03 号敌台	130283352101170003	砖	√				

（续）

编号	认定名称	认定编码	材质	保存程度				
				较好	一般	较差	差	消失
4	徐流口 04 号敌台	1302833521011170004	砖			√		
5	徐流口 05 号敌台	1302833521011170005	砖			√		
6	徐流口 06 号敌台	1302833521011170006	砖			√		
7	徐流口 07 号敌台	1302833521011170007	砖	√				
8	徐流口 08 号敌台	1302833521011170008	砖		√			
9	徐流口 09 号敌台	1302833521011170009	砖	√				
10	徐流口 10 号敌台	1302833521011170010	砖			√		
11	徐流口 11 号敌台	1302833521011170011	砖		√			
12	徐流口 12 号敌台	1302833521011170012	砖	√				
13	徐流口 13 号敌台	1302833521011170013	砖		√			
14	徐流口 14 号敌台	1302833521011170014	砖	√				
15	徐流口 15 号敌台	1302833521011170015	砖			√		
16	徐流口 16 号敌台	1302833521011170016	砖	√				
17	徐流口 17 号敌台	1302833521011170017	砖		√			
18	徐流口 18 号敌台	1302833521011170018	砖			√		
19	徐流口 19 号敌台	1302833521011170019	砖			√		
20	徐流口 20 号敌台	1302833521011170020	砖		√			
21	徐流口 21 号敌台	1302833521011170021	砖			√		
22	河流口 01 号敌台	1302833521011170022	砖	√				
23	河流口 02 号敌台	1302833521011170023	砖		√			
24	河流口 03 号敌台	1302833521011170024	砖			√		
25	河流口 04 号敌台	1302833521011170025	砖			√		
26	河流口 05 号敌台	1302833521011170026	砖		√			
27	河流口 06 号敌台	1302833521011170027	砖		√			
28	河流口 07 号敌台	1302833521011170028	砖	√				
29	河流口 08 号敌台	1302833521011170029	砖		√			
30	河流口 09 号敌台	1302833521011170030	砖				√	
31	河流口 10 号敌台	1302833521011170031	砖				√	
32	河流口 11 号敌台	1302833521011170032	砖			√		
33	河流口 12 号敌台	1302833521011170033	砖			√		
34	河流口 13 号敌台	1302833521011170034	砖			√		
35	河流口 14 号敌台	1302833521011170035	砖			√		
36	河流口 15 号敌台	1302833521011170036	砖	√				
37	河流口 16 号敌台	1302833521011170037	砖	√				
38	河流口 17 号敌台	1302833521011170038	砖	√				
39	杨丈子 01 号敌台	1302833521011170039	砖	√				
40	杨丈子 02 号敌台	1302833521011170040	砖			√		

（续）

编号	认定名称	认定编码	材质	保存程度				
				较好	一般	较差	差	消失
41	杨丈子 03 号敌台	1302833521 01170041	砖			√		
42	杨丈子 04 号敌台	1302833521 01170042	砖		√			
43	杨丈子 05 号敌台	1302833521 01170043	砖		√			
44	杨丈子 06 号敌台	1302833521 01170044	砖	√				
45	杨丈子 07 号敌台	1302833521 01170045	砖	√				
46	杨丈子 08 号敌台	1302833521 01170046	砖		√			
47	四道河 01 号敌台	1302833521 01170047	砖			√		
48	四道河 02 号敌台	1302833521 01170048	砖	√				
49	东二道河 01 号敌台	1302833521 01170049	砖	√				
50	东二道河 02 号敌台	1302833521 01170050	砖			√		
51	东二道河 03 号敌台	1302833521 01170051	砖			√		
52	东二道河 04 号敌台	1302833521 01170052	砖			√		
53	东二道河 05 号敌台	1302833521 01170053	砖			√		
54	东二道河 06 号敌台	1302833521 01170054	砖			√		
55	东二道河 07 号敌台	1302833521 01170055	砖			√		
56	东二道河 08 号敌台	1302833521 01170056	砖			√		
57	冷口 01 号敌台	1302833521 01170057	砖				√	
58	冷口 02 号敌台	1302833521 01170058	砖				√	
59	冷口 03 号敌台	1302833521 01170059	砖				√	
60	冷口 04 号敌台	1302833521 01170060	砖				√	
61	西二道河 01 号敌台	1302833521 01170061	砖				√	
62	西二道河 02 号敌台	1302833521 01170062	砖		√			
63	西二道河 03 号敌台	1302833521 01170063	砖	√				
64	西二道河 04 号敌台	1302833521 01170064	砖	√				
65	汤丈子 01 号敌台	1302833521 01170065	砖			√		
66	汤丈子 02 号敌台	1302833521 01170066	砖		√			
67	汤丈子 03 号敌台	1302833521 01170067	砖		√			
68	汤丈子 04 号敌台	1302833521 01170068	砖	√				
69	汤丈子 05 号敌台	1302833521 01170069	砖			√		
70	汤丈子 06 号敌台	1302833521 01170070	砖			√		
71	汤丈子 07 号敌台	1302833521 01170071	砖			√		
72	汤丈子 08 号敌台	1302833521 01170072	砖			√		
73	观音沟 01 号敌台	1302833521 01170073	砖		√			
74	小龙庙 01 号敌台	1302833521 01170074	砖		√			
75	小龙庙 02 号敌台	1302833521 01170075	砖		√			
76	小龙庙 03 号敌台	1302833521 01170076	砖	√				
77	大龙庙 01 号敌台	1302833521 01170077	砖		√			

（续）

编号	认定名称	认定编码	材质	保存程度				
				较好	一般	较差	差	消失
78	大龙庙 02 号敌台	130283352101170078	砖		√			
79	大龙庙 03 号敌台	130283352101170079	砖		√			
80	大龙庙 04 号敌台	130283352101170080	砖	√				
81	大龙庙 05 号敌台	130283352101170081	砖	√				
82	大龙庙 06 号敌台	130283352101170082	砖	√				
83	大龙庙 07 号敌台	130283352101170083	砖	√				
84	大龙庙 08 号敌台	130283352101170084	砖			√		
85	大龙庙 09 号敌台	130283352101170085	砖			√		
86	大龙庙 10 号敌台	130283352101170086	砖			√		
87	大龙庙 11 号敌台	130283352101170087	砖			√		
88	大龙庙 12 号敌台	130283352101170088	砖	√				
89	大龙庙 13 号敌台	130283352101170089	砖		√			
90	大龙庙 14 号敌台	130283352101170090	砖		√			
91	大龙庙 15 号敌台	130283352101170091	砖		√			
92	南杖子 01 号敌台	130283352101170092	砖	√				
93	南杖子 02 号敌台	130283352101170093	砖		√			
94	南杖子 03 号敌台	130283352101170094	砖	√				
95	韩杖子 01 号敌台	130283352101170095	砖		√			
96	韩杖子 02 号敌台	130283352101170096	砖		√			
97	韩杖子 03 号敌台	130283352101170097	砖			√		
98	韩杖子 04 号敌台	130283352101170098	砖	√				
99	韩杖子 05 号敌台	130283352101170099	砖		√			
100	王台子 01 号敌台	130283352101170100	砖		√			
101	王台子 02 号敌台	130283352101170101	砖	√				
102	王台子 03 号敌台	130283352101170102	砖	√				
103	王台子 04 号敌台	130283352101170103	砖	√				
104	白羊峪 01 号敌台	130283352101170104	砖	√				
105	白羊峪 02 号敌台	130283352101170105	砖	√				
106	白羊峪 03 号敌台	130283352101170106	砖	√				
107	白羊峪 04 号敌台	130283352101170107	砖		√			
108	白羊峪 05 号敌台	130283352101170108	砖		√			
109	白羊峪 06 号敌台	130283352101170109	砖		√			
110	白羊峪 07 号敌台	130283352101170110	砖		√			
111	白羊峪 08 号敌台	130283352101170111	砖		√			
112	白羊峪村 09 号敌台	130283352101170112	砖			√		
113	白羊峪 10 号敌台	130283352101170113	砖			√		
114	白羊峪 11 号敌台	130283352101170114	砖			√		

（续）

编号	认定名称	认定编码	材质	保存程度				
				较好	一般	较差	差	消失
115	白羊峪 12 号敌台	1302833521011700115	砖			√		
116	白羊峪 13 号敌台	1302833521011700116	砖			√		
117	白羊峪 14 号敌台	1302833521011700117	砖			√		
118	白羊峪 15 号敌台	1302833521011700118	砖			√		
119	白羊峪 16 号敌台	1302833521011700119	砖	√				
120	白羊峪 17 号敌台	1302833521011700120	砖	√				
121	白羊峪 18 号敌台	1302833521011700121	砖		√			
122	白羊峪 19 号敌台	1302833521011700122	砖	√				
123	白羊峪 20 号敌台	1302833521011700123	砖		√			
124	白羊峪 21 号敌台	1302833521011700124	砖		√			
125	四道沟 01 号敌台	1302833521011700125	砖	√				
126	四道沟 02 号敌台	1302833521011700126	砖		√			
127	四道沟 03 号敌台	1302833521011700127	砖	√				
128	四道沟 04 号敌台	1302833521011700128	砖	√				
129	四道沟 05 号敌台	1302833521011700129	砖	√				
130	四道沟 06 号敌台	1302833521011700130	砖	√				
131	小关 01 号敌台	1302833521011700131	砖	√				
132	小关 02 号敌台	1302833521011700132	砖	√				
133	小关 03 号敌台	1302833521011700133	砖			√		
134	小关 04 号敌台	1302833521011700134	砖			√		
135	小关 05 号敌台	1302833521011700135	砖	√				
136	小关 06 号敌台	1302833521011700136	砖		√			
137	小关 07 号敌台	1302833521011700137	砖	√				
138	新开岭 01 号敌台	1302833521011700138	砖	√				
139	新开岭 02 号敌台	1302833521011700139	砖	√				
140	新开岭 03 号敌台	1302833521011700140	砖			√		
141	新开岭 04 号敌台	1302833521011700141	砖		√			
142	新开岭 05 号敌台	1302833521011700142	砖			√		
143	新开岭 06 号敌台	1302833521011700143	砖	√				
144	马井子 01 号敌台	1302833521011700144	砖	√				
145	马井子 02 号敌台	1302833521011700145	砖	√				
146	马井子 03 号敌台	1302833521011700146	砖	√				
147	马井子 04 号敌台	1302833521011700147	砖	√				
148	马井子 05 号敌台	1302833521011700148	砖	√				
149	马井子 06 号敌台	1302833521011700149	砖	√				
150	马井子 07 号敌台	1302833521011700150	砖			√		
151	马井子 08 号敌台	1302833521011700151	砖			√		

（续）

编号	认定名称	认定编码	材质	保存程度				
				较好	一般	较差	差	消失
152	马井子 09 号敌台	130283352101170152	砖		√			
153	红峪口 01 号敌台	130283352101170153	砖		√			
154	红峪口 02 号敌台	130283352101170154	砖			√		
155	红峪口 03 号敌台	130283352101170155	砖			√		
156	红峪口 04 号敌台	130283352101170156	砖			√		
157	红峪口 05 号敌台	130283352101170157	砖		√			
158	河流口 01 号烽火台	130283353201170158	石		√			
159	河流口 02 号烽火台	130283353201170159	石		√			
160	河流口 03 号烽火台	130283353201170160	石		√			
161	河流口 04 号烽火台	130283353201170161	石			√		
162	河流口 05 号烽火台	130283353201170162	石			√		
163	河流口 06 号烽火台	130283353201170163	石			√		
164	河流口 07 号烽火台	130283353201170164	石			√		
165	河流口 08 号烽火台	130283353201170165	石			√		
166	河流口 09 号烽火台	130283353201170166	石			√		
167	冷口 01 号烽火台	130283353201170167	石			√		
168	冷口 02 号烽火台	130283353201170168	石		√			
169	西二道河 01 号烽火台	130283353201170169	石			√		
170	西二道河 02 号烽火台	130283353201170170	石		√			
171	观音沟 01 号烽火台	130283353201170171	石			√		
172	观音沟 02 号烽火台	130283353201170172	石			√		
173	观音沟 03 号烽火台	130283353201170173	石			√		
174	王台子 01 号烽火台	130283353201170174	石			√		
175	白羊峪 01 号烽火台	130283353201170175	石				√	
176	四道沟 01 号烽火台	130283353201170176	石			√		
177	四道沟 02 号烽火台	130283353201170177	石			√		
178	四道沟 03 号烽火台	130283353201170178	石			√		
179	四道沟 04 号烽火台	130283353201170179	石			√		
180	新开岭 01 号烽火台	130283353201170180	石			√		
181	新开岭 02 号烽火台	130283353201170181	石			√		
182	徐流口长城 01 段 1 号暗门	130283352199170182	石	√				
183	杨丈子长城（13 段）1 号暗门	130283352199170183	石	√				
184	大龙庙长城 1 号暗门	130283352199170184	石	√				
185	韩丈子长城 1 号暗门	130283352199170185	石	√				
186	马井子长城 1 号暗门	130283352199170186	石	√				
187	红峪口长城 1 号暗门	130283352199170187	石	√				
188	徐流口 01 号马面	130283352102170188	石	√				

（续）

编号	认定名称	认定编码	材质	保存程度				
				较好	一般	较差	差	消失
189	徐流口 02 号马面	1302833521021701 89	石	√				
190	徐流口 03 号马面	130283352102170190	石	√				
191	徐流口 04 号马面	130283352102170191	石		√			
192	徐流口 05 号马面	130283352102170192	石		√			
193	徐流口 06 号马面	130283352102170193	石	√				
194	河流口 01 号马面	130283352102170194	石	√				
195	河流口 02 号马面	130283352102170195	石	√				
196	河流口 03 号马面	130283352102170196	石	√				
197	河流口 04 号马面	130283352102170197	石		√			
198	河流口 05 号马面	130283352102170198	石	√				
199	河流口 06 号马面	130283352102170199	石	√				
200	河流口 07 号马面	130283352102170200	石		√			
201	河流口 08 号马面	130283352102170201	石	√				
202	河流口 09 号马面	130283352102170202	石		√			
203	河流口 10 号马面	130283352102170203	石		√			
204	河流口 11 号马面	130283352102170204	石		√			
205	河流口 12 号马面	130283352102170205	石		√			
206	河流口 13 号马面	130283352102170206	石		√			
207	河流口 14 号马面	130283352102170207	石		√			
208	河流口 15 号马面	130283352102170208	石			√		
209	河流口 16 号马面	130283352102170209	石	√				
210	河流口 17 号马面	130283352102170210	石		√			
211	河流口 18 号马面	130283352102170211	石		√			
212	河流口 19 号马面	130283352102170212	石		√			
213	河流口 20 号马面	130283352102170213	石	√				
214	河流口 21 号马面	130283352102170214	石	√				
215	河流口 22 号马面	130283352102170215	石		√			
216	河流口 23 号马面	130283352102170216	石			√		
217	河流口 24 号马面	130283352102170217	石		√			
218	河流口 25 号马面	130283352102170218	石		√			
219	河流口 26 号马面	130283352102170219	石		√			
220	河流口 27 号马面	130283352102170220	石		√			
221	杨丈子 01 号马面	130283352102170221	石		√			
222	杨丈子 02 号马面	130283352102170222	石	√				
223	杨丈子 03 号马面	130283352102170223	石		√			
224	杨丈子 04 号马面	130283352102170224	石	√				
225	杨丈子 05 号马面	130283352102170225	石	√				

（续）

编号	认定名称	认定编码	材质	保存程度				
				较好	一般	较差	差	消失
226	四道河 01 号马面	1302833 52102170226	石		√			
227	东二道河 01 号马面	1302833 52102170227	石		√			
228	东二道河 02 号马面	1302833 52102170228	石		√			
229	东二道河 03 号马面	1302833 52102170229	石		√			
230	东二道河 04 号马面	1302833 52102170230	石		√			
231	冷口 01 号马面	1302833 52102170231	石	√				
232	冷口 02 号马面	1302833 52102170232	石		√			
233	冷口 03 号马面	1302833 52102170233	石		√			
234	冷口 04 号马面	1302833 52102170234	石		√			
235	冷口 05 号马面	1302833 52102170235	石		√			
236	冷口 06 号马面	1302833 52102170236	石		√			
237	西二道河 01 号马面	1302833 52102170237	石			√		
238	西二道河 02 号马面	1302833 52102170238	石	√				
239	汤丈子九队 01 号马面	1302833 52102170239	石		√			
240	汤丈子 02 号马面	1302833 52102170240	石	√				
241	汤丈子 03 号马面	1302833 52102170241	石			√		
242	汤丈子 04 号马面	1302833 52102170242	石		√			
243	汤丈子 05 号马面	1302833 52102170243	石	√				
244	汤丈子 06 号马面	1302833 52102170244	石		√			
245	小龙庙 01 号马面	1302833 52102170245	石		√			
246	观音沟 01 号马面	1302833 52102170246	石	√				
247	观音沟 02 号马面	1302833 52102170247	石			√		
248	观音沟 03 号马面	1302833 52102170248	石			√		
249	观音沟 04 号马面	1302833 52102170249	石			√		
250	观音沟 05 号马面	1302833 52102170250	石			√		
251	观音沟 06 号马面	1302833 52102170251	石			√		
252	观音沟 07 号马面	1302833 52102170252	石	√				
253	观音沟 08 号马面	1302833 52102170253	砖			√		
254	观音沟 09 号马面	1302833 52102170254	石			√		
255	观音沟 10 号马面	1302833 52102170255	石		√			
256	观音沟 11 号马面	1302833 52102170256	石	√				
257	观音沟 12 号马面	1302833 52102170257	石	√				
258	大龙庙 01 号马面	1302833 52102170258	石			√		
259	大龙庙 02 号马面	1302833 52102170259	石		√			
260	南杖子 01 号马面	1302833 52102170260	石		√			
261	南杖子 02 号马面	1302833 52102170261	石			√		
262	南杖子 03 号马面	1302833 52102170262	石	√				

（续）

编号	认定名称	认定编码	材质	保存程度				
				较好	一般	较差	差	消失
263	南杖子 04 号马面	130283352102170263	石	√				
264	王台子 01 号马面	130283352102170264	石	√				
265	王台子 02 号马面	130283352102170265	石	√				
266	王台子 03 号马面	130283352102170266	石	√				
267	白羊峪 01 号马面	130283352102170267	石			√		
268	白羊峪 02 号马面	130283352102170268	石	√				
269	白羊峪 03 号马面	130283352102170269	石			√		
270	白羊峪 04 号马面	130283352102170270	石		√			
271	白羊峪 05 号马面	130283352102170271	石			√		
272	小关 01 号马面	130283352102170272	石		√			
273	新开岭 01 号马面	130283352102170273	石			√		
274	新开岭 02 号马面	130283352102170274	石		√			
275	马井子 01 号马面	130283352102170275	石				√	
276	马井子 02 号马面	130283352102170276	石		√			
合计		共 276 座：砖 158 座，石 118 座		91	89	87	9	
百分比（%）		100		33	32.2	31.5	3.3	

类型：单体建筑包括敌台、烽火台、马面等

保存程度：较好、一般、较差、差、消失

1. 徐流口 01 号敌台 130283352101170001

位于迁安市杨各庄镇徐流口村东北约 2.1 千米，坐标：东经 118° 55′ 00.00″，北纬 40° 08′ 56.70″，高程 268 米。

敌台南北接墙，砖石结构，平面布局呈"回"字形，立面及剖面呈梯形，底部南北长 9.4 米，东西宽 11.51 米，高 5.66 米。立面为三段式，下段条石基础，南立面存 8 层，北立面存 10 层，每层厚 0.4 ～ 0.47 米，条石长 0.3 ～ 1.1 米，白灰砌筑，白灰勾缝；中段城砖砌筑，城砖规格为 0.44 米 ×0.23 米 ×0.095 米，高 6.49 米，白灰砌筑，白灰勾缝。台体南北两侧墙体损毁严重，南立面存包砖 13 层，残高 1.3 米，北立面存 15 层砖，残高 1.55 米。四周植被多为灌木和杂草。

2. 徐流口 02 号敌台 130283352101170002

位于迁安市杨各庄镇徐流口村东北约 2.1 千米，坐标：东经 118° 54′ 58.60″，北纬 40° 08′ 59.10″，高程 295 米。

敌台平面呈矩形，剖面呈梯形，底部东西宽 10.26 米，南北长 11.08 米，高 10.15 米。立面为三段式，下段条石基础 4 层，白灰砌筑，白灰勾缝；中段城砖砌筑，存 73 层，白灰砌筑，白灰勾缝。

东西辟门，宽 1.33 米，高 2.55 米，起券方式为一伏一券。东、西立面设箭窗 2 个，南、北立面设箭窗 3 个，高 1.1 米，宽 0.67 米，起券方式一伏一券。台室东西三券室，南北三通道，通道起券方式为两伏两券。西南角设通顶梯道，宽 0.77 米，上口长 2.2 米，梯道券顶不存；中段与上段间设三层拔檐分隔；上段设垛口墙，存垛口 2 个，顶部存铺房遗址。

敌台面砖风化酥碱严重，东门处存斜向通顶裂缝，宽 0.07～0.15 米，箭窗损坏严重，顶部存少部分垛口墙，四周植被多为灌木和杂草。

3. 徐流口 03 号敌台 130283352101170003

位于迁安市杨各庄镇徐流口村东北约 2.1 千米，坐标：东经 118° 54′ 55.30″，北纬 40° 09′ 01.10″，高程 339 米。

敌台平面呈矩形，剖面呈梯形，底部东西宽 10.08 米，南北长 11.45 米，高 6.54 米。立面为三段式，下段条石基础 7 层，白灰砌筑，白灰勾缝；中段城砖砌筑，存 28 层，高 2.8 米，白灰砌筑，白灰勾缝，东西辟门，东门存门柱石、门槛石及三块券脸石。南立面存箭窗 3 个，东侧存箭窗 1 个，宽 0.6 米，高 1 米，起券方式为一伏一券，西侧箭窗宽 0.6 米，高 0.9 米；中段与上段间设三层拔檐分隔；上段存少量垛口墙。台室东西三券室，南北三通道，东南角设登顶梯道，宽 0.62 米，12 级条砖台阶登顶。敌台面砖风化酥碱严重，东门券砖部分缺失，门扇存两道裂缝，宽 0.05～0.1 米，西门券砖缺失，四周植被多为灌木和杂草。

4. 徐流口 04 号敌台 130283352101170004

位于迁安市杨各庄镇徐流口村东北约 2.1 千米，坐标：东经 118° 54′ 52.20″，北纬 40° 09′ 03.20″，高程 291 米。

敌台平面呈矩形，剖面呈梯形，底部东西宽 10.1 米，南北长 10.3 米，立面为三段式，下段条石基础，西南角存 14 层，厚 0.4～0.5 米。白灰砌筑，白灰勾缝；中段城砖砌筑，仅存西南角城砖墙体，存 76 层；中段与上段间设二层拔檐分隔，高 0.21 米；上段存垛口墙。四周植被多为灌木和杂草。

5. 徐流口 05 号敌台 130283352101170005

位于迁安市杨各庄镇徐流口村东北约 2.1 千米，坐标：东经 118° 54′ 04.92″，北纬 40° 09′ 00.59″，高程 242 米。

敌台南北接墙，砖石结构，平面布局呈“回”字形，立面及剖面呈梯形，底部南北长 12.4 米，东西宽 11.9 米，高 5.5 米。立面为三段式，下段条石基础 4 层，高 1.9 米，白灰砌筑，白灰勾缝；中段城砖砌筑，城砖规格为 0.44 米 ×0.23 米 ×0.095 米，高 3.6 米，白灰砌筑，白灰勾缝，上部设施不存。

台体面砖风化酥碱严重，掏蚀深 0.03～0.05 米。东立面存 3 条通裂缝，宽 0.03～0.06 米。北立面存多条宽 0.02～0.05 米的竖向裂缝，顶部散落碎砖，东南角存石柱础一个，尺寸为 0.5 米 ×0.5 米 ×0.25 米，鼓径 0.3 米。台体西侧连接有毛石砌筑的平台，东西宽 8.3 米，南北长 18.8 米，高 5 米。四周植被多为灌木和杂草。

6. 徐流口 06 号敌台 130283352101170006

位于迁安市杨各庄镇徐流口村东北约 2.2 千米，坐标：东经 118° 54′ 47.80″，北纬 40° 09′ 09.20″，高程 257 米。

敌台南北接墙，砖石结构，平面布局呈“回”字形，立面及剖面呈梯形，底部南北长 11.9 米，东西宽 11.2 米，向北突出墙体 5.3 米，台芯毛石垒砌。立面为三段式，下段条石基础 8 层，高 3.68 米，白灰砌筑，白灰勾缝；上段设施不存。四周植被多为灌木和杂草。

7. 徐流口 07 号敌台 130283352101170007

位于迁安市杨各庄镇徐流口村东北约 2.2 千米，坐标：东经 118° 54′ 43.70″，北纬 40° 09′ 11.00″，高程 279 米。

敌台平面呈矩形，剖面呈梯形，底部东西宽 11.4 米，南北长 10.2 米，高 9.5 米。

立面为三段式，下段条石基础 10 层，高 4 米，白灰砌筑，白灰勾缝；中段城砖砌筑，白灰砌筑，白灰勾缝，城砖规格为 0.385 米 ×0.18 米 ×0.09 米，东西辟门，各存箭窗 1 个，门券高 2.45 米，宽 1.37 米，券脚高 1.3 米，起券方式为一伏一券，南北各存箭窗 3 个，宽 0.83 米，高 1 米，券脚高 0.6 米，起券方式为一伏一券。

台室东西二券室，宽 3.05 米，高 4.3 米；南北三通道，宽 1.29 米，高 2.1 米，券脚高 1.6 米，起券方式为两伏两券，高 0.6 米。北券顶下沉，产生两道宽 0.03 ～ 0.05 米通体裂缝，南墙有 2 平方米条砖风化、渗漏形成水渍痕迹。箭窗券墙有人为凿毁情况。南券室券顶有 3 道宽 0.01 米的裂缝。南墙设登顶梯道，宽 0.73 米，由东向西上，可见 16 级沉积岩石阶，踏面宽 0.26 米，踢面高 0.3 米。南墙西侧设壁龛，高 0.42 米，宽 0.32 米，深 0.3 米。中段与上段间设三层拔檐分隔；上段存少量垛口墙。

台体面砖风化酥碱严重，东门门券缺失，箭窗坍塌严重，四周植被多为灌木和杂草。

8. 徐流口 08 号敌台 130283352101170008

位于迁安市杨各庄镇徐流口村东北约 2.2 千米，坐标：东经 118° 54′ 38.00″，北纬 40° 09′ 13.50″，高程 320 米。

敌台平面呈矩形，剖面呈梯形，底部东西宽 11.6 米，南北长 11.6 米，高 8.5 米。立面为三段式，下段条石基础，南立面 5 层，北立面 9 层，高 2.3 米，白灰砌筑，白灰勾缝；中段城砖砌筑，白灰砌筑，白灰勾缝，城砖规格为 0.39 米 ×0.19 米 ×0.09 米。

西墙南侧、南墙中部辟券门，门券洞呈"八"字形，内口宽 1.36 米，外口宽 0.93 米，高 2.44 米；门券高 1.63 米，宽 0.62 米，门柱石高 1.3 米，宽 0.23 米，厚 0.3 米，券脸石 3 块。门闩石高 0.6 米，宽 0.4 米，厚 0.18 米，门闩孔径 0.15 米。

四面墙体分布上下两层箭窗。东立面、西立面、南立面二低二高箭窗，北立面为三低二高箭窗，上层箭窗呈"八"字形，外宽 1 米，内宽 0.83 米，高 2.5 米；下层箭窗外宽 1.18 米，内宽 0.76 米，高 1.7 米。台室四周墙体内侧存有柱孔，直径 0.32 米，中段与上段间设三层拔檐分隔，顶部东、南、北立面垛口墙较好，存高 0.85 ～ 0.95 米。西垛口墙存瞭望孔 1 个；北垛口墙存射孔 2 个、瞭望孔 2 个；南垛口墙存瞭望孔 4 个；东垛口墙存瞭望孔 2 个、出水口 1 个。

台体四周散落大量碎砖、白灰块，四周植被多为灌木和杂草。

9. 徐流口 09 号敌台 130283352101170009

位于迁安市杨各庄镇徐流口村东北约 2.2 千米，坐标：东经 118° 54′ 33.20″，北纬 40° 09′ 12.80″，高程 321 米。

敌台平面呈矩形，剖面呈梯形，底部东西宽 10.88 米，南北长 10.75 米，高 4.5 米。外包条石砌筑，台芯毛石砌筑，白灰砌筑，白灰勾缝，存高 4.5 米，上部坍塌，顶部散落大量碎砖。台体南侧散落门槛石一块，长 1.47 米，宽 0.47 米，厚 0.32 米，门轴孔为方形。四周植被多为灌木和杂草。

10. 徐流口 10 号敌台 130283352101170010

位于迁安市杨各庄镇徐流口村东北约 2.2 千米，坐标：东经 118° 54′ 25.30″，北纬 40° 09′ 16.50″，高程 363 米。

敌台东西接墙，砖石结构，平面布局呈矩形，立面及剖面呈梯形，底部南北长 6 米，东西宽 9 米。立面为三段式，下段条石基础，白灰砌筑，白灰勾缝；中段城砖砌筑，白灰砌筑，白灰勾缝，仅存部分西立面包砖墙体，高 3.1 米，台体西北设登城步道 1 处，向南突出 2.1 米。设拦马沟 1 处，宽 5.1 米，深 4.1 米；采石场 1 处。

11. 徐流口 11 号敌台 130283352101170011

位于迁安市杨各庄镇徐流口村东北约 2.2 千米，坐标：东经 118° 54′ 21.70″，北纬 40° 09′ 17.60″，高程 390 米。

敌台南北接墙，砖石结构，立面及剖面呈梯形，底部东西宽 8.87 米，南北长 9.34 米，高 5.6 米。根部毛石垒砌台基，立面为三段式，下段条石基础 7 层，白灰砌筑，白灰勾缝；中段城砖砌筑，城砖规格为 0.38 米 × 0.18 米 × 0.095 米，白灰砌筑，白灰勾缝。南北辟门，南立面存箭窗 3 个，高 0.3 米，窗下设瞭望孔。箭窗券室呈"八"字形，外口宽 0.73 米，内口宽 1.08 米，高 2.34 米。西立面存箭窗 1 个，台内南北三券室，东西三通道。西券室宽 1.94 米，高 2.72 米；中券室中部设登顶天井。北券室损毁不存。通道宽 1.4 米。起券方式为两伏两券，高 0.6 米，南券室西墙设门，西门券洞外宽 1.48 米，内宽 1.03 米；门券宽 0.75 米，残高 1.5 米，券脸料石长 0.28 米，宽 0.28 米。正顶处券脸料石缺失；门闩石高 0.33 米，厚 0.15 米，孔径 0.13 米。楼内地面堆积坍落的碎砖。楼内存模印阳文"左"字条砖，字高 0.05 米，宽 0.06 米；中段与上段间设三层拔檐分隔；上段设施无存。

敌台面砖风化酥碱严重，东立面、北立面坍塌，箭窗毁坏严重，顶部存少部分垛口墙，四周植被多为灌木和杂草。

12. 徐流口 12 号敌台 130283352101170012

位于迁安市杨各庄镇徐流口村东北约 2.2 千米，坐标：东经 118° 54′ 21.20″，北纬 40° 09′ 21.80″，高程 421 米。

敌台南北接墙，砖石结构，立面及剖面呈梯形，底部东西宽 10.9 米，南北长 10.9 米，高 10.1 米。立面为三段式，下段条石基础 10 层，高 3.3 米，白灰砌筑，白灰勾缝；中段城砖砌筑，白灰砌筑，白灰勾缝。东、西墙中间辟门，宽 1.28 米，高 2.43 米。东门存门槛石。存门闩石一块，尺寸：0.32 米 × 0.32 米 × 0.1 米，孔径 0.13 米。残存压柱石，高 0.2 米，厚 0.26 米。西门亦有残损，门槛石不存。东、西立面设箭窗 2 个，南、北立面设箭窗 3 个，宽 0.66 米。北立面存箭窗石 3 块，东立面存 2 块，长 0.78 米，宽 0.45 米，厚 0.11 米。楼体内部结构为南北三券室，东西三通道，券室长 7.55 米，宽 1.96 米，高 3.89 米。西券室存有 1.2 平方米和 1.5 平方米抹灰面两块；通道宽 1.29 米，高 2.16 米，通道为两伏两券，券高 0.56 米，券脚高 1.51 米。梯道设在南墙内侧，东西双向登顶，梯道宽 0.71 米，西侧可见 15 级台阶；

中段与上段间设三层拔檐分隔；上段设施无存。

东立面条石缺失，形成一个面积 2 平方米，深 0.7 米的孔洞，箭窗损坏严重，四周植被多为灌木和杂草。

13. 徐流口 13 号敌台 130283352101170013

位于迁安市杨各庄镇徐流口村东北约 2.2 千米，坐标：东经 118° 54′ 15.40″，北纬 40° 09′ 24.80″，高程 423 米。

敌台东西接墙，砖石结构，立面及剖面呈梯形，底部南北长 10.48 米，东西宽 10.83 米，高 9.3 米。立面为三段式，下段条石基础 13 层，高 4 米，白灰砌筑，白灰勾缝；中段城砖砌筑，白灰砌筑，白灰勾缝，城砖规格为 0.37 米 ×0.18 米 ×0.09 米。东、西立面中部辟门，门券室宽 1.31 米，高 2.14 米，门闩石尺寸：0.34 米 ×0.29 米，厚 0.12 米，孔径 0.14 米。西门只存压柱石一块，长 0.78 米，厚 0.24 米，宽 0.22 米。东立面存箭窗 1 个，南立面存箭窗 2 个，北立面存箭窗 3 个，宽 0.52 米，高 0.83 米，箭窗石长 0.67 米，宽 0.42 米，厚 0.08 米。

台内南北三券室，东西三通道。券室南北长 6.98 米，宽 1.96 米，高 3.8 米。通道宽 1.35 米，高 1.98 米。通道为两伏两券，券高 0.57 米，券脚高 1.35 米；梯道不存。楼内地面墁地方砖规格：0.34 米 ×0.34 米。中段与上段间设三层拔檐分隔，最下一层为石直檐，中间一层菱角砖檐，上一层砖直檐，西立面存一石质出水嘴。

敌台面砖风化酥碱严重，箭窗毁坏严重，西门上方存一条斜向通顶裂缝，宽 0.05 米，四周植被多为灌木和杂草。

14. 徐流口 14 号敌台 130283352101170014

位于迁安市建昌营镇河流口村东约 1 千米，坐标：东经 118° 54′ 11.80″，北纬 40° 09′ 26.40″，高程 446 米。

敌台东西接墙，砖石结构，立面及剖面呈梯形，底部东西宽 11.5 米，南北长 10 米。立面为三段式，下段条石基础 9 层，一层厚 0.38 米，高 1.71 米，白灰砌筑，白灰勾缝；中段城砖砌筑，白灰砌筑，白灰勾缝。东西辟门，门券室洞呈“八”字形，外口宽 1.51 米，内口宽 1.28 米，门宽 0.7 米，高 1.76 米，门柱石厚 0.37 米，宽 0.33 米，高 1.34 米，门券脸宽 0.32 米，厚 0.34 米，券脸为一整块料石凿刻而成，现存两块门闩石，尺寸：0.32 米 ×0.32 米，厚 0.11 米，孔径 0.12 米。东、西立面设箭窗 1 个，南、北立面设箭窗 3 个，起券方式为一伏一券，券高 0.28 米，南侧东箭窗内口宽 0.63 米，外口 0.74 米，高 0.92 米，箭窗石长 0.82 米，宽 0.45 米，厚 0.15 米。

台内东西二券室，南北三通道。南券室保存较好。长 9.37 米，高 3.8 米，宽 3 米，券脚高 2.5 米。南墙有两个壁龛。西南角有通顶梯道，梯道口宽 0.7 米，上券为一伏一券，券高 0.3 米，由西向东上，可见 12 级粗砂岩质石阶，踢步高 0.24 米，踏步宽 0.22 米，北券室顶部坍塌，地面堆积大量坍落物。通道宽 1.4 米，高 2.5 米，起券方式为两伏两券。中段与上段间设三层拔檐分隔；中间为砖菱角檐，上、下各一层砖直檐，上段存部分垛口墙，西侧存垛口 1 个和瞭望孔 2 个。

敌台面砖风化酥碱严重，四周植被多为灌木和杂草。

15. 徐流口 15 号敌台 130283352101170015

位于迁安市杨各庄镇徐流口村北约 2.2 千米，坐标：东经 118° 54′ 05.40″，北纬 40° 09′ 25.60″，高程 420 米。

敌台东西接墙，砖石结构，立面及剖面呈梯形，底部东西长 13.9 米。下段条石基础，白灰砌筑，白灰勾缝；中段城砖砌筑，白灰砌筑，白灰勾缝，西立面存外包墙体 1.6 米，存门槛石 1 块，南北为通道，仅剩通道券墙，残高约 3.75 米。敌台坍塌严重，四周碎砖、灰土散落，植被多为灌木和杂草。

16. 徐流口 16 号敌台 130283352101170016

位于迁安市杨各庄镇徐流口村北约 2.2 千米，坐标：东经 118° 53′ 58.10″，北纬 40° 09′ 25.00″，高程 440 米。

敌台东西接墙，砖石结构，立面及剖面呈梯形，底部东西宽 12.35 米，南北长 12 米。立面为三段式，下段条石基础 2 层，高 15 米，白灰砌筑，白灰勾缝；中段城砖砌筑，38 层，高 6.5 米，白灰砌筑，白灰勾缝。东西辟门，东门券脸砖残毁，门柱石、门槛石不存。西门券室宽 1.04 米，高 2.34 米，现存门闩石一块，尺寸：0.35 米 × 0.48 米，厚 0.12 米，孔径 0.12 米，门柱石一块，已倒卧在门外。南立面存箭窗 3 个，宽 0.64 米，高 0.86 米，起券方式为一伏一券，箭窗券室宽 0.96 米，高 2.2 米，内部南北两券室，东西三通道。北券室坍塌无存。南券室保存较好，东西长 10.92 米，南北宽 2.58 米，高 3.56 米，券脚高 2.48 米；楼内中券墙三通道保存基本完整，通道宽 1.3 米，高 1.86 米，券脚高 1.29 米，两伏两券，券高 0.58 米；东箭窗内券口西侧为通顶梯道，梯道口宽 0.66 米，由东向西登顶。

中段与上段间设三层拔檐分隔，东、南、西立面存垛口墙，残高 6 ～ 12 层。南侧垛墙存有两个凸字形砖望孔，西垛墙存 1 个石水口，存 3 个瞭望孔，顶部铺房坍塌。

敌台铺房坍塌，北立面垛口墙坍塌，四周植被多为灌木和杂草。

17. 徐流口 17 号敌台 130283352101170017

位于迁安市杨各庄镇徐流口村北约 2.2 千米，坐标：东经 118° 53′ 53.00″，北纬 40° 09′ 23.70″，高程 447 米。

敌台东西接墙，砖石结构，立面及剖面呈梯形，底部东西长 14.12 米，高 5.6 米。立面为三段式，下段条石基础 3 层，高 1 米，白灰砌筑，白灰勾缝；中段城砖砌筑，存 42 层，白灰砌筑，白灰勾缝，南立面存箭窗 5 个，宽 0.59 米，高 0.96 米，起券方式为两伏两券，券高 0.56 米。内部券室全部坍塌，可见宽 2.33 米。残存部分通道券墙。梯道位于南墙内侧，由东向西上，已毁。中段与上段间设三层拔檐分隔，上段存南立面垛口墙，存高 0.3 ～ 1.5 米，4 个排水孔。

敌台坍塌的中券墙券洞下发现残碑一块，碑宽 0.47 米，长 0.59 米，厚 0.15 米。碑四边饰以线刻冬草纹。碑文："顺天等监钦差巡按直隶检察钦差镇守蓟州永平山海等处地方兼管备倭防海总兵官左军都督，钦差平辽西将军镇守山海关经理辽东军务兼管山石燕建四路等处地方总兵官后军都督，钦差总理永平等处粮储兼管屯种户部郎，钦差整饬永平等处兵备兼管屯田马政驿传海防山东等处提刑按察司建佥事，钦差协守蓟镇东路等处地方分理练兵事务副总兵官都指挥倪，钦差分守蓟镇建昌路等处地方参将都指挥佥事尤世威，钦差守备冷口关等处地方以都指挥体统行事指挥佥事王定，钦差□南都司军□佥事书统领蓟镇春班官军都指挥佥事萧伟，总理督工中军指挥佥事刘淳，管工右部千总旗官郑晨，把总旗官丁朝相，□匠李相昔，石匠徐仲等"。

18. 徐流口 18 号敌台 130283352101170018

位于迁安市杨各庄镇徐流口村北约 2.2 千米，坐标：东经 118° 53′ 41.80″，北纬 40° 09′ 25.00″，高程 416 米。

敌台东西接墙，砖石结构，立面及剖面呈梯形，底部东西宽 11.48 米，南北长 6.6 米，高 5.65 米。立面为三段式，下段条石基础 4 层，每层厚 0.3 ~ 0.4 米，高 1.3 米，白灰砌筑，白灰勾缝；中段城砖砌筑，城砖规格为 0.4 米 ×0.19 米 ×0.09 米，白灰砌筑，白灰勾缝，南立面存箭窗 2 个，下设圆形礌石孔。台体内部为东西二券室，南北三通道。梯道位于南墙西箭窗东侧，可见 4 级石阶，内顶全部坍塌。残存东门方形门闩石 1 块，宽 0.37 米，长 0.39 米，孔径 0.13 米。

基础料石均有缺失。楼体南墙、东墙残存，余部全毁，四周植被多为灌木和杂草。

19. 徐流口 19 号敌台 130283352101170019

位于迁安市杨各庄镇徐流口村北约 2.2 千米，坐标：东经 118° 53′ 34.60″，北纬 40° 09′ 24.40″，高程 412 米。

敌台东西接墙，砖石结构，立面及剖面呈梯形，底部东西宽 10.27 米，南北长 9.75 米，高 9.4 米。立面为三段式，下段条石基础，白灰砌筑，白灰勾缝。东立面存砌砖 37 层，设一门两箭窗，石券门保存完整，箭窗有残损。门高 1.75 米，宽 0.75 米，门柱石高 1.26 米，宽 0.26 米，厚 0.26 米，券脸石为一整块石料凿成，宽 0.3 米，厚 0.35 米。箭窗宽 0.5 米，高 0.85 米。南立面条石基础 2 层，城砖存 34 层，设箭窗 3 个，西、中箭窗宽 0.56 米，高 1.2 米，均为一伏一券。西箭窗券砖侧面可见左字印文。东箭窗宽 0.5 米，高 0.84 米，下为箭窗石，长 0.67 米，厚 0.16 米，箭窗大部分残损。

西立面存条石基础 14 层，条石缺失 1 平方米，城砖存 34 层，设一门两箭窗，石拱门、中箭窗保存较为完整，北箭窗残损。门高 1.75 米，宽 0.75 米，门柱石风化严重。门闩石保存较好，两块，一块 0.4 米 ×0.37 米，孔径 0.11 米，厚 0.11 米；一块 0.34 米 ×0.34 米，厚 0.1 米，孔径 0.11 米。箭窗宽 0.5 米，高 0.85 米。上有两层拔檐残存。北立面条石基础 15 层，高 4.5 米。城砖存 35 层，残存 3 箭窗。

敌台内部南北三券室，东西三通道。券室长 7.37 米，宽 1.75 米，高 3.72 米。通道 1.37 米，高 2.08 米，厚 1.3 米。中券室券顶部分坍塌，南墙设储藏券洞，宽 0.72 米，高 1.06 米，深 1.2 米。梯道位于西南角，由西向东上，梯道宽 0.66 米，可见 11 级石阶，踏步宽 0.23 米。上口长 1.45 米，宽 0.68 米。梯口上券对称分 4 层叠涩出檐，上部用条砖封顶，向东六层叠涩出檐。中段与上段间设三层拔檐分隔，北立面存石吐水嘴 1 个，上段垛口墙无存。四周植被多为灌木和杂草。

20. 徐流口 20 号敌台 130283352101170020

位于迁安市杨各庄镇徐流口村北约 2.2 千米，坐标：东经 118° 53′ 29.30″，北纬 40° 09′ 23.10″，高程 410 米。

敌台东西接墙，砖石结构，立面及剖面呈梯形，底部东西宽 11.1 米，南北长 11.5 米，高 9.55 米。立面为三段式，下段条石基础，南立面 10 层，北立面 15 层，白灰砌筑，白灰勾缝；上段设施无存。中段城砖砌筑，南立面存42层，高6.84米，白灰砌筑，白灰勾缝；东西居中辟门，悬梯上下。东门券洞宽1.38米，高2.11米，门残宽1.15米（含门柱石宽），高1.9米。门柱石无存，压柱石长0.73米，宽0.19米，厚0.23米。门槛石长1.39米，宽0.59米，厚0.3米，门闩石0.34米×0.38米，孔径0.15米，厚0.15米，设箭窗2个，起券方式为一伏一券。内部南北三券室，东西三通道，券室长8.4米，宽1.94米，高3.68米，通道宽1.75米，高1.72米。通道券墙为块石基础。西南角设通顶梯道，宽0.54米，可见15级砖阶。梯道上口及内口均为一伏一券，上口长1.82米，宽0.7米。

四周植被多为灌木和杂草。

21. 徐流口 21 号敌台 130283352101170021

位于迁安市杨各庄镇徐流口村北约2.3千米，坐标：东经118° 53′ 22.80″，北纬40° 09′ 24.20″，高程397米。

敌台东西接墙，砖石结构，立面及剖面呈梯形，底部东西宽14米，南北长10米，高2.8米。立面为三段式，下段条石基础，每层厚0.4米，白灰砌筑，白灰勾缝；中段城砖砌筑，南立面存41层，白灰砌筑，白灰勾缝；中段与上段间设三层拔檐分隔；上段存垛口墙16层，石质瞭望孔2个。楼体坍塌严重，仅存南侧一个通道，坍塌变形严重，四周植被多为灌木和杂草。

基址1：敌台西南角约40米处，东西长11.5米，南北宽4.5米，南侧残存6层毛料石高3.4米。

基址2：南北宽3.7米，东西长不清，现残存西侧墙体长3.7米，厚0.9米，残高0.7米。

22. 河流口 01 号敌台 130283352101170022

位于迁安市建昌营镇河流口村东南约960米，坐标：东经118° 53′ 14.50″，北纬40° 09′ 24.00″，高程402米。

敌台南北接墙，砖石结构，立面及剖面呈梯形，底部南北长8.8米，高7.4米。立面为三段式，下段条石基础5层，高1.71米，白灰砌筑，白灰勾缝；中段城砖砌筑，白灰砌筑，白灰勾缝，仅存西立面、南立面部分墙体，存城砖59层，南立面中部辟门，设箭窗2个，损坏严重；中段与上段间设三层拔檐分隔；上段垛口墙、铺房无存。四周植被多为灌木和杂草。

23. 河流口 02 号敌台 130283352101170023

位于迁安市建昌营镇河流口村东南约800米，坐标：东经118° 53′ 07.50″，北纬40° 09′ 21.80″，高程351米。

敌台东西接墙，砖石结构，平面布局呈"回"字形，立面及剖面呈梯形，底部东西宽10.8米，南北长10.66米，高8.68米。立面为三段式，下段条石基础8层，高2.4米，白灰砌筑，白灰勾缝；中段城砖砌筑，白灰砌筑，白灰勾缝，东西立面设门，东门门券室宽1.38米，高2.79米，门券宽0.78米，高1.9米，门柱石高1.27米，宽0.26米，厚0.26米，压柱石长0.76米，宽0.18米，厚0.25米，券脸石三块组成，宽、厚均为0.26米，门闩石宽0.4米，高0.37米，厚0.12米，孔径0.13米，西门石拱券残损，门宽1.37米，高2.79米，存门闩石一块。各设箭窗2个，东立面箭窗宽0.71米，内券宽1.25米，高2.6米，墙体厚1.9米。西立面箭窗外口宽0.73米，残高1.7米，内口宽1.31米，高2.53米。南北各设箭窗3个。台体内部南北三券室，东西三通道。券室长8.2米，宽1.94米，高3.84米。北通道宽1.7

米，高 2.5 米。梯道位于南墙中间，宽 0.7 米，东、西双向登顶，各存 8 级石质台阶。

敌台面砖风化酥碱严重，裂缝多条，宽 0.03～0.12 米，上段垛口墙、铺房无存，四周植被多为灌木和杂草。

24. 河流口 03 号敌台 130283352101170024

位于迁安市建昌营镇河流口村东南约 800 米，坐标：东经 118° 52′ 57.90″，北纬 40° 09′ 23.00″，高程 347 米。

敌台东西接墙，砖石结构，立面及剖面呈梯形，底部东西宽 13.15 米，南北长 7.6 米，高 6.8 米。立面为三段式，下段条石基础 4 层，高 2 米，白灰砌筑，白灰勾缝；中段城砖砌筑，城砖规格为 0.42 米 × 0.105 米 ×0.09 米，白灰砌筑，白灰勾缝，仅存南立面墙体，长 11.2 米，城砖 38 层，高 3.85 米，存箭窗 4 个，箭窗券室为"八"字形，外宽 1.05 米，内宽 0.7 米，高 2.2 米；箭窗宽 0.59 米，高 1.02 米。中段与上段间设三层拔檐分隔，垛口墙存高 1.6 米，垛口一个。敌台内部坍塌，四周植被多为灌木和杂草。

25. 河流口 04 号敌台 130283352101170025

位于迁安市建昌营镇河流口村东南约 600 米，坐标：东经 118° 52′ 48.60″，北纬 40° 09′ 21.70″，高程 337 米。

敌台东西接墙，砖石结构，立面及剖面呈梯形，底部东西宽 12 米，南北长 9 米，高 3.65 米。下段条石基础 8 层，白灰砌筑，白灰勾缝；中段城砖砌筑，现已坍塌，堆积大量渣土。四周植被多为灌木和杂草。

26. 河流口 05 号敌台 130283352101170026

位于迁安市建昌营镇河流口村东南约 500 米，坐标：东经 118° 52′ 40.20″，北纬 40° 09′ 25.40″，高程 332 米。

敌台东西接墙，砖石结构，立面及剖面呈梯形，底部东西宽 11.44 米，南北长 8.85 米，高 7.9 米。下段条石基础 8 层，层厚 0.4～0.5 米，白灰砌筑，白灰勾缝；下段与中段间设三层拔檐分隔；中段城砖砌筑，白灰砌筑，白灰勾缝。仅南立面存城砖墙体，长 4.2 米，高 3.9 米，存箭窗 1 个，呈"八"字形，内侈外敛，箭窗两侧各有 1 个"八"字形瞭望孔。敌台内部坍塌，堆积大量渣土，四周植被多为灌木和杂草。

27. 河流口 06 号敌台 130283352101170027

位于迁安市建昌营镇河流口村南约 300 米，坐标：东经 118° 52′ 38.10″，北纬 40° 09′ 28.80″，高程 294 米。

敌台南北接墙，砖石结构，立面及剖面呈梯形，敌台向东偏出城墙 12 米，底部东西宽 10.34 米，南北长 10.89 米。立面为三段式，下段条石基础 10 层，白灰砌筑，白灰勾缝；中段城砖砌筑，存高 42 层，白灰砌筑，白灰勾缝，东立面、北立面各存箭窗 3 个，南立面仅存东侧 1 箭窗，均损毁严重。内部东西三券室，南北三通道。券室宽 2.05 米，高 4.26 米。通道宽 1.34 米，高 2.51 米。上段设施无存。敌台西半部坍塌，四周植被多为灌木和杂草。

28. 河流口 07 号敌台 130283352101170028

位于迁安市建昌营镇河流口村南约 200 米，坐标：东经 118° 52′ 36.10″，北纬 40° 09′ 31.30″，高程

268 米。

敌台南北接墙，砖石结构，立面及剖面呈梯形，底部东西宽 10.84 米，南北长 10.69 米。立面为三段式，下段条石基础 13 层，高 3.8 米，白灰砌筑，白灰勾缝；中段城砖砌筑，白灰砌筑，白灰勾缝，设箭窗。台体内部东西三券室，南北三通道。券室宽 1.99 米，高 3.85 米，通道宽 1.32 米，高 2.4 米。上段设施无存。

敌台面砖风化酥碱严重，南门、北门均已缺失，箭窗毁坏严重，四周植被多为灌木和杂草。

29. 河流口 08 号敌台 130283352101170029

位于迁安市建昌营镇河流口村南约 200 米，坐标：东经 118° 52′ 39.10″，北纬 40° 09′ 34.20″，高程 247 米。

敌台南北接墙，砖石结构，立面及剖面呈梯形，底部东西宽 11.64 米，南北长 11.14 米。立面为三段式，下段条石基础，南立面 9 层，东、西立面 11 层，白灰砌筑，白灰勾缝；中段城砖砌筑，白灰砌筑，白灰勾缝，存东、北立面墙体，东立面设双层箭窗，2 上 3 下，起券方式为一伏一券，箭窗下设瞭望孔，箭窗券室内大外小呈"八"字形，内口宽 1.21 米，外口宽 0.72 米，高 1.9 米；箭窗宽 0.75 米，高 1.01 米。北立面西侧设门，存 3 块券脸石，箭窗 4 个，门内侧及箭窗内券洞内壁均为白灰墙面；中段与上段间设四层拔檐分隔，上下两层砖平檐，间饰两层菱角砖檐，东立面垛墙残存 4 个垛口、3 个瞭望孔、4 个射孔。北立面垛口墙东北角残存垛口、瞭望孔、射孔各存 1 个。顶部平顶砖木结构，楼内可见 6 处木柱位置，木柱无存，堆积大量碎砖。敌台面砖风化酥碱严重，四周植被多为灌木和杂草。

30. 河流口 09 号敌台 130283352101170030

位于迁安市建昌营镇河流口村南约 140 米，坐标：东经 118° 52′ 39.30″，北纬 40° 09′ 36.40″，高程 192 米。

敌台不存，地表仅见痕迹，四周植被多为灌木和杂草。

31. 河流口 10 号敌台 130283352101170031

位于迁安市建昌营镇河流口村南约 50 米，坐标：东经 118° 52′ 36.80″，北纬 40° 09′ 38.80″，高程 160 米。

敌台仅存台芯土体，坍塌，呈堆状，四周植被多为灌木和杂草。

32. 河流口 11 号敌台 130283352101170032

位于迁安市建昌营镇河流口村北约 60 米，坐标：东经 118° 52′ 37.20″，北纬 40° 09′ 42.20″，高程 165 米。

敌台南北接墙，砖石结构，立面及剖面呈梯形，仅南立面存条石基础 8 层，高 3.87 米，白灰砌筑，白灰勾缝，台芯毛石砌筑，上部设施坍塌，四周植被多为灌木和杂草。

33. 河流口 12 号敌台 130283352101170033

位于迁安市建昌营镇河流口西北约 240 米，坐标：东经 118° 52′ 30.90″，北纬 40° 09′ 46.20″，高程 221 米。

敌台南北接墙，砖石结构，立面及剖面呈梯形，底部东西宽 11.43 米，南北长 11.77 米。立面为三段式，下段条石基础 7 层，高 3.22 米，白灰砌筑，白灰勾缝；东立面、西立面南立面条石缺失，中段城砖砌筑，白灰砌筑，白灰勾缝，仅存东北角墙体，长 1.5 米，高 3 米，顶部散落大量白灰、渣土。四周植被多为灌木和杂草。

34. 河流口 13 号敌台 130283352101170034

位于迁安市建昌营镇河流口村西北约 350 米，坐标：东经 118° 52′ 31.00″，北纬 40° 09′ 50.50″，高程 275 米。

敌台南北接墙，砖石结构，立面及剖面呈梯形，底部东西宽 8.46 米，南北长 11 米。立面为三段式，下段条石基础 5 层，高 1.81 米，白灰砌筑，白灰勾缝；中段城砖砌筑，白灰砌筑，白灰勾缝，存西立面、北立面部分墙体，西北角墙体长 4.66 米，高 6.48 米，西立面辟门，设箭窗 2 个；中段与上段间设二层拔檐分隔；上段设垛口墙，长 1.1 米，高约 1 米。

敌台面砖风化酥碱严重，箭窗毁坏严重，四周植被多为灌木和杂草。

房基：东距敌台 3.44 米，为毛石垒砌，东西长 8.12 米，南北宽 8 米，残高 0.5～1.65 米，坐北朝南，内存一段南北向隔墙，长 3.5 米，宽 0.7 米，残高 0.78 米。

35. 河流口 14 号敌台 130283352101170035

位于迁安市建昌营镇河流口村西北约 600 米，坐标：东经 118° 52′ 31.80″，北纬 40° 09′ 58.10″，高程 334 米。

敌台南北接墙，砖石结构，立面及剖面呈梯形，底部东西宽 10 米，南北长 10.92 米。立面为三段式，下段条石基础，高 3.8 米，白灰砌筑，白灰勾缝；中段城砖砌筑，白灰砌筑，白灰勾缝，存东南角墙体，高 0.6 米。坍塌严重，四周植被多为灌木和杂草。

登城步道：位于敌台北侧，设于墙体内（西）侧，宽 1.76 米，由南向北登城，登道阶梯内被乱砖填满，级数不详。

36. 河流口 15 号敌台 130283352101170036

位于迁安市建昌营镇河流口村西北约 700 米，坐标：东经 118° 52′ 31.00″，北纬 40° 10′ 01.00″，高程 373 米。

敌台南北接墙，砖石结构，立面及剖面呈梯形，底部东西宽 10.58 米，南北长 10.66 米，高 12 米。立面为三段式，下段条石基础 4 层，高 1.71 米，白灰砌筑，白灰砌筑，白灰勾缝；中段城砖砌筑，白灰砌筑，白灰勾缝。东立面、南立面设箭窗 3 个，西立面、北立面设箭窗 2 个，箭窗券室宽 1.7 米，高 2 米，深 0.85 米，箭窗宽 0.5 米，高 0.75 米，箭窗石长 0.75 米，宽 0.42 米。

敌台内部东西三券室，南北三通道，券室长 8.4 米，宽 1.83 米，高 3.64 米；通道宽 1.69 米，高 2.08 米，两伏两券。券墙为石质基础。南券室西墙设门，已被拆毁。梯道位于中券室南箭窗洞内，宽 0.7 米，可见 12 级石阶，踏步宽 0.19 米，踢步高 0.28 米。梯道券棚不存。在楼内西北角有山岩凸出。楼内墁砖大多不存，北券室东侧残存 2 平方米条砖错缝墁地，中段与上段间设一层石拔檐分隔，上段存垛口墙，高 0.27～1.85 米，厚 0.41 米，存有 9 个瞭望孔，2 个出水嘴，瞭望孔宽 0.21～0.26 米，高 0.23～0.25 米。顶部存铺房南、北山墙残高 2.3 米，铺房南北长 6.5 米，东西宽 3.55 米，西侧设门。

登城步道：设在敌台南侧 2.6 米，门向西（内），宽 0.8 米，券脚高 1.35 米，一伏一券，券高 0.28 米，顶部坍塌，梯道由南向北上，梯道宽 1.52 米，内部堆满碎条砖和杂土，级数不清。

37. 河流口 16 号敌台 130283352101170037

位于迁安市建昌营镇河流口村西北约 800 米，坐标：东经 118° 52′ 30.70″，北纬 40° 10′ 05.40″，高程 447 米。

敌台南北接墙，砖石结构，立面及剖面呈梯形，底部东西宽 11.2 米，南北长 10.86 米，高 8.5 米。立面为三段式，下段条石基础，西立面 7 层，东立面 13 层，高 3.5 米，白灰砌筑，白灰勾缝；中段城砖砌筑，城砖规格为 0.36 米 ×0.17 米 ×0.08 米，白灰砌筑，白灰勾缝，东立面、西立面设箭窗 3 个，南立面、北立面设箭窗 2 个，箭窗券室宽 0.95 米，高 1.97 米，深 0.92 米，箭窗宽 0.59 米，高 0.85 米，箭窗石宽 0.45 米，长 0.78 米。

敌台内部结构为东西三券室，南北三通道，券室长 8.14 米，宽 1.95 米，高 3.65 米，通道宽 1.64 米，高 2.03 米。中通道南北设门，门券洞宽 1.18 米，高 2.15 米。南门已失，存门槛石，宽 0.7 米，长 1.22 米；北门宽 0.72 米，高 1.67 米，门柱石高 1.13 米，宽 0.24 米，厚 0.21 米，压柱石长 0.74 米，厚 0.25 米，高 0.3 米，门槛石已失。梯道位于西南角，宽 0.72 米，可见 11 级砖阶，踏步宽 0.25 米，踢步高 0.25 ～ 0.29 米。楼内西南角设宽 0.8 米，高 1.06 米，深 1.96 米的储藏室一个。中段与上段间设二层石拔檐分隔，上段设施无存。

38. 河流口 17 号敌台 130283352101170038

位于迁安市建昌营镇河流口村西北约 800 米，坐标：东经 118° 52′ 31.30″，北纬 40° 10′ 09.50″，高程 491 米。

敌台俗称尖座楼，位于迁安市建昌营镇河流口村西北山脊之巅。东依峭壁，北临悬崖，地势险要。南北接墙，砖石结构，立面及剖面呈梯形，底部东西宽 10.32 米，南北长 10.93 米，高 9.9 米。立面为三段式，下段条石基础 10 层，高 4.1 米，白灰砌筑，白灰勾缝；中段城砖砌筑，白灰砌筑，白灰勾缝，南立面、西立面设门，南门券室宽 1.09 米，高 2.2 米，门已残，门券石、门槛石散落于楼南侧山坡荒草之中；西门券室宽 1.07 米，高 2.21 米，深 0.92 米，门券宽 0.72 米，高 1.69 米，门柱石高 1.1 米，宽 0.25 米，厚 0.25 米，压柱石宽、厚各 0.26 米，门券石为一整块石料，高 0.3 米，厚 0.25 米，门槛石宽 0.63 米，长 1.03 米。东立面、北立面辟箭窗 3 个，南立面、西立面设箭窗 2 个，箭窗券室宽 1.04 米，高 2.16 米，深 0.67 米，箭窗宽 0.52 米，高 0.86 米。

南北三券室，东西三通道，东券室长 8.05 米，宽 1.89 米，高 3.84 米，中券室长 8.05 米，宽 1.85 米，高 3.84 米；通道宽 1.34 米，高 2.31 米，厚 1.96 米。通道券墙块石基础，石长 0.57 ～ 0.8 米，高 0.2 米。梯道位于西券室南墙内侧，宽 0.72 米，由西向东上，可见 12 级石阶，踏步宽 0.18 ～ 0.21 米，踢步高 0.3 米。楼内墁砖不存。中段与上段间设三层拔檐分隔，上段设施无存。

敌台面砖风化酥碱严重，西立面存竖向裂缝 3 条，宽 0.03 ～ 0.05 米。楼体内外留有多处游人刻画的文字，以姓名、日期等内容居多，最大一处 0.4 米 ×0.3 米。

39. 杨丈子 01 号敌台 130283352101170039

位于青龙满族自治县杨丈子村西南约 1.1 千米，坐标：东经 118° 52′ 25.70″，北纬 40° 10′ 13.60″，高程 446 米。

敌台东西接墙，砖石结构，立面及剖面呈梯形，底部东西宽 13.78 米，南北长 9.04 米，高 8.48 米。立面为三段式，下段条石基础 6 层，高 2.2 米，白灰砌筑，白灰勾缝；中段城砖砌筑，白灰砌筑，白灰勾缝，东西设门，南立面、北立面辟箭窗 4 个，东立面辟箭窗 2 个，箭窗券室宽 1.07 米，高 2.03 米，深 0.95 米，箭窗宽 0.62 米，高 0.75 米。窗下设圆形礌石孔。

敌台内部东西二券室，南北四通道。南券室保存大半部。北券室顶部坍塌，堆积大量乱砖碎石。南券室长 10.9 米，宽 2.44 米，高 2.83 米。通道宽 1.12 米，高 2.32 米。东通道与第二通道之间券墙下部设储藏券洞，宽 0.86 米，高 0.77 米，深 0.78 米。梯道位于西北角，宽 0.7 米，由北向南上，石阶全毁。上段设施无存。

敌台面砖风化酥碱严重，东西门均已缺失，西立面西南角、西北角保存较好，中间上半部坍毁，四周植被多为灌木和杂草。

40. 杨丈子 02 号敌台 130283352101170040

位于青龙满族自治县杨丈子村西南约 1.1 千米，坐标：东经 118° 52′ 16.70″，北纬 40° 10′ 17.90″，高程 436 米。

俗称"红楼"，敌台东西接墙，砖石结构，仅存西北角、东南角 2 层料石，四周植被多为灌木和杂草。

41. 杨丈子 03 号敌台 130283352101170041

位于青龙满族自治县杨丈子村西南约 900 米，坐标：东经 118° 52′ 13.90″，北纬 40° 10′ 27.80″，高程 428 米。

敌台东西接墙，砖石结构，立面及剖面呈梯形，底部东西宽 13.78 米，南北长 9.04 米，高 8.48 米。立面为三段式，下段条石基础 5 层，白灰砌筑，白灰勾缝；中段城砖砌筑，白灰砌筑，白灰勾缝，南立面存长 5 米，原设一门，已毁。北立面墙体现存 45 层条砖，残长 6 米。残存两箭窗。中段与上段间设一层拔檐分隔，上段存部分垛口墙，长约 2 米，高 8 层。

楼体东、西、北三面全部坍塌，仅残存东西一券室，通道券墙残存，可见三通道。楼内积满碎砖，四周植被多为灌木和杂草。

42. 杨丈子 04 号敌台 130283352101170042

位于青龙满族自治县杨丈子村西南约 900 米，坐标：东经 118° 52′ 12.00″，北纬 40° 10′ 31.30″，高程 461 米。

敌台东西接墙，砖石结构，立面及剖面呈梯形，底部东西宽 10.9 米，南北长 11.5 米。立面为三段式，南侧设 8 层毛石放脚，下段条石基础 3 层，通高 3 米，白灰砌筑，白灰勾缝；中段城砖砌筑，白灰砌筑，白灰勾缝，存城砖 52 层，高 5.75 米，北立面城墙存高 7 米，设瞭望孔 4 个。

敌台面砖风化酥碱严重，存两条竖向裂缝，宽 0.03 ～ 0.1 米，四周植被多为灌木和杂草。

敌台南侧墙体呈半圆形环绕一基址，敌台北侧约 20 米处有一拦马沟，宽约 10 米。

43. 杨丈子 05 号敌台 130283352101170043

位于青龙满族自治县杨丈子村西南约 1.1 千米，坐标：东经 118° 52′ 04.10″，北纬 40° 10′ 32.10″，高程 420 米。

敌台东西接墙，砖石结构，立面及剖面呈梯形，底部东西宽 11.09 米。立面为三段式，下段条石基础 3 层，白灰砌筑，白灰勾缝；中段城砖砌筑，白灰砌筑，白灰勾缝，东立面设门，起券方式为三伏三券，自门券向上墙体垂直开裂。南立面存城砖 68 层，存箭窗 3 个，窗下设瞭望孔；中段与上段间设四层拔檐分隔；上段存少量垛口墙。

敌台面砖风化酥碱严重，台室东、西两角残存，中部坍塌，南券室存三分之一，其余坍塌，四周植被多为灌木和杂草。

敌台西约 20 米处存一基址，长约 10 米，向北有残墙 1.2 米。

44. 杨丈子 06 号敌台 130283352101170044

位于青龙满族自治县杨丈子村西南约 1.3 千米，坐标：东经 118° 51′ 52.20″，北纬 40° 10′ 35.80″，高程 413 米。

敌台东西接墙，砖石结构，立面及剖面呈梯形，底部东西宽 10.5 米，南北长 11 米，高 9.74 米。立面为三段式，下段条石基础，白灰砌筑，白灰勾缝；中段城砖砌筑，白灰砌筑，白灰勾缝，东、西立面设门，东门券脸石缺失，西门门柱石及拱券均雕刻三角形纹饰，门内券宽 1.36 米，高 2.63 米，外券门宽 0.7 米，高 1.86 米。辟箭窗 2 个，南、北立面设箭窗 3 个，北立面存城砖 45 层。敌台内部南北三券室，东西三通道，券室长 8.43 米，宽 2.64 米，高 4.13 米，通道宽 1.37 米，高 2.29 米。箭窗内券宽 1.08 米，高 2.55 米，深 0.63 米。南墙中箭窗为储藏室。西南角设通顶梯道，梯口宽 0.78 米，可见台阶 14 级，台阶宽 0.25 米，高 0.32 米。上段设施无存。

敌台面砖风化酥碱严重，箭窗毁坏严重，四周植被多为灌木和杂草。

45. 杨丈子 07 号敌台 130283352101170045

位于青龙满族自治县杨丈子村西南约 1.5 千米，坐标：东经 118° 51′ 42.20″，北纬 40° 10′ 35.90″，高程 427 米。

敌台东西接墙，砖石结构，立面及剖面呈梯形，底部东西宽 12 米，南北长 8.5 米，高 7.6 米。立面为三段式，下段条石基础 3 层，白灰砌筑，白灰勾缝；中段城砖砌筑，白灰砌筑，白灰勾缝，东、西立面设门，东、西门仅存门槛石，东立面辟箭窗 3 个，北立面存箭窗 2 个。台体内部南北三券室，东西三通道，券室高 3.2 米，宽 2.3 米，通道宽 1.5 米，高 2 米。箭窗内券宽 1.2 米，高 2 米，外券宽 0.6 米，高 0.8 米，起券方式为一伏一券。东北角设通顶梯道，道口宽 0.79 米，13 级石阶保存完好。中段与上段间设三层拔檐分隔，上段设施无存。

敌台面砖风化酥碱严重，门、箭窗毁坏严重，四周植被多为灌木和杂草。

46. 杨丈子 08 号敌台 130283352101170046

位于青龙满族自治县杨丈子村西南约 1.5 千米，坐标：东经 118° 51′ 37.10″，北纬 40° 10′ 42.50″，高程 344 米。

敌台南北接墙，砖石结构，立面及剖面呈梯形，底部南北长 10.5 米。立面为三段式，下段条石基础 14 层，白灰砌筑，白灰勾缝；中段城砖砌筑，白灰砌筑，白灰勾缝，北立面存城砖 43 层，北立面设门，存门槛石，南立面辟箭窗 2 个。楼体内部结构为东西三券室，南北三通道。现西南角、东北角坍塌，券室残存二分之一。中段与上段间设三层拔檐分隔，上段存少量垛口墙，存高 0.4 ～ 0.8 米，北侧存望孔 2 个。

敌台面砖风化酥碱严重，门、箭窗毁坏严重，四周植被多为灌木和杂草。

登城步道 1：位于敌台向北约 70 米，凹于墙内，垂直墙体而上，可见毛石阶梯 10 个，口宽 0.8 米，高 3.5 米。整体均用毛石垒砌。

登城步道 2：位于登城步道 1 北约 50 米，其形制与上一个基本一致，但外口处上端有一块较大横石置门楣之上。可见 7 个登城步道，口宽 0.7 米，高 2.8 米。

47. 四道河 01 号敌台 1302833352101170047

位于青龙满族自治县四道河村南约 1.8 千米，坐标：东经 118° 51′ 29.80″，北纬 40° 10′ 49.50″，高程 280 米。

敌台东西接墙，砖石结构，立面及剖面呈梯形。立面为三段式，下段条石基础 11 层，高 3.73 米，白灰砌筑，白灰勾缝；中段城砖砌筑，白灰砌筑，白灰勾缝，楼体西、南、北三立面均坍塌。东立面残长 4.6 米，残高 4.2 米，保留 1 箭窗，窗台已毁。南立面西南部残存长 2 米，宽 1.78 米，高 2.3 米。楼体内部结构为南北向券室，东西向通道。东券室残存二分之一，券室宽 2.28 米，高 3.77 米。存通道一个，宽 1.39 米，高 1.96 米，进深 1.25 米。券墙为毛石基础。

敌台坍塌严重，四周植被多为灌木和杂草。

48. 四道河 02 号敌台 130283352101170048

位于青龙满族自治县四道河村南约 1.5 千米，坐标：东经 118° 51′ 25.50″，北纬 40° 10′ 52.00″，高程 332 米。

敌台东西接墙，砖石结构，立面及剖面呈梯形，底部东西宽 10.36 米，南北长 10.48 米，高 6.5 米。立面为三段式，下段条石基础，白灰砌筑，白灰勾缝；中段城砖砌筑，白灰砌筑，白灰勾缝，高 5.1 米，东立面、北立面存箭窗 2 个，箭窗券室内大外小，起券方式为一伏一券。敌台内部结构为南北三券室，东西三通道，南、北券室坍塌，中券室保存基本完整，长 8.02 米，宽 2.08 米，高 2.41 米，券顶条砖大部分脱落。通道宽 0.99 米，券墙厚 1.8 米，通道起券方式为两伏两券；中段与上段间设三层拔檐分隔，一层砖混檐，二层菱角檐，三层砖直檐；上段设施无存。

敌台面砖风化酥碱严重，门、箭窗毁坏严重，东立面、南立面各存二分之一，西立面不存，北立面中段坍塌，四周植被多为灌木和杂草。

49. 东二道河 01 号敌台 130283352101170049

位于青龙满族自治县东二道河村东约 1 千米，坐标：东经 118° 51′ 18.70″，北纬 40° 10′ 51.70″，高程 327 米。

敌台东西接墙，砖石结构，立面及剖面呈梯形，底部东西宽 9.86 米，南北长 9.95 米，高 9.3 米。立面为三段式，下段条石基础 10 层，白灰砌筑，白灰勾缝；中段城砖砌筑，白灰砌筑，白灰勾缝，存城砖 38 层，东西辟门，西门券室内券宽 1.25 米，高 2.62 米，门宽 0.78 米，高 1.56 米。东门已毁，存门槛石。东、西立面辟箭窗 2 个，南、北立面辟箭窗 3 个，箭窗券室宽 1.24 米，高 2.04 米，箭窗宽 0.67 米，高 0.9 米。台体内部南北三券室，东西三通道。券室高 3.66 米，宽 1.74 米。通道宽 1.27 米，高 2.14 米。东南角有储藏室，高 1.21 米，宽 0.8 米，深 1.11 米。东北角设通顶梯道，梯道口宽 0.7 米，可见 12 级砖阶，上口长 1.3 米，起券方式为一伏一券，上段设施无存。

敌台面砖风化酥碱严重，门、箭窗毁坏严重，四周植被多为灌木和杂草。

登城步道：设在墙体内侧，毛石垒砌，四步台阶，留有休息平台，转东残存 4 步，口宽 0.8 米，踢步 0.25～0.3 米，踏步 0.15～0.25 米。

50. 东二道河 02 号敌台 130283352101170050

位于青龙满族自治县东二道河村东约 1 千米，坐标：东经 118°50′56.80″，北纬 40°10′45.10″，高程 149 米。

敌台东西接墙，砖石结构，立面及剖面呈梯形，底部东西宽 11.8 米，南北长 5.7 米，高 4 米。外包砖缺失，台芯毛石、灰土夯筑，四周植被多为灌木和杂草。

位于敌台东南角 3 米处有一个平台，毛石垒砌，东西长 2.5 米，南北宽 1.2 米，高 1.7 米。于此平台下部 3 米又有一个平台，东西长 13.5 米，宽 6.1 米，高 2.7 米。

51. 东二道河 03 号敌台 130283352101170051

位于青龙满族自治县东二道河村东南约 400 米，坐标：东经 118°50′51.00″，北纬 40°10′43.90″，高程 104 米。

敌台不存，地表仅见痕迹，与东侧东二道河村 02 号敌台上下相望，四周植被多为灌木和杂草。

52. 东二道河 04 号敌台 130283352101170052

位于青龙满族自治县东二道河村东南约 400 米，坐标：东经 118°50′46.90″，北纬 40°10′41.50″，高程 220 米。

敌台不存，地面散落大量碎砖，四周植被多为灌木和杂草。

53. 东二道河 05 号敌台 130283352101170053

位于青龙满族自治县东二道河村东南约 400 米，坐标：东经 118°50′46.00″，北纬 40°10′40.90″，高程 231 米。

敌台东西接墙，砖石结构，立面及剖面呈梯形，底部东西宽 8.57 米，南北长 8.54 米，高 6.67 米。条石基础，高 4.67 米，白灰砌筑，白灰勾缝，外包毛石砌筑，台芯毛石垒砌，台体西侧坍塌，上部设施不存，四周植被多为灌木和杂草。

54. 东二道河 06 号敌台 130283352101170054

位于青龙满族自治县东二道河村南约 300 米，坐标：东经 118°50′42.00″，北纬 40°10′39.90″，高程 215 米。

敌台南北接墙，砖石结构，立面及剖面呈梯形，底部东西宽 9.07 米，南北长 10.2 米，高 3.22 米。台芯毛石垒砌，台体西侧坍塌，上部设施不存，顶部存散落大量碎砖及白灰，四周植被多为灌木和杂草。

55. 东二道河 07 号敌台 130283352101170055

位于青龙满族自治县东二道河村西南约 400 米，坐标：东经 118° 50′ 31.70″，北纬 40° 10′ 39.00″，高程 214 米。

敌台东西接墙，砖石结构，底部东西存 6.7 米，南北寸长 7.5 米，高 1.1 米。坍塌严重，仅存北立面毛石基础 2 层，四周植被多为灌木和杂草。

56. 东二道河 08 号敌台 130283352101170056

位于青龙满族自治县东二道河西南约 500 米，坐标：东经 118° 50′ 22.40″，北纬 40° 10′ 42.20″，高程 241 米。

敌台砖石结构，立面及剖面呈梯形，底部南北长 13.99 米，突出墙体 6.83 米，下部条石基础 7 层，高 3.28 米，台芯毛石垒砌，台体仅存西立面外包条石，上部设施不存，四周植被多为灌木和杂草。

登城步道：位于敌台西北约 100 米处，由南侧上墙，步道口宽 0.9 米，长 2 米，高 1.4 米。

57. 冷口 01 号敌台 130283352101170057

位于迁安市建昌营镇冷口村东北约 600 米，坐标：东经 118° 50′ 22.60″，北纬 40° 10′ 33.50″，高程 193 米。

敌台坍塌严重，仅存西南角立面条石基础 2 层，高 0.8 米，四周植被多为灌木和杂草。

58. 冷口 02 号敌台 130283352101170058

位于迁安市建昌营镇冷口村东北约 300 米，坐标：东经 118° 50′ 17.90″，北纬 40° 10′ 26.40″，高程 87 米。

敌台位于沙河东岸，东西接墙，砖石结构，立面及剖面呈梯形，底部南北长 16.88 米，残存南北两侧部分条石。南立面两层料石长 1.4 米，高 0.7 米。北立面存一层毛石长 0.5 米，条石缺失处岩体上凿有深 0.03 ～ 0.1 米的基槽，四周植被多为灌木和杂草。

59. 冷口 03 号敌台 130283352101170059

位于迁安市建昌营镇冷口村北约 200 米，坐标：东经 118° 50′ 08.00″，北纬 40° 10′ 28.50″，高程 116 米。

敌台位于冷口村东北沙河西岸，与沙河东岸长城墙体相对应。建于冷口关北墙上，现存毛石台体，南北长 6.8 米，东西宽 10 米。东侧高 2.8 米，北侧高约 5 米。四周植被多为灌木和杂草。

60. 冷口 04 号敌台 130283352101170060

位于迁安市建昌营镇冷口村西北约 900 米，坐标：东经 118° 49′ 38.50″，北纬 40° 10′ 38.10″，高程 181 米。

敌台不存，地表仅见痕迹，四周散落大量碎砖，乱砖中发现残文字砖，长 0.18 米，宽 0.19 米，厚 0.08 米，阴刻"廿六日……"字样。四周植被多为灌木和杂草。

61. 西二道河 01 号敌台 130283352101170061

位于青龙满族自治县西二道河村西约 500 米，坐标：东经 118° 49′ 27.90″，北纬 40° 11′ 01.70″，高程 117 米。

敌台不存，地表仅见痕迹，四周植被多为灌木和杂草。

62. 西二道河 02 号敌台 130283352101170062

位于青龙满族自治县西二道河村西约 700 米，坐标：东经 118° 49′ 19.20″，北纬 40° 11′ 06.90″，高程 239 米。

敌台南北接墙，砖石结构，平面布局呈"回"字形，立面及剖面呈梯形，底部东西宽 11.3 米。立面为三段式，下段条石基础，南立面 8 层，高 2.5 米，北立面 14 层，白灰砌筑，白灰勾缝；中段城砖砌筑，白灰砌筑，白灰勾缝，西南角存城砖 42 层，南立面、北立面各存箭窗 1 个，西立面高 4 米，存箭窗 3 个；上段设施无存。台体内部东西三券室，南北三通道。西南角设通顶梯道，梯口宽 0.7 米，可见 6 级台阶，踏步宽 0.25 米，高 0.3 米。

台体坍塌严重，门、箭窗毁坏严重，在此楼坍塌的散砖中发现有模印"中"字凸印文字砖，砖残长 0.21 米，宽 0.18 米，厚 0.095 米，另有阴刻"三百丁"字样文字砖，四周植被多为灌木和杂草。

63. 西二道河 03 号敌台 130283352101170063

位于青龙满族自治县西二道河村西约 900 米，坐标：东经 118° 49′ 12.60″，北纬 40° 11′ 12.40″，高程 262 米。

敌台南北接墙，砖石结构，立面及剖面呈梯形，底部东西宽 9.55 米，南北长 11.42 米，顶部东西宽 8.95 米，南北长 10.8 米，高 9.89 米。立面为三段式，下段条石基础 8 层，高 3.9 米，白灰砌筑，白灰勾缝；中段城砖砌筑，白灰砌筑，白灰勾缝，南北辟门，南门券室宽 1.44 米，残高 2.92 米，门宽 0.66 米，高 1.87 米。门两侧柱石高 1.52 米，宽 0.32 米，厚 0.26 米。上部门券为整块半圆券石起券。门闩石高 0.43 米，宽 0.38 米，闩孔径 0.15 米，厚 0.17 米。南侧墙厚 1 米，南、北立面各辟箭窗 2 个，箭窗券室宽 1.08 米，高 2.23 米，箭窗宽 0.59 米，高 0.9 米，窗石宽 0.41 米。窗石下有 3 孔，两侧为窗轴孔，中为方形插孔。东、西立面辟箭窗 4 个，东立面箭窗券室宽 1.03 米，高 2.3 米，西立面箭窗券室宽 1 米，高 2.14 米，箭窗宽 0.61 米，高 0.94 米，进深 1.65 米。各箭窗下均有礌石孔，孔径内口 0.45 米，高 0.6 米，外口径 0.35 米。该楼多数箭窗右侧距地面高 1.2 ～ 1.3 米处，凹刻有 2 ～ 3 支箭形图案，箭羽斜向上方，内抹白灰，图案排列整齐，寓意不明。

内部南北三券室，东西三通道。西券室宽 1.29 米，高 4.15 米。中券室宽 2.38 米，高 4.29 米。东券室宽 1.35 米，高 4.23 米。北通道宽 1.24 米，高 2.5 米。中通道宽 2.4 米，高 2.58 米。南通道宽 1.26 米，高 2.51 米。西券室南北设门，南券门内券洞宽 1.44 米，残高 2.92 米，门宽 0.66 米，高 1.87 米。门两侧柱石高 1.52 米，宽 0.32 米，厚 0.26 米。上部门券为整块半圆券石起券。门闩石高 0.43 米，宽 0.38 米，闩孔径 0.15 米，厚 0.17 米。西墙北箭窗南侧有通顶梯道，道口宽 0.75 米，可见 10 级踏步台阶，台阶宽 0.25 米，高 0.32 米，梯口上券为一伏一券，券上抹角出檐，上部出口残长 3.1 米。楼内地面墁砖不存。

顶层残存单券室铺房，铺房南北外侧通长 7.25 米，东西外宽 4.4 米。北山墙现存砌砖 45 层至顶券，北侧残高 3.5 米。南山墙残存 32 层砌砖。上顶采用 4 层叠涩起券。东西内宽 3.26 米，南北长 4.8 米。南侧耳室宽 0.62 米，高 1.78 米。北耳室内墙坍塌，墙厚 0.65 米。耳室进深 1.27 米。铺房西侧北端下有门柱石尚存，两边门轴孔完好。铺房外侧距楼南边沿 1.7 米，距楼北外边沿 1.82 米。在楼顶北侧东北角铺房下有一通楼内气孔，宽 0.17 米，长 0.26 米。楼顶西侧上有出水嘴，残长 0.67 米，宽 0.35 米。

敌台面砖风化酥碱严重，拔檐砖、垛墙、顶层墁地砖不存，四周植被多为灌木和杂草。

64. 西二道河 04 号敌台 130283352101170064

位于青龙满族自治县西二道河村西约 1.1 千米，坐标：东经 118° 49′ 07.40″，北纬 40° 11′ 17.10″，高程 324 米。

敌台南北接墙，砖石结构，立面及剖面呈梯形，底部东西宽 10 米，南北长 10.61 米。立面为三段式，下段条石基础，西立面 13 层，北立面 8 层，高 2.85 米，白灰砌筑，白灰勾缝；中段城砖砌筑，白灰砌筑，白灰勾缝，南北辟门，南门券室宽 0.76 米，高 1.78 米，门柱石高 1.45 米，宽 0.3 米，厚 0.24 米，上部拱券石为一整块石拱。南北辟箭窗 2 个，箭窗下为石质望孔，石宽 0.48 米，高 0.48 米，内厚 0.33 米，外口石宽 0.22 米，高 0.21 米。东西辟箭窗 3 个，箭窗券室宽 0.7 米，高 2.32 米，窗宽 0.57 米，高 0.86 米，窗台石宽 0.44 米，长 0.95 米，厚 0.155 米。内部为东西三通道，南北三券室。东券室坍塌，东壁无存。宽 2 米，高 4.15 米。通道宽 1.61 米，高 2.3 米。中券室宽 1.87 米。券室隔墙厚 0.83 米。西北角设有通顶梯道，梯口宽 0.9 米，可见 12 级石阶，上口残长 2.4 米。台阶高 0.2 ～ 0.25 米，宽 0.26 ～ 0.3 米。上段设施无存。

敌台面砖风化酥碱严重，箭窗毁坏严重，台身存多条竖向裂缝，宽 0.03 ～ 0.08 米，四周植被多为灌木和杂草。

65. 汤丈子 01 号敌台 130283352101170065

位于青龙满族自治县汤丈子村南约 1.1 千米，坐标：东经 118° 48′ 54.90″，北纬 40° 11′ 21.70″，高程 337 米。

敌台东西接墙，砖石结构，立面及剖面呈梯形，底部东西宽 9 米，南北长 13.3 米，坍塌严重，仅存部分台基，东侧台基可见 6 层条石，四周散落大量毛石，植被多为灌木和杂草。

66. 汤丈子 02 号敌台 130283352101170066

位于青龙满族自治县汤丈子村南约 1 千米，坐标：东经 118° 48′ 41.20″，北纬 40° 11′ 29.50″，高程 239 米。

敌台东西接墙，砖石结构，立面及剖面呈梯形，底部东西宽 11.52 米。下段条石基础 3 层，高 1.1 米，白灰砌筑，白灰勾缝；中段城砖砌筑，城砖规格为 0.38 米 ×0.19 米 ×0.09 米，白灰砌筑，白灰勾缝，存城砖 68 层，东立面辟门，存门槛石 1 块，南立面辟箭窗 1 个；上段设施无存。敌台台体坍塌严重，植被多为灌木和杂草。

67. 汤丈子 03 号敌台 130283352101170067

位于青龙满族自治县汤丈子村南约 1 千米，坐标：东经 118° 48′ 31.50″，北纬 40° 11′ 34.10″，高程 400 米。

敌台东西接墙，砖石结构，立面及剖面呈梯形，底部东西宽 9.2 米，南北长 11.3 米，高 9.39 米。立面为三段式，东立面存毛石放脚 5 层，高 1.5 米，下段条石基础 3 层，高 1.15 米，白灰砌筑，白灰勾缝；中段城砖砌筑，白灰砌筑，白灰勾缝，东立面存箭窗 1 个，南立面城砖墙体高 42 层，西立面设门，宽 0.83 米，高 1.83 米，存门槛石一块。辟箭窗 3 个；中段与上段间设 3 层拔檐分隔，西立面存石质吐水嘴一个；上段存少量垛口墙。

敌台面砖风化酥碱严重，东南角、西北角外包砖缺失，暴露毛石台芯，东立面大部坍塌，四周植被多为灌木和杂草。

68. 汤丈子 04 号敌台 1302833352101170068

位于青龙满族自治县汤丈子村南约 1 千米，坐标：东经 118° 48′ 17.40″，北纬 40° 11′ 38.00″，高程 369 米。

敌台东西接墙，砖石结构，立面及剖面呈梯形，底部东西宽 10 米，南北长 9.8 米，高 8.1 米。立面为三段式，下段条石基础 4 层，白灰砌筑，白灰勾缝；中段城砖砌筑，白灰砌筑，白灰勾缝，东西辟门，门券室宽 1.22 米，高 2.35 米，券脸石、门柱石无存，东、西立面各辟箭窗 1 个，箭窗券室宽 1.14 米，高 1.9 米，外窗宽 0.54 米，高 0.83 米。窗台石宽 0.44 米，长 0.8 米，厚 0.17 米。西门与箭窗之间包砖脱落，面积约 3 平方米。南、北立面各辟箭窗 3 个，箭窗券室宽 1.13 米，高 2.04 米，窗宽 0.54 米，高 0.81 米，窗台石长 0.7 米，宽 0.44 米，厚 0.09 米。

敌台内部结构为东西三券室，南北三通道，南券室宽 1.58 米，高 3.65 米。中券室宽 1.85 米，高 3.68 米；北券室宽 1.62 米，高 3.79 米；中通道宽 1.26 米，高 1.98 米；东通道宽 1.35 米，高 2.08 米；西通道宽 1.21 米，高 2.01 米。西南角、西北角各设券洞一个，洞宽 1.17 米，高 1.66 米，深 0.91 米。通顶梯道位于西南角，宽 0.63 米。中段与上段间设三层拔檐分隔，东、西立面各存石水嘴一个，长 0.88 米，宽 0.29 米，水槽宽 0.14 米，深 0.03 米。上段垛口墙不存，顶部局部存墁地方砖，规格为 0.38 米 ×0.38 米。

墙体面砖风化酥碱严重，箭窗毁坏严重，四周植被多为灌木和杂草。

69. 汤丈子 05 号敌台 1302833352101170069

位于青龙满族自治县汤丈子村西南约 1.1 千米，坐标：东经 118° 48′ 14.60″，北纬 40° 11′ 40.30″，高程 376 米。

敌台南北接墙，砖石结构，立面及剖面呈梯形，底部东西宽 10.5 米，南北长 10 米，高 7.1 米。立面为三段式，下段条石基础，白灰砌筑，白灰勾缝；中段城砖砌筑，坍塌严重，残存东南角墙体及一个通道，东立面存竖向裂缝一条，宽 0.1 米。四周及楼内散落大量碎砖，植被多为灌木和杂草。

70. 汤丈子 06 号敌台 1302833352101170070

位于青龙满族自治县汤丈子村西南约 1.2 千米，坐标：东经 118° 48′ 08.0″，北纬 40° 11′ 43.20″，高程 398 米。

敌台东西接墙，砖石结构，立面及剖面呈梯形。下段条石基础 5 层，高 2.4 米，白灰砌筑，白灰勾缝；中段城砖砌筑，白灰砌筑，白灰勾缝，南立面存外包墙体长 2.4 米，宽 2.3 米，高 7.4 米。东南角处存外包墙体南北长 1.8 米，东西长 1.1 米，高 7.01 米，东、北立面条石基础缺失。四周散落大量碎砖，植被多为灌木和杂草。

71. 汤丈子 07 号敌台 1302833352101170071

位于青龙满族自治县汤丈子村西南约 1.4 千米，坐标：东经 118° 47′ 56.60″，北纬 40° 11′ 44.20″，高程 420 米。

敌台东西接墙，砖石结构，立面及剖面呈梯形。下段条石基础 5 层，高 2.2 米，白灰砌筑，白灰勾缝；中段城砖砌筑，白灰砌筑，白灰勾缝，西南角存外包城砖 13 层，高 1.4 米。东南角存外包城砖 14 层，高 1.5 米。四周植被多为灌木和杂草。

72. 汤丈子 08 号敌台 130283352101170072

位于青龙满族自治县汤丈子村西约 1.5 千米，坐标：东经 118° 47′ 52.50″，北纬 40° 11′ 48.20″，高程 392 米。

敌台南北接墙，砖石结构，立面及剖面呈梯形，底部东西宽 9.3 米，南北长 14 米，高 6.5 米。下段条石基础 5 层，白灰砌筑，白灰勾缝；中段城砖砌筑，白灰砌筑，白灰勾缝，北立面辟门，存门柱石 2 块，坍塌严重，顶部堆积大量渣土。四周植被多为灌木和杂草。

73. 观音沟 01 号敌台 130283352101170073

位于青龙满族自治县观音沟村西南约 1.5 千米，坐标：东经 118° 47′ 39.60″，北纬 40° 12′ 00.60″，高程 469 米。

敌台南北接墙，砖石结构，立面及剖面呈梯形，底部南北长 10.74 米，高 6.33 米。立面为三段式，下段条石基础 4 层，高 1.5 米，白灰砌筑，白灰勾缝；中段城砖砌筑，白灰砌筑，白灰勾缝，南北设门，北立面存外包墙体长 3.15 米，敌台存箭窗 4 个，窗下设礌石孔。内部结构为东西三券室，南北三通道，西通道保存较完整，长 8.47 米，宽 0.96 米，高 2 米。梯道位于南券室西墙内侧，由南向北上，下部 3 级石阶，踏步宽 0.24 米，踢步高 0.34 米，上部为砖阶，皆毁。梯道上口顶券不存，存两侧券墙。中段与上段间设拔檐分隔，上段设施无存。

敌台南立面墙体仅存一半，南门上方存竖向裂缝 2 条，宽 0.05～0.07 米，箭窗缺失，四周植被多为灌木和杂草。

西北约 100 米处墙体内侧有遗址一处，毛石垒砌，平面呈半圆形，紧临墙体，南侧开口，口宽 0.55 米，底较大，底宽 1 米，内侧进深 1.7 米，高 1 米，用途不明。

74. 小龙庙 01 号敌台 130283352101170074

位于建昌营镇小龙庙村北约 1.3 千米，坐标：东经 118° 47′ 27.70″，北纬 40° 12′ 06.10″，高程 358 米。

敌台东西接墙，砖石结构，立面及剖面呈梯形，底部东西宽 9.1 米，南北长 9.78 米，高 6.7 米。立面为三段式，下段条石基础 9 层，白灰砌筑，白灰勾缝；中段城砖砌筑，白灰砌筑，白灰勾缝，仅存东立面墙体，设一门一箭窗，均已坍塌，顶部堆积大量碎砖。四周植被多为灌木和杂草。

75. 小龙庙 02 号敌台 130283352101170075

位于建昌营镇小龙庙村北约 1.5 千米，坐标：东经 118° 47′ 18.00″，北纬 40° 12′ 10.60″，高程 355 米。

敌台东西接墙，砖石结构，立面及剖面呈梯形，底部东西宽 11.9 米，高 6.2 米。立面为三段式，东南角设毛石放脚 6 层，高 2.1 米，下段条石基础 3 层，高 1.1 米，白灰砌筑，白灰勾缝；中段城砖砌筑，白灰砌筑，白灰勾缝，东西设门，门券室宽 1.01 米，高 2.16 米，门宽 0.63 米，高 1.66 米。东立面存箭窗 1 个，箭窗券室宽 0.92 米，高 1.7 米，箭窗宽 0.54 米，高 0.87 米。南立面存箭窗 2 个。内部南北三券室，东西三通道，券室大部分坍塌，通道保存完整，东券室宽 2.22 米，高 2.92 米，南通道宽 1.33 米，高 1.93 米。梯道位于东南角，宽 0.69 米，由东向西上，可见 16 级石阶，踏步宽 0.15～0.5 米，踢步高 0.25～0.3 米，存梯道顶券。中段与上段间设三层拔檐分隔，最下层为砖直檐，中层为棱角檐，上层为石檐；上段存少量垛口墙，存石质方形望孔 2 个，西立面存垛口 1 个。

南墙保存较完整，东北角坍塌，东墙、西墙各存一半，北墙坍塌，四周植被多为灌木和杂草。

76. 小龙庙 03 号敌台 130283352101170076

位于建昌营镇小龙庙村北约 1.5 千米，坐标：东经 118° 47′ 10.20″，北纬 40° 12′ 14.90″，高程 446 米。

敌台东西接墙，砖石结构，立面及剖面呈梯形，底部东西宽 10.92 米，南北长 10.92 米，高 9.2 米。立面为三段式，设毛石放脚 3 层，下段条石基础 4 层，白灰砌筑，白灰勾缝；中段城砖砌筑，白灰砌筑，白灰勾缝，南立面中部设门，门券室宽 1.16 米，高 2.11 米，门宽 0.69 米，高 1.63 米，门券由三块券脸石组成，门外设登楼台阶，毛石垒砌，宽 2 米，高 3.12 米。东、北立面辟箭窗 3 个，西、南立面辟箭窗 2 个，箭窗券室宽 1.05～1.11 米，高 1.8～2.03 米，箭窗宽 0.53～0.59 米，高 0.8～1 米。

内部南北三券室，东西三通道，西券室长 7.9 米，宽 2.01 米，高 3.68 米，中券室长 8.05 米，宽 1.83 米，高 3.6 米，东券室长 8.12 米，宽 2.21 米，高 3.74 米；北通道宽 1.46 米，高 1.78 米，中通道宽 1.59 米，高 1.76 米，南通道宽 1.44 米，高 1.9 米，券室、通道皆为两伏两券，券高 0.6 米。梯道位于南墙东箭窗西侧，由东向西上，梯道宽 0.67 米，14 级石阶登顶，踏步宽 0.15～0.2 米，踢步高 0.27～0.3 米。中段与上段间设拔檐分隔，上段设施无存。

敌台面砖风化酥碱严重，台室内部堆积羊粪，四周植被多为灌木和杂草。

77. 大龙庙 01 号敌台 130283352101170077

位于建昌营镇大龙庙村东北约 1.3 千米，坐标：东经 118° 47′ 00.90″，北纬 40° 12′ 18.30″，高程 501 米。

敌台东西接墙，砖石结构，立面及剖面呈梯形，底部东西宽 10.29 米，南北长 9.66 米，高 10.97 米。东、南立面毛石放脚找平，高 2.2 米，立面为三段式，下段条石基础 6～7 层，高 2.4 米，白灰砌筑，白灰勾缝；中段城砖砌筑，白灰砌筑，白灰勾缝，东西设门，东门仅存半块门槛石，东立面存箭窗 1 个，南立面存箭窗 3 个，西立面存箭窗 2 个。内部为南北三券室，东西三通道，西券室长 7.44 米，宽 1.64 米，高 3.72 米。南通道宽 1.07 米，高 2.04 米。梯道位于南墙西箭窗东侧，由西向东上，可见 12 级石阶，梯道宽 0.7 米，踏步宽 0.22～0.26 米，踢步高 0.3～0.33 米。中段与上段间设拔檐分隔，上段存少量垛口墙。

敌台面砖风化酥碱严重，东、北立面坍塌，北半部坍塌严重，门、箭窗毁坏严重，四周植被多为灌木和杂草。

78. 大龙庙 02 号敌台 130283352101170078

位于建昌营镇大龙庙村东北约 1.3 千米，坐标：东经 118° 46′ 55.10″，北纬 40° 12′ 18.30″，高程 521 米。

敌台砖石结构，立面及剖面呈梯形，底部东西宽 10.15 米，南北长 9.96 米，高 7.2 米。东立面毛石放脚找平，立面为三段式，下段条石基础 4 层，白灰砌筑，白灰勾缝；中段城砖砌筑，白灰砌筑，白灰勾缝，东立面中部设门，台体存箭窗 11 个。内部为东西三券室，南北三通道，楼内堆满乱砖。梯道位于中券室北隔墙中，由东向西上，梯道宽 0.69 米；中段与上段间设拔檐分隔；上段存少量垛口墙，北立面垛口墙存瞭望孔 1 个，东立面垛口墙存瞭望孔 2 个。

敌台面砖风化酥碱严重，东南角坍塌，北立面外包墙体外闪，门、箭窗毁坏严重，四周植被多为灌木和杂草。

79. 大龙庙 03 号敌台 130283352101170079

位于建昌营镇大龙庙村北约 1.1 千米，坐标：东经 118° 46′ 54.90″，北纬 40° 12′ 14.40″，高程 526 米。

敌台南北接墙，砖石结构，立面及剖面呈梯形，底部东西宽 10.6 米，南北长 10.2 米，高 6.1 米。立面为三段式，下段条石基础，白灰砌筑，白灰勾缝；中段城砖砌筑，白灰砌筑，白灰勾缝，东、北立面设门，宽 0.9 米，高 1.83 米，东立面存箭窗 2 个，箭窗券室宽 0.95 米，高 1.09 米，箭窗宽 0.6 米，高 1 米。南箭窗北侧设储藏券洞，宽 0.65 米，高 1.16 米，深 1.52 米。内部东西三券室，南北三通道。南券室宽 2.06 米，高 3.62 米，中券室宽 2.06 米，北券室宽 2.03 米，东通道宽 1.33 米，高 1.83 米。梯道位于东墙北箭窗西侧，由北向南上，梯道宽 0.66 米，已被坍落乱砖堵塞，不能登顶；中段与上段间设三层拔檐分隔；上段存少量垛口墙墙体。

敌台面砖风化酥碱严重，西立面坍塌，南、北立面大部分坍塌，门、箭窗毁坏严重，四周植被多为灌木和杂草。

80. 大龙庙 04 号敌台 130283352101170080

位于建昌营镇大龙庙村北约 1 千米，坐标：东经 118° 46′ 44.00″，北纬 40° 12′ 12.20″，高程 502 米。

敌台南北接墙，砖石结构，立面及剖面呈梯形，底部东西宽 9.5 米，南北长 9.6 米，高 8.14 米。立面为三段式，下段条石基础 11 层，白灰砌筑，白灰勾缝；中段城砖砌筑，白灰砌筑，白灰勾缝，南立面设门，门宽 0.71 米，门柱石高 0.72 米，宽 0.22 米，券脸石缺失。东西两侧设石质登城步道，西侧宽 2 米，东侧宽 1.5 米，可见 7 级。东、西、北立面设箭窗 3 个，南立面设箭窗 2 个。内部南北三券室，东西三通道，西券室长 6.95 米，宽 1.91 米，高 3.56 米，中券室长 7.01 米，宽 1.85 米，高 2.84 米，东券室长 7.04 米，宽 1.81 米，高 2.99 米；北通道宽 1.46 米，高 2.09 米，中通道宽 1.34 米，高 1.98 米，南通道宽 1.39 米，高 1.92 米。南墙设门，门宽 0.71 米，门柱石高 0.72 米，宽 0.22 米，券脸石已失。梯道位于南墙东箭窗西侧，由东向西上，可见 13 级石阶，尚存部分梯道券顶。梯道宽 0.69 米，踏步宽 0.22～0.27 米，踢步高 0.36～0.42 米。上段设施不存。

敌台面砖风化酥碱严重，门、箭窗毁坏严重，四周植被多为灌木和杂草。

81. 大龙庙 05 号敌台 130283352101170081

位于建昌营镇大龙庙村北约 1 千米，坐标：东经 118° 46′ 38.20″，北纬 40° 12′ 06.50″，高程 391 米。

敌台南北接墙，砖石结构，立面及剖面呈梯形，底部东西宽 9.57 米，南北长 10.6 米，高 6.95 米。西北角设毛石放脚 8 层，立面为三段式，下段条石基础 5 层，白灰砌筑，白灰勾缝；中段城砖砌筑，白灰砌筑，白灰勾缝，城砖 51 层至拔檐，南立面中部设门，东、西、北立面各辟箭窗 3 个，南立面辟箭窗 1 个。内部南北三券室，东西三通道，东券室长 7.44 米，宽 1.91 米，高 3.84 米，中券室长 8.38 米，宽 1.97 米，高 3.36 米，西券室长 8.67 米，宽 1.94 米，高 3.59 米。北通道宽 1.72 米，中通道宽 1.64 米，南通道宽 2.11 米，高 2.19 米。东券室南墙东箭窗西侧设储藏券洞，宽 0.7 米，高 1.5 米，深 1.56 米。楼顶东北角坍塌。梯道位于西券室，四梯次券顶，由西向东上 16 级石阶，宽 0.67 米，踏步宽 0.2 米，踢步高 0.27 米。梯道墙发现模印"中"字砖。中段与上段间设三层拔檐分隔，上段设施不存。

敌台面砖风化酥碱严重，门、箭窗毁坏严重，四周植被多为灌木和杂草。

82. 大龙庙 06 号敌台 1302833352101170082

位于建昌营镇大龙庙村北约 1 千米，坐标：东经 118° 46′ 34.40″，北纬 40° 12′ 02.60″，高程 395 米。

敌台南北接墙，砖石结构，立面及剖面呈梯形，底部东西宽 9.52 米，南北长 9.6 米，高 9.34 米。立面为三段式，下段条石基础 9 层，白灰砌筑，白灰勾缝；中段城砖砌筑，白灰砌筑，白灰勾缝，城砖 44 层至拔檐，南立面中部设门，门券室宽 1.14 米，高 2.5 米，门已毁，残宽 1.03 米，残高 2.13 米，存门槛石、门闩石。东、西、北立面各存箭窗 3 个，南立面存箭窗 2 个，箭窗券室宽 0.92 米，深 0.58 米，箭窗宽 0.58 米，高 0.97 米。内部为南北三券室，东西三通道，西券室长 7.67 米，宽 1.94 米，高 3.62 米，中券室长 7.79 米，宽 1.97 米，高 3.37，东券室长 7.71 米，宽 1.96 米，高 3.39 米；南通道宽 1.39 米，高 1.95 米，中通道宽 1.45 米，高 1.97 米，北通道宽 1.53 米，高 2.22 米。中段与上段间设三层拔檐分隔，两层平檐，中间一层为菱角檐，上段设施不存。

敌台面砖风化酥碱严重，门、箭窗毁坏严重，四周植被多为灌木和杂草。

83. 大龙庙 07 号敌台 130283352101170083

位于建昌营镇大龙庙村北约 500 米，坐标：东经 118° 46′ 27.10″，北纬 40° 12′ 02.20″，高程 421 米。

敌台南北接墙，砖石结构，立面及剖面呈梯形，底部东西宽 10 米，南北长 10.45 米，高 7.87 米。立面为三段式，下段条石基础 8 层，白灰砌筑，白灰勾缝；中段城砖砌筑，城砖规格为 0.36 米 ×0.17 米 ×0.08 米，白灰砌筑，白灰勾缝，城砖 43 层至拔檐，南立面中部设门，门券室宽 1.34 米。东、西、北立面辟箭窗 3 个，南立面辟箭窗 2 个，箭窗券室宽 0.89～1.05 米，高 2.12～2.22 米，箭窗宽 0.55 米，高 0.95 米。内部南北三券室，东西三通道，西券室宽 0.77 米，高 3.77 米，中券室宽 1.62 米，高 3.37 米，东券室宽 1.85 米，高 3.67 米；南通道宽 1.71 米，高 2.59 米，中通道宽 1.68 米，高 2.57 米，北通道宽 1.74 米，高 2.69 米。券墙上砌有长方形灯龛。梯道位于中券室东隔墙南侧，宽 0.54 米，由南向北上，可见 8 级台阶，踏步宽 0.24 米，踢步高 0.48 米。楼内海墁砖不存。中段与上段间设三层拔檐分隔，两层平檐，中间一层为菱角檐，上段设施不存。

敌台面砖风化酥碱严重，门、箭窗毁坏严重，四周植被多为灌木和杂草。

84. 大龙庙 08 号敌台 130283352101170084

位于建昌营镇大龙庙村西北约 500 米，坐标：东经 118° 46′ 23.90″，北纬 40° 11′ 55.90″，高程 389 米。

敌台南北接墙，砖石结构，立面及剖面呈梯形，底部东西宽 10.4 米，南北长 10 米。立面为三段式，下段条石基础 11 层，高 3.37 米，白灰砌筑，白灰勾缝；中段城砖砌筑，白灰砌筑，白灰勾缝，西立面存外包墙体 7.1 米，高 3 米，存箭窗 2 个，宽 0.73 米，高 1.46 米。坍塌严重，四周植被多为灌木和杂草。

85. 大龙庙 09 号敌台 130283352101170085

位于建昌营镇大龙庙村西北约 500 米，坐标：东经 118° 46′ 23.10″，北纬 40° 11′ 49.40″，高程 375 米。

敌台南北接墙，砖石结构，坍塌严重，呈堆状，四周植被多为灌木和杂草。

86. 大龙庙 10 号敌台 130283352101170086

位于建昌营镇大龙庙村西约 500 米，坐标：东经 118° 46′ 20.40″，北纬 40° 11′ 46.00″，高程 349 米。

敌台南北接墙，砖石结构，坍塌严重呈堆状，四周植被多为灌木和杂草。

87. 大龙庙 11 号敌台 130283352101170087

位于建昌营镇大龙庙村西约 500 米，坐标：东经 118° 46′ 18.50″，北纬 40° 11′ 42.30″，高程 358 米。

敌台南北接墙，砖石结构，坍塌严重，呈堆状，四周植被多为灌木和杂草。

88. 大龙庙 12 号敌台 130283352101170088

位于建昌营镇大龙庙村西约 500 米，坐标：东经 118° 46′ 16.30″，北纬 40° 11′ 34.60″，高程 489 米。

敌台南北接墙，砖石结构，平面布局呈"回"字形，立面及剖面呈梯形，底部东西长 12.78 米，南北宽 6.7 米，顶部东西长 12.1 米，南北宽 5.7 米，高 8.63 米。立面为三段式，下段条石基础 4 层，高 1.65 米，白灰砌筑，白灰勾缝；中段城砖砌筑，白灰砌筑，白灰勾缝，东西设门，门券室宽 1.39 米，高 2.48 米。门宽 0.63 米，高 1.8 米，内外口呈"八"字形。东西立面辟箭窗 1 个，南、北立面辟箭窗 3 个，下设瞭望孔，箭窗券室宽 1.12 米，高 1.93 米，外窗口宽 0.66 米，高 0.9 米，窗厚 1.08 米。内部南北三券室，东西二通道，券室长 3.6 米，宽 2.48 米，高 3.67 米；通道长 10.44 米，宽 1.37 米，高 2.19 米。南侧中箭窗东侧为通顶梯道，道口宽 0.68 米，砖阶，梯口顶部叠涩 26 层砖出檐封顶，上出口残长 1.75 米。中段与上段间设三层拔檐分隔，上段存少量垛口墙，顶部存柱顶石一块，尺寸为 0.38 米 ×0.38 米，柱础孔径 0.27 米，深 0.03 米，厚 0.08 米。

敌台面砖风化酥碱严重，门、箭窗毁坏严重，四周植被多为灌木和杂草。

89. 大龙庙 13 号敌台 130283352101170089

位于建昌营镇大龙庙村西约 700 米，坐标：东经 118° 46′ 08.90″，北纬 40° 11′ 34.80″，高程 497 米。

敌台东西接墙，砖石结构，立面及剖面呈梯形，底部南北长 11.15 米，高 6.06 米。立面为三段式，下段条石基础 16 层，高 2.1 米，白灰砌筑，白灰勾缝；中段城砖砌筑，白灰砌筑，白灰勾缝，东西立面设门，辟箭窗 1 个，南、北立面辟箭窗 3 个，箭窗券室宽 0.97 米，高 2.06 米。箭窗宽 0.55 米，高 1.03 米。内部南北三券室，东西二通道，北通道坍塌，南通道保存较完整，通道长 9.5 米，宽 1.6 米，高 2.22 米；中券室宽 2.57 米，高 3.93 米。东箭窗西侧有通顶梯道，道口宽 0.7 米，可见 13 级踏步台阶，阶宽 0.2～0.26 米，高 0.3 米。楼梯券顶形制为须弥座式，外宽 1.7 米，长 3.2 米，上券残存 0.47 米，券壁残存碑龛位，碑不存。中段与上段间设三层拔檐分隔，上段设施不存。

敌台面砖风化酥碱严重，北侧坍塌，四周植被多为灌木和杂草。

90. 大龙庙 14 号敌台 130283352101170090

位于建昌营镇大龙庙村西约 800 米，坐标：东经 118° 45′ 57.90″，北纬 40° 11′ 33.30″，高程 377 米。

敌台东西接墙，砖石结构，立面及剖面呈梯形，底部东西宽9.35米。立面为三段式，下段条石基础5层，高1.7米，白灰砌筑，白灰勾缝；中段城砖砌筑，白灰砌筑，白灰勾缝，城砖33层至拔檐，东西设门，南立面存箭窗3个。内部东西两券室，南北三通道，券室长7.44米，宽1.77米，高3.15米；通道宽1.26米，高2.05米。南侧墙中箭窗东侧有通顶梯道，道口宽0.55米；中段与上段间设四层拔檐分隔，上段存垛口墙8层。

敌台面砖风化酥碱严重，北侧坍塌，四周植被多为灌木和杂草。

91. 大龙庙15号敌台 130283352101170091

位于建昌营镇大龙庙村西约1千米，坐标：东经118° 45′ 46.90″，北纬40° 11′ 31.00″，高程375米。

敌台东西接墙，砖石结构，立面及剖面呈梯形，底部东西宽9.6米。西立面设毛石放脚4层，立面为三段式，下段条石基础3层，高1.1米，白灰砌筑，白灰勾缝；中段城砖砌筑，白灰砌筑，白灰勾缝，东西设门，门券室宽0.88米，高2.25米，门宽0.69米，高1.7米，西门存券顶石，南北立面辟箭窗3个，箭窗券室宽0.68米，高2.1米，窗宽0.59米，高0.92米。内部东西存一券室，南北三通道，现仅存中券墙三通道，券室长7.99米，宽1.68米，高2.84米；通道宽1.61米，高2.01米，南侧中箭窗东侧为通顶梯道，口宽0.68米，可见10级砖砌踏步台阶。南墙西箭窗东侧有储藏室，室宽0.44米，高2.78米，深1.52米。地面铺砖尚存。中段与上段间设四层拔檐分隔，上段设施无存。

敌台面砖风化酥碱严重，南侧局部坍塌，四周植被多为灌木和杂草。

92. 南杖子01号敌台 130283352101170092

位于青龙满族自治县南杖子村南约1千米，坐标：东经118° 45′ 39.60″，北纬40° 11′ 32.20″，高程383米。

敌台东西接墙，砖石结构，立面及剖面呈梯形，底部东西宽9.9米，南北长10.36米，高7.5米。东立面设毛石放脚1层，立面为三段式，下段条石基础8层，高2.9米，白灰砌筑，白灰勾缝；中段城砖砌筑，白灰砌筑，白灰勾缝，东西设门，东门券室宽1.17米，高2.53米。存门闩石1块，东、南、北立面均辟箭窗3个，东立面箭窗内设两层台，台高0.43米，箭窗券室宽0.94米，高1.62米，箭窗宽0.68米，高1.04米。箭窗内券深0.5米，外券厚0.53米。内部南北三券室，东西三通道，中券室长7.9米，宽1.68米，高2.8米，东券室长7.76米，宽1.93米，高2.94米，西券室长7.87米，宽1.81米，高2.94米；内中券墙三通道，南通道宽0.66米，高1.71米，中通道宽0.69米，高1.77米，北通道宽0.66米，高1.79米，中券墙东通道，宽0.69米，高1.75米，北券墙通道宽0.66米，宽0.66米，高1.76米。通道内券厚1.02米，上段设施无存。

敌台面砖风化酥碱严重，四周植被多为灌木和杂草。

93. 南杖子02号敌台 130283352101170093

位于青龙满族自治县南杖子村南约1千米，坐标：东经118° 54′ 34.70″，北纬40° 11′ 33.70″，高程396米。

敌台东西接墙，砖石结构，立面及剖面呈梯形，底部东西宽11.7米，南北长11.06米。立面为三段式，下段条石基础4～5层，高1.6米，白灰砌筑，白灰勾缝；中段城砖砌筑，白灰砌筑，白灰勾缝，城砖存 53～56 层，南立面辟门，存箭窗 2 个，西立面存箭窗 2 个，西箭窗东侧设储藏室，深 2 米，宽 0.7 米，上段设施无存。

敌台面砖风化酥碱严重，门、箭窗毁坏严重，四周植被多为灌木和杂草。

94. 南杖子 03 号敌台 130283352101170094

位于青龙满族自治县南杖子村南约 1 千米，坐标：东经 118° 45′ 20.10″，北纬 40° 11′ 34.60″，高程 425 米。

敌台东西接墙，砖石结构，立面及剖面呈梯形，内部东西宽 11.08 米，南北长 11.08 米。南立面设毛石放脚 2 层，立面为三段式，下段条石基础 6 层，高 2.03 米，白灰砌筑，白灰勾缝；中段城砖砌筑，白灰砌筑，白灰勾缝，东、西设门，东门券室宽 1.35 米，高 2.44 米，深 1.16 米，门宽 0.78 米，高 1.85 米，西门存券顶石。东立面设箭窗 2 个，箭窗券室宽 1.18 米，高 2.3 米，箭窗宽 0.59 米，高 0.91 米。南、北立面辟箭窗 3 个，箭窗下有数块铺底长砖。内部南北三券室，东西三通道，东券室长 7.49 米，宽 1.75 米，高 4.09 米，中券室长 7.44 米，宽 1.77 米，高 4.02 米，西券室长 7.38 米，宽 1.73 米，高 3.95 米；南通道长 7.1 米，宽 1.25 米，高 2.33 米。中通道长 8.06 米，宽 1.26 米，高 2.26 米。北通道长 8.17 米，宽 1.21 米，高 2.35 米。通道券墙厚 1.42 米。楼内地面尚存部分铺底方砖，规格：0.38 米 ×0.38 米，残存 13 块。西南角有通顶梯道，道口宽 0.73 米，可见 12 级料石台阶，阶宽 0.2 米，高 0.33 米，保存较为完整。中段与上段间设三层拔檐分隔，东立面存石质吐水嘴 1 个，上段垛口墙无存。

敌台面砖风化酥碱严重，门、箭窗毁坏严重，四周植被多为灌木和杂草。

95. 韩杖子 01 号敌台 130283352101170095

位于青龙满族自治县韩杖子村南约 1 千米，坐标：东经 118° 45′ 06.80″，北纬 40° 11′ 29.90″，高程 394 米。

敌台东西接墙，砖石结构，立面及剖面呈梯形，底部东西宽 10.5 米，南北长 10.8 米，高 8 米。立面为三段式，下段条石基础，白灰砌筑，白灰勾缝；中段城砖砌筑，白灰砌筑，白灰勾缝，东西辟门，各辟箭窗 2 个，北立面设箭窗 4 个，西立面存箭窗 1 个，箭窗均为长方形，上为石过梁，西、北立面箭窗下设礌石孔。内部坍塌，内墙四周存木柱孔位。敌台东侧设一上墙券门，门内券宽 0.78 米，高 2.44 米，墙厚 1.3 米。登城步道宽 2.27 米，门外有通门阶梯宽 2.3 米。

敌台面砖风化酥碱严重，门、箭窗毁坏严重，四周植被多为灌木和杂草。

96. 韩杖子 02 号敌台 130283352101170096

位于青龙满族自治县韩杖子村南约 1 千米，坐标：东经 118° 45′ 01.20″，北纬 40° 10′ 27.30″，高程 378 米。

敌台东西接墙，砖石结构，立面及剖面呈梯形，底部东西宽 10.8 米，南北长 10.4 米，高 9.2 米。立面为三段式，下段条石基础 12 层，白灰砌筑，白灰勾缝；中段城砖砌筑，白灰砌筑，白灰勾缝，东西立面设门，北立面设箭窗 3 个，上置石过梁，存礌石孔 4 个，上部设施无存。

敌台面砖风化酥碱严重，内部坍塌，地面散落大量碎砖，东立面存竖向裂缝一条，宽 0.1 米，门、箭窗毁坏严重，四周植被多为灌木和杂草。

97. 韩杖子 03 号敌台 130283352101170097

位于青龙满族自治县韩杖子村南约 1 千米，坐标：东经 118° 44′ 59.30″，北纬 40° 11′ 23.70″，高程 352 米。

敌台南北接墙，砖石结构，立面及剖面呈梯形，底部东西宽 10.5 米，南北长 10.4 米，高 8.28 米。下段条石基础，南立面 5 层，北立面 12 层。白灰砌筑，白灰勾缝；中段城砖砌筑，白灰砌筑，白灰勾缝，存城砖墙体 38 层，上段设施无存。

敌台面砖风化酥碱严重，顶部及四周植被多为灌木和杂草。

98. 韩杖子 04 号敌台 130283352101170098

位于青龙满族自治县韩杖子村南约 1 千米，坐标：东经 118° 44′ 53.20″，北纬 40° 11′ 21.70″，高程 397 米。

俗称照亮坡楼，敌台东西接墙，砖石结构，立面及剖面呈梯形，底部东西宽 11.19 米，南北长 11.35 米。立面为三段式，下段条石基础，北立面 9 层，南立面 6 层，白灰砌筑，白灰勾缝；中段城砖砌筑，白灰砌筑，白灰勾缝，北立面存城砖 58 层，南立面存城砖 53 层，东西设门，西门存券脸石、压柱石、门柱石，门券室宽 1.26 米，高 2.44 米，门宽 0.79 米，高 1.69 米，门洞深 1.13 米。东西辟箭窗 2 个，南北立面辟箭窗 3 个，箭窗券室宽 1.23 米，高 2.45 米，深 1.94 米，箭窗宽 0.56 米，高 0.95 米。内部南北三券室，东西三通道，西侧券室宽 1.75 米，长 7.65 米，高 3.19 米。中券室长 7.71 米，宽 1.75 米，高 3.14 米，东侧券室长 7.74 米，宽 1.78 米，高 3.84 米；通道北侧长 8.37 米，宽 1.53 米，高 2.48 米，中通道长 8.42 米，宽 1.56 米，高 2.4 米，南通道长 8.44 米，宽 1.46 米，高 2.36 米。中券墙厚 1.57 米。东南角设通顶梯道口，口宽 0.89 米，砖砌梯阶均残。顶部梯口残存宽 1.3 米，长 3.3 米，内长 2.9 米，顶上残高 1.6 米。中段与上段间设三层拔檐分隔，上段设施不存。敌台西侧有上墙梯道，长 3.5 米，均为毛石台阶。楼东侧墙有登城墙门，门宽 0.65 米，厚 0.65 米，高 1.65 米。

敌台面砖风化酥碱严重，门、箭窗毁坏严重，四周植被多为灌木和杂草。

99. 韩杖子 05 号敌台 130283352101170099

位于青龙满族自治县韩杖子村南约 1 千米，坐标：东经 118° 44′ 46.60″，北纬 40° 11′ 20.60″，高程 383 米。

俗称"破楼"，敌台东西接墙，砖石结构，立面及剖面呈梯形，底部东西宽 10.1 米，南北长 10.5 米，高 9.2 米。立面为三段式，下段条石基础 12 层，白灰砌筑，白灰勾缝；中段城砖砌筑，城砖规格为 0.36 米 ×0.17 米 ×0.08 米，白灰砌筑，白灰勾缝，南立面存城砖 50 层，辟箭窗 3 个；中段与上段间设三层拔檐分隔；上段设施不存。

敌台面砖风化酥碱严重，东立面中部缺失，门、箭窗毁坏严重，四周植被多为灌木和杂草。

100. 王台子 01 号敌台 130283352101170100

位于青龙满族自治县王台子村南约 1 千米，坐标：东经 118° 44′ 32.10″，北纬 40° 11′ 24.40″，高程 402 米。

俗称五眼楼，敌台东西接墙，砖石结构，立面及剖面呈梯形。立面为三段式，下段条石基础 9 层，白灰砌筑，白灰勾缝；中段城砖砌筑，白灰砌筑，白灰勾缝，东西设门，东门宽 0.85 米，存门柱石 2 块，门柱石高 1.33 米，宽 0.3 米，厚 0.3 米。西门存门柱石 1 块。南北立面各辟箭窗 5 个，窗下辟礌石孔。内部南北三券室，东西二通道，中券室宽 3.14 米，东西长 13.5 米，南北长 7.55 米，中券室残存储藏室，楼内堆积大量碎砖。中段与上段间设三层拔檐分隔，上段设施不存。敌台南侧有上墙梯道，凸出墙体 1.83 米。道口宽 0.66 米，内口宽 0.84 米，南北长 0.9 米。

敌台面砖风化酥碱严重，东、西立面坍塌严重，门、箭窗毁坏严重，台内堆积大量碎砖，四周植被多为灌木和杂草。

101. 王台子 02 号敌台 130283352101170101

位于青龙满族自治县王台子村南约 1 千米，坐标：东经 118° 44′ 25.30″，北纬 40° 11′ 24.40″，高程 412 米。

俗称"拉楼"，敌台东西接墙，砖石结构，立面及剖面呈梯形，底部东西宽 11.3 米，南北长 11.4 米，高 9.4 米。立面为三段式，下段条石基础，白灰砌筑，白灰勾缝；中段城砖砌筑，白灰砌筑，白灰勾缝，东西设门，门券室宽 1.29 米，高 2.23 米，门券石缺失。东西立面各辟箭窗 2 个，南北立面各辟箭窗 3 个，箭窗券室宽 1.29 米，高 2.25 米，深 1.82 米。箭窗宽 0.58 米，高 0.92 米，箭窗下均有礌石孔。内部南北三券室，东西三通道，西券室宽 1.78 米，长 7.79 米，高 3.88 米；中券室长 7.77 米，宽 1.73 米，高 3.85 米，东券室长 7.79 米，宽 1.75 米，高 3.88 米。北通道长 8.5 米，宽 1.65 米，高 2.32 米，南通道长 8.55 米，宽 1.66 米，高 2.39 米，中通道长 8.53 米，宽 1.67 米，高 2.26 米。内通道券墙厚 1.26 米。南墙西侧为通顶梯道，口宽 0.8 米，可见 14 级踏步台阶，石阶均为石灰岩质，台阶高 0.27 米，宽 0.24 米，梯道上口长 1.3 米。中段与上段间设二层拔檐分隔，上段设施无存，顶部残存铺房基础，东西 5.25 米，南北 3.94 米，高约 0.4 米。

敌台面砖风化酥碱严重，门、箭窗毁坏严重，台内堆积大量碎砖，四周植被多为灌木和杂草。

102. 王台子 03 号敌台 130283352101170102

位于青龙满族自治县王台子村南约 1 千米，坐标：东经 118° 44′ 19.60″，北纬 40° 11′ 25.50″，高程 449 米。

敌台东西接墙，砖石结构，立面及剖面呈梯形，底部东西宽 10.1 米。东南角设毛石放脚 2 层，东北角设毛石放脚 1 层，立面为三段式，下段条石基础 4 层，白灰砌筑，白灰勾缝；中段城砖砌筑，白灰砌筑，白灰勾缝，城砖 77 层。东西设门，西门券室宽 1.15 米，高 2.32 米，门券宽 0.77 米，高 1.86 米，柱石高 1.3 米，宽 0.3 米，厚 0.24 米。东西各辟箭窗 1 个，南立面辟箭窗 2 个，北立面辟箭窗 4 个，箭窗券室宽 1.05 米，高 1.95 米。箭窗宽 0.58 米，高 0.91 米。内部东西二券室，南北三通道，南侧券室宽 2.85 米，长 9.08 米，高 3.74 米；西侧通道长 8.02 米，宽 1.71 米，高 1.9 米。西南角设通顶梯道，道口宽 0.84 米，可见花岗岩料石质台阶 12 级，踏步宽 0.26 米，高 0.24 米。顶上梯房上口长 4.31 米。北券室坍塌，地表堆积大量碎砖。中段与上段间设三层拔檐分隔，上段存垛口墙，南、西两侧残存垛墙，均存望孔 2 个。西侧垛墙残高 0.3～1.4 米。石出水嘴长 0.8 米，后端宽 0.37 米，前端宽 0.28 米，厚 0.2 米，槽深 0.04 米。楼顶中部残存铺房基础，距西墙 1.83 米，距东墙 1.85 米。东西长 6.3 米，南北宽 2.4 米，存高 0.6 米。

敌台面砖风化酥碱严重，门、箭窗毁坏严重，西立面箭窗上方存一条竖向通裂缝，宽 0.08～0.12 米，四周植被多为灌木和杂草。

103. 王台子 04 号敌台 130283352101170103

位于青龙满族自治县王台子村南约 1 千米，坐标：东经 118° 44′ 16.70″，北纬 40° 11′ 24.70″，高程 480 米。

敌台东西接墙，砖石结构，立面及剖面呈梯形，底部东西宽 11.36 米，南北长 8.17 米。立面为三段式，下段条石基础 6 层，白灰砌筑，白灰勾缝；中段城砖砌筑，白灰砌筑，白灰勾缝，东西辟门，东门券室宽 1.11 米，高 2.24 米，门宽 0.85 米，高 1.72 米，由三块券石起券，下为两块门柱石，西门缺失。东、西立面各辟箭窗 1 个，南立面辟箭窗 2 个，北立面辟箭窗 4 个，箭窗券室宽 0.93 米，高 2.23 米，深 1.36 米，箭窗宽 0.64 米，高 1.06 米。内部东西二券室，南北三通道，南券室长 9.08 米，宽 2 米，高 3.27 米，北券室长 9.21 米，宽 2.02 米，高 3.17 米，东通道南北长 5.85 米，宽 1.46 米，高 1.94 米，中通道南北长 6.16 米，宽 1.47 米，高 1.96 米。南侧墙有两个储藏室，西侧室宽 0.81 米，高 1.11 米，深 0.99 米。东储藏室宽 0.79 米，高 1.15 米，深 0.99 米，距东箭窗西壁 0.99 米。通道隔墙南侧东券垛有上下一龛一室，上龛宽 0.45 米，高 0.75 米，深 0.4 米。下为一室，宽 0.67 米，高 0.81 米，深 0.65 米。西侧券垛墙上龛宽 0.46 米，高 0.73 米，深 0.38 米。券室宽 0.67 米，高 0.84 米，深 0.75 米。中券墙北面东侧上龛宽 0.44 米，高 0.73 米，深 0.4 米。下壁室宽 0.66 米高 0.81 米，深 0.74 米。北侧三券墙均有小方龛。东龛宽 0.32 米，高 0.32 米，深 0.19 米。中龛宽 0.3 米，高 0.33 米，深 0.2 米。西龛宽 0.29 米，高 0.32 米，深 0.19 米，距地表 1.33 米。中券墙龛室之间厚 0.45 米。南侧西箭窗东侧为上顶通道，通道口宽 0.65 米，可见料石台阶 18 级，阶宽 0.3～0.5 米。顶上梯房保存完整，东西长 4.7 米，高 2.17 米，西侧宽 1.5 米，下为须弥座形制。中段与上段间设三层拔檐分隔，上段存少量垛口墙，顶部铺房基址残存，南北宽 3.3 米，东西长 5 米，存 2 层砌砖。

敌台面砖风化酥碱严重，门、箭窗毁坏严重，四周植被多为灌木和杂草。

104. 白羊峪 01 号敌台 130283352101170104

位于大崔庄镇白羊峪村东约 1 千米，坐标：东经 118° 44′ 06.90″，北纬 40° 11′ 23.80″，高程 441 米。

敌台东西接墙，砖石结构，立面及剖面呈梯形，底部东西宽 11.2 米，南北长 8.96 米，顶部东西宽 10.5 米，南北长 8.5 米，高 14.5 米。立面为三段式，下段条石基础 4～6 层，白灰砌筑，白灰勾缝；中段城砖砌筑，白灰砌筑，白灰勾缝，东西辟门，东门券室宽 1.29 米，高 2.44 米，门宽 0.92 米，高 1.71 米。东西各辟箭窗 1 个，南侧箭窗券室宽 1 米，高 2.33 米，深 1.27 米，箭窗宽 0.64 米，高 1.07 米。南立面设箭窗 2 个，城砖存 37 层，北立面设箭窗 4 个，城砖砌筑 71 层。内部东西二券室，南北三通道。南券室长 9.06 米，宽 2.05 米，高 3.42 米，北券室长 8.71 米，宽 2.14 米，高 3.43 米，西通道长 6.26 米，宽 1.6 米，高 1.84 米，中通道长 6.25 米，宽 1.64 米，高 1.83 米，东通道长 6.22 米，宽 1.59 米，高 1.83 米。南墙设有壁室。东壁室宽 0.8 米，高 1.37 米，深 1.9 米。西壁室宽 0.75 米，高 1.44 米，深 1.08 米。东、西壁室间距 0.99 米。中券墙垛下 4 面均有壁室。南壁室宽 0.66 米，高 0.97 米，深 0.63 米。上侧室宽 0.54 米，高 0.63 米，深 0.44 米。西箭窗东侧有通顶梯道，道口宽 0.75 米，可见料石台阶 18 级，台阶宽 0.25 ～ 0.3 米，高 0.25 ～ 0.32 米。顶部梯房基础残存，西距铺房 2.2 米。

四周垛墙残存，北侧存望孔 5 个，西侧残存 3 个，望孔宽 0.27 米，高 0.29 米。石质吐水嘴东侧存 2 个，西侧存 1 个。楼顶残存铺房基础，东西长 6.32 米，南北宽 3.7 米，残高可见两层砌砖。

105. 白羊峪 02 号敌台 130283352101170105

位于白羊峪村东约 1 千米，坐标：东经 118° 44′ 00.40″，北纬 40° 11′ 30.50″，高程 362 米。

敌台南北 11.36 米，东西 9.68 米。顶部东西长 9.56 米。南侧下为两层毛石放脚，料石基础 6 层，楼体存砌砖 53 层，上部包砖风化严重。南、北立面辟一门两箭窗，南门券室宽 1.17 米，高 2.39 米。门宽 0.87 米，高 1.7 米。箭窗已毁。东立面辟箭窗 4 个，西立面辟箭窗 2 个。箭窗券室宽 0.9 米，高 2.13 米，箭窗宽 0.64 米，高 1.12 米。

内部南北三券室，东西三通道，西券室长 9.14 米，宽 1.5 米，高 3.15 米。中券室长 9.12 米，宽 1.3 米，高 3.03 米，东券室长 9.08 米，宽 1.53 米，高 3.17 米。南侧通道长 8.68 米，宽 1.44 米，高 1.94 米，中通道长 7.22 米，宽 1.44 米，高 1.88 米。北通道长 7.18 米，宽 1.45 米，高 1.88 米。

楼内西南角设通顶梯道，宽 0.64 米，可见踏步台阶 15 级，踏步阶宽 0.32 米，高 0.18 米，均为料石质。梯口上券保存基本完整。西墙设两个壁室，南室高 1.63 米，宽 0.82 米，深 0.86 米。北室 1.59 米，宽 0.82 米，深 0.86 米。东墙中墙垛设壁龛 1 个，宽 0.51 米，高 0.56 米，深 0.39 米，上口为砖封顶，距地 1.68 米。北墙设 3 个小壁龛，距地表 1.1 米，尺寸大致相同，宽 0.37 米，高 0.31 米，深 0.19 米。

顶部垛墙不存。西、南两侧长有杏树 2 株，树径约 0.15 米，南侧杏树挂满红布条。敌台北门 2.2 米处为上墙通道，墙厚 0.75 米，券门尚存，门宽 0.83 米，高 1.95 米。

106. 白羊峪 03 号敌台 130283352101170106

位于白羊峪村东约 700 米，坐标：东经 118° 43′ 53.60″，北纬 40° 11′ 33.00″，高程 353 米。

敌台东西接墙，砖石结构，立面及剖面呈梯形，底部东西宽 11.6 米，南北长 11.5 米，高 9.3 米。立面为三段式，下段条石基础，白灰砌筑，白灰勾缝；中段城砖砌筑，白灰砌筑，白灰勾缝，东西辟门，门券室宽 1.15 米，高 2.5 米，门宽 0.78 米，高 1.73 米，辟箭窗 1 个，南立面辟箭窗，箭窗券室宽 1.08 米，高 2.04 米，深 1.76 米，箭窗内券宽 0.84 米，高 2.2 米，窗宽 0.57 米，高 0.92 米。内部东西二券室，南北三通道，南券室高 3.98 米，长 8.7 米，宽 2.9 米，中通道宽 1.57 米，高 1.91 米，北券室顶部坍塌。上段存 4 层枭混拔檐，垛口墙不存。

107. 白羊峪 04 号敌台 130283352101170107

位于白羊峪村东约 700 米，坐标：东经 118° 43′ 49.40″，北纬 40° 11′ 37.50″，高程 278 米。

敌台南北接墙，砖石结构，立面及剖面呈梯形，底部南北长 9.85 米。立面为三段式，下段条石基础，白灰砌筑，白灰勾缝；中段城砖砌筑，白灰砌筑，白灰勾缝，西立面存箭窗 3 个，内券宽 0.94 米，高 1.73 米，深 1.93 米。内部南北二券室，东西三通道，西券室残存，券室长 8.6 米，宽 2.58 米，高 3.8 米；通道宽 1.33 米，高 1.94 米。西侧为通顶梯口，口宽 0.7 米，可见料石质踏步台阶 14 个，阶宽

0.27 ～ 0.3 米。南北两侧券门残存。

上段设施不存，敌台面砖风化酥碱严重，门、箭窗毁坏严重，东半部坍塌，四周植被多为灌木和杂草。

108. 白羊峪 05 号敌台 130283352101170108

位于白羊峪村东北约 700 米，坐标：东经 118° 43′ 47.80″，北纬 40° 11′ 41.90″，高程 287 米。

敌台南北接墙，砖石结构，立面及剖面呈梯形。立面为三段式，下段条石基础 6 层，白灰砌筑，白灰勾缝；中段城砖砌筑，白灰砌筑，白灰勾缝，北立面存城砖墙体 49 层，东立面存箭窗 2 个，内部东西二券室，南北三通道。东侧中券墙 3 通道残存。东墙北箭窗尚存内券，宽 0.82 米，高 1.98 米，深 1.02 米，窗宽 0.32 米，高 0.16 米；中段与上段间设三层拔檐分隔；上段设施无存。

敌台面砖风化酥碱严重，门、箭窗毁坏严重，南、西立面坍塌，东北角存竖向裂缝一条，宽 0.05 米，四周植被多为灌木和杂草。

109. 白羊峪 06 号敌台 130283352101170109

位于白羊峪村东北约 700 米，坐标：东经 118° 43′ 44.40″，北纬 40° 11′ 45.00″，高程 272 米。

敌台东西接墙，砖石结构，立面及剖面呈梯形。立面为三段式，下段条石基础 3 层，白灰砌筑，白灰勾缝；中段城砖砌筑，白灰砌筑，白灰勾缝，南立面存城砖墙体 52 层，东、西设门，各辟箭窗 1 个，箭窗券室宽 0.76 米，高 1.75 米，箭窗宽 0.32 米，高 0.7 米，箭窗西侧为通顶梯道，宽 0.69 米，可见料石台阶 3 级。

敌台面砖风化酥碱严重，门、箭窗毁坏严重，四周植被多为灌木和杂草。

110. 白羊峪 07 号敌台 130283352101170110

位于白羊峪村东北约 700 米，坐标：东经 118° 43′ 40.60″，北纬 40° 11′ 46.60″，高程 273 米。

敌台南北接墙，砖石结构，立面及剖面呈梯形。立面为三段式，下段条石基础 3 ～ 4 层，白灰砌筑，白灰勾缝；中段城砖砌筑，白灰砌筑，白灰勾缝，南立面存城砖墙体 54 层，辟箭窗 3 个，箭窗宽 0.53 米，高 0.78 米。东西辟门，东立面为石质拱券门，石券外面均有雕花纹饰。门券室宽 1.3 米，高 2.14 米，门宽 0.77 米，高 1.74 米。内部东西三券室，南北三通道，东西 9.9 米，南北 9.92 米，北券室坍塌，南券室尚存，南券室东西长 7.18 米，宽 2.69 米，高 3.4 米；通道宽 1.26 米，高 2.07 米。西侧中箭窗内券两侧有小壁龛，龛宽 0.35 米，高 0.43 米，深 0.35 米。箭窗下有箭窗石，2 个窗轴孔，1 个窗栓孔尚存。南墙东箭窗内设通顶梯口，梯口宽 0.69 米，可见 14 级台阶，阶宽 0.18 ～ 0.21 米，高 0.2 ～ 0.23 米。顶部铺房南墙残存，门残高 1.55 米，门宽 1.07 米。门槛石尚存。敌台西侧有上墙梯道，均用毛石垒砌。

敌台面砖风化酥碱严重，门、箭窗毁坏严重，拔檐、垛口墙不存，四周植被多为灌木和杂草。

111. 白羊峪 08 号敌台 130283352101170111

位于白羊峪村东北 300 米，坐标：东经 118° 43′ 32.00″，北纬 40° 11′ 52.30″，高程 222 米。

俗称"房子楼"，敌台南、北、西接墙，砖石结构，立面及剖面呈梯形，底部东西宽 10.23 米，南北长 9.7 米，高 9.39 米。立面为三段式，下段条石基础 4 层，白灰砌筑，白灰勾缝；中段城砖砌筑，白灰

砌筑，白灰勾缝，南立面存城砖墙体 49 层，南北设门，南门宽 0.76 米，高 1.73 米，内券宽 1.25 米，高 2.21 米，深 1.31 米。门券石外侧刻鳞片纹。西立面箭窗券室宽 1.27 米，高 2.06 米。内部南北二券室，东西三通道，东券室坍塌，西券室保存完整，券室长 6.6 米，宽 2.69 米，高 3.42 米，中券墙残存三券洞；通道宽 1.3 米，高 1.92 米，西南角设通顶梯道。

敌台面砖风化酥碱严重，门、箭窗毁坏严重，拔檐、垛口墙不存，抗日战争时期国民党军队在此抗击日军，西立面存多处弹孔，四周植被多为灌木和杂草。

112. 白羊峪村 09 号敌台 130283352101170112

位于白羊峪村东北约 300 米，坐标：东经 118° 43′ 30.60″，北纬 40° 11′ 55.70″，高程 225 米。

俗称"坑子楼"。敌台南立面接墙，砖石结构，立面及剖面呈梯形，底部东西宽 10.3 米，南北长 11 米，向西凸出墙体 5.9 米，高 6.5 米。立面为三段式，下段条石基础 6 层，白灰砌筑，白灰勾缝；中段城砖砌筑，白灰砌筑，白灰勾缝，西北角存城砖墙体 40 层；上段设施不存。敌台北侧 7.5 米设挡马墙，东西走向与长城平行，残长 101 米，上宽 1.5 米，底宽 3.6 米，残高 3.97 米。

113. 白羊峪 10 号敌台 130283352101170113

位于白羊峪村东北约 300 米，坐标：东经 118° 43′ 27.90″，北纬 40° 11′ 52.20″，高程 149 米。

敌台东西接墙，砖石结构，立面及剖面呈梯形。向北凸出墙体 5.3 米。东南角条石基础 7 层，高 2.15 米，白灰砌筑，白灰勾缝；中段城砖砌筑，白灰砌筑，白灰勾缝。台体坍塌严重，四周植被多为灌木和杂草。

114. 白羊峪 11 号敌台 130283352101170114

位于白羊峪村东北约 300 米，坐标：东经 118° 43′ 25.00″，北纬 40° 11′ 51.40″，高程 150 米。

敌台位于白羊河东岸，东西接墙，砖石结构，立面及剖面呈梯形，底部东西宽 10.6 米，南北长 10.75 米，高 3.25 米。下段条石基础，白灰砌筑，白灰勾缝；中段城砖砌筑，白灰砌筑，白灰勾缝，仅存南立面墙体，长 3 米，高 1.1 米。此台原为白羊峪关（水关）组成部分。

115. 白羊峪 12 号敌台 130283352101170115

位于白羊峪村北约 500 米，坐标：东经 118° 43′ 19.20″，北纬 40° 11′ 56.10″，高程 184 米。

敌台位于白羊河西侧山梁上，南北接墙，砖石结构，立面及剖面呈梯形，底部南北长 10.4 米。下段条石基础 4 层，高 1.35 米，白灰砌筑，白灰勾缝；中段城砖砌筑，白灰砌筑，白灰勾缝，外包城砖高 4.75 米；上段设施无存。台体坍塌严重，四周植被多为灌木和杂草。

116. 白羊峪 13 号敌台 130283352101170116

位于白羊峪村北约 500 米，坐标：东经 118° 43′ 19.70″，北纬 40° 12′ 03.30″，高程 217 米。

敌台南北接墙，砖石结构，立面及剖面呈梯形，底部东西宽 10.6 米，南北长 10.36 米，高 3.8 米。下段条石基础 8 层，高 2.4 米，白灰砌筑，白灰勾缝；中段城砖砌筑，白灰砌筑，白灰勾缝；上段设施不存。台体坍塌严重，存多条竖向裂缝，四周植被多为灌木和杂草。

117. 白羊峪 14 号敌台 130283352101170117

位于白羊峪村北约 500 米，坐标：东经 118° 43′ 14.10″，北纬 44° 01′ 20.56″，高程 217 米。

敌台俗称"黑楼"，东西接墙，砖石结构，立面及剖面呈梯形，北侧凸出墙体 6.75 米，东立面高 2.8 米。下段条石基础 5 层，高 2.1 米，白灰砌筑，白灰勾缝；中段城砖砌筑，白灰砌筑，白灰勾缝，存城砖墙体 0.7 米；上段设施不存。台体坍塌严重，存竖向裂缝多条，四周植被多为灌木和杂草。

118. 白羊峪 15 号敌台 1302833352101170118

位于白羊峪村北约 700 米，坐标：东经 118° 43′ 10.30″，北纬 40° 12′ 08.20″，高程 252 米。

俗称"胡楼"，坍塌，呈堆状，残高 4.5 米，四周植被多为灌木和杂草。

119. 白羊峪 16 号敌台 1302833352101170119

位于白羊峪村北约 700 米，坐标：东经 118° 43′ 07.40″，北纬 40° 12′ 13.50″，高程 279 米。

俗称"七眼楼"，敌台砖石结构，立面及剖面呈梯形，底部东西宽 10.13 米，南北长 10.32 米，高 8.28 米。立面为三段式，下段条石基础，白灰砌筑，白灰勾缝；中段城砖砌筑，白灰砌筑，白灰勾缝，南立面设门，宽 0.87 米，起券方式为一伏一券。东立面设高箭窗 3 个、低箭窗 4 个，高箭窗台高 0.5 米，箭窗宽 0.7 米，高 2.05 米，低箭窗券室宽 0.7 米，高 1.75 米，深 1.07 米，箭窗宽 0.29 米，高 0.53 米，厚 0.36 米。南、北立面各设二低一高箭窗，楼地面低于城墙 1.2 米，碎石板墁地，可见直径 0.36 米的柱础 3 个，中段与上段间设三层拔檐分隔；上段设施无存。敌台南侧 1.45 米处城墙内侧设券洞，宽 0.66 米，高 1.06 米，深 0.98 米。北侧距敌台 9.7 米，南侧距敌台 6.08 米处各设登城步道，门宽 0.73 米，高 1.5 米，步道宽 1.17 米。

敌台面砖风化酥碱严重，楼体西立面坍塌，楼顶坍塌，四周植被多为灌木和杂草。

120. 白羊峪 17 号敌台 1302833352101170120

位于白羊峪村北约 800 米，坐标：东经 118° 43′ 02.60″，北纬 40° 12′ 14.80″，高程 317 米。

俗称"神威楼"，敌台砖石结构，立面及剖面呈梯形。下段条石基础 4 层，白灰砌筑，白灰勾缝；中段城砖砌筑，白灰砌筑，白灰勾缝，建于外侧马面上，为砖仿木结构硬山顶式，砖椽子两层各 20 个，宽 6.57 米，向外凸出墙体 5.53 米，楼体通高 9.08 米。

室内东西设券室，长 4.72 米，宽 3.18 米，高 4.53 米，券脚高 2.84 米，北侧一箭窗，箭窗洞宽 1.1 米，高 2.42 米，深 0.9 米，箭窗宽 0.87 米，高 0.94 米，两侧设礌石孔，礌石孔洞宽 0.67 米，高 1.15 米，深 0.87 米，孔宽 0.31 米，高 0.68 米。东西各设箭窗 1 个、礌石孔 2 个，箭窗洞宽 0.98 米，高 2.2 米，深 0.33 米，箭窗宽 0.51 米，高 0.67 米，箭窗台高 1 米，箭窗石长 0.65 米，宽 0.38 米，厚 0.13 米；礌石孔洞宽 0.67 米，高 1.15 米，深 0.55 米。南墙设门，宽 1.69 米，残高 2.36 米，门上部石匾一块，长 1.1 米，宽 0.57 米，上款：游击将军张世忠题，下款："万历丙申仲夏吉日"。正文阴刻"神威楼"三字，字高 0.34 米，宽 0.28 米。

楼体东、西、北三面为侧有垛墙围护，垛墙高 1.62 米，厚 0.2 米，楼体南设影壁，长 3.65 米，高 2.16 米。

121. 白羊峪 18 号敌台 1302833352101170121

位于白羊峪村北约 1 千米，坐标：东经 118° 43′ 00.50″，北纬 40° 12′ 16.90″，高程 340 米。

敌台砖石结构，立面及剖面呈梯形，底部东西宽 10.34 米，南北长 10.28 米，高 7.53 米。立面为三段式，下段条石基础 14 层，高 3.35 米，白灰砌筑，白灰勾缝；中段城砖砌筑，白灰砌筑，白灰勾缝，南立面设门，东立面辟箭窗 4 个，箭窗券室宽 0.85 米，深 0.93 米，高 2.16 米，券脚高 1.76 米，箭窗宽 0.3 米，厚 0.45 米，高 0.7 米，券脚高 0.45 米，起券方式为一伏一券。南北立面各设箭窗 2 个，西立面存箭窗 1 个，地面存石柱础 2 个，碎石板墁地。南侧设登城步道，宽 1.6 米，可见 16 级。外侧距敌台 7 米处设围墙，长 27 米，厚 0.65 米，残高 0.95 米。

敌台面砖风化酥碱严重，门、箭窗毁坏严重，存多条裂缝，四周植被多为灌木和杂草。

122. 白羊峪 19 号敌台 130283352101170122

位于白羊峪村北约 1 千米，坐标：东经 118° 42′ 55.00″，北纬 40° 12′ 22.00″，高程 399 米。

敌台砖石结构，立面及剖面呈梯形，底部东西宽 3.55 米，南北长 6.96 米，高 8.66 米。立面为三段式，下段条石基础 9 层，白灰砌筑，白灰勾缝；中段城砖砌筑，白灰砌筑，白灰勾缝，南立面设门，门券室宽 0.93 米，深 1 米，残高 1.6 米，门宽 0.73 米，高 1.51 米，石灰岩门柱石高 0.74 米，厚 0.14 米，宽 0.17 米，券脸为两块拼接，宽 0.55 米，高 0.74 米的料石组成，上设石梁，厚 0.21 米。门洞两侧设门枕石，门枕石向外挑出而成拴梯石。门两侧各辟箭窗 1 个，东西立面辟箭窗 2 个，北立面设箭窗 5 个，箭窗券室宽 1.04 米，箭窗宽 0.62 米，高 0.88 米，过梁石厚 0.13 米，长 1.08 米，宽 0.35 米。内部东西二券室，南北四通道，北券室坍塌，南券室长 11.2 米，宽 1.65 米，高 2.79 米。室东侧设梯道，宽 0.66 米，由南向北上，可见 5 级石阶。通道宽 0.98 米，高 1.62 米。中段与上段间设一层拔檐分隔，上段设施无存。

123. 白羊峪 20 号敌台 130283352101170123

位于白羊峪村北约 1.2 千米，坐标：东经 118° 42′ 46.70″，北纬 40° 12′ 25.30″，高程 448 米。

敌台砖石结构，立面及剖面呈梯形，底部东西宽 13.08 米，南北长 6.52 米，高 9.11 米。立面为三段式，下段条石基础 16 层，高 3.2 米，白灰砌筑，白灰勾缝；中段城砖砌筑，白灰砌筑，白灰勾缝，南、北立面各存箭窗 1 个，西立面存箭窗 2 个，箭窗券室宽 0.95 米，深 0.74 米，箭窗宽 0.68 米，高 0.96 米，过梁石厚 0.12 米，宽 0.4 米，长 0.82 米。中段与上段间设三层拔檐分隔，西立面存部分垛口墙。

敌台面砖风化酥碱严重，东立面坍塌，南立面、北立面坍塌大半，门、箭窗毁坏严重，四周植被多为灌木和杂草。

124. 白羊峪 21 号敌台 130283352101170124

位于白羊峪村北约 1.2 千米，坐标：东经 118° 42′ 34.30″，北纬 40° 12′ 27.10″，高程 498 米。

敌台东西接墙，砖石结构，立面及剖面呈梯形，底部东西宽 10.25 米，南北长 10.53 米，高 9.21 米。立面为三段式，下段条石基础，白灰砌筑，白灰勾缝；中段城砖砌筑，城砖规格：0.37 米 × 0.18 米 × 0.09 米，白灰砌筑，白灰勾缝，东西设门，门券室宽 1.01 米，高 1.98 米，门宽 0.74 米，高 1.76 米，券脚高 1.39 米，门柱石高 1.23 米，宽 0.24 米，厚 0.25 米，压柱石厚 0.16 米，宽 0.24 米，长 0.77 米，门槛石厚 0.24 米，宽 0.53 米，长 1.36 米。南立面辟 2 高箭窗，1 低箭窗，低箭窗洞宽 0.95 米，高 2.25 米，深 1.08 米，箭窗宽 0.62 米，高 0.96 米，高箭窗设在梯道内。内侧设两个储藏室，券宽 0.62 米，高 0.89 米，深 0.56 米。内部东西二券室，南北三通道，券室长 7.89 米，宽 2.87 米，高 3.83 米，券脚高 2.52

米；通道宽 1.28 米，高 1.87 米，券脚高 1.29 米；南立面设梯道，由东向西上，宽 0.71 米，可见 16 级石阶，宽 0.27 米，高 0.27 米。中段与上段间设四层拔檐分隔，上段设施不存。

敌台面砖风化酥碱严重，北立面、北券顶坍塌，四周植被多为灌木和杂草。

125. 四道沟 01 号敌台 130283352101170125

位于五重安乡四道沟村东北 1.5 千米，坐标：东经 118° 42′ 21.20″，北纬 40° 12′ 27.50″，高程 569 米。

敌台东西接墙，砖石结构，立面及剖面呈梯形，底部东西宽 12.88 米，南北长 8.63 米，高 9.15 米。立面为三段式，下段条石基础 4 层，高 1.25 米，白灰砌筑，白灰勾缝；中段城砖砌筑，白灰砌筑，白灰勾缝，东、西立面各设 1 门 1 箭窗，门券室宽 1 米，深 0.99 米，门宽 0.78 米，高 1.84 米，门柱石高 1.4 米，宽 0.285 米，厚 0.24 米，券脸为 3 块料石组成。南立面设箭窗 4 个，其中一箭窗设在梯道内，中箭窗券室宽 0.95 米，深 1.4 米，高 1.64 米，券脚高 1.02 米，箭窗宽 0.52 米，高 0.67 米，厚 0.45 米，窗台高 0.67 米；两侧箭窗券室宽 0.95 米，深 1.42 米，高 2.25 米，券脚高 1.53 米。

内部东西二券室，南北三通道，券室长 10.36 米，宽 2.02 米，高 3.79 米，券脚高 2.85 米。券室墙设两个储藏券室，宽 0.84 米，高 1.2 米，深 0.76 米。通道宽 1.6 米，高 2.16 米，券脚高 1.43 米。南墙设梯道，宽 0.65 米，由东向西上，可见 19 级石阶，踏步 0.25～0.27 米，踢步 0.21～0.22 米。中段与上段间设四层拔檐分隔，上段存少量垛口墙，顶部存铺房，铺房三开间，砖仿木结构，长 5.82 米，其中明间 2.15 米，次间 1.52 米，高 2.77 米，厚 0.61 米，墙上中间设门，宽 0.7 米，残高 1.98 米；两侧设窗，宽 0.48 米，残高 0.95 米，门券、窗券不存。砖柱高 0.39 米，宽 0.17 米，砖檐枋高 0.17 米，砖垫板高 0.12 米。

敌台面砖风化酥碱严重，门、箭窗毁坏严重，四周植被多为灌木和杂草。

126. 四道沟 02 号敌台 130283352101170126

位于五重安乡四道沟村东北约 1.5 千米，坐标：东经 118° 42′ 18.80″，北纬 40° 12′ 39.20″，高程 601 米。

敌台南北接墙，砖石结构，立面及剖面呈梯形，毛石放脚 1 层，条石基础 5 层，白灰砌筑，白灰勾缝；中段城砖砌筑，白灰砌筑，白灰勾缝，存城砖墙体 30 层，南立面辟箭窗 3 个，东箭窗西侧为上顶梯道口。窗券室宽 1.18 米，窗宽 0.52 米，高 0.74 米，台阶 13 级。中段与上段间设三层拔檐分隔，上段存垛口墙。

敌台北半部分坍塌，四周植被多为灌木和杂草。

127. 四道沟 03 号敌台 130283352101170127

位于五重安乡四道沟村东北约 2 千米，坐标：东经 118° 42′ 11.80″，北纬 40° 12′ 44.80″，高程 598 米。

敌台接墙，砖石结构，立面及剖面呈梯形，底部东西宽 6.77 米，南北长 9.7 米。立面为三段式，下段条石基础 6 层，高 1.65 米，白灰砌筑，白灰勾缝；中段城砖砌筑，白灰砌筑，白灰勾缝，存城砖 51 层至拔檐，东、西立面各设 1 门 1 箭窗，南立面辟箭窗 2 个，东门券室宽 1.09 米，高 2.45 米，深 0.8 米。门宽 0.83 米，高 1.7 米，由 3 块石起拱券。箭窗券室宽 0.94 米，高 2.23 米，深 1.36 米，窗宽 0.63 米，高 1.09 米。

内部南北二券室，东西三通道。南券室长 7.62 米，宽 1.34 米，高 3.32 米。北券室长 7.67 米，宽

1.54 米，高 3.26 米。北墙辟箭窗 4 个，西通道长 4.03 米，宽 1.41 米，高 1.91 米。中通道长 4.01 米，宽 1.41 米，高 1.83 米。东通道长 3.98 米，宽 1.43 米，高 1.85 米。东梯道口宽 0.66 米，可见 18 级料石台阶，阶宽 0.32～0.37 米，高 0.22 米。西侧墙中内侧有两个壁室，一壁室宽 0.58 米，高 1.07 米，深 0.84 米。向北 0.77 米为二壁室，宽 0.61 米，高 1.09 米，深 0.92 米。中券墙下垛东西两侧有壁室，东侧墙中券垛上有壁龛，深 0.38 米，宽 0.45 米，高 0.46 米。中段与上段间设三层拔檐分隔，上段存少量垛口墙，存梯井房，长 3.4 米，高 1.7 米，宽 1.03 米。

敌台面砖风化酥碱严重，箭窗毁坏严重，四周植被多为灌木和杂草。

128. 四道沟 04 号敌台 130283352101170128

位于五重安乡四道沟村东北约 2 千米，坐标：东经 118° 42′ 06.50″，北纬 40° 12′ 52.10″，高程 651 米。

敌台俗称"西方岭楼"，砖石结构，立面及剖面呈梯形，内部东西宽 8.96 米，南北长 9.4 米，下段条石基础 2 层，白灰砌筑，白灰勾缝；中段城砖砌筑，白灰砌筑，白灰勾缝，西立面设门，门券室宽 1.1 米，高 2.07 米，深 0.98 米。门券残宽 0.84 米，高 1.71 米。东立面设箭窗 2 个，箭窗券室 1.58 米，高 2.04 米，深 0.71 米。窗宽 0.47 米，高 0.75 米。内部南北二券室，东西三通道，西券室长 7.96 米，宽 2.22 米，高 3.14 米，东券室长 7.34 米，宽 2.23 米，高 3.38 米；北通道长 6.56 米，宽 1.28 米，高 1.78 米，中通道长 6.61 米，宽 0.64 米，高 1.65 米，南通道长 6.7 米，宽 1.21 米，高 1.72 米。中券墙南通道北侧为通顶梯道，道口宽 0.62 米，深 0.77 米，向北直通顶部，可见 11 级石台阶。南北内部通长 9.4 米，东西长 8.96 米。顶部铺房、梯房残存，梯口位于楼顶中部，西券室北侧有通顶信息孔。中段与上段间设三层拔檐分隔，上段设施不存。

敌台面砖风化酥碱严重，部分箭窗毁坏，四周植被多为灌木和杂草。

129. 四道沟 05 号敌台 130283352101170129

位于五重安乡四道沟村北约 2 千米，坐标：东经 118° 41′ 40.90″，北纬 40° 13′ 09.40″，高程 601 米。

敌台砖石结构，立面及剖面呈梯形，底部东西宽 9.94 米，南北长 8.37 米。立面为三段式，下段条石基础 7 层，高 1.84 米，白灰砌筑，白灰勾缝；中段城砖砌筑，白灰砌筑，白灰勾缝，西立面设 1 门 1 箭窗，西门券室宽 1.46 米，高 2 米。东立面辟箭窗 2 个，南立面辟箭窗 2 个，东侧箭窗券室 1.43 米，高 1.98 米，西侧箭窗券室宽 1.73 米，高 2.47 米，深 1.6 米，窗宽 0.81 米，残高 1.29 米。内部南北二券室，东西二通道，西券室长 4.88 米，宽 2.7 米，高 3.61 米，东券室长 4.83 米，宽 2.71 米，高 3.59 米，券室顶部存有苫泥印；北通道长 7.12 米，宽 1.43 米，高 2.05 米，南通道长 7.06 米，宽 1.43 米，高 1.98 米。南墙西箭窗东侧为通顶梯道，道口宽 0.77 米，可见踏步台阶 13 级。上段设施无存。

敌台面砖风化酥碱严重，门、箭窗毁坏严重，四周植被多为灌木和杂草。

130. 四道沟 06 号敌台 130283352101170130

位于五重安乡四道沟村北约 2.5 千米，坐标：东经 118° 41′ 31.20″，北纬 40° 13′ 14.90″，高程 528 米。

敌台砖石结构，立面及剖面呈梯形，内部东西宽 9.05 米，南北长 8.93 米。南立面设一层毛石放脚，下段条石基础 4 层，白灰砌筑，白灰勾缝；中段城砖砌筑，白灰砌筑，白灰勾缝，西立面设 1 门 1 箭窗，东立面辟箭窗 2 个，南、北立面各辟箭窗 3 个，西门券室宽 1.29 米，高 2.24 米，深 1.05 米。门宽 0.65

米，高 1.57 米。门券石、门肩石尚存，两门柱石均保存较好。南立面西箭窗宽 1.31 米，中箭窗宽 1.95 米，高 2.2 米，深 0.91 米。东箭窗券室宽 1.27 米，窗宽 0.61 米，高 0.9 米。

内部东西二券室，南北三通道。南券室长 7.12 米，宽 2.28 米，高 3.71 米。北券室长 7.22 米，宽 2.04 米，高 3.83 米。西侧通道长 6.28 米，宽 1.31 米，高 2.13 米。中通道长 6.36 米，高 1.86 米，宽 0.93 米。东通道长 6.32 米，宽 1.38 米，高 2.17 米。南立面中箭墙西侧南向，由南向北转向东为通顶梯道，进口宽 0.69 米，道口宽 0.64 米，可见 14 级踏步台阶。与梯道口相对有拱券龛室，室宽 0.59 米，残高 1.06 米，深 0.3 米。中通道东、西两角各有一个小龛室，中通道西侧龛室宽 0.53 米，残高 0.86 米，深 0.57 米。北侧龛室宽 0.52 米，高 0.86 米，深 0.37 米。中段与上段间设一层石拔檐分隔，上段设施不存。

131. 小关 01 号敌台 130283352101170131

位于五重安乡小关村东北约 2 千米，坐标：东经 118° 41′ 23.50″，北纬 40° 13′ 24.10″，高程 567 米。

敌台砖石结构，立面及剖面呈梯形，底部东西宽 10.4 米，南北长 9.96 米，高 9.66 米。立面为三段式，下段条石基础 5 层，高 1.6 米，白灰砌筑，白灰勾缝；中段城砖砌筑，白灰砌筑，白灰勾缝，城砖砌筑 51 层至拔檐，东、西立面各设 1 门 1 箭窗，南立面辟箭窗 3 个，北立面辟箭窗 4 个，门券室宽 0.99 米，高 2.32 米。门宽 0.68 米，高 1.66 米。箭窗券室高 2.14 米，宽 0.91 米，深 1.05 米，窗宽 0.58 米，高 0.95 米。内部东西两券室，南北三通道。南券室长 7.76 米，宽 2.37 米，高 3.9 米。北券室长 7.69 米，宽 2.38 米，高 3.75 米。东通道长 6.6 米，宽 1.25 米，高 2.03 米。中通道长 6.63 米，宽 1.25 米，高 1.9 米。西通道长 6.63 米，宽 1.28 米，高 2 米。西南角设为通顶梯道，道口宽 0.68 米，可见 15 级料石台阶。中段与上段间设三层拔檐分隔，南立面存石质吐水嘴 2 个，上段设施无存。

敌台面砖风化酥碱严重，四周植被多为灌木和杂草。

132. 小关 02 号敌台 130283352101170132

位于五重安乡小关村东北 2 千米，坐标：东经 118° 41′ 06.10″，北纬 40° 13′ 23.00″，高程 471 米。

敌台东西接墙，砖石结构，立面及剖面呈梯形，底部东西宽 12.4 米，南北长 8.95 米，高 8.54 米。立面为三段式，下段条石基础 9 层，高 2.35 米，白灰砌筑，白灰勾缝；中段城砖砌筑，白灰砌筑，白灰勾缝，东立面设门，辟箭窗 2 个，东门宽 0.81 米，残高 1.74 米。门券室宽 0.94 米，残高 2.77 米。门柱石厚 0.25 米，宽 0.29 米，高 1.11 米。门枕石长 0.5 米，宽 0.35 米，厚 0.16 米。

南立面辟箭窗 3 个，北立面辟箭窗 4 个。箭窗券室宽 1.52 米，深 1.8 米。南立面东箭窗西侧设储藏室，室宽 1.22 米，高 1.61 米，深 1.1 米。中箭窗内券宽 1.01 米，高 1.3 米，深 1.56 米。箭窗宽 0.67 米，高 1.05 米。北侧墙箭窗内券深 0.79 米。内部东西两券室，南北三通道，西通道坍塌，内部东西通长 12.1 米，南北通道长 8.65 米；北券室长 9.76 米，宽 1.86 米，高 2.8 米，南券室宽 2.8 米，高 3.31 米，长 5.58 米。南侧墙西箭窗东侧为通顶梯道，可见 21 级踏步台阶，道口宽 0.72 米。中券墙北面左右各有一龛室，西侧龛室宽 1.09 米，高 1.25 米，深 0.55 米。北侧墙南面三墙垛各有一龛室，龛室宽 0.29 米，高 0.32 米，深 0.27 米，距地表 0.96 米。南侧东箭窗内券宽 1.41 米，高 2.39 米，深 1.6 米。南侧墙体梯道口东侧 1.3 米处存"查过坯"带框文字砖，距地面 0.86 米。砖长 0.395 米，宽 0.19 米，厚 0.09 米。

133. 小关 03 号敌台 130283352101170133

位于五重安乡小关村东北 2 千米，坐标：东经 118° 41′ 02.30″，北纬 40° 13′ 27.20″，高程 411 米。

敌台南北接墙，砖石结构，立面及剖面呈梯形，底部东西宽 11.23 米，南北长 10.75 米，高 5.24 米。立面为三段式，下段条石基础，西立面 9 层，高 2.5 米，东立面 12 层，高 3.38 米，白灰砌筑，白灰勾缝；中段城砖砌筑，白灰砌筑，白灰勾缝，存部分外包墙体，内部坍塌，顶部散落大量碎砖。四周植被多为灌木和杂草。

134. 小关 04 号敌台 130283352101170134

位于五重安乡小关村北约 2.5 千米，坐标：东经 118° 40′ 58.50″，北纬 40° 13′ 29.60″，高程 409 米。

敌台东西接墙，砖石结构，坍塌严重，呈堆状，高 3.2 米，四周植被多为灌木和杂草。

135. 小关 05 号敌台 130283352101170135

位于五重安乡小关村北约 2.5 千米，坐标：东经 118° 40′ 54.00″，北纬 40° 13′ 35.00″，高程 450 米。

敌台南北接墙，砖石结构，立面及剖面呈梯形，底部东西宽 10.5 米，南北长 10.24 米，高 9.87 米。立面为三段式，下段条石基础 6 层，白灰砌筑，白灰勾缝；中段城砖砌筑，城砖规格：0.36 米 × 0.18 米 × 0.09 米，白灰砌筑，白灰勾缝，南北立面设 1 门 1 箭窗，东立面设箭窗 4 个，西立面设箭窗 2 个，门券室宽 1.02 米，箭窗券室宽 1.28 米，箭窗宽 0.67 米。内部南北两券室，东西三通道，西券室长 7.72 米，宽 2.44 米，高 3.43 米，北通道残宽 1.63 米，墙厚 2.27 米。中券墙设有壁龛，高 0.63 米，宽 0.39 米，深 0.38 米。西北角设有通顶梯道，道口宽 1.1 米，可见 13 级踏步台阶，踏面宽 0.27 ~ 0.3 米，踢面高 0.25 ~ 0.28 米。中段与上段间设三层拔檐分隔，上段设施不存。

敌台面砖风化酥碱严重，门、箭窗毁坏严重，四周植被多为灌木和杂草。

136. 小关 06 号敌台 130283352101170136

位于五重安乡小关村北约 2.5 千米，坐标：东经 118° 40′ 51.70″，北纬 40° 13′ 37.10″，高程 465 米。

敌台南北接墙，砖石结构，立面及剖面呈梯形，底部东西宽 7.44 米，南北长 14.19 米，高 9.4 米。立面为三段式，下段条石基础，白灰砌筑，白灰勾缝；中段城砖砌筑，白灰砌筑，白灰勾缝，西立面设一门一箭窗，门券室宽 1.08 米，门宽 0.72 米，高 1.61 米。门外上部设栓梯石，上有系梯槽，栓梯石至料石拔檐 2.4 米，至底 3.5 米，出挑 0.13 米，石宽 0.2 米。北侧箭窗券室宽 0.94 米，窗宽 0.66 米，高 1.02 米。北立面为方形门，楼内地面平整，低于地面 1 米处存柱础石 2 个，间距 2.61 米，础石 0.53 米见方，厚 0.12 米。中段与上段间设三层拔檐分隔，上段设施无存。

敌台面砖风化酥碱严重，门、箭窗毁坏严重，四周植被多为灌木和杂草。

137. 小关 07 号敌台 130283352101170137

位于五重安乡小关村北约 2.5 千米，坐标：东经 118° 40′ 41.00″，北纬 40° 13′ 43.10″，高程 655 米。

俗称"三千楼"，敌台南北接墙，砖石结构，立面及剖面呈梯形，底部东西宽 9.17 米，南北长 9.95 米，高 8.92 米。立面为三段式，下段条石基础 3 层，高 1 米，白灰砌筑，白灰勾缝；中段城砖砌筑，白灰砌筑，白灰勾缝，西立面设 1 门 1 箭窗，门券室宽 1.19 米，门宽 0.61 米，高 1.73 米。南立面辟箭窗 2 个，箭窗券室宽 1.59 米，高 2.98 米，箭窗宽 0.56 米，残高 1.13 米。内部东西二券室，南北二通道，北券室长 5.74 米，宽 2.65 米，高 3.87 米，南券室长 5.71 米，宽 2.61 米，高 3.87 米；通道宽 1.66 米，高 2.2 米。通道券墙厚 1.73 米。中段与上段间设二层拔檐分隔，四周存斜坡状礌石孔道，上段设施无存。

四周植被多为灌木和杂草。

138. 新开岭 01 号敌台 130283352101170138

位于五重安乡新开岭村东北约 1.5 千米，坐标：东经 118° 40′ 34.60″，北纬 40° 13′ 55.40″，高程 674 米。

敌台东西接墙，砖石结构，立面及剖面呈梯形，内部东西宽 8.01 米，南北长 9.98 米，高 8.86 米。立面为三段式，下段条石基础 4 层，高 1.71 米，白灰砌筑，白灰勾缝；中段城砖砌筑，白灰砌筑，白灰勾缝，东、西立面各设 1 门 1 箭窗，门券室宽 1.06 米，高 2.25 米，门宽 0.63 米，高 1.63 米，箭窗券室宽 1.62 米，高 1.88 米，窗宽 0.55 米，高 0.9 米，内券深 0.83 米。内部东西二券室，南北二通道，北券室长 5.76 米，宽 2.64 米，南券室长 5.69 米，宽 2.56 米，高 3.7 米。中券墙厚 2.4 米。通道券墙北侧有通顶梯道口。梯道口北侧距中券墙西侧边缘 1.13 米，梯口宽 0.67 米，可见 12 级踏步台阶，台阶宽 0.24～0.27 米，高 0.3 米。

敌台面砖风化酥碱严重，门、箭窗毁坏严重，四周植被多为灌木和杂草。

139. 新开岭 02 号敌台 130283352101170139

位于五重安乡新开岭村东北约 1.5 千米，坐标：东经 118° 40′ 26.90″，北纬 40° 13′ 57.40″，高程 685 米。

敌台南北接墙，砖石结构，立面及剖面呈梯形，底部东西宽 11.5 米，高 9.92 米。立面为三段式，下段条石基础 4 层，白灰砌筑，白灰勾缝；中段城砖砌筑，白灰砌筑，白灰勾缝，南立面设 1 门 1 箭窗，东、西、北立面均辟箭窗 2 个，门券室宽 0.96 米，高 2.48 米，深 1.04 米，门宽 0.61 米，高 1.77 米。箭窗券室宽 1.56 米，高 2.04 米，窗宽 0.55 米，高 0.88 米。

内部南北二券室，东西二通道，南、北通道长 7.31 米，宽 1.57 米，西券室长 4.89 米，宽 2.74 米，高 3.71 米，东券室长 4.78 米，宽 2.73 米，高 3.78 米。中券墙西南角有通顶梯道，道口宽 0.69 米，梯道由南向北折东通顶，可见 9 级台阶，台阶宽 0.15～0.2 米，高 0.3 米。楼顶梯房、铺房共用基础残存，南北宽 2.4 米，东西 5.6 米。梯口居中偏东，口残长 1.6 米。楼体北墙现存砌砖 70 层，料石基础 7 层，高 1.5 米。南侧下有 4 层料石基础，上有砌砖 42 层，三层拔檐，最下一层为条石平铺。顶部西侧残存垛墙，瞭望孔、排水孔残存。

敌台面砖风化酥碱严重，门、箭窗毁坏严重，四周植被多为灌木和杂草。

140. 新开岭 03 号敌台 130283352101170140

位于五重安乡新开岭村东北约 1.5 千米，坐标：东经 118° 40′ 18.50″，北纬 40° 13′ 59.30″，高程 680 米。

敌台东西接墙，毛石砌筑，东西宽 7.8 米，南北长 9 米，东立面残高 2.53 米，南立面外包毛石高 6.2 米。坍塌严重，四周植被多为灌木和杂草。

141. 新开岭 04 号敌台 130283352101170141

位于五重安乡新开岭村东北约 1.8 千米，坐标：东经 118° 40′ 05.00″，北纬 40° 14′ 05.90″，高程 654 米。

俗称"大水凌沟楼"，南北接墙，砖石结构，立面及剖面呈梯形，底部东西宽 9.24 米，南北长 9.35

米。立面为三段式，下段条石基础 6 层，高 1.25 米，白灰砌筑，白灰勾缝；中段城砖砌筑，白灰砌筑，白灰勾缝，南立面设 1 门 1 箭窗，西、北立面各存箭窗 2 个，门宽 0.6 米，高 1.59 米。箭窗券室宽 1.61 米，高 1.98 米，窗宽 0.55 米，残高 1.22 米。内部东西二券室，南北二通道，南券室长 5.8 米，宽 2.61 米，高 3.65 米，北券室残存；通道西券洞宽 1.77 米，高 1.91 米，门宽 0.6 米，高 1.59 米。西南角设通顶梯道，道口宽 0.71 米，可见 3 步台阶。北券室东通道坍塌。中段与上段间设三层拔檐分隔，上段设施不存。

四周植被多为灌木和杂草。

142. 新开岭 05 号敌台 130283352101170142

位于五重安乡新开岭村东北约 1.8 千米，坐标：东经 118° 39′ 59.20″，北纬 40° 14′ 12.10″，高程 606 米。

敌台南北接墙，砖石结构，立面及剖面呈梯形，底部东西宽 10.25 米，南北长 10.02 米，高 3.73 米。下段条石基础 5 层，高 1.4 米，白灰砌筑，白灰勾缝；中段城砖砌筑，白灰砌筑，白灰勾缝，外包城砖存 2.35 米高；上段设施坍塌。顶部散落料石一块，规格：0.8 米 × 0.4 米 × 0.46 米，四周植被多为灌木和杂草。

143. 新开岭 06 号敌台 130283352101170143

位于五重安乡新开岭村东北约 1.8 千米，坐标：东经 118° 39′ 50.20″，北纬 40° 14′ 20.50″，高程 643 米。

敌台东西接墙，砖石结构，立面及剖面呈梯形。立面为三段式，下段条石基础 9 层，高 2.2 米，白灰砌筑，白灰勾缝；中段城砖砌筑，62 层城砖至拔檐，白灰砌筑，白灰勾缝，东、北立面设门，各辟箭窗 2 个，东门券室宽 0.85 米，高 2.38 米。箭窗宽 1.01 米，高 2.02 米，深 1.29 米。窗外侧呈 "八" 字形外宽，上券叠涩，内口宽 0.67 米，外口宽 0.81 米，高 0.93 米。

内部东西三通道，南北二券室。南券室长 7.45 米，宽 2.67 米，高 3.63 米，北券室长 7.46 米，宽 2.65 米，高 3.51 米。东通道宽 1.39 米，高 2.11 米，深 1.57 米，中通道宽 1.48 米，高 2.2 米，深 1.57 米，西通道宽 1.43 米，高 2.01 米，深 1.57 米。南侧墙设有一券洞（储藏室），洞宽 0.79 米，高 1.46 米，深 0.75 米。中券墙西墙垛有小券室，室长 0.58 米，宽 0.55 米，高 0.63 米，深 0.5 米。东墙垛宽 1.6 米，东侧内券墙南垛有小龛室，室宽 0.54 米，高 0.86 米，深 0.47 米。西垛墙龛室宽 0.56 米，高 0.72 米，深 0.49 米。东南角设通顶梯道，口宽 0.75 米，可见砖阶 12 级，阶宽 0.27 米，高 0.27 米。东墙北箭窗内壁砌有印文砖，模印方框纹及 "未口" 字样。地面发现印有 "查过坯" 字样半块文字砖；中段与上段间设三层拔檐分隔；上段存少量垛口墙，顶上梯房残存，南北宽 1.55 米，东西长 4.55 米。梯房东侧有券洞相对，洞宽 0.77 米，高 1.3 米，深 1.44 米，距东侧墙 2.8 米，梯房高 1.83 米。铺房基砖残存，东西宽 3.5 米，南北长 5.7 米，高 0.65 米。

敌台面砖风化酥碱严重，门、箭窗毁坏严重，四周植被多为灌木和杂草。

144. 马井子 01 号敌台 130283352101170144

位于五重安乡马井子村东约 1.4 千米，坐标：东经 118° 39′ 42.80″，北纬 40° 14′ 22.10″，高程 669 米。

敌台东西接墙，砖石结构，立面及剖面呈梯形，底部东西宽 9.37 米，南北长 9.35 米，高 8.28 米。立面为三段式，下段条石基础 6 层，白灰砌筑，白灰勾缝；中段城砖砌筑，白灰砌筑，白灰勾缝，城砖 71 层至拔檐。西立面设 1 门 1 箭窗，东、南、北立面各设箭窗 2 个，北门券室宽 0.94 米，高 2.37 米，门宽 0.64 米，高 1.65 米。箭窗券室宽 1.63 米，高 1.99 米，深 0.88 米，箭窗宽 0.55 米，高 0.8 米。

内部东西二券室，南北三通道。东券室长 6.89 米，宽 2.61 米，高 3.85 米。西券室长 6.78 米，宽 2.63 米，高 3.79 米。券室东箭窗上顶处有一通顶方孔。中通道宽 1.41 米，高 1.91 米，深 1.6 米。西南角设登顶梯道，自西向东登顶。梯道口宽 0.65 米，可见 14 级台阶，阶宽 0.19～0.22 米，高 0.26～0.28 米。北侧墙内中垛有壁龛一个，距地表高 1.55 米，龛宽 0.64 米，高 0.72 米，深 0.61 米；中段与上段间设三层拔檐分隔；上段存少量垛口墙。四周植被多为灌木和杂草。

145. 马井子 02 号敌台 130283352101170145

位于五重安乡马井子村东约 1.4 千米，坐标：东经 118° 39′ 38.50″，北纬 40° 14′ 26.10″，高程 651 米。

敌台南北接墙，砖石结构，立面及剖面呈梯形，底部东西宽 8.23 米，南北长 9.88 米，高 9.25 米。毛石放脚一层，立面为三段式，下段条石基础 9 层，高 2.3 米，白灰砌筑，白灰勾缝；中段城砖砌筑，白灰砌筑，白灰勾缝，南、北立面设一门两箭窗，东、西立面各辟箭窗 4 个，门券室宽 0.76 米，高 2.03 米，门宽 0.75 米，高 1.69 米。箭窗券室宽 1.08 米，高 2.01 米，深 0.78 米，窗宽 0.65 米，高 1.03 米。内部东西三通道，南北两券室，南券室长 6.46 米，宽 2.76 米，高 3.1 米，北券室长 6.38 米，宽 1.47 米，高 3.1 米。西券室长 6.38 米，宽 1.47 米，高 2.92 米；通道宽 1.24 米，高 1.73 米。东北角设通顶梯道，口宽 0.72 米，台阶尚存，阶宽 0.19 米，高 0.21 米；中段与上段间设三层拔檐分隔；上段存少量垛口墙。

敌台面砖风化酥碱严重，四周植被多为灌木和杂草。

146. 马井子 03 号敌台 130283352101170146

位于五重安乡马井子村东约 1.4 千米，坐标：东经 118° 39′ 32.80″，北纬 40° 14′ 37.70″，高程 629 米。

俗称"火楼"，南北接墙，砖石结构，立面及剖面呈梯形，底部东西宽 7.7 米，南北长 9.3 米。立面为三段式，下段条石基础 9 层，高 2.22 米，白灰砌筑，白灰勾缝；中段城砖砌筑，白灰砌筑，白灰勾缝，南、北立面设 1 门 1 箭窗，东西立面各设箭窗 2 个，东门券室宽 1.31 米，高 2.22 米，深 0.7 米。箭窗券室宽 0.92 米，高 1.95 米，深 1.32 米，箭窗 0.64 米，高 1.07 米。内部南北两券室，东西三通道，南券室长 7.26 米，宽 1.62 米，高 3.15 米，北券室长 7.09 米，宽 1.9 米，高 3.16 米；中通道宽 1.08 米，高 1.83 米，深 1.38 米。中券墙北垛墙设储藏室，东西相对，西券墙储藏室宽 0.64 米，深 0.46 米，高 0.89 米。东侧墙墙垛上距地表 1.32 米处设 3 个壁龛室，室宽 0.27 米，高 0.33 米，深 0.26 米。南侧墙壁龛已残。西北角设通顶梯道，道口宽 0.68 米，可见 15 级料石台阶，阶宽 0.24～0.28 米，高 0.16～0.2 米。梯道下有储藏室，高 0.93 米，宽 0.6 米，深 0.8 米。楼顶尚存梯房残墙 13 层砌砖。楼内墙东箭窗券洞中存戳印"查过坯"文字砖 3 处。

敌台面砖风化酥碱严重，门、箭窗毁坏严重，四周植被多为灌木和杂草。

147. 马井子 04 号敌台 130283352101170147

位于五重安乡马井子村东北约 1.3 千米，坐标：东经 118° 39′ 13.20″，北纬 40° 14′ 45.60″，高程 655 米。

俗称"两眼楼"，东西接墙，砖石结构，立面及剖面呈梯形，底部东西宽 8.5 米，南北长 7.7 米。立面为三段式，下段条石基础 7 层，高 1.8 米，白灰砌筑，白灰勾缝；中段城砖砌筑，白灰砌筑，白灰勾缝，西立面设 1 门 1 箭窗，东、北、南立面各设箭窗 2 个，门券室宽 1.02 米，高 2.32 米，深 1.05 米，门宽 0.64 米，高 1.7 米，门柱石尚存，石厚 0.17 米，高 1.03 米。门肩石上为整块券石。箭窗券室宽 2.04 米，高 2.43 米，深 0.43 米，窗宽 0.7 米，残高 1.3 米。

内部东西二券室，南北二通道。西券室宽 4.59 米，宽 2.09 米，高 3.83 米，东券室长 5.31 米，宽 2.06 米，高 3.84 米；通道宽 1.44 米，高 2.35 米，深 1.56 米。西券室通道下建存方形坑洞一个，坑洞宽 0.75 米，长 0.81 米，深 0.36 米。南通道宽 1.43 米。南侧东箭窗西侧与梯道相对处设一储藏室，室宽 0.57 米，高 0.97 米，深 1 米。南侧西箭窗有通顶梯道，道口宽 0.64 米，由北向南折东登顶。可见 13 级踏步台阶，台阶保存完好，石阶宽 0.3 ～ 0.32 米，台步高 0.2 ～ 0.29 米。顶部梯房南墙残存 11 层砌砖，残高 1.25 米，上口长 2.95 米。楼内铺地砖尚存，尺寸为长 0.38 米，宽 0.35 米，厚 0.08 米。

敌台面砖风化酥碱严重，门、箭窗毁坏严重，四周植被多为灌木和杂草。

148. 马井子 05 号敌台 130283352101170148

位于五重安乡马井子村东北约 1.3 千米，坐标：东经 118° 39′ 03.30″，北纬 40° 14′ 50.70″，高程 653 米。

敌台南北接墙，砖石结构，立面及剖面呈梯形，底部东西宽 9.07 米，南北长 9.49 米，高 9.39 米。立面为三段式，下段条石基础 4 层，高 1.71 米，白灰砌筑，白灰勾缝；中段城砖砌筑，白灰砌筑，白灰勾缝，东立面设 1 门 2 箭窗，北、西立面各设箭窗 3 个，门券室宽 1.14 米，高 2.1 米，深 0.99 米。门宽 0.64 米，高 1.59 米。门柱石高 0.92 米，厚 0.2 米，宽 0.24 米。门肩石厚 0.22 米，高 0.2 米，长 0.63 米。券石宽 1.11 米，高 0.68 米，厚 0.21。门槛石宽 0.22 米，厚 0.13 米，长 1.12 米。箭窗券室宽 1.96 米，高 2.23 米，深 0.46 米。窗口宽 0.67 米，高 1.06 米。北侧墙西箭窗内券洞内设有信息孔，距地表高 1.33 米，孔宽 0.25 米，高 0.3 米，深 0.19 米。

内部南北二券室，东西三通道。南券室长 7.1 米，宽 2.41 米，高 3.74 米，北券室长 7.19 米，宽 2.47 米，高 3.78 米。东通道宽 1.46 米，高 2.16 米，深 1.61 米。中通道宽 1.28 米，高 2.1 米，深 1.65 米。西通道宽 1.31 米，高 1.79 米。南通道券墙北侧为通顶梯道，道口宽 0.74 米，可见 13 级料石踏步台阶，台阶宽 0.2 ～ 0.25 米，高 0.22 ～ 0.25 米。中段与上段间设三层拔檐分隔，存石质吐水嘴，上段设施无存。

敌台面砖风化酥碱严重，箭窗毁坏严重，四周植被多为灌木和杂草。

149. 马井子 06 号敌台 130283352101170149

位于五重安乡马井子村北约 1.5 千米，坐标：东经 118° 38′ 44.60″，北纬 40° 14′ 57.30″，高程 657 米。

敌台东西接墙，砖石结构，立面及剖面呈梯形，底部东西宽 9.85 米，南北长 9.25 米，高 9.11 米。立面为三段式，下段条石基础 6 层，白灰砌筑，白灰勾缝；中段城砖砌筑，白灰砌筑，白灰勾缝，西立面设 1 门 1 箭窗，东、北立面各辟箭窗 2 个，西门券室宽 1.09 米，高 2.01 米，深 1.03 米。门口宽 0.62 米，高 1.58 米。门柱石高 0.17 米，长 0.63 米，石券高 0.69 米，宽 1.04 米。箭窗券室宽 1.6 米，高 2.14 米，深 0.85 米。箭窗宽 0.56 米，残高 1.34 米。

内部东西二通道，南北二券室。南券室长 5.03 米，宽 2.48 米。北券室长 5.53 米，宽 2.57 米，高

3.89 米。通道宽 1.76 米，高 2 米，深 1.83 米。南墙东设较大券洞，距地表 1.4 米，宽 1.29 米，残高 2.05 米，深 1.28 米。西侧为通顶梯道，内券宽 1.53 米，高 2.34 米，深 2.05 米。由北向南上 3 级台阶折向东登顶，梯口宽 0.8 米，可见 11 级石板台阶。梯上口长 2.82 米，梯道长 4.68 米。中段与上段间设三层拔檐分隔，西立面存礌石孔道，上段设施无存。顶部存铺房，东西长 5.3 米，南北宽 3.9 米，存城砖 2 层。

敌台面砖风化酥碱严重，箭窗毁坏严重，四周植被多为灌木和杂草。

150. 马井子 07 号敌台 130283352101170150

位于五重安乡马井子村西北约 1.6 千米，坐标：东经 118° 38′ 27.30″，北纬 40° 14′ 50.30″，高程 560 米。

敌台东西接墙，砖石结构，立面及剖面呈梯形，底部东西宽 12.35 米，南北长 10.7 米。下段条石基础 8 层，白灰砌筑，白灰勾缝；中段城砖砌筑，白灰砌筑，白灰勾缝，存城砖墙体 20 层，高 2.5 米，上部坍塌。四周植被多为灌木和杂草。

151. 马井子 08 号敌台 130283352101170151

位于五重安乡马井子村西北约 1.6 千米，坐标：东经 118° 38′ 12.60″，北纬 40° 14′ 55.90″，高程 468 米。

俗称"酒漏子楼"，敌台东西接墙，砖石结构，立面及剖面呈梯形，底部东西宽 10.08 米，南北长 11.25 米。下段条石基础，南立面 4 层，西北角存 21 层，高 5.21 米，白灰砌筑，白灰勾缝；中段城砖砌筑，白灰砌筑，白灰勾缝，存城砖墙体 2.8 米，上部坍塌。四周植被多为灌木和杂草。

152. 马井子 09 号敌台 130283352101170152

位于五重安乡马井子村西北约 1.9 千米，坐标：东经 118° 38′ 03.70″，北纬 40° 15′ 04.60″，高程 518 米。

俗称"四十二口楼"，东西接墙，砖石结构，立面及剖面呈梯形，底部东西宽 10.6 米，南北长 10.72 米，高 8.57 米。立面为三段式，下段条石基础，南立面 22 层，白灰砌筑，白灰勾缝；中段城砖砌筑，白灰砌筑，白灰勾缝，东、西立面各辟箭窗 3 个，北立面辟箭窗 4 个，箭窗均为长方形，上口均用石板平铺。箭窗券室宽 1.02 米，高 1.93 米，深 0.65 米，箭窗宽 0.78 米，高 1 米。

内部东西三通道，南北三券室，中券室长 8.72 米，宽 1.65 米，高 3.06 米，南券室宽 1.65 米，长 8.5 米，高 3.02 米，北券室长 8.72 米，宽 1.63 米，高 2.79 米。券顶坍塌，中通道宽 1.8 米，深 1.62 米，梯道坍塌。上段设施无存。敌台面砖风化酥碱严重，门、箭窗毁坏严重，四周植被多为灌木和杂草。

敌台南约 20 米处设登城步道，步道设门可通墙外，外侧门口门券洞宽 1 米，高 1.77 米，深 1.18 米，门宽 0.59 米，高 1.54 米。门柱石厚 0.4 米，高 0.92 米。门槛石无存。券脸石 9 块，内侧门宽 1.07 米，高 1.78 米。墙梯口宽 1.54 米，向南有 6 级台阶，向北有 18 级台阶。

153. 红峪口 01 号敌台 130283352101170153

位于五重安乡红峪口村东北约 2.2 千米，坐标：东经 118° 37′ 57.80″，北纬 40° 15′ 03.70″，高程 495 米。

敌台东西接墙，砖石结构，立面及剖面呈梯形，底部东西宽 10.7 米，南北长 8.94 米，高 7.45 米。立面为三段式，下段条石基础，南立面 10 层，北立面 7 层，白灰砌筑，白灰勾缝；中段城砖砌筑，白灰砌筑，白灰勾缝，南立面存城砖墙体 52 层，北立面存城砖墙体 47 层。西立面设 1 门 2 箭窗，石拱券门由三块石砌成，存门槛石。北立面设箭窗 4 个，存门槛石。西门门宽 0.73 米，高 1.73 米，起券高

1.34 米。门柱石厚 0.29 米，宽 0.28 米，高 1.07 米。压柱石高 0.2 米，厚 0.19 米，长 0.68 米。门槛石长 1.47 米，厚 0.2 米，宽 0.57 米。箭窗宽 0.65 米，高 0.78 米。

内部东西两券室，券室宽 2.73 米，高 3.82 米，长 8.51 米。通道宽 1.51 米，深 1.24 米，残高 2.51 米。南券室西侧仅保存 3.38 米。北侧残高 5.54 米。东南角设有通顶梯道，上部坍塌，口宽 0.73 米，可见 10 级台阶，台阶宽 0.27 米，阶高 0.27 ～ 0.22 米。梯道下设一券室，券室宽 0.63 米，高 1.01 米，深 0.87 米，券角高 0.72 米，一伏一券 0.3 米。南墙西半部分保存完好，中券墙北侧东墙垛有券室，券室宽 0.58 米，高 0.68 米，深 0.57 米。上段设施不存。

敌台面砖风化酥碱严重，门、箭窗毁坏严重，四周植被多为灌木和杂草。

154. 红峪口 02 号敌台 130283352101170154

位于五重安乡红峪口村东北约 2.2 千米，坐标：东经 118° 37′ 49.40″，北纬 40° 15′ 04.70″，高程 470 米。

敌台东西接墙，砖石结构，立面及剖面呈梯形，底部东西宽 10.9 米，南北长 11.05 米，高 6.5 米。立面为三段式，下段条石基础，南立面 18 层，北立面 24 层，白灰砌筑，白灰勾缝；中段城砖砌筑，白灰砌筑，白灰勾缝，南立面存城砖 16 层，北立面存城砖 24 层，上段无存。敌台面砖风化酥碱严重，门、箭窗毁坏严重，四周植被多为灌木和杂草。

台体东侧 12 米处墙体上设登城步道一处，宽 1.57 米，长 2.7 米，高 1.91 米，可见 9 级石阶。

155. 红峪口 03 号敌台 130283352101170155

位于五重安乡红峪口村东北约 2.1 千米，坐标：东经 118° 37′ 41.30″，北纬 40° 15′ 05.70″，高程 441 米。

敌台东西接墙，砖石结构，立面及剖面呈梯形，底部东西宽 10.7 米，南北长 10.36 米，高 3.8 米。下段条石基础 11 层，白灰砌筑，白灰勾缝；中段城砖砌筑，白灰砌筑，白灰勾缝，坍塌严重，顶部坍塌碎砖、石高 2.5 米。四周植被多为灌木和杂草。

156. 红峪口 04 号敌台 130283352101170156

位于五重安乡红峪口村东北约 1.9 千米，坐标：东经 118° 37′ 38.40″，北纬 40° 15′ 04.30″，高程 473 米。

敌台东西接墙，砖石结构，立面及剖面呈梯形，底部东西宽 10.4 米，南北长 10.5 米，高 6.65 米。立面为三段式，下段条石基础 4 层，白灰砌筑，白灰勾缝；中段城砖砌筑，白灰砌筑，白灰勾缝，存城砖 15 层，坍塌严重。四周植被多为灌木和杂草。

157. 红峪口 05 号敌台 130283352101170157

位于五重安乡红峪口村东北约 1.9 千米，坐标：东经 118° 37′ 23.40″，北纬 40° 15′ 09.30″，高程 580 米。

敌台东西接墙，砖石结构，立面及剖面呈梯形，底部东西宽 10.06 米，南北长 9.62 米，高 9.39 米。立面为三段式，下段条石基础，南立面 3 层，北立面 9 层，白灰砌筑，白灰勾缝；中段城砖砌筑，白灰砌筑，白灰勾缝，南、西设门，仅存门槛石，南立面存箭窗 1 个，西立面辟箭窗 3 个。内部南北两券室，东西三通道，券室宽 2.58 米，残长 5.65 米，高 3.59 米；北通道宽 1.51 米，残高 2.42 米，墙厚 1.65 米。

敌台面砖风化酥碱严重，门、箭窗毁坏严重，四周植被多为灌木和杂草。

158. 河流口 01 号烽火台 130283353201170158

位于建昌营镇河流口村西北约 1 千米，坐标：东经 118° 54′ 10.40″，北纬 40° 09′ 37.70″，高程 441 米。

烽火台平面呈矩形，剖面呈梯形，台芯碎石分层铺筑，外包毛石砌筑，坍塌，呈堆状，东西宽 8 米，南北长 9 米，北立面高 1.1 米，东立面高 1.2 米，南立面高 1.2 米，四周植被多为灌木和杂草。

159. 河流口 02 号烽火台 130283353201170159

位于建昌营镇河流口村东北约 1 千米，坐标：东经 118° 54′ 12.60″，北纬 40° 10′ 06.90″，高程 357 米。

烽火台平面呈矩形，剖面呈梯形，台芯碎石分层铺筑，外包毛石砌筑，坍塌，呈堆状，高 4 米，东立面存外包毛石 1.1 米，高 2.4 米。四周植被多为灌木和杂草。

160. 河流口 03 号烽火台 130283353201170160

位于建昌营镇河流口村北约 1 千米，坐标：东经 118° 54′ 04.60″，北纬 40° 10′ 06.40″，高程 351 米。

烽火台平面呈矩形，剖面呈梯形，台芯碎石分层铺筑，外包毛石砌筑，坍塌，呈堆状，东西宽 6.6 米，南北长 7.1 米，东立面高 3.8 米，北立面高 1.4 米，东立面高 3.8 米，南立面高 2.8 米。四周植被多为灌木和杂草。

161. 河流口 04 号烽火台 130283353201170161

位于建昌营镇河流口村北约 1 千米，坐标：东经 118° 53′ 56.40″，北纬 40° 10′ 09.60″，高程 361 米。

烽火台平面呈矩形，剖面呈梯形，台芯碎石分层铺筑，外包毛石砌筑，坍塌，呈堆状，东西宽 6.2 米，南北长 6.4 米，存外包毛石高 1.6 米，四周植被多为灌木和杂草。

烽火台东侧有瞭望台，瞭望台与烽火台之间有单人护身壕，均用毛石垒砌，台宽 3 米与向南方向城墙相连。护身壕长 1.3 米，宽 1.2 米，深 0.7 米。

162. 河流口 05 号烽火台 130283353201170162

位于建昌营镇河流口村北约 1 千米，坐标：东经 118° 53′ 42.40″，北纬 40° 10′ 10.50″，高程 307 米。

烽火台西距城墙 2.6 米，剖面呈梯形，台芯碎石分层铺筑，外包毛石砌筑，坍塌，呈堆状，此处城墙建有下沉式防御设施，长方形，内口宽 1.77 米，进深 1.45 米，残高 1 米，间距 4～5 米，其中一个保存较完整，其余三个均被乱石堵塞，四周植被多为灌木和杂草。

163. 河流口 06 号烽火台 130283353201170163

位于建昌营镇河流口村西北约 1 千米，坐标：东经 118° 53′ 18.50″，北纬 40° 10′ 01.80″，高程 369 米。

烽火台剖面呈梯形，台芯碎石分层铺筑，外包毛石砌筑，坍塌，呈堆状，东西宽 8 米，南北长 7.85 米，高 2.6 米，四周植被多为灌木和杂草。

164. 河流口 07 号烽火台 130283353201170164

位于建昌营镇河流口村西北约 1 千米，坐标：东经 118° 52′ 56.80″，北纬 40° 10′ 02.80″，高程 371 米。

烽火台平面呈矩形，剖面呈梯形，台芯碎石分层铺筑，外包毛石砌筑，坍塌，呈堆状，东西宽 8.3 米，南北长 8.6 米，东南角存外包墙体 6 层，四周植被多为灌木和杂草。

165. 河流口 08 号烽火台 130283353201170165

位于建昌营镇河流口村西北约 1 千米，坐标：东经 118° 52′ 49.90″，北纬 40° 10′ 08.70″，高程 410 米。

烽火台平面呈矩形，剖面呈梯形，台芯碎石分层铺筑，外包毛石砌筑，坍塌，呈堆状，东西 8.9 米，高 4 米，南立面存外包墙体 5 层，四周植被多为灌木和杂草。

166. 河流口 09 号烽火台 130283353201170166

位于建昌营镇河流口村西北约 1 千米，坐标：东经 118° 52′ 01.30″，北纬 40° 10′ 31.70″，高程 409 米。

烽火台平面呈矩形，剖面呈梯形，台芯碎石分层铺筑，外包毛石砌筑，坍塌，呈堆状，东西宽 10.2 米，南北长 6.6 米，高 6 米，南立面上部有两个上台梯口，平面呈方形，向外突出墙体约 0.4 米，设栓梯石，四周植被多为灌木和杂草。

167. 冷口 01 号烽火台 130283353201170167

位于建昌营镇冷口村北约 1 千米，坐标：东经 118° 50′ 07.50″，北纬 40° 10′ 49.10″，高程 209 米。

烽火台剖面呈梯形，台芯碎石、沙土分层铺筑，外包毛石砌筑，坍塌，呈堆状，东西宽 12 米，南北长 9 米，高 2.8 米，北立面存外包墙体 2 米，四周植被多为灌木和杂草。

168. 冷口 02 号烽火台 130283353201170168

位于建昌营镇冷口村西约 500 米，坐标：东经 118° 49′ 49.20″，北纬 40° 10′ 19.70″，高程 191 米。

烽火台剖面呈梯形，台芯素土分层夯筑，厚 0.12 米，外包毛石砌筑，坍塌，呈堆状，东西宽 10.24 米，南北长 9.93 米，高 4.2 米，南立面存孔洞一处，宽 0.7 米，高 0.55 米。顶部存柏树 4 棵，胸径 0.05～0.18 米，四周植被多为灌木和杂草。

西距烽火台 17 米设毛石围墙长 120 米，残高 0.3～0.8 米，厚 0.8～1 米，南、北两侧各残存毛石墙 10 米、15 米。

169. 西二道河 01 号烽火台 130283353201170169

位于青龙满族自治县西二道河村西约 400 米，坐标：东经 118° 49′ 31.00″，北纬 40° 10′ 57.80″，高程 136 米。

烽火台砖石结构，立面及剖面呈梯形，底部东西宽 5 米，南北长 7.5 米，高 2.5 米。下段条石基础，白灰砌筑，白灰勾缝；中段城砖砌筑，白灰砌筑，白灰勾缝，墙宽 1 米，残高 0.3 米，城砖规格：0.37 米 ×0.18 米 ×0.085 米。顶部存灰土夯层一层，厚 0.1 米，西立面存坡状坑道一处，长 3.62 米，宽 0.7 米，深 0.5～4 米，四周植被多为灌木和杂草。

170. 西二道河 02 号烽火台 130283353201170170

位于青龙满族自治县西二道河村西约 500 米，坐标：东经 118° 49′ 24.30″，北纬 40° 10′ 53.10″，高程 256 米。

烽火台砖石结构，立面及剖面呈梯形，顶部东西长 14.5 米，高 6.2 米。下段条石基础 6 层，高 1.97 米，白灰砌筑，白灰勾缝，外包毛石砌筑，外侧设毛石围墙，宽 1.5 米，高 1.9～2.1 米。南墙中间设门，宽 0.95 米。设炮台 2 处，东炮台距门 3.8 米，炮台东西 1.7 米，南北 1 米，高 0.5 米；西炮台距门 6.6 米，炮台东西 2 米，南北 1.3 米，残高 0.4 米。墙体西南角台东西边长 2.2 米，南北边长 1.9 米，残高 0.6 米。角台东、围墙内侧存毛石垒砌的基址一处，东西边长 2.4 米，南北边长 2.6 米。烽火台西北、围墙内侧也存有毛石垒砌的基址一处，东西 2.8 米，南北 4 米。烽火台南 400 米的沟谷内存小灰窑和采石场。

171. 观音沟 01 号烽火台 130283353201170171

位于青龙满族自治县观音沟村西约 1.5 千米与迁安市交界处，坐标：东经 118° 47′ 32.70″，北纬

40° 12′ 18.70″，高程 412 米。

烽火台剖面呈梯形，台芯碎石分层铺筑，外包毛石砌筑，坍塌，呈堆状，东西宽 7 米，南北长 8.6 米，高 5 米，外包毛石高 3.4 米，四周植被多为灌木和杂草。

172. 观音沟 02 号烽火台 130283353201170172

位于青龙满族自治县观音沟村西约 2 千米与迁安市交界处，坐标：东经 118° 47′ 12.20″，北纬 40° 12′ 42.00″，高程 483 米。

烽火台剖面呈梯形，台芯碎石分层铺筑，外包毛石砌筑，坍塌，呈堆状，顶部存孔洞一处，宽 4.5 米，高 2.1 米，四周植被多为灌木和杂草。

173. 观音沟 03 号烽火台 130283353201170173

位于青龙满族自治县观音沟村西约 2.5 千米与迁安市交界处，坐标：东经 118° 46′ 49.10″，北纬 40° 12′ 30.30″，高程 547 米。

烽火台平面呈矩形，剖面呈梯形，台芯碎石分层铺筑，外包毛石砌筑，坍塌，呈堆状，西立面存外包毛石长 6.95 米，顶部存孔洞一处，直径 3.2 米，四周植被多为灌木和杂草。

174. 王台子 01 号烽火台 130283353201170174

位于青龙满族自治县王台子村南约 1 千米，坐标：东经 118° 40′ 15.00″，北纬 40° 11′ 23.50″，高程 491 米。

烽火台剖面呈梯形，台芯碎石分层铺筑，外包毛石砌筑，坍塌，呈堆状，东西宽 6.9 米，高 1.5 米，四周植被多为灌木和杂草。

175. 白羊峪 01 号烽火台 130283353201170175

位于迁安市白羊峪村北约 450 米，坐标：东经 118° 43′ 31.00″，北纬 40° 12′ 03.20″，高程 177 米。

烽火台平面呈圆形，台芯素土分层夯筑，外包毛石砌筑，坍塌，呈堆状，直径 10 米，高 2.5 米，四周植被多为灌木和杂草。

176. 四道沟 01 号烽火台 130283353201170176

位于迁安市五重安乡四道沟村东北约 1.6 千米，坐标：东经 118° 42′ 24.00″，北纬 40° 12′ 25.90″，高程 592 米。

烽火台剖面呈梯形，台芯碎石分层铺筑，外包毛石砌筑，坍塌，呈堆状，东西宽 7.2 米，南北长 7 米，高 2 米，四周植被多为灌木和杂草。

177. 四道沟 02 号烽火台 130283353201170177

位于迁安市五重安乡四道沟村东北约 2 千米，坐标：东经 118° 41′ 55.80″，北纬 40° 12′ 59.90″，高程 644 米。

烽火台平面呈矩形，剖面呈梯形，台芯碎石分层铺筑，下段条石基础，上段城砖砌筑，东西宽 5 米，南北长 9.05 米，高 4.5 米。四周植被多为灌木和杂草。

178. 四道沟 03 号烽火台 130283353201170178

位于迁安市五重安乡四道沟村北约 2.2 千米，坐标：东经 118° 41′ 35.10″，北纬 40° 13′ 13.00″，高程

540 米。

烽火台剖面呈梯形，台芯碎石分层铺筑，外包毛石砌筑，坍塌，呈堆状，东西宽 9.3 米，南北长 7 米，高 3.8 米，南侧存一房基址，东西 18 米，南北 6 米，墙厚 0.8 米，残高 2.4 米。四周植被多为灌木和杂草。

179. 四道沟 04 号烽火台 130283353201170179

位于迁安市五重安乡四道沟村北约 2.4 千米，坐标：东经 118° 41′ 24.60″，北纬 40° 13′ 21.80″，高程 556 米。

烽火台平面呈矩形，剖面呈梯形，台芯碎石分层铺筑，外包毛石砌筑，坍塌，呈堆状，东西宽 7.75 米，南北长 7.62 米，高 3.78 米，四周植被多为灌木和杂草。

180. 新开岭 01 号烽火台 130283353201170180

位于迁安市新开岭村东北约 1.7 千米，坐标：东经 118° 40′ 11.00″，北纬 40° 13′ 58.70″，高程 692 米。

烽火台剖面呈梯形，台芯碎石分层铺筑，外包毛石砌筑，坍塌，呈堆状，东西宽 5.4 米，南北长 6.8 米，高 1.3 米，四周植被多为灌木和杂草。

181. 新开岭 02 号烽火台 130283353201170181

位于迁安市新开岭村东北约 1.7 千米，坐标：东经 118° 39′ 57.80″，北纬 40° 14′ 14.60″，高程 623 米。

烽火台平面呈矩形，剖面呈梯形，台芯碎石分层铺筑，外包毛石砌筑，坍塌，呈堆状，东西宽 7.5 米，南北长 7.8 米，高 3.6 米，四周植被多为灌木和杂草。

182. 徐流口长城 01 段 1 号暗门 130283352199170182

位于迁安市杨各庄镇徐流口村东北约 2.1 千米，坐标：东经 118° 54′ 59.40″，北纬 40° 08′ 57.00″，高程 269 米。

门高 1.1 米，宽 0.9 米，内门高 0.97 米，宽 0.56 米，内外门相距 1.2 米。北面门闩石，方形，闩孔圆形直径 0.13 米。

183. 杨丈子长城（13 段）1 号暗门 130283352199170183

位于青龙满族自治县杨丈子村西南约 1.5 千米，坐标：东经 118° 51′ 30.70″，北纬 40° 10′ 49.00″，高程 290 米。

由城墙通往外侧烽火台而设，门宽 0.55 米，高 2.1 米，上盖厚 0.3 米，宽 0.3 米，长 1.3 米的料石 6 块。城墙外残高 3.35 米，内残高 3.3 米，墙厚 3.5 米。

184. 大龙庙长城 1 号暗门 130283352199170184

位于青龙满族自治县大龙庙村西北约 500 米，坐标：东经 118° 46′ 24.00″，北纬 40° 11′ 54.10″，高程 387 米。

门券宽 1.26 米，高 2.55 米，门宽 0.915 米，高 2.03 米。券脚毛料石垒起，高 2 米。两伏两券，券高 0.6 米。门闩石宽 0.33 米，高 0.76 米，厚 0.18 米，孔径 0.115 米，距地面 0.6 米。顶部残有门上槛孔，宽 0.26 米，高 0.32 米。

185. 韩丈子长城 1 号暗门 130283352199170185

位于青龙满族自治县韩杖子村南约 1 千米，坐标：东经 118° 45′ 02.60″，北纬 40° 11′ 27.60″，高程 369 米。

为通往外侧烽火台的通道。门宽 1.43 米，高 2.6 米，进深 5.05 米，内侧存一门柱石，宽 0.32 米，厚 0.32 米，高 1.2 米，起券方式为两伏两券，券高 2.4 米，券脚高 1.78 米。券顶坍塌。

186. 马井子长城 1 号暗门 130283352199170186

位于迁安市马井子村西北约 1.9 千米，坐标：东经 118° 38′ 03.90″，北纬 40° 15′ 04.00″，高程 512 米。

马井子 09 号敌台东南 16 米设登城步道，步道设门可通墙外，外侧门口门券洞宽 1 米，高 1.77 米，深 1.18 米，门宽 0.59 米，高 1.54 米。门柱石厚 0.4 米，高 0.92 米，门槛石无存。压柱石以上 9 块石起券。内侧门宽 1.07 米，高 1.78 米。

187. 红峪口长城 1 号暗门 130283352199170187

位于迁安市红峪口村东北约 1.9 千米，坐标：东经 118° 37′ 35.30″，北纬 40° 15′ 03.70″，高程 462 米。

毛石起券，料石券顶。门宽 3.54 米，高 4.36 米，券角高 3.21 米，门进深 8.57 米。

188. 徐流口 01 号马面 130283352102170188

位于迁安市杨各庄镇徐流口村东北约 2.1 千米，坐标：东经 118° 55′ 05.50″，北纬 40° 08′ 53.20″，高程 334 米。

马面平面呈矩形，剖面呈梯形，东西长 8.18 米，凸出墙体 4.98 米，高 4.76 米，外包城砖砌筑，城砖规格：0.38 米 ×0.18 米 ×0.09 米，白灰砌筑，白灰勾缝，台芯毛石夯筑，上部包砖不存，下部包砖风化酥碱严重，四周植被多为灌木和杂草。

189. 徐流口 02 号马面 130283352102170189

位于迁安市杨各庄镇徐流口村东北约 2.1 千米，坐标：东经 118° 54′ 56.80″，北纬 40° 09′ 00.10″，高程 319 米。

马面平面呈矩形，剖面呈梯形，下段条石基础 2 层，外包城砖砌筑，白灰砌筑，白灰勾缝，存高 16 层，台芯毛石夯筑，上部包砖不存，东立面下部外包砖缺失，四周植被多为灌木和杂草。

190. 徐流口 03 号马面 130283352102170190

位于迁安市杨各庄镇徐流口村东北约 2.1 千米，坐标：东经 118° 54′ 55.70″，北纬 40° 09′ 00.80″，高程 335 米。

马面平面呈矩形，剖面呈梯形，东西长 6.5 米，向南凸出墙体 4.3 米，高 5.2 米。下段条石基础 2 层，外包城砖砌筑，白灰砌筑，白灰勾缝，台芯毛石砌筑，上部包砖不存，下部包砖风化酥碱严重。四周植被多为灌木和杂草，东侧有登墙马道，马道宽 2 米，与城墙接合处高 1.8 米。

191. 徐流口 04 号马面 130283352102170191

位于迁安市杨各庄镇徐流口村东北约 2.1 千米，坐标：东经 118° 54′ 48.60″，北纬 40° 09′ 07.70″，高程 245 米。

马面平面呈矩形，剖面呈梯形，南北长 7.5 米，向西凸出墙体 4.3 米，下段条石基础 2 层，高 0.8 米，外包城砖砌筑，白灰砌筑，白灰勾缝，包砖不存，四周植被多为灌木和杂草。

192. 徐流口 05 号马面 130283352102170192

位于迁安市杨各庄镇徐流口村东北约 2.1 千米，坐标：东经 118° 54′ 35.70″，北纬 40° 09′ 13.00″，高程 314 米。

马面平面呈矩形，剖面呈梯形，东西长 7.36 米，向南凸出墙体 4.8 米，下段条石基础 3 层，高 1 米，外包城砖砌筑，白灰砌筑，白灰勾缝，包砖不存，四周植被多为灌木和杂草。

193. 徐流口 06 号马面 130283352102170193

位于迁安市杨各庄镇徐流口村东北约 2.1 千米，坐标：东经 118° 54′ 30.50″，北纬 40° 09′ 14.70″，高程 342 米。

马面平面呈矩形，剖面呈梯形，东西长 7.66 米，向北凸出墙体 8.06 米，高 6.6 米，下段条石基础 4 层，高 1.2 米，外包城砖砌筑，白灰砌筑，白灰勾缝，存城砖 53 层，上段设拔檐一层，顶部散落大量碎砖，四周植被多为灌木和杂草。

194. 河流口 01 号马面 130283352102170194

位于河流口村东 1 千米，坐标：东经 118° 54′ 08.20″，北纬 40° 09′ 25.80″，高程 427 米。

马面平面呈矩形，剖面呈梯形，东西长 6.52 米，向北凸出墙体 1.6 米，高 2.01 米，下段条石基础 2 层，外包城砖砌筑，白灰砌筑，白灰勾缝，存城砖 12 层，上段缺失，四周植被多为灌木和杂草。

195. 河流口 02 号马面 130283352102170195

位于建昌营镇河流口村西南约 1 千米，坐标：东经 118° 53′ 08.00″，北纬 40° 09′ 23.20″，高程 384 米。

马面平面呈矩形，剖面呈梯形，东西长 2.9 米，向南凸出墙体 1.6 米，外包毛石砌筑，存高 1.5 米，四周植被多为灌木和杂草。

196. 河流口 03 号马面 130283352102170196

位于河流口村西南约 1 千米，坐标：东经 118° 52′ 51.20″，北纬 40° 09′ 22.00″，高程 341 米。

马面平面呈矩形，剖面呈梯形，东西长 2.8 米，向南凸出墙体 1.3 米，外包毛石砌筑，存高 1.5 米，四周植被多为灌木和杂草。

197. 河流口 04 号马面 130283352102170197

位于河流口村西南约 1 千米，坐标：东经 118° 52′ 45.10″，北纬 40° 09′ 22.60″，高程 321 米。

马面平面呈矩形，剖面呈梯形，东西长 6.2 米，向南凸出墙体 3.1 米，外包毛石砌筑，存高 1.7 米，顶部设炮台一座，宽 1.4 米，长 1.7 米，存一层毛石，残高 0.5 米，四周植被多为灌木和杂草。

198. 河流口 05 号马面 130283352102170198

位于河流口村西南约 1 千米，坐标：东经 118° 52′ 31.00″，北纬 40° 10′ 00.60″，高程 363 米。

马面平面呈矩形，剖面呈梯形，南北长 5.54 米，凸出墙体 1.1 米，高 3.78 米，下段条石基础 3 层，高 2.2 米，外包城砖砌筑，白灰砌筑，白灰勾缝，外包砖不存，四周植被多为灌木和杂草。

199. 河流口 06 号马面 130283352102170199

位于河流口村东南约 1 千米，坐标：东经 118° 54′ 10.90″，北纬 40° 09′ 33.50″，高程 443 米。

马面平面呈矩形，剖面呈梯形，南北长 5.3 米，向东凸出墙体 6.7 米，外包毛石砌筑，存高 5 米，中心存一地堡，南北长 2.1 米，东西宽 1.8 米，四周植被多为灌木和杂草。

200. 河流口 07 号马面 1302833521021702 00

位于建昌营镇河流口村东约 1 千米，坐标：东经 118° 54′ 17.30″，北纬 40° 09′ 42.30″，高程 372 米。

马面平面呈矩形，剖面呈梯形，南北长 3.5 米，向东凸出墙体 7 米，外包毛石砌筑，存高 3.5 米，四周植被多为灌木和杂草。

201. 河流口 08 号马面 1302833521021702 01

位于建昌营镇河流口村东约 1 千米，坐标：东经 118° 54′ 22.60″，北纬 40° 09′ 45.30″，高程 404 米。

马面平面呈矩形，剖面呈梯形，南北长 7 米，向东凸出墙体 10 米，外包毛石砌筑，存高 4 米，顶部存地堡一座，东西长 1.7 米，南北宽 1.1 米，深 0.6 米，四周植被多为灌木和杂草。

202. 河流口 09 号马面 1302833521021702 02

位于建昌营镇河流口村东约 1 千米，坐标：东经 118° 54′ 22.40″，北纬 40° 09′ 45.70″，高程 405 米。

马面平面呈矩形，剖面呈梯形，南北长 9 米，向西凸出墙体 5 米，外包毛石砌筑，南立面存上墙梯道，南北宽 1.9 米，东西长 2 米，存台阶 7 级，四周植被多为灌木和杂草。

203. 河流口 10 号马面 1302833521021702 03

位于建昌营镇河流口村东约 1 千米，坐标：东经 118° 54′ 24.30″，北纬 40° 09′ 48.40″，高程 400 米。

马面平面呈矩形，剖面呈梯形，南北长 7 米，向东凸出墙体 3 米，外包毛石砌筑，高 4.6 米，四周植被多为灌木和杂草。

204. 河流口 11 号马面 1302833521021702 04

位于建昌营镇河流口村东约 1 千米，坐标：东经 118° 54′ 25.70″，北纬 40° 09′ 50.50″，高程 411 米。

马面平面呈矩形，剖面呈梯形，南北长 7 米，向东凸出墙体 4.5 米，外包毛石砌筑，高 2.8 米，四周植被多为灌木和杂草。

205. 河流口 12 号马面 1302833521021702 05

位于建昌营镇河流口村东约 1 千米，坐标：东经 118° 54′ 25.90″，北纬 40° 09′ 52.90″，高程 408 米。

马面平面呈矩形，剖面呈梯形，南北长 7 米，向东凸出墙体 4 米，外包毛石砌筑，台芯碎石夯筑，高 1.7 米，四周植被多为灌木和杂草。

206. 河流口 13 号马面 1302833521021702 06

位于建昌营镇河流口村东约 1 千米，坐标：东经 118° 54′ 25.50″，北纬 40° 09′ 57.80″，高程 388 米。

马面平面呈矩形，剖面呈梯形，南北长 6 米，向东凸出墙体 3 米，外包毛石砌筑，台芯碎石夯筑，高 1.1 米，四周植被多为灌木和杂草。

207. 河流口 14 号马面 1302833521021702 07

位于建昌营镇河流口村东北约 1 千米，坐标：东经 118° 54′ 22.20″，北纬 40° 10′ 00.10″，高程 368 米。

马面平面呈矩形，剖面呈梯形，南北长 7 米，向东凸出墙体 6 米，外包毛石砌筑，台芯碎石夯筑，高 2 米，四周植被多为灌木和杂草。

208. 河流口 15 号马面 1302833521021702 08

位于建昌营镇河流口村东北约 1 千米，坐标：东经 118° 54′ 18.60″，北纬 40° 10′ 01.00″，高程 364 米。

马面平面呈矩形，剖面呈梯形，南北长 7.6 米，向西凸出墙体 4.2 米，外包毛石砌筑，台芯碎石夯筑，高 0.5 米，四周植被多为灌木和杂草。

209. 河流口 16 号马面 130283352102170209

位于建昌营镇河流口村东北约 1 千米，坐标：东经 118° 54′ 18.60″，北纬 40° 10′ 03.00″，高程 360 米。

马面平面呈矩形，剖面呈梯形，南北长 4.3 米，向东凸出墙体 2.2 米，外包毛石砌筑，台芯碎石夯筑，高 3 米，中心有地堡掩体坑一个，已被破坏，残深 0.4 米，四周植被多为灌木和杂草。

210. 河流口 17 号马面 130283352102170210

位于建昌营镇河流口村东北约 1 千米，坐标：东经 118° 54′ 08.30″，北纬 40° 10′ 05.60″，高程 344 米。

马面平面呈矩形，剖面呈梯形，东西长 6.3 米，向北凸出墙体 6 米，外包毛石砌筑，台芯碎石夯筑，高 2.5 米，四周植被多为灌木和杂草。

211. 河流口 18 号马面 130283352102170211

位于建昌营镇河流口村西北约 1 千米，坐标：东经 118° 53′ 39.10″，北纬 40° 10′ 09.10″，高程 306 米。

马面平面呈矩形，剖面呈梯形，东西长 5.6 米，向北凸出墙体 5.4 米，外包毛石砌筑，台芯素土、碎石夯筑，高 2.77 米，西半部坍塌，四周植被多为灌木和杂草。

212. 河流口 19 号马面 130283352102170212

位于建昌营镇河流口村西北约 1 千米，坐标：东经 118° 53′ 28.90″，北纬 40° 10′ 07.60″，高程 374 米。

马面平面呈矩形，剖面呈梯形，南北长 7.9 米，凸出墙体 4.2 米，外包毛石砌筑，南立面存外包毛石 5 层，西立面 3 层，北立面 2 层，台芯素土、碎石夯筑，高 3 米，四周植被多为灌木和杂草。

213. 河流口 20 号马面 130283352102170213

位于建昌营镇河流口村西北约 1 千米，坐标：东经 118° 53′ 28.50″，北纬 40° 10′ 06.30″，高程 353 米。

马面平面呈矩形，剖面呈梯形，东西长 7 米，向北凸出墙体 7 米，外包毛石砌筑，台芯素土、碎石夯筑，高 5.5 米，内侧设登城步道，可见 7 级石阶，四周植被多为灌木和杂草。

214. 河流口 21 号马面 130283352102170214

位于建昌营镇河流口村西北约 1 千米，坐标：东经 118° 53′ 23.10″，北纬 40° 10′ 04.20″，高程 358 米。

马面平面呈矩形，剖面呈梯形，东西长 6.5 米，向北凸出墙体 3.8 米，外包毛石砌筑，台芯素土、碎石夯筑，高 4.64 米，马面上设 1.7 米 ×1.7 米炮台一个，残高 0.15 米。内侧设有梯壁呈弧形的登城步道，宽 1.15 米，深 3.1 米，11 级，踏面宽 0.25 ～ 0.3 米，踢面高 0.2 ～ 0.25 米，四周植被多为灌木和杂草。

215. 河流口 22 号马面 130283352102170215

位于建昌营镇河流口村西北约 1 千米，坐标：东经 118° 53′ 11.80″，北纬 40° 10′ 02.00″，高程 351 米。

马面平面呈矩形，剖面呈梯形，东西长 5.9 米，向北凸出墙体 7.3 米，外包毛石砌筑，台芯素土、碎石夯筑，高 3.5 米，西 100 米处存地堡防御设施，宽 1.2 米，由墙体内侧开口，可见高度 0.9 米，进深 2 米。四周植被多为灌木和杂草。

216. 河流口 23 号马面 130283352102170216

位于河流口村西北约 1 千米，坐标：东经 118° 53′ 03.20″，北纬 40° 10′ 00.40″，高程 360 米。

马面平面呈矩形，剖面呈梯形，东西长 6.25 米，向北凸出墙体 6.7 米，外包毛石砌筑，台芯素土、碎石夯筑，高 2.95 米，坍塌严重，顶部存有一直径 1.7 米的椭圆形坑，四周植被多为灌木和杂草。

217. 河流口 24 号马面 130283352102170217

位于建昌营镇河流口村西北约 1 千米，坐标：东经 118° 52′ 56.20″，北纬 40° 10′ 04.90″，高程 371 米。

马面平面呈矩形，剖面呈梯形，南北长 5 米，外包毛石砌筑，台芯素土、碎石夯筑，高 2.77 米，坍塌严重，四周植被多为灌木和杂草。

218. 河流口 25 号马面 130283352102170218

位于建昌营镇河流口村西北约 1 千米，坐标：东经 118° 52′ 54.80″，北纬 40° 10′ 05.70″，高程 368 米。

马面平面呈矩形，剖面呈梯形，东西长 5.85 米，向北凸出墙体 6.3 米，外包毛石砌筑，台芯碎石夯筑，高 2.77 米，坍塌严重，四周植被多为灌木和杂草。

219. 河流口 26 号马面 130283352102170219

位于建昌营镇河流口村西北约 1 千米，坐标：东经 118° 52′ 48.20″，北纬 40° 10′ 09.00″，高程 403 米。

马面平面呈矩形，剖面呈梯形，东西长 6.6 米，向北凸出墙体 3.3 米，外包毛石砌筑，台芯碎石夯筑，坍塌严重，四周植被多为灌木和杂草。

220. 河流口 27 号马面 130283352102170220

位于建昌营镇河流口村西北约 1 千米，坐标：东经 118° 52′ 42.70″，北纬 40° 10′ 09.10″，高程 386 米。

马面平面呈矩形，剖面呈梯形，东西长 6.6 米，外包毛石砌筑，台芯素土、碎石夯筑，高 2.77 米，坍塌严重，四周植被多为灌木和杂草。

221. 杨丈子 01 号马面 130283352102170221

位于青龙满族自治县杨丈子村西南 900 米，坐标：东经 118° 52′ 14.00″，北纬 40° 10′ 24.70″，高程 397 米。

马面平面呈矩形，剖面呈梯形，东西长 5.6 米，向北凸出墙体 7 米，外包毛石砌筑，台芯碎石夯筑，高 2.77 米，坍塌严重，四周植被多为灌木和杂草。

222. 杨丈子 02 号马面 130283352102170222

位于青龙满族自治县杨丈子村西南 900 米，坐标：东经 118° 52′ 06.50″，北纬 40° 10′ 31.80″，高程 424 米。

马面平面呈矩形，剖面呈梯形，东西长 6.5 米，向北凸出墙体 7.36 米，外包毛石砌筑，台芯碎石夯筑，高 5.6 米，坍塌严重，四周植被多为灌木和杂草。

223. 杨丈子 03 号马面 130283352102170223

位于青龙满族自治县杨丈子村西南 900 米，坐标：东经 118° 52′ 06.50″，北纬 40° 10′ 31.80″，高程 424 米。

马面平面呈矩形，剖面呈梯形，东西长 6.5 米，向北凸出墙体 7.36 米，外包毛石砌筑，台芯碎石夯筑，高 5.6 米，坍塌严重，四周植被多为灌木和杂草。

224. 杨丈子 04 号马面 130283352102170224

位于青龙满族自治县杨丈子村西南 1.1 千米，坐标：东经 118° 52′ 00.70″，北纬 40° 10′ 32.40″，高程 412 米。

马面平面呈矩形，剖面呈梯形，东西长 7.35 米，向北凸出墙体 7.54 米，外包毛石砌筑，台芯碎石夯筑，高 4.6 米，坍塌严重，四周植被多为灌木和杂草。

225. 杨丈子 05 号马面 130283352102170225

位于青龙满族自治县杨丈子村西南 1.1 千米，坐标：东经 118° 51′ 56.00″，北纬 40° 10′ 34.90″，高程 403 米。

马面平面呈矩形，剖面呈梯形，东西长 5.4 米，向北凸出墙体 6.53 米，外包毛石砌筑，台芯碎石夯筑，高 6.35 米，上段存城砖三层，东北角存有角台一个，角台南北边长 2.2 米，东西边长 1.2 米，残高 0.3 米，四周植被多为灌木和杂草。

226. 四道河 01 号马面 130283352102170226

位于青龙四道河村南约 1.5 千米，坐标：东经 118° 51′ 19.30″，北纬 40° 10′ 52.10″，高程 326 米。

马面平面呈矩形，剖面呈梯形，东西长 7.2 米，向北凸出墙体 4.42 米，外包毛石砌筑，台芯碎石夯筑，坍塌严重，四周植被多为灌木和杂草。

227. 东二道河 01 号马面 130283352102170227

位于青龙满族自治县东二道河村东约 1 千米，坐标：东经 118° 51′ 16.80″，北纬 40° 10′ 51.00″，高程 306 米。

马面平面呈矩形，剖面呈梯形，东西长 4.05 米，向南凸出墙体 2.65 米，外包毛石砌筑，台芯碎石夯筑，高 2.1 米，坍塌严重，四周植被多为灌木和杂草。

228. 东二道河 02 号马面 130283352102170228

位于青龙满族自治县东二道河村东约 1 千米，坐标：东经 118° 51′ 16.30″，北纬 40° 10′ 50.40″，高程 283 米。

马面平面呈矩形，剖面呈梯形，东西长 4.35 米，向南凸出墙体 2.85 米，外包毛石砌筑，台芯碎石夯筑，高 1.6 米，坍塌严重，四周植被多为灌木和杂草。

229. 东二道河 03 号马面 130283352102170229

位于青龙满族自治县东二道河村东 1 千米，坐标：东经 118° 51′ 15.30″，北纬 40° 10′ 49.30″，高程 271 米。

马面平面呈矩形，剖面呈梯形，东西长 4.55 米，向南凸出墙体 2.85 米，外包毛石砌筑，台芯碎石夯筑，高 1.5 米，坍塌严重，四周植被多为灌木和杂草。

230. 东二道河 04 号马面 130283352102170230

位于青龙满族自治县东二道河村东 1 千米，坐标：东经 118° 51′ 13.30″，北纬 40° 10′ 48.20″，高程 265 米。

马面平面呈矩形，剖面呈梯形，南北长 5 米，向北凸出墙体 3 米，外包毛石砌筑，台芯碎石夯筑，高 2.5 米，坍塌严重，四周植被多为灌木和杂草。

231. 冷口 01 号马面 130283352102170231

位于建昌营镇冷口村东北约 600 米，坐标：东经 118° 50′ 22.90″，北纬 40° 10′ 36.20″，高程 192 米。

马面平面呈矩形，剖面呈梯形，南北长 6.15 米，向西凸出墙体 5.86 米，外包城砖砌筑，包砖无存，台芯碎石夯筑，高 5.14 米，顶部存孔洞，直径 1 米，四周植被多为灌木和杂草。

232. 冷口 02 号马面 130283352102170232

位于建昌营镇冷口村东北约 200 米，坐标：东经 118° 50′ 00.90″，北纬 40° 10′ 28.40″，高程 175 米。

马面平面呈矩形，剖面呈梯形，东西长 9 米，向北凸出墙体 5.5 米，外包毛石砌筑，台芯碎石夯筑，高 6 米，坍塌严重，四周植被多为灌木和杂草。

233. 冷口 03 号马面 130283352102170233

位于建昌营镇冷口村东北约 200 米，坐标：东经 118° 50′ 00.00″，北纬 40° 10′ 28.30″，高程 180 米。

马面平面呈矩形，剖面呈梯形，东西长 4 米，向南凸出墙体 3 米，外包城砖砌筑，台芯碎石夯筑，高 5 米，坍塌严重，四周植被多为灌木和杂草。

234. 冷口 04 号马面 130283352102170234

位于建昌营镇冷口村东北约 200 米，坐标：东经 118° 49′ 59.10″，北纬 40° 10′ 27.70″，高程 180 米。

马面平面呈矩形，剖面呈梯形，向北凸出墙体 3 米，外包毛石砌筑，台芯碎石夯筑，高 2.5 米，坍塌严重，四周植被多为灌木和杂草。

235. 冷口 05 号马面 130283352102170235

位于建昌营镇冷口村东北 200 米，坐标：东经 118° 49′ 56.00″，北纬 40° 10′ 28.00″，高程 181 米。

马面平面呈矩形，剖面呈梯形，东西长 4 米，向北凸出墙体 6 米，外包毛石砌筑，台芯素土、碎石夯筑，高 4 米，坍塌严重，四周植被多为灌木和杂草。

236. 冷口 06 号马面 130283352102170236

位于建昌营镇冷口村西北约 900 米，坐标：东经 118° 49′ 37.10″，北纬 40° 10′ 41.30″，高程 202 米。

马面平面呈矩形，剖面呈梯形，南北长 12.5 米，向北凸出墙体 9.4 米，外包毛石砌筑，台芯碎石夯筑，高 1.5 米，坍塌严重，顶部中间存方形壕坑，南北 3.7 米，东西 4.1 米，深 1.05 米，南侧设沟，宽 0.9 米，深 0.9 米，四周植被多为灌木和杂草。

237. 西二道河 01 号马面 130283352102170237

位于青龙满族自治县西二道河村西约 500 米，坐标：东经 118° 49′ 26.20″，北纬 40° 11′ 03.00″，高程 142 米。

马面平面呈矩形，剖面呈梯形，东西长 9.9 米，向北凸出墙体 5.32 米，外包毛石砌筑，台芯碎石夯筑，高 1.4 米，坍塌严重，顶部散落碎砖，四周植被多为灌木和杂草。

238. 西二道河 02 号马面 130283352102170238

位于青龙满族自治县西二道河村西约 1.1 千米，坐标：东经 118° 49′ 04.60″，北纬 40° 11′ 17.50″，高程 313 米。

马面平面呈矩形，剖面呈梯形，东西长 7.83 米，向南凸出墙体 6.2 米，外包毛石砌筑，台芯碎石夯筑，高 4.56 米，坍塌严重，四周植被多为灌木和杂草。

239. 汤丈子九队 01 号马面 130283352102170239

位于青龙满族自治县汤丈子九队南约 1.1 千米，坐标：东经 118° 48′ 57.30″，北纬 40° 11′ 19.10″，高程 347 米。

马面平面呈矩形，剖面呈梯形，外包毛石砌筑，台芯碎石夯筑，高 6.05 米，坍塌严重，四周植被多为灌木和杂草。

240. 汤丈子 02 号马面 130283352102170240

位于青龙满族自治县白家店乡汤丈子九队南约 1.1 千米，坐标：东经 118° 48′ 54.90″，北纬 40° 11′ 24.20″，高程 354 米。

马面平面呈矩形，剖面呈梯形，东西长 10.31 米，向北凸出墙体 11.04 米，外包毛石砌筑，台芯碎石夯筑，高 2.67 米，坍塌严重，四周植被多为灌木和杂草。

241. 汤丈子 03 号马面 130283352102170241

位于青龙满族自治县汤丈子九队南约 1 千米，坐标：东经 118° 48′ 53.80″，北纬 40° 11′ 25.60″，高程 364 米。

马面平面呈矩形，剖面呈梯形，南北长 4.3 米，向西凸出墙体 2.04 米，外包毛石砌筑，台芯碎石夯筑，高 1.78 米，坍塌严重，东侧存登城步道，宽 0.65 米，存二级台阶，踏面宽 0.22 米，踢面高 0.17 米，四周植被多为灌木和杂草。

242. 汤丈子 04 号马面 130283352102170242

位于青龙满族自治县汤丈子九队南约 1 千米，坐标：东经 118° 48′ 52.60″，北纬 40° 11′ 26.40″，高程 356 米。

马面平面呈矩形，剖面呈梯形，南北长 4.32 米，向西凸出墙体 2.04 米，外包毛石砌筑，台芯碎石夯筑，高 1.71 米，坍塌严重，四周植被多为灌木和杂草。

243. 汤丈子 05 号马面 130283352102170243

位于青龙满族自治县汤丈子九队南约 1 千米，坐标：东经 118° 48′ 25.60″，北纬 40° 11′ 36.00″，高程 369 米。

烽火台平面呈矩形，剖面呈梯形，基础条石砌筑 3～8 层，外包城砖砌筑，东西宽 8.05 米，向北凸出墙体 7.44 米，高 7.77 米，上段存石拔檐，西南角存登城步道，宽 1.5 米，四周植被多为灌木和杂草。

244. 汤丈子 06 号马面 130283352102170244

位于青龙满族自治县汤丈子九队西南约 1.2 千米，坐标：东经 118° 48′ 10.90″，北纬 40° 11′ 41.60″，高程 378 米。

马面平面呈矩形，剖面呈梯形，向南凸出墙体 3.01 米，外包毛石砌筑，台芯碎石夯筑，坍塌严重，四周植被多为灌木和杂草。

245. 小龙庙 01 号马面 130283352102170245

位于迁安市建昌营镇小龙庙村北约 1.3 千米，坐标：东经 118° 47′ 33.00″，北纬 40° 12′ 03.90″，高程 407 米。

马面平面呈矩形，剖面呈梯形，东西长 4.7 米，向南凸出墙体 1.3 米，外包毛石砌筑，台芯碎石夯筑，高 0.5 米，坍塌严重，四周植被多为灌木和杂草。

246. 观音沟 01 号马面 1302833352102170246

位于青龙满族自治县白家店乡观音沟村西约 1.5 千米，坐标：东经 118° 47′ 38.70″，北纬 40° 12′ 07.10″，高程 418 米。

马面平面呈矩形，剖面呈梯形，南北长 6.6 米，向东凸出墙体 3.75 米，外包毛石砌筑，台芯碎石夯筑，高 5.15 米，坍塌严重，顶部存一直径 1.16 米的圆形孔洞，四周植被多为灌木和杂草。

247. 观音沟 02 号马面 1302833352102170247

位于青龙满族自治县白家店乡观音沟村西约 1.5 千米，坐标：东经 118° 47′ 29.10″，北纬 40° 12′ 24.30″，高程 385 米。

马面平面呈矩形，剖面呈梯形，南北长 7 米，向东凸出墙体 3.95 米，外包毛石砌筑，台芯碎石夯筑，高 3.8 米，坍塌严重，四周植被多为灌木和杂草。

248. 观音沟 03 号马面 1302833352102170248

位于青龙满族自治县白家店乡观音沟村西约 1.5 千米，坐标：东经 118° 47′ 26.30″，北纬 40° 12′ 29.30″，高程 420 米。

马面平面呈矩形，剖面呈梯形，南北长 7.84 米，向东凸出墙体 4.8 米，外包毛石砌筑，台芯碎石夯筑，高 3 米，坍塌严重，内侧设登城步道，宽 0.9 米，高 2.2 米，进深 1.6 米，台阶 8 级，四周植被多为灌木和杂草。

249. 观音沟 04 号马面 1302833352102170249

位于青龙满族自治县白家店乡观音沟村西约 2 千米，坐标：东经 118° 47′ 15.90″，北纬 40° 12′ 38.70″，高程 447 米。

马面平面呈矩形，剖面呈梯形，南北长 7.4 米，向东凸出墙体 6.9 米，外包毛石砌筑，台芯碎石夯筑，高 1.6 米，坍塌严重，四周植被多为灌木和杂草。

250. 观音沟 05 号马面 1302833352102170250

位于青龙满族自治县白家店乡观音沟村西约 2 千米，坐标：东经 118° 47′ 13.30″，北纬 40° 12′ 42.20″，高程 483 米。

马面平面呈矩形，剖面呈梯形，东西长 6.95 米，外包毛石砌筑，台芯碎石夯筑，高 1.3 米，坍塌严重，外侧 8 米处设毛石挡马墙，墙厚 0.8 米，高 1.6 米，长约 60 米，四周植被多为灌木和杂草。

251. 观音沟 06 号马面 1302833352102170251

位于青龙满族自治县白家店乡观音沟村西约 2 千米，坐标：东经 118° 47′ 09.90″，北纬 40° 12′ 43.00″，高程 480 米。

马面平面呈矩形，剖面呈梯形，东西长 3.1 米，向北凸出墙体 2.3 米，外包毛石砌筑，台芯碎石夯筑，高 0.6 米，坍塌严重，四周植被多为灌木和杂草。

252. 观音沟 07 号马面 130283352102170252

位于青龙满族自治县观音沟村西约 2.2 千米，坐标：东经 118° 47′ 07.70″，北纬 40° 12′ 43.80″，高程 480 米。

马面平面呈矩形，剖面呈梯形，东西长 4.2 米，向北凸出墙体 2.2 米，外包毛石砌筑，台芯碎石夯筑，高 1.15 米，坍塌严重，四周植被多为灌木和杂草。

253. 观音沟 08 号马面 130283352102170253

位于青龙满族自治县白家店乡观音沟村西约 2.2 千米，坐标：东经 118° 46′ 51.30″，北纬 40° 12′ 43.50″，高程 558 米。

马面平面呈矩形，剖面呈梯形，东西长 5.9 米，向西凸出墙体 7.5 米，外包毛石砌筑，台芯碎石夯筑，高 1.3 米，坍塌严重，四周植被多为灌木和杂草。

254. 观音沟 09 号马面 130283352102170254

位于青龙满族自治县白家店乡观音沟村西约 2.2 千米，坐标：东经 118° 46′ 49.80″，北纬 40° 12′ 38.40″，高程 540 米。

马面平面呈矩形，剖面呈梯形，东西长 7.35 米，凸出墙体 7 米，外包毛石砌筑，台芯碎石夯筑，高 3.1 米，坍塌严重，四周植被多为灌木和杂草。

255. 观音沟 10 号马面 130283352102170255

位于青龙满族自治县白家店乡观音沟村西约 2.5 千米，坐标：东经 118° 46′ 50.10″，北纬 40° 12′ 35.00″，高程 537 米。

马面平面呈矩形，剖面呈梯形，东西长 5.6 米，凸出墙体 7.53 米，外包毛石砌筑，台芯碎石夯筑，高 6.85 米，坍塌严重，四周植被多为灌木和杂草。

256. 观音沟 11 号马面 130283352102170256

位于青龙满族自治县白家店乡观音沟村西约 1.5 千米，坐标：东经 118° 46′ 51.20″，北纬 40° 12′ 27.00″，高程 515 米。

马面平面呈矩形，剖面呈梯形，南北长 7.78 米，向西凸出墙体 3.18 米，外包毛石砌筑，台芯碎石夯筑，高 6.21 米，坍塌严重，北立面存竖向裂缝一条，宽 0.15 ～ 0.22 米。内侧中部设"十"字形登城步道，南北 3.53 米，东西 4.1 米，宽 0.74 米，内高 3.3 米，16 级台阶，四周植被多为灌木和杂草。

257. 观音沟 12 号马面 130283352102170257

位于青龙满族自治县白家店乡观音沟村西约 1.5 千米，坐标：东经 118° 46′ 51.80″，北纬 40° 12′ 22.70″，高程 510 米。

马面平面呈矩形，剖面呈梯形，南北长 5.75 米，向西凸出墙体 3.1 米，外包毛石砌筑，台芯碎石夯筑，高 4.94 米，顶部存毛石垛口墙，厚 0.8 米，残高 0.3 ～ 0.6 米。内侧设"十"字形登城步道南北 3.87 米，东西 3.88 米，由东上石阶 6 级进入登城步道，南北向步道宽 0.68 米，向南上石阶 11 级，向北石阶 9 级，东西向步道 0.83 米，向西上石阶 11 级，四周植被多为灌木和杂草。

258. 大龙庙 01 号马面 130283352102170258

迁安市建昌营镇大龙庙村西约 500 米，坐标：东经 118° 46′ 18.50″，北纬 40° 11′ 43.40″，高程 351 米。

马面坍塌严重，仅西南角存外包毛石，四周植被多为灌木和杂草。

259. 大龙庙 02 号马面 130283352102170259

位于迁安市建昌营镇大龙庙村西约 500 米，坐标：东经 118° 46′ 14.00″，北纬 40° 11′ 34.10″，高程 475 米。

马面平面呈矩形，剖面呈梯形，东西长 4.75 米，向南凸出墙体 3.67 米，外包毛石砌筑，台芯碎石夯筑，坍塌严重，四周植被多为灌木和杂草。

260. 南杖子 01 号马面 130283352102170260

位于青龙满族自治县南杖子村南约 1 千米，坐标：东经 118° 45′ 44.40″，北纬 40° 11′ 31.50″，高程 347 米。

马面平面呈矩形，剖面呈梯形，东西长 10.3 米，向南凸出墙体 2.4 米，外包毛石砌筑，台芯碎石夯筑，高 3.2 米，坍塌严重，东侧设马道，宽 1.8 米，长 7.3 米，四周植被多为灌木和杂草。

261. 南杖子 02 号马面 130283352102170261

位于青龙满族自治县南杖子村南约 1 千米，坐标：东经 118° 45′ 32.40″，北纬 40° 11′ 33.70″，高程 393 米。

马面平面呈矩形，剖面呈梯形，东西长 4.85 米，向南凸出墙体 3.25 米，外包毛石砌筑，台芯碎石夯筑，坍塌严重，四周植被多为灌木和杂草。

262. 南杖子 03 号马面 130283352102170262

位于青龙满族自治县南杖子村南约 1 千米，坐标：东经 118° 45′ 14.00″，北纬 40° 11′ 31.00″，高程 413 米。

马面平面呈矩形，剖面呈梯形，东西长 6.88 米，向南凸出墙体 2.73 米，下段条石基础 2 层，高 0.64 米，外包城砖砌筑，高 1.9 米，存砖拔檐一层，西侧设登城步道，宽 1.15 米，由东向西上，西北角存门闩洞，宽 0.19 米，高 0.23 米，深 1.6 米，四周植被多为灌木和杂草。

263. 南杖子 04 号马面 130283352102170263

位于青龙满族自治县南杖子村南约 1 千米，坐标：东经 118° 45′ 03.50″，北纬 40° 11′ 28.20″，高程 373 米。

马面平面呈矩形，剖面呈梯形，东西长 7.36 米，向南凸出墙体 2.78 米，下段条石基础，外包城砖砌筑，高 3.5 米，存砖拔檐一层，四周植被多为灌木和杂草。

264. 王台子 01 号马面 130283352102170264

位于青龙满族自治县王台子村南约 1 千米，坐标：东经 118° 44′ 40.50″，北纬 40° 11′ 21.60″，高程 401 米。

马面平面呈矩形，剖面呈梯形，东西长 9.3 米，向北凸出墙体 7.5 米，下段条石基础 3 层，外包城砖砌筑，存 61 层，上部设砖拔檐，西立面存垛垛口墙，高 1.88 米，宽 0.4 米，设望孔 5 个，东立面存竖向裂缝一条，宽 0.02 ～ 0.05 米，四周植被多为灌木和杂草。

265. 王台子 02 号马面 130283352102170265

位于青龙满族自治县王台子村南约 1 千米，坐标：东经 118° 44′ 27.00″，北纬 40° 11′ 24.80″，高程 411 米。

马面平面呈矩形，剖面呈梯形，东西长 7.08 米，向南凸出墙体 2.26 米，下段条石基础 3 层，外包城砖砌筑，高 3.06 米，风化酥碱严重，四周植被多为灌木和杂草。

266. 王台子 03 号马面 130283352102170266

位于青龙满族自治县王台子村南约 1 千米，坐标：东经 118° 43′ 59.70″，北纬 40° 11′ 31.70″，高程 372 米。

马面平面呈矩形，剖面呈梯形，南北长 7.14 米，向西凸出墙体 1.95 米，下段条石基础 2 层，高 0.55 米，外包城砖砌筑，坍塌严重，四周植被多为灌木和杂草。

267. 白羊峪 01 号马面 130283352102170267

位于迁安市白羊峪村北约 700 米，坐标：东经 118° 43′ 11.60″，北纬 40° 12′ 06.80″，高程 239 米。

马面平面呈矩形，剖面呈梯形，东西长 4.4 米，向南凸出墙体 4.5 米，高 1.56 米，外包毛石砌筑，坍塌严重，西侧设登城步道，步道宽 1.55 米，长 2.1 米，台阶 5 级，四周植被多为灌木和杂草。

268. 白羊峪 02 号马面 130283352102170268

位于迁安市白羊峪村北约 700 米，坐标：东经 118° 43′ 10.30″，北纬 40° 12′ 10.20″，高程 250 米。

马面平面呈矩形，剖面呈梯形，南北长 10 米，向东凸出墙体 6.05 米，下段条石基础 5 层，高 5.4 米，外包城砖砌筑，风化酥碱严重，四周植被多为灌木和杂草。

269. 白羊峪 03 号马面 130283352102170269

位于迁安市白羊峪村北约 1.2 千米，坐标：东经 118° 42′ 57.60″，北纬 40° 12′ 19.80″，高程 356 米。

马面平面呈矩形，剖面呈梯形，向东凸出墙体 2.1 米，外包毛石砌筑，台芯碎石夯筑，高 2.1 米，坍塌严重，四周植被多为灌木和杂草。

270. 白羊峪 04 号马面 130283352102170270

位于白羊峪村北约 1.2 千米，坐标：东经 118° 42′ 49.40″，北纬 40° 12′ 23.40″，高程 413 米。

马面平面呈矩形，剖面呈梯形，东西长 5.5 米，内侧凸出墙体 1.9 米，外侧凸出墙体 3.4 米，外包毛石砌筑，台芯碎石夯筑，高 2.6 米，西侧设登城步道，宽 1.35 米，四周植被多为灌木和杂草。

271. 白羊峪 05 号马面 130283352102170271

位于迁安市白羊峪村北约 1.2 千米，坐标：东经 118° 42′ 46.60″，北纬 40° 12′ 25.50″，高程 452 米。

马面平面呈矩形，剖面呈梯形，东西长 9 米，向南凸出墙体 5 米，外包毛石砌筑，台芯碎石夯筑，高 4.2 米，坍塌严重，四周植被多为灌木和杂草。

272. 小关 01 号马面 130283352102170272

位于迁安市五重安乡小关村北约 2.5 千米，坐标：东经 118° 41′ 00.00″，北纬 40° 13′ 28.90″，高程 402 米。

马面平面呈矩形，剖面呈梯形，南北长 5.3 米，向西凸出墙体 3.25 米，外包毛石砌筑，台芯碎石夯筑，高 1.3 米，坍塌严重，四周植被多为灌木和杂草。

273. 新开岭 01 号马面 130283352102170273

位于迁安市五重安乡新开岭村东北约 1.5 千米，坐标：东经 118° 40′ 37.80″，北纬 40° 13′ 53.80″，高程 689 米。

马面平面呈矩形，剖面呈梯形，南北长 5 米，向东北凸出墙体 4 米，设毛石护脚，高 3 米，外包毛石砌筑，高 2.5 米，坍塌严重，四周植被多为灌木和杂草。

274. 新开岭 02 号马面 130283352102170274

位于迁安市五重安乡新开岭村东北约 1.8 千米，坐标：东经 118° 40′ 00.50″，北纬 40° 14′ 10.00″，高程 641 米。

马面平面呈矩形，剖面呈梯形，南北长 4.9 米，凸出墙体 4.3 米，外包毛石砌筑，台芯碎石夯筑，高 1.3 米，坍塌严重，四周植被多为灌木和杂草。

275. 马井子 01 号马面 130283352102170275

位于迁安市马井子村东北约 1.3 千米，坐标：东经 118° 39′ 29.30″，北纬 40° 14′ 43.80″，高程 656 米。

当地称"将军坟"，坍塌严重，呈堆状，四周植被多为灌木和杂草。

276. 马井子 02 号马面 130283352102170276

位于迁安市马井子村西北约 1.6 千米，坐标：东经 118° 38′ 18.30″，北纬 40° 14′ 52.60″，高程 529 米。

马面平面呈矩形，剖面呈梯形，东西长 7.3 米，向南凸出墙体 6.3 米，外包毛石砌筑，台芯碎石夯筑，高 2.1 米，坍塌严重，四周植被多为灌木和杂草。

（三）关堡

迁安市明长城关堡一览表（单位：座）

编号	认定名称	认定编码	类型	周长（米）	保存程度				
					较好	一般	较差	差	消失
1	徐流口堡城	1302833553102170001	石墙				√		
2	东堡子堡城	1302833553102170002	石墙	468				√	
3	河流口关城	1302833553101170003	石墙					√	
4	新开岭堡	1302833553102170004	石墙	556				√	
5	冷口关城	1302833553101170005	砖墙	1206	√				
6	建昌营营城	1302833553102170006	砖墙					√	
7	石门子堡城	1302833553102170007	石墙	670	√				
8	白道子堡城	1302833553102170008	石墙	688			√		
9	白羊峪关城	1302833553101170009	石墙	830			√		
10	小关堡城	1302833553102170010	石墙	410				√	
11	五重安堡城	1302833553102170011	砖墙	886				√	
12	红峪口堡城	1302833553102170012	石墙	415				√	
	合计	共 12 座：石墙 9 座，砖墙 3 座		6123	1	3	4	13	
	百分比（%）	100			4.76	14.29	19.05	61.9	

保存程度：较好、一般、较差、差、消失

1. 徐流口堡城 130283353102170001

位于迁安市杨各庄镇徐流口村，坐标：东经 118° 53′ 50.70″，北纬 40° 08′ 15.10″，高程 114 米。

城堡东西长约 176 米，城内南侧为民居，北侧山地。东侧城墙仅残存北段长 16 米，残高 2.1 米，北侧城墙仅残存东段长 76 米，残高 1.6 米，宽 3.6 米，西侧城墙人为拆毁，仅存遗址，南墙被民房占据位置不清，东门处有一古槐。

历史沿革：据《永平府志》载"洪武初为关隘，成化三年设城"。据《卢龙塞略》载"徐流口，城石，高长五尺，周二百五十丈一尺，门曰东，约南，居九十五家"。

2. 东堡子堡城 130283353102170002

位于迁安市建昌营镇东堡子村，坐标：东经 118° 51′ 43.10″，北纬 40° 09′ 04.80″，高程 109 米。

城堡占地面积 13664 平方米，周长 468 米。墙体、城内、外防御设施多已破坏，历史建筑不存，平面格局不清。根据当地老人回忆确定石城四角位置，测得城堡东西宽 112 米，南北长 122 米。

3. 河流口关城 130283353101170003

位于迁安市建昌营镇河流口村，坐标：东经 118° 52′ 28.50″，北纬 40° 09′ 35.70″，高程 133 米。

关城损毁严重，城内、外防御设施多已破坏，历史建筑不存，平面格局不清。关城原设北门及东、西水门，三门均已不存。墙体仅存南山坡毛石墙一段，长 4.3 米，残高 2.4 米。原城外围筑有敌台 6 座，为河流口 07 至河流口 12 号敌台。

历史沿革：据《永平府志》（明万历二十七年）载"河流口关洪武初为关隘，成化五年设城"。据《永平府志》（清康熙五十年）载"河流口城石高丈七尺，周二百二十四丈有尺，门曰东、曰南"。"河流口关洪武初为关隘，成化五年设城。"

4. 新开岭堡 130283353102170004

位于迁安市五重安乡新开岭村，坐标：东经 118° 39′ 11.00″，北纬 40° 13′ 29.90″，高程 186 米。

城堡平面呈矩形，南北长约 102 米，东西长 176 米，周长约 556 米，占地面积 17952 平方米，关堡辟南、西二门，城西半部分为耕地，东半部分为住户民房。西墙只存墙基，宽 5 米，北墙存遗址，东墙不清，南墙南门东侧不清，西侧宽 4 米。历史建筑不存，平面格局不清。

历史沿革：据《卢龙塞略》载"新开岭城石，高丈四尺，周百六十九丈五尺，门曰南、曰北，居二十五家"。据《永平府志》载"新开岭城石，高丈四尺，周百六十九丈五尺，门曰南、曰北"。

5. 冷口关城 130283353101170005

位于迁安市建昌营镇冷口村，坐标：东经 118° 50′ 00.69″，北纬 40° 10′ 20.00″，高程 93 米。

关城平面呈不规则三角形，全长约 1206 米，占地面积 5000 平方米，西临唐青公路。城内地势东南低，西北高。北墙长 495 米，设敌台一座，为冷口 03 号敌台，马面四座，为冷口 02 ~ 05 号马面。

南墙体长 488 米。砖石结构，墙体残高 3.27 ~ 9.06 米，宽 5 米，南门西北约 250 米处有一段为毛石墙，内填夯土，长约 60 米。南门门口内宽 4.46 米，内券残高 4.96 米，起券方式为五伏五券，门洞墙厚 2.95 米，至顶部通高 7.19 米。现存条砖 45 层，每层厚 0.1 米，底部条石基础二层，每层厚 0.3 米。城门破坏严重。南门西北约 80 米处有一水渠穿过墙体。

东墙长 223 米。墙体为砖包石结构，包砖厚 0.84 米，底部可见 5 层料石墙基。东侧墙体设东门和东南角台，东门不存，只有城间小路穿过。城砖规格：0.44 米 ×0.23 米 ×0.14 米。

关城墙体外包砖及髻石间断地被人为拆作它用，只剩土石墙芯，墙顶部长满酸枣树、灌木和杂草，城内、外防御设施多已破坏，历史建筑不存，平面格局不清。

冷口城内曾有朝阳寺、真武庙、火神庙、望海娘娘庙等多处庙址，东门外有药王庙，南门外有马王庙，均在 1950 年前后拆毁。

冷口关东 300 米沙河东岸的岩壁上存摩崖题刻一处，长 2.28 米，宽 2.01 米，字体楷书，字径约 0.2 米。内容："明嘉靖庚申三月虏自云中来 / 窥滦东率六镇兵御诸冷口 / 关廿八日虏遁翌日班师总 / 督三镇军务太子太保兵 / 部尚书兼督察院左副都御 / 史灵宝许论题"。

东侧沙河河谷内发现 9 个菱形花岗岩石构件，分析为水门分水石构件，宽 1.1 米，长 1 米，分水尖长 0.16 米，厚 0.9 米，中间通孔直径 0.42 米，为上下构件相连而设，形状呈 "◇" 形。

历史沿革：据《四镇三关志·形胜》载"冷口关：洪武年建，通大川平漫，各墩通单骑冲"。据《永平府志》载"冷口关，洪武初为关隘"。据《卢龙塞略》载"冷口关，城砖，高二丈九尺，周三百八十七丈有尺，门曰东，曰南，居百二十六家，校场城南"。

6. 建昌营营城 130283353102170006

位于迁安市建昌营镇太平村，坐标：东经 118° 48′ 13.90″，北纬 40° 08′ 29.20″，高程 75 米。

营城南为大望都庄，东北为新坊子村，西邻雷庄村。省道 252 和省道 363 在此交会。营城早年已被人为拆除，历史建筑不存，平面格局不清。现仅存东墙墙基一段，长约 4.2 米。根据当地老人回忆确定营城东门位置，其他墙体、城门位置不清。

历史沿革：据《永平府志》载"建昌营，砖城在府城北八十里，宣德间镇守太监刘通筑土为城，正统初少监郁永陶包砖，高三丈，列东、西、南三门竖楼于上，以望烽火。弘治十一年太监张忭以旧城狭隘，用裴家窝官地，易换临城军民毕富等地二顷余，起盖营房千余间，以居军士"。《卢龙塞略》载"城砖，高三丈五尺，周八百五十三丈六尺，门三：曰东、曰西、曰南，有月城，有楼，西便门，四隅有角楼，有腰铺。鼓楼在城中，城隍庙在城西北，教场城西"。

7. 石门子堡城 130283353102170007

位于迁安市建昌营镇石门子村，坐标：东经 118° 47′ 03.80″，北纬 40° 10′ 14.10″，高程 116 米。

关堡平面呈矩形，南北长约 204 米，东西长约 189 米，周长 670 米，占地面积 38556 平方米，现存城门 1 座，角台 1 座，其他城墙设施已无存。堡城北高南低，城墙为毛石垒砌。西墙大部分不存，只在村民蔡春福老宅房西侧残存一段，位于西墙南端，残高 2.8 米，宽 2.5 米，残存长 36 米。存西北角台，角楼已毁，存 6 米 ×6.5 米石垒台基残址，残高 1.9 ～ 3.3 米。北墙残长 153 米，内侧高 2.5 米，外侧高 2.7 ～ 3 米，宽 2.5 ～ 2.7 米，整体保存较好；东墙东北部残存 11 米，保存较好。高 2.1 米，宽 2.85 米，往南消失，再往南一段存长 15 米，宽 5.6 米，高 1.9 米，此段墙体外侧毛石白灰平缝。南墙仅存部分基础，长 186 米。原堡城在东、南、西墙各设一门，现仅南门有迹可循，位于距东南角 79 米处，门宽 2.3 米，进深 5 米，门券洞已毁，存有一段碎石铺就的坡道和二级台阶。东、西二门早年已毁。在东门处发现残纪事石碑一块，据碑文记载城内原有明崇祯年间的庙宇，清雍正十三年改建为东岳天齐庙，西门位置不清。

关城大部分墙体保存，但现状一般，东、西侧墙体多仅存墙基部分，南墙全部破坏，北墙约一半保存较好，其余仅存墙基及少量墙体，城内、外防御设施多已破坏，历史建筑不存，平面格局不清。

历史沿革：据《永平府志》载"石门子关洪武初为关隘，成化四年设城。"据《卢龙塞略》载"城石，高丈五尺，周二百十丈有尺，门曰东、曰西、曰南，居九十一家"。

8. 白道子堡城 1302833353102170008

位于迁安市建昌营镇白道子村，坐标：东经 118° 45′ 03.58″，北纬 40° 10′ 36.20″，高程 128 米。

关堡平面呈矩形，南北长约 234 米，东西长约 110 米，周长约 688 米，占地面积 25740 平方米，地势北高南低，现存城门 2 座，其他城墙设施已无存。城墙为毛石垒砌，西墙长 197 米，宽 3 米，高 2.5 ～ 3.5 米；南墙多处不存；东墙断断续续保存一部分，宽 2.2 ～ 3 米；北墙残存西北角，长 15 米。石城在西墙、南墙各设一门，西门宽 2.34 米，南门已辟为村中水泥路。

城内、外防御设施多已破坏，历史建筑不存，平面格局不清。

历史沿革：据《永平府志》载"石门子关洪武初为关隘，成化四年设城"。据《卢龙塞略》载"城石，高丈五尺，周二百三丈，门曰西、曰南，居九十三家"。"白道子关洪武初为关隘，成化四年设城"。

9. 白羊峪关城 1302833353101170009

位于迁安市大崔庄镇白羊峪村，坐标：东经 118° 43′ 23.60″，北纬 40° 11′ 34.90″，高程 142 米。

关城地势西高东低，南北长约 270 米，东西宽约 145 米，周长约 830 米，占地面积 39150 平方米，存角台 1 座。东门不存，仅存遗迹，南侧城墙包砖保存较好，长 154 米，高 6.44 米，其中底部可见三层料石，高 0.8 米，包砖风化严重。上部三层砖拔檐，厚 0.32 米，顶部垛墙残高 0.9 米。南门、南墙不存，西墙可见 127 米长毛石墙基，厚 3.25 米，残高 2.47 米。北墙只存 9.2 米长包砖，残高 2 米，厚 0.5 米。西北角残存角台，东门、南门不存，现为进村道路。城内、外防御设施多已破坏，历史建筑不存，平面格局不清。

历史沿革：据《四镇三关志》载"洪武建……"据《卢龙塞略》载"城石，高丈四尺，周二百十四丈三尺，门曰东、曰南，居五十家"。

10. 小关堡城 1302833353102170010

位于迁安市五重安乡小关村，坐标：东经 118° 40′ 31.90″，北纬 44° 01′ 21.72″，高程 154 米。

关堡平面呈矩形，南北长约 136 米，东西宽约 79 米，周长约 410 米，占地面积 10744 平方米。现残存南门东侧长 22 米毛石墙，残高 2.4 米，残厚 0.6 米。东墙长 136 米，残高 3.22 米。北墙残存东段 25 米长墙体，厚 2.2 米，残高 2.7 米。

11. 五重安堡城 1302833353102170011

位于迁安市五重安乡五重安村，坐标：东经 118° 38′ 45.40″，北纬 40° 11′ 20.50″，高程 103 米。

关堡平面呈长方形，南北长约 232 米，东西宽约 211 米，周长约 886 米，占地面积 48741 平方米，现存城门 1 座，马面 3 座，其他城墙设施已无存。城墙墙芯素土分层夯筑，内、外侧包砌城砖，白灰砌筑，白灰勾缝。城墙厚 7.17 米。现残存西北角夯土墙芯，夯层 0.07～0.1 米，残高 5.6 米，北墙西段残长 22 米，东段被民房占据。东墙处残存长 10.21 米灰土墙芯，残高 1.2 米，东门北侧残存长 24.14 米灰土墙芯，残高 1.57 米，压在民房及院墙之下；南侧残存长 54 米素土墙芯，残高 5.1 米。南墙不存。西墙南段和西门南侧残存长 14.75 米和长 15.94 米，灰土墙体残高 1.8 米，残厚 0.73 米，现为居民院墙；北段残长 42 米素土墙芯。据当地人介绍，此城城墙为包砖墙，城内东西向三条街道，南北向九条胡同，西门、南门外设影壁墙，均已不存。

历史沿革：据《卢龙塞略》载"城土，高二丈五尺，周二百六十七丈四尺五寸，门曰东，曰西，曰南，居百四十家"。

12. 红峪口堡城 130283353102170012

位于迁安市五重安乡红峪口村，坐标：东经 118° 36′ 53.20″，北纬 40° 14′ 12.80″，高程 163 米

关堡平面呈矩形，北高南低，南北长约 137 米，东西宽约 72 米，周长约 415 米，占地面积 9364 平方米，现存城门 1 座，其他城墙设施已无存。城墙毛石砌筑，宽 0.9 米，残高 1.9 米，西墙北段残长 4.63 米，北墙西段残长 4.79 米。设南门，门宽 3.2 米，外 7 米处设影壁墙。

（四）相关遗存

迁安市相关遗存一览表（单位：处）

编号	认定名称	认定编码	保存程度				
			较好	一般	较差	差	消失
1	尖座楼采石场	130283354101170001		√			
2	冷口摩崖石刻	130283354110170002		√			
3	白羊峪挡马墙	130283354104170003			√		
4	冷口营址	130283354107170004				√	
5	冷口谎城	130283354199170005		√			
6	白羊峪方城 1	130283354199170006	√				
7	白羊峪方城 2	130283354199170007			√		
8	白羊峪基址 1	130283354107170008			√		
9	白羊峪基址 2	130283354107170009			√		
10	"徐流口 08 号敌台"外侧壕沟	130283354106170010			√		
11	"徐流口 06 号敌台"外侧采石场	130283354101170011		√			
12	"徐流口 06 号敌台"外侧壕沟	130283354106170012			√		
合计		共 12 处：采石场 2 处，石刻 1 处，挡马墙 1 段，壕沟 2 段，营址 1 座，谎城 3 处，居住址 2 处	1	4	6	1	
百分比（%）			100	8.3	33.4	50	8.3

保存程度：较好、一般、较差、差、消失

1. 尖座楼采石场 130283354101170001

位于河流口村西北约 800 米，坐标：东经 118° 52′ 30.10″，北纬 40° 10′ 08.20″，高程 473 米。

南北约 100 米，东西约 100 米，面积约 10000 平方米，长满灌木杂草，山体层层叠叠，犬齿交错。

2. 冷口摩崖石刻 130283354110170002

位于迁安冷口关东约 300 米，坐标：东经 118° 50′ 18.90″，北纬 40° 10′ 19.80″，高程 91 米。

面积约 4.58 平方米，上下约 2.01 米，左右约 2.28 米。风吹日晒，雨雪冲洗，致使字体风化模糊，岩石裂缝。

3. 白羊峪挡马墙 130283354104170003

位于白羊峪村北约 700 米，坐标：东经 118° 43′ 30.80″，北纬 40° 11′ 56.00″，高程 213 米。

挡马墙全长约 280 米，毛石垒砌，墙顶呈馒头顶，其中，保存较好的 50 米，保存较差的 50 米，墙体消失 180 米。墙体总高 3.97 米，上宽 1.5 米，底宽 3.6 米，收分 1.05 米。现只存白羊河东侧山坡 100 米墙体，河谷内 180 米墙体消失。

4. 冷口营址 130283354107170004

位于冷口村西北约 600 米，坐标：东经 118° 49′ 40.00″，北纬 40° 10′ 34.40″，高程 180 米。

整体残毁严重，内部布局结构不清，只存北侧墙基。西、南两侧呈高台状，原形制不清。基址平面近似长方形，南北长约 42 米，东西宽约 33 米，整体面积约 1386 平方米，东墙为长城墙体，北侧毛石墙基址尚存，墙基宽约 1.6 米，残高 0.6 米，西侧土台高约 3 米。顶部长有刺槐及杂灌木。

5. 冷口谎城 130283354199170005

位于冷口关城东约 400 米的矮山顶上，坐标：东经 118° 50′ 27.2″，北纬 40° 10′ 23.10″，高程 228 米。

西北距长城墙体约 160 千米，南距水泉村约 500 米。谎城北偏东 40°，东北至西南长 112 米，西北至东南宽 47 米，周长 280 米，平面呈船状，城内东半部分地势高，多为白色石灰岩山体，西部平坦，现有基址一处。谎城墙体为砖包石结构，墙体高 2.4～6.2 米，宽 4 米，内外包砖，包砖厚 1.45 米，谎城设南、北二门，南门券宽 2.15 米，残高 2.44 米，门券进深 6.25 米，五伏五券，条砖尺寸：0.47 米 ×0.22 米 ×0.12 米，大部分城砖烧制火候不够，颜色发红。人为破坏严重，包砖拆毁较多，西北面和西南面墙体包砖保存较好，但顶部条砖多风化严重，其余两边包砖坍圮严重，露出内部毷石和碎石土墙芯。南门券顶墙体坍圮，门洞底部被乱石碎砖填塞，北门不存。墙顶长满荆条、山枣等灌木。

6. 白羊峪方城 1 130283354199170006

位于白羊峪村东北约 700 米道路东侧山顶，坐标：东经 118° 43′ 34.30″，北纬 40° 11′ 47.70″，高程 260 米。

方城东西 60 米，南北 25 米，长城连北墙而过，南墙高 9.75 米，北墙高 8.6 米，其中垛墙高 1.8 米，厚 0.5 米，垛口为直角，宽 0.43 米，高 0.88 米，望孔宽 0.24 米，高 0.31 米，保存较好；城门设在西墙南侧，宽 2.65 米，高 3.13 米，厚 5.35 米，内侧三伏三券，高 1.06 米，券脚高 1.9 米；城砖尺寸：0.48 米 ×0.2 米 ×0.11 米；东墙坍塌 4.8 米。城内种植 14 棵侧柏、9 棵核桃树、1 棵油松。

7. 白羊峪方城 2 130283354199170007

位于白羊峪村北约 500 米道路西侧山崖上，坐标：东经 118° 43′ 19.90″，北纬 40° 11′ 52.70″，高程 192 米。

方城南北 57 米，东西 25 米。北墙、东墙残存部分包砖，高 3.9 米，长 26 米；西墙、南墙不存，城内为耕地，并种植梨树。

8. 白羊峪基址 1130283354107170008

位于白羊峪村东北约 700 米，白羊峪 08 号敌台南侧 15 米处，坐标：东经 118° 43′ 31.90″，北纬 40° 11′ 51.80″，高程 219 米。

基址南北长 9.6 米，东西宽 8.7 米，残高 3.2 米，毛石砌筑，中间有长 2.9 米、宽 2.3 米坑，深 0.9 米。

9. 白羊峪基址 2130283354107170009

位于白羊峪村东北约 700 米，白羊峪 08 号敌台西北 40 米处，坐标：东经 118° 43′ 31.10″，北纬 40° 11′ 53.30″，高程 220 米。

基址半圆形毛石砌筑，南北 59.5 米，东西 11.08 米，残高 2.8 米，现仅存一平台。

10. "徐流口 08 号敌台"外侧壕沟 130283354106170010

位于东蚂蚁滩村西南约 1 千米，坐标：东经 118° 54′ 37.00″，北纬 40° 09′ 13.90″，高程 323 米。

基址深 4.4 米，宽 5.8 米，石灰岩毛石垒砌南侧沟壁，高 6 米。

11. "徐流口 06 号敌台"外侧采石场 130283354101170011

位于东蚂蚁滩村西南约 700 米，坐标：东经 118° 54′ 49.90″，北纬 40° 09′ 11.10″，高程 248 米。

采石场东西 30 米，南北 25 米，750 平方米。

12. "徐流口 06 号敌台"外侧壕沟 130283354106170012

位于东蚂蚁滩村西南约 700 米，坐标：东经 118° 54′ 48.40″，北纬 40° 09′ 09.60″，高程 254 米。

壕沟深 4.1 米，宽 5.1 米。

迁西县

迁西县位于唐山市北部，地理坐标东经 118° 6′～118° 37′，北纬 39° 57′～40° 27′，县域东西宽 39 千米，南北长 51 千米，总面积 1227 平方千米。东北邻承德市宽城满族自治县、东邻秦皇岛市青龙满族自治县、东南接迁安市，南与滦县、丰润区毗邻，西与遵化市毗邻，西北与承德市兴隆县毗邻。距北京市 150 千米，距天津市 140 千米，距唐山市 75 千米，距石家庄 402 千米。

迁西县明长城分布在共 9 个乡镇，包括：上营乡、西城峪乡、榆木岭乡、汉儿庄镇、太平寨镇、金厂峪镇、三屯营镇、滦阳镇、铁门关镇。东接迁安市四十二口梁长城，西接遵化市野鸡峪东庄长城 1 段。

长城起点：太平寨镇将军帽山东侧，坐标：东经 118° 37′ 14.20″，北纬 40° 15′ 06.70″，高程 592 米。

长城止点：汉儿庄镇二道城子村西北约 0.8 千米，坐标：东经 118° 06′ 58.60″，北纬 40° 21′ 20.70″，高程 372 米。

迁西县调查长城墙体 172 段，总长 106439 米；单体建筑 341 座，其中：敌台 240 座、马面 41 座、烽火台 57 座、其他单体建筑 3 座；关堡 32 座。

（一）墙体

迁西县明长城墙体一览表（单位：米）

编号	认定名称	认定编码	类型	长度	保存程度				
					较好	一般	较差	差	消失
1	将军帽山险	1302273821061700001	山险	213	213				
2	横山沟东山长城	1302273821021700002	石墙	1290	980	310			
3	横山沟长城 1 段	1302273821021700003	砖墙	136				65	71
4	横山沟长城 2 段	1302273821021700004	石墙	65	47			18	
5	横山沟山险	1302273821061700005	山险	142	142				
6	横山沟长城 3 段	1302273821021700006	石墙	210		65	145		
7	擦崖子长城 1 段	1302273821031700007	砖墙	1378	255		50	1073	
8	擦崖子长城 2 段	1302273821021700008	石墙	984			354	630	
9	瞭望山山险	1302273821061700009	山险	115	115				
10	横山长城 1 段	1302273821021700010	石墙	1667	168	599	900		
11	横山长城 2 段	1302273821061700011	山险	30	30				
12	城自岭口长城	1302273821021700012	石墙	642		267	375		
13	杏树岭西山长城 1 段	1302273821021700013	石墙	975	337		378		260
14	杏树岭西山长城 2 段	1302273821031700014	砖墙	84		84			
15	杏树岭西山长城 3 段	1302273821021700015	石墙	150	150				
16	杏树岭西山长城 4 段	1302273821021700016	石墙	771	230	541			
17	头道岭长城 1 段	1302273821021700017	石墙	135	135				
18	头道岭长城 2 段	1302273821031700018	砖墙	116	116				
19	头道岭长城 3 段	1302273821021700019	石墙	450	450				
20	头道岭长城 4 段	1302273821031700020	砖墙	155			155		
21	头道岭长城 5 段	1302273821061700021	山险	235	235				
22	头道岭西山长城	1302273821021700022	石墙	2545		949	1596		
23	大岭寨长城 1 段	1302273821031700023	砖墙	404	404				
24	大岭寨长城 2 段	1302273821021700024	石墙	519		519			
25	大岭寨口长城	1302273821021700025	石墙	110					110
26	大岭寨口北山长城 1 段	1302273821021700026	石墙	556	491			65	
27	大岭寨口北山长城 2 段	1302273821021700027	砖墙	484	484				
28	渠子地东山长城	1302273821021700028	石墙	2948		1053	1895		
29	家山沟山险	1302273821061700029	山险	99	99				
30	铧尖西山长城	1302273821021700030	石墙	1405		1405			
31	铧尖西山山险	1302273821061700031	山险	50	50				

（续）

编号	认定名称	认定编码	类型	长度	保存程度				
					较好	一般	较差	差	消失
32	南沟东山长城1段	1302273821021700032	石墙	450			270	180	
33	南沟东山长城2段	1302273821061700033	山险	43	43				
34	南沟东山长城3段	1302273821021700034	石墙	464			464		
35	榆木岭南山山险	1302273821061700035	山险	123	123				
36	榆木岭长城1段	1302273821021700036	石墙	965	965				
37	榆木岭长城2段	1302273821031700037	砖墙	1509		964	445	100	
38	铁顶楼长城	1302273821021700038	石墙	3290		3290			
39	石门岔西山长城	1302273821031700039	砖墙	938	938				
40	青山口东山长城	1302273821021700040	石墙	922		922			
41	青山口长城1段	1302273821031700041	砖墙	651		508	110		33
42	青山口长城2段	1302273821021700042	石墙	171		171			
43	青山口长城3段	1302273821031700043	砖墙	900	720	55	125		
44	八面峰长城1段	1302273821061700044	山险	325	325				
45	八面峰长城2段	1302273821021700045	石墙	76			76		
46	八面峰长城3段	1302273821061700046	山险	294	294				
47	八面峰长城4段	1302273821021700047	石墙	1100		648	452		
48	八面峰长城5段	1302273821061700048	山险	44	44				
49	八面峰长城6段	1302273821021700049	石墙	399			399		
50	八面峰长城7段	1302273821061700050	山险	27	27				
51	八面峰长城8段	1302273821021700051	石墙	377			377		
52	八面峰长城9段	1302273821061700052	山险	64	64				
53	八面峰长城10段	1302273821021700053	石墙	612			612		
54	八面峰长城11段	1302273821061700054	山险	106	106				
55	八面峰长城12段	1302273821021700055	石墙	119			119		
56	八面峰长城13段	1302273821061700056	山险	22	22				
57	黑马沟长城	1302273821021700057	石墙	1614	307		1307		
58	董家口长城1段	1302273821031700058	砖墙	438	438				
59	董家口长城2段	1302273821021700059	石墙	944	430		514		
60	董家口关东南山险	1302273821061700060	山险	143	143				
61	董家口关长城	1302273821021700061	石墙	127				21	106
62	董家口关西山长城	1302273821021700062	石墙	785	545		170	70	
63	游乡口山险	1302273821061700063	山险	90	90				
64	游乡口长城	1302273821031700064	砖墙	415	144	95	176		
65	龙凤沟长城1段	1302273821021700065	石墙	876		824	52		
66	龙凤沟长城2段	1302273821061700066	山险	94	94				
67	龙凤沟长城3段	1302273821021700067	石墙	303	303				
68	下城子长城	1302273821021700068	石墙	1526			1526		

（续）

编号	认定名称	认定编码	类型	长度	保存程度				
					较好	一般	较差	差	消失
69	女儿山山险	1302273821061 70069	山险	1200	1200				
70	贾庄子长城 1 段	1302273821021 70070	石墙	60			60		
71	贾庄子长城 2 段	1302273821061 70071	山险	170	170				
72	贾庄子长城 3 段	1302273821021 70072	石墙	641			641		
73	史家峪长城 1 段	1302273821061 70073	山险	45	45				
74	史家峪长城 2 段	1302273821021 70074	石墙	100			100		
75	史家峪长城 3 段	1302273821031 70075	砖墙	20	20				
76	史家峪长城 4 段	1302273821061 70076	山险	30	30				
77	铁门关东山长城 1 段	1302273821021 70077	石墙	543			543		
78	铁门关东山长城 2 段	1302273821061 70078	山险	85	85				
79	铁门关东山长城 3 段	1302273821021 70079	石墙	133	22	31	80		
80	铁门关长城	1302273821061 70080	山险	627	502		125		
81	铁门关西山长城	1302273821021 70081	石墙	669	213		456		
82	李家峪长城 1 段	1302273821031 70082	砖墙	132	132				
83	李家峪长城 2 段	1302273821021 70083	石墙	708	358		350		
84	李家峪长城 3 段	1302273821021 70084	石墙	803	543	260			
85	李家峪长城 4 段	1302273821061 70085	山险	180	180				
86	李家峪长城 5 段	1302273821021 70086	石墙	165	165				
87	李家峪长城 6 段	1302273821061 70087	山险	27	27				
88	李家峪长城 7 段	1302273821021 70088	石墙	887	620		267		
89	黄石砬山险	1302273821061 70089	山险	2500	2500				
90	石梯子长城	1302273821021 70090	石墙	53		53			
91	石梯子山险	1302273821061 70091	山险	533	533				
92	新甸子南山长城 1 段	1302273821021 70092	石墙	538			538		
93	新甸子南山长城 2 段	1302273821061 70093	山险	158	158				
94	新甸子南山长城 3 段	1302273821021 70094	石墙	158		158			
95	新甸子南山长城 4 段	1302273821061 70095	山险	433	433				
96	新甸子南山长城 5 段	1302273821021 70096	石墙	150		150			
97	新甸子南山长城 6 段	1302273821061 70097	山险	401	401				
98	新甸子南山长城 7 段	1302273821021 70098	石墙	302			302		
99	新甸子南山长城 8 段	1302273821061 70099	山险	196	196				
100	新甸子南山长城 9 段	1302273821021 70100	石墙	72		72			
101	新甸子南山长城 10 段	1302273821061 70101	山险	326	326				
102	新甸子南山长城 11 段	1302273821021 70102	石墙	138	138				
103	新甸子南山长城 12 段	1302273821061 70103	山险	157	157				
104	横城子长城 1 段	1302273821021 70104	石墙	88	88				
105	横城子长城 2 段	1302273821031 70105	砖墙	120			120		

（续）

编号	认定名称	认定编码	类型	长度	保存程度				
					较好	一般	较差	差	消失
106	横城子长城3段	1302273821021701 06	石墙	242	189	35		18	
107	喜峰口长城支线1段	1302273821021701 07	石墙	334		334			
108	喜峰口长城支线2段	1302273821021701 08	石墙	1032		400	632		
109	喜峰口支线长城3段	1302273821021701 09	石墙	350			350		
110	喜峰口长城	1302273821031701 10	砖墙	310		310			
111	喜峰口西山长城1段	1302273821031701 11	砖墙	509	509				
112	喜峰口西山长城2段	1302273821021701 12	石墙	919		347	418	154	
113	小喜峰口长城	1302273821061701 13	山险	364		364			
114	潘家口水库南山长城	1302273821061701 14	山险	3397	3397				
115	上走马哨长城	1302273821021701 15	石墙	953		155	798		
116	潘家口长城1段	1302273821031701 16	砖墙	1124					1124
117	潘家口长城2段	1302273821031701 17	砖墙	1100					1100
118	潘家口北山长城1段	1302273821021701 18	砖墙	819	659	160			
119	潘家口北山长城2段	1302273821061701 19	山险	100	100				
120	潘家口北山长城3段	1302273821031701 20	砖墙	65	65				
121	潘家口北山长城4段	1302273821061701 21	山险	210	210				
122	潘家口北山长城5段	1302273821031701 22	砖墙	120	120				
123	潘家口北山长城6段	1302273821061701 23	山险	263	263				
124	潘家口北山长城7段	1302273821021701 24	石墙	88			88		
125	关场西山长城	1302273821061701 25	山险	2814	2814				
126	小河口长城1段	1302273821021701 26	石墙	285		235	50		
127	小河口长城2段	1302273821061701 27	山险	2415	2415				
128	爬虎堂长城	1302273821021701 28	石墙	180			154		26
129	大顶岗长城	1302273821061701 29	山险	4810	4810				
130	东城峪长城1段	1302273821021701 30	石墙	560	186		374		
131	东城峪长城2段	1302273821061701 31	山险	77	77				
132	东城峪长城3段	1302273821021701 32	石墙	973	212	129	218		414
133	杏树洼长城	1302273821021701 33	石墙	4035	790		2747	498	
134	西城峪长城1段	1302273823011701 34	石墙	583					583
135	西城峪长城2段	1302273821021701 35	石墙	1172	683	105	358	26	
136	石家口长城	1302273821061701 36	山险	115	115				
137	岔沟长城1段	1302273821021701 37	石墙	719	541	178			
138	岔沟长城2段	1302273821061701 38	山险	90	90				
139	岔沟长城3段	1302273821020201 39	石墙	20			20		
140	漆棵岭长城1段	1302273821061701 40	山险	900	900				
141	漆棵岭长城2段	1302273821021701 41	石墙	58			58		
142	三台山水关长城	1302273821991701 42	砖墙	610	521				89

（续）

编号	认定名称	认定编码	类型	长度	保存程度				
					较好	一般	较差	差	消失
143	三台山长城 1 段	130227382102170143	石墙	49		49			
144	三台山长城 2 段	130227382106170144	山险	440	440				
145	三台山长城 3 段	130227382102170145	石墙	747	96	302	280	52	17
146	北水峪长城	130227382106170146	山险	880	880				
147	苏郎峪长城 1 段	130227382102170147	石墙	530	70	104	157	133	66
148	苏郎峪长城 2 段	130227382106020148	山险	115	115				
149	北峪子长城 1 段	130227382102170149	石墙	60			60		
150	北峪子长城 2 段	130227382106020150	山险	397	397				
151	北峪子长城 3 段	130227382102020151	石墙	299			299		
152	龙井关长城 1 段	130227382106170152	山险	478	478				
153	龙井关长城 2 段	130227382107170153	砖墙	253					253
154	龙井关长城 3 段	130227382102170154	石墙	352	40		312		
155	龙井关长城 4 段	130227382103170155	砖墙	26		26			
156	龙井关长城 5 段	130227382102170156	石墙	129	66	63			
157	龙井关长城 6 段	130227382106170157	山险	890	890				
158	磨石安长城 1 段	130227382102170158	石墙	516	516				
159	磨石安长城 2 段	130227382106170159	山险	834	834				
160	磨石安长城 3 段	130227382102170160	石墙	998	765	233			
161	二道城子长城 1 段	130227382106170161	山险	594	594				
162	二道城子长城 2 段	130227382102170162	石墙	1404	140		1218	46	
163	四楼沟长城	130227382102170163	石墙	1083			1083		
164	五楼沟山险	130227382106170164	山险	5500	5500				
165	园楼东山长城 1 段	130227382102170165	石墙	459			459		
166	园楼东山长城 2 段	130227382106170166	山险	155	155				
167	园楼东山长城 3 段	130227382102170167	石墙	267		267			
168	关门岭长城 1 段	130822382102170168	石墙	564		544			20
169	关门岭长城 2 段	130822382102170169	石墙	73		73			
170	榨子庵关	130822382102170170	石墙	85			7		78
171	关门岭长城 3 段	130822382106170171	山险	470	470				
172	头道岭长城 6 段	130827382102170172	石墙	1120	160		960		
合计		共 172 段：砖墙 26 段，石墙 88 段，山险 58 段		106439	52810	17539	28591	3149	4350
百分比（%）		100				49.6	16.5	26.9	3	4

类型：砖墙、石墙、土墙、山险墙、山险

保存程度：较好、一般、较差、差、消失

1. 将军帽山险 130227382106170001

位于太平寨镇将军帽山，起点坐标：东经118° 37′ 14.20″，北纬40° 15′ 06.70″，高程592米；止点坐标：东经118° 37′ 05.80″，北纬40° 15′ 08.60″，高程556米。

墙体为自然山险，长213米，呈东西走向，整体保存较好，位于迁安境内113米，迁西境内100米，长城由将军帽子山主峰峰顶开始进入迁西县，山险南侧有人工开凿的小径可攀缘至山险顶部并绕经山险。

2. 横山沟东山长城 130227382102170002

位于太平寨镇将军帽山主峰西侧，起点坐标：东经118° 37′ 05.80″，北纬40° 15′ 08.60″，高程556米；止点坐标：东经118° 36′ 20.40″，北纬40° 15′ 18.70″，高程261米。

处于秦皇岛市青龙满族自治县与唐山市迁西县分界处，两侧山势均较陡峭。墙体长1290米，其间设敌台6座，内侧设烽火台1座，包括横山沟东山01～06号敌台、横山沟01号烽火台。墙体均为石砌，砌筑方式有两种，一种为两侧块石包砌，块石间白灰勾缝，墙体中间填碎石，墙顶马道用青砖铺墁，外侧设砖砌垛口墙，此类墙体高大、宽厚，多建于山势较平缓地带；另一种为不规则小块石和片石混砌，墙体窄而低矮，结构简单、松散，多建于陡峻山脊处。墙体起始于将军帽山顶峰西侧约100米处的山崖下，继而沿东西向山脊蜿蜒向下，直抵横山沟村口东部山腰处，其间长城因所处地势所变化，长城建筑规模和结构有所变化，主要体现在长城墙体宽度的变化上。依据现存状况和结构特点可分为3段。

第1段：长290米，整体保存一般。基础利用部分自然山体，墙体均用大块毛石干槎方式垒砌，内侧与山脊齐，外侧最高可达2米，部分保存垛墙，宽0.6～0.8米，残高0.4米，墙体宽1.8～2米，内侧马道宽1.1～1.2米，内侧高0.2～1.2米。横山沟东山长城折点东北70米长城墙体转弯处内侧有一晚期碉堡，圆形，直径约2.8米。

横山沟东山长城折点处原建有砖石混砌阶梯一处，位于自然岩石之上，连接断崖上下，现均被破坏，仅存残迹，可见青砖两层及大量白灰，最狭处仅为1米，沿山体延伸至崖下，阶梯长约20米。

第2段：长约701米，整体保存较好，仅少量单侧坍塌。墙体为大块毛石双侧包砌，毛石间白灰勾缝，马道用青砖铺墁，局部地段马道上可见厚达15厘米的三合土和残存的海墁青砖，墙顶宽2.5米左右，外侧高2.3～3.5米，内高0.6～3米。

第3段：长321米，整体保存一般。长城墙体均沿山脊而建，毛石干槎方式砌筑，因山脊险峻，长城建筑因地制宜，宽窄不一，最窄处仅0.7米，高1.1米；最宽处1.6米，墙体残高2米余。

3. 横山沟长城1段 130227382102170003

位于太平寨镇横山沟村东偏南约150米山腰处，起点坐标：东经118° 36′ 20.40″，北纬40° 15′ 18.70″，高程261米；止点坐标：东经118° 36′ 15.00″，北纬40° 15′ 17.30″，高程256米。

处于青龙满族自治县与迁西县交界处，青龙满族自治县小马坪乡横山沟村南约100米处南北向山谷之间，分为东、西两段，东段与横山沟东山长城相连，西侧直抵横山沟长城2段东端山崖之下。墙体为双侧包砖，内部为毛石墙芯，全长约136米，现已全部拆毁，保存差。其中仅东侧山坡处残存部分墙体基址，基址残长约65米，宽6.5米左右，残墙最高约0.45米。山谷中间及山谷西侧山坡处墙体均已被拆毁，长约 71 米，未发现其他遗迹，仅见山谷内散落的残碎砖、瓦。

4. 横山沟长城 2 段 130227382102170004

位于太平寨镇横山沟西南 200 米石墙起点处，起点坐标：东经 118° 36′ 07.40″，北纬 40° 15′ 18.40″，高程 315 米；止点坐标：东经 118° 36′ 12.60″，北纬 40° 15′ 16.70″，高程 278 米。

处于秦皇岛市青龙满族自治县与唐山市迁西县之间的县界之上，北侧由东向西分属青龙满族自治县凉水河乡横山沟自然村管辖，山势较平缓，现为荒山草地。南侧为迁西县太平寨镇擦崖子口村辖属，山势陡峻，现为荒山。墙体全长 65 米，其间设横山沟 01 号敌台，墙体均为双侧块石包砌，中间用碎石及杂土分层垒砌，墙顶部施三合土，马道用青砖铺墁。

根据保存现状可分为 2 段。

第 1 段：长约 18 米，石墙坍塌严重，仅存基址。

第 2 段：长约 47 米，保存较好。墙体双侧包石，白灰勾缝，顶部马道可见墁砖，墙顶宽约 3.5 米，墙内侧高 1.1 ～ 2.5 米，外侧 2.5 ～ 4.2 米，局部少量自然坍塌。

5. 横山沟山险 130227382106170005

位于太平寨镇横山沟村山谷西侧 180 米陡崖下，起点坐标：东经 118° 36′ 15.00″，北纬 40° 15′ 17.30″，高程 256 米；止点坐标：东经 118° 36′ 07.40″，北纬 40° 15′ 18.40″，高程 315 米。

处于秦皇岛市青龙满族自治县与唐山市迁西县之间的县界之上，北侧为石质陡崖，山顶部较平缓，现为荒山草地。墙体为山险，全长约 142 米，其间设横山沟 02 号烽火台，保存较好。系直接利用自然山体，未经人为加工、改造，保存较好。

6. 横山沟长城 3 段 130227382102170006

位于太平寨镇横山沟村西南约 200 米山崖底部，起点坐标：东经 118° 36′ 12.60″，北纬 40° 15′ 16.70″，高程 278 米；止点坐标：东经 118° 36′ 06.30″，北纬 40° 15′ 24.60″，高程 315 米。

处于秦皇岛市青龙满族自治县与唐山市迁西县之间的县界之上，北侧山势陡峻，南侧山势较平缓。墙体全长 210 米，其间设横山沟 02 号敌台，墙体两侧以大块毛石砌筑，白灰勾缝，中间填以碎石、山皮土夯筑，顶部马道用三合土、青砖铺墁。墙顶宽 2.7 ～ 3 米，外侧最高约 2 米，内侧最高 1.2 米，均为较大块毛石垒砌。内侧墙体损坏严重，多为村民拆墙修梯田所为。

7. 擦崖子长城 1 段 130227382103170007

位于太平寨镇横山沟村西南约 250 米山峰顶部，起点坐标：东经 118° 36′ 06.30″，北纬 40° 15′ 24.60″，高程 315 米；止点坐标：东经 118° 35′ 20.70″，北纬 40° 15′ 37.60″，高程 361 米。

墙体长 1378 米，其间设敌台 11 座，包括擦崖子 1 ～ 11 号敌台，墙体均双侧包砖，为条石基础，墙芯为块石垒砌墙体，白灰勾缝。根据保存状况可分为 6 段。

第 1 段：长约 698 米，整体保存差。墙体两侧包砖均在至 20 世纪 70 年代被人为拆除，中间仅存宽 0.9 ～ 2.4 米，残高 1.4 ～ 5 米毛石砌筑，白灰勾缝墙芯部分，墙体顶部可见部分方砖海墁，海墁下为三合土。墙顶大部分杂草丛生，墙体两侧可见包砖底部的条石基础，湮没于残砖碎石之中。

第 2 段：长约 75 米，因修建公路破坏和民居占据，遭到严重破坏，仅存少量遗迹。

第 3 段：长约 70 米，现被辟为矿渣存放场和农田，长城全部被矿场及农田覆盖，仅存遗迹，保存差。

第 4 段：长约 230 米，因南北两侧均为矿场，长期掏挖对墙体造成严重破坏，现状保存很差，仅存一道碎石垄，部分被农田、道路占据，碎石垄宽 1.2～3.5 米，残高 0.5～0.9 米，四周杂草灌木丛生。

第 5 段：长约 50 米，两侧包砌砖全部被拆除，仅余中间毛石砌筑墙体，宽 3.4 米，残高 1.8～3.2 米，整体保存较差。

第 6 段：长约 255 米，保存相对较好。墙体均为双侧包砖，墙芯为块石砌，白灰勾缝。因所处地势不同，墙体宽度略有差别，约 3.2～5.5 米，残墙高 1.5～5 米，包砖厚 0.9～1.25 米，内侧包砖坍塌约 60%，外侧包砖坍塌约 40%。坍塌原因自然、人为兼有。

不同时期叠压关系：墙芯部分砌筑方式为块石砌筑、块石间白灰勾缝，应为明代较早时期所建墙体，现存包砖墙体应为明代中晚期在明代早期墙体基础上进行包砖加厚而成。

8. 擦崖子长城 2 段 130227382102170008

位于太平寨镇擦崖子口村东北约 650 米处，起点坐标：东经 118° 35′ 59.80″，北纬 40° 15′ 26.50″，高程 296 米；止点坐标：东经 118° 35′ 27.50″，北纬 40° 15′ 38.70″，高程 279 米。

处于秦皇岛市青龙满族自治县与唐山市迁西县之间的县界之上，两侧均为农田。墙体长 984 米，其间设敌台 11 座，包括擦崖子 12、13 号敌台、瞭望山 01、02 号烽火台。墙体两侧为块石包砌，块石间用白灰勾缝，墙体中间填以碎石、山皮土。根据墙体保存情况可分 3 段。

第 1 段：长 20 米，保存差。此段墙体大部分被开辟为农田，仅存垄状遗迹。

第 2 段：长约 354 米，整体保存较差。墙体尚可辨认，轮廓清晰，无完整墙体保存，墙体残高约 0.3～2.8 米，残宽 1.75～2.8 米。

第 3 段：长约 610 米，整体保存差。东南—西北走向，此段墙体大部分被开辟为农田，少量被清河沿村民开矿破坏，墙体地上部分被破坏殆尽，仅存遗迹。

9. 瞭望山山险 130227382106170009

位于太平寨镇擦崖子村西北瞭望山东侧约 70 米山腰处。起点坐标：东经 118° 35′ 20.70″，北纬 40° 15′ 37.60″，高程 361 米；止点坐标：东经 118° 35′ 16.30″，北纬 40° 15′ 37.90″，高程 394 米。

处于秦皇岛市青龙满族自治县与唐山市迁西县之间的县界之上，外侧山势陡峭，内侧山势较缓。墙体为山险，长 115 米，均为自然山体，未经人工劈削。其间设瞭望山敌台，山险北侧约 15 米处山腰处起向西建有偏坡墙一道，多已被淤积，局部保存石砌残墙。

10. 横山长城 1 段 130227382102170010

位于太平寨镇擦崖子村西北 700 米处，瞭望山主峰西北 50 米处，起点坐标：东经 118° 35′ 16.30″，北纬 40° 15′ 37.90″，高程 394 米；止点坐标：东经 118° 34′ 18.50″，北纬 40° 15′ 52.20″，高程 415 米。

处于秦皇岛市青龙满族自治县与唐山市迁西县之间的县界之上，外侧山势较陡，上部现为荒山，内侧山势较缓，现为荒山，多生杂灌。墙体长 1667 米，其间设敌台 5 座、马面 4 座、烽火台 1 座，包括横山 01 ～ 05 号敌台、横山 01 ～ 04 号马面、城自岭 01 号烽火台。墙体两侧以大块毛石砌筑，白灰勾缝，中间填以碎石、山皮土分层垒砌，墙顶部用片石铺墁、找平。根据墙体现存情况可分 5 段。

第 1 段：长约 360 米，整体保存一般。墙体均为块石沿山脊砌建而成，呈东南—西北走向，其中大部分外侧保存较好，东段内侧与山脊相平（以山脊为墙）或略高于山脊，外侧最高可达 2.5 ～ 3 米，其中断续以大块岩石垒入墙体之内。

第 2 段：长约 80 米，墙体大部保存较好。长城墙体变宽加厚，顶部宽可达 5 米，两侧均以大块毛石镶包，白灰勾缝，顶部马道上可见三合土及两层墁砖，接近横山 03 号敌台处，少量墙体被人为拆毁。

第 3 段：长约 239 米，整体保存一般。长城沿陡坡而上，沿山脊西行，墙体为毛石砌筑白灰勾缝，墙宽 2.2 米，残存最高约 3 米，约 40% 不同程度坍塌。

第 4 段：长约 88 米，长城保存较好。最宽约 3.3 米，外侧最高达 3 米，内侧最高达 3.4 米，马道用片石铺墁，外侧残存部分石砌垛口墙，墙厚约 0.7 米，垛墙残高最高 1.7 米。

第 5 段：长约 900 米，整体保存较差。多数地方均存在不同程度坍塌。长城从横山主峰处由东西向转西南行，跨过主峰南侧山谷后转西北向，墙体均为石砌，双侧以大块毛石包砌，内填碎石。墙体上部宽 3 米余，最高处残高约 2.8 米，外墙包石最大可达一米见方。

11. 横山长城 2 段 130227382106170011

位于太平寨镇横山主峰西侧约 800 米处山险东端，起点坐标：东经 118° 34′ 18.50″，北纬 40° 15′ 52.20″，高程 415 米；止点坐标：东经 118° 34′ 17.30″，北纬 44° 01′ 55.25″，高程 413 米。

处于秦皇岛市青龙满族自治县与唐山市迁西县之间的县界之上，两侧山势较陡，多生杂灌。墙体为山险，长约 30 米，均利用自然山体，无人为劈削加工痕迹，整体保存较好。山脊北侧有羊肠小路可绕经山险。

12. 城自岭口长城 130227382102170012

位于太平寨镇横山主峰西侧约 840 米处山险西端，起点坐标：东经 118° 34′ 17.30″，北纬 44° 01′ 55.25″，高程 413 米；止点坐标：东经 118° 33′ 54.10″，北纬 40° 16′ 00.00″，高程 258 米。

处于秦皇岛市青龙满族自治县与唐山市迁西县之间的县界之上，外侧山势较陡，内侧较平缓，现为荒山，多生灌木及杂草。长约 642 米，其间城自岭 02 号烽火台、城自岭口 01 号敌台、城自岭口 01 号马面各 1 座。两侧大块毛石包砌，中间填以碎石及山皮土填芯，包石方式为块石干摆。根据墙体保存现状可分为 2 段。

第 1 段：长约 375 米，墙体保存较差。自然坍塌严重，大部分呈石垄状，长城沿山脊逐渐向下延伸，大致为东南—西北走向，墙体残宽 1.9 ～ 2.2 米，外侧残墙最高约 1.7 米，内侧残墙最高约 1.5 米。

第 2 段：长约 267 米，此段长城墙体大部分保存，但已不完整，整体保存一般。大致呈东西走向，墙体内外包石，中间碎石填箱，现存墙体宽 2.2 ～ 3.4 米，外侧墙残高 0.8 ～ 2.8 米，内墙 1 ～ 1.8 米。

13. 杏树岭西山长城 1 段 130227382102170013

位于太平寨镇城子岭口南侧清河南岸山崖下，起点坐标：东经 118° 33′ 54.10″，北纬 40° 16′ 00.00″，高程 258 米；止点坐标：东经 118° 33′ 43.20″，北纬 40° 16′ 27.60″，高程 322 米。

处于迁西县与青龙满族自治县交界处山脊之上，外侧由青龙满族自治县凉水河乡杏树岭村管辖，内侧属迁西县城自岭村管辖。两侧山势较平缓，现多为荒山林地，植被以杂灌为主。长 970 米，其间设敌台 4 座，包括杏树岭 01～04 号敌台。墙体为双侧块石包砌，中间用碎石及山皮土填芯，墙顶施三合土，马道用青砖铺墁。根据墙体保存现状分为 3 段。

第 1 段：长约 260 米，原建有水关，清河穿关而过，已被洪水冲毁，清河北岸近年新扩建公路一条，破坏长城约 20 米。

第 2 段：长约 378 米，南北走向，整体保存较差。现存长城起点位于公路北侧，沿山势向上到达山顶，继而一路向北，直抵杏树岭村西清河西岸山脚处。长城墙体约 85% 包墙石块均被拆除，裸露碎石夯土墙芯，现状呈红褐色土垄状，残墙体最宽约 2.5 米，残最高约 1.2 米；仅有少量墙体尚保存包石，墙顶宽约 3.5 米，残高约 2 米。

第 3 段：长约 337 米，为东南—西北走向，整体保存较好。长城墙体沿山势向上延伸至山脊线，继而沿山脊线向西北方向延伸，越过山顶约 70 米处与包砖墙相接。墙体为包石墙，中间部分约 40% 保存较好，其余墙体均有单侧坍塌，尤以内侧坍塌为重。保存较好墙体顶宽约 3.5 米，内侧高 1.3～3.5 米，外侧 1.8～4.2 米，顶部多生杂灌，少数地方尚可见到残存的海墁青砖。

14. 杏树岭西山长城 2 段 130227382103170014

位于青龙满族自治县凉水河乡杏树岭村西山砖墙起点，起点坐标：东经 118° 33′ 43.20″，北纬 40° 16′ 27.60″，高程 322 米；止点坐标：东经 118° 33′ 40.50″，北纬 40° 16′ 29.30″，高程 301 米。

处于秦皇岛市青龙满族自治县与唐山市迁西县之间的县界之上，长城两侧均为荒山，多生杂灌木及杂草。墙体长约 84 米，其间设杏树岭 05 号敌台。墙体双侧为青砖包砌，具体建筑方式为：墙芯部分利用早期墙体，后期建设中在早期墙体两侧包砌青砖，墙顶部用青砖铺墁。早期墙体为块石砌筑、白灰勾缝。墙体均为内外包砖保存一般。墙体内侧坍塌严重，外侧保存相对较好，墙基为条石基础，基础条石 2～5 层，条石上为青砖包砌墙体。墙顶设施均已破坏，残宽约 3.8 米，外侧墙体最高保存约 4.5 米，内侧残高最高 1.7 米。

不同时代叠压关系：从墙体断面看，墙芯部分应为明代较早时期条石砌筑、白灰勾缝墙体。据此分析，现存墙体应为明代中晚期在明代早期墙体基础上进行包砖而成。

15. 杏树岭西山长城 3 段 130227382102170015

位于青龙满族自治县凉水河乡杏树岭村西约 200 米山脊上，杏树岭 05 号敌台西北约 20 米，起点坐标：东经 118° 33′ 40.50″，北纬 40° 16′ 29.30″，高程 301 米；止点坐标：东经 118° 33′ 39.70″，北纬 40° 16′ 34.00″，高程 328 米。

处于秦皇岛市青龙满族自治县与唐山市迁西县之间的县界之上，长城两侧均为荒山，多生杂灌木及杂草。长约 150 米，长城东侧约 80 米山腰处为人工铲削偏坡，偏坡残长约 900 米。墙体内外均为块石包砌、白灰勾缝，中间填以碎石、山皮土夯筑，墙顶部用青砖海墁。墙体内外均为块石包砌、白灰勾缝墙体，整体保存较好。墙顶部宽约 3.8 米，外侧墙体最高约 4.5 米。

16. 杏树岭西山长城 4 段 130227382102170016

位于青龙满族自治县凉水河乡杏树岭村西山山脊上，杏树岭 06 号敌台南侧约 90 米处山崖下，起点坐标：东经 118° 33′ 39.70″，北纬 40° 16′ 34.00″，高程 328 米；止点坐标：东经 118° 33′ 40.10″，北纬 40° 16′ 58.30″，高程 458 米。

处于秦皇岛市青龙满族自治县与唐山市迁西县之间的县界之上，长城两侧均为荒山，多生杂灌木及杂草。长约 771 米，长城东侧 30 ～ 50 米山腰处为人工铲削偏坡，其间设敌台 2 座，包括杏树岭 06、07 号敌台。墙体为块石干摆方式砌筑，两侧均为较大块石，中间填以碎石及山皮土夯实，一般山谷处墙体较宽厚、高大，相对保存较好，为双侧块石包砌，中间用碎石及山皮土填芯，墙顶施三合土，马道施三合土或用片石铺墁；山脊长城墙体，多随山就势而建，宽窄不一，变化较大，建筑也较为简单、粗糙，因而坍塌较为严重。墙体顶宽约 1.6 ～ 3.5 米，墙体最高保存约 2.8 米，整段墙体约 30% 保存相对较好。

17. 头道岭长城 1 段 130227382102170017

位于宽城县铧尖乡三道岭村头道岭自然村东南 1 千米山腰处，起点坐标：东经 118° 33′ 39.50″，北纬 40° 16′ 58.90″，高程 448 米；止点坐标：东经 118° 33′ 34.30″，北纬 40° 16′ 56.90″，高程 468 米。

处于承德市宽城满族自治县（以下简称宽城县）与唐山市迁西县之间的县界之上，长城两侧均为荒山，多生杂灌木及杂草；外侧由宽城县铧尖乡三道岭村头道岭自然村管辖，内侧属迁西县城自岭村管辖。长约 135 米，其间设敌台 2 座，包括头道岭 01、02 号敌台。墙体为块石砌筑，砌筑方式为双侧用大块毛石包厢，中间用碎石及山皮土夯筑，墙体顶部宽约 3.5 米，高 1.5 ～ 2.7 米。

18. 头道岭长城 2 段 130227382103170018

位于宽城县铧尖乡三道岭村头道岭自然村南约 800 米处山坡上部，起点坐标：东经 118° 33′ 34.30″，北纬 40° 16′ 56.90″，高程 468 米；止点坐标：东经 118° 33′ 29.50″，北纬 40° 16′ 56.10″，高程 436 米。

处于承德市宽城县与唐山市迁西县之间的县界之上，两侧均为荒山，外侧由宽城县铧尖乡三道岭村头道岭自然村管辖，内侧属迁西县城自岭村管辖。长 116 米，墙体底部为条石基础，双侧青砖包砌，中间用碎石及山皮土填芯，墙顶马道用青砖铺墁。墙顶部宽 4.06 ～ 4.4 米，外侧最高 3.81 米，内侧最高 2.2 米。

19. 头道岭长城 3 段 130227382102170019

位于宽城县铧尖乡三道岭村头道岭自然村东南约 700 米处山顶部，起点坐标：东经 118° 33′ 29.50″，北纬 40° 16′ 56.10″，高程 436 米；止点坐标：东经 118° 33′ 13.60″，北纬 40° 17′ 03.40″，高程 265 米。

处于承德市宽城县与唐山市迁西县交界处，长城两侧均为荒山，有少量幼松，多生杂灌木及杂草；外侧由宽城县铧尖乡三道岭村头道岭自然村管辖，内侧属迁西县城自岭村管辖。长约 450 米，其间设头道岭 03 号敌台。墙体双侧块石包砌，白灰勾缝，中间填砌碎石、灰渣及山皮土。墙宽 3.7 ～ 4.1 米，现存墙体外侧最高 3.81 米，内侧最高 2.2 米。头道岭 03 号敌台东南约 10 米自然坍塌较重。长城起点处向西约 120 米，墙体外侧保存砖砌垛口墙一段，垛墙厚 0.42 米，垛高 0.85 ～ 0.94 米，垛口宽 0.44 米，垛口高出墙顶地面 1 米，垛墙长 3.16 米，垛墙下设射孔，距垛口距离 1.48 米，射孔口宽 0.39 米，高 0.38 米，内宽外窄，外口高 0.14 米，宽 0.12 米。墙顶部可见部分残存海墁，海墁分为两层，一层条砖，一层方砖，条砖长 0.38 米，宽 0.18 米，厚 0.1 米，方砖长、宽均为 0.37 米，厚 0.1 米。

20. 头道岭长城 4 段 130227382103170020

位于宽城县铧尖乡三道岭村头道岭自然村南约 500 米，起点坐标：东经 118° 33′ 13.60″，北纬 40° 17′ 03.40″，高程 265 米；止点坐标：东经 118° 33′ 07.20″，北纬 40° 17′ 03.70″，高程 209 米。

处于承德市宽城县与唐山市迁西县交界处，长城两侧均为荒山，多生杂灌木及杂草，外侧由宽城县铧尖乡三道岭村头道岭自然村管辖，内侧属迁西县城自岭村管辖。长 155 米，其间设头道岭 04 号敌台。墙体双侧包砖，中间填以块石、碎石及山皮土，墙顶施三合土，三合土上部马道用青砖铺墁。墙体两侧可见残存条石基础，条石厚 0.27 米，最长 1.15 米，宽约 0.6 米，墙顶残宽 1.8 ～ 3.1 米，残高 0.5 ～ 2.1 米，残包砖厚约 0.8 米，包砖两种规格：第一种长 0.41 米，宽 0.21 米，厚 0.11 米；第二种长 0.39 米，宽 0.18 米，厚 0.1 米。墙顶上施 0.15 米厚三合夯土。仅头道岭 04 号敌台西部外侧保存约 10 米包砖墙体。

21. 头道岭长城 5 段 130227382106170021

位于宽城县铧尖乡三道岭村头道岭自然村东南约 1 千米，杏树岭 07 号敌台北约 420 米处，起点坐标：东经 118° 33′ 40.10″，北纬 40° 16′ 58.30″，高程 458 米；止点坐标：东经 118° 33′ 43.20″，北纬 40° 17′ 05.60″，高程 426 米。

处于青龙满族自治县、宽城县、迁西县交界处，山体两侧现为荒山林地，植被以杂灌为主，西侧有少量油松。墙体为山险，长约 235 米，大体呈南北走向，均利用自然山体，无人为加工劈削痕迹。

22. 头道岭西山长城 130227382102170022

位于宽城县铧尖乡三道岭村头道岭自然村南约 350 米路西侧山崖上部，起点坐标：东经 118° 33′ 07.90″，北纬 40° 17′ 04.50″，高程 197 米；止点坐标：东经 118° 31′ 54.40″，北纬 40° 17′ 37.60″，高程 371 米。

长约 2545 米，其间设敌台 10 座、马面 1 座、烽火台 3 座，包括头道岭西山 01 ～ 10 号敌台、头道岭西山 01 号马面、头道岭西山 01 ～ 03 烽火台。墙体均为石砌，砌筑方式有两种，一种为两侧块石包砌，中间填碎石，该类墙体较宽，多位于低山缓坡处；另一种为不规则小块石和片石混砌，墙体窄而低矮，多位于较高山脊上。根据保存现状和砌筑方式可分 4 段。

第 1 段：长约 593 米，保存较差。墙体先南北向延伸至头道岭西山 01 号敌台后，即转东西向延伸，约 70% 不同程度坍塌；墙体顶部残宽约 3.5 米，残高 0.5 ～ 3.5 米，自然坍塌严重。

第 2 段：长约 678 米，保存一般。墙体走向转东南—西北向，75% 坍塌，墙体外侧保存较内侧稍好，顶部宽 1.85 ～ 2.75 米，内侧最高为 0.9 米，外侧 3.2 米。

第 3 段：长约 325 米，保存差。墙体走向为南北方向转东西方向，宽度明显变窄，部分墙体残存垛口墙，墙顶宽 1.6 米，残最高 1.6 米。由头道岭西山 01 号烽火台向西，墙体全部坍塌，由于山势较陡，砌墙石块多滚落于西侧山脚处，沿线上可见残基。

第 4 段：长约 949 米，保存一般。基本为东西走向，墙体再次变宽，墙顶宽约 2 ～ 3 米，外侧保存相对较好，残高 1.2 ～ 2.3 米；内侧坍塌严重。

23. 大岭寨长城1段 130227382103170023

位于太平寨镇大岭寨村东 500 米山脊上，头道岭西山 10 号敌台西侧 160 米处，起点坐标：东经 118° 31′ 54.40″，北纬 40° 17′ 37.60″，高程 371 米；止点坐标：东经 118° 31′ 42.60″，北纬 40° 17′ 45.80″，高程 303 米。

处于唐山市迁西县与承德市宽城县交界处，东距迁西县太平寨镇大岭寨行政村约 450 米，所处为东南西北向延伸的小型山系，长城沿山脊延伸。长约 404 米，其间设敌台 3 座，马面 1 座，包括大岭寨 01 ~ 03 号敌台、大岭寨 01 号敌台，大岭寨砖窑、灰窑遗址位于长城西南约 620 米处山坡耕地中，残存砖窑和灰窑。墙体为条石基础，上部双侧包砖，中间填碎石，墙顶部青砖铺墁。现存墙体顶部宽 4.8 ~ 5.1 米；内侧最高 2.5 米，外侧最高 5.2 米，顶部保存大量海墁。海墁方式除了通常所用的条砖、方砖铺墁方式外，还有利用三角形牙砖拼对方式铺墁。内侧墙体上，保存多处"左二"文字砖，但文字多已模糊不清。

24. 大岭寨长城2段 130227382102170024

位于太平寨镇大岭寨村东北 350 米，大岭寨 03 号敌台西北 60 米处，起点坐标：东经 118° 31′ 42.60″，北纬 40° 17′ 45.80″，高程 303 米；止点坐标：东经 118° 31′ 36.70″，北纬 40° 17′ 59.90″，高程 258 米。

处于迁西县与宽城县交界山脊之上，沿山脊呈东南—西北转南—北方向延伸，南距大岭寨最近约 350 米。长约 519 米，其间设敌台 2 座、烽火台 2 座，包括大岭寨 04、05 号敌台，大岭寨 02、03 号烽火台，长城墙体东侧 15 米范围内，保存石砌拦马墙一条，长约 330 米。墙体双侧以大块毛石包砌，白灰勾缝，中间以碎石、山皮土分层垒砌，墙顶马道用片石或三合土铺墁。残墙顶宽 3.4 米，外侧残高 1.4 ~ 3.1 米，约 50% 墙体保存一定规模；内侧残高 1.2 ~ 2.5 米，约 60% 墙体保存一定规模，但已均不完整。

25. 大岭寨口长城 130227382102170025

位于太平寨镇大岭寨村大岭寨口南侧山崖顶部，起点坐标：东经 118° 31′ 36.70″，北纬 40° 17′ 59.90″，高程 258 米；止点坐标：东经 118° 31′ 35.50″，北纬 40° 18′ 03.20″，高程 200 米。

处于迁西县与宽城县交界处，地形极为险要，南侧为陡崖，北侧依高山，山谷内有河流经过。长 110 米，原有设施均已不存。

26. 大岭寨口北山长城1段 130227382102170026

位于太平寨镇大岭寨村大岭寨口北山 01 号敌台南侧公路边，起点坐标：东经 118° 31′ 35.50″，北纬 40° 18′ 03.20″，高程 200 米；止点坐标：东经 118° 31′ 42.60″，北纬 40° 18′ 19.80″，高程 438 米。

处于迁西县与宽城县交界处，南端距大岭寨村直线距离约 780 米。所处为坡度较陡的高山，长城沿山南侧南北走向山脊延伸。长约 556 米，其间设敌台 2 座，包括大岭寨口北山 01、02 号敌台，大岭寨口北山 02 号敌台西侧约 15 米处，房址 1 处。墙体砌筑方式为墙体两侧用大块毛石包砌，中间填以碎石、山皮土夯筑，根据墙体现存状况可分为 2 段。

第 1 段：长约 65 米，墙体基本无存，仅见垄状碎石痕迹，保存差。

第 2 段：长 491 米，墙体整体保存较好。墙顶宽 2.5 米，外侧残最高 3.2 米，内侧残最高 1.5 米，个别地段残存垛口墙，垛口墙宽 0.8 米，残高 0.4～0.7 米。

27. 大岭寨口北山长城 2 段 130227382102170027

位于太平寨镇大岭寨村北偏东约 1.3 千米处山脊上，起点坐标：东经 118° 31′ 42.60″，北纬 40° 18′ 19.80″，高程 438 米；止点坐标：东经 118° 31′ 35.50″，北纬 40° 18′ 32.30″，高程 521 米。

墙体所处山脊为南北走向，山体东西两侧均较陡峭，东南侧多生杂草及低灌，西北侧多生杂灌与乔木，主要乔木有柞树、青杆、白杆及油松等。长 484 米，其间设大岭寨口北山 03 号敌台、大岭寨口北山 01 号烽火台，各 1 座。墙体为两侧青砖包砌，中间用碎石、山皮土填芯，顶部马道为青砖铺墁，内、外侧均设砖砌垛口墙，墙高约 4 米，墙顶马道宽 4.2 米，个别地点可见铺墁方砖。墙顶保存大部分垛口墙及字墙，垛口墙宽 0.42 米，残墙最高 1.2 米，垛口为内外抹八字形式，内外宽中间窄，中间宽 0.43 米，内外侧宽 0.77 米；垛檐砖质，为一次性烧制而成，中间处留有圆形铳孔，直径约 5 厘米；内侧垛口墙宽 0.47 米，残墙最高约 0.6 米。长城起始处约 20 米因所处地势较陡，马道呈阶梯状，内外侧均设阶梯状垛口墙，多墙中部设射孔，射孔保存基本完整，内侧上部均雕刻成宝盖形纹饰，外侧上部为圆弧形，射孔宽约 0.22 米，高约 0.25 米。

28. 渠子地东山长城 130227382102170028

位于太平寨镇大岭寨村北约 1.6 千米处，起点坐标：东经 118° 31′ 35.50″，北纬 40° 18′ 32.30″，高程 521 米；止点坐标：东经 118° 31′ 38.80″，北纬 40° 19′ 55.40″，高程 689 米。

处于承德市宽城县与唐山市迁西县县界，西侧沿线村庄较多，由南向北分别为渠子地、次峪蓝城沟村；东侧为宽城县铧尖村。墙体所处山系为南北走向，山体东西两侧均为荒山、林地，西侧多生杂草及荆条，东侧多生杂灌与乔木，主要乔木有柞树、青杆、白杆及油松等。长 2948 米，其间设敌台 5 座、烽火台 2 座，包括兰城沟 01～05 号敌台、大岭寨口北山 03 号烽火台、兰城沟 01 号烽火台。大部分墙体毛石包砌，内为碎石夯土填充，部分地方以小型山崖为墙体，山崖之间以块石墙填塞。根据墙体建筑形式及保存现状可分为 4 段。

第 1 段：长 745 米，墙间多小型山崖，山崖之间以块石墙填塞，毛石墙体与小型山崖相间分布，保存一般。

第 2 段：长约 1318 米，多数已不同程度坍塌，保存较差。该段墙体均为双侧大块毛石包砌，中间用碎石、山皮土填充，墙宽 1.8～2.6 米，残高 1.1～2.5 米。

第 3 段：长约 308 米，整体保存一般。墙体均为大块毛石砌筑，其中大部分段落沿山脊外侧（山脊下约 10 米处）向北延伸，宽度约 0.6～1 米，部分段落保存较好，残最高可达 2.6 米。

第 4 段：长约 577 米，保存较差。墙体变宽，顶宽 2.5～3 米，残高约 1 米，多数已坍塌。

29. 家山沟山险 130227382106170029

位于太平寨镇兰城沟村东北约 2 千米山险起点处，起点坐标：东经 118° 31′ 38.80″，北纬 40° 19′ 55.40″，高程 689 米；止点坐标：东经 118° 31′ 03.99″，北纬 40° 19′ 58.40″，高程 710 米。

墙体为山险，整体利用南北走向自然山峰及两侧陡崖，长约 99 米，保存较好。山体东西两侧均为荒山、林地。

30. 铧尖西山长城 130227382102170030

位于太平寨镇家山沟北侧山脊上，铧尖 01 号敌台南约 60 米山险终点处，起点坐标：东经 118° 31′ 03.99″，北纬 40° 19′ 58.40″，高程 710 米；止点坐标：东经 118° 32′ 00.00″，北纬 40° 20′ 37.40″，高程 664 米。

墙体所处山脊为南北走向，山体东西两侧均为荒山、林地，多生落叶阔叶乔木与杂灌，主要乔木有柞树、青杆、白杆及少量油松等。长城西侧为绵绵群山，主峰荞麦山，海拔 715 米，为附近最高山峰；东侧山势陡峭。长 1405 米，其间设敌台 4 座，烽火台 2 座，包括铧尖西山 01 ～ 04 号敌台，铧尖 01、02 号烽火台。墙两侧均以较大块毛石干槎方式垒砌，中间填以碎石，宽约 1.6 米，沿山脊延伸，多坍塌，重度坍塌约 80%，另 20% 残存一定高度墙体，高 0.5 ～ 1 米，中间偶有小块山岩被长城借用，直接垒于墙体之间。

31. 铧尖西山山险 130227382106170031

位于宽城县铧尖乡铧尖村西侧山脊上，起点坐标：东经 118° 32′ 00.00″，北纬 40° 20′ 37.40″，高程 664 米；止点坐标：东经 118° 32′ 01.00″，北纬 40° 20′ 38.80″，高程 635 米。

墙体为山险，长约 50 米，均利用自然山岩，部分山岩有人工劈削痕迹，保存完整。

32. 南沟东山长城 1 段 130227382102170032

位于宽城县铧尖乡铧尖村西北 1.75 千米，铧尖 04 号敌台北侧约 50 米处，起点坐标：东经 118° 32′ 01.00″，北纬 40° 20′ 38.80″，高程 635 米；止点坐标：东经 118° 31′ 58.60″，北纬 40° 20′ 52.10″，高程 569 米。

处于宽城县与迁西县交界的山脊上，山体东西两侧均为荒山、林地，多生落叶阔叶乔木与杂灌，主要乔木有柞树、青杆、白杆及少量油松等。长城西侧为绵绵群山，主峰荞麦山，海拔 715 米，为附近最高山峰；东侧山势陡峭。长约 450 米，其间设南沟东山 01 号敌台，双侧块石包砌，中间填以碎石，根据长城墙体建筑形式和保存现状，分为 2 段。

第 1 段：长约 180 米，整体保存差。墙体基本沿山脊延伸，多利用山脊顶部岩石，两侧用大块毛石稍加垒砌，中间填以碎山石，建成低矮的墙体，墙宽约 1.1 ～ 1.5 米，残高约 0.3 ～ 0.9 米。

第 2 段：长约 270 米，保存较差。墙体两侧为块石包砌，中间填以碎石，两侧均为茂林，墙宽 1.9 ～ 2.2 米，残墙最高约 1.1 米，大部分墙体已坍塌，仅有少量墙体保存较好。

33. 南沟东山长城 2 段 130227382106170033

位于宽城县南沟村东偏南 1.1 千米，南沟东山 01 号敌台北偏西 125 米，起点坐标：东经 118° 31′ 58.60″，北纬 40° 20′ 52.10″，高程 569 米；止点坐标：东经 118° 31′ 58.10″，北纬 40° 20′ 53.30″，高程 567 米。

处于宽城县与迁西县交界的山脊上。墙体所处山脊为南北走向，山体东西两侧均为荒山、林地。长城西侧为绵绵群山，主峰荞麦山，海拔 715 米，为附近最高山峰；东侧山势陡峭。墙体为山险，长约 43 米，其间设南沟东山 01 号烽火台，利用自然山峰为险，无人工削凿痕迹。

34. 南沟东山长城 3 段 130227382102170034

位于宽城县南沟村东约 380 米崖头下，起点坐标：东经 118° 31′ 58.10″，北纬 40° 20′ 53.30″，高程

567 米；止点坐标：东经 118° 31′ 57.20″，北纬 40° 21′ 07.10″，高程 500 米。

处于宽城县与迁西县交界的山脊上。墙体所处山脊为南北走向，山体东西两侧均为荒山、林地。长 464 米，其间设南沟东山 02 号敌台，保存较差，墙体为块石砌筑，中间杂以少量山岩，墙体多已坍塌，部分墙体尚可辨识墙体结构，墙体最高约 1.1 米，宽 1.9 米左右。

35. 榆木岭南山山险 1302273382106170035

位于宽城县南沟村东北约 900 米山险起点处，起点坐标：东经 118° 31′ 57.20″，北纬 40° 21′ 07.10″，高程 500 米；止点坐标：东经 118° 31′ 56.30″，北纬 40° 21′ 10.90″，高程 438 米。

处于宽城县与迁西县交界处，山体为一相对独立小型山峰，南侧较缓，北侧为直立陡崖，两侧均为荒山、林地，多生落叶阔叶乔木与杂灌，主要乔木有柞树、青杆、白杆及少量油松等。墙体为山险，长 123 米，其间设南沟东山 03 号敌台，利用自然山峰为天险，无人工劈削和后期破坏遗迹，保存完好。

36. 榆木岭长城 1 段 130227382102170036

位于金厂峪镇榆木岭村南 1 千米处独立山峰北侧山崖下，起点坐标：东经 118° 31′ 56.30″，北纬 40° 21′ 10.90″，高程 438 米；止点坐标：东经 118° 31′ 54.50″，北纬 40° 21′ 38.70″，高程 401 米。

墙体起于榆木岭村南，所处地势为低山，长城两侧多为农用耕地和经济林，种植有栗树、核桃、苹果等经济林木。长 965 米，其间设敌台 6 座、烽火台 2 座，包括榆木岭 01 ～ 06 号敌台、榆木岭 01 ～ 02 号烽火台。两侧块石包砌，白灰勾缝，中间填碎石、杂土，顶部马道土衬施夯筑三合土，三合土上部用青砖铺墁，墙顶宽 3.5 米，外侧保存较好，最高可达 3.5 米，内侧约 50% 坍塌。

37. 榆木岭长城 2 段 130227382103170037

位于金厂峪镇榆木岭村东约 250 米关城东、西城墙交会处，起点坐标：东经 118° 31′ 54.50″，北纬 40° 21′ 38.70″，高程 401 米；止点坐标：东经 118° 31′ 57.30″，北纬 40° 22′ 18.10″，高程 401 米。

长城跨越榆木岭口山谷南北向延伸，榆木岭口关城东墙借用长城墙体，长城西侧即为榆木岭口行政村所在地，关城北侧东西墙交会点以南长城两侧现多为农用耕地和经济林木。长 1509 米，其间设敌台 8 座、烽火台 2 座、马面 2 座，包括榆木岭村 07 ～ 14 号敌台，榆木岭村 03 号、榆木岭 04 号烽火台，榆木岭 01、02 号马面。墙体双侧包砖，中间为块石砌筑墙芯，墙顶马道用青砖铺墁，根据保存现状，可分为 3 段。

第 1 段：长 445 米，保存较差。墙体两侧包砖，墙芯为块石砌筑，墙顶宽 3.7 米，墙体残高 1.8 ～ 2.4 米。墙体包砖大部分脱落、剥蚀，包砖厚 0.8 米。部分段落墙顶青砖海墁尚存，铺墁方式为先施一步灰土，灰土上部青条砖铺墁，再上用 0.38 米 ×0.38 米方砖海墁。

第 2 段：长约 100 米，墙体为民居占据，地表部分多已消失，仅存遗迹。

第 3 段：长 964 米，墙体保存一般。均为两侧包砖，东侧保存相对较好，西侧包砖坍塌严重，墙体宽 3.7 ～ 4.5 米，包砖厚 0.9 米，中间为块石砌筑墙芯，墙体残高 0.6 ～ 4.3 米。

38. 铁楼顶长城 130227382102170038

位于金厂峪镇榆木岭村北约 1 千米，砖墙终点处，起点坐标：东经 118° 31′ 57.30″，北纬

40° 22′ 18.10″，高程 401 米；止点坐标：东经 118° 33′ 10.80″，北纬 40° 32′ 37.30″，高程 717 米。

处于迁西县上营乡青山关村与前窑岭沟、后窑岭沟村之间东北—西南走向的小型山系山脊上，山系主峰为石门岔西山，海拔 738 米。长城两侧现均为荒山林地，植被主要以落叶阔叶乔木及杂灌为主。长 3290 米，其间设敌台 15 座、烽火台 1 座、马面 1 座，包括铁顶楼 01 ～ 15 号敌台、铁楼顶 01 号烽火台、铁楼顶 01 号马面。墙体建筑形式为两侧块石垒砌，白灰勾缝，中间填以碎石、山皮土，墙顶马道施三合土夯筑或用青砖铺墁，外侧设砖砌垛口墙。墙体宽 2.5 ～ 4.7 米，内侧残高 1.5 ～ 2.8 米，外侧残高 2.5 ～ 4.7 米，局部墙顶尚可见到残存的海墁和 2 ～ 3 层青砖垛口墙遗迹。

39. 石门岔西山长城 1302273821103170039

位于铁楼顶村西北约 2.5 千米处，铁楼顶 01 号烽火台北偏东约 110 米处，起点坐标：东经 118° 33′ 10.80″，北纬 40° 32′ 37.30″，高程 717 米；止点坐标：东经 118° 33′ 16.20″，北纬 40° 24′ 03.40″，高程 667 米。

处于承德市宽城县与唐山市迁西县交界处山脊之上，总体沿山势呈南北走向，东侧由宽城县大地乡石门岔行政村西沟自然村管辖，东侧归迁西县上营乡青山关行政村管辖，长城所处山体均为林地，植被茂盛。长 938 米，其间设敌台 6 座，包括石门岔西山 01 ～ 06 号敌台。底部为条石基础，可见条石 2 ～ 3 层，基础条石厚 0.36 米，长 0.7 米，基础高 0.7 ～ 1.1 米。墙顶宽 3.5 ～ 4.5 米，内侧墙体高 2 ～ 2.5 米，外侧高 3.5 ～ 4.5 米。内、外均设垛口墙，全段墙体约 80% 均不同程度保存有内外垛口墙，其中内侧垛口墙残存最高约 1.65 米，垛口宽 0.5 米，残高 0.4 米，垛墙长 2.4 ～ 2.85 米，垛墙中部设望孔，望孔内侧呈上圆下方形，高 0.38 米，宽 0.21 米。垛口下部设礌石孔，礌石孔上部半圆弧形，下部方形，内侧高约 0.35 米，宽约 0.2 米。外侧垛口墙损坏较重，上部多已坍塌，残高 0.4 ～ 0.7 米。

40. 青山口东山长城 1302273821102170040

位于上营乡青山口村东南约 800 米，石门岔西山 06 号敌台北约 50 米处，起点坐标：东经 118° 33′ 16.20″，北纬 40° 24′ 03.40″，高程 667 米；止点坐标：东经 118° 32′ 50.30″，北纬 40° 24′ 19.30″，高程 390 米。

处于迁西县上营乡青山口村东侧东西走向山系之上，东南与石门岔西山长城相连，终点止于青山口村东约 50 米处季节河东侧山脚处，长城两侧现为林地，多生杂灌及原始次生落叶阔叶乔木，混有少量油松。长 922 米，其间设敌台 4 座，包括青山口东山 01 ～ 04 号敌台，墙体外侧保存较好，高约 2.8 ～ 4.1 米，内侧墙体约 75% 存在不同程度坍塌，残高 1.3 ～ 2.5 米。墙顶宽 2.6 ～ 3.5 米，现墙体顶部设施残毁严重，仅少数地方残存海墁及垛口墙，垛口墙残高 0.25 ～ 1.1 米，与墙体间以三层压檐砖相隔，垛墙下部设方形望孔，望孔高 0.33 ～ 0.35 米，宽 0.25 ～ 0.29 米，望孔间隔约 2.4 米。

41. 青山口长城 1 段 1302273821103170041

位于上营乡青山口村东 50 米季节河东侧山脚处，起点坐标：东经 118° 32′ 50.30″，北纬 40° 24′ 19.30″，高程 390 米；止点坐标：东经 118° 32′ 43.20″，北纬 40° 24′ 37.60″，高程 448 米。

处于迁西县上营乡青山口村中，所处地势为山谷之间，长城两侧民居与耕地交错分布，田间栽植有栗树、核桃等经济林木。长 651 米，其间设敌台 5 座、水关门 1 座、登城梯道 2 座，包括青山口

01 ~ 05 号敌台，底部为 1 ~ 5 层条石基础，高 0.35 ~ 1.65 米，两侧以青砖包砌，中间填以碎石、三合土混筑，墙顶部马道用青砖铺墁，内、外侧分设砖砌宇墙和垛口墙，现宇墙、垛口墙大部分毁坏，局部地段可见墙顶墁砖。根据保存现状分为 3 段。

第 1 段：长约 33 米，墙体不存，均被洪水及修建道路所破坏。

第 2 段：长约 110 米，保存较差。墙体两侧包砖酥碱、剥落、坍塌严重，墙顶宽 4.6 米，外侧残高 1.2 ~ 5.8 米，内侧残高 3 ~ 5.6 米，包砖厚 1.25 米，部分两侧包砖全部坍塌剥落，暴露中间碎石夯土墙芯，残墙顶宽度仅余 2.3 米碎石夯土。

第 3 段：长约 508 米，整体保存一般。外侧墙体包砖保存较好，内侧约 45% 存在不同程度坍塌，墙宽 4.6 ~ 5.5 米，外包砖 1.05 米，内包砖 0.8 米，中间为毛石夯土，墙体残高 3.5 ~ 4.6 米，墙顶局部可见残存的铺墁方砖。由关城与长城墙体交会点处至青山口 05 号敌台之间长城墙体为青山关关城东墙所借用。

42. 青山口长城 2 段 130227382102170042

位于上营乡青山口村青山关关城北 320 米，砖墙、石墙交点处，起点坐标：东经 118° 32′ 43.20″，北纬 40° 24′ 37.60″，高程 448 米；止点坐标：东经 118° 32′ 39.80″，北纬 40° 24′ 42.30″，高程 486 米。

长城两侧均为农用耕地，田间栽植有栗树、核桃等经济林木。长 171 米，其间设敌台 2 座，包括青山口 06、07 号敌台。底部为 1 ~ 5 层条石基础，高 0.35 ~ 1.65 米，两侧以大块毛石包砌，中间填以碎石、三合土混筑，墙顶部马道用青砖铺墁，内外侧分设砖砌宇墙和垛口墙，现宇墙、垛口墙大部分毁坏，局部地段可见墙顶墁砖。墙顶宽 4.3 米，内侧墙体约 60% 存在不同程度坍塌，残高 1.3 ~ 2.2 米；外侧墙体保存较好，残高 2.8 米。

43. 青山口长城 3 段 130227382103170043

位于上营乡青山口村青山关关城北 470 米，青山口 07 号敌台南侧，起点坐标：东经 118° 32′ 39.80″，北纬 40° 24′ 42.30″，高程 486 米；止点坐标：东经 118° 32′ 16.90″，北纬 40° 25′ 03.40″，高程 774 米。

长城两侧均为林地，植被以杂灌和原始次生林木为主。长 900 米，其间设敌台 7 座、登城梯道 2 座，包括青山口 08 ~ 14 号敌台。底部为 2 ~ 4 层条石基础，高 0.69 ~ 1.3 米，两侧以青砖包砌，中间填以碎石、三合土混筑，墙顶部马道用青砖铺墁，内外侧分设砖砌宇墙和垛口墙，现宇墙、垛口墙大部分毁坏，局部地段尚残存墙顶墁砖。根据保存现状分为 3 段。

第 1 段：长约 720 米，保存较好。包砖厚 0.8 米，外残高 4 ~ 6 米，内残高 2.6 ~ 4.8 米，墙宽 4.3 ~ 5.6 米，墙芯为碎石、三合土混筑，马道局部地点尚可见青砖海墁。青山口长城 3 段起点至青山口 12 号敌台西北 15 米处，内侧宇墙、外侧垛口墙均已不存；青山口 12 号敌台西北 15 米始，至青山口 13 号敌台，长约 180 米，墙顶残存垛口墙，垛口墙宽 0.4 米，垛墙高 0.5 ~ 1.3 米，垛口下面射孔宽 0.21 米，高 0.35 米，射孔间距 1.41 米。青山口 11 号敌台西北 65 米，88 米处为两处较大坍塌点，墙内侧利用坍塌点各建有一条登城蹬道，均为近年旅游开发所建。青山口 10 号敌台、青山口 11 号敌台西北墙体内侧各建有登城梯道一处，券门向内。

第 2 段：长约 55 米，保存一般。墙体内外侧包砖，内侧包砖损毁较严重，外侧包砖保存较好。墙顶外侧残存垛口墙，垛口墙残高约 0.5～0.7 米。马道随地势呈阶梯式，由东南向西北渐次抬升，直至青山口 13 号敌台东南侧，但原有踏步大部分已破坏，仅存少数，踏步用两层青砖卧砌，抬步高 0.23 米，宽 0.2 米，其余踏步多为后期青山关景区利用散落的长城青砖、石条混合码砌，抬步高 0.35～0.5 米，宽 0.3～0.45 米。

第 3 段：长约 125 米，墙体坍塌严重，两侧包砖缺失，保存较差。仅余中间墙芯部分，宽约 2.1 米，墙芯块石砌筑，白灰勾缝，部分墙顶可见墁地残砖。

44. 八面峰长城 1 段 1302273821 06 170044

位于上营乡青山口村青山关关城西北 1.2 千米，起点坐标：东经 118° 32′ 16.90″，北纬 40° 25′ 03.40″，高程 774 米；止点坐标：东经 118° 32′ 07.90″，北纬 40° 24′ 55.40″，高程 741 米。

处于宽城县与迁西县交界处，所处为东西走向的小型山系，当地称为八面峰，为迁西境内最高山体，山体北侧多为悬崖峭壁，南侧为陡坡，植被多杂灌及原始次生落叶阔叶乔木。墙体为山险，长 325 米，利用山脊独立山峰为险，保存完好。

45. 八面峰长城 2 段 1302273821 02 170045

位于上营乡青山口村西北 1.2 千米石墙起点处，起点坐标：东经 118° 32′ 07.90″，北纬 40° 24′ 55.40″，高程 741 米；止点坐标：东经 118° 32′ 05.30″，北纬 40° 24′ 54.10″，高程 757 米。

处于宽城县与迁西县交界处，所处为东西走向的小型山系，当地称为八面峰，为迁西境内最高山体，山体北侧多为悬崖峭壁，南侧为陡坡，植被多杂灌及原始次生落叶阔叶乔木。长 76 米，墙体为大块毛石干垒，中间为碎石装填，损毁严重。仅个别地点保存相对较好，尚能辨识墙体原貌，墙体宽 3.5～4.2 米，外侧残高 1.7～4.3 米，内侧残最高 1.7 米，局部马道残存大块平面石平铺，外侧垛口墙坍塌。

46. 八面峰长城 3 段 1302273821 06 170046

位于上营乡青山口村西北 1.2 千米，起点坐标：东经 118° 32′ 05.30″，北纬 40° 24′ 54.10″，高程 757 米；止点坐标：东经 118° 31′ 59.70″，北纬 40° 24′ 47.20″，高程 778 米。

处于宽城县与迁西县交界处，所处为东西走向的小型山系，当地称为八面峰，为迁西境内最高山体，山体北侧多为悬崖峭壁，南侧为陡坡，植被多杂灌及原始次生落叶阔叶乔木。墙体为山险，长 294 米，即利用山脊独立山峰为险，保存完好。

47. 八面峰长城 4 段 1302273821 02 170047

位于上营乡青山口村西北 1.3 千米山险终点，起点坐标：东经 118° 31′ 59.70″，北纬 40° 24′ 47.20″，高程 778 米；止点坐标：东经 118° 31′ 28.90″，北纬 40° 24′ 31.00″，高程 815 米。

处于宽城县与迁西县交界处东西走向的小型山系主峰段，当地称为八面峰，为迁西境内最高山体，山体北侧多为悬崖峭壁，南侧为陡坡，植被多杂灌及原始次生落叶阔叶乔木。长 1100 米，其间设敌台 2 座、烽火台 2 座，包括八面峰 01、02 号敌台，八面峰 01、02 号烽火台。墙体两侧以大块毛石包砌，中间填以碎石，墙顶部用块石铺墁，外侧设石砌垛口墙。根据构筑形式和保存现状分为 2 段。

第 1 段：长 452 米，保存较差。墙体两侧为大块毛石干垒，中间为碎石装填，损毁较多，墙体宽

3.5 ～ 4 米，外侧残高 1.7 ～ 3.5 米，内侧残最高 0.7 ～ 1.8 米，少数地点保存相对较好，墙体结构清晰可辨，局部马道残存块石铺墁遗迹。

第 2 段：长 648 米，保存一般。墙体两侧用块石包砌，中间填以碎石，此段墙体较窄，顶宽约 2 米，残高 1.1 ～ 1.8 米，两侧灌木丛生，墙体大多隐在灌木中。八面峰 01 号敌台西南尚保存残垛口墙约 20 米，垛口墙宽 0.6 ～ 0.7 米，残高约 0.4 米。

48. 八面峰长城 5 段 1302273821 06170048

位于上营乡小保城子自然村西北 1.5 千米山险起点处，起点坐标：东经 118° 31′ 28.90″，北纬 40° 24′ 31.00″，高程 815 米；止点坐标：东经 118° 31′ 27.30″，北纬 40° 24′ 30.30″，高程 823 米。

处于宽城县与迁西县交界处东西走向的小型山系顶部，当地称为八面峰，为迁西境内最高山体，山体北侧多为悬崖峭壁，南侧为陡坡，植被多杂灌及原始次生落叶阔叶乔木。墙体为山险，长 44 米，即利用山脊独立山峰为险，整体保存完好。

49. 八面峰长城 6 段 1302273821 02170049

位于上营乡小保城子自然村西北 1.4 千米，起点坐标：东经 118° 31′ 27.30″，北纬 40° 24′ 30.30″，高程 823 米；止点坐标：东经 118° 31′ 14.80″，北纬 40° 24′ 22.20″，高程 828 米。

处于宽城县与迁西县交界处八面峰主峰山脊上，山势险峻，北侧山体多峭壁、陡崖，南侧山体为陡坡，植被以杂灌和原始次生落叶阔叶乔木为主。长 399 米，其间设烽火台 2 座，包括八面峰 03、04 号烽火台。块石干槎方式砌筑，大多坍塌，保存较差，大部分现状呈碎石垄状，仅在八面峰 03 号烽火台东北约 65 米处，断续保存 10 米墙体，尚可辨清墙体建筑结构，墙宽 1.4 米，内侧最高保存 1.5 米，外侧墙体大部分坍塌，残高 0.5 ～ 1 米。

50. 八面峰长城 7 段 1302273821 06170050

位于白庙子镇朱家峪村北 800 米，起点坐标：东经 118° 31′ 14.80″，北纬 40° 24′ 22.20″，高程 828 米；止点坐标：东经 118° 31′ 14.20″，北纬 40° 24′ 21.50″，高程 818 米。

处于宽城县与迁西县交界处八面峰主峰山脊上，山势险峻，北侧山体多峭壁、陡崖，南侧山体为陡坡，植被以杂灌和原始次生落叶阔叶乔木为主。墙体为山险，长 27 米，直接利用自然山峰为险，未经人工劈削，保存完好。

51. 八面峰长城 8 段 1302273821 02170051

位于白庙子镇朱家峪村北偏西约 900 米，起点坐标：东经 118° 31′ 14.20″，北纬 40° 24′ 21.50″，高程 818 米；止点坐标：东经 118° 31′ 00.40″，北纬 40° 24′ 16.00″，高程 802 米。

位于宽城县与迁西县交界处八面峰主峰西侧山脊上，山势险峻，北侧山体多峭壁、陡崖，南侧山体为陡坡，植被以杂灌和原始次生落叶阔叶乔木为主。长 377 米，墙体均为块石干槎方式砌筑，大多坍塌，保存较差，大部分现状成碎石垄状。残墙宽 1.2 ～ 1.4 米，内侧最高保存 1.5 米，外侧墙体大部分坍塌，残高 0.5 ～ 1 米。在第二道山谷处保存残石墙 10 余米残墙，宽约 1.4 米，内侧高约 1.5 米，外侧高 0.7 ～ 1 米。

52. 八面峰长城 9 段 1302273821 06170052

位于白庙子镇朱家峪自然村西北约 1.3 千米，起点坐标：东经 118° 31′ 00.40″，北纬 40° 24′ 16.00″，高程 802 米；止点坐标：东经 118° 30′ 57.80″，北纬 40° 24′ 15.70″，高程 806 米。

处于宽城县与迁西县交界处八面峰主峰西侧山脊上，山势险峻，北侧山体多峭壁、陡崖，南侧山体为陡坡，植被以杂灌和原始次生落叶阔叶乔木为主。墙体为山险，长 64 米，基本沿山脊延伸，系利用自然山峰为山险，未经人工劈削。

53. 八面峰长城 10 段 130227382102170053

位于白庙子镇朱家峪村西北 1.4 千米处，八面峰 05 号烽火台东侧，起点坐标：东经 118° 30′ 57.80″，北纬 40° 24′ 15.70″，高程 806 米；止点坐标：东经 118° 30′ 34.20″，北纬 40° 24′ 08.80″，高程 679 米。

处于宽城县与迁西县交界处八面峰主峰西侧山脊上，山势险峻，北侧山体多峭壁、陡崖，南侧山体为陡坡，植被以杂灌和原始次生落叶阔叶乔木为主。长 612 米，其间设八面峰 05 号烽火台，墙体均为块石干槎方式砌筑，大部分坍塌，呈碎石垄状顺山脊延伸，保存较差。残墙宽 1.2 ～ 1.4 米，内侧最高保存 1 米左右，外侧墙体大部分坍塌，残高 0.5 ～ 1 米，墙间偶有小段山峰岩石夹杂其中，被墙体借用。

54. 八面峰长城 11 段 130227382106170054

位于宽城县东黄花川乡庙岭村西北约 1.5 千米山险东侧，起点坐标：东经 118° 30′ 34.20″，北纬 40° 24′ 08.80″，高程 679 米；止点坐标：东经 118° 30′ 29.80″，北纬 40° 24′ 08.40″，高程 693 米。

处于宽城县与迁西县交界处八面峰主峰西侧山脊上，山势险峻，北侧山体多峭壁、陡崖，南侧山体为陡坡，植被以杂灌和原始次生落叶阔叶乔木为主。墙体为山险，长 106 米，直接利用自然山峰为险，未经人工劈削。

55. 八面峰长城 12 段 130227382102170055

位于上营乡大堡城子村窑沟自然村西北 1 千米，起点坐标：东经 118° 30′ 29.80″，北纬 40° 24′ 08.40″，高程 693 米；止点坐标：东经 118° 30′ 25.00″，北纬 40° 24′ 07.20″，高程 691 米。

处于宽城县与迁西县交界处八面峰主峰西侧山脊上，山势险峻，北侧山体多峭壁、陡崖，南侧山体为陡坡，植被以杂灌和原始次生落叶阔叶乔木为主。长 119 米，其间设八面峰 06 号烽火台，墙体块石干槎砌筑，大多坍塌，保存较差，大部分现状呈碎石垄状顺山脊延伸。残墙宽 1.2 ～ 1.4 米，内侧残高保存 0.5 ～ 0.7 米，外侧残高 0.5 ～ 1 米。

56. 八面峰长城 13 段 130227382106170056

位于上营乡大堡城子村窑沟自然村西北约 1.1 千米，起点坐标：东经 118° 30′ 25.00″，北纬 40° 24′ 07.20″，高程 691 米；止点坐标：东经 118° 30′ 24.10″，北纬 40° 24′ 07.20″，高程 686 米。

处于宽城县与迁西县交界处八面峰主峰西侧山脊上，山势险峻，北侧山体多峭壁、陡崖，南侧山体为陡坡，植被以杂灌和原始次生落叶阔叶乔木为主。墙体为山险，长 22 米，直接利用自然山峰为险，保存完好，未经人工劈削。

57. 黑马沟长城 130227382102170057

位于上营乡大堡城子村黑马沟自然村西北 1.4 千米，起点坐标：东经 118° 30′ 24.10″，北纬 40° 24′ 07.20″，高程 686 米；止点坐标：东经 118° 29′ 19.40″，北纬 40° 24′ 10.70″，高程 512 米。

处于宽城县与迁西县交界处八面峰主峰西侧山脊上，山势险峻，北侧山体多峭壁、陡崖，南侧山体为陡坡，植被以杂灌和原始次生落叶阔叶乔木为主。长 1614 米，其间设敌台 2 座、马面 2 座、烽火台 1 座，包括黑马沟 01、02 号敌台、黑马沟 01、02 号马面、八面峰 07 号烽火台。因所处地势不同，墙体构筑形式不一，整段墙体可分为两种形式：第一种，毛石干槎墙，主要位于险峻山脊处，墙体较窄且低矮，建筑方式简单；第二种，包石墙体，位于山势较低处，墙体两侧用大块毛石包砌，中间填以碎石，墙体较宽且高大，墙顶用块石或青砖铺墁。根据构建形式与保存现状分为 5 段。

第 1 段：长约 795 米，墙体为块石干槎方式砌筑，所处地势为险峻山脊，保存较差，大部分坍塌，残墙宽 1.2 ～ 1.4 米，残高 0.4 ～ 1.1 米，墙体两侧多杂灌，墙体大部隐没于杂灌中。

第 2 段：长约 512 米。墙体为双侧块石包砌，中间填以碎石，顶部马道以较大块石铺墁。现墙体保存较差，坍塌严重，墙顶残 2.8 米，内侧墙体最高 2 米，外侧墙体最高 3.1 米，顶部少数地方保存原铺墁毛石。

第 3 段：长 96 米。墙体均为双侧块石包砌，中间填以碎石，顶部块石铺墁，顶部宽 2.8 ～ 3 米，墙体存高约 1.2 ～ 2.9 米，顶部铺墁已破坏不存，整体保存较好。

第 4 段：长约 125 米。墙体均为双侧块石包砌，中间填以碎石，顶部马道青砖铺墁，现墙体大部分保存较好，两侧陡坡处有部分自然坍塌，顶部宽 3.5 米，马道上部残存三层墁砖。墙体内侧最高 3.76 米，外侧最高 4.83 米，墙体外侧保存两层垛口砖，残高 0.23 米。

第 5 段：长约 86 米。墙体均为双侧块石包砌，中间填以碎石，顶部马道用块石加三合土铺墁，内侧墙体有少量坍塌，外侧保存较好，墙顶宽 3 米左右，外侧高 2.8 ～ 3.5 米，内侧存高 0.8 ～ 1.7 米。墙顶部残存块石三合土铺墁痕迹。

58. 董家口长城 1 段 1302273821103170058

位于上营乡大堡城子村黑马沟自然村北偏西约 1.7 千米，起点坐标：东经 118° 29′ 19.40″，北纬 40° 24′ 10.70″，高程 512 米；止点坐标：东经 118° 29′ 01.50″，北纬 40° 24′ 13.10″，高程 461 米。

处于迁西与宽城两县交界处，北侧为陡崖，南侧为较陡荒山，植被以荆类及杂草为主。长 438 米，其间设敌台 2 座，包括董家口 01、02 号敌台。墙体外侧条石基础，上部包砖，内侧自然基础，上部块石包砌，墙体中间填碎石，墙顶部施三合土，上部马道用青砖铺墁，外侧设垛口墙。残高 1 ～ 2.2 米，外侧为条石基础，下部最高可见 5 层条石基础，高约 1.7 米，上部墙体为青砖包砖。外侧墙通高最高 5.7 米左右，墙顶宽 3.8 米，局部残存垛口墙。

59. 董家口长城 2 段 1302273821102170059

位于上营乡董家口村东北 1 千米山脊处，起点坐标：东经 118° 29′ 01.50″，北纬 40° 24′ 13.10″，高程 461 米；止点坐标：东经 118° 28′ 24.70″，北纬 40° 24′ 06.40″，高程 394 米。

处于迁西县与宽城县交界处，北侧多为陡崖，南侧为陡坡，植被以荆、葛及杂草为主。长 944 米，其间设敌台 2 座、烽火台 1 座、谎城 1 座，包括董家口 03、04 号敌台、董家口 01 号烽火台、董家口谎城。墙体均为自然基础，因所处地势较为复杂，长城墙体建筑形式不一，主要有三种构筑方式：第一种，墙体为双侧包石，中间填以碎石，上部施三合土加夯，马道用青砖铺墁，墙体较宽、高；第二种，墙体用较小块石干槎方式砌筑，墙体较窄且低矮；第三种，借用小块自然岩石，岩石间用块石或碎石砌短墙相连。根据构筑形式和保护状况分为 3 段。

第 1 段：长约 430 米，保存较好。墙体为双侧块石包砌，中间填以碎石，上施三合土加夯找平，马道用青砖铺墁，现存墙顶宽 3.7 米，外侧高 2.5 米，内侧残高 2 米左右，内侧坍塌较多，墙顶部可见墁砖残迹。

第 2 段：长约 219 米，保存较差。墙体为小块石干槎方式砌筑，大部分坍塌，现状呈石垄状，墙体残宽约 1.3 米，残高 0.3～0.7 米。

第 3 段：长约 295 米，保存较差。此段墙体均位于险峻山脊上，多借用小块自然岩石，岩石间用块石或碎石砌短墙相连，墙体残宽 0.7～1 米，残高 0.2～0.5 米。西侧端点处约 85 米为董家口谎城北墙借用。

60. 董家口关东南山险 130227382106170060

位于上营乡董家口村北偏东约 500 米，长城与谎城交界点处，起点坐标：东经 118° 28′ 27.70″，北纬 40° 24′ 07.80″，高程 382 米；止点坐标：东经 118° 28′ 22.30″，北纬 40° 24′ 09.80″，高程 290 米。

处于董家口关西南侧，所处为宽城县与迁西县交界。所利用山体为险峻峭壁，高百米以上，峭壁间多生杂灌。墙体为山险，长 143 米，系借用自然山崖为险，未经人为劈削、加工，保存较好。

61. 董家口关长城 130227382102170061

位于上营乡董家口村董家口关东侧水关台，起点坐标：东经 118° 28′ 22.30″，北纬 40° 24′ 09.80″，高程 290 米；止点坐标：东经 118° 28′ 19.20″，北纬 40° 24′ 13.10″，高程 277 米。

该关口处为宽城、迁西两县交界，所处为长河河谷，长河由东北向西南经关口流进关内，河谷内黄沙覆地，近水边遍生杂草。长 127 米，其间设东西水关台及水关门。根据保存现状分为 2 段。

第 1 段：长约 106 米。墙体全无，现为河道。

第 2 段：长约 21 米。残存碎石墙，已坍塌成石垄状，山根处可见大块毛石残墙，残长约 2.3 米，残高约 1 米，残宽约 1.5 米。

62. 董家口关西山长城 130227382102170062

位于上营乡董家口村董家口关门西 40 米山崖上，起点坐标：东经 118° 28′ 18.70″，北纬 40° 24′ 12.10″，高程 389 米；止点坐标：东经 118° 28′ 03.80″，北纬 40° 24′ 26.30″，高程 489 米。

处于宽城县与迁西县交界处的山脊上，东北为陡崖，陡崖下即为董家口关口。所处山体植被茂盛，多杂灌，少乔木。长 785 米，其间设敌台 2 座、马面 1 座，包括董家口 05 号敌台、游乡口 01 号敌台、董家口 01 号马面。利用自然基础，墙体部分砌筑方式根据地势有两种：第一种，主要位于险峻山脊之上，墙体用小块石干槎方式砌筑，墙体低矮、较窄，极易坍塌；第二种，多位于山坡处，墙体用大块毛石双侧包砌，中间填以碎石，顶部用片石铺墁，外侧设垛口墙，此种墙体较宽厚、高大。根据保存状况和砌筑方式分为 3 段。

第 1 段：长约 170 米，保存较差。墙体为小块毛石干槎方式砌筑，多已坍塌，现存墙宽 1.2～1.6 米，残墙高 0.5～0.8 米。

第2段：长约70米，地面墙体大部几近消失，灌木丛中偶见残墙遗迹，残高约0.3米，宽度不详。

第3段：长约545米，保存较好。墙体为内外块石包砌，中间填以碎石、山皮土，外侧设垛口墙，马道铺墁方式不清。现墙体顶宽2.8～3.7米，外侧墙体保存较好，存高1.6～2.7米，董家口05号敌台至游乡口01号敌台之间尚保存断续残垛口墙，垛口墙宽0.42米，残最高1.25米，墙下部留有部分射孔，射孔高0.35米，宽0.22米。内侧墙体有少量坍塌，现存高0.8～1.7米。

63. 游乡口山险 1302273382106170063

位于上营乡游乡口南约250米山崖上，起点坐标：东经118° 28′ 03.80″，北纬40° 24′ 26.30″，高程489米；止点坐标：东经118° 28′ 01.50″，北纬40° 24′ 28.60″，高程413米。

处于宽城县与迁西县交界处的山脊上，东侧山势较陡峭，西侧山势较缓，所处山体植被茂盛，多杂灌，少乔木。墙体为山险，长约90米，无人工加工劈削痕迹，保存较好。

64. 游乡口长城 1302273382103170064

位于上营乡游乡口南约150米山崖下，起点坐标：东经118° 28′ 01.50″，北纬40° 24′ 28.60″，高程413米；止点坐标：东经118° 27′ 54.30″，北纬40° 24′ 38.10″，高程406米。

处于宽城县与迁西县交界处山脊上，所处为两山之间山谷处，东北部、西南部均为较缓山坡，并有小路通行，两侧山体上部现为荒山，多生杂灌，山腰以下均为农田，种植谷物等杂粮。长约415米，其间设敌台3座、烽火台3座、谎城1座，包括编号游乡口02～04号敌台、游乡口01～04号烽火台、游乡口谎城。构筑方式根据地势采取三种方式：第一种，在较早期包石墙体双侧包砖，墙顶用墙砖铺墁，此种方式主要用于山谷平缓之处；第二种，外侧墙体包砖，内侧墙体用块石垒砌；第三种，主要见于险峻山脊之上，外侧随山脊用砖砌墙，内侧借用山脊，中间空隙处填以碎石、山皮土。根据保存现状分为4段。

第1段：长约79米，墙体保存较好。墙体基础为条石，均被掩埋，上部墙体为内外包砖，中间为块石双侧包砌石墙，墙体残宽3.6～4.2米，外高3.8～5.1米，内高2.6～4.2米，包砖厚0.6米，墙顶部保存青条砖海墁。

第2段：长约176米，保存较差。墙体为条石基础，均被掩埋，两侧包砖多数已经不存，仅存的少量包砖也酥碱、断裂较重，包砖厚0.6米，墙体外侧残高0.8～1.76米，内侧残高0.6～1.4米，墙体中间为毛石垒砌墙体，两侧包砌大块毛石，中间部分填碎石、山皮土，墙体收分可达10°，坍塌较重。

第3段：全段长约95米，保存一般。墙体为外侧包砖，保存较好，条石基础，可见条石1～2层，高0.33～0.7米，存高0.7～1.3米；内侧块石垒砌，大部分坍塌，残墙宽约1.9米。

第4段：长约65米，保存较好；墙体随险峻山脊而建，外侧随山脊用青砖砌墙，条石基础，可见条石1～2层，高0.33～0.7米，墙体残高1.1～1.9米，内侧与山脊平，墙宽2.4米，该段墙体为谎城北墙借用。

65. 龙凤沟长城1段 1302273382102170065

位于上营乡东贾庄子行政村所辖龙凤沟自然村东北700米，游乡口谎城西北角，起点坐标：东经118° 27′ 54.30″，北纬40° 24′ 38.10″，高程406米；止点坐标：东经118° 27′ 18.60″，北纬40° 24′ 39.60″，高程 494 米。

处于宽城县与迁西县交界处山脊之上，所处山脊为女儿山东侧余脉，山体北侧为陡崖，南侧较缓，现为林地，植被以杂灌及原始次生落叶阔叶乔木为主，另有人工栽植的油松。长 876 米，其间设龙凤沟 01 号敌台、龙凤沟 01 号烽火台。长城所处为险峻山脊，根据所经地势，砌筑方式略有不同，分为两种：第一种，主要建于山脊较窄且险峻地方，墙体用毛石干槎垒砌，自然基础，墙体较窄且低矮；第二种，主要建于山脊较宽或较平缓之处，墙体两侧用大块毛石包砌，中间填以碎石及山皮土，上施三合土并用青砖铺墁，外设垛口墙，此种墙体较宽厚、相对较高。根据保存现状和构筑形式分为 3 段。

第 1 段：长 526 米，保存一般。大部分墙体残存，少量坍塌，墙体有白灰勾缝痕迹。现存墙宽 1.9 ～ 2.8 米，外侧残高 1.2 ～ 2 米，内侧残高 0.5 ～ 1.5 米；局部段落墙顶外侧残存石砌垛口墙，垛口墙宽 0.6 ～ 0.9 米，残高 0.6 米。

第 2 段：长 298 米，保存一般。墙体为双侧用大块毛石包砌，中间填碎石及山皮土，墙宽 3.3 米，个别地段保存较好，可见方砖铺墁，砖长 0.38 米，宽 0.375，厚 0.1 米，外侧残高 1.2 ～ 2.2 米，内侧残高 0.5 ～ 1.3 米。

第 3 段：长 52 米，保存较差。墙体为大块毛石干槎方式垒砌，墙宽 1.4 米，残高约 0.5 米，大部分坍塌。

66. 龙凤沟长城 2 段 130227382106170066

位于上营乡东贾庄子行政村所辖龙凤沟自然村西北 500 米山脊上，起点坐标：东经 118° 27′ 18.60″，北纬 40° 24′ 39.60″，高程 494 米；止点坐标：东经 118° 27′ 14.60″，北纬 40° 24′ 39.50″，高程 528 米。

处于宽城县与迁西县交界处山脊上，东北侧为陡崖，西南侧较缓，两侧现为林地，植被以杂灌及原始次生落叶阔叶乔木为主。墙体为山险，长约 94 米，系利用自然山崖为险，保存完整，不经人为加工、劈削。

67. 龙凤沟长城 3 段 130227382102170067

位于上营乡东贾庄子行政村所辖龙凤沟自然村西北 350 米处山脊上，起点坐标：东经 118° 27′ 14.60″，北纬 40° 24′ 39.50″，高程 528 米；止点坐标：东经 118° 27′ 06.60″，北纬 40° 24′ 46.20″，高程 527 米。

处于宽城县与迁西县交界处山脊上，随山势而建，北侧山体多为陡崖，南侧山势较为平缓，长城两侧现为荒山林地，植被以杂灌及原始次生阔叶落叶乔木为主，有少量人工栽植油松。长约 303 米，其间设龙凤沟 02 号敌台。墙体随山势走向而建，建筑方法为双侧块石包砌，块石间白灰勾缝，中间填碎石、山皮土，墙顶施 0.1 ～ 0.15 米三合土，三合土上部用青砖铺墁，外侧设垛口墙，外侧墙最高 2.7 米，内侧残高 0.5 ～ 1.2 米。

68. 下城子长城 130227382102170068

位于上营乡东贾庄子行政村所辖龙凤沟自然村西北约 600 米，龙凤沟 02 号敌台南侧 55 米处山脊上，起点坐标：东经 118° 27′ 07.60″，北纬 44° 02′ 43.95″，高程 508 米；止点坐标：东经 118° 26′ 16.70″，北纬 44° 02′ 44.62″，高程 752 米。

处于宽城县与迁西县交界处山脊上，所处山势较为平缓，长城两侧均为林地，植被多杂灌及原始次生阔叶落叶乔木，北侧有大量人工种植油松。长约 1526 米，其间设龙凤沟 03 号敌台，墙体多已坍塌，无保存完整段落，顶部状况不清，现墙体残宽 1.9 米左右，残高 0.5～0.7 米。大部分墙体隐没于杂灌之中。

69. 女儿山山险 130227382106170069

位于下城子村东北 400 米，女儿山山险东端，起点坐标：东经 118° 26′ 16.70″，北纬 44° 02′ 44.62″，高程 752 米；止点坐标：东经 118° 25′ 37.20″，北纬 40° 24′ 33.30″，高程 575 米。

处于宽城与迁西两县交界处的女儿山主峰，该山系为燕山山脉众多小型山系之一，主峰所在处多悬崖峭壁，山体两侧灌木丛生，长林郁郁。墙体为山险，长约 1200 米，全部利用女儿山主峰所在山脊为险，未经人为加工。

70. 贾庄子长城 1 段 130227382102170070

位于三屯营镇贾庄子村东北约 1.7 千米山崖下，起点坐标：东经 118° 25′ 37.20″，北纬 40° 24′ 33.30″，高程 575 米；止点坐标：东经 118° 25′ 34.90″，北纬 40° 24′ 32.40″，高程 556 米。

处于女儿山山险西侧的较低山脊之上，所处为宽城县与迁西县交界处，墙体外侧即为陡崖，多生杂灌；内侧山势较缓，植被除杂灌外，以原始次生阔叶落叶乔木为主。长 60 米，外侧墙体垒于山脊北侧，大部坍塌，外侧残最高 4.1 米；内侧利用山脊，墙体多与山脊相平，残墙最宽 3.3 米，墙顶局部可见青砖铺墁残迹。

71. 贾庄子长城 2 段 130227382106170071

位于三屯营镇贾庄子村东北约 1.5 千米山脊上，起点坐标：东经 118° 25′ 34.90″，北纬 40° 24′ 32.40″，高程 556 米；止点坐标：东经 118° 25′ 27.80″，北纬 40° 24′ 32.80″，高程 566 米。

处于女儿山山险西侧的较低山脊之上，所处为宽城县与迁西县交界处，墙体外侧即为陡崖，多生杂灌；内侧山势较缓，植被除杂灌外，以原始次生阔叶落叶乔木为主。墙体为山险，长 170 米，保存较好。利用自然山脊及小型山峰、山崖为险，未经人工加工、劈削。

72. 贾庄子长城 3 段 130227382102170072

位于三屯营镇贾庄子村东北 1.4 千米，起点坐标：东经 118° 25′ 27.80″，北纬 40° 24′ 32.80″，高程 566 米；止点坐标：东经 118° 25′ 04.30″，北纬 40° 24′ 38.10″，高程 551 米。

处于女儿山山险西侧的较低山脊之上，所处为宽城县与迁西县交界处，墙体外侧即为陡崖，多生杂灌；内侧山势较缓，植被除杂灌外，以原始次生阔叶落叶乔木为主。长 641 米，其间设敌台 2 座，包括贾庄子 01、02 号敌台。长城墙体构筑方式根据地势采取了三种形式：第一种，在地势较为平缓或山脊较宽处，墙体采用双侧大块毛石包砌，中间填碎石，此类墙体较宽厚、较高；第二种，在地势险峻的山脊之上，采用块石干槎方式，此类墙体较窄且低矮，结构松散，极易坍塌；第三种，利用小型山崖，在山崖之间用块石砌筑简单墙体。根据保存状况分为 2 段。

第 1 段：长约 174 米，保存较差。墙体为双侧用块石包砌，中间填碎石，全部不同程度坍塌，现墙顶最宽 3.4 米，残墙最高约 2 米。

第 2 段：长 467 米，保存较差。墙体为块石干槎方式砌筑，墙体低矮、较窄，残宽 1.2～1.6 米，坍塌严重，残高 0.4～0.8 米。中间有少量山崖被墙体借用，山崖间用碎石填塞。

73. 史家峪长城 1 段 130227382106170073

位于三屯营镇贾庄子村北偏西约 1.4 千米山脊上，起点坐标：东经 118° 25′ 04.30″，北纬 40° 24′ 38.10″，高程 551 米；止点坐标：东经 118° 25′ 02.50″，北纬 40° 24′ 38.50″，高程 562 米。

处于女儿山山险西侧的较低山脊之上，所处为宽城县与迁西县交界处，墙体外侧即为陡崖，多生杂灌；内侧山势较缓，植被除杂灌外，以原始次生阔叶落叶乔木为主。墙体为山险，长 45 米，系利用自然山峰为险，保存较好。

74. 史家峪长城 2 段 130227382102170074

位于罗家屯镇史家峪村东北 1.6 千米山脊上，起点坐标：东经 118° 25′ 02.50″，北纬 40° 24′ 38.50″，高程 562 米；止点坐标：东经 118° 24′ 59.20″，北纬 40° 24′ 40.10″，高程 552 米。

处于女儿山山险西侧的较低山脊之上，所处为宽城县与迁西县交界处，墙体外侧即为陡崖，多生杂灌；内侧山势较缓，植被除杂灌外，以原始次生阔叶落叶乔木为主。长 100 米，其间设贾庄子 03 号敌台。墙体为块石干槎方式砌筑，墙体低矮、较窄，残宽 1.2 ～ 1.6 米，坍塌严重，现呈石垄状，残高 0.4 ～ 0.8 米。中间有少量山崖被墙体借用，山崖间用块石填塞。

75. 史家峪长城 3 段 130227382103170075

位于罗家屯镇史家峪村东北 1.5 千米山脊上，起点坐标：东经 118° 24′ 59.20″，北纬 40° 24′ 40.10″，高程 552 米；止点坐标：东经 118° 24′ 58.50″，北纬 40° 24′ 40.40″，高程 555 米。

处于女儿山山险西侧的较低山脊之上，所处为宽城县与迁西县交界处，墙体外侧即为陡崖，多生杂灌；内侧山势较缓，植被除杂灌外，以原始次生阔叶落叶乔木为主。长 20 米，保存较好。墙顶宽 3.39 米，墙体北侧高 6.12 米，南侧高 2.23 米，顶部外侧残垛口墙残基，墙宽 0.62 米，残高约 0.12 米。

76. 史家峪长城 4 段 130227382106170076

位于罗家屯镇史家峪村东北 1.5 千米山脊上，起点坐标：东经 118° 24′ 58.50″，北纬 40° 24′ 40.40″，高程 555 米；止点坐标：东经 118° 24′ 57.40″，北纬 40° 24′ 41.00″，高程 562 米。

处于女儿山山险西侧的较低山脊之上，所处为宽城县与迁西县交界处，墙体外侧即为陡崖，多生杂灌；内侧山势较缓，植被除杂灌外，以原始次生阔叶落叶乔木为主。墙体为山险，长 30 米，系利用独立山峰为险，不经人为加工、劈削，整体保存较好。

77. 铁门关东山长城 1 段 130227382102170077

位于罗家屯镇史家峪村东北 1.4 千米山脊上，起点坐标：东经 118° 24′ 57.40″，北纬 40° 24′ 41.00″，高程 562 米；止点坐标：东经 118° 24′ 36.40″，北纬 40° 24′ 46.60″，高程 514 米。

处于宽城县与迁西县交界处山脊上，所处山体为东西走向，南、北两侧均较陡，近山顶部多峭崖，植被以杂灌、原始次生落叶阔叶乔木为主，北侧多人工栽植油松。长约 543 米，其间设铁门关 01 号烽火台，墙体为块石干槎方式砌筑，墙体低矮、较窄，坍塌严重，残宽 1.2 ～ 1.6 米，残高 0.4 ～ 0.8 米。中间有少量山崖被墙体借用，山崖间用碎石填塞。

78. 铁门关东山长城 2 段 130227382106170078

位于滦阳镇铁门关村东北约 1.2 千米山脊上，起点坐标：东经 118° 24′ 36.40″，北纬 40° 24′ 46.60″，高程 514 米；止于铁门关村东北约 1.1 千米山脊上，止点坐标：东经 118° 24′ 34.50″，北纬 40° 24′ 44.30″，高程 515 米。

墙体为山险，长 85 米，全部利用自然山脊，未经人工加工、劈削，保存较好。

79. 铁门关东山长城 3 段 1302273821102170079

位于滦阳镇铁门关村东北约 1.1 千米山脊上，起点坐标：东经 118° 24′ 34.50″，北纬 40° 24′ 44.30″，高程 515 米；止点坐标：东经 118° 24′ 33.80″，北纬 40° 24′ 40.40″，高程 438 米。

处于铁门关东侧南北走向山脊上，东侧为较陡山坡，西侧为石质陡崖，两侧山上植被主要以杂灌和原始次生阔叶落叶乔木为主。长约 133 米，根据保存情况分为 3 段。

第 1 段：长约 80 米，保存较差。毛石干槎墙体，多已坍塌，残墙宽 1.6 米左右，残高 0.5 ～ 0.8 米。

第 2 段：长 22 米，为墙体借用，保存较好。

第 3 段：毛石干槎墙体，长约 31 米，保存一般。残墙宽约 2 米，残高 1.1 ～ 1.6 米。

80、铁门关长城 1302273821106170080

位于滦阳镇铁门关关口西南 455 米，起点坐标：北纬 40° 24′ 41.20″，东经 118° 24′ 33.20″，高程 444 米；止点坐标：北纬 40° 24′ 51.00″，东经 118° 24′ 10.20″，高程 392 米。

长约 630 米，其间设铁门关 01 号敌台，所处山谷之中，东、西侧均为山险，山谷处建有关口。山体植被以杂灌为主。根据保存状况分 3 段。

第 1 段：长 390 米，保存较好。利用自然山体为险，未经人为加工。

第 2 段：长 125 米，墙体及相关设施大部分为公路破坏。

第 3 段：长 112 米，保存较好。利用自然山体为险，未经人为加工。

81. 铁门关西山长城 130227382102170081

位于滦阳镇铁门关西北 165 米，起点坐标：东经 118° 24′ 10.20″，北纬 40° 24′ 51.00″，高程 392 米；止点坐标：东经 118° 23′ 47.60″，北纬 40° 24′ 53.40″，高程 438 米。

处于宽城县与迁西县交界处，所处为险峻山脊，长城墙体随山就势而建，两侧植被以杂灌及原始次生落叶阔叶乔木为主，阴坡处多人工栽植油松。长约 669 米，其间设李家峪 01 号烽火台。长城所处为险峻山脊，根据所经地势，砌筑方式略有不同，分为两种：第一种，主要建于山脊或险峻地方，墙体用毛石干槎垒砌，自然基础，墙体较窄且低矮；第二种，主要建于山脊较平缓之处，墙体两侧用大块毛石包砌，中间填以碎石及山皮土，上施三合土并用青砖铺墁，外设青砖垛口墙，此种墙体较宽厚、相对较高。根据保存现状和建筑形式分为 2 段。

第 1 段：长约 456 米，保存较差。墙体为块石干槎方式砌筑，大部坍塌，仅存碎石堆砌墙体，现状呈碎石垄状，残宽 0.8 ～ 1.6 米，残高 0.6 ～ 1.2 米。

第 2 段：长约 213 米，保存较好。墙体为毛石砌筑，墙体宽 4.3 米，外侧残高 3.5 ～ 4.6 米，内侧残高 2.1 ～ 3.6 米，马道外侧可见砖砌垛墙基础，宽约 0.8 米，马道为青砖铺墁，现碎石、青砖遍布，灌木丛生。

82. 李家峪长城 1 段 130227382103170082

位于滦阳镇铁门关村北偏西约 1.1 千米，起点坐标：东经 118° 23′ 47.60″，北纬 40° 24′ 53.40″，高程

438 米；止点坐标：东经 118° 23′ 44.00″，北纬 40° 24′ 56.30″，高程 429 米。

处于宽城县与迁西县交界处山脊上，两侧山势较陡，现为林地，植被以杂灌和原始次生阔叶落叶乔木为主，东侧多人工栽植油松。长约 132 米，其间设李家峪 01 号敌台、李家峪 01 号马面。内外包砖，包砖厚 0.8 米，外侧残高 5.2 米，内侧残高 1.2 ～ 4.6 米，外侧局部包砖坍塌，墙体宽 5.6 ～ 6.9 米，马道上碎砖石堆积，杂草丛生，局部可见残存的青砖海墁遗迹。

83. 李家峪长城 2 段 1302273382102170083

位于滦阳镇李家峪村东约 1.5 千米，起点坐标：东经 118° 23′ 44.00″，北纬 40° 24′ 56.30″，高程 429 米；止点坐标：东经 118° 23′ 37.70″，北纬 40° 25′ 14.40″，高程 515 米。

处于宽城县与迁西县交界处山脊上，两侧山势较陡，现为林地，植被以杂灌和原始次生阔叶落叶乔木为主，东侧多人工栽植油松。长约 708 米，其间设敌台 3 座，烽火台 1 座，包括李家峪 02 ～ 04 号敌台、李家峪 02 号烽火台。根据保存状况可分为 2 段。

第 1 段：长 350 米。墙体残损较严重，内外侧毛石砌筑墙体，大部分坍塌，墙体宽 3.6 米，外侧残最高 1.28 米，内侧残最高 1.5 米。马道残存少量铺墁青砖。

第 2 段：长 358 米，保存较好。墙顶部宽 4.3 米，内外侧均为毛石砌筑，外侧砖质垛墙基础大部分存在，垛基宽 0.41 米，局部残存垛墙，高 0.8 ～ 1.2 米，马道上荆棘丛生，大部可见青砖铺墁痕迹，碎砖较多，外侧墙体高 3.6 米，内侧高 2.8 ～ 3.3 米。

84. 李家峪长城 3 段 1302273382102170084

位于滦阳镇李家峪村东北约 1.4 千米山脊上，起点坐标：东经 118° 23′ 36.00″，北纬 40° 25′ 12.30″，高程 500 米；止点坐标：东经 118° 23′ 25.00″，北纬 40° 25′ 30.20″，高程 506 米。

处于宽城县与迁西县交界处山脊上，两侧山势较陡，现为林地，植被以杂灌和原始次生阔叶落叶乔木为主，东侧多人工栽植油松。长约 808 米，其间设敌台 2 座、马面 1 座、烽火台 1 座，包括李家峪 05、06 号敌台、李家峪 03 号烽火台、李家峪 02 号马面，根据保存现状分为 2 段。

第 1 段：长 543 米，墙体保存较好，少量墙体坍塌。墙顶部宽 4.1 米，外侧残高 1.2 ～ 4.5 米，内侧残高 0.9 ～ 4.2 米，马道上青砖铺墁痕迹明显，马道外侧个别地段残存垛口墙，高 0.3 ～ 1.6 米，垛口墙宽 0.4 米，局部垛口墙上保存完整的望孔，望孔 0.22 米见方。

第 2 段：长 260 米，保存一般。墙体坍塌严重，残墙宽 3.5 ～ 4.1 米，存高 0.5 ～ 2.5 米。

85. 李家峪长城 4 段 1302273382106170085

位于滦阳镇李家峪村东北约 1.6 千米山脊上，起点坐标：东经 118° 23′ 25.00″，北纬 40° 25′ 30.20″，高程 506 米；止点坐标：东经 118° 23′ 27.10″，北纬 40° 25′ 35.50″，高程 477 米。

处于宽城县与迁西县交界处，所处为险峻山脊，两侧山势较陡，现为荒山林地，植被以杂灌和原始次生阔叶落叶乔木为主，东侧多人工栽植油松。墙体为山险，长约 180 米，保存较好。系直接利用自然山峰、山崖为险，未经人为加工、劈削。

86. 李家峪长城 5 段 1302273382102170086

位于滦阳镇李家峪村东北约 1.8 千米处山崖上，起点坐标：东经 118° 23′ 27.10″，北纬 40° 25′ 35.50″，高程 477 米；止点坐标：东经 118° 23′ 23.00″，北纬 40° 25′ 39.70″，高程 503 米。

处于宽城县与迁西县交界处，所处为险峻山脊，两侧山势较陡，现为荒山林地，植被以杂灌和原始次生阔叶落叶乔木为主，东侧多人工栽植油松。长 165 米，其间设李家峪 07 号敌台。内外均为大块毛石包砌，马道局部可见青砖铺墁。墙体宽 3.7 米，外侧残高 1.5～3.1 米，内侧残高 0.9～2.3 米；外侧残存部分垛口墙，宽 0.45 米，残最高 1.73 米，垛口墙上保存少量望孔，望孔有两种尺寸，分别为宽 0.14 米，高 0.2 米；宽 0.18 米，高 0.2 米。

87. 李家峪长城 6 段 1302273821061 70087

位于滦阳镇李家峪村东北约 1.9 千米山脊上，起点坐标：东经 118° 23′ 23.00″，北纬 40° 25′ 39.70″，高程 503 米；止点坐标：东经 118° 23′ 22.30″，北纬 40° 25′ 40.30″，高程 503 米。

墙体为山险，长约 27 米，保存较好。系利用独立山峰为险，两侧连以石墙，不经人为加工、劈削。

88. 李家峪长城 7 段 1302273821021 70088

位于滦阳镇李家峪村东北约 1.9 千米山峰北侧，起点坐标：东经 118° 23′ 22.30″，北纬 40° 25′ 40.30″，高程 503 米；止点坐标：东经 118° 23′ 08.90″，北纬 40° 26′ 01.40″，高程 638 米。

处于宽城县与迁西县交界处，所处为险峻山脊，两侧山势较陡，现为荒山林地，植被以杂灌和原始次生阔叶落叶乔木为主，东侧多人工栽植油松。长 887 米，其间设敌台 2 座、马面 1 座、烽火台 1 座，包括李家峪 08、09 号敌台、李家峪 03 号马面、李家峪 03 号烽火台。根据建筑形式与保存现状分为 3 段。

第 1 段：长 148 米，墙体保存较好。两侧为大块毛石包砌，中间填碎石，墙体顶部宽 2.8 米，外侧个别地段残存毛石垛口墙，残垛口墙宽 0.8 米，残最高 1.15 米，马道顶部局部可见大块片石铺墁。

第 2 段：长 472 米，墙体保存较好。内外为大块毛石砌筑，墙顶宽 4.2 米，内侧残高 1.2～3.2 米，外侧残高 1.5～4.1 米。马道为青砖铺墁，剥蚀较严重，马道两侧大部残存砖砌垛墙、宇墙基础，局部保存较好。垛口墙宽 0.38 米，残垛口墙最高 1.22 米。墙上保存少量望孔，望孔方形，宽 0.18 米，高 0.22 米。

第三段：长 267 米，保存较差。墙体为块石干槎方式砌筑，间或利用连续小型山崖，山崖间用块石填塞，墙体低矮。残墙宽 0.9～1.5 米，高约 1.3 米。

89. 黄石碴山险 1302273821061 70089

位于滦阳镇李家峪村东北约 2.4 千米，黄石碴主峰东侧 0.8 千米山崖处，起点坐标：东经 118° 23′ 08.90″，北纬 40° 26′ 01.40″，高程 638 米；止点坐标：东经 118° 21′ 11.40″，北纬 40° 25′ 38.80″，高程 546 米。

墙体为山险，长约 2500 米，均利用自然山险，保存较好。

90. 石梯子长城 1302273821021 70090

位于铁门关镇石梯子村北约 1.8 千米山谷内，起点坐标：东经 118° 21′ 32.80″，北纬 40° 20′ 30.70″，高程 280 米；止点坐标：东经 118° 21′ 11.40″，北纬 40° 25′ 38.80″，高程 546 米。

处于宽城县与迁西县交界处，所处为险山峻谷，两侧山势较陡，现为荒山林地，植被以杂灌和原始次生阔叶落叶乔木为主，东侧多人工栽植油松。长 53 米，其间设石梯子 01 号敌台，整体保存一般。墙顶宽约 3 米，残高 1.2 ～ 1.7 米，砌筑方式为两侧用大块毛石包砌，中间填碎石，顶部马道用块石砌筑呈台阶式，顶部残存部分阶梯，阶梯高 0.25 米，宽约 0.6 米，进深约 0.3 米。

91. 石梯子山险 130227382106170091

位于铁门关镇石梯子村北约 1.8 千米山谷内，起点坐标：东经 118° 21′ 30.90″，北纬 40° 25′ 30.10″，高程 316 米；止点坐标：东经 118° 21′ 11.40″，北纬 40° 25′ 38.80″，高程 546 米。

墙体为山险，长 533 米，系利用自然山峰及险峻山脊为险，未经人为加工。

92. 新甸子南山长城 1 段 130227382102170092

位于铁门关镇石梯子村北偏西约 1.9 千米山脊上，起点坐标：东经 118° 21′ 11.40″，北纬 40° 25′ 38.80″，高程 546 米；止点坐标：东经 118° 21′ 03.30″，北纬 40° 25′ 54.40″，高程 562 米。

处于宽城县与迁西县交界处南北走向山脊之上，所处为南北遥相对峙的两峰之间，两侧山势相对较为平缓，现为荒山林地，植被以杂灌和原始次生阔叶落叶乔木为主，东侧多人工栽植油松。长约 538 米，其间设敌台 3 座、烽火台 1 座，包括新甸子南山 01 ～ 03 号敌台、新甸子 01 号烽火台，整体保存一般。墙体内外两侧为大块毛石砌筑，外侧坍塌较多，达 60% 以上，残高 1.8 ～ 2.6 米；内侧墙体保存较外侧墙体略好，残高 1.4 ～ 2.2 米，城墙顶部宽 4.6 米，马道为青砖铺墁，局部保存较好，部分墙体外侧可见垛墙基础，跺墙砖砌，宽约 0.4 米，残高 0.23 ～ 0.6 米。

93. 新甸子南山长城 2 段 130227382106170093

位于宽城县新甸子村东南 1.5 千米处山脊上，起点坐标：东经 118° 21′ 03.30″，北纬 40° 25′ 54.40″，高程 562 米；止点坐标：东经 118° 20′ 59.00″，北纬 40° 25′ 55.70″，高程 616 米。

墙体为山险，长约 158 米，系利用自然山峰为险，未经人为加工改造，保存较好。

94. 新甸子南山长城 3 段 130227382102170094

位于宽城县新甸子村东南 1.5 千米山峰西侧，起点坐标：东经 118° 20′ 59.00″，北纬 40° 25′ 55.70″，高程 616 米；止点坐标：东经 118° 20′ 52.50″，北纬 40° 25′ 54.40″，高程 578 米。

处于宽城县与迁西县交界处东西走向山脊之上，两侧山势较陡，现为荒山林地，植被以杂灌和原始次生阔叶落叶乔木为主，北侧多人工栽植油松。长约 158 米，保存一般。墙体随山势而建，大块毛石干垒，毛石之间用碎石打垫，多已坍塌，少量尚保存较清晰墙体，残墙宽 0.9 ～ 1.2 米，最高约 1.3 米。多数墙体隐没于灌木丛中。

95. 新甸子南山长城 4 段 130227382106170095

位于宽城县新甸子村东南 1.4 千米山脊上，起点坐标：东经 118° 20′ 52.50″，北纬 40° 25′ 54.40″，高程 578 米；止点坐标：东经 118° 20′ 36.20″，北纬 40° 25′ 48.90″，高程 568 米。

墙体为山险，长约 433 米，其间设敌台 1 座、烽火台 1 座，包括新甸子南山 04 号敌台、新甸子 02 号烽火台，均系利用自然山峰为险，保存较好，不经人为加工或劈削。

96. 新甸子南山长城 5 段 130227382102170096

位于宽城县新甸子村南约 1.4 千米处山脊上，起点坐标：东经 118° 20′ 36.20″，北纬 40° 25′ 48.90″，高程 568 米；止点坐标：东经 118° 20′ 30.00″，北纬 40° 25′ 47.90″，高程 529 米。

处于宽城县与迁西县交界处东西走向山脊之上，两侧山势较陡，接近山顶处多陡峭山崖，陡崖以下现为荒山林地，植被以杂灌和原始次生阔叶落叶乔木为主，北侧多人工栽植油松。长约 150 米，保存一般。墙体为内外毛石包砌，中间填碎石。现墙顶宽 3.8 米，外墙高 3.9 米，内高 2.6 米，顶部设施均已不存。

97. 新甸子南山长城 6 段 1302273821061700 97

位于宽城县新甸子村南约 1.5 千米处山脊上，起点坐标：东经 118° 20′ 30.00″，北纬 40° 25′ 47.90″，高程 529 米；止点坐标：东经 118° 20′ 13.40″，北纬 40° 25′ 45.90″，高程 568 米。

墙体为山险，长约 401 米，其间设新甸子 05 号烽火台，保存较好。系利用自然陡峭山峰为险，未经人为加工、劈削。

98. 新甸子南山长城 7 段 1302273821021700 98

位于宽城县新甸子村南 1.6 千米处山脊上，起点坐标：东经 118° 20′ 13.40″，北纬 40° 25′ 45.90″，高程 568 米；止点坐标：东经 118° 20′ 01.30″，北纬 40° 25′ 44.10″，高程 507 米。

处于宽城县与迁西县交界处东西走向山脊之上，两侧山势较陡，接近山顶处多陡峭山崖，陡崖以下现为荒山林地，植被以杂灌和原始次生阔叶落叶乔木为主，北侧多人工栽植油松。长约 302 米，保存较差。墙体均存在不同程度坍塌，多数地段坍塌严重，现状呈碎石垄状，隐没于杂灌与荒草之间，残墙宽 1.6～2.1 米，残高 0.5～1.1 米。

99. 新甸子南山长城 8 段 1302273821061700 99

位于宽城县新甸子村西南 1.7 千米，起点坐标：东经 118° 20′ 01.30″，北纬 40° 25′ 44.10″，高程 507 米；止点坐标：东经 118° 19′ 53.50″，北纬 40° 25′ 45.00″，高程 458 米。

墙体为山险，长约 196 米，系直接利用自然山峰及险峻山脊为险，两端连接墙体，整体保存较好。

100. 新甸子南山长城 9 段 1302273821021701 00

位于宽城县新甸子村西南 1.8 千米处山脊上，起点坐标：东经 118° 19′ 53.50″，北纬 40° 25′ 45.00″，高程 458 米；止点坐标：东经 118° 19′ 50.80″，北纬 40° 25′ 46.00″，高程 462 米。

处于宽城县与迁西县交界处东西走向山脊之上，两侧山势较陡，接近山顶处多陡峭山崖，陡崖以下现为荒山林地，植被以杂灌和原始次生阔叶落叶乔木为主，北侧多人工栽植油松。长约 72 米，其间设新甸子 06 号烽火台，保存一般。内外用大块毛石包砌，中间填碎石、山皮土，顶部马道用片石铺墁，墙宽 3.8 米，外墙高 3.9 米，内高 2.6 米，外侧设石砌垛口墙，现马道铺墁和垛口墙均残毁严重，仅可见遗迹，垛口墙残宽约 0.7 米，残高约 0.15 米。

101. 新甸子南山长城 10 段 1302273821061701 01

位于宽城县新甸子村西南 1.8 千米处山脊上，起点坐标：东经 118° 19′ 50.80″，北纬 40° 25′ 46.00″，高程 462 米；止点坐标：东经 118° 19′ 37.40″，北纬 40° 25′ 43.50″，高程 361 米。

墙体为山险，长约 326 米，保存较好，系直接利用自然山峰及峰谷间险峻山脊为险，未经人为加工、劈削。

102. 新甸子南山长城 11 段 130227382102170102

位于宽城县新甸子村西南 2 千米山脊上，起点坐标：东经 118° 19′ 37.40″，北纬 40° 25′ 43.50″，高程 361 米；止点坐标：东经 118° 19′ 32.40″，北纬 40° 25′ 44.90″，高程 357 米。

处于宽城县与迁西县交界处东西走向山脊之上，两侧山势较陡，接近山顶处多陡峭山崖，陡崖以下现为荒山林地，植被以杂灌和原始次生阔叶落叶乔木为主，北侧多人工栽植油松。长约 138 米，其间设敌台 2 座，包括新甸子南山 05、06 号敌台，新甸子南山 06 号敌台西南 25 米垛墙内侧设二处石碑龛，根据保存现状分为 2 段。

第 1 段：长约 77 米，保存较好。毛石墙体，墙体宽 3.85 米，外侧最高 6.22 米，内侧高 1 米，外侧垛墙保存较好，垛墙高 1.9 米，垛口宽 0.58 米，高 0.9 米，厚 0.65 米，垛墙白灰馒头顶，马道用片石铺墁，现已为荒草覆盖。

第 2 段：长 61 米，保存较好。墙体大块毛石双侧包砌，中间以碎石填芯，墙顶部宽 3.85 ～ 4.3 米，外侧最高 6 余米，内侧高 1 米左右，外侧残存石砌垛墙遗迹，马道用片石铺墁，现已为荒草覆盖。

103. 新甸子南山长城 12 段 130227382106170103

位于宽城县新甸子村西南 2.1 千米，起点坐标：东经 118° 19′ 32.40″，北纬 40° 25′ 44.90″，高程 357 米；止点坐标：东经 118° 19′ 25.80″，北纬 40° 25′ 44.50″，高程 296 米。

墙体为山险，长约 157 米，均为自然山峰与峻峭山脊相间，无人为加工，保存较好。

104. 横城子长城 1 段 130227382102170104

位于宽城县新甸子村西南约 2.2 千米山脊上，起点坐标：东经 118° 19′ 25.80″，北纬 40° 25′ 44.50″，高程 296 米；止点坐标：东经 118° 19′ 22.10″，北纬 40° 25′ 44.40″，高程 256 米。

处于宽城县与迁西县交界处东西走向山脊之上，两侧山势较陡，北侧接近山顶处多陡峭山崖，陡崖以下现为荒山林地，植被以杂灌和原始次生阔叶落叶乔木为主，多人工栽植油松，南侧为陡崖，崖下为水库库区。墙体长约 88 米，其间设横城子 01 号敌台，整体保存较好。墙体内外为毛石包砌大块，中间以碎石及山皮土分层砌筑，墙顶马道用片石铺墁，内侧设宇墙，外设垛口墙，均为块石砌筑。墙顶宽 3.85 ～ 4.56 米，外侧墙体含垛口墙通高 5.74 ～ 6.1 米，垛口墙高 1.84 ～ 1.87 米，厚 0.55 米，白灰馒头顶，保存完整约 15 米，垛墙下设望孔，现存 4 个望孔，均残，垛口宽 0.57 米，高 0.53 米，垛口墙与墙体之间设石板檐；内侧残存石砌宇墙，厚 0.42 米，残高 0.3 ～ 0.5 米。

105. 横城子长城 2 段 130227382103170105

位于宽城县新甸子村西南约 2.3 千米处山脊上，起点坐标：东经 118° 19′ 22.10″，北纬 40° 25′ 44.40″，高程 256 米；止点坐标：东经 118° 19′ 17.10″，北纬 40° 25′ 44.40″，高程 241 米。

处于宽城县与迁西县交界处东西走向山脊之上，两侧山势较陡，北侧接近山顶处多陡峭山崖，陡崖以下现为荒山林地，植被以杂灌和原始次生阔叶落叶乔木为主，多人工栽植油松，南侧为陡崖，崖下为水库库区。长 120 米，其间设横城子 02 号敌台，整体保存较差。墙基为条石基础，可见条石 2 ～ 4 层，高 0.7 ～ 1.55 米，墙体内外侧均用青砖包砌，包砖酥碱、脱落严重，其中包砖坍塌 26 米。现墙顶宽 3.8 米，最高 5.96 米，包砖厚 0.78 米，墙顶马道铺墁青砖残毁，宇墙、垛口墙均已不存。

106. 横城子长城 3 段 130227382102170106

位于宽城县新甸子村西南约 2.4 千米处山脊上，起点坐标：东经 118° 19′ 17.10″，北纬 40° 25′ 44.40″，高程 241 米；止点坐标：东经 118° 19′ 08.10″，北纬 40° 25′ 42.80″，高程 206 米。

处于宽城县与迁西县交界处东西走向山脊之上，两侧山势较陡，南、北侧均为陡崖，崖下即为水库，横城子 02 号敌台西侧 18 米处，墙间有一条宽 5.4 米的小路穿墙而过，原为旅游开发中拆墙而建，后被文物部门勒令停止。长约 242 米，其间设敌台 2 座、烽火台 1 座，包括横城子 04、05 号敌台，横城子 01 号烽火台。根据保存现状分为 3 段。

第 1 段：长约 35 米，整体保存一般。外侧坍塌严重，内侧高 4.4 米，保存较完整，墙残宽约 4.5 米，顶部设施均无存。

第 2 段：长 189 米，保存较好。墙顶宽 3.26～4.26 米，外侧高 5.28～6.17 米，残存毛石砌筑跺墙遗迹，毛石垛墙厚 1.35 米，垛墙残高 0.4 米，顶部残存墁地方砖。

第 3 段：长约 18 米，保存极差。仅存墙基。

107. 喜峰口长城支线 1 段 130227382102170107

位于滦阳镇喜峰口城东北约 1.7 千米，新甸子 02 号烽火台南侧约 90 米山崖下，起点坐标：东经 118° 20′ 38.80″，北纬 40° 25′ 47.20″，高程 521 米；止点坐标：东经 118° 20′ 36.80″，北纬 40° 25′ 35.00″，高程 520 米。

处于喜峰口城东北 1.7～1.4 千米处南北走向山脊之上，两侧山势较陡，接近山顶处多陡峭山崖，陡崖以下现为荒山林地，植被以杂灌和原始次生阔叶落叶乔木为主。长 334 米，其间设烽火台 2 座，包括新甸子 03、04 号烽火台，整体保存一般。内、外为大块毛石干垒，中间用碎石填芯，墙体大部分坍塌，局部稍好。现存墙体外侧残高 0.5～2.7 米，内侧残高 0.3～2.9 米，宽约 2.8 米。

108. 喜峰口长城支线 2 段 130227382102170108

位于滦阳镇喜峰口城北约 1.1 千米山崖下，起点坐标：东经 118° 20′ 08.10″，北纬 40° 25′ 39.90″，高程 413 米；止点坐标：东经 118° 19′ 44.20″，北纬 40° 25′ 28.20″，高程 280 米。

处于喜峰口城北侧东北—西南走向山脊之上，两侧山势较缓，现多为荒山林地，植被以杂灌和原始次生阔叶落叶乔木为主。长 1032 米，其间设烽火台 1 座、谎城 1 座，包括喜峰口 01 号烽火台、喜峰口谎城。根据保存现状分为 2 段。

第 1 段：长 400 米，保存一般。墙体已完全坍塌，现状为石垄状，小段落存墙基，墙基宽 2.67～3.2 米，残高 0.5～1.1 米。

第 2 段：长约 632 米，保存较差。借用山脊岩石，岩石之间用石块砌短墙填塞。

109. 喜峰口长城支线 3 段 130227382102170109

位于滦阳镇喜峰口谎城东北约 870 米处山崖下，起点坐标：东经 118° 19′ 58.80″，北纬 40° 25′ 40.00″，高程 370 米；止点坐标：东经 118° 19′ 49.10″，北纬 40° 25′ 32.30″，高程 241 米。

处于潘建口水库东南部低山山谷北侧，西侧即为潘家口水库库区。长约 350 米，保存较差。墙体为毛石砌筑，均已坍塌，砌筑方式不清，部分段落仅存少量墙基，残墙宽 2.6～3.5 米，残高 0.7～1.3 米。

110. 喜峰口长城 130227382103170110

位于横城子 03 号至横城子 04 号敌台之间墙体南侧山崖之下，起点现已被水库淹没，具体地点不详；止点在喜峰口南侧喜峰口西山 01 号敌台东北约 25 米处（墙体出水处），止点坐标：东经 118° 19′ 17.70″，北纬 40° 25′ 33.70″，高程 205 米。

处于喜峰口滦河河道处，均被潘家口水库淹没，段长约 310 米，保存状况及其他情况均不详。

111. 喜峰口西山长城 1 段 130227382103170111

位于喜峰口南侧喜峰口西山 01 号敌台东北约 25 米处（墙体出水处），起点坐标：东经 118° 19′ 17.70″，北纬 40° 25′ 33.70″，高程 205 米；止点坐标：东经 118° 19′ 11.90″，北纬 40° 25′ 18.90″，高程 303 米。

处于喜峰口西山北麓，所处为较陡山脊，墙体两侧现均为荒山林地，植被以杂灌和原始次生阔叶落叶乔木为主。长约 509 米，其间设敌台 4 座，包括喜峰口西山 01 ～ 04 号敌台，整体保存较好。底部可见 3 ～ 4 层条石基础，高 1.05 ～ 1.4 米，均为内外包装墙体，墙宽 4.4 ～ 4.85 米，墙高 3.9 ～ 4.5 米，包砖厚 0.98 米，包砖风化酥碱严重。墙顶设施不存。马道残存铺墁青砖及三合土。

该段长城现被当作旅游资源利用，长城本体未做任何保护措施，长城西侧建有十余个简易蒙古包和为拍摄影片《鬼子来了》搭建的炮台、草房等，现均被作为旅游设施利用。长远来看，旅游的过度开发可能是造成长城不可预测的破坏的潜在因素。

112. 喜峰口西山长城 2 段 130227382102170112

位于喜峰口南侧 500 米山腰处，起点坐标：东经 118° 19′ 11.90″，北纬 40° 25′ 18.90″，高程 303 米；止点坐标：东经 118° 18′ 54.60″，北纬 40° 25′ 09.10″，高程 464 米。

处于喜峰口西山山脊处，墙体随山脊而建，两侧山体较陡，现均为荒山林地，植被茂盛，主要以杂灌及原始次生落叶乔木为主。长约 919 米，其间设敌台 6 座，包括喜峰口西山 05 ～ 10 号敌台。根据保存现状分为 4 段。

第 1 段：长 347 米，保存一般。墙体两侧用块石包砌，中间用碎石填砌，顶部用片石铺墁，现大部分墙体保存，但均存在不同程度坍塌，局部残存石砌垛口墙。墙顶宽 1.5 ～ 2.36 米，残高 0.8 ～ 2.6 米，残存垛墙厚 0.7 米，残高约 0.4 米。

第 2 段：长 340 米，保存较差。墙体均为小块毛石干槎方式砌筑，坍塌损毁严重，多数仅存残迹，局部尚可见到较清晰墙体，墙宽 1.2 ～ 1.5 米，残高 0.4 ～ 0.9 米。

第 3 段：长 154 米，地面墙体大部分消失，部分可见残基。

第 4 段：长 78 米，保存较差。墙体毛石干槎方式砌筑，已坍塌，仅存墙基。

113. 小喜峰口长城 130227382106170113

位于小喜峰口东侧山腰处，闸扣 01 号烽火台东侧约 44 米，起点坐标：东经 118° 18′ 54.60″，北纬 40° 25′ 09.10″，高程 464 米；止点坐标：东经 118° 18′ 40.40″，北纬 40° 25′ 09.20″，高程 210 米。

处于闸扣村北山谷处，两侧利用山险，长约 364 米，其间设敌台 2 座，包括小喜峰口 02、03 号敌台，中间山谷处原建有关口，现已被水库淹没，保存状况不清。

114. 潘家口水库南山长城 130227382106170114

位于滦阳镇闸扣村西北约 700 米山崖下，起点坐标：东经 118° 18′ 40.40″，北纬 40° 25′ 09.20″，高程 210 米；止点坐标：东经 118° 16′ 33.80″，北纬 40° 25′ 15.00″，高程 331 米。

位于潘家口水库库区南山山脊上，两侧山体陡峭，山脊多险峰。植被以杂灌和落叶阔叶乔木为主。长约 3397 米，其间设敌台 3 座，包括闸扣 01、02 号敌台，下走马哨 01 号敌台，系利用自然山峰、山脊，未经人为加工，保存较好。

115. 上走马哨长城 130227382102170115

位于滦阳镇下走马哨村北约 500 米，起点坐标：东经 118° 16′ 33.80″，北纬 40° 25′ 15.00″，高程 331 米；止点坐标：东经 118° 15′ 55.70″，北纬 40° 25′ 22.80″，高程 207 米。

处于宽城县与迁西县交界处，所处为低山，北侧临水，南为缓坡，两侧现为荒山林地，植被以杂灌及原始次生落叶阔叶林为主。长约 953 米，其间设敌台 2 座、烽火台 1 座，包括下走马哨西山 01、02 号敌台，下走马哨 01 号烽火台。根据保存现状分为 3 段。

第 1 段：长约 61 米，保存较差。已大部坍塌，仅毛石基础，残墙宽 3.5 米，高 1 ～ 1.6 米。

第 2 段：长约 155 米，保存一般。内侧墙体大部分坍塌，外侧墙体保存相对较好，约 25% 坍塌。少段落保存完整，顶宽 3.9 米、内高 2.8 ～ 4 米、外高 3.1 ～ 4.7 米。少量墙顶马道尚保存铺墁青砖残迹。

第 3 段：长约 737 米，保存差。全部坍塌成碎石埂状，只存基址。可见宽 2.5 ～ 3 米，多已隐没于杂灌之中。

116. 潘家口长城 1 段 130227382103170116

位于滦阳镇上走马哨村北约 400 米，起点坐标：东经 118° 15′ 55.70″，北纬 40° 25′ 22.80″，高程 207 米；止点坐标：东经 118° 16′ 10.60″，北纬 40° 25′ 47.10″，高程 196 米。

处于潘家口处山谷中，长约 830 米，现已被水库淹没，保存状况不清。

117. 潘家口长城 2 段 130227382103170117

位于滦阳镇上走马哨村北约 400 米，起点坐标：东经 118° 16′ 10.90″，北纬 40° 25′ 55.70″，高程 202 米；止点坐标：东经 118° 15′ 24.10″，北纬 40° 25′ 48.50″，高程 203 米。

长约 1100 米，现已被水库淹没，保存状况不清。

118. 潘家口北山长城 1 段 130227382102170118

位于宽城县潘家口北山东南侧山下水库内，起点坐标：东经 118° 16′ 10.60″，北纬 40° 25′ 47.10″，高程 196 米；止点坐标：东经 118° 15′ 50.20″，北纬 40° 26′ 11.70″，高程 380 米。

双侧包砖，中间用碎石、杂土分层垒砌，马道用青砖铺墁。外侧设垛口墙，内侧设宇墙，山势陡峭地段，马道采用阶梯式结构。长约 1221 米，其间设敌台 6 座，包括潘家口 01 ～ 06 号敌台。根据保存现状分为 3 段。

第 1 段：长约 160 米，保存一般。位于水库边缘，水位高时长城多被淹没，显露出水面，外墙包砖酥碱、剥蚀严重，残高 5.8 米，包砖厚 0.6 米，底部可见一层条石，内墙大部坍塌，顶部残宽 0.6 ～ 2.8 米，局部可见青砖海墁。

第 2 段：长约 659 米，保存较好。内外包砖保存较好，包砖厚 0.7 米，墙宽 4.2 米，外侧高 4.2 ～ 5.8 米，内侧高 1.2 ～ 4.4 米。墙顶内外侧均设垛口墙、大部分保存，跺墙宽 0.46 米，存高 0.25 ～ 1.6 米，垛墙上保存完整射孔，宽 0.4 米，高 0.32 米，拱券由两块方砖磨制对接，券拱高 0.22 米，进深 0.52 米，券砖长 0.67 米，宽 0.34 米；内侧垛口墙为砖砌，宽 0.45 米，残高 0.12 ～ 0.5 米，有少量完整射孔保存，望孔高 0.22 米，宽 0.17 米。

潘家口 06 号敌台东侧约 125 米处起至潘家口 06 号敌台之间，青砖铺墁马道改为阶梯式，局部保存较好，踏步高 0.23 ～ 0.34 米，宽 0.23 ～ 0.29 米。

119. 潘家口北山长城 2 段 1302273382106170119

位于潘家口西北约 700 米山脊上，起点坐标：东经 118° 15′ 53.60″，北纬 40° 26′ 10.80″，高程 374 米；止点坐标：东经 118° 15′ 46.30″，北纬 40° 26′ 12.60″，高程 442 米。

墙体为山险，长 100 米，其间设潘家口 07 号敌台，保存较好，整体利用自然山峰为险，未经人为加工，改建。

120. 潘家口北山长城 3 段 1302273382103170120

位于潘家口北约 1 千米山顶，起点坐标：东经 118° 15′ 46.30″，北纬 40° 26′ 12.60″，高程 442 米；止点坐标：东经 118° 15′ 44.70″，北纬 40° 26′ 14.30″，高程 444 米。

处于宽城县与迁西县交界处，长城由潘家口水库北侧露出水面，沿山脊延伸。所处山体险峻陡峭，多生杂灌及原始次生落叶阔叶乔木。长约 65 米，保存较好。为双侧包砖墙体，墙宽 2.5 米，外墙残高 1.9 ～ 5 米，内墙残高 2.2 ～ 4.4 米，内侧墙体发现两个残石沟嘴，外出墙已折。外侧垛墙及内侧宇墙残存，垛墙宽 0.4 米，高 0.6 ～ 1.2 米，部分可见残望孔。宇墙宽 0.45 米，残高 0.3 ～ 0.5 米。潘家口 07 号敌台西北约 30 米处墙体内侧残存一登城券门，券门宽 1 米，厚 0.45 米，西侧墙残高 0.86 米，东侧墙残高 0.28 米。

121. 潘家口北山长城 4 段 1302273382106170121

位于潘家口村北 1 千米山顶，起点坐标：东经 118° 15′ 44.70″，北纬 40° 26′ 14.30″，高程 444 米；止点坐标：东经 118° 15′ 38.30″，北纬 40° 26′ 18.80″，高程 487 米。

墙体为山险，长约 210 米，其间设潘家口 08 号敌台，保存较好。

122. 潘家口北山长城 5 段 1302273382103170122

位于潘家口村北约 1.1 千米山烽北侧，起点坐标：东经 118° 15′ 38.30″，北纬 40° 26′ 18.80″，高程 487 米；止点坐标：东经 118° 15′ 33.70″，北纬 40° 26′ 19.90″，高程 451 米。

处于宽城县与迁西县交界处，长城所处山体险峻陡峭，多生杂灌及原始次生落叶阔叶乔木。长约 120 米，其间设潘家口 09 号敌台，均为包砖墙体，保存较好。墙顶宽 3.1 米，外墙残高 2.5 ～ 5 米，内墙残高 2.2 ～ 4.4 米，外侧垛墙厚 0.43 米，垛墙高 0.9 ～ 1.7 米，垛口宽 0.43 米，部分望孔完好，长方形，宽 0.17 米，高 0.22 米；内侧宇墙残高 0.3 ～ 0.55 米。马道局部可见青砖海墁。

123. 潘家口北山长城 6 段 1302273382106170123

位于潘家口村北约 1.1 千米山峰北侧山脊上，起点坐标：东经 118° 15′ 33.70″，北纬 40° 26′ 19.90″，高程 451 米；止点坐标：东经 118° 15′ 30.00″，北纬 40° 26′ 24.30″，高程 450 米。

墙体为山险，长约 263 米，保存较好。所处山峰陡峻，未经人为加工。

124. 潘家口北山长城 7 段 130227382102170124

位于潘家口村西北约 1.2 千米山脊处，起点坐标：东经 118° 15′ 30.00″，北纬 40° 26′ 24.30″，高程 450 米；止点坐标：东经 118° 15′ 28.20″，北纬 40° 26′ 26.80″，高程 448 米。

处于宽城县与迁西县交界处，长城所处山体险峻陡峭，多生杂灌及原始次生落叶阔叶乔木。长约 88 米，块石干插方式砌筑，墙体宽 0.9 ～ 1.1 米，高 0.8 ～ 1.5 米，自然坍塌较重，保存较差。

125. 关场西山长城 130227382106170125

位于潘家口村西北约 1.3 千米山脊上，起点坐标：东经 118° 15′ 28.20″，北纬 40° 26′ 26.80″，高程 448 米；止点坐标：东经 118° 14′ 47.10″，北纬 40° 27′ 33.80″，高程 377 米。

墙体为山险，长 2814 米，其间设敌台 9 座，包括潘家口 10 号敌台、小河口 01 ～ 08 号敌台均系利用连续山峰、陡峻山脊为险，不经人为加工而成，保存较好。

126. 小河口长城 1 段 130227382102170126

位于宽城县独石沟乡小河口村南偏西约 700 米，起点坐标：东经 118° 14′ 47.10″，北纬 40° 27′ 33.80″，高程 377 米；止点坐标：东经 118° 14′ 38.50″，北纬 40° 27′ 38.90″，高程 430 米。

处于潘家口水库西侧深山之中，由于多年封闭，山体林木茂密，主要植被以原始次生阔叶落叶乔木及杂灌为主。长约 285 米，其间设敌台 3 座、马面 1 座，包括小河口 09 ～ 11 号敌台、小河口 01 号马面，墙体为石砌。根据保存现状及建筑方式分为 2 段。

第 1 段：长 235 米，保存一般。约 40% 坍塌较重，其余墙体也有不同程度坍塌，墙宽 1.9 ～ 2.3 米，残墙最高约 1.7 米，墙体为两侧用大块毛石包砌，中间用碎石、杂土分层垒砌，墙顶马道铺砌方式不清。

第 2 段：长 50 米，保存较差。墙体用小块毛石干槎方式砌筑，墙体较窄且低矮，结构粗糙，多已坍塌，墙顶宽约 0.9 米，残高 0.4 ～ 1 米。

127. 小河口长城 2 段 130227382106170127

位于宽城县独石沟乡小河口村西南 1 千米处山脊上，起点坐标：东经 118° 14′ 38.50″，北纬 40° 27′ 38.90″，高程 430 米；止点坐标：东经 118° 13′ 47.30″，北纬 40° 27′ 10.40″，高程 221 米。

墙体为山险，长约 2415 米，其间设敌台 6 座，包括小河口西 01、02 号敌台，扁台子 01 ～ 04 号敌台，均系利用连续山峰和险峻山脊为险，不经人为加工改造，保存较好。

128. 爬虎堂长城 130227382102170128

位于宽城县独石沟乡爬虎堂村东南约 1.2 千米，起点坐标：东经 118° 13′ 47.30″，北纬 40° 27′ 10.40″，高程 221 米；止点坐标：东经 118° 13′ 41.20″，北纬 40° 27′ 11.80″，高程 199 米。

处于宽城县与迁西县交界处，所处为南北向山谷，长城两侧现多为农用耕地。长约 180 米，其间设爬虎堂 01 号敌台。根据保存现状分为 3 段。

第 1 段：长 47 米，保存较差。残墙宽 3.2 米，残高 2.7 米，外侧为耕地，内侧为陡崖。

第 2 段：长 26 米，现为河道，墙体消失。

第 3 段：长 107 米，保存较差。宽 3.4 米，外侧高 3.2 米，内侧与耕地平，外侧为陡崖。

129. 大顶岗长城 130227382106170129

位于宽城县独石沟乡爬虎堂村东南约 1.2 千米，起点坐标：东经 118° 13′ 41.20″，北纬 40° 27′ 11.80″，高程 199 米；止点坐标：东经 118° 10′ 34.90″，北纬 40° 26′ 10.40″，高程 275 米。

墙体为山险，长约 4810 米，其间设爬虎堂 02 号敌台，均利用自然山峰和险峻山脊为险，未经人为加工和修整，整体保存较好。

130. 东城峪长城 1 段 130227382102170130

位于潘家口村西约 100 米，起点坐标：东经 118° 15′ 24.10″，北纬 40° 25′ 48.50″，高程 203 米；止点坐标：东经 118° 15′ 17.10″，北纬 40° 26′ 01.00″，高程 370 米。

长约 560 米，其间设马面 3 座，包括东城峪 01 ～ 03 号马面。根据保存现状和建筑形制分为 3 段。

第一段：长 106 米，墙体只存墙基，保存较差。东城峪 01 号马面东南约 5 米处，长城墙体向东岔出约 50 米，保存较差。

第二段：长 186 米，整体保存较好。墙体宽 2.7 米，高 2.32 米，部分墙体外侧残存垛口墙，垛口墙高 0.45 米，厚 0.8 米，顶部马道用片石铺墁，因所处地势抬升较大，大部分马道为阶梯式。

第三段：长 268 米，整体保存较差。墙体为块石包砌，坍塌较严重，墙顶马道用片石铺墁，呈阶梯式，每级阶梯长 1.3 ～ 3.2 米，高 1.3 ～ 1.8 米，宽 1 ～ 1.3 米。

131. 东城峪长城 2 段 130227382106170131

位于东莲花院镇东城峪村东约 1 千米山险起点处，起点坐标：东经 118° 15′ 17.10″，北纬 40° 26′ 01.00″，高程 370 米；止点坐标：东经 118° 15′ 16.40″，北纬 40° 26′ 03.30″，高程 396 米。

墙体为山险，长 77 米，均系利用自然山峰和险峻山脊为险，保存较好。

132. 东城峪长城 3 段 130227382102170132

位于东莲花院镇东城峪村东约 1 千米，起点坐标：东经 118° 15′ 16.40″，北纬 40° 26′ 03.30″，高程 396 米；止点坐标：东经 118° 14′ 38.20″，北纬 40° 25′ 56.20″，高程 274 米。

处于迁西县西城峪乡东城峪村东侧山麓处，现山谷处长城已被水库淹没，东城峪村也因水库搬迁，长城由水库出水后沿南北走向山脊延伸，两侧植被以原始次生落叶阔叶乔木为主，且多生杂灌。长 973 米，其间设东城峪 01 号烽火台。根据保存情况分为 5 段。

第 1 段：长 132 米，整体保存较差。阶梯长 1.3 ～ 3.2 米，高 1.3 ～ 1.8 米，坍塌严重。

第 2 段：长 129 米，整体保存一般。墙顶宽 1.57 米，高 4.3 米，墙顶外侧残存垛口墙，垛口墙高 1.3 ～ 1.7 米，厚 0.53 米。

第 3 段：长 212 米，整体保存较好。大部分为阶梯式墙体，墙顶宽 2.7 米，墙体最高 2.32 米，墙顶外侧残存部分垛口墙，垛口墙残高 0.45 米，厚 0.8 米，墙顶马道可见铺墁石板。

第 4 段：长 86 米，墙体破坏严重，只存断续墙基，保存较差。

第 5 段：长 414 米，全部被水淹没，保存状况不清。

133. 杏树洼长城 130227382102170133

位于东莲花院镇东城峪村西约 200 米，起点坐标：东经 118° 14′ 38.20″，北纬 40° 25′ 56.20″，高程 274 米；止点坐标：东经 118° 14′ 55.10″，北纬 40° 25′ 59.80″，高程 204 米。

处于迁西县西城峪村与东城峪村之间的山脊上，东侧起于水库北部边缘，长城由水库出水后沿东北—西南走向山脊延伸，两侧植被以原始次生落叶阔叶乔木为主，且多生杂灌。长 4035 米，其间设敌台 3 座、烽火台 4 座、马面 1 座，包括东城峪 01 号敌台、杏树洼 01 号敌台、西城峪 01 号敌台，西城峪 01 ~ 03 号烽火台、三台山 01 号烽火台，杏树洼 01 号马面。根据保存情况分为 8 段。

第 1 段：长 1842 米，整体保存较差。墙体为双侧块石包砌，中间填碎石，墙顶马道用片石铺墁。现毛石墙大部分坍塌，残墙宽 2.9 米，残高 2.7 ~ 3.27 米，部分段落残存石砌残垛口墙，垛口墙厚 1 米，残高 0.3 ~ 0.6 米。

第 2 段：长 157 米，保存较好。墙体宽 2.9 ~ 3.4 米，残高 1.7 ~ 2.93 米，垛墙残高 0.2 米，厚 0.9 米，墙顶残有部分墁地石板。

第 3 段：长 372 米，整体保存较差。墙体为双侧块石包砌，中间填碎石，现毛石墙大部分坍塌，顶部铺墁形式不清，残墙宽 3 米，残高约 1.5 ~ 2.7 米。

第 4 段：长 490 米，墙体保存较差，多数段落不同程度坍塌。墙体为双侧块石包砌，中间碎石填芯，因坍塌严重，顶部马道铺墁形式及设施情况不清。现残墙宽 3 ~ 3.5 米，高 1.7 ~ 2.65 米。

第 5 段：长 316 米，墙体地上部分大部分消失，仅部分地段隐约可见残墙遗迹，整体保存差。

第 6 段：长 43 米，整体保存较差。墙体为双侧块石包砌，中间填碎石，多已坍塌；因坍塌严重，顶部马道铺墁形式及墙上设施情况不清。现残墙宽 3 米左右，残最高约 2.4 米。

第 7 段：长 182 米，墙体地表部分大部分消失，仅部分地段可见残墙遗迹。

第 8 段：长 633 米，墙体保存较好。墙体顶部宽 2.9 ~ 3.5 米，高 2.1 ~ 2.96 米。墙体为双侧块石包砌，中间填碎石，墙面白灰勾缝，马道用青砖铺墁，铺墁青砖多已不存，墙顶外侧残存少量垛口墙。

134. 西城峪长城 1 段 130227382301170134

位于东莲花院镇西城峪村北约 510 米，起点坐标：东经 118° 14′ 55.10″，北纬 40° 25′ 59.80″，高程 204 米；止点坐标：东经 118° 12′ 53.90″，北纬 40° 25′ 14.40″，高程 246 米。

长 583 米，其间设敌台 2 座，包括西城峪 02、03 号敌台，全段长城均已被村民拆毁或被洪水冲毁，墙体均已消失。该处原建有水关，调查中仅根据村民介绍，初步确定关门位置，但地表已无任何遗迹可循。

135. 西城峪长城 2 段 130227382102170135

位于东莲花院镇西城峪村南约 180 米，起点坐标：东经 118° 12′ 53.90″，北纬 40° 25′ 14.40″，高程 246 米；止点坐标：东经 118° 12′ 28.70″，北纬 40° 24′ 52.90″，高程 413 米。

现墙体两侧均为农田或林地，植被以杂灌及人工栽植油松为主。全长 1172 米。根据保存现状分为 8 段。

第 1 段：长 355 米，整体保存差。南北走向，只存墙基，两侧为耕地；残高 0.87 米，宽 4.2 米。

第 2 段：长 238 米，整体保存较好。墙体高 3.16 米，顶部宽 3.2 米，马道为青砖铺墁，顶部看见残留墁地青砖，墙体外侧残存少量垛口墙，残高 0.2～0.5 米，马道上多生杂草、灌木。

第 3 段：长 26 米，坍塌严重，整体保存差。

第 4 段：长 22 米，内侧坍塌，整体保存一般。

第 5 段：长 228 米，整体保存较好。墙体双侧块石包砌，内外墙面白灰勾缝，马道用青砖铺墁，垛口墙为青砖砌筑，均已不存，仅残存部分碎砖，墙顶宽 3.15 米，最高 3.4 米。墙顶长有杂草、灌木和油松，北侧为人工油松林。

第 6 段：长 41 米，整体保存一般。外侧坍塌，墙顶宽 3.15 米，最高 3.4 米。

第 7 段：长 220 米，整体保存较好。墙体双侧块石包砌，内外墙面白灰勾缝，顶部残有少量铺墁青砖，垛口墙青砖砌筑，均不存，墙顶宽 3.66 米，最高 3.06 米。

第 8 段：长 42 米，外侧坍塌严重，整体保存一般。

136. 石家口长城 130227382106170136

位于东莲花院镇西城峪村南约 180 米，起点坐标：东经 118° 12′ 53.90″，北纬 40° 25′ 14.40″，高程 246 米；止点坐标：东经 118° 12′ 24.30″，北纬 44° 02′ 44.09″，高程 410 米。

墙体为山险，长 115 米，均利用自然山险及山脊，未经人为加工，整体保存较好。

137. 岔沟长城 1 段 130227382102170137

石家口村北偏西约 1 千米处山险终点，起点坐标：东经 118° 12′ 24.30″，北纬 44° 02′ 44.09″，高程 410 米；止点坐标：东经 118° 11′ 56.70″，北纬 40° 24′ 43.80″，高程 419 米。

处于迁西县岔沟村北约 1.2 千米处山脊上，现墙体两侧均为林地，南侧植被以杂灌为主，北侧多人工栽植油松。长 719 米，墙体均为双侧块石包砌，中间填碎石，顶部施三合土，上部铺墁形式不清，垛口墙均已不存。墙顶宽 2.9～3.5 米，墙体高 2～3.1 米。根据保存现状分为 8 段。

第 1 段：长 56 米，墙体内侧自然坍塌严重，整体保存一般。

第 2 段：长 26 米，整体保存较好。墙体宽 3.4 米，高 2.65 米，垛墙不存，墙顶长满杂草，北侧为油松林。

第 3 段：长 36 米，整体保存一般。内外墙体坍塌较重，少数段落上可见较完整墙体，墙宽 3.5 米左右，高 2.2～2.8 米。

第 4 段：长 229 米，墙顶宽 3.2 米，墙体最高 2.74 米，内外墙面白灰勾缝，顶部可见残存的三合土，整体保存较好。

第 5 段：长 41 米，整体保存一般。内侧坍塌严重，墙顶宽 3.35 米，墙体残高 2.1～2.6 米，局部可见残存的三合土。

第 6 段：长 21 米，整体保存较好。墙宽 2.95 米，高 3.32 米，顶部可见三合土。

第 7 段：长 45 米，内侧坍塌较严重，整体保存一般。

第 8 段：长 265 米，整体保存较好。墙顶部宽 3.7 米，最高 3.11 米，顶部可见三合土。

138. 岔沟长城 2 段 130227382106170138

位于汉儿庄镇岔沟村西北 1.2 千米处山险起点处，起点坐标：东经 118° 11′ 56.70″，北纬

40° 24′ 43.80″，高程 419 米；止点坐标：经 118° 11′ 56.70″，北纬 40° 24′ 43.80″，高程 419 米。

墙体为山险，长 90 米，均系利用自然山峰、山脊为险，未经人为加工改造，整体保存较好。

139. 岔沟长城 3 段 130227382102020139

位于汉儿庄镇岔沟村西北约 1.25 千米处山险终点，起点坐标：东经 118° 11′ 56.70″，北纬 40° 24′ 43.80″，高程 419 米；止点坐标：东经 118° 11′ 52.70″，北纬 40° 24′ 42.10″，高程 407 米。

长 20 米，整体保存差。块石砌筑墙体均已坍塌，现状呈碎石垄状，具体尺寸不清。

140. 漆棵岭长城 1 段 130227382106170140

位于汉儿庄镇漆棵岭村南偏东约 1.2 千米山脊处，起点坐标：东经 118° 12′ 03.90″，北纬 40° 24′ 47.00″，高程 439 米；止点坐标：东经 118° 11′ 30.30″，北纬 40° 24′ 50.90″，高程 251 米。

墙体为山险，长 900 米，其间设漆棵岭 01 号敌台，利用黑河及黑河两侧自然山峰及山脊为险，均未经人为改建，整体保存较好。

141. 漆棵岭长城 2 段 130227382102170141

位于汉儿庄镇黑河东侧山崖顶部，起点坐标：东经 118° 11′ 52.70″，北纬 40° 24′ 42.10″，高程 407 米；止点坐标：东经 118° 11′ 28.40″，北纬 40° 24′ 40.90″，高程 174 米。

长 58 米，其间设漆棵岭 01 号马面，整体保存一般。大部分存在不同程度坍塌，小部分保存较好，墙体顶部宽 2.3 米，北侧墙体约 30% 坍塌，墙体残高 1.7 ～ 2.6 米，南侧墙体中间部位高约 2.9 米。

142. 三台山水关长城 130227382199170142

位于汉儿庄镇三台山村东北约 800 米处，承栗公路西侧，起点坐标：东经 118° 11′ 28.40″，北纬 40° 24′ 40.90″，高程 174 米；止点坐标：东经 118° 11′ 27.40″，北纬 40° 24′ 39.50″，高程 214 米。

处于黑河主河道及两侧陡崖，长约 610 米，其两侧陡崖长约 521 米，黑河河道宽 89 米，现水关已不存。

143. 三台山长城 1 段 130227382102170143

位于汉儿庄镇三台山村东北约 0.8 千米处，承栗公路西侧，起点坐标：东经 118° 11′ 28.40″，北纬 40° 24′ 40.90″，高程 174 米；止点坐标：东经 118° 11′ 27.40″，北纬 40° 24′ 39.50″，高程 214 米。

长 49 米，其间设三台山 01 号敌台，整体保存一般。大部分墙体均存在不同程度坍塌，残墙宽约 1.9 米，残高约 0.9 米，顶部设施均已不存。

144. 三台山长城 2 段 130227382106170144

位于汉儿庄镇三台山村北偏东约 500 米山脊上，三台山 01 号敌台西南约 10 米处山险起点，起点坐标：东经 118° 11′ 27.40″，北纬 40° 24′ 39.50″，高程 214 米；止点坐标：东经 118° 11′ 12.30″，北纬 40° 24′ 31.40″，高程 335 米。

墙体为山险，长 440 米，整段均系利用自然山峰及险峻山脊为险，不经人为加工改造，整体保存较好。

145. 三台山长城 3 段 130227382102170145

位于汉儿庄镇三台山村北约 500 米，起点坐标：东经 118° 11′ 12.30″，北纬 40° 24′ 31.40″，高程 335 米；止点坐标：东经 118° 10′ 45.50″，北纬 40° 24′ 24.20″，高程 238 米。

两侧均为陡坡或林地，植被多以杂灌和原始次生阔叶落叶乔木为主，北坡多油松。长 747 米，其间设三台山 01 号烽火台。根据保存现状分为 6 段。

第 1 段：长 170 米，整体保存较差。大部坍塌，顶部宽 1.9～2.3 米，马道铺砌方式不清，墙体北侧现存高 0.9～3 米，南侧现存高 0.9～2.5 米。

第 2 段：长 96 米，整体保存较好。墙体均为双侧块石包砌，中间用碎石填芯，墙顶宽 1.9 米，北侧存高 2.4～3.3 米，南侧残高 3 米左右，少量墙体不同程度坍塌。

第 3 段：长 302 米，整体保存一般。墙体大部分存在不同程度坍塌，墙顶宽 1.9～3.1 米，墙体残高 2.1～3.4 米，仅局部保存少量保存较好墙体，少量墙体上尚残存石砌垛口墙遗迹，垛口墙宽 0.87 米，残高 0.7 米。

第 4 段：长约 110 米，整体保存差。墙宽约 1.9 米，北侧坍塌严重，南侧残高约 1.4 米。

第 5 段：长约 17 米，墙体不存。

第 6 段：长 52 米，整体保存差。地面墙体基本不存，只存墙体痕迹。

146. 北水峪长城 1302273821061701146

位于汉儿庄镇北水峪村东约 250 米山顶部，起点坐标：东经 118° 10′ 45.50″，北纬 40° 24′ 24.20″，高程 238 米；止点坐标：东经 118° 10′ 12.70″，北纬 40° 24′ 10.80″，高程 317 米。

墙体为山险，长 880 米，长城墙体位置不清，北水峪村位于山谷之中间，两侧为山险。

147. 苏郎峪长城 1 段 1302273821021701147

位于汉儿庄镇北水峪村西约 850 米处，起点坐标：东经 118° 10′ 12.70″，北纬 40° 24′ 10.80″，高程 317 米；止点坐标：东经 118° 09′ 58.20″，北纬 40° 23′ 58.80″，高程 296 米。

两侧为陡坡或林地，植被多以杂灌和原始次生阔叶落叶乔木为主，山体北侧多油松，山腰以下现多为农用耕地。长约 530 米，其间设苏郎峪 01 号敌台、苏郎峪 01 号马面。墙体均为石砌，保存程度不一，根据保存现状分为 7 段。

第 1 段：长约 38 米，整体保存一般。毛石墙宽 2.7 米，北侧高 1.3 米左右，南侧高 0.9～1.2 米，南侧墙体保存较好，北侧大部分坍塌。

第 2 段：长约 45 米，墙体保存较好。墙体两侧均用巨型毛石垒砌，块石最大可达长 1 米，宽约 0.7 米，墙顶宽 4.6～5.1 米，北侧高 2.9～3.8 米，南侧高 1.7～2.4 米，顶部可见残存的三合土。

第 3 段：长约 66 米，整体保存一般。此间有南北向的山间小路通过长城，坐标：东经 118° 10′ 09.30″，北纬 40° 24′ 09.10″，高程 275 米，路宽 1.5 米。小路西侧 10 米处有长约 5 米的墙体，南侧坍塌，北侧垛墙残存，垛墙宽 0.95 米，高 0.6 米。

第 4 段：长约 25 米，整体保存较好。墙顶宽 4.1 米，北侧高 4.3 米，南侧高 4.1 米，南侧局部坍塌。

第 5 段：长约 157 米，整体保存较差。墙体基本坍塌，仅有土石堆积残迹，部分基石残存。

第 6 段：长约 66 米，墙体地面部分消失，苏郎峪水关位于其间，现水关不存。

第 7 段：长约 133 米，墙体只存墙基，整体保存差。

148. 苏郎峪长城2段 130227382106020148

位于汉儿庄镇苏郎峪村西南约170米，起点坐标：东经118°09′58.20″，北纬40°23′58.80″，高程296米；止点坐标：东经118°09′54.70″，北纬40°23′56.20″，高程241米。

墙体为山险，两侧为陡坡或林地，植被多以杂灌和原始次生阔叶落叶乔木为主，山体北侧多油松，山腰以下现多为农用耕地。长115米，整段均系利用自然山峰和山脊为险，未经人为加工和改造，整体保存较好。

149. 北峪子长城1段 130227382102170149

位于汉儿庄镇苏郎峪村西南约285米处，起点坐标：东经118°09′54.70″，北纬40°23′56.20″，高程241米；止点坐标：东经118°09′52.40″，北纬40°23′55.40″，高程231米。

两侧为陡坡或林地，植被多以杂灌和原始次生阔叶落叶乔木为主，山体北侧多油松，山腰以下现多为农用耕地。长约60米，整体保存差，墙体为毛石砌筑，现只存外侧墙基，原来宽度、高度均不清，残高0.2～0.5米。

150. 北峪子长城2段 130227382106020150

位于汉儿庄镇北峪子村东北约800米，起点坐标：东经118°09′52.40″，北纬40°23′55.40″，高程231米；止点坐标：东经118°09′39.60″，北纬40°23′47.00″，高程333米。

墙体为山险，两侧为陡坡或林地，植被多以杂灌和原始次生阔叶落叶乔木为主，山体北侧多油松，山腰以下现多为农用耕地。长397米，均为山险墙，整体保存较好。山险东南300米处为苏郎峪水库。

151. 北峪子长城3段 130227382102020151

位于汉儿庄镇北峪子村北约700米，起点坐标：东经118°09′39.60″，北纬40°23′47.00″，高程333米；止点坐标：东经118°09′34.20″，北纬40°23′40.60″，高程345米。

两侧为陡坡或林地，植被多以杂灌和原始次生阔叶落叶乔木为主，山体北侧多油松，山腰以下现多为农用耕地。长约299米，其间设苏郎峪01号敌台、苏郎峪01号烽火台，多已严重坍塌，整体保存较差。均为双侧块石包砌，中间填碎石墙体。现墙体残宽2.2米，残墙最高约3.03米。

152. 龙井关长城1段 130227382106170152

位于汉儿庄镇北峪子村北约500米山险起点处，起点坐标：东经118°09′34.20″，北纬40°23′40.60″，高程345米；止点坐标：东经118°09′18.80″，北纬40°23′30.70″，高程175米。

墙体为山险，所处山体较陡，两侧为坡或林地，植被多以杂灌和原始次生阔叶落叶乔木为主。长约478米，均系利用陡峭的自然山体为险，未经人为加工和改建，整体保存原貌。

153. 龙井关长城2段 130227382107170153

位于汉儿庄镇龙井关村西北215米公路东侧，起点坐标：东经118°09′18.80″，北纬40°23′30.70″，高程175米；止点坐标：东经118°09′12.10″，北纬40°23′24.60″，高程184米。

所处山体较陡，两侧为陡坡或林地，植被多以杂灌和原始次生阔叶落叶乔木为主。长约253米，水关及两侧墙体均已不存，建筑形式及结构不清，整体保存较差。

154. 龙井关长城 3 段 130227382102170154

位于汉儿庄镇龙井关村西 298 米洒河西岸龙井关关城西北角，起点坐标：东经 118° 09′ 12.10″，北纬 40° 23′ 24.60″，高程 184 米；止点坐标：东经 118° 08′ 58.50″，北纬 40° 23′ 22.70″，高程 205 米。

两侧为陡坡或林地，植被多以杂灌和原始次生阔叶落叶乔木为主。长约 352 米，其间设敌台 3 座，包括龙井关 01 ～ 03 号敌台。龙井关 01 号敌台西北角保存完整石碑一通，《重修龙井关真武庙碑记》碑体通高 2.35 米，碑首宽 0.98 米，高 0.76 米，厚 0.27 米，碑座宽 0.64 米，高 0.4 米，宽与碑体宽相同。碑首刻卷云纹饰，整体保存完整。均为石砌墙体。根据保存现状分为 3 段。

第 1 段：长 258 米，保存较差。墙体多已坍塌，部分段落仅存残墙基，残墙宽 3 ～ 5.2 米，残墙高 1.3 ～ 1.85 米，马道铺墁形式及墙上设施情况不清。

第 2 段：长 40 米，保存较好。墙顶宽 3.5 米，西南侧最高 1.8 米，东北侧最高 4.3 米。

第 3 段：长约 54 米，墙体坍塌，保存较差。

155. 龙井关长城 4 段 130227382103170155

位于汉儿庄镇龙井关村西约 700 米处，起点坐标：东经 118° 08′ 58.50″，北纬 40° 23′ 22.70″，高程 205 米；止点坐标：东经 118° 08′ 57.70″，北纬 40° 23′ 22.10″，高程 220 米。

两侧为陡坡或林地，植被多以杂灌和原始次生阔叶落叶乔木为主。长约 26 米，整体保存一般。均为外侧青砖包砌，内侧块石包砌墙体，残墙宽约 4 米，外侧高 1.8 ～ 3.2 米，包砖厚约 0.9 米，包砖酥碱、剥落严重，内侧墙体有部分坍塌。墙顶马道为青砖铺墁，外侧设有砖砌垛口墙，现已坍塌不存。

156. 龙井关长城 5 段 130227382102170156

位于汉儿庄镇龙井关村西约 700 米，起点坐标：东经 118° 08′ 57.70″，北纬 40° 23′ 22.10″，高程 220 米；止点坐标：东经 118° 08′ 57.50″，北纬 40° 23′ 18.30″，高程 283 米。

两侧为陡坡或林地，植被多以杂灌和原始次生阔叶落叶乔木为主。长约 129 米，其间设龙井关 01 号马面，石砌墙体。根据保存现状分为 2 段。

第 1 段：长 63 米，整体保存一般。墙体为双侧包石，中间用碎石、黄土分层垒砌，墙顶部宽约 3.5 米，外侧墙体最高约 4.3 米，内侧最高约 2 米。

第 2 段：长 66 米，整体保存较好。墙顶宽 3.8 米，外侧最高 3.9 米，内侧残高 1.3 米。顶部残存部分垛口墙，垛口墙宽 0.9 米，高 0.6 米。由于所处山势抬升较大，部分马道呈台阶状，现存毛石台阶 5 级。

157. 龙井关长城 6 段 130227382106170157

位于汉儿庄镇龙井关村西约 1 千米处山险起点，起点坐标：东经 118° 08′ 57.50″，北纬 40° 23′ 18.30″，高程 283 米；止点坐标：东经 118° 08′ 26.20″，北纬 40° 23′ 02.30″，高程 566 米。

墙体为山险，两侧为陡坡或林地，植被多以杂灌和原始次生阔叶落叶乔木为主，山体北侧多人工飞播油松。长约 890 米，整体保存较好，整段系利用连续自然山峰和险峻山脊为险，少数山峰经人为加工、劈削。

158. 磨石安长城 1 段 130227382102170158

位于汉儿庄镇龙井关西南约 1.7 千米，起点坐标：东经 118° 08′ 26.20″，北纬 40° 23′ 02.30″，高程

566 米；止点坐标：东经 118° 08′ 16.00″，北纬 40° 22′ 49.50″，高程 569 米。

两侧为陡坡或林地，植被多以杂灌和原始次生阔叶落叶乔木为主。长约 516 米，其间设敌台 3 座，包括磨石安 01 ～ 03 号敌台均为石砌墙体，根据保存现状，分为 2 段。

第一段：长 330 米，块石砌筑墙体，墙体顶部宽 4.6 米，北侧墙最高 4.3 米；南侧最高 0.4 米，整体保存较好。

第二段：墙体为块石包砌，块石间白灰勾缝，长 186 米，墙整体保存较好；顶宽 4.6 米，北侧墙最高 4.3 米，南侧墙高 0.4 米，墙体外侧上部保存砖砌拔檐，部分马道采用台阶方式。

159. 磨石安长城 2 段 130227382106170159

位于汉儿庄镇磨石安主峰东侧，起点坐标：东经 118° 08′ 16.00″，北纬 40° 22′ 49.50″，高程 569 米；止点坐标：东经 118° 07′ 43.80″，北纬 40° 22′ 38.30″，高程 584 米。

墙体为山险，两侧为陡坡或林地，植被多以杂灌和原始次生阔叶落叶乔木为主。长约 834 米，均系利用磨石安主峰两侧连续山峰及险峻山脊为险，未经人为加工、改建，整体保存较好。

160. 磨石安长城 3 段 130227382102170160

位于汉儿庄镇磨石安主峰西侧，起点坐标：东经 118° 07′ 43.80″，北纬 40° 22′ 38.30″，高程 584 米；止点坐标：东经 118° 07′ 32.30″，北纬 40° 22′ 11.80″，高程 434 米。

处于迁西县和兴隆县交界处，龙井关与洪山口村之间的山脊上，两侧为陡坡或林地，植被多以杂灌和原始次生阔叶落叶乔木为主。长约 998 米，其间设敌台 3 座、马面 6 座，包括二道城子 01 ～ 03 号敌台、大东沟 01 ～ 06 号马面。根据保存现状分为 5 段。

第 1 段：长约 136 米，保存一般。墙体残宽 3.8 ～ 4.2 米，高 1.5 ～ 4 米。顶部残存铺墁青砖和砖砌垛口墙，残存砖砌垛墙长 4 米，高 1.7 米，厚 0.41 米，望孔呈"凸"字形，底宽 0.26 米，顶宽 0.06 米，总高 0.445 米，顶部高 0.115 米。顶部残存少量方砖和劈水砖，方砖长、宽均为 0.38 米，厚 0.1 米；劈水砖中间厚 0.14 米，边厚 0.06 米，宽 0.36 米，长 0.365 米。

第 2 段：长 344 米，整体保存较好。墙体顶部宽 3.9 ～ 4.05 米，高 1.75 ～ 4.24 米。顶部保存较好砖砌垛口墙 130 米，垛口墙高 1.57 米，厚 0.38 米，垛口宽 0.56 米，高 0.82 米，厚 0.38 米，垛墙中间上部设望孔，望孔宽 0.28 米，高 0.32 米。垛墙底部与长城墙体之间设砖质拔檐，挑出 0.09 米。

第 3 段：长 393 米，整体保存较好。墙体顶部宽 4.2 米，高 3.85 米，收分 0.54 米。二道城子 03 号敌台向南至二道城子 04 号敌台之间，山体较陡，墙体坡度较陡，墙宽 2.9 米，高 3.93 米，顶部残留大量碎砖，长满荆棘与灌木。顶部残存铺墁马道方砖，砖长、宽均为 0.37 米，厚 0.07 米，同时发现"右"字文字砖若干块，字径 0.03 米，"中"字砖一块，"右"字砖分条砖和方砖两种。

第 4 段：长 97 米，保存一般。墙体为块石包砌，均存在不同程度坍塌，墙宽 2.75 米，最高 3.28 米。

161. 二道城子长城 1 段 130227382106170161

位于汉儿庄镇二道城子村北约 2 千米山脊上，起点坐标：东经 118° 07′ 32.30″，北纬 40° 22′ 11.80″，高程 434 米；止点坐标：东经 118° 07′ 21.70″，北纬 40° 21′ 56.10″，高程 545 米。

墙体为山险，两侧为陡坡或林地，植被多以杂灌和原始次生阔叶落叶乔木为主。长约594米，其间设大东沟01号烽火台，利用磨石安主峰南侧连续山峰及险峻山脊为险，未经人为加工和改建，整体保存较好。

162. 二道城子长城2段 130227382102170162

位于汉儿庄镇二道城子西北约1.1千米处山脊上，起点坐标：东经118° 07′ 21.70″，北纬40° 21′ 56.10″，高程545米；止点坐标：东经118° 06′ 58.60″，北纬40° 21′ 20.70″，高程372米。

两侧为陡坡或林地，植被多以杂灌和原始次生阔叶落叶乔木为主。长约1404米，其间设敌台5座、马面7座，包括二道城子05～09号敌台、小东沟01～07号马面。根据保存状况分为6段。

第1段：墙体长92米，整体保存较好。均为块石包砌墙体，顶部宽2.44米，最高4.3米，顶部马道青砖铺墁，外侧垛口墙为砖砌，垛口墙高0.8米，厚0.6米，墙体坍塌36米。

第2段：长238米，整体保存较差。内侧墙体多坍塌，墙体残高2.76米，宽2.1米。

第3段：长约48米，保存较好。墙顶宽2.54～2.6米，通高3.86～5.4米，大部分砖砌垛口墙保存，其中垛墙高1.83米，下设望孔，望孔内、外口宽0.43米，中间宽0.23米，高0.29米，墙体顶部残有大量青砖。

第4段：长558米，整体保存较差。内、外侧墙体均不同程度断续坍塌，残高3.87～4.2米，宽2.9米。部分段落残存砖砌垛口墙，其中垛墙厚0.64米，残高0.3米。垛口墙与长城墙体之间设砖砌拔檐，厚0.1米，挑出0.1米。

第5段：长46米，保存差。中间有小路东西向通过，墙体被毁，仅存残迹。

第6段：长422米，整体保存较差。外侧残高3.56～3.78米，墙顶宽2.4～2.64米。

163. 四楼沟长城 130227382102170163

位于汉儿庄镇四楼沟村北约250米，起点坐标：东经118° 10′ 44.70″，北纬40° 25′ 45.80″，高程296米；止点坐标：东经118° 10′ 11.20″，北纬40° 25′ 33.40″，高程403米。

北侧为陡崖，南侧现为农田。长约1083米，其间设敌台3座，包括四楼沟01～03号敌台。根据保存状况和建筑方式分为5段。

第1段：长117米，保存较差。墙体为双侧块石包砌，墙顶宽3.6米，残高2米，外侧毰石高1.3米，内侧坍塌严重，残高0.8米。

第2段：长92米，保存差。大部分墙体地面部分消失，被辟为耕地。

第3段：长118米，保存较差。墙体为双侧块石包砌，残墙宽3.6米，残高1.8米，外侧毰石高1.3米，内侧坍塌严重，残高0.8～1米。

第4段：长493米，保存较差。大部分墙体地面部分消失。

第5段：长263米，保存较差。墙体多已坍塌，现呈断续石垄状。

164. 五楼沟山险 130227382106170164

位于汉儿庄镇五楼构村南约500米，起点坐标：东经118° 10′ 11.20″，北纬40° 25′ 33.40″，高程403米；止点坐标：东经118° 09′ 24.80″，北纬40° 24′ 04.70″，高程346米。

处于兴隆县与迁西县交界处山脊上，整段系高山险谷，现为荒山林地，植被以原始次生林木为主。墙体为山险，长约5500米，均利用自然山峰及险峻山脊为险，未经人为加工改造，山险间也未发现人工建筑防御设施。

165. 园楼东山长城 1 段 130227382102170165

位于兴隆县三道河乡园台村东北约600米，起点坐标：东经118°09′24.80″，北纬40°24′04.70″，高程346米；止点坐标：东经118°09′36.60″，北纬40°23′58.20″，高程328米。

处于兴隆县与迁西县交界处山脊上，长城两侧现为荒山林地，植被以原始次生林木为主。长459米，其间设敌台4座，整体保存较差。墙体均系双侧块石包砌，中间填以碎石、山皮土，墙体残宽3.8～4米，残高2.4～3.43米，其中墙体砌有长2.1米，高1米，厚0.65米的巨石。因墙体多数已坍塌，墙顶马道铺墁方式不清。

166. 园楼东山长城 2 段 130227382106170166

位于兴隆县三道河乡园台村东北约800米，起点坐标：东经118°09′36.60″，北纬40°23′58.20″，高程328米；止点坐标：东经118°09′39.10″，北纬40°23′53.50″，高程316米。

处于兴隆县与迁西县交界处山脊上，长城两侧现为荒山林地，植被以原始次生林木为主。墙体为山险，长155米，保存较好，均系利用自然山峰及险峻山脊为险，不经人为加工，整体保存较好。

167. 园楼东山长城 3 段 130227382102170167

位于兴隆县三道河乡园台村东约700米，起点坐标：东经118°09′39.10″，北纬40°23′53.50″，高程316米；止点坐标：东经118°09′37.00″，北纬40°23′46.30″，高程341米。

处于兴隆县与迁西县交界处山脊上，长城两侧现为荒山林地，植被以原始次生林木为主。长267米，其间设敌台2座、马面1座，包括北峪子05、06号敌台，北峪子01号马面，保存较差。墙体均系双侧块石包砌，中间填以碎石、山皮土，墙体残宽2.2～3米，残高2.2～3.5米。因墙体多数已不同程度坍塌，墙顶部马道铺墁形式不清。

168. 关门岭长城 1 段 130822382102170168

位于兴隆县蘑菇峪乡关门岭村北约1.1千米，起点坐标：东经118°10′34.90″，北纬40°26′10.40″，高程275米；止点坐标：东经118°10′25.30″，北纬40°25′53.70″，高程250米。

山系两侧均为陡坡，遍生杂灌。长约564米，其间设马面2座，包括关门岭01、02号马面，部分墙体单侧小段坍塌较多，整体保存一般。墙体双侧包石，中间以碎石、黄土分层垒砌，顶部马道用三合土夯筑，现存墙体，残宽2.6米，外残高2.7米，内残高0.4米，墙体上杂草丛生，可见残存的夯筑三合土。距南部端点约75米处，被承栗公路切断，断点宽约20米。

169. 关门岭长城 2 段 130822382102170169

位于兴隆县蘑菇峪乡关门岭村东北约100米，起点坐标：东经118°10′34.80″，北纬40°26′00.80″，高程212米；止点坐标：东经118°10′36.50″，北纬40°25′58.90″，高程243米。

西侧为陡崖，东侧现为农田。长约73米，其间设敌台2座，包括关门岭01、02号敌台，保存一般。内外侧均为毛石砌筑，外侧保存较好，内侧约50%坍塌，墙体宽4.3～5.6米，外墙残高2.8～4米，内墙残高1.2～2.4米，顶部可见残存的夯筑三合土。

170. 榨子庵关 130822382102170170

位于兴隆县蘑菇峪乡关门岭村东北约 250 米黑河北岸山脚处,起点坐标:东经 118° 10′ 32.50″,北纬 40° 26′ 02.80″,高程 216 米;止点坐标:东经 118° 10′ 34.80″,北纬 40° 26′ 00.80″,高程 212 米。

原建有水关,已被洪水及修建公路所毁。关口长约 85 米,大部分消失,仅北侧残存约 7 米墙体,墙体为双侧用块石包砌,中间填碎石、杂土。残墙宽约 3.5 米,残高约 0.5 ～ 1.7 米。

171. 关门岭长城 3 段 130822382106170171

位于兴隆县蘑菇峪乡关门岭村东北约 150 米,起点坐标:东经 118° 10′ 36.50″,北纬 40° 25′ 58.90″,高程 243 米;止点坐标:东经 118° 10′ 44.70″,北纬 40° 25′ 45.80″,高程 296 米。

墙体为山险,西侧为陡崖,东侧现为农田。长约 470 米,保存较好。全段系利用连续自然山峰为险,未经人为加工、改建。

172. 头道岭长城 6 段 130827382102170172

位于宽城县铧尖乡三道岭村头道岭自然村东偏南 1.1 千米处,起点坐标:东经 118° 33′ 43.20″,北纬 40° 17′ 05.60″,高程 426 米;止点坐标:东经 118° 33′ 05.30″,北纬 40° 17′ 15.40″,高程 221 米。

长约 1120 米,其间设烽火台 2 座、马面 2 座,包括宽城 01、02 号烽火台、宽城 01、02 号马面,墙体均为石砌,砌筑方式有两种:第一种,为两侧块石包砌,中间填碎石,该类墙体较宽,保存相对较好;第二种,为不规则小块石和片石混砌,墙体窄而低矮,大部分坍塌,多数现状为土垄状。根据墙体保存现状分为 3 段。

第 1 段:长约 680 米,保存较差。墙体块石垒砌,大部坍塌呈石垄状,最宽仅 1.9 米,最高 1.2 米。

第 2 段:长约 160 米,整体保存较好。该段长城双侧均为大块毛石包砌,内用碎石装填,顶部用大块毛石铺成马道,顶宽为 3.1 米,外侧残最高为 2.8 米,内侧为 2.7 米。部分地段残存少量石砌垛口墙,垛墙残最宽 0.75 米,高 0.3 ～ 0.7 米。

第 3 段:长约 280 米,保存较差。长城砌筑方式与第二段相同,但坍塌严重,现状多呈石垄状,墙体残宽约 2 米,残高约 0.2 ～ 0.5 米。

(二)单体建筑

迁西县明长城单体建筑一览表(单位:座)

编号	认定名称	认定编码	材质	保存程度				
				较好	一般	较差	差	消失
1	横山沟东山 01 号敌台	130227352101170001	石				√	
2	横山沟东山 02 号敌台	130227352101170002	砖			√		
3	横山沟东山 03 号敌台	130227352101170003	砖				√	
4	横山沟东山 04 号敌台	130227352101170004	砖				√	
5	横山沟东山 05 号敌台	130227352101170005	砖				√	
6	横山沟东山 06 号敌台	130227352101170006	砖				√	
7	横山沟 01 号敌台	130227352101170007	砖				√	

（续）

编号	认定名称	认定编码	材质	保存程度				
				较好	一般	较差	差	消失
8	横山沟 02 号敌台	1302273521 01170008	砖				√	
9	擦崖子 01 号敌台	1302273521 01170009	砖				√	
10	擦崖子 02 号敌台	1302273521 01170010	砖				√	
11	擦崖子 03 号敌台	1302273521 01170011	砖				√	
12	擦崖子 04 号敌台	1302273521 01170012	砖				√	
13	擦崖子 05 号敌台	1302273521 01170013	砖				√	
14	擦崖子 06 号敌台	1302273521 01170014	砖				√	
15	擦崖子 07 号敌台	1302273521 01170015	砖				√	
16	擦崖子 08 号敌台	1302273521 01170016	砖				√	
17	擦崖子 09 号敌台	1302273521 01170017	砖				√	
18	擦崖子 10 号敌台	1302273521 01170018	砖				√	
19	擦崖子 11 号敌台	1302273521 01170019	石				√	
20	擦崖子 12 号敌台	1302273521 01170020	石				√	
21	擦崖子 13 号敌台	1302273521 01170021	砖				√	
22	瞭望山敌台	1302273521 01170022	砖	√				
23	横山 01 号敌台	1302273521 01170023	砖				√	
24	横山 02 号敌台	1302273521 01170024	砖				√	
25	横山 03 号敌台	1302273521 01170025	砖				√	
26	横山 04 号敌台	1302273521 01170026	砖			√		
27	横山 05 号敌台	1302273521 01170027	砖			√		
28	城自岭口 01 号敌台	1302273521 01170028	砖				√	
29	杏树岭西山 01 号敌台	1302273521 01170029	砖				√	
30	杏树岭西山 02 号敌台	1302273521 01170030	砖				√	
31	杏树岭西山 03 号敌台	1302273521 01170031	砖				√	
32	杏树岭西山 04 号敌台	1302273521 01170032	砖				√	
33	杏树岭西山 05 号敌台	1302273521 01170033	砖			√		
34	杏树岭西山 06 号敌台	1302273521 01170034	砖				√	
35	杏树岭西山 07 号敌台	1302273521 01170035	砖	√				
36	头道岭 01 号敌台	1302273521 01170036	砖			√		
37	头道岭 02 号敌台	1302273521 01170037	砖	√				
38	头道岭 03 号敌台	1302273521 01170038	砖		√			
39	头道岭 04 号敌台	1302273521 01170039	砖			√		
40	头道岭西山 01 号敌台	1302273521 01170040	砖				√	
41	头道岭西山 02 号敌台	1302273521 01170041	砖			√		
42	头道岭西山 03 号敌台	1302273521 01170042	砖		√			
43	头道岭西山 04 号敌台	1302273521 01170043	砖			√		
44	头道岭西山 05 号敌台	1302273521 01170044	砖	√				

（续）

编号	认定名称	认定编码	材质	保存程度				
				较好	一般	较差	差	消失
45	头道岭西山 06 号敌台	130227352101170045	砖	√				
46	头道岭西山 07 号敌台	130227352101170046	砖	√				
47	头道岭西山 08 号敌台	130227352101170047	砖		√			
48	头道岭西山 09 号敌台	130227352101170048	砖	√				
49	头道岭西山 10 号敌台	130227352101170049	砖	√				
50	大岭寨 01 号敌台	130227352101170050	砖				√	
51	大岭寨 02 号敌台	130227352101170051	砖			√		
52	大岭寨 03 号敌台	130227352101170052	砖		√			
53	大岭寨 04 号敌台	130227352101170053	砖			√		
54	大岭寨 05 号敌台	130227352101170054	砖			√		
55	大岭寨口北山 01 号敌台	130227352101170055	砖		√			
56	大岭寨口北山 02 号敌台	130227352101170056	砖				√	
57	大岭寨口北山 03 号敌台	130227352101170057	砖	√				
58	大岭寨口北山 04 号敌台	130227352101170058	砖			√		
59	兰城沟 01 号敌台	130227352101170059	砖			√		
60	兰城沟 02 号敌台	130227352101170060	砖	√				
61	兰城沟 03 号敌台	130227352101170061	砖	√				
62	兰城沟 04 号敌台	130227352101170062	砖	√				
63	兰城沟 05 号敌台	130227352101170063	砖	√				
64	铧尖西山 01 号敌台	130227352101170064	砖	√				
65	铧尖西山 02 号敌台	130227352101170065	砖	√				
66	铧尖西山 03 号敌台	130227352101170066	砖	√				
67	铧尖西山 04 号敌台	130227352101170067	砖	√				
68	南沟东山 01 号敌台	130227352101170068	砖	√				
69	南沟东山 02 号敌台	130227352101170069	砖	√				
70	南沟东山 03 号敌台	130227352101170070	砖			√		
71	榆木岭村 01 号敌台	130227352101170071	砖	√				
72	榆木岭村 02 号敌台	130227352101170072	砖	√				
73	榆木岭村 03 号敌台	130227352101170073	砖	√				
74	榆木岭村 04 号敌台	130227352101170074	砖		√			
75	榆木岭村 05 号敌台	130227352101170075	砖	√				
76	榆木岭村 06 号敌台	130227352101170076	砖	√				
77	榆木岭村 07 号敌台	130227352101170077	砖				√	
78	榆木岭村 08 号敌台	130227352101170078	砖			√		
79	榆木岭村 09 号敌台	130227352101170079	砖			√		
80	榆木岭村 10 号敌台	130227352101170080	砖		√			
81	榆木岭村 11 号敌台	130227352101170081	砖				√	

（续）

编号	认定名称	认定编码	材质	保存程度				
				较好	一般	较差	差	消失
82	榆木岭村 12 号敌台	1302273521011170082	砖			√		
83	榆木岭村 13 号敌台	1302273521011170083	砖				√	
84	榆木岭村 14 号敌台	1302273521011170084	砖				√	
85	铁顶楼 01 号敌台	1302273521011170085	砖				√	
86	铁顶楼 02 号敌台	1302273521011170086	砖				√	
87	铁顶楼 03 号敌台	1302273521011170087	砖				√	
88	铁顶楼 04 号敌台	1302273521011170088	砖			√		
89	铁顶楼 05 号敌台	1302273521011170089	砖			√		
90	铁顶楼 06 号敌台	1302273521011170090	砖	√				
91	铁顶楼 07 号敌台	1302273521011170091	砖	√				
92	铁顶楼 08 号敌台	1302273521011170092	砖	√				
93	铁顶楼 09 号敌台	1302273521011170093	砖	√				
94	铁顶楼 10 号敌台	1302273521011170094	砖			√		
95	铁顶楼 11 号敌台	1302273521011170095	砖			√		
96	铁顶楼 12 号敌台	1302273521011170096	砖	√				
97	铁顶楼 13 号敌台	1302273521011170097	砖				√	
98	铁顶楼 14 号敌台	1302273521011170098	砖				√	
99	铁顶楼 15 号敌台	1302273521011170099	砖	√				
100	石门岔西山 01 号敌台	1302273521011170100	砖	√				
101	石门岔西山 02 号敌台	1302273521011170101	砖				√	
102	石门岔西山 03 号敌台	1302273521011170102	砖	√				
103	石门岔西山 04 号敌台	1302273521011170103	砖	√				
104	石门岔西山 05 号敌台	1302273521011170104	砖		√			
105	石门岔西山 06 号敌台	1302273521011170105	砖	√				
106	青山口东山 01 号敌台	1302273521011170106	砖		√			
107	青山口东山 02 号敌台	1302273521011170107	砖			√		
108	青山口东山 03 号敌台	1302273521011170108	砖	√				
109	青山口东山 04 号敌台	1302273521011170109	砖			√		
110	青山口 01 号敌台	1302273521011170110	砖				√	
111	青山口 02 号敌台	1302273521011170111	砖			√		
112	青山口 03 号敌台	1302273521011170112	砖		√			
113	青山口 04 号敌台	1302273521011170113	砖				√	
114	青山口 05 号敌台	1302273521011170114	砖		√			
115	青山口 06 号敌台	1302273521011170115	砖	√				
116	青山口 07 号敌台	1302273521011170116	砖			√		
117	青山口 08 号敌台	1302273521011170117	砖	√				
118	青山口 09 号敌台	1302273521011170118	砖			√		

（续）

编号	认定名称	认定编码	材质	保存程度				
				较好	一般	较差	差	消失
119	青山口 10 号敌台	130227352101170119	砖			√		
120	青山口 11 号敌台	130227352101170120	砖			√		
121	青山口 12 号敌台	130227352101170121	砖	√				
122	青山口 13 号敌台	130227352101170122	砖			√		
123	青山口 14 号敌台	130227352101170123	砖	√				
124	八面峰 01 号敌台	130227352101170124	砖	√				
125	八面峰 02 号敌台	130227352101170125	砖	√				
126	黑马沟 01 号敌台	130227352101170126	砖			√		
127	黑马沟 02 号敌台	130227352101170127	砖	√				
128	董家口 01 号敌台	130227352101170128	砖	√				
129	董家口 02 号敌台	130227352101170129	砖	√				
130	董家口 03 号敌台	130227352101170130	砖	√				
131	董家口 04 号敌台	130227352101170131	砖	√				
132	董家口 05 号敌台	130227352101170132	砖	√				
133	游乡口 01 号敌台	130227352101170133	砖	√				
134	游乡口 02 号敌台	130227352101170134	砖		√			
135	游乡口 03 号敌台	130227352101170135	砖		√			
136	游乡口 04 号敌台	130227352101170136	砖		√			
137	龙凤沟 01 号敌台	130227352101170137	砖				√	
138	龙凤沟 02 号敌台	130227352101170138	砖	√				
139	龙凤沟 03 号敌台	130227352101170139	砖	√				
140	贾庄子 01 号敌台	130227352101170140	砖		√			
141	贾庄子 02 号敌台	130227352101170141	砖	√				
142	贾庄子 03 号敌台	130227352101170142	砖	√				
143	铁门关 01 号敌台	130227352101170143	砖				√	
144	李家峪 01 号敌台	130227352101170144	砖			√		
145	李家峪 02 号敌台	130227352101170145	砖			√		
146	李家峪 03 号敌台	130227352101170146	砖	√				
147	李家峪 04 号敌台	130227352101170147	砖	√				
148	李家峪 05 号敌台	130227352101170148	砖				√	
149	李家峪 06 号敌台	130227352101170149	砖	√				
150	李家峪 07 号敌台	130227352101170150	砖	√				
151	李家峪 08 号敌台	130227352101170151	砖	√				
152	李家峪 09 号敌台	130227352101170152	砖	√				
153	石梯子 01 号敌台	130227352101170153	砖			√		
154	新甸子南山 01 号敌台	130227352101170154	砖	√				
155	新甸子南山 02 号敌台	130227352101170155	砖				√	

（续）

编号	认定名称	认定编码	材质	保存程度				
				较好	一般	较差	差	消失
156	新甸子南山 03 号敌台	1302273521011170156	砖	√				
157	新甸子南山 04 号敌台	1302273521011170157	砖	√				
158	新甸子南山 05 号敌台	1302273521011170158	砖		√			
159	新甸子南山 06 号敌台	1302273521011170159	石				√	
160	横城子 01 号敌台	1302273521011170160	砖				√	
161	横城子 02 号敌台	1302273521011170161	砖				√	
162	横城子 03 号敌台	1302273521011170162	砖				√	
163	横城子 04 号敌台	1302273521011170163	砖		√			
164	喜峰口西山 01 号敌台	1302273521011170164	砖				√	
165	喜峰口西山 02 号敌台	1302273521011170165	砖		√			
166	喜峰口西山 03 号敌台	1302273521011170166	砖		√			
167	喜峰口西山 04 号敌台	1302273521011170167	砖	√				
168	喜峰口西山 05 号敌台	1302273521011170168	砖	√				
169	喜峰口西山 06 号敌台	1302273521011170169	砖			√		
170	喜峰口西山 07 号敌台	1302273521011170170	砖				√	
171	喜峰口西山 08 号敌台	1302273521011170171	砖				√	
172	喜峰口西山 09 号敌台	1302273521011170172	砖				√	
173	喜峰口西山 10 号敌台	1302273521011170173	砖				√	
174	小喜峰口 02 号敌台	1302273521011170174	砖				√	
175	喜峰口西山 13 号敌台	1302273521011170175	砖				√	
176	闸扣 01 号敌台	1302273521011170176	砖		√			
177	闸扣 02 号敌台	1302273521011170177	砖		√			
178	下走马哨西北 01 号敌台	1302273521011170178	砖		√			
179	下走马哨西北 02 号敌台	1302273521011170179	砖			√		
180	上走马哨 01 号敌台	1302273521011170180	砖				√	
181	东城峪 01 号敌台	1302273521011170181	砖	√				
182	杏树洼 01 号敌台	1302273521011170182	砖				√	
183	西城峪 01 号敌台	1302273521011170183	砖			√		
184	西城峪 02 号敌台	1302273521011170184	砖				√	
185	西城峪 03 号敌台	1302273521011170185	砖				√	
186	漆棵岭 01 号敌台	1302273521011170186	砖				√	
187	三台山 01 号敌台	1302273521011170187	砖				√	
188	苏郎峪 01 号敌台	1302273521011170188	砖				√	
189	潘家口 01 号敌台	1302273521011170189	砖				√	
190	潘家口 02 号敌台	1302273521011170190	砖				√	
191	潘家口 03 号敌台	1302273521011170191	砖				√	
192	潘家口 04 号敌台	1302273521011170192	砖	√				

（续）

编号	认定名称	认定编码	材质	保存程度				
				较好	一般	较差	差	消失
193	潘家口 05 号敌台	130227352101170193	砖			√		
194	潘家口 06 号敌台	130227352101170194	砖			√		
195	潘家口 07 号敌台	130227352101170195	砖	√				
196	潘家口 08 号敌台	130227352101170196	砖	√				
197	小河口 01 号敌台	130227352101170197	砖		√			
198	小河口 02 号敌台	130227352101170198	砖		√			
199	小河口 03 号敌台	130227352101170199	砖		√			
200	小河口 04 号敌台	130227352101170200	砖		√			
201	小河口 05 号敌台	130227352101170201	砖				√	
202	小河口 06 号敌台	130227352101170202	砖	√				
203	小河口 07 号敌台	130227352101170203	砖	√				
204	小河口 08 号敌台	130227352101170204	砖			√		
205	小河口 09 号敌台	130227352101170205	砖				√	
206	小河口 10 号敌台	130227352101170206	砖			√		
207	小河口 11 号敌台	130227352101170207	砖			√		
208	小河口西 01 号敌台	130227352101170208	砖	√				
209	小河口西 02 号敌台	130227352101170209	砖	√				
210	扁台子 01 号敌台	130227352101170210	砖		√			
211	扁台子 02 号敌台	130227352101170211	砖	√				
212	扁台子 03 号敌台	130227352101170212	砖			√		
213	扁台子 04 号敌台	130227352101170213	砖			√		
214	爬虎堂 01 号敌台	130227352101170214	砖				√	
215	爬虎堂 02 号敌台	130227352101170215	砖			√		
216	四楼沟 01 号敌台	130227352101170216	砖				√	
217	四楼沟 02 号敌台	130227352101170217	砖				√	
218	四楼沟 03 号敌台	130227352101170218	砖				√	
219	北峪子 01 号敌台	130227352101170219	砖				√	
220	北峪子 02 号敌台	130227352101170220	砖				√	
221	北峪子 03 号敌台	130227352101170221	砖				√	
222	北峪子 04 号敌台	130227352101170222	砖				√	
223	北峪子 05 号敌台	130227352101170223	砖				√	
224	北峪子 06 号敌台	130227352101170224	砖				√	
225	北峪子 07 号敌台	130227352101170225	砖			√		
226	龙井关 01 号敌台	130227352101170226	砖			√		
227	龙井关 02 号敌台	130227352101170227	砖				√	
228	龙井关 03 号敌台	130227352101170228	砖			√		
229	磨石安 01 号敌台	130227352101170229	砖	√				

（续）

编号	认定名称	认定编码	材质	保存程度				
				较好	一般	较差	差	消失
230	磨石安 02 号敌台	1302273521011 70230	砖	√				
231	磨石安 03 号敌台	1302273521011 70231	砖		√			
232	二道城子 01 号敌台	1302273521011 70232	砖		√			
233	二道城子 02 号敌台	1302273521011 70233	砖			√		
234	二道城子 03 号敌台	1302273521011 70234	砖		√			
235	二道城子 04 号敌台	1302273521011 70235	砖				√	
236	二道城子 05 号敌台	1302273521011 70236	砖			√		
237	二道城子 06 号敌台	1302273521011 70237	砖				√	
238	二道城子 07 号敌台	1302273521011 70238	砖				√	
239	二道城子 08 号敌台	1302273521011 70239	砖			√		
240	二道城子 09 号敌台	1302273521011 70240	砖				√	
241	横山 01 号马面	1302273521021 70241	石			√		
242	横山 02 号马面	1302273521021 70242	石			√		
243	横山 03 号马面	1302273521021 70243	石			√		
244	横山 04 号马面	1302273521021 70244	石			√		
245	城自岭口 01 号马面	1302273521021 70245	石			√		
246	头道岭西山 01 号马面	1302273521021 70246	石			√		
247	大岭寨 01 号马面	1302273521021 70247	砖			√		
248	大岭寨 02 号马面	1302273521021 70248	石				√	
249	大岭寨 03 号马面	1302273521021 70249	石				√	
250	榆木岭 01 号马面	1302273521021 70250	砖			√		
251	榆木岭 02 号马面	1302273521021 70251	砖			√		
252	铁楼顶 01 号马面	1302273521021 70252	石			√		
253	青山口 01 号马面	1302273521021 70253	砖			√		
254	黑马沟 01 号马面	1302273521021 70254	石		√			
255	黑马沟 02 号马面	1302273521021 70255	砖			√		
256	董家口 01 号马面	1302273521021 70256	砖				√	
257	李家峪 01 号马面	1302273521021 70257	砖		√			
258	李家峪 02 号马面	1302273521021 70258	石	√				
259	李家峪 03 号马面	1302273521021 70259	石			√		
260	东城峪 01 号马面	1302273521021 70260	石	√				
261	东城峪 02 号马面	1302273521021 70261	石			√		
262	东城峪 03 号马面	1302273521021 70262	石			√		
263	杏树洼 01 号马面	1302273521021 70263	石			√		
264	漆棵岭 01 号马面	1302273521021 70264	石			√		
265	小河口 01 号马面	1302273521021 70265	石		√			
266	苏郎峪 01 号马面	1302273521021 70266	石		√			

（续）

编号	认定名称	认定编码	材质	保存程度				
				较好	一般	较差	差	消失
267	北峪子 01 号马面	1302273521021702670	石			√		
268	龙井关 01 号马面	1302273521021702680	石			√		
269	大东沟 01 号马面	1302273521021702690	石			√		
270	大东沟 02 号马面	1302273521021702700	石			√		
271	大东沟 03 号马面	1302273521021702710	石	√				
272	大东沟 04 号马面	1302273521021702720	石			√		
273	大东沟 05 号马面	1302273521021702730	石	√				
274	大东沟 06 号马面	1302273521021702740	石	√				
275	小东沟 01 号马面	1302273521021702750	石		√			
276	小东沟 02 号马面	1302273521021702760	石	√				
277	小东沟 03 号马面	1302273521021702770	石		√			
278	小东沟 04 号马面	1302273521021702780	石		√			
279	小东沟 05 号马面	1302273521021702790	石		√			
280	小东沟 06 号马面	1302273521021702800	石	√				
281	小东沟 07 号马面	1302273521021702810	石	√				
282	横山沟 01 号烽火台	1302273532011702820	石			√		
283	横山沟 02 号烽火台	1302273532011702830	石			√		
284	城自岭 01 号烽火台	1302273532011702840	石			√		
285	城自岭 02 号烽火台	1302273532011702850	石			√		
286	头道岭西山 01 号烽火台	1302273532011702860	石			√		
287	头道岭西山 02 号烽火台	1302273532011702870	石			√		
288	头道岭西山 03 号烽火台	1302273532011702880	石			√		
289	大岭寨口北山 01 号烽火台	1302273532011702890	砖	√				
290	大岭寨口北山 02 号烽火台	1302273532011702900	石				√	
291	大岭寨口北山 03 号烽火台	1302273532011702910	石	√				
292	兰城沟 01 号烽火台	1302273532011702920	砖	√				
293	铧尖 01 号烽火台	1302273532011702930	石			√		
294	铧尖 02 号烽火台	1302273532011702940	石			√		
295	南沟东山 01 号烽火台	1302273532011702950	石			√		
296	榆木岭村 01 号烽火台	1302273532011702960	石			√		
297	榆木岭村 02 号烽火台	1302273532011702970	石			√		
298	榆木岭村 03 号烽火台	1302273532011702980	石				√	
299	榆木岭 04 号烽火台	1302273532011702990	石		√			
300	铁楼顶 01 号烽火台	1302273532011703000	石			√		
301	青山关 01 号烽火台	1302273532011703010	石		√			
302	青山关 02 号烽火台	1302273532011703020	石				√	
303	青山关 03 号烽火台	1302273532011703030	砖			√		

（续）

编号	认定名称	认定编码	材质	保存程度				
				较好	一般	较差	差	消失
304	青山关 04 号烽火台	1302273532011170304	石			√		
305	八面峰 01 号烽火台	1302273532011170305	石				√	
306	八面峰 02 号烽火台	1302273532011170306	石			√		
307	八面峰 03 号烽火台	1302273532011170307	石		√			
308	八面峰 04 号烽火台	1302273532011170308	石				√	
309	八面峰 05 号烽火台	1302273532011170309	石			√		
310	八面峰 06 号烽火台	1302273532011170310	石			√		
311	八面峰 07 号烽火台	1302273532011170311	石			√		
312	董家口 01 号烽火台	1302273532011170312	石				√	
313	龙凤沟 01 号烽火台	1302273532011170313	石			√		
314	龙凤沟 02 号烽火台	1302273532011170314	石				√	
315	铁门关 01 号烽火台	1302273532011170315	石			√		
316	铁门关 02 号烽火台	1302273532011170316	石				√	
317	李家峪 01 号烽火台	1302273532011170317	石			√		
318	李家峪 02 号烽火台	1302273532011170318	砖	√				
319	李家峪 03 号烽火台	1302273532011170319	石				√	
320	新甸子 01 号烽火台	1302273532011170320	石			√		
321	新甸子 02 号烽火台	1302273532011170321	石			√		
322	新甸子 03 号烽火台	1302273532011170322	石			√		
323	新甸子 04 号烽火台	1302273532011170323	石			√		
324	喜峰口 01 号烽火台	1302273532011170324	石			√		
325	新甸子 05 号烽火台	1302273532011170325	石				√	
326	新甸子 06 号烽火台	1302273532011170326	石			√		
327	横城子 01 号烽火台	1302273532011170327	石				√	
328	小喜峰口 01 号烽火台	1302273532011170328	石			√		
329	下走马哨 01 号烽火台	1302273532011170329	石				√	
330	东城峪 01 号烽火台	1302273532011170330	石			√		
331	东城峪 02 号烽火台	1302273532011170331	石		√			
332	杏树洼 01 号烽火台	1302273532011170332	石			√		
333	西城峪 01 号烽火台	1302273532011170333	石			√		
334	西城峪 02 号烽火台	1302273532011170334	石			√		
335	西城峪 03 号烽火台	1302273532011170335	石			√		
336	三台山 01 号烽火台	1302273532011170336	石				√	
337	苏郎峪 01 号烽火台	1302273532011170337	石				√	
338	大东沟 01 号烽火台	1302273532011170338	石	√				
339	董家口谎城	1302273521991170339	砖		√			

（续）

编号	认定名称	认定编码	材质	保存程度				
				较好	一般	较差	差	消失
340	游乡口谎城	1302273521 99170340	砖	√				
341	喜峰口谎城	1302273521 99170341	砖			√		
合计		共341座：砖250座，石91座		88	43	107	103	
百分比（%）		100		26	12.6	31.4	30	

类型：单体建筑包括敌台、烽火台、马面等

保存程度：较好、一般、较差、差、消失

1. 横山沟东山 01 号敌台 130227352101170001

位于太平寨镇横山沟村东南 1.3 千米山脊处，坐标：东经 118° 37′ 04.80″，北纬 40° 15′ 08.80″，高程 557 米。

敌台跨墙而建，实芯台体，东西长 10.6 米，南北宽 7.37 米，人工削凿岩体，周围大块毛石包砌，坍塌严重，东墙中部存墙体宽约 3 米，高 2.6 米，其余三面墙体均为红峪口景区开发过程中重新垒砌，高 1.7 ～ 2.5 米。

2. 横山沟东山 02 号敌台 130227352101170002

位于太平寨镇横山沟东南 1.2 千米，坐标：东经 118° 36′ 50.40″，北纬 40° 15′ 08.50″，高程 469 米。

敌台东西接墙，砖石结构，平面呈"回"字形，底部东西长 11.26 米，南北宽 10.8 米，残存最高 6.61 米。敌台为三段式，下段条石基础，东侧露明 10 层，高约 2 米，西侧均被瓦砾及杂土掩埋。东、西设 1 门 1 箭窗，南、北设 4 箭窗，仅西墙北侧箭窗、北墙西侧两箭窗保存较完整，箭窗宽 0.59 米，高 1.21 米，箭窗内室进深 0.73 米，宽 1.19 米。东、西墙中部设门，门宽 0.8 米，门槛石长 1.1 米，宽 0.5 米，厚 0.16 米。中心为长方形券室，南北宽 3.9 米，东西长 4.7 米，券室四周为砖券回廊，宽 0.78 米，高 1.38 米。中心券室东西侧与券门相对处各有一通道与东西回廊相通，通道宽 1.14 米，高 2.15 米，南北两侧各有两通道连接中心券室与回廊，通道宽 0.8 米，高 1.55 米，通道间隔 1.05 米；上段仅西北角残存小部分台顶，保存部分回廊及一个较完整通道和 3 个箭窗，顶部存夯土层厚约 1 米。城砖长 0.41 米 × 宽 0.215 米 × 厚 0.115 米。

3. 横山沟东山 03 号敌台 130227352101170003

位于太平寨镇横山沟村东南 1.1 千米，坐标：东经 118° 36′ 42.00″，北纬 40° 15′ 12.30″，高程 435 米。

敌台外包墙体已于 20 世纪六七十年代拆毁，外包砌体已无存，存碎石、杂土混筑台芯，四至已无法辨别，台芯残高 6 米，西北角露明条石基础 2 层，高 0.55 米，东侧露明条石基础 3 层，高 0.85 米，顶部存后期挖砌的长方形碉堡坑 2 个。敌台周围散落大量残砖、瓦及白灰碎块。

4. 横山沟东山 04 号敌台 130227352101170004

位于太平寨镇横山沟村东约 700 米山垭处，坐标：东经 118° 36′ 36.50″，北纬 40° 15′ 15.30″，高程 372 米。

敌台平面呈矩形，东西长 9.6 米，南北宽 12.9 米，外包墙体已于 20 世纪六七十年代拆毁，外包砌体已无存，存碎石、杂土混筑台芯，地面垫层为三合土夯筑，残高 3.4 米，东侧露明条石基础 4 层，高 1 米。敌台周围散落大量残砖、瓦及白灰碎块。

5. 横山沟东山 05 号敌台 130227352101170005

位于太平寨镇横山沟村东南 600 米，坐标：东经 118° 36′ 27.50″，北纬 40° 15′ 18.00″，高程 341 米。

敌台建于山脊之上，东南、西侧接石墙，平面呈矩形，东西长 5.9 米，南北宽 6.8 米，残高 5 米。外包墙体已于 20 世纪六七十年代拆毁，存毛石分层垒砌台芯，地面垫层为三合土夯筑，存少量城砖墁地，共 4 层，西南角露明条石基础 5 层，放脚 4 层，金边宽 0.15～0.2 米，条石规格：长 0.7～1.15 米 × 宽 0.45 米 × 厚 0.4 米。敌台周围散落大量残砖、瓦及白灰碎块。

6. 横山沟东山 06 号敌台 130227352101170006

位于太平寨镇横山沟村东约 350 米，坐标：东经 118° 36′ 23.10″，北纬 40° 15′ 18.70″，高程 297 米。

敌台东西两侧接石墙，建于自然岩体上，南北侧毛石砌筑找平，平面呈矩形，台基东西 11.6 米，南北 9.3 米，残高 5.5 米，地面垫层为三合土夯筑。西北角存条石基础 6 层，为青砂岩质，高 2.1 米，条石厚 0.3～0.35 米，南侧中间部位存条石基础 4 层，高 1.4 米，条石上部残存长约 3.5 米，高约 1.1 米，厚约 0.8 米外包墙体，断裂、脱落严重。

7. 横山沟 01 号敌台 130227352101170007

位于太平寨镇横山沟村沟口西侧陡崖下山坡中部，坐标：东经 118° 36′ 14.30″，北纬 40° 15′ 17.20″，高程 248 米。

敌台东西两侧接石墙，平面呈矩形，东西残长 6 米，南北残宽 5 米，残高 3 米。外包墙体已于 20 世纪六七十年代拆毁，存碎石及山皮混筑台芯，顶部堆积大量碎砖及白灰渣。

8. 横山沟 02 号敌台 130227352101170008

位于太平寨镇横山沟西约 300 米山垭处，坐标：东经 118° 36′ 07.00″，北纬 40° 15′ 20.60″，高程 299 米。

敌台南、西北侧接石墙，平面呈矩形，南北长 10 米，东西宽 4.5 米，西侧残高约 3.7 米，东侧残高约 4.5 米。外包墙体已于 20 世纪六七十年代拆毁，台芯四周为大块毛石垒砌，内部用碎石加杂土填充，顶部夯三合土找平，厚约 0.15 米，北侧东部存毛石土衬，石料大小不一，其余部分均已坍塌。四周散落大量碎砖及白灰渣。

9. 擦崖子 01 号敌台 130227352101170009

位于太平寨镇横山沟西约 400 米，坐标：东经 118° 36′ 05.10″，北纬 40° 15′ 25.20″，高程 311 米。

敌台东南、西北侧接砖墙，平面呈矩形，东西 8.9 米，南北 8.2 米，残高 7.12 米。外包墙体大部分已于 20 世纪六七十年代拆毁，现存包砖酥碱、断裂、剥蚀严重，西侧底部存条石下碱 3 层，高约 1 米，台芯为土、毛石、残砖分层垒砌，顶部三合土夯平，城砖铺墁，顶部长满荆棘。四周残砖、灰渣遍布。

10. 擦崖子 02 号敌台 130227352101170010

位于太平寨镇横山沟西 550 米，坐标：东经 118° 35′ 59.80″，北纬 40° 15′ 26.50″，高程 296 米。

敌台南、北侧接砖墙，平面呈矩形，东西残长 11.03 米，南北残宽 4.46 米，其余部分被残砖瓦及杂土掩埋，最高 3.15 米。外包墙体大部分已于 20 世纪六七十年代拆毁，北侧下部露明条石基础 6 层，高约 1.3 米，存部分包砖，酥碱、断裂较严重，台芯为土、毛石、残砖分层垒砌，顶部三合土夯平，南侧及东、西两侧坍塌严重，杂草、灌木覆盖。

11. 擦崖子 03 号敌台 1302273521011170011

位于太平寨镇擦崖子村东北 500 米东西向小山脊处，坐标：东经 118° 35′ 53.70″，北纬 40° 15′ 26.10″，高程 281 米。

敌台东、西南侧接墙体，平面呈矩形，东西 12.6 米、南北 7.5 米，台基最高约 4.8 米。外包墙体大部分已于 20 世纪六七十年代拆毁，南侧包砖均已坍塌，裸露夯土台芯，西侧仅北部残存宽 2.7、高 1.8 米包砖，条石基础 6 层，高 1.4 米，北侧墙体包砖保存较完整，存高 2.35 ～ 3.4 米，条石基础 6 层，台芯为砂石土夯筑，三合土垫层找平，城砖铺墁一层。

12. 擦崖子 04 号敌台 1302273521011170012

位于太平寨镇擦崖子村北约 430 米东西向小山脊处，坐标：东经 118° 35′ 48.30″，北纬 40° 15′ 26.70″，高程 242 米。

敌台东南、西侧接墙，台芯东西 6.8 米，南北 8.3 米，残高 4.3 米。外包墙体已于 20 世纪六七十年代拆毁，台芯砂石土夯筑，三合土垫层找平，城砖铺墁，现已被杂草覆盖。

13. 擦崖子 05 号敌台 1302273521011170013

位于太平寨镇擦崖子村北约 250 米东西向小山脊处，坐标：东经 118° 35′ 43.50″，北纬 40° 15′ 27.20″，高程 215 米。

敌台东南、西北侧接墙，台芯北侧残宽 4.2 米，残高 5.2 米。外包墙体已于 20 世纪六七十年代拆毁，台芯砂石土夯筑，三合土垫层找平，厚 0.3 米。周边村民放坡耕种。

14. 擦崖子 06 号敌台 1302273521011170014

位于太平寨镇擦崖子城北 300 米公路西山坡下，坐标：东经 118° 35′ 38.20″，北纬 40° 15′ 29.60″，高程 191 米。

敌台东侧与擦崖子关西墙相连，西北侧接墙，外包墙体已于 20 世纪六七十年代拆毁，台芯存东西 3.6 米，南北 1.5 米，残高 1.3 米，台芯周围多被残砖、瓦碎块及灰渣掩埋，边际已无法辨清。

15. 擦崖子 07 号敌台 1302273521011170015

位于太平寨镇擦崖子村北 350 米，坐标：东经 118° 35′ 37.80″，北纬 40° 15′ 31.60″，高程 203 米。

敌台南、西北侧接墙，外包墙体已于 20 世纪六七十年代拆毁，台芯存东西 3.7 米，南北 2.5 米，残高 2.2 米。顶部为杂草覆盖，四周被大量残碎砖、瓦堆积掩埋，边际已无法辨清。

16. 擦崖子 08 号敌台 1302273521011170016

位于太平寨镇擦崖子城西北 420 米，坐标：东经 118° 35′ 34.60″，北纬 40° 15′ 34.20″，高程 221 米。

敌台东南、西北侧接墙，外包墙体已于 20 世纪六七十年代拆毁，台芯存东西 6.8 米，南北 7.6 米，残高约 3.2 米。顶部长满杂草、丛灌，四周被碎砖、石、灰渣掩埋，边际已无法辨清。

17. 擦崖子 09 号敌台 130227352101170017

位于太平寨镇擦崖子城西北 500 米东西向山脊中部，坐标：东经 118° 35′ 31.00″，北纬 40° 15′ 36.30″，高程 241 米。

敌台东南、西北侧接墙，墙体已于 20 世纪六七十年代拆毁，台芯存西 12.23 米，南北 8.6 米，高约 3.3 米。顶部长满杂草、丛灌，四周被碎砖、石、灰渣掩埋，边际已无法辨清。

18. 擦崖子 10 号敌台 130227352101170018

位于太平寨镇擦崖子城西北 650 米，坐标：东经 118° 35′ 27.50″，北纬 40° 15′ 38.70″，高程 279 米。

敌台为砖石空心结构，外包砖、石均于 20 世纪六七十年代被人为拆毁，现存部分台基，四周残存少量条石下碱和包砖墙体，残台基东西 12.23 米，南北 8.6 米，高约 3.3 米。顶部杂草、灌木丛生，周围堆积大量残砖、碎石。

19. 擦崖子 11 号敌台 130227352101170019

位于太平寨镇擦崖子城东北 650 米，坐标：东经 118° 35′ 59.10″，北纬 40° 15′ 28.30″，高程 289 米。

敌台南、西北侧接墙，块石砌筑，现已坍塌成堆状，残存中间部分毛石台芯，残高 1.5～2.8 米，宽 2 米。顶部杂草丛生，四周堆积大量散落块石。

20. 擦崖子 12 号敌台 130227352101170020

位于太平寨镇擦崖子城北 450 米山脊处，坐标：东经 118° 35′ 48.30″，北纬 40° 15′ 33.10″，高程 258 米。

敌台东、西北侧接石墙，块石垒砌，保存较完整，东西 5.8 米，南北 5.2 米，存高 2.25 米。顶部杂草覆盖，残留人工挖掘壕沟一道，壕沟长 2.8 米，宽 1.2 米。

21. 擦崖子 13 号敌台 130227352101170021

位于太平寨镇擦崖子城西北 750 米山坡处，坐标：东经 118° 35′ 23.90″，北纬 40° 15′ 38.60″，高程 318 米。

敌台东、西南侧接墙，外包墙体已于 20 世纪六七十年代拆毁，东西约 7.8 米，南北约 6 米，最高约 3.5 米，北墙西部存条石基础 5 层，高约 2.6 米，东北角处存条石基础 3 层，高约 1.6 米，条石长 1.13 米，厚 0.52 米，宽 0.32 米。顶部及周围堆积大量残砖、碎石。

22. 瞭望山敌台 130227352101170022

位于太平寨镇瞭望山山顶，坐标：东经 118° 35′ 17.80″，北纬 40° 15′ 37.00″，高程 416 米。

敌台平面呈矩形，立面及剖面呈梯形，二券室二通道结构，东西 9.58 米，南北 10.6 米，西侧地面至拔檐砖下皮高 4.04 米，东侧地面至拔檐砖下皮高 10.98 米，东侧窗口下至地面高 7.28 米。东侧山势较为险要，西侧山势较高。台体为三段式，下段底部毛石找平层 5 层，高 1.5 米，条石基础 7 层，高 1.9 米；中段城砖砌筑，东、南、北辟 2 箭窗，西辟 1 门 1 箭窗，西墙南侧设石质券门，门洞南侧墙上距地面 0.69 米处残存门闩孔；券室东西向长 5.45 米，宽 2.89 米，券室间隔墙厚 1.27 米，通道南北向，高 1.95 米，登顶梯道位于门券洞北墙中部，南向北上，保存较完整；中段与上段间存拔檐 2 层；上段垛口墙存高 0.2 米，厚 0.6 米，下设出水口。

台体西南角部分包砖坍塌，其余各面存多处小裂缝，顶部东北角及西北角墁砖方砖缺失。铺房存遗迹，东西 3.9 米，南北 4 米，墙厚 0.44 米，高 0.15～0.3 米，北侧存门痕迹。

23. 横山 01 号敌台 130227352101170023

位于太平寨镇擦崖子城西北 1.1 千米山脊处，坐标：东经 118° 35′ 14.10″，北纬 40° 15′ 39.30″，高程 394 米。

敌台为砖石空心结构，台体已于 20 世纪六七十年代被人为拆毁，台基东西 10.6 米、南北 10.48 米，残高 2.5 米，大部分外包砖、石缺失，整体破坏严重，底部条石基础 3 层，台芯为碎石、杂土堆砌。

24. 横山 02 号敌台 130227352101170024

位于太平寨镇擦崖子城西北 1.3 千米山垭东侧，坐标：东经 118° 35′ 06.90″，北纬 40° 15′ 45.30″，高程 333 米。

敌台为砖石空心结构，20 世纪六七十年代被人为拆毁，现仅存北侧部分台基，残高 3.2 米，底部毛石土衬 4 层，高约 1.7 米，存条石基础 5 层，高约 1.35 米，台芯小块碎石、杂土堆砌。顶部及四周散落大量砖、瓦残片及白灰渣。

25. 横山 03 号敌台 130227352101170025

位于太平寨镇擦崖子城西北 1.3 千米，坐标：东经 118° 35′ 03.60″，北纬 40° 15′ 44.90″，高程 348 米。

敌台为砖石空心结构，20 世纪六七十年代被人为拆毁，现存台基残高约 7.8 米，外包砖、石大部分缺失，东北角裸露毛石基础高 1.62 米，条石基础 4 层，高 1.25 米，台芯为毛石垒砌。顶部散落大量残砖、碎瓦，四周杂土及荒草掩盖，边际无法辨别。

26. 横山 04 号敌台 130227352101170026

位于太平寨镇横山主峰顶，距擦崖子城 1.6 千米，坐标：东经 118° 34′ 52.00″，北纬 40° 15′ 50.10″，高程 444 米。

敌台为砖石空心结构，20 世纪六七十年代被人为拆毁，现存台基保存较完整，东西 11.1 米，南北 11.32 米，通高 3.88 米，东北角裸露土衬石 4 层，由 3 层毛石和 1 层条石构成，高 0.5 米，金边 0.18 米，条石仅存 6 层，高 1.83 米，南墙中部、西墙南侧设门，均已坍塌，门券石散落台基下，西门外设石砌踏步，高 2.8 米，宽 2.7 米。

27. 横山 05 号敌台 130227352101170027

位于太平寨镇城自岭村东 1.5 千米山脊，坐标：东经 118° 34′ 34.40″，北纬 40° 15′ 50.90″，高程 451 米。

敌台为砖石空心结构，大块毛石砌筑，平面呈矩形，东西 7.05 米，南北 7.7 米，北侧高 4.5 米，南侧高 5.23 米，台芯为碎石、山皮土分层填筑，西南角坍塌，顶部堆积断砖、碎瓦片及陶器残片，台体东南、西侧与石砌长城墙体相连。

28. 城自岭口 01 号敌台 130227352101170028

位于太平寨镇城自岭东北约 900 米山梁处，坐标：东经 118° 33′ 57.70″，北纬 40° 15′ 57.50″，高程 270 米。

敌台为砖石空心结构，20 世纪六七十年代被人为拆毁，仅存台基下部，东西 10.12 米，南北 10.5 米，残高 1.8～3.2 米，西北角裸露条石基础 4 层，高 1.8 米，东南角存登道痕迹，底部大块毛石砌筑，台芯大块毛石及杂土填筑。

29. 杏树岭西山 01 号敌台 130227352101170029

位于青龙满族自治县凉水河乡杏树岭村西南 400 米山脚处，坐标：东经 118° 33′ 49.40″，北纬 40° 16′ 12.30″，高程 181 米。

敌台为砖石空心结构，20 世纪六七十年代被人为拆毁，仅存部分台芯，碎石、夯土裸露，残高约 1.1 米。

30. 杏树岭西山 02 号敌台 130227352101170030

位于青龙满族自治县凉水河乡杏树岭村西南 330 米山梁中下部，坐标：东经 118° 33′ 50.60″，北纬 40° 16′ 15.40″，高程 161 米。

敌台为砖石空心结构，20 世纪六七十年代被人为拆毁，仅存部分台芯呈堆状，红土夯筑，高 1.5 米，下部裸露砖砌基础痕迹，高 1 米。

31. 杏树岭西山 03 号敌台 130227352101170031

位于青龙满族自治县凉水河乡杏树岭村西 250 米山梁中下部，坐标：东经 118° 33′ 52.30″，北纬 40° 16′ 19.60″，高程 179 米。

敌台为砖石空心结构，20 世纪六七十年代被人为拆毁，仅存部分台芯，红土夯筑的，残高约 1.2 米。

32. 杏树岭西山 04 号敌台 130227352101170032

位于青龙满族自治县凉水河乡杏树岭村西北 400 米山脊中部，坐标：东经 118° 33′ 44.30″，北纬 40° 16′ 25.40″，高程 314 米。

敌台为砖石空心结构，20 世纪六七十年代被人为拆毁，仅存部分台基，外包砖、石大部分缺失，整体破坏严重，东墙残长约 8 米，其余墙体均破坏严重，残高约 3.5 米，东南角存条石仅存 4 层，高 1.25 米，顶部散落完整门券石 1 块。

33. 杏树岭西山 05 号敌台 130227352101170033

位于青龙满族自治县凉水河乡杏树岭村西北 500 米，坐标：东经 118° 33′ 41.00″，北纬 40° 16′ 28.90″，高程 315 米。

敌台为砖石空心结构，平面布局三券室三通道，东西 8.37 米，南北 11.63 米，残高 10.5 米。条石基础 4 ~ 10 层，高 0.9 ~ 2.5 米。存东、南、西三面墙体，东、西辟 4 箭窗，南辟 3 箭窗，南、北辟门。券室南北向，券室长 9.5 米、宽 1.35 米，通道宽 1.65 米，四角存柱洞痕迹。台体顶部已大部坍塌，东、南垛口墙保存尚好，通高约 1.5 米，垛口高 0.75 米，宽 0.6 米，垛墙中间底部设券形望孔，宽 0.46 米，高 0.33 米。

34. 杏树岭西山 06 号敌台 130227352101170034

位于青龙满族自治县凉水河乡杏树岭村西北 680 米，坐标：东经 118° 33′ 39.90″，北纬 40° 16′ 36.80″，高程 377 米。

敌台为砖石空心结构，20 世纪六七十年代被人为拆毁，仅存部分台基，东西 10.9 米，南北 11 米，残高约 8 米，条石基础 4 ~ 6 层，包砖大部分缺失，残存墙高 1.5 ~ 3.5 米，台芯碎石、山皮土填筑，所处地势四周较陡，建筑材料多散落于坡下。

35. 杏树岭西山 07 号敌台 130227352101170035

位于青龙满族自治县凉水河乡杏树岭村西北 800 米，坐标：东经 118° 33′ 42.10″，北纬 40° 16′ 45.10″，高程 400 米。

敌台为砖石空心结构，底部东西 11.72 米，南北 11.19 米，残高 8.55 米，台顶东西 10.55 米、南北 10.4 米。条石基础 6～7 层，高 1.3～1.65 米，南北辟 1 门 3 箭窗，西辟 1 箭窗，东辟 4 箭窗，中心券室东西长 1.85 米，南北宽 2.27 米，券顶高 3.53 米，通道门宽 1.18 米、高 2.1 米，周围券道长 7.84 米，宽 1.85 米，高 3.58 米。西墙南侧箭窗洞北墙中部设登顶梯道，南向北上，梯道宽 0.8 米，踏步均为砖砌，残损较严重，地面存少量砖墁地。铺房存部分墙体。

36. 头道岭 01 号敌台 130227352101170036

位于宽城县铧尖乡三道岭村头道岭自然村东南 1 千米，坐标：东经 118° 33′ 38.50″，北纬 40° 16′ 58.50″，高程 452 米。

敌台为砖石空心结构，底部东西长约 10.6 米，南北宽约 10.3 米，东南角残高 4.7 米，北侧墙体存高 7.3 米。北侧毛石土衬高 0.97 米，存条石基础 6 层，高 0.98 米。顶部及东、南、西三面墙体大部分已坍塌，东、西中部辟门，均已坍塌；东墙南侧存长约 3.5 米，存箭窗 1 个，下部设小型礌石孔，券高 0.3 米；北墙保存较为完整，设箭窗 4 个，西北角和西南角处残存少量墙体。

37. 头道岭 02 号敌台 130227352101170037

位于宽城县铧尖乡三道岭村头道岭自然村东南 950 米高山顶部，坐标：东经 118° 33′ 34.30″，北纬 40° 16′ 56.90″，高程 468 米。

敌台为砖石空心结构，平面布局呈"回"字形，依山势而建，东高，西依山势较低，底部东西 11.27 米，南北 10.36 米，高 7.1 米。台芯碎石、夯土填筑，西侧条石基础 3～5 层，高 1～1.6 米，东侧毛石土衬 3 层，高 1.3 米，金边宽 0.2 米，条石基础 6 层，高 1.8 米；东、西辟石券门及 2 箭窗，南辟 3 箭窗、北辟 4 箭窗，四周券室长 9.9 米，宽 1.8 米，高 3.45 米，中心室长 8.4 米，高 3.56 米，登顶梯道位于东南角，由东向西登顶；垛口墙大部分缺失。铺房存基址，东西 5.53 米，南北 4.44 米，墙宽 0.44 米，残高 1.67 米，南墙中部辟门。

38. 头道岭 03 号敌台 130227352101170038

位于宽城县铧尖乡三道岭村头道岭自然村东南 700 米高山顶部，坐标：东经 118° 33′ 20.50″，北纬 40° 16′ 58.50″，高程 350 米。

敌台为砖石空心结构，东西 11 米，南北 11.05 米，北侧高 10.12 米，南侧高 9.8 米。土衬石 1 层，金边宽 0.16 米，条石基础 6 层，高 1.67 米。东、西辟 1 门 2 箭窗，南辟 3 箭窗，北辟 4 箭窗，西门北侧门柱石及券石脱落，北侧箭窗全部坍塌，南侧箭窗仅存窗槛石及少量窗体，南墙东箭窗已坍塌，顶部已整体坍塌，内部结构不清。南墙西侧下部存文字砖 2 块，内容为"万历七年主兵造"。

39. 头道岭 04 号敌台 130227352101170039

位于宽城县铧尖乡三道岭村头道岭自然村东南 500 米东西向山脊底部，坐标：东经 118° 33′ 13.60″，北纬 40° 17′ 03.40″，高程 265 米。

敌台为砖石空心结构，20 世纪六七十年代被村民拆毁，台基残损严重，东西 11.4 米，南北 13.8 米，高 3.6～4.2 米，西南角底部条石基础 5 层，高 1.6 米，台芯块石垒砌。外包砖大部分破损、缺失，仅西墙南侧、南墙西侧残存包砖，四周堆积大量碎砖石。

40. 头道岭西山 01 号敌台 130227352101170040

位于宽城县铧尖乡三道岭村头道岭自然村南约 150 米处，坐标：东经 118° 33′ 04.30″，北纬 40° 17′ 12.10″，高程 256 米。

敌台为砖石空心结构，20 世纪六七十年代被村民拆毁，仅存部分台基，台芯块石砌筑，高 1.5～2.1 米，东西 11.7 米，南北 4.2 米。四周碎砖石杂乱堆积，杂草灌木丛生。

41. 头道岭西山 02 号敌台 130227352101170041

位于宽城县铧尖乡三道岭村头道岭自然村南 230 米小山头凸起处，坐标：东经 118° 33′ 00.00″，北纬 40° 17′ 11.00″，高程 290 米。

敌台为砖石空心结构，东西 6.7 米，南北 12.09 米，残墙最高 8.7 米。东、南侧墙体全部坍塌，北墙上部坍塌，西墙北侧残存，台顶仅西北角残存，北侧存少量券室。

42. 头道岭西山 03 号敌台 130227352101170042

位于宽城县铧尖乡三道岭村头道岭自然村西南 360 米处山坡上，坐标：东经 118° 32′ 54.40″，北纬 40° 17′ 09.10″，高程 308 米。

敌台为砖石空心结构，平面布局三券室三通道，底部东西 11.97 米、南北 11.3 米，东北角高 11.9 米。东、南均辟 3 箭窗，北辟 2 箭窗，西墙南侧辟门，券室东西向，长 8.36 米，宽 1.82 米，高 3.7 米，间隔墙厚 1.52 米，通道南北向，宽 1.65 米，高 2.31 米，间隔墙宽 1.62 米，室内中部存少量墁砖，登顶梯道位于北侧，梯道室顶部及西侧墙体坍塌。墙体包砖自然酥碱、剥蚀严重，顶部碎砖瓦杂乱堆积，杂草灌木丛生。

43. 头道岭西山 04 号敌台 130227352101170043

位于宽城县铧尖乡三道岭村头道岭自然村西南 400 米山梁处，坐标：东经 118° 32′ 49.80″，北纬 40° 17′ 12.10″，高程 343 米。

敌台为砖石空心结构，上部东西 10.3 米，南北 10.5 米，西北角残高 3 米，东北角残高 6.3 米。顶部及东侧墙体均已坍塌，北墙西侧部分墙体保存，西墙大部保存，南墙上部少量坍塌，北墙西部辟门，门宽 0.59 米，门券石高 0.55 米，券拱高 0.32 米，门柱石宽 0.2 米。顶部荒草及杂土掩埋。

44. 头道岭西山 05 号敌台 130227352101170044

位于宽城县铧尖乡三道岭村头道岭自然村西约 550 米山梁中上部，坐标：东经 118° 32′ 41.70″，北纬 40° 17′ 17.30″，高程 407 米。

敌台为砖石空心结构，平面布局三券室三通道，底部东西 10.5 米，南北 11.6 米，残高约 9.15 米。毛石土衬 3 层，高 0.94 米，东北角条石基础 7 层，高 1.85 米，东、南辟 3 箭窗，西辟 1 门 2 箭窗，北辟 2 箭窗，门宽 0.64 米，高 1.51 米。券室东西向，长 8.21 米，高 3.68 米，通道南北向，宽 1.63 米，高 2.15 米，通道间隔 1.66 米。券门洞南墙中部侧设登顶梯道，由北向南上，梯道宽 0.8 米，保存砖石混砌踏步 15 级。顶部东西长 9.7 米，南北宽 10.8 米，存铺房基址，东西 3 米，南北 5.5 米，残墙高 0.12～0.25 米。墙面砖风化酥碱严重，箭窗局部券砖缺失。

45. 头道岭西山 06 号敌台 130227352101170045

位于宽城县铧尖乡三道岭村头道岭自然村西约 800 米山脊处，坐标：东经 118° 32′ 32.70″，北纬 40° 17′ 21.30″，高程 465 米。

敌台为砖石空心结构，平面布局两券室两通道，底部东西长 10.99 米，南北宽 9.4 米，高 8.14 米。东、南、北均辟 2 箭窗，均有不同程度残损，箭窗宽 0.55 米，高 0.89 米，西墙辟 1 门 1 箭窗，石质券门宽 0.62 米，高 1.54 米。券室南北向，券室长 6.13 米，宽 2.57 米、高 3.3 米，间隔墙厚 1.45 米，通道东西向，宽 1.33 米，高 1.88 米，北券室西侧设梯道，西向东上，宽 0.9 米，石质踏步 12 级。顶部边长 8.8 米，存铺房基址，长 5.35 米，宽 3.7 米，残高 0.2 米。

46. 头道岭西山 07 号敌台 130227352101170046

位于宽城县铧尖乡三道岭村头道岭自然村西约 850 米山梁处，坐标：东经 118° 32′ 33.20″，北纬 40° 17′ 24.00″，高程 472 米。

敌台为砖石空心结构，平面布局两券室三通道，底部东西长 10 米，南北宽 10.86 米，高 8.38 米。条石基础 5 层，高 1.7 米，东辟 4 箭窗，西辟 3 箭窗，南北均辟 1 门 1 箭窗，石券门宽 0.72 米，高 1.72 米，箭窗宽 0.58 米，高 0.88 米，窗槛石宽 0.44 米，厚 0.17 米，窗槛宽 0.29 米。券室南北向，长 7.14 米，宽 2.46 米，高 3.28 米，券室间隔墙厚 1.56 米，通道东西向，宽 1.14 米，高 1.84 米，通道间隔 2.45 米，西南角设蹬顶梯道，南向北上，梯道宽 0.73 米，石质阶梯保存较好，现存 12 级。台顶坍塌，外墙存多条裂缝。

47. 头道岭西山 08 号敌台 130227352101170047

位于宽城县铧尖乡三道岭村头道岭自然村西北约 1 千米山垭处，坐标：东经 118° 32′ 30.20″，北纬 40° 17′ 32.70″，高程 470 米。

敌台为砖石空心结构，东西 11.2 米，南北 9.57 米，南墙高 7.6 米。大块毛石土衬，高 2.35 米，东、南、北三面条石基础 5 层。东辟 1 门 1 箭窗，南、北均辟 4 箭窗，门宽 0.7 米，残高 1.56 米，砖砌券门残损严重，门槛石距台顶 2.35 米，箭窗宽 0.53 米，高 1.05 米，窗下均设砖券礌石孔。台顶及西墙南侧坍塌。

48. 头道岭西山 09 号敌台 130227352101170048

位于太平寨镇大岭寨东约 1 千米山脊顶部，坐标：东经 118° 32′ 12.50″，北纬 40° 17′ 36.10″，高程 462 米。

敌台为砖石空心结构，平面布局三券室三通道，东西 11.1 米，南北 11.55 米，高 9.3 米。毛石土衬高 0.4 米，条石基础 5 层，高 1.4 米。东、南均辟 1 门 2 箭窗，箭窗券及坎墙残损，西北均辟 3 箭窗，石券门宽 0.7 米，高 1.75 米。券室东西向，宽 2.3 米，高 3.34 米，券室间隔墙厚 1.27 米，通道南北向，宽 1.31 米，高 2.15 米，通道间隔 1.97 米，梯道位于南墙东侧箭窗洞西侧，梯道宽 0.72 米，石质踏步 18 级。垛口墙均已不存，铺房存基址，东西宽 5 米，南北长 6 米，残高 0.25 米。

49. 头道岭西山 10 号敌台 130227352101170049

位于太平寨镇大岭寨东约 700 米山脊中上部，坐标：东经 118° 32′ 00.90″，北纬 40° 17′ 36.50″，高程 417 米。

敌台为砖石空心结构，平面布局三券室三通道，底部东西 11.41 米，南北 10.87 米，高 9.1 米。毛石土衬 6 层，高 1.1 米，金边 0.1 米，条石基础 5 层，高 1.62 米。东西均辟 1 门 2 箭窗，南北均辟 3 箭窗，石券门高 1.64 米，宽 0.64 米，门槛石长 1.1 米，宽 0.6 米，箭窗宽 0.58 米，高 0.92 米，下坎墙高 0.82 米，窗券及坎墙均不同程度坍塌。券室东西向，高 3.65 米，宽 1.77 米，券室间隔墙厚 1.69 米，通道南北向，宽 1.63 米、高 2.1 米，梯道位于南墙东侧箭窗洞内，东上西向，残存 8 级石质踏跺。垛口墙均已不存，铺房存基址，渣土及杂草掩埋。

50. 大岭寨 01 号敌台 130227352101170050

位于太平寨镇大岭寨东约 600 米山脊处，坐标：东经 118° 31′ 53.30″，北纬 40° 17′ 38.90″，高程 365 米。

敌台为砖石空心结构，东西 7.4 米、南北 7.1 米，残高 2.7 米，向内突出墙体，台体已塌毁，仅存台基，条石基础 2 层，高 0.8 米。现存包砖因自然酥碱、剥蚀，部分脱落，台芯为碎石、杂土填筑，顶部三合土找平。

51. 大岭寨 02 号敌台 130227352101170051

位于太平寨镇大岭寨东约 500 米山脊处，坐标：东经 118° 31′ 49.00″，北纬 40° 17′ 41.20″，高程 343 米。

敌台为砖石空心结构，长 11.6 米，宽 8.97 米，西北角高 9 米。现敌台顶部及东、北、西三面大部分墙体已坍塌，台基及南墙保存，台基下部多被残碎砖瓦、土石掩埋。南墙辟 1 门 2 箭窗，均已毁坏，高 1.45 米，宽 0.6 米，石质券门，已坍塌，仅存槛石及券石，登顶梯道存石质踏步 7 级，宽 0.75 米，四角存柱位，柱径约 0.27 米，高 2.9 米。台顶坍塌，内部形制无法辨别。

52. 大岭寨 03 号敌台 130227352101170052

位于太平寨镇大岭寨东北约 400 米山脊处，坐标：东经 118° 31′ 43.70″，北纬 40° 17′ 44.20″，高程 314 米。

敌台为砖石空心结构，平面布局三券室三通道，长 12.57 米，宽 8.7 米，高 5 米。南北均辟 1 门 1 箭窗，东西均辟 3 箭窗，均已残毁，石质券门宽 0.65 米，高 1.65 米，门槛石长 1.15 米，宽 0.55 米。券室长 5.45 米，宽 1.89 米，高 3.72 米，通道宽 1.05 米，高 1.88 米，通道间隔 1.6 米，南券室西部箭窗洞北墙中部设蹬顶梯道，梯道室宽 0.65 米，中部坍塌，下部残存青石质踏步 5 级。台芯为碎石、夯土填筑，垛口墙均已不存，顶部杂草丛生。

53. 大岭寨 04 号敌台 130227352101170053

位于太平寨镇大岭寨东北约 350 米，坐标：东经 118° 31′ 40.00″，北纬 40° 17′ 48.60″，高程 300 米。

敌台为砖石空心结构，东西 12.35 米，南北 10.05 米，残高 7.7 米。条石基础 2～3 层，高 0.6～1 米。东、西辟 1 门 2 箭窗，南墙辟 3 箭窗，为内敞式，宽 1.24～1.03 米，宽 0.71 米，高 1.6 米。台芯为碎石、杂土填筑。顶部坍塌，西、南墙保存较完整，北墙及东墙北部坍塌。

54. 大岭寨 05 号敌台 130227352101170054

位于太平寨镇大岭寨北约 650 米山脊底部，紧临沟谷，坐标：东经 118° 31′ 37.40″，北纬 40° 17′ 58.60″，高程 279 米。

敌台为砖石空心结构，平面布局三券室三通道，底部东西长 11.2 米，南北宽 10.8 米，高 7.45 米。条石基础 3～5 层，高 0.8～1.1 米。东西均辟 3 箭窗，南北均辟 1 门 2 箭窗，北侧券门已坍塌，仅存槛石，南侧券门高约 1.58 米，顶部券石断裂，残存大半，门槛石不存，箭窗均损坏，宽 0.6 米。券室东西向，券室长 9.73 米，宽 1.84 米，高 3.89 米，北侧券室坍塌，通道南北向，通道宽 1.6 米，高 2.33 米，间隔墙厚 1.52 米。台体部分坍塌。

55. 大岭寨口北山 01 号敌台 130227352101170055

位于太平寨镇大岭寨口北侧山脊底部，坐标：东经 118° 31′ 35.50″，北纬 40° 18′ 03.20″，高程 200 米。

敌台为砖石空心结构，平面布局二券室三通道，底部东西 10.72 米，南北 10.56 米，高 8.57 米。土衬石 2 层，高 0.5 米，条石基础 7 层，高 2.07 米。东辟 4 箭窗，西辟 1 箭窗，南辟 1 门 2 箭窗，北辟 1 门，门高 2.4 米，宽 1 米，门券缺失，存西侧门闩石及门槛石半块，箭窗高 0.94 米，宽约 0.6 米，窗券及下坎墙均有不同程度缺损。券室南北向，券室长 7.35 米，宽 2.74 米，高 3.4 米，通道东西向，宽 2.58 米，高 1.88 米。墙体包砖自然酥碱、风化，导致脱落、剥蚀严重。

56. 大岭寨口北山 02 号敌台 130227352101170056

位于太平寨镇大岭寨口北约 120 米山坡中下部，坐标：东经 118° 31′ 35.70″，北纬 40° 18′ 06.20″，高程 249 米。

敌台为砖石空心结构，已被人为拆毁，仅存部分台基，东西 11.5 米，南北 12.2 米，残高 1.2～4.4 米。东、南侧存部分包砖墙体，东南角条石基础 4 层，高 1 米，台芯为碎石、夯土填筑。

57. 大岭寨口北山 03 号敌台 130227352101170057

位于太平寨镇大岭寨口北约 900 米山顶部，坐标：东经 118° 31′ 40.00″，北纬 40° 18′ 30.70″，高程 508 米。

敌台为砖石空心结构，平面布局三券室三通道，东西 10.4 米、南北 10.4 米，高 8.48 米。南北辟石券门，保存较好，门宽 0.65 米，高 1.6 米，门柱石高 1.09 米，宽 0.24 米，南门西侧门柱石缺失，槛石长 1.18 米，宽 0.43 米，厚 0.12 米，券室东西向，东西长 6.85 米，南北宽 1.65 米，高 3.97 米，间隔墙厚 1.4 米，通道南北向，通道宽 1.45 米，高 2.36 米。外包砖因自然风化、雨水侵蚀部分脱落。

58. 大岭寨口北山 04 号敌台 130227352101170058

位于太平寨镇大岭寨口北约 1.4 千米山脊处，坐标：东经 118° 31′ 30.60″，北纬 40° 18′ 46.10″，高程 520 米。

敌台为砖石空心结构，平面布局二券室三通道，东西 9.86 米、南北长 9.85 米，高 5.8～7.2 米。条石基础 3 层，高 0.89 米。南北均辟 1 门 1 箭窗，东西均辟 3 箭窗，石质券门，高 1.55 米，宽 0.81 米，门柱石均已缺失，门柱石高 0.48 米。厚 0.19 米，门槛石长 1 米，厚 0.12 米。顶部坍塌。

59. 兰城沟 01 号敌台 130227352101170059

位于太平寨镇兰城沟村东约 1.2 千米，坐标：东经 118° 31′ 26.40″，北纬 40° 19′ 11.60″，高程 512 米。

敌台为砖石空心结构，平面布局二券室三通道，东西 8.6 米，南北 7.72 米，高 4.28 米。东北角条石基础 4 层，高 1.05 米。东西辟 3 箭窗，南北辟 1 门 2 箭窗，顶部及台体严重坍塌。

60. 兰城沟 02 号敌台 130227352101170060

位于太平寨镇兰城沟东约 1.2 千米北侧山梁上，坐标：东经 118° 31′ 29.90″，北纬 40° 19′ 16.00″，高程 496 米。

敌台为砖石空心结构，平面布局三券室三通道，底部东西 11.55 米，南北 11.18 米，东北角高 6.87 米，西侧高 6.12 米。条石基础 3 层，高 0.93 米。东西均设 3 箭窗，南北均辟 1 门 2 箭窗，箭窗破损严重，宽 0.53 米，北门存门券石、门槛石，门高 1.64 米，门柱石缺失，南门仅存门槛石。券室南北向，宽 1.95 米，高 3.16 米，隔墙宽 1.05 米，中间券室顶部抹泥，通道东西向，宽 1.6 米，高 1.8 米，通道间隔墙宽 1.5 米。因自然风化，外包砖剥蚀较重，部分包砖脱落。

61. 兰城沟 03 号敌台 130227352101170061

位于太平寨镇兰城沟东约 1.3 千米山梁处，坐标:东经 118° 31′ 31.70″，北纬 40° 19′ 23.00″，高程 525 米。

敌台为砖石空心结构，平面布局三券室三通道，底部东西 10.31 米，南北 10.13 米，东侧高 8.46 米。东侧条石基础 6 层，高 1.98 米，厚 0.33 米。东辟 4 箭窗，西辟 2 箭窗，南北均辟 1 门 2 箭窗，宽 0.57 米，高 0.88 米，窗槛石宽 0.28 米，下部设礌石孔，门宽 0.73 米，高 1.68 米，门券高 0.4 米，券道宽 1.46 米，券高 3.02 米。中心券室东西 1.61 米，南北 2.97 米，高 3.16 米，通道宽 0.8 米，高 2.1 米，隔墙厚 0.92 米，西墙南侧箭窗洞北墙中部蹬顶设梯道，南向北上，保存较好，梯道室宽 0.67 米，保存完整石质踏步 11 级。因自然风化，外包砖剥蚀较严重，部分包砖脱落。

62. 兰城沟 04 号敌台 130227352101170062

位于太平寨镇兰城沟东北约 1.5 千米山梁顶部，坐标：东经 118° 31′ 32.30″，北纬 40° 19′ 39.00″，高程 626 米。

敌台为砖石空心结构，平面布局三券室三通道，台顶东西 9.9 米，南北 10.5 米，东南角高 9.41 米，东侧临山崖。毛石土衬高 3 米，东侧条石基础 6 层，高 2 米。东、北、西均辟 3 箭窗，宽 0.66 米，南墙辟 1 门 2 箭窗，石质券门，门宽 0.68 米，高 1.74 米，门券拱高 0.33 米。券室东西向，宽 1.72 米、高 3.35 米，通道南北向，宽 1.42 米，高 1.93 米。外包砖因自然风化、酥碱，部分包砖剥蚀、脱落，南墙东侧箭窗处存上下贯通裂缝 1 条，宽 0.06 米。

63. 兰城沟 05 号敌台 130227352101170063

位于太平寨镇兰城沟东北约 1.7 千米高山顶部南侧，坐标：东经 118° 31′ 36.70″，北纬 40° 19′ 47.30″，高程 623 米。

敌台为砖石空心结构，平面布局二券室三通道，底部东西 10.33 米，南北 10.38 米，顶部东西 9.13

米，南北 9.37 米，高 9.8 米。条石基础 3～4 层，高 0.68～1.05 米。南北均辟 1 门 1 箭窗，东西均辟 3 箭窗，门宽 0.66 米，高 1.66 米，门券石长 1.1 米，高 0.7 米，拱高 0.4 米。券室南北向，宽 2.2 米、高 3.75 米，券室隔墙厚 2.13 米，通道东西向，宽 1.28 米，高 1.63 米。外包砖因自然风化，存少量酥碱、剥蚀，部分脱落。

64. 铧尖西山 01 号敌台 130227352101170064

位于宽城县铧尖乡东沟村西约 1.25 千米山脊上，坐标：东经 118° 31′ 39.80″，北纬 40° 20′ 00.10″，高程 712 米。

敌台为砖石空心结构，平面布局三券室三通道，底部东西 11.02 米，南北 11.07 米，高 5.7 米。

条石基础 2 层，高 0.65 米。东西均辟 3 箭窗，南北辟 1 门 2 箭窗，西墙中、北箭窗保存完整，南墙箭窗券砖脱落，北门较完整，南门一门柱石缺失，门宽 0.65 米，高 1.55 米，拱高 0.4 米，箭窗宽 0.62 米，高 0.94 米，下坎墙高 0.72 米，券室东西向，宽 1.75 米，高 3.4 米，间隔墙厚 1.41 米，通道南北向，宽 1.44 米，高 1.92 米，通道间隔 1.4 米。外包砖酥碱，存多条小裂缝。

65. 铧尖西山 02 号敌台 130227352101170065

位于宽城县铧尖乡东沟村西约 1.3 千米山脊处，坐标：东经 118° 31′ 46.20″，北纬 40° 20′ 05.60″，高程 683 米。

敌台为砖石空心结构，平面布局二券室三通道，底部东西 10.13 米，南北 10.56 米，高 7.6 米。条石基础 3～5 层，高 0.8～1.25 米；北辟 1 门 1 箭窗，门宽 0.66 米，高 1.65 米，券拱高 0.4 米，券石宽 0.27 米，厚 0.18 米，门柱石宽 0.23 米、厚 0.17 米、高 1.15 米，门内室高 2.19 米、宽 0.97 米、进深 0.92 米，券室南北向，券室长 7.15 米、宽 2.44 米、高 3.66 米，券室间隔墙厚 0.99 米，通道东西向，通道宽 1.56 米、高 1.95 米，通道间隔 1.24 米。

66. 铧尖西山 03 号敌台 130227352101170066

位于宽城县铧尖乡东沟村西约 1.5 千米山脊顶部，坐标：东经 118° 31′ 48.10″，北纬 40° 20′ 15.30″，高程 705 米。

敌台为砖石空心结构，平面布局三券室三通道，东西 10.44 米、南北 12.3 米，高 9.28 米。条石基础 2～3 层，高 0.55～0.8 米；南、北辟门，门槛上沿距地面 3 米，宽 0.71 米，高 1.62 米，门券石宽 0.29 米，券拱高 0.3 米，门柱石高 1.08 米，厚 0.28 米，宽 0.28 米，券室东西向，中间券室较大，宽 3.3 米，高 3.44 米，南、北侧券室宽 1.95 米，高 3.4 米，间隔墙厚 1.25 米，通道南北向，东西侧通道 0.98 米，高 2.05 米，通道间隔 2.59 米。西南角上部局部坍塌，外包砖断裂脱落。

67. 铧尖西山 04 号敌台 130227352101170067

位于宽城县铧尖乡东沟村西约 1.35 米山脊顶部，坐标：东经 118° 32′ 00.00″，北纬 40° 20′ 37.40″，高程 664 米。

敌台为砖石空心结构，东西 8.26 米、南北 13.26 米，高 8.12 米。条石基础 3～4 层，高 1.05～1.4 米；南、北辟门，北券门保存完整，南券门部分券砖脱落，宽 0.65 米，高 1.6 米，券宽 0.29 米，厚 0.25 米，券拱高 0.3 米，门槛石长 1.43 米，宽 0.6 米，厚 0.17 米。外墙包砖酥碱、剥蚀较重。

68. 南沟东山 01 号敌台 130227352101170068

位于榆木岭乡榆木岭村南沟自然村东南约 1.1 千米山脊上，坐标：东经 118° 31′ 59.30″，北纬 40° 20′ 48.10″，高程 584 米。

敌台为砖石空心结构，平面布局三券室三通道，东西 11.57 米，南北 10.6 米，高 9.63 米。大块毛石土衬高 0.9 米，条石基础 5 层，高 1.83 米；东、西辟门，均存门槛石 1 块，长 1.55 米，宽 0.6 米，厚 0.27 米，券室东西向，长 8.39 米，宽 1.62 米，高 3.24 米，间隔墙厚 1.1 米，通道南北向，宽 1.33 米，高 2.21 米，间隔 2.2 米，通道间隔墙外侧均设有小型券洞，券洞高 0.76 米，宽 0.63 米，进深 0.48 米。外包砖墙体自然剥蚀严重，大面积风化。

69. 南沟东山 02 号敌台 130227352101170069

位于榆木岭乡榆木岭村南沟自然村东南约 1 千米山脊上，坐标：东经 118° 31′ 57.80″，北纬 40° 20′ 55.90″，高程 522 米。

敌台为砖石空心结构，平面布局二券室三通道，东西 13.83 米，南北 10.21 米，高 8.16 米。条石基础 2～3 层，高 0.5～0.8 米，南、北辟门，宽 0.71 米，高 1.63 米，门券石长 1.22 米，宽 0.72 米，厚 0.23 米，拱高 0.35 米，门柱石高 1.27 米，宽 0.26 米，厚 0.22 米，均保存完整，券室南北向，长 7.26 米，宽 2.5 米、高 3.19 米，间隔墙厚 1.49 米，东券室券砖部分脱落，通道东西向，宽 1.2 米，高 1.92 米，间隔墙宽 1.82 米，南门外侧设石砌踏跺，高 2.4 米。外侧墙体大面积自然风化剥蚀，部分包砖断裂脱落。

70. 南沟东山 03 号敌台 130227352101170070

位于榆木岭乡榆木岭村南沟自然村东南约 800 米山脊上，坐标：东经 118° 31′ 57.30″，北纬 40° 21′ 08.40″，高程 530 米。

敌台为砖石空心结构，平面布局二券室三通道，东西 10.54 米，南北 10.46 米，高 9.35 米。毛石土衬，条石基础 6～7 层，高 2.65 米；西辟 1 门 1 箭窗，南、北辟 4 箭窗，门宽 0.96 米，门券石及门柱石均已脱落，仅存门槛石，窗为外敞式，外侧宽 0.8 米，内侧宽 0.7 米，券室南北向，长 7.56 米，宽 2.6 米，高 3.89 米，券室间隔 1.67 米，东券室已坍塌，西券室南侧券砖少量脱落，南北向裂缝宽 0.05～0.1 米，通道东西向，宽 1.48 米，高 2.08 米，通道内侧隔墙下部各设小型券洞一个，券洞高 0.8 米，宽 0.51 米，进深 0.5 米，均已残破。台体约一半坍塌，上部外包砖自然风化酥碱较严重，部分包砖断裂剥蚀。

71. 榆木岭村 01 号敌台 130227352101170071

位于榆木岭乡榆木岭村南 900 米高山顶部，坐标：东经 118° 31′ 56.00″，北纬 40° 21′ 15.10″，高程 433 米。

敌台为砖石空心结构，平面布局三券室三通道，东西 10.99 米，南北 11.32 米，高 8.64 米。条石基础 8 层，高 2.46 米，西辟门，券门及墙体均坍塌，仅存门槛石 1 块，槛石长 1.45 米，宽 0.5 米，券室东西向，长 8.84 米，高 3.25 米，北券室宽 2.1 米，中间券室宽 2.37 米，南券室宽 2.04 米，券室间隔墙厚 1.06 米，南券室券砖部分脱落，面积约 0.5 平方米，北券室券砖少量脱落，通道南北向，高 1.91 米，宽 0.99 米。外包砖自然风化、酥碱较严重，北侧部分包砖脱落。

72. 榆木岭村 02 号敌台 130227352101170072

位于榆木岭乡榆木岭村南约 700 米处，坐标：东经 118° 31′ 56.20″，北纬 40° 21′ 23.20″，高程 413 米。

敌台为砖石空心结构，平面布局三券室三通道，东西长 11.08 米，南北长 10.85 米，高 8.01 米。条石基础 6 层，高 1.82 米；南北辟门，券门石质构件均已缺失，南门残宽 1.06 米，券室南北向，长 8.08 米，东券室宽 2.2 米，中券室宽 2.37 米，西券室宽 1.73 米，券室高 3 米，券室隔墙 1.1 米，通道东西向，宽 1.1 米，高 2.09 米，通道隔墙 1.38 米。

73. 榆木岭村 03 号敌台 130227352101170073

位于榆木岭乡榆木岭村南约 600 米缓山脊处，坐标：东经 118° 31′ 59.20″，北纬 40° 21′ 25.40″，高程 393 米。

敌台为砖石空心结构，平面布局三券室三通道，东西长 13.71 米，南北长 13.7 米，通高 8.01 米。毛石土衬找平，条石基础 5 层，高 1.55 米，南、北辟门，均已残损，残宽 1.16 米，券室南北向，长 9.64 米，宽 2.7 米，高 4.04 米，券室间隔墙厚 1.19 米，通道东西向，宽 1.64 米，高 2.32 米，通道间隔 1.7 米。

74. 榆木岭村 04 号敌台 130227352101170074

位于榆木岭乡榆木岭村南约 600 米缓山脊处，坐标：东经 118° 31′ 58.00″，北纬 40° 21′ 29.90″，高程 409 米。

敌台为砖石空心结构，平面布局呈"回"字形，东西 11.83 米，南北 11.62 米，高 7.6 米。条石基础 3 层，高 0.6 米，南、北辟门，南券门被拆毁，北券门宽 1.08 米，残高 1.62 米，门槛石厚 0.26 米，围廊券东西 10.23 米，南北长 10.15 米，宽 1.28 米，顶部坍塌，中心券室东西长 3.76 米，南北长 1.6 米。整体保存较差，台体东墙、南墙及台顶大部分坍塌，内部结构损毁严重。

75. 榆木岭村 05 号敌台 130227352101170075

位于榆木岭乡榆木岭村南约 400 米缓山脊处，坐标：东经 118° 31′ 58.30″，北纬 40° 21′ 33.60″，高程 408 米。

敌台为砖石空心结构，平面布局呈"回"字形，东西 11.08 米，南北 11.65 米，高 8.15 米。条石基础 3 层，高 0.65 米；南、北辟门，宽 1.08 米，进深 1.13 米，高 2.1 米，围廊券长 8.29 米，宽 1.48 米，高 3.07 米，通道宽 1.08 米，高 1.6 米，进深 1.08 米，两通道间隔 1 米。整体保存较好，北墙东侧部分墙体坍塌。

76. 榆木岭村 06 号敌台 130227352101170076

位于榆木岭乡榆木岭村南约 250 米缓山脊处，坐标：东经 118° 31′ 55.90″，北纬 40° 21′ 37.60″，高程 405 米。

敌台为砖石空心结构，东西 10.79 米、南北 10.94 米，高 8.4 米。条石基础 4～5 层，高 0.98～1.3 米。整体保存较好，中间券室顶部坍塌，台体外侧包砖酥碱、剥蚀较重。

77. 榆木岭村 07 号敌台 130227352101170077

位于榆木岭乡榆木岭村南约 150 米，坐标：东经 118° 32′ 01.00″，北纬 40° 21′ 41.60″，高程 378 米。

敌台为砖石空心结构，已被人为拆毁，仅存中券室隔墙一道，墙长 7.2 米，宽 0.6 米，高 2.25 米。四周杂土碎砖石杂乱堆积，杂草灌木丛生，西南、西北两侧与砖砌长城墙体相连。

78. 榆木岭村 08 号敌台 130227352101170078

位于榆木岭乡榆木岭村南约 50 米小山头上，坐标：东经 118° 31′ 59.40″，北纬 40° 21′ 45.10″，高程 366 米。

敌台为砖石空心结构，平面布局三券室三通道，东西 10.62 米，南北 11.06 米，残高 4.6～6.8 米。大块毛石基础 3 层，高 1 米；南、北辟 1 门 2 箭窗，东、西辟 3 箭窗，门已坍塌，东墙保存较差，东西券室坍塌，台芯为块石砌筑。台体大部分坍塌。

79. 榆木岭村 09 号敌台 130227352101170079

位于榆木岭乡榆木岭村北约 100 米山崖南，坐标：东经 118° 31′ 57.00″，北纬 40° 21′ 54.20″，高程 356 米。

敌台为砖石空心结构，东西 9.6 米，南北 9.5 米，高 11.65 米。条石基础 2 层，高 0.65 米；南墙残存 4 个箭窗，仅东侧箭窗较完整，上部券砖脱落，箭窗宽 0.6 米，高 1.43 米。台体已坍塌，仅存东南角墙垛，残高 4.2 米。

80. 榆木岭村 10 号敌台 130227352101170080

位于榆木岭乡榆木岭村北约 180 米山崖东北，坐标：东经 118° 31′ 56.80″，北纬 40° 21′ 56.70″，高程 397 米。

敌台为砖石空心结构，平面布局两券室三通道，东西 9.53 米，南北 9.86 米，高 8.97 米。毛石土衬找平，高 1.4 米，东侧条石仅存 6 层，高 2.24 米；西墙辟石质券门，构件均已不存，残宽 1.2 米，南侧券室坍塌，券室东西向，南券室坍塌，北侧券室保存较好，券室长 7 米，宽 2.45 米，高 3.66 米，券室间隔墙厚 1.5 米，通道南北向，宽 1.37 米，高 1.78 米，进深 1.62 米，东通道西隔墙辟一伏一券小券洞，高 0.5 米，宽 0.5 米。南墙条石上部横向开裂，度 10 厘米，外侧包砖自然酥碱、剥蚀较重。

81. 榆木岭村 11 号敌台 130227352101170081

位于榆木岭乡榆木岭村北约 250 米山脊处，坐标：东经 118° 31′ 55.50″，北纬 40° 21′ 58.30″，高程 378 米。

敌台为砖石空心结构，20 世纪六七十年代被人为拆毁，残存部分台基，被杂土掩埋，长满杂灌，形制、边界不清。

82. 榆木岭村 12 号敌台 130227352101170082

位于榆木岭乡榆木岭村北约 250 米山脊处，坐标：东经 118° 31′ 58.50″，北纬 40° 22′ 01.40″，高程 377 米。

敌台为砖石空心结构，20 世纪六七十年代被人为拆毁，仅存部分台基，底部东西 9.65 米，南北 10.35 米，残高 2.7 米。东南角条石基础 4 层，高 1.3 米，上部为青砖包砌，包砖因自然风化、酥碱、剥蚀严重，部分包砖脱落，西南角全部坍塌。

83. 榆木岭村 13 号敌台 130227352101170083

位于榆木岭乡榆木岭村北约 500 米山脊处，坐标：东经 118° 31′ 59.50″，北纬 40° 22′ 06.30″，高程

391 米。

敌台为砖石空心结构，20 世纪六七十年代被拆毁，仅存部分台基，东西 11.02 米，南北 8.7 米，残高 4 米。下部为条石基础 5 层，高 1.5 米，上部青砖包砌，包砖自然风化、酥碱、剥蚀严重，部分断裂、脱落，东侧坍塌严重。

84. 榆木岭村 14 号敌台 130227352101170084

位于榆木岭乡榆木岭村北约 750 米山脊处，坐标：东经 118° 31′ 57.50″，北纬 40° 22′ 15.10″，高程 406 米。

敌台为砖石空心结构，20 世纪六七十年代被拆毁，仅存部分台基，底部东西 10.62 米，南北 8.7 米，高 4.8 米。下部条石基础 7 层，高 1.7 米，上部为青砖包砌，包砖自然风化、酥碱、剥蚀严重，部分断裂、脱落，顶部碎砖杂土堆积，杂草丛生。

85. 铁顶楼 01 号敌台 130227352101170085

位于铁楼顶村西南约 850 米山脊上，坐标：东经 118° 31′ 57.50″，北纬 40° 22′ 21.70″，高程 425 米。

敌台为砖石空心结构，底部东西长 10.38 米，南北宽 9.86 米，残高 9.3 米。台体坍塌严重，残砖及杂土掩埋，结构不清，仅存东墙南、北侧墙体，残墙高 2.5 米，长 3.3 米，两侧各存 1 破损箭窗，高 1.2 米，宽 0.87 米。

86. 铁顶楼 02 号敌台 130227352101170086

位于铁顶楼村西南约 700 米山脊上，坐标：东经 118° 31′ 59.70″，北纬 40° 22′ 28.00″，高程 436 米。

敌台为砖石空心结构，台体坍塌严重，仅存西北角及西南角部分墙体，东、西墙全部坍塌，底部南北 9.6 米，残台最高 3.8 米。

87. 铁顶楼 03 号敌台 130227352101170087

位于铁楼顶村西北约 700 米山脊上，坐标：东经 118° 32′ 01.90″，北纬 40° 22′ 34.40″，高程 468 米。

敌台为砖石空心结构，整体坍塌严重，仅东南角及东侧存部分台基，条石基础 7 层，高 1.75 米，南北 9.62 米，东西边际不清，残高约 4.5 米，顶部及周围碎砖堆积，灌木丛生。

88. 铁顶楼 04 号敌台 130227352101170088

位于铁楼顶村西北约 730 米山脊上，坐标：东经 118° 32′ 02.70″，北纬 40° 22′ 37.90″，高程 519 米。

敌台为砖石空心结构，平面布局二券室三通道，东西 7.85 米，南北 10.78 米，残高 5.6 米。条石基础 4 层，高 1.55 米；南、北辟门，南门残损，北门保存完整，宽 1.13 米，高 2 米，红砂岩门槛石长 1.15 米，厚 0.24 米，券室南北向，长 9.3 米，宽 2.05 米，高 2.9 米，间隔墙厚 0.98 米，东券室坍塌，西券室保存较完整，通道东西向，宽约 1 米。整体坍塌严重，东墙、南北墙东侧坍塌，现存西墙及大部分南、北墙。

89. 铁顶楼 05 号敌台 130227352101170089

位于铁楼顶村西北约 770 米山脊上，坐标：东经 118° 32′ 10.40″，北纬 40° 22′ 46.10″，高程 568 米。

敌台为砖石空心结构，西北角存条石基础 2 层，高 0.45 米。北墙残存长 6.8 米，高约 4.3 米；南墙中部分残存长 3.8 米，高 4.2 米；西墙北部残存长 2.8 米，高 4.3 米，南、北侧均存 1 破损箭窗，高 1.1 米, 宽 0.7 米, 西北角残存券室遗迹, 券宽 2.39 米。台顶全部坍塌, 内部及底部四周散落碎砖、石。

90. 铁顶楼 06 号敌台 130227352101170090

位于铁楼顶村西北约 900 米山脊上, 坐标: 东经 118° 32′ 20.40″, 北纬 40° 22′ 56.10″, 高程 625 米。

敌台为砖石空心结构, 平面布局呈"回"字形, 东西 10.79 米, 南北 10.47 米, 高 9.15 米。东、西辟门, 宽 0.6 米, 高 1.15 米, 门券石为整块红色砂岩, 宽 0.96 米, 高 0.48 米, 券拱高 0.3 米, 门柱石宽 0.18 米, 高 0.9 米, 西门南侧门柱石缺失, 周围廊南北长 7.75 米, 东西长 7.19 米, 宽 1.7 米, 高 3.4 米, 中心券室东西长 4.13 米, 南北长 3.95 米, 通道宽 1.06 米, 进深 0.95 米, 通道外侧隔墙 1.45 米处, 均设小型券洞。整体保存较好, 外侧包砖自然风化较严重, 包砖酥碱、剥蚀严重, 部分脱落。

91. 铁顶楼 07 号敌台 130227352101170091

位于铁楼顶村北约 900 米山脊上, 坐标: 东经 118° 32′ 29.30″, 北纬 40° 22′ 57.20″, 高程 652 米。

敌台为砖石空心结构, 平面布局三券三通道, 东西长 11.19 米, 南北 10.73 米, 高 9.3 米。条石基础 3 层, 高 0.9 米, 南、北侧辟门, 石质券门宽 0.64 米, 高 1.65 米, 券石宽 0.275 米, 厚 0.26 米, 券拱高 0.3 米, 券室南北向, 券室长 8.01 米, 宽 1.8 米, 高 3.63 米, 间隔墙厚 1.02 米, 通道东西向, 宽 1.03 米、高 2.05 米, 间隔长 2.44 米。整体保存较好, 西南侧墙体中部自上而下裂缝一道, 宽 0.08 米, 外包砖部分酥碱、断裂。

92. 铁顶楼 08 号敌台 130227352101170092

位于铁楼顶村北约 1.1 千米山脊上, 坐标: 东经 118° 32′ 40.00″, 北纬 40° 23′ 02.00″, 高程 673 米。

敌台为砖石空心结构, 平面布局三券三通道, 东北侧墙体长 10.4 米, 西北侧墙体长 10.33 米, 西北侧台体高 6.54 米, 东南侧高 8.47 米。条石基础 5 层, 高 1.62 米, 东、西辟门, 东门保存较好, 西门内侧少量砖体酥碱脱落, 宽 0.63 米、高 1.39 米, 门券石长 1.03 米, 宽 0.66 米, 厚 0.195 米, 券拱高 0.33 米, 券室长 7.92 米, 宽 1.72 米, 高 3.34 米, 券室间隔墙厚 1.03 米, 通道宽 1.27 米, 高 2.22 米、通道间隔 2.05 米。西南侧墙体砌砖酥碱严重。

93. 铁顶楼 09 号敌台 130227352101170093

位于铁楼顶村北约 1.2 千米山脊上, 坐标: 东经 118° 32′ 49.00″, 北纬 40° 23′ 08.10″, 高程 669 米。

敌台为砖石空心结构, 平面布局三券三通道, 东西 11 米, 南北 10.35 米, 高 8.1 米。条石基础 1～2 层, 高 0.3～0.6 米; 南、北辟 1 门 2 箭窗, 门柱石均已不存, 门洞宽 1.22 米、高 2.11 米, 东西向券室, 长 6.89 米, 宽 1.22 米, 通道南北向, 通道宽 1.27 米, 高 1.96 米, 隔墙厚 1.06 米。整体保存较好。

94. 铁顶楼 10 号敌台 130227352101170094

位于铁楼顶村东北约 1.3 千米处, 坐标: 东经 118° 32′ 53.10″, 北纬 40° 23′ 11.70″, 高程 635 米。

敌台为砖石空心结构, 顶部东墙残长 9.3 米, 高 8.78 米。毛石基础 2 层, 高约 1.1 米, 东墙保存较为完整, 南墙全部坍塌, 西墙坍塌, 北墙东侧残长 1.7 米。坍塌严重, 内部结构已无法辨别, 顶部长满杂草灌木。

95. 铁顶楼 11 号敌台 130227352101170095

位于铁楼顶村东北约 1.5 千米山脊处，坐标：东经 118° 32′ 57.80″，北纬 40° 23′ 14.50″，高程 647 米。

敌台为砖石空心结构，顶部东西 8.4 米，南北 11.42 米，高 8.03 米。东、西条石基础 1 层，高 0.45 米，东墙保存完好，西墙北侧坍塌，残高 7.3 米，东西墙均存箭窗 4 个，南、北墙均坍塌。台体严重坍塌，券门位置不清，顶部长满杂草灌木。

96. 铁顶楼 12 号敌台 130227352101170096

位于铁楼顶村东北约 1.6 千米山脊处，坐标：东经 118° 33′ 00.50″，北纬 40° 23′ 16.90″，高程 664 米。

敌台为砖石空心结构，东西 10.04 米，南北长 10.64 米，高 8.03 米。条石基础 4 层，高 1.45 米，南、北辟 1 门 2 箭窗，门宽 0.76 米，高 1.82 米，门券石宽 0.25 米，厚 0.27 米，券拱高 0.4 米，北门西侧门柱石缺失，门内两侧均存门闩石。南墙东侧下部外包砖酥碱、剥蚀，形成宽约 1 米，高约 1.8 米的孔洞。

97. 铁顶楼 13 号敌台 130227352101170097

位于铁楼顶村东北约 1.7 千米，坐标：东经 118° 33′ 03.50″，北纬 40° 23′ 20.90″，高程 663 米。

敌台为砖石空心结构，坍塌成圆堆状，东南角存部分残墙，高约 3.5 米，其余墙体均已坍塌，台基南部西侧残存门槛石 1 块，槛石长 1.23 米，宽 0.55 米，门槛宽 0.29 米、门槛石厚 0.22 米。杂草灌木覆盖。

98. 铁顶楼 14 号敌台 130227352101170098

位于铁楼顶村东北约 1.8 千米，坐标：东经 118° 33′ 06.90″，北纬 40° 23′ 26.30″，高程 658 米。

敌台为砖石空心结构，东西残长 9.5 米，南北长 9.8 米，残高 6.71 米。东、北残存部分墙体，北侧墙体存箭窗一个，宽 0.68 米，高 0.9 米，东墙中间包砖外鼓严重。顶部杂草灌木覆盖。

99. 铁顶楼 15 号敌台 130227352101170099

位于铁楼顶村东北约 2 千米，坐标：东经 118° 33′ 11.30″，北纬 40° 23′ 32.30″，高程 712 米。

敌台为砖石空心结构，平面布局三券二通道，南北 10.79 米，东西 10.1 米，高 7.17 米。条石基础 3 层，高 0.9 米，南墙辟门，门宽 0.76 米，高 1.68 米，东侧门柱石缺失，门券石长 1.15 米，宽 0.6 米，券拱高 0.38 米。券室东西向，长 8.1 米，宽 1.92 米，高 3.03 米，券室间隔墙厚 0.95 米，北券室券砖脱落，宽 0.3～0.9 米，长约 4 米，券室东部坍塌南北约 1 米，东西约 0.5 米，中券室与北券室隔墙部分墙砖断裂，通道南北向，通道宽 1 米、高 1.95 米，间隔 2.64 米。整体保存较完整，北墙下部外鼓，部分包砖酥裂，南墙东侧外部自然剥蚀严重。

100. 石门岔西山 01 号敌台 130227352101170100

位于石门岔西山东约 500 米处，坐标：东经 118° 33′ 11.50″，北纬 40° 23′ 38.60″，高程 697 米。

敌台为砖石空心结构，平面布局三券室四通道，东西 12 米，南北 10.75 米，高 9.34 米。南、北辟门，宽 0.71 米，高 1.62 米，券室南北向，长 8 米，高 3.94 米，中间券室宽 1.61 米，东券室宽 1.72 米，西券室宽 1.76 米，券室间隔墙厚 0.98 米，券砖局部脱落，通道东西向，通道宽 0.95～1.07 米，高 2.16 米，通道间隔 1.34 米，南门内室砖件局部酥裂脱落，北门拱券坍塌。北墙自上而下贯通裂缝 1 条，最宽 0.1 米，东券室南北墙间自上而下贯通裂缝一条，最宽达 0.08 米。

101. 石门岔西山 02 号敌台 130227352101170101

位于石门岔西山东北约 600 米，坐标：东经 118° 33′ 14.20″，北纬 40° 23′ 45.20″，高程 698 米。

敌台为砖石空心结构，台体坍塌严重，结构不清，南墙东侧存部分墙体，包砖自然风化，酥碱、剥蚀严重，东墙存部分墙体，高 5.5 米，西南角条石基础 4 层，高 1.05 米。

102. 石门岔西山 03 号敌台 130227352101170102

位于石门岔西山东北约 770 米，坐标：东经 118° 33′ 18.70″，北纬 40° 23′ 52.10″，高程 723 米。

敌台为砖石空心结构，平面布局三券二通道，东西 10.16 米，南北 10.05 米，高 9.55 米。条石基础 2 层，高 0.75 米，西、南辟门，宽 0.71 米，高 1.6 米，门槛石宽 0.57 米，西门内室抹黄泥厚 0.05 米，券室南北向，长 7.58 米，宽 1.82 米，高 3.69 米，券室间隔墙厚 1.09 米，通道东西向，宽 1 米，高 2.23 米，通道间隔 1.3 米，起券部分均一伏一券。整体保存较完整。

103. 石门岔西山 04 号敌台 130227352101170103

位于石门岔西山东北约 780 米，坐标：东经 118° 33′ 16.70″，北纬 40° 23′ 54.00″，高程 697 米。

敌台为砖石实心结构，南北 6.22 米，东西 7.64 米，高 4.45 米。铺房顶部已坍塌，长 3.57 米，宽 3.45 米，残墙高 1.36 米，垛口墙上部多已坍塌，残高 0.94 米，东南角内侧存石质碑座，长 0.6 米，宽 0.37 米，高 0.3 米，槽长 0.225 米，宽 0.11 米，深 0.13 米。整体保存较完整。

104. 石门岔西山 05 号敌台 130227352101170104

位于石门岔西山东北约 800 米山顶，坐标：东经 118° 33′ 14.00″，北纬 40° 23′ 55.90″，高程 725 米。

敌台为砖石空心结构，单券室，东西长 6.95 米，南北宽 6.7 米，高 6 米，内侧南北 3.46 米，东西 3.85 米。西墙辟门，宽 0.66 米，高 1.15 米，门槛石长约 1.2 米，厚 0.18 米，南墙中心处辟望孔，高 0.46 米，宽 0.34 米，厚 1.57 米。顶部已整体坍塌，东墙坍塌，台芯为块石堆砌。

105. 石门岔西山 06 号敌台 130227352101170105

位于石门岔西山东北约千米，坐标：东经 118° 33′ 16.10″，北纬 40° 24′ 01.80″，高程 668 米。

敌台为砖石空心结构，平面布局三券二通道，东西 10.48 米，南北 10.96 米，高 7.17 米。条石基础 2 层，高 0.58 米；南、北辟石质券门，宽 0.74 米，高 1.73 米，门券石宽 0.25 米，门肩石长 0.96 米，门柱石高 1.24 米，南门坍塌，东门存门柱、门肩石，门券室散落门外，北门保存较好。券室南北向，长 7.5 米，宽 1.78 米，高 3.48 米，券室隔墙宽 1.1 米，通道东西向，宽 1.6 米，高 2.35 米，通道间隔 1.53 米。南墙中部存孔洞，长 1.7 米，宽 1 米，西墙中、南箭窗处墙体坍塌，高 3 米，宽 1.8 米。

106. 青山口东山 01 号敌台 130227352101170106

位于青山口村东南约 630 米山梁处，坐标：东经 118° 33′ 10.70″，北纬 40° 24′ 07.90″，高程 615 米。

敌台为砖石空心结构，平面布局三券室四通道，东西 9.44 米，南北 10.51 米，高 9.66 米。条石基础 6 层，高 2 米，券室南北向，中、西券室坍塌，仅存东侧券室，宽 1.6 米，高 3.81 米，长 7.97 米，通道东西向，通道宽 1.02 米，高 1.94 米。顶部大部分坍塌，整体保存一般。

107. 青山口东山 02 号敌台 130227352101170107

位于青山口村东南约 500 米山梁处，坐标：东经 118° 33′ 08.30″，北纬 40° 24′ 12.10″，高程 575 米。

敌台为砖石空心结构，平面布局三券室三通道，东西 8.61 米，南北 8.42 米，高 6.59 米。条石基础 1 ～ 2 层，高 0.28 ～ 0.65 米。台基为自然基础，下部为条石下碱，底部可见下碱条石，台基上部及台体均为青砖包砌，整体保存一般。西墙中部辟砖券门，仅存南侧东西向券室，长 6.73 米，宽 1.43 米，高 2.67 米，南券室与中间券室隔墙厚 1.04 米，隔墙上设三通道，宽 0.78 米，高 1.56 米，通道间隔 1.25 米。中、北券室、北墙坍塌，台内渣土堆积。

108. 青山口东山 03 号敌台 130227352101170108

位于青山口村东南约 350 米山梁处，坐标：东经 118° 33′ 03.90″，北纬 40° 24′ 15.50″，高程 513 米。

敌台为砖石结构空心敌台，底部东西 9.72 米，南北 10.06 米，东北侧通高 8.62 米。利台基用自然基础，底部为 5 层条石下碱，高 1.5 米，台基上部均为青砖包砌，已坍塌，整体保存较完整。南、北墙中部设砖砌券门，已全部坍塌。敌台内部为三券室三通道结构，券室南北向，长 8.02 米，高 3.1 米，券室间隔墙厚 1.09 米，中间券室宽 1.89 米，西侧券室宽 1.84 米，东侧券室宽 1.86 米，中部券室与东券室间隔墙北部坍塌 3.5 米；通道东西向，宽 0.87 米，高 1.84 米，通道间隔 1.57 米。南、北券门两侧各设 1 箭窗，西券室两侧箭窗及槛墙均已坍塌残毁。东券室两侧箭窗局部券砖脱落，坎墙上部坍塌，箭窗宽 0.59 米，高 0.9 米，下坎墙残高 0.55 米。东、西墙各设 3 箭窗，保存基本完整，局部券砖脱落，酥碱，箭窗槛墙残损严重，箭窗洞宽 0.74 米，高 2.03 米，进深 0.51 米。

109. 青山口东山 04 号敌台 130227352101170109

位于青山口村东约 250 米山梁处，坐标：东经 118° 33′ 00.40″，北纬 40° 24′ 19.90″，高程 488 米。

敌台为砖石结构空心敌台，顶部东西 9.93 米，南北 10.05 米，东北角残高 7.1 米。台基利用自然基础，底部为 2 ～ 3 层条石下碱，高 0.5 ～ 0.8 米，台基上部及台体均为青砖包砌。台顶坍塌，周围墙体上部部分坍塌，建筑形制不清，整体保存一般。

东墙中部设砖质券门，大部坍塌，门宽 1.09 米，内外侧均有碎砖石堆积，高度不详，门两侧各设一箭窗，箭窗宽 0.64 米，高 0.95 米，外侧轮廓完整，内部被掩埋；西墙中部坍塌，仅存南北两角，墙体设施不清；南墙设 3 箭窗，中间箭窗坍塌，仅存遗迹，两侧箭窗外部轮廓完整；北墙设 3 箭窗，其中东侧箭窗保存完好，另二箭窗坍塌。

110. 青山口 01 号敌台 130227352101170110

位于青山口村北约 50 米处，坐标：东经 118° 32′ 48.80″，北纬 40° 24′ 21.60″，高程 369 米。

敌台原为砖石结构空心敌台，整体于 20 世纪六七十年代被村民拆毁，现仅存台基痕迹，中间处残高约 6 米，四至不清。

111. 青山口 02 号敌台 130227352101170111

位于青山口北约 150 米处，坐标：东经 118° 32′ 47.70″，北纬 40° 24′ 24.10″，高程 409 米。

敌台为砖石结构空心敌台，东西 9.71 米，南北 10.27 米，东南角通高 8.87 米。台体顶部及周围墙体残毁严重，整体保存一般。南、北墙中部设门，南门不存，北门残破严重，残宽 0.81 米，残高 1.64 米。台体内部为三券三通道结构，券室南北向，台体东北部保存相对较好，可见残券室及通道，券室宽 2 米，高 2.44 米；通道东西向，通道宽 1.03 米、残高 1.63 米。西墙残存破损箭窗 2 个，上部可见过木痕迹，窗宽约 0.6 米，下坎墙损坏，箭窗残高约 1.2 米。

112. 青山口 03 号敌台 130227352101170112

位于青山口北约 200 米处，坐标：东经 118° 32′ 46.90″，北纬 40° 24′ 26.00″，高程 399 米。

敌台为砖石结构空心敌台，台体东西 9.87 米，南北 10.12 米，整体残高 7.56 米。敌台利用自然基础，台基部分保存较完整，台体部分坍塌，台体顶部、四周墙体及内部结构均不同程度损坏，墙体外侧包砖自然风化，酥碱、剥蚀严重。台体南、北墙中部各设一砖砌券门，已残，残门宽 1.05 米，高 1.82 米，门洞进深 1 米。内部为三券室三通道结构，券室南北向，券室宽 1.92 米，高 3 米，券室间隔墙厚 0.84 米；西券室及中间券室中部坍塌，通道东西向，高 1.7 米，宽 0.84 米。

113. 青山口 04 号敌台 130227352101170113

位于青山口村北约 250 米处，坐标：东经 118° 32′ 44.70″，北纬 40° 24′ 27.40″，高程 399 米。

敌台为砖石结构空心敌台，底部东西 7.8 米、南北 7.8 米，现存最高 6.2 米。台体损毁严重，整体不存，现仅存台基部分。台基东侧下部可见 3 层条石下碱，高约 1.05 米，条石上部为青砖包砌，包砖自然酥碱、断裂较严重。顶部四周为青山关开发区设置的木制围栏，地面现用长条木板铺砌。

114. 青山口 05 号敌台 130227352101170114

位于青山口北约 400 米处。坐标：东经 118° 32′ 43.30″，北纬 40° 24′ 32.00″，高程 408 米。

敌台为砖石结构空心敌台，底部东西 9.85 米、南北 10.11 米，通高 7.82 米。台基利用自然基础，下部施条石下碱。东侧底部可见下碱条石 3 层，高约 1.05 米；西侧底部可见下碱条石 6 层，高约 2.2 米，所用条石加工较粗糙。台基上部及台体均为青砖包砌，整体保存较完整，顶部有少量坍塌，墙体外侧包砖自然风化，酥碱、剥蚀严重。南、北墙中部设砖砌券门，北侧券门破损较重，南侧券门宽 1.02 米，高 2.24 米，进深 0.98 米。台体内部为三券室三通道结构，券室南北向，长 8.23 米，宽 1.99 米，高 3.2 米，券室间隔墙厚 0.95 米，东券室顶部北侧少量坍塌；通道东西向，宽 0.91 米，高 2.08 米，通道间隔 2.15 米。

115. 青山口 06 号敌台 130227352101170115

位于青山口村北约 600 米处，坐标：东经 118° 32′ 42.60″，北纬 40° 24′ 38.80″，高程 461 米。

敌台为砖石结构空心敌台，底部东西 9.78 米，南北 11.88 米，台体东西 8.98 米，南北 11.08 米，最高 7.58 米。台基下部为条石下碱，东墙底部可见下碱条石 8 层，高约 2.9 米；台基上部及台体均为青砖包砌，整体保存较完整，墙体外侧包砖部分酥碱、风化。内部为三券室三通道结构，券室南北向，东、西券室长 9.18 米，宽 1.65 米，高 3.57 米，券室间隔墙厚 1.24 米；中间券室宽 1.36 米，高 3.4 米；通道东西向，高 2.1 米，宽 1.1 米，通道间隔 3.7 米。台体内部地面保留部分原始方砖地墁。

116. 青山口 07 号敌台 130227352101170116

位于青山口北约 730 米处，坐标：东经 118° 32′ 39.80″，北纬 40° 24′ 42.30″，高程 486 米。

敌台为砖石结构空心敌台，残毁严重，台顶全部坍塌，西、南侧墙体保存，东墙中部坍塌，北墙不存；台体东西 6.65 米，南北 13.1 米。东墙残高 7.89 米。台基保存完整。敌台南北墙中部设砖砌券门，北侧券门已不存，南侧券门底部砌砖剥蚀严重，残券门宽 0.76 米，残高 1.82 米，进深 0.65 米。南墙券门两侧各残存 1 箭窗，窗券部分均已脱落，残箭窗宽 0.65 米，高 1.54 米；西墙残存 3 箭窗；东墙北侧残存 1 箭窗，均残损严重。

117. 青山口 08 号敌台 130227352101170117

位于青山口北约 800 米处，坐标：东经 118° 32′ 39.60″，北纬 40° 24′ 44.80″，高程 502 米。

敌台为砖石结构空心敌台，台体东西 10.63 米，南北 10.77 米，墙体残高 8.56 米。台基为自然基础，台基下部为 2～5 层条石下碱，高 0.6～1.5 米，台基上部及台体均为青砖包砌，整体保存较好。南墙东侧中、上部包砖坍塌，台体南、北墙中部设石质券门，南门仅存门槛石，槛石长 1.52 米，宽 0.26 米；北侧券门石构件均已脱落，门北侧残存完整门券石一块，长 1.3 米，宽 0.8 米，厚 0.25 米，券拱高 0.46 米；门洞保存较好，宽 1.17 米，高 2.47 米，进深 1.25 米。

台体内部为三券三通结构，券室南北向，券室长 8.1 米，宽 2.04 米，高 3.3 米，券室间隔墙厚 1.27 米；通道东西向，宽 0.94 米，高 1.97 米，通道间隔 2.59 米，北侧通道顶部砖体开裂，部分砌砖脱落。敌台南北墙券门东、西侧各设一箭窗；东、西墙各设 4 箭窗，箭窗均破损较重，箭窗洞宽 1.03 米，高 1.92 米，进深 0.7 米。

118. 青山口 09 号敌台 130227352101170118

位于青山口北约 900 米处，坐标：东经 118° 32′ 38.00″，北纬 40° 24′ 48.90″，高程 524 米。

敌台为砖石结构空心敌台，台体东西 9.2 米，南北 10.4 米，最高约 7.8 米。台基保存完整，台基下部为 3～5 层条石下碱，高 0.7～1.35 米，台基上部及台体均为青砖包砌；敌台顶部及西墙、北墙全部坍塌，内部结构不清。现仅存东墙和南墙，整体保存较差。

南、北墙中部设砖砌券门，南侧券门保存较完整，顶券部分残损，门宽 0.73 米，高约 1.7 米；门洞宽约 1.29 米，高约 2.2 米，进深 0.87 米；北侧券门不存。

南墙券门两侧各设 1 箭窗，箭窗宽 0.43 米，残高 1 米，箭窗洞宽 0.72 米，高 2 米，进深 0.87 米。东墙设有 5 箭窗，南、北侧及中间三箭窗稍矮，箭窗券砖全部脱落，墙体砌砖剥蚀、断裂严重，残箭窗宽 0.4 米，高约 1 米；箭窗洞顶部券砖均脱落，窗洞宽 0.68 米，残高 1.53～1.87 米，进深 0.81 米；箭窗下坎墙上部多残损，坎墙厚 0.38 米，可见高度 0.22～0.6 米，下坎墙顶部距敌台底部 5.34 米。中间箭窗两侧二箭窗稍高，箭窗均残损较重，宽 0.4 米，残高 0.81 米；箭窗洞顶部券砖脱落，残箭窗洞宽 0.7 米，高约 2.1 米，进深 0.66 米，下坎墙上部砌砖均不同程度残损，坎墙高 0.86 米，厚 0.38 米，距敌台底部地面 6 米。中间三箭窗间隔 1.65 米，两侧箭窗间隔 1.23 米。

119. 青山口 10 号敌台 130227352101170119

位于青山口北约 1.1 千米处，坐标：东经 118° 32′ 34.80″，北纬 40° 24′ 51.60″，高程 542 米。

敌台为砖结构空心敌台，台体坍塌严重，台基保存较完整。台体东西长 9.5 米，南北宽 9.49 米，残墙体最高 5.85 米。仅南侧残存少量墙体，内部结构不详，墙体上可见残破严重的 3 箭窗痕迹。

120. 青山口 11 号敌台 130227352101170120

位于青山口北约 1.2 千米处。坐标：东经 118° 32′ 31.60″，北纬 40° 24′ 53.60″，高程 538 米。

敌台为砖砌空心敌台，台体坍塌严重，仅存东北角及南侧墙体，现存台体东西长 9.87 米，南北宽

6.9 米，墙体残高 7.38 米。台基砖砌，保存较完整。台体南、北墙中部设砖质券门，现均已被破坏无存。台体南墙残长 9.87 米，存高 2.3 米。墙上残存 3 箭窗，箭窗宽 0.65 米，残高 1.6 米，进深 0.5 米，箭窗洞宽 0.82 米，进深 0.68 米，高度不详。台体内部箭窗之间隔墙上，保存清晰的柱痕，直径 0.25～0.3 米，现存高约 2 米，据此判断，该敌台应为平顶式结构。

121. 青山口 12 号敌台 130227352101170121

位于青山口北约 1.3 千米处。坐标：东经 118° 32′ 26.70″，北纬 40° 24′ 56.60″，高程 619 米。

敌台为砖石结构空心敌台，底部东西长 10.83 米，南北长 10.88 米，台体东西 10.3 米，南北 10.35 米，墙体最高 9.79 米。台基底部为条石下碱，西南角底部可见 6 层下碱条石，高 1.82 米；台基上部及台体均为青砖包砌，整体保存较好，敌台外侧包砖自然风化、酥碱较重，部分剥蚀脱落。

南、北墙中部设石质券门，门宽 0.82 米，高 1.6 米；门洞宽 1.28 米，高 1.76 米、进深 1.53 米。南侧门券石已缺失，仅存门槛石 1 块，长约 1.5 米，宽约 0.6 米，门槛宽约 0.33 米；北侧券门保存基本完整，未见门槛石。门券由 3 块弧形券石组成，宽 0.23 米，券拱高 0.35 米；压柱石长约 0.65 米，厚 0.12 米；门柱石宽 0.23 米，高 1.1 米。台体内部为三券三通三箭窗结构，券室东西向，券室长 6.52 米，宽 1.49 米，高 4 米，券室隔墙 1.34 米；通道南北向，通道高 2.47 米，通道间隔 1.31 米，东侧通道宽 1.31 米，中间通道宽 1.25 米，西侧通道宽 1.34 米。

122. 青山口 13 号敌台 130227352101170122

位于青山口北约 1.4 千米山脊处，坐标：东经 118° 32′ 20.50″，北纬 40° 25′ 00.50″，高程 709 米。

敌台为砖石结构空心敌台，台体东南侧墙体长 13.96 米，西南侧墙体长 7.54 米。台基下部为条石下碱，底部可见条石下碱 3～5 层，高 1.3～2.1 米；台基上部及台体均为青砖包砌，台体及部分台基坍塌严重，整体保存差。

西南侧墙体坍塌严重，西南角处台体及台基均已坍塌；台体墙体仅残存 2.4 米宽，高 4.2 米；西北侧墙体南部坍塌，北部残存长 4.5 米，高 7.8 米；东南侧、东北侧墙体保存较完整，东南侧墙体高 8.9 米；东北侧墙高 5.55 米。东北墙、西南墙西侧各设 1 石质券门。东南券门已坍塌，仅石质门槛残存，门槛石长 1.8 米，厚 0.23 米；西南侧券门保存较完整，宽 0.7 米，高 1.75 米；顶券石长 1.35 米，宽 0.75 米，券拱高 0.43 米；门柱石宽 0.29 米，高 1.32 米。东北墙、西南墙券门东侧设 1 箭窗，东南墙、西北墙各设 4 箭窗，均残，箭窗宽 0.66 米，高 0.88 米，箭窗下设槛石，槛石上有窗榫痕迹；西北墙箭窗洞宽 1.22 米，进深 1.25 米，现存高 1.6 米。

123. 青山口 14 号敌台 130227352101170123

位于青山口北约 1.5 千米山脊处。坐标：东经 118° 32′ 16.90″，北纬 40° 25′ 03.40″，高程 774 米。

敌台为砖石结构空心敌台，底部长 12.77 米，宽 6.99 米；东北侧墙体高 8.75 米，西南侧墙体高 8.55 米。台基利用自然基础，下部为条石下碱，条石下铺设毛石土衬找平，底部最多设下碱条石 5 层，铺设土衬石一层，条石下碱高 1.66 米，土衬石出分 0.16 米、高 0.23 米。敌台整体保存较好。

东南、西北墙东部设石质券门，券门保存完整，门宽 0.75 米，高 1.7 米，券拱高 0.44 米；压柱石长 1.01 米，厚 0.14 米；门柱石宽 0.31 米，高 1.3 米；门槛石长 1.82 米，宽 0.25 米，厚 0.22 米；门洞宽高

2.12 米，进深 0.8 米。敌台内部为二券四通道结构，券室东南—西北向，券室长 10.26 米、宽 1.68 米、券室高 3.48 米；通道东北—西南向，宽 1.2 米，高 2.21 米。

124. 八面峰 01 号敌台 130227352101170124

位于主峰八面峰东北约 550 米山垭处，坐标：东经 118° 31′ 43.60″，北纬 40° 24′ 35.60″，高程 716 米。

敌台为砖石结构空心敌台，底部东西 10.3 米，南北 9.83 米，顶部东西 9.6 米，台体南北 9.13 米，最高 9.95 米。台基利用自然基础，底部为条石下碱，南、北侧及东侧北部均可见四层下碱条石，高 1.23 米；台基上部及台体均为青砖包砌，整体保存较完整。

东、西墙中部设石质券门，保存较好，券门宽 0.75 米，高 1.56 米，门券石拱高 0.35 米，厚 0.28 米；门柱石高 1.21 米，宽 0.27 米；门槛石长 1.38 米，宽 0.47 米，厚 0.23 米；门券洞宽 1.03 米，高 2.16 米，进深 1.03 米。台体内部为三券室三通道结构，券室南北向，券室长 6.57 米，宽 1.68 米，高 3.86 米，券室间隔墙厚 0.97 米；通道东西向，通道砌筑方式为一伏一券，通道宽 1.08 米，高 2.16 米，通道间隔 1.56 米，北侧通道上部券砖大部脱落。

125. 八面峰 02 号敌台 130227352101170125

位于主峰八面峰东北约 350 米高山顶部，坐标：东经 118° 31′ 37.30″，北纬 40° 24′ 32.20″，高程 782 米。

敌台为砖石结构空心敌台，东南墙底部 12.79 米，西北墙底部 7.5 米，墙体通高 8.37 米；台基底部为 3 层条石下碱，一层土衬石，下碱高 1.1 米，土衬石高 0.16 米，出分 0.12 米；台基上部及台体均为青砖包砌，整体保存较完整。

台体东北、西南侧墙体中部设石质券门，西南侧券门坍塌严重，东北侧券门保存较完整，门宽 0.57 米，高 1.45 米；门洞宽约 1 米，高约 2.1 米，进深 0.8 米。东北侧券门门槛上檐距敌台下部石砌踏跺顶部约 3.2 米。门券石为弧形，宽约 0.27 米，券拱高 0.35 米；门柱石高 1.1 米，宽约 0.24 米；门槛石长约 1.05 米，厚 0.21 米。敌台内部为三券三通道结构，券室东北—西南向，券室长 9.63 米，宽 0.82 米，券室高 3.74 米；通道东南—西北向，宽 2.3 米，高 2.21 米，通道间隔 4.43 米。

126. 黑马沟 01 号敌台 130227352101170126

位于黑马沟自然村西北 1.4 千米。坐标：东经 118° 29′ 26.10″，北纬 40° 24′ 07.10″，高程 538 米。

敌台为砖石结构空心敌台，损毁严重，台体已坍塌，仅存台基，建筑形式不清。台基底部东西 11.1 米，南北 8.9 米，西北角墙体残高 6.9 米。台基下部为条石下碱，西北角底部可见条石基础 5 层，高 1.7 米，除顶部一层条石外，下部为大块毛石垒砌，白灰勾缝。残存台基西北角开裂，裂缝上下贯通，缝隙最大可达 0.2 米，台基上部及台体均为青砖包砌，整体保存差。台体南侧残存墙体上保存 3 处残箭窗痕迹，箭窗残高 0.5 米，宽不详。

127. 黑马沟 02 号敌台 130227352101170127

位于黑马沟自然村西北 1.6 千米，坐标：东经 118° 29′ 19.40″，北纬 40° 24′ 10.70″，高程 512 米。

敌台为砖石结构空心敌台，台体东西 12.62 米，南北 7.53 米，南侧墙体通高 8.6 米，北侧墙体通高

10.2 米。台基利用自然基础，下部为条石下碱，南侧台基底部可见下碱条石 3 层，条石高约 1 米。台基上部及台体均为青砖包砌，整体结构保存较完整。台体内部为四券室二通道，券室南北向，券室长 4.95 米，宽 1.58 米，高 3.55 米，券室间隔墙厚 1.24 米；通道东西向，通道宽 1.08 米，高 2.38 米，通道间隔 1.33 米。

128. 董家口 01 号敌台 130227352101170128

位于董家口村东北约 1.5 千米，坐标：东经 118° 29′ 12.50″，北纬 40° 24′ 10.90″，高程 490 米。

敌台为砖石结构空心敌台，底部东西 14.19 米，南北 12.03 米，台体东西 13.49 米，南北 11.33 米；东北角通高 9.2 米；台基利用自然基础，底部为条石下碱，北侧可见条石基础 7 层，高 2.41 米，台基上部及台体均为青砖包砌，部分台体残损，南墙坍塌 3.5 米，东墙坍塌约 2.4 米，顶部坍塌 5.6 米。台体东、西墙北侧设砖砌券门，东侧券门保存较完整，西侧券门顶部券砖多已脱落，门宽 0.72 米、高 1.2 米，下设门槛石，门槛石长 1.5 米，宽 0.37 米，厚 0.13 米；门洞宽 1.05 米，高 2.51 米，进深 0.79 米。敌台内部为二券室三通道结构，券室东西向，券室长 11.17 米，宽 3.2 米，高 3.88 米，券室间隔墙厚 2.67 米，北侧券室中部坍塌，漏洞面积东西约 4.5 米，南北约 3 米，南券室东部坍塌；通道南北向，宽 2.03 米，高 2.29 米，通道间隔 2.6 米。

129. 董家口 02 号敌台 130227352101170129

位于董家口村东北约 1.3 千米，坐标：东经 118° 29′ 01.50″，北纬 40° 24′ 13.10″，高程 461 米。

敌台为砖石结构空心敌台，整体结构保存较完整，台体东西 12.2 米，南北 5.86 米，南侧墙体最高 6.2 米，北侧最高 10.44 米。台基利用自然基础，底部为条石下碱，南侧可见下碱条石 3 层，高 1 米，台基北侧底部可见下碱条石 7 层，高 2.45 米；台基上部及台体均为青砖包砌。

东、西墙南侧设砖砌券门，西侧券门券顶大部坍塌，保留残墙及门槛石，东侧券门顶部券砖少量脱落，基本保存完整。门宽 0.76 米，高约 1.7 米；门洞宽 1.27 米，高 2.38 米，进深 0.91 米；门槛石长 1.4 米，宽 0.55 米，门槛宽 0.3 米。台体内部为二券室四通道结构。券室东西向，券室长 11.38 米，宽 1.92 米，高 3.56 米，券室间隔墙厚 1.2 米；通道南北向，宽 0.99 米，高 2.45 米，通道间隔 2.11 米。

130. 董家口 03 号敌台 130227352101170130

位于董家口村东北约 1.1 千米，坐标：东经 118° 28′ 53.80″，北纬 40° 24′ 12.80″，高程 431 米。

敌台为砖石结构空心敌台，整体保存较完整，台体东西 10.84 米，南北 9.26 米，北侧通高 8.86 米，南侧通高 7.65 米；台基利用自然基础，下部为条石下碱，北侧底部可见条石下碱一层，高约 0.35 米，台基上部及台体均为青砖包砌。东、西墙中部设石质券门，东侧券门门柱缺失，压柱石残损，存券石和门槛石。西侧券门保存完好，门宽 0.76 米，高 1.91 米。门券石宽 0.24 米，厚 0.31 米，券拱高 0.4 米；压柱石长 0.88 米，宽 0.31 米，厚 0.13 米；门柱石长 1.2 米，宽 0.26 米，厚 0.33 米；门槛石宽 0.54 米，门槛宽 0.085 米，高 0.06 米；门洞宽 1.26 米，高 2.36 米，进深 0.91 米。台体内部为三券室三通道结构，券室东西向，券室长 6.78 米，宽 1.96 米，高 3.31 米，间隔墙厚 1.06 米；通道南北向，宽 1.09 米，高 2.26 米，通道间隔 1.64 米。

131. 董家口 04 号敌台 130227352101170131

位于董家口村东北约 900 米，坐标：东经 118° 28′ 43.90″，北纬 40° 24′ 13.50″，高程 414 米。

敌台为砖石结构空心敌台，底部东西 9.34 米，南北 10.14 米；南侧墙体最高 8.33 米。台基利用自然基础，底部为条石下碱，底部可见下碱条石 3 层，高 1 米。台基上部及台体均为青砖包砌，整体保存较完整。

东、西侧墙体中部设石质券门，东侧券门仅存一门柱石及门槛石，券石缺失，西侧券门保存较好，券门槛距地面 3.37 米，券门宽 0.77 米，高 1.76 米；门券石宽 0.255 米，券拱高 0.4 米；压柱石长 0.93 米，宽 0.33 米，厚 0.12 米；门柱石宽 0.26 米，高 1.22 米，厚 0.32 米；门槛石宽 0.55 米，门槛宽 0.1 米，高 0.09 米；门洞宽 1.22 米，高 2.35 米，进深 0.96 米。台体内部为三券室三通道结构，券室东西向，券室长 6.82 米，宽 1.82 米，高 3.35 米，券室间隔墙厚 1.11 米。中部券室顶部东侧及中券室与南券室通道顶部隔墙及券砖坍塌。通道南北向，宽 1.18 米，高 2.14 米，通道间隔 1.68 米。

132. 董家口 05 号敌台 130227352101170132

位于董家口村北约 550 米，坐标：东经 118° 28′ 20.70″，北纬 40° 24′ 20.00″，高程 446 米。

敌台位于董家口关东南侧山崖上，山崖下即为长河河道。台体部分已经全部坍塌，形制已无法辨识。现仅存砖石结构台基，台基东西 10.35 米，南北 10 米，通高约 6.5 米。西侧底部可见 5 层条石下碱，高约 2 米。台基上部均为青砖包砌。

133. 游乡口 01 号敌台 130227352101170133

位于董家口村西北约 700 米，坐标：东经 118° 28′ 03.80″，北纬 40° 24′ 26.30″，高程 489 米。

敌台为砖石结构空心敌台，底部东西 13.93 米，南北 8.63 米，墙体最高 7.08 米；台基利用自然基础，底部设 3 ～ 5 层条石下碱，高 1.1 ～ 1.5 米；台基上部及台体均为青砖包砌，整体保存较完整。

西墙南侧设砖砌券门，券筑方式为两伏两券，门宽 0.785 米，高 1.87 米，进深 0.4 米；门洞宽 1.26 米，高 2.6 米，进深 0.65 米。台体内部为二券室三通道结构。券室东西向，长 11.19 米，宽 1.92 米，高 3.72 米，券室间隔墙宽 1.9 米；通道南北向，宽 1.1 米，高 2.01 米，通道间隔 1.35 米。

134. 游乡口 02 号敌台 130227352101170134

位于龙凤沟村东约 600 米，坐标：东经 118° 28′ 00.80″，北纬 40° 24′ 31.10″，高程 375 米。

敌台为整体用青砖包砌空心敌台，底部东西 10.17 米，南北 10.3 米，墙体残存最高 7.6 米。台基利用自然基础，台顶坍塌严重，台体北墙全部坍塌，南墙东侧上部坍塌，东墙、西墙大部分保存，整体保存较差。南、北墙中部设门，北门不存，南门残坏严重，具体形制不清，残门洞高 2.05 米、宽 1.03 米、门进深 1.15 米。

台体内部为三券三通道结构，券室南北向，中、西券室坍塌无存，东券室大部分保存，券室长 9.89 米，残高 3.6 米，宽 1.9 米，券室隔墙厚 1.3 米；通道东西向，高 2 米，宽 1.63 米，通道间隔 1.76 米；中间券室与东侧券室间隔墙中部设登顶梯道，梯道口位于中通道与南通道间隔墙西侧，梯道为"拐尺"形，先由西侧进入，再转为南北向，梯道口宽 0.81 米，高不详，进深 0.86 米，梯道由南上北向，宽 0.88 米，梯道室坍塌，下部残存踏跺 3 级，高 0.3 米，宽 0.23 米。

南、北券门两侧各设 1 箭窗，东侧箭窗保存较完整，西侧箭窗坍塌，箭窗宽 0.54 米，高 0.95 米，箭窗下坎墙厚 0.38 米，坎墙残高 0.6 米。东墙南侧残存 1 箭窗，箭窗高 0.91 米，宽 0.54 米，箭窗下坎墙厚 0.37 米，下槛残高 0.6 米；箭窗窗洞残高 1.82 米，宽 1.02 米，进深 0.83 米；西墙设 3 箭窗，中部与南部箭窗保存，宽 0.55 米，高 0.97 米，箭窗下坎墙厚 0.38 米，箭窗洞宽 0.9 米，残高 1.24 米，进深 0.88 米，两窗间距 2.14 米。

135. 游乡口 03 号敌台 130227352101170135

位于龙凤沟村东北约 650 米，坐标：东经 118° 28′ 00.40″，北纬 40° 24′ 33.70″，高程 358 米。

敌台为砖石结构空心敌台，敌台东西 10.17 米，南北 10.46 米，南墙通高 8.8 米，西墙通高 8.82 米，东墙通高 9.08 米。台基利用自然基础，下部为条石下碱，东、西侧台基下部为 2 ～ 3 层条石下碱，高约 0.7 ～ 1.05 米，西侧下碱条石均被人为拆除；台基上部及台体均为青砖包砌，整体结构保存较完整，台体部分坍塌。

南、北墙中部设砖砌券门，南侧券门坍塌严重，券顶无存，两侧墙体坍塌，北侧券门上部残券砖均已脱落，两侧墙体部分坍塌，残门宽 1.22 米，高 2.67 米；门洞宽 1.22 米，高 2.67 米。台体内部为三券室三通道结构，保存较完整，券室南北向，券室长 7.76 米，宽 1.84 米，高 3.88 米，券室隔墙厚 0.88 米；通道东西向，通道宽 1.15 米，高 2.28 米，通道间距 1.12 米。

136. 游乡口 04 号敌台 130227352101170136

位于龙凤沟村东北约 700 米，坐标：东经 118° 28′ 00.40″，北纬 40° 24′ 36.70″，高程 393 米。

敌台为砖石结构空心敌台，台体东西 8.78 米，南北 9.68 米，墙体最高 7.66 米；台基利用自然基础，底部为条石下碱，西侧可见下碱条石 1 层，高约 0.5 米；台基上部及台体均为青砖包砌，东墙、南墙东部及东侧台基坍塌，整体保存一般。

南墙中部、西墙北侧设石质券门，券门石质构件均已不存，门洞基本保存完整；残门宽 1.07 米，高 2.46 米，门洞宽 1.07 米，高 2.53 米，进深 1.25 米。敌台内部为三券三通道结构，券室南北向，东券室全部坍塌，东券室与中部券室间隔墙北侧下部残损严重，券室宽 1.6 米，长 7.18 米，高 3.65 米，间隔墙厚 1.36 米；通道东西向，通道宽 0.98 米，高 2.18 米，通道间距 2.12 米。

137. 龙凤沟 01 号敌台 130227352101170137

位于龙凤沟村北约 350 米，坐标：东经 118° 27′ 32.20″，北纬 40° 24′ 39.30″，高程 432 米。

敌台整体为砖砌空心结构，台体及台基坍塌严重，仅存北部台基墙体，建筑形式不清，残台基东西约 9 米，南北残约 9 米，残高约 6.2 米。

138. 龙凤沟 02 号敌台 130227352101170138

位于龙凤沟村西北约 700 米，坐标：东经 118° 27′ 06.60″，北纬 40° 24′ 46.20″，高程 527 米。

敌台为砖石结构空心敌台，底部东西 12 米，南北 11.42 米，台体东西 11.04 米，南北 10.46 米，北侧通高 9.87 米，南侧通高 8.76 米。台基为自然基础，下部施条石下碱，四周均可见到两层条石下碱，高约 0.9 米，下碱条石下部施毛石土衬 4 层，高约 1.3 米，土衬由下至上依次收分约 0.15 米；台基上部及台体均为青砖包砌，整体保存较完整，东侧台体下部包砖局部有自然坍塌。

东、西墙中部设砖质券门，东门下部坍塌，门槛石断裂，西门顶部内层券砖脱落，门宽 0.57 米，高 1.5 米；门洞宽 1.19 米，高 2.37 米，进深 1.11 米；门槛石可见长度 1.19 米，宽 0.5 米，门槛后厚 0.16

米。西侧券门槛距地面 2.21 米。台体内部为三券室三通道结构，券室东西向，券室长 8 米，宽 1.74 米，高 3.8 米，隔墙厚 1.23 米；通道南北向，通道宽 1.17 米，高 2.25 米，间隔 2.35 米。

139. 龙凤沟 03 号敌台 130227352101170139

位于龙凤沟村西北约 800 米，坐标：东经 118° 27′ 04.00″，北纬 40° 24′ 37.90″，高程 546 米。

敌台为砖石结构空心敌台，底部东西 10.72 米，南北 10.8 米，台体东西 9.82 米，南北 9.9 米，最高 9.76 米。台基利用自然基础，下部为条石下碱，东北角可见五层条石下碱，高 1.5 米，底部为 3 层毛石土衬，高 1.2 米，收分 0.2 米，东南角施条石下碱 4 层，高 1.54 米，下部为土衬毛石 3 层，收分 0.24 米。台基上部及台体均为青砖包砌，整体保存较完整，部分外墙包砖酥碱、断裂。东、西墙中部设砖砌券门，东侧门槛距地面 4.48 米，门为砖券，两伏两券，保存基本完整，门宽 0.73 米，高 1.76 米；门槛石可见长 1.19 米，宽 0.55 米，厚 0.2 米，门槛宽 0.19 米。西侧券门内部南侧墙体局部坍塌，门洞宽 1.19 米，高 2.36 米，进深 1.04 米。

敌台内部为三券室三通道结构，券室东西向，券室长 6.96 米，宽 1.54 米，高 3.47 米，券室隔墙宽 1.23 米，南部券室顶部券砖有少量脱落；通道南北向，宽 1.22 米，高 2.09 米，通道隔墙宽 1.65 米。

140. 贾庄子 01 号敌台 130227352101170140

位于贾庄子村北约 1.2 千米，坐标：东经 118° 25′ 27.80″，北纬 40° 24′ 32.80″，高程 566 米。

敌台为砖石结构空心敌台，敌台底部东西 15.32 米，南北 8.16 米，台体东西 13.96 米，南北 6.8 米，东侧墙体高 8.58 米，南墙高 8.6 米。台基利用自然基础，下部为条石下碱，西北角可见条石基础 4 层，高 1.54 米。台基上部及台体均为青砖包砌，台顶已全部坍塌，四周墙体保存较完整东、西墙南侧设门，门均为石质券筑，构件大都不存，门宽、高均不清。东侧券门下部保存石质槛石一块，长 1.31 米，宽 0.3 米，厚 0.16 米，红砂岩质；门券洞宽 1.16 米，高 2.35 米，进深 1.1 米，砖砌券拱部分约三分之一坍塌，东门保存较完整，西门下部残损严重。内部为单券室结构，券室东西向，长 10.48 米，宽 3.36 米，高 3.5 米。

141. 贾庄子 02 号敌台 130227352101170141

位于贾庄子村北约 1.1 千米，坐标：东经 118° 25′ 11.90″，北纬 40° 24′ 34.70″，高程 619 米。

敌台为砖石结构空心敌台，底部东西 10.3 米，南北 7.95 米；南墙中部高 8.53 米；台基利用自然基础，底部可见条石下碱 3 层，高 1.26 米；台基上部及台体均为青砖包砌，整体保存较完整，台体西南角外层砌砖自上而下坍塌剥落，宽约 0.9 米，东南角、西北角外侧上部砌砖均少量剥蚀。

西墙中部设石质券门，保存完整，门宽 0.66 米，高 1.66 米，门券由三块券石组合而成，券石宽 0.27 米、厚 0.26 米，拱高 0.35 米；压柱石长 0.76 米，厚 0.19 米，宽 0.26 米；门柱石宽 0.24 米，高 1.18 米，厚 0.3 米；门槛石长 1.36 米，宽 0.5 米，厚 0.2 米，门槛宽 0.08 米，高 0.025 米；门洞宽 1.12 米，高 2.24 米，进深 0.9 米，门洞顶部券砖有少量脱落。南侧门内墙体有少量残损；门槛石上沿距地面 1.45 米。敌台内部为单券室结构，券室位于台梯中间，东西向，长 7.86 米，宽 2.89 米，高 3.64 米，整体保存完整。

142. 贾庄子 03 号敌台 130227352101170142

位于贾庄子村北约 1 千米，坐标：东经 118° 24′ 59.20″，北纬 40° 24′ 40.10″，高程 552 米。

敌台为砖石结构空心敌台，底部东西长 13.14 米，南北宽 9.97 米；台体东西 12.44 米，南北 9.27 米；东北角墙体高 9.06 米，南部高 7.3 米。台基利用自然基础，底部可见三层下碱条石，高 1.35 米；台基上部及台体均为青砖包砌，整体保存较完整。东墙门槛石北侧至底部有一贯通裂缝，宽 0.08 ～ 0.12 米，北侧墙体外闪。西墙外层包砖上部自然风化较重。

东、西墙北侧设石质券门，西侧券门保存基本完整，门宽 0.67 米，高 1.65 米。门券由三块券石组合而成，门券石宽 0.22 米，厚 0.25 米，券拱高 0.45 米；压柱石长 0.66 米，宽 0.3 米，厚 0.2 米；门柱石宽 0.26 米，高 1.25 米，厚 0.31 米；门槛石长 1.62 米，宽 0.5 米，厚 0.21 米；东侧券门顶部及北侧部分墙体均已坍塌至顶，仅存南侧门柱石、压柱石及门槛石，东侧门槛石距地面 3.63 米。内部为两券室三通道结构，券室东西向，北券室长 10.12 米，宽 2.45 米，高 3.37 米，南券室长 8.98 米，宽与高同北券室，券室隔墙宽 1.71 米，券室间隔墙东侧南部砌砖剥蚀，高约 1.25 米。通道南北向，宽 0.98 米，高 1.77 米，通道隔墙宽 1.53 米。

143. 铁门关 01 号敌台 130227352101170143

位于铁门关西北约 180 米，坐标：东经 118° 24′ 10.20″，北纬 40° 24′ 51.00″，高程 392 米。

敌台原为砖石结构空心敌台，台体全部坍塌，仅存部分砖砌台基，台基东西 12.2 米，南北 6.8 米，残高 2.6 米；底部可见 3 层下碱条石，高约 0.65 米。四周多青砖、碎石堆积。

144. 李家峪 01 号敌台 130227352101170144

位于李家峪村东约 1.5 千米，坐标：东经 118° 23′ 47.50″，北纬 40° 24′ 53.70″，高程 440 米。

敌台原为砖石结构空心敌台，整体坍塌严重，仅东、西侧可见部分剥蚀严重的砖砌墙体，可见长约 4.4 米，残高约 3.5 米；台体结构形式不详，顶部碎砖石堆积，杂草丛生。

145. 李家峪 02 号敌台 130227352101170145

位于李家峪村东北约 1.4 千米，坐标：东经 118° 23′ 41.90″，北纬 40° 24′ 56.90″，高程 425 米。

敌台原为砖石结构空心敌台，台体全部坍塌，形制不清；现仅存砖砌台基，台基东侧包砖剥蚀严重，西、南侧严重坍塌，顶部碎砖瓦堆积，杂草丛生，东侧残高 3.8 米。西南角地表可见一门梢石，门梢石为 0.35 米见方，门梢洞直径 0.14 米。

146. 李家峪 03 号敌台 130227352101170146

位于李家峪村东北约 1.45 千米，坐标：东经 118° 23′ 38.30″，北纬 40° 25′ 05.30″，高程 485 米。

敌台为砖石结构空心敌台，台体东西 7.22 米，南北 13.74 米，西墙通高约 7.88 米。台基为自然基础，底部为下碱条石，西北角可见 4 层下碱条石，高 1.52 米；台基上部及台体均为青砖包砌，整体保存较完整，起券部分均为一伏一券。

南、北墙西侧设石质券门，券门上部石质构件均已不存，现仅存门槛石，北侧门槛石宽 0.36 米，长度不详，北侧券门残宽 1.15 米，高 2.05 米，门洞进深 0.76 米，高 2.13 米。南侧门槛石长 1.58 米；残券门宽 1.03 米，高约 2.1 米；门洞进深 1.06 米，高 2.23 米。台体内部为单券室结构，券室南北向，长

10.47 米，宽 3.98 米，高 3.96 米。

147. 李家峪 04 号敌台 130227352101170147

位于李家峪村东北约 1.6 千米，坐标：东经 118° 23′ 37.70″，北纬 40° 25′ 14.40″，高程 515 米。

敌台为砖砌空心敌台，台体东西 14 米，南北 6.8 米，北墙通高 7.6 米，西墙通高（至压檐石）8.42 米。南墙中部设石质券门，券门石质构件已缺损，仅余两侧门枕石，门枕石长 0.67 米，宽 0.25 米，高 0.18 米；残门宽 1.08 米，高 2.32 米，门洞宽 0.85 米，残高 2.33 米，进深 0.86 米。台体内部为单券室结构，券室为东西向，券室长 10.82 米，宽 3.75 米，高 3.8 米，保存完整。

南门两侧各设 2 箭窗，门与箭窗间距 1.44 米，箭窗间距 1.38 米，箭窗宽 0.57 米，高 0.82 米，下坎墙厚 0.53 米，高 1 米，箭窗下坎距外地面 4.5 米，箭窗洞宽 1.01 米，残高 2.14 米，进深 1.07 米；东、西墙各设 2 箭窗，箭窗宽 0.57 米，高 0.83 米，下坎墙厚 0.55 米，坎墙高 1.04 米，箭窗下坎距外面 5.45 米，箭窗洞宽 0.99 米，高 2.1 米，进深 0.9 米；西墙 2 箭窗间隔墙 1.33 米；北墙设 5 箭窗，均保存完好，箭窗宽 0.57 米，高 0.8 米，下坎墙厚 0.54 米，高 1.01 米，下坎距外地面 4.66 米，箭窗洞宽 0.99 米，残高 2.2 米，进深 0.96 米，箭窗间隔墙 1.34 米。

148. 李家峪 05 号敌台 130227352101170148

位于李家峪村东北约 1.5 千米，坐标：东经 118° 23′ 31.20″，北纬 40° 25′ 15.90″，高程 478 米。

敌台为砖石结构空心敌台，台体已全部坍塌，形制不清；敌台底部东西长 10.2 米，南北宽 10.12 米，西侧残高 4.5 米，西南角高 3.1 米，北侧残高约 6.8 米。

东侧残存部分墙体。台基保存完整，底部为条石下碱，东部下碱条石保存完整，共 4 层，高约 1.4 米，西南角可见 2 层下碱条石，高 0.58 米，条石下部为一层毛石土衬，高约 0.6 米，出分约 0.25 米；北部残墙上部保存方形礌石孔 3 个，尺寸不清。

149. 李家峪 06 号敌台 130227352101170149

位于李家峪村东北约 1.5 千米，坐标：东经 118° 23′ 21.70″，北纬 40° 25′ 21.70″，高程 523 米。

敌台为砖石结构空心敌台，底部东西 7.22 米，南北 13.96 米，台体东西 13.16 米，南北 6.71 米；东南角墙体高 9.5 米。台基利用自然基础，底部为条石下碱，西南角可见下碱条石 4 层，高 1.25 米，东南角可见下碱条石 6 层，高约 2.1 米；台基上部及台体均为青砖包砌，整体保存较完整。台体内部为单券室结构，券室南北向，长 10.25 米，宽 3.66 米，高 3.83 米，保存较完整。

150. 李家峪 07 号敌台 130227352101170150

位于李家峪村东北约 1.8 千米，坐标：东经 118° 23′ 24.70″，北纬 40° 25′ 38.10″，高程 484 米。

敌台为砖石结构空心敌台，利用自然基础，台基底部为条石下碱，底部东西 13.39 米，南北 7.33 米，台体东西 12.87 米，南北 6.5 米，通高 8.26 米。台体内部为东西向单券室，券室长 9.73 米，宽 3.61 米，高 3.88 米，整体保存较好。南、北墙西侧设石质券门，均保存较完整，券门高 1.5 米，宽 0.65 米，门拱部分为三块弧形券石组合而成，券石宽 0.25 米，厚 0.25 米；门柱石长 1.12 米，宽 0.25 米；门洞宽 0.82 米，高 2.34 米，进深 1.43 米。两侧门槛处多被碎砖掩埋，门槛情况不清。

151. 李家峪 08 号敌台 130227352101170151

位于李家峪村东北约 2 千米，坐标：东经 118° 23′ 17.70″，北纬 40° 25′ 42.80″，高程 533 米。

敌台为砖石结构空心敌台，底部东西 11.72 米，南北 11.59 米，台体东西 11.02 米，南北 10.89 米，残高 8.94 米。台基利用自然基础，东侧底部为四层大块过凿毛石下碱，高 1.92 米。台基上部及台体均为青砖包砌，整体保存较完整。

台体内部为三券室三通道结构，券室南北向，长 8.43 米，宽 1.86 米，高 3.6 米，券室间隔墙厚 1.32 米；通道东西向，宽 1.61 米，高 2.34 米，通道隔墙厚 1.8 米；台体南、北墙中间设石质券门，南门已不存，仅残留门东侧压柱石，北门保存相对较好，门石质，门槛距长城墙体顶部 3.25 米，券门宽 0.92 米，高 1.9 米；拱券部分为三块拼合而成，中间一块下沉 0.05 米，拱券厚 0.34 米，高 0.36 米；压柱石长 0.71 米，宽 0.34 米，厚 0.21 米；门柱石高 1.26 米，宽 0.36 米，厚 0.2 米；门槛石长 1.47 米，宽 0.49 米，厚 0.21 米；门槛宽 0.33 米，高 0.08 米。门槛石内附石条一块；门洞宽 1.6 米，门洞券高 2.53 米，进深 1.03 米。南、北墙券门两侧各设 1 箭窗，均残损，箭窗与门间距 1.55 米；东、西墙各设 3 箭窗，东墙箭窗均残损较重，西墙箭窗保存较完整。箭窗宽 0.67 米，高 0.94 米，厚 0.28 米，箭窗坎墙高 0.84 米，厚 0.4 米；箭窗洞宽 1.17 米，高 2.19 米，进深 1 米，箭窗间隔 1.6 米。东侧窗坎距地面 4.18 米，西侧窗坎距台底 6.4 米。

152. 李家峪 09 号敌台 130227352101170152

位于李家峪村东北约 2.3 千米，坐标：东经 118° 23′ 16.10″，北纬 40° 25′ 55.50″，高程 558 米。

敌台为自然基础，整体砖砌，底部东西 8.66 米，南北 12.19 米，台体东西 8.37 米，南北 11.89 米，残高 7.82 米。台顶局部坍塌，墙体外侧包砖酥碱、剥蚀严重。

台体南、北墙西侧设砖砌券门，门均不存，北门外层券砖脱落，仅存门洞。门槛石保存，长 1.3 米，宽 0.73 米，厚 0.23 米；门槛宽 0.19 米，高 0.04 米；门洞宽 1.41 米，高 2.17 米，进深 1.24 米；南门形制同北门，门外侧券砖脱落。台体内部为两券室三通道结构，券室南北向，券室长 9.35 米，宽 2.01 米，高 3.47 米；通道东西向，南北通道长 6.07 米，宽 1.77 米，高 3.31 米，中间通道较窄，宽 0.97 米，残高 1.84 米，北侧通道东侧顶部及东券室南侧顶部小面积坍塌。

153. 石梯子 01 号敌台 130227352101170153

位于石梯子北约 1.1 千米沟谷内山顶，坐标：东经 118° 21′ 30.90″，北纬 40° 25′ 30.10″，高程 316 米。

敌台为砖石结构空心敌台，底部东西长 13.85 米，南北宽 6.45 米，残高 8.98 米。台基利用自然基础，底部施条石下碱，北侧下部可见下碱条石 5 层，高约 1.75 米，南侧为 3 层条石下碱，残高 1.2 米；台基上部及台体均为青砖包砌。台体内部为单券室结构，东、西墙中部设门，券门已坍塌不存。敌台顶部及大部分墙体坍塌，仅存北侧及东南角墙体，整体保存差。

154. 新甸子南山 01 号敌台 130227352101170154

位于石梯子村北约 1.7 千米，坐标：东经 118° 21′ 08.80″，北纬 40° 25′ 42.60″，高程 511 米。

敌台为砖石结构空心敌台，底部东西 7.65 米、南北 14.95 米，台体东西 6.85 米，南北 14.15 米，通高 8.46 米。台基为自然基础，底部施条石下碱，东西侧台基底部均可见到下碱条石 3 层，高约 1.2 米；

台基上部及台体均为青砖包砌，整体保存较现状完整。南、北侧墙体西部设石质券门，均保存较完整，门宽 0.62 米，高 1.59 米；门拱石长 1 米，宽 0.53 米，厚 0.25 米；门柱石长 1.26 米，宽 0.23 米，厚 0.25 米；门槛石长 1.17 米，宽 0.24 米，厚 0.3 米；门洞宽 1 米，进深 1.26 米，高 2.24 米。内部为南北向单券室结构，券室长 11.13 米，宽 4.05 米，高 4.03 米，室内东南角地面留有少量原始夯土。

155. 新甸子南山 02 号敌台 130227352101170155

位于石梯子村北约 1.85 千米，坐标：东经 118° 21′ 07.50″，北纬 40° 25′ 47.70″，高程 504 米。

敌台为砖石结构空心敌台，台体全部坍塌，仅存台基，台基东西 8.52 米，南北 11.42 米，残最高 5.9 米。台基外侧为青砖包砌，包砖厚约 1.08 米，南墙中部外包砖脱落，形成圆洞，内部可见碎石堆砌台芯。

156. 新甸子南山 03 号敌台 130227352101170156

位于石梯子村北约 2 千米，坐标：东经 118° 21′ 04.00″，北纬 40° 25′ 53.60″，高程 559 米。

敌台为砖石结构空心敌台，底部东西 7.95 米，南北 14.82 米，台体东西 7.05 米，南北 13.92 米，墙体最高保存 8.38 米。台基为自然基础，底部施条石下碱，东、南侧可见下碱条石 4 层，高约 1.35 米；台基上部及台体均为青砖包砌，整体保存较完整。敌台南门槛石西侧至地面墙体开裂，裂缝宽约 0.12 米。南、北侧墙体西部设石质券门，均保存较完整，门宽 0.63 米，高 1.6 米；券拱石长 1.1 米，宽 0.61 米，厚 0.27 米；门柱石长 1.23 米，宽 0.23 米，厚 0.25 米；门槛石长 1.23 米，宽 0.45 米，厚 0.26 米；门洞宽 1.1 米，进深 1.38 米，高 2.31 米。北门槛石距地面 1 米，门槛石内侧为青砖砌筑的踏步，总长 1.28 米，现存三步，其余不存。内部为南北向单券室结构，券室长 10.66 米，宽 4.15 米，高 3.84 米，保存较好。

157. 新甸子南山 04 号敌台 130227352101170157

位于新甸子村南约 1.1 千米。坐标：东经 118° 20′ 50.70″，北纬 40° 25′ 54.20″，高程 529 米。

敌台为砖石结构空心敌台，底部东西 10.06 米，南北 10.27 米，台体东西 9.81 米，南北 9.62 米；墙体残存最高 6.91 米，整体保存较好。

敌台东、西墙中部设门，均不完整，门洞宽 1.31 米，进深 0.81 米，高 2.6 米。东侧券门券拱部分由三块券石拼合而成，其中两块脱落，仅西部券石保存。压柱石保存完整，长 0.53 米、宽 0.34 米、厚 0.24 米；门柱石高 1.19 米，宽 0.34 米，厚 0.18 米；门槛石长 1.29 米，宽 0.82 米，厚 0.18 米，门槛宽 0.38 米，厚 0.05 米。西侧券门门券也由三块券石拼合而成，北侧压柱石残损，中间门券石下陷 0.08 米，门券石厚 0.32 米。台体内部为"回"字形结构，四周设回廊式券道，中间为方形券室。东侧券道南部坍塌。北侧券道长 7.56 米，宽 2.01 米，高 2.5 米；南侧券道长 7.64 米，宽 1.58 米，高 3.49 米。南、北券道东、西两侧均设箭窗，箭窗隔墙与通道隔墙间顶部起券墙，起券高 2.46 米，券墙高 1.26 米，厚 0.38 米。东侧券门与箭窗间隔墙与中心券室东侧墙体间顶部设券墙两道，起券高 2.43 米，券墙厚 0.38 米，西侧券门与箭窗间隔墙与中西券室西墙顶部起一道券墙，起券高 2.25 米，券墙厚 0.4 米。中心券室长、宽均为 2.9 米，四周墙体中部设通道与外侧券道相通，通道宽 1.1 米，高 2.39 米，南北通道与东西券室间距 1.86 米，东西向通道与券室间距 1.02 米。

158. 新甸子南山 05 号敌台 130227352101170158

位于宽城县新甸子村西南 2 千米，坐标：东经 118° 19′ 37.40″，北纬 40° 25′ 43.50″，高程 361 米。

敌台建于山脊上，整体用块石砌筑，块石间白灰勾缝，南侧坍塌较重。敌台东西 8 米，南北 7.23 米，北侧存高 5.9 米。

159. 新甸子南山 06 号敌台 130227352101170159

位于宽城县新甸子村西南 2.2 千米，坐标：东经 118° 19′ 34.60″，北纬 40° 25′ 44.10″，高程 356 米。

台体为毛石垒砌，上部坍塌。北侧与长城墙体齐平，东西 5.6 米，南北 5.3 米，南侧存高 3.15 米，东侧设登顶阶梯，宽 1.94 米，现存二级石阶。

160. 横城子 01 号敌台 130227352101170160

位于宽城县新甸子村西南 2.3 千米，坐标：东经 118° 19′ 22.10″，北纬 40° 25′ 44.40″，高程 256 米。

敌台为砖石结构空心敌台，台体全部坍塌，仅存台基，形制不清。台基东西 11.9 米，南北 8.9 米，北侧通高 5.45 米，其中包砖高 2.48 米。台基利用自然基础，底部为 3 层料石土衬，土衬上部为 10 层条石下碱，高 3.03 米。敌台南侧与墙齐，北侧突出墙面 4.83 米。台基上部及台体均为青砖包砌，整体保存差。敌台东侧为石砌长城墙体，西侧为砖砌长城墙体。

161. 横城子 02 号敌台 130227352101170161

位于宽城县新甸子村西南 2.4 千米，坐标：东经 118° 19′ 17.10″，北纬 40° 25′ 44.40″，高程 241 米。

敌台原为砖石结构空心敌台，现台体全部坍塌，形制不清。台基保存较完整，东西 10.04 米，南北 11.33 米，西侧残高 5.93 米。台基为自然基础，底部施条石下碱，西侧、南侧底部可见 5 层料石下碱，高 1.93 米。台基上部及台体均为青砖包砌，整体保存差。

162. 横城子 03 号敌台 130227352101170162

位于宽城县新甸子村西南 2.5 千米，坐标：东经 118° 19′ 12.80″，北纬 40° 25′ 43.00″，高程 235 米。

敌台原为砖石结构空心敌台，台体全部坍塌，仅存台基，形制不清。台基底部东西 10.48 米、南北 8.3 米，残高 6.73 米；台基底部施条石土衬 2 层，收分 0.14 米，土衬石上部为 5 层条石下碱，高约 1.65 米，台基上部墙体为青砖包砌。

163. 横城子 04 号敌台 130227352101170163

位于宽城县新甸子村西南 2.6 千米，坐标：东经 118° 19′ 08.70″，北纬 40° 25′ 42.50″，高程 217 米。

敌台为砖石结构空心敌台，底部东西 10.48 米，南北 10.88 米，墙体保存最高 9.35 米。台基自然基础，底部为条石下碱，南侧 4 层，高 1.05 米，北侧 8 层，高 3.2 米，北侧条石下碱下部为 5 层毛石土衬找平，高约 1.65 米；台基上部及台体均为青砖包砌，整体结构保存较完整，但台体顶部及墙体均有不同程度坍塌，包砌条砖长 0.38 米，宽 0.185 米，厚 0.085 米。东墙中部设券门，现已残坏无存，形制及砌筑方式不清。敌台内部为三券室三通道结构，券室东西向，北侧、中间券顶坍塌，南侧券室中部保存长 4.3 米的券顶，券室长 7.62 米，宽 1.79 米，可见高 3.21 米，间隔墙厚 1.25 米；通道南北向，通道宽 1.69 米，可见高 2.11 米。

164. 喜峰口西山 01 号敌台 130227352101170164

位于喜峰口西山北麓库区南岸，坐标：东经 118° 19′ 17.40″，北纬 40° 25′ 33.00″，高程 206 米。

敌台原为砖石结构空心敌台，台体及大部分台基被人为拆毁，现存部分台基，也被水库淹没，水位下降时可见。残台基东西 5.2 米，南北可见 2.46 米，残高约 2.1 米。台基东侧下部可见二层条石下碱，高约 0.65 米，上部包砖仅少量残存，四周均可见到碎石堆砌的台基填芯。台体及台顶设施均已无存，内部结构无法辨识。敌台北侧与喜峰口关城西墙相连，南侧为砖墙长城墙体。

165. 喜峰口西山 02 号敌台 130227352101170165

位于喜峰口西山水库南面山脊中下部，坐标：东经 118° 19′ 17.10″，北纬 40° 25′ 28.50″，高程 251 米。

敌台为砖石结构空心敌台，底部东西 10.05 米，南北 11.85 米，西侧通高 10.74 米。台基为自然基础，底部为三层料石叠涩放脚，上砌三层料石下碱，台基上部及台体均为青砖包砌，整体结构保存较完整。

南、北墙中部设门，门已毁，形制不清，门位现呈洞状。台体内部为三券室四通道，券室南北向，券室长 9.93 米，高 2.95 米，中间券室宽 2.23 米，东、西券室宽 1.84 米；通道东西向，西通道宽 1.62 米，高 1.89 米。

南北门两侧各设 1 箭窗，均残坏，东、西墙各设 4 箭窗，箭窗券洞宽 0.96 米，深 0.36 米，可见高 1.83 米，箭窗宽 0.59 米，高 1.23 米，下坎墙厚 0.5 米。箭窗间隔墙下部设砖券礌石孔，宽 0.41 米，高 0.32 米，进深 0.62 米，东侧、西侧各存礌石孔 5 个。敌台内部东南角墙内保存有明显柱位痕迹，柱径 0.22 米。南、北通道东部台顶坍塌，西券室券顶下沉，形成宽 0.03～0.05 米的贯通裂缝。墙内侧四周 0.4 米厚条砖被人为拆毁。顶部四周均残存垛口墙，高 1.54 米，南、北侧垛口墙下部各保存完整砖砌券洞式射孔 2 个。台体包砖长 0.38 米，宽 0.19 米，厚 0.09 米。

166. 喜峰口西山 03 号敌台 130227352101170166

位于喜峰口西山水库南面山脊山腰处，坐标：东经 118° 19′ 14.90″，北纬 40° 25′ 26.10″，高程 266 米。

敌台为砖石结构空心敌台，台体东西 11.3 米，南北 10.95 米，通高 9.74 米（其中垛墙高 0.7 米），北墙东北角残墙长 4.29 米。台基为条石基础，上部及台体均为青砖包砌，台体结构保存较完整，东墙、北墙东侧、南墙东侧墙体及大部分台顶坍塌。

南、北墙东侧设门，均已坍塌，墙上形制不清。敌台内部为三券室三通道结构，券室南北向，东券室坍塌，中券室南半部保存，室内堆积大量碎砖，西券室保存较完整，券室长 9.26 米，宽 2.5 米，可见高 2 米，间隔墙厚 1.1 米；通道东西向，通道宽 2.11 米，可见高 1.35 米，北侧通道顶部坍塌。南、北墙券门西侧各设 2 箭窗，北墙西侧箭窗保存较完整，西墙设 3 箭窗，均保存一般，箭窗券洞宽 0.81 米，可见高 1.39 米，进深 0.49 米；箭窗宽 0.6 米，高 1.27 米，坎墙厚 0.52 米。箭窗与墙体、箭窗之间间隔墙中间下部设砖券礌石孔，高约 0.27 米，宽 0.35 米。南、北侧各存 2 个、西侧存 4 个。残存墙体顶部保存部分垛口墙，残高约 1 米，残垛口墙下部设砖券望孔，望孔宽约 0.35 米，高约 0.3 米，西、南、北侧各保存完整望孔 1 个。台体包砖长 0.385 米，宽 0.195 米，厚 0.085 米。

167. 喜峰口西山 04 号敌台 130227352101170167

位于宽城县横城子村南 800 米坐标：东经 118° 19′ 12.10″，北纬 40° 25′ 23.00″，高程 280 米。

敌台为砖石结构空心敌台，底部东西 10.08 米，南北 13.82 米，台体东西 9.18 米，南北 12.92 米，西侧通高 8.45 米（至拔檐）。台基为自然基础，底部施下碱条石，北侧可见一层，高约 0.35 米；台基上部及台体均为青砖包砌，整体结构保存较完整，西北角及南侧中间部分台顶坍塌。

南、北墙中部设石质券门，北侧券门石质构件均已不存，南侧券门保存较完整，券洞宽 1.12 米，高 2.08 米，进深 0.86 米；南门宽 0.7 米，可见高 1.42 米；门券石宽 0.25 米，厚 0.17 米；门柱石高 1.1 米，宽 0.27 米，厚 0.27 米；门轴孔直径 0.08 米。南门外侧有蹬道与长城相连。敌台内部为三券室三通道结构，券室南北向，东、西侧券室长 10.59 米，宽 1.58 米，高 3.25 米；中间券室宽 1.16 米，高 3.04 米；券室间隔墙厚 1.15 米；通道东西向，通道宽 1.17 米，高 2.04 米；台体内部地面大部分墁砖保存，中券室用方砖铺墁，方砖长 0.38 米，宽 0.38 米。东、西券室用条砖铺墁，条砖长 0.39 米，宽 0.19 米，厚 0.09～0.11 米。

168. 喜峰口西山 05 号敌台 130227352101170168

位于宽城县横城子村南 1 千米坐标，东经 118° 19′ 11.40″，北纬 40° 25′ 18.20″，高程 324 米。

敌台为砖石结构空心敌台，台体东西 10.97 米，南北 10.3 米，通高 11.8 米。台基利用自然基础，底部施 6 层料石下碱，高 2 米。台基上部及台体均为青砖包砌，台体西墙及部分台体坍塌，整体保存较差。

台基东墙中间设石质券门，券门低于台内地面 2.17 米，门宽 0.78 米，高 1.29 米，门券洞宽 1.44 米，门柱石高 0.87 米，宽 0.32 米，厚 0.3 米；门券石长 1.42 米，高 0.82 米，厚 0.33 米；门槛石下压条石 4 层（可见）。券门内部南、北两侧原建有台阶，登阶而上可达台体内部，现台阶均已不存，原台阶呈斜坡状，多被碎砖掩埋。敌台内部为"回"字形结构，中间设方形券室，券室东西 2.74 米，南北宽 2.05 米，中心券室周围为"回廊"式券道，中心券室东、西墙中部设通道与东、西券道相通；通道宽 1.71 米，高 2.24 米；东西侧券道（南北向），长 8.41 米，宽 2.05 米，可见高 3.34 米，南北侧券道（东西向）长 9.06 米，宽 1.73 米，高 3 米，券室间隔墙厚 1.45 米，北券室西侧坍塌，东侧残存长 3.1 米。

169. 喜峰口西山 06 号敌台 130227352101170169

位于宽城县横城子村南 1 千米，坐标：东经 118° 19′ 13.10″，北纬 40° 25′ 15.60″，高程 377 米。

敌台四周用块石包砌，中间用碎石及杂土填芯，平面呈方形，底部东西 9.32 米，南北 9.1 米，北侧通高 6 米，墩石残高 2.62 米。敌台顶部四周及西侧墙体部分坍塌，顶部设施不清；杂土中可见残碎砖瓦。敌台南、北两侧连接石砌长城墙体。

170. 喜峰口西山 07 号敌台 130227352101170170

位于迁西喜峰口西 1 千米，坐标：东经 118° 19′ 16.00″，北纬 40° 25′ 08.90″，高程 490 米。

敌台四周用毛石包砌，中间碎石填芯，平面呈方形。现整体坍塌严重，呈石堆状，上部多生杂灌。现存墙体东西残长 8.28 米，南北残宽 5.3 米，残高 1.5 米。顶部原有设施不清。

171. 喜峰口西山 08 号敌台 130227352101170171

位于迁西喜峰口西 1.1 千米坐标：东经 118° 19′ 10.20″，北纬 40° 25′ 06.10″，高程 523 米。

整体用毛石包砌，碎石填芯，整体严重坍塌，现状呈丘状石堆。残存墙体东西约 7.1 米，南北约 7.2 米，残高 1.5 米。顶部原有设施不清。

172. 喜峰口西山 09 号敌台 130227352101170172

位于迁西县闸扣村东北 600 米，坐标：东经 118° 19′ 03.20″，北纬 40° 25′ 06.60″，高程 511 米。

台体四周为毛石包砌，中间碎石填芯，顶部设施用青砖砌筑。整体坍塌严重。现仅存北墙残存长 2.2 米，毳石存高 1.8 米，顶部可见大量青砖残块。敌台东南、西北两侧连接石砌长城墙体，西北侧墙体已不明显。

173. 喜峰口西山 10 号敌台 130227352101170173

位于迁西县闸扣村东北 500 米，坐标：东经 118° 18′ 57.00″，北纬 40° 25′ 08.00″，高程 498 米。

台体四周为毛石包砌，中间碎石填芯，大部分坍塌严重，仅存少量包砌墙体，现状为一丘状石堆；残墙东西 7.6 米，南北 4.6 米，毳石残高 1.8 米，顶部结构及原设施不清。敌台东南、西北两侧连接石砌长城墙体，东南侧墙体已不明显。

174. 小喜峰口 02 号敌台 130227352101170174

位于迁西县小喜峰口村南 800 米，坐标：东经 118° 18′ 40.40″，北纬 40° 25′ 09.20″，高程 210 米。

敌台于 20 世纪六七十年代被人为拆毁，现仅存少量台基遗迹。敌台规制、朝向、形制均不清，周围残存大量碎砖、石。敌台位于小喜峰口山谷内，两侧均为山险。

175. 喜峰口西山 13 号敌台 130227352101170175

位于迁西县小喜峰口村南 800 米，坐标：东经 118° 18′ 39.40″，北纬 40° 25′ 08.90″，高程 227 米。

台体仅存部分块石砌筑台基，块石间白灰平缝。残台基南北 9.6 米，东西 7.1 米，残高 3.2 米。敌台位于小喜峰口山谷内，两侧均为山险。

176. 闸扣 01 号敌台 130227352101170176

位于宽城县小喜峰口南 1 千米，坐标：东经 118° 18′ 40.30″，北纬 40° 25′ 00.10″，高程 574 米。

敌台为石砌梯柱式高台式敌台，平面为正方形。台体少量自然坍塌，大部分保存，顶部设施不存。底部边长 11.7 米，顶部边长 10 米；台体东侧高 3.1 米，南侧高 2.6 米，西侧高 4.2 米，北侧高 4.5 米。敌台南侧中部设砖砌券门，顶券部分坍塌，门残宽 0.8 米，残高约 1.5 米；券门内侧为南北向通道，通道宽 1.2 米，由于通道内部多被砖石及杂灌遮盖，通道结构及登顶方式不清。敌台顶部四周施 4 层砖质拔檐，均保存较完整，拔檐高 0.45 米。顶部长满杂灌。敌台东、西两侧均连接石砌墙体。

177. 闸扣 02 号敌台 130227352101170177

位于宽城县小喜峰口南 1.1 千米，坐标：东经 118° 18′ 39.30″，北纬 40° 25′ 00.40″，高程 587 米。

敌台为石砌梯柱式敌台，台体自然坍塌严重，现仅存南墙西侧、西墙南侧墙体，墙体高 3 ～ 3.8 米，其余均已坍塌，顶部设施不存。敌台南侧中间部位设砖砌券门，券门顶券部分及东侧墙体坍塌，券门规制不清；券门内侧设南北向甬道，多已坍塌，宽度及高度不清。残存墙体顶部保存四层砖质拔檐，高约 0.45 米。敌台东侧连接石砌墙体，西侧为山险。

178. 下走马哨西北 01 号敌台 130227352101170178

位于迁西县下走马哨西北 800 米，坐标：东经 118° 17′ 03.50″，北纬 40° 25′ 17.00″，高程 492 米。

台体四周墙体为块石垒砌，白灰勾缝。现北墙已坍塌。台体底部东西 9.2 米，南北 8.6 米，台顶东西长 9 米，南北残宽 4.9 米；残敌台最高 3.55 米。台体南墙中心位置设一砖质券门，券门宽 0.65 米，高 1.48 米，墙厚 0.44 米，起券高 1.01 米，门距地面 0.87 米，东侧下部墙体坍塌。券门外部下侧为毛石砌台阶，现已全毁。敌台内部为单室结构，室顶及北侧墙体已全部坍塌，券门内侧可见残存的毛石铺砌地面。室内堆积中可见大量的残砖瓦。四周墙体上部用一层青砖找平，上部设三层砖质拔檐，拔檐厚 0.34 米。拔檐上部残存青砖 2～3 层，高 0.22～0.35 米。南墙券门内侧至北墙间设石砌通道，可见长 2.5 米，宽 1.3 米，其余均被残砖、碎石掩埋。敌台所用青砖长 0.385 米，宽 0.185 米，厚 0.1 米。

179. 下走马哨西北 02 号敌台 130227352101170179

位于迁西县下走马哨村西北 1 千米，坐标：东经 118° 16′ 25.10″，北纬 40° 25′ 23.10″，高程 280 米。

敌台为砖石结构空心敌台，台体底部东西 10.27 米，南北 10.54 米；墙体保存最高 7.07 米；台基为自然基础，底部施条石下碱，西侧底部 5 层下碱条石，高 1.6 米，条石厚 0.22～0.33 米；台基上部及台体均为青砖包砌，台顶及台体南侧墙体均已坍塌，北侧、东侧、西侧三面墙体及台基保存完整，内部结构尚可辨识。南墙中间位置设券门，门已整体坍塌，现存门槛石一块，已不在原位，门槛石宽约 0.45 米，厚 0.33 米，长度不详。台体内部原为三券室三通道结构，详细尺寸不清。

180. 上走马哨 01 号敌台 130227352101170180

位于迁西县上走马哨村西北 800 米，坐标：东经 118° 16′ 10.30″，北纬 40° 25′ 23.90″，高程 248 米。

敌台原为砖石结构空心敌台，台体全部坍塌，台基大部分残坏，东西长约 8.8 米，南北残宽约 7.5 米，北侧墙体残存最高 4.81 米，东墙北侧墙体残存宽约 3.8 米。现存台基北侧墙体及台基东、西墙北侧部分墙体，下部可见下碱条石 1～2 层，高 0.28～0.55 米，西墙外侧包砖不存，裸露块石砌筑台芯。台体部分已不存，内部结构已不可辨识。敌台东南侧、西侧连接石砌长城墙体。

181. 东城峪 01 号敌台 130227352101170181

位于东城峪西 200 米，坐标：东经 118° 14′ 38.20″，北纬 40° 25′ 56.20″，高程 274 米。

敌台为砖石结构空心敌台，规制较小，底部东西 8.38 米，南北 7.18 米，台体东西 7.78 米、南北 6.58 米，南侧通高 8.4 米。台基为自然基础，底部施 3 层条石下碱，高约 1.12 米，条石下部设一层毛石土衬，高约 0.3 米；台基上部及台体均为青砖包砌，整体结构保存较完整。南墙中部设砖砌券门，保存完好，门宽 0.71 米，高 1.64 米，厚 0.36 米；门洞宽 0.93 米，高 2.14 米，进深 0.74 米，下设门槛石，门槛石长 1.12 米，宽 0.4 米，厚 0.21 米；槛石下为系梯石，系梯石呈向上弯钩状，长约 0.5 米，厚 0.2 米，高 0.3 米，宽 0.1 米；门槛石距地表 4.19 米，券门内部两侧墙上设门杠石，门杠石为 0.4 米见方，中间插杠孔径 0.14 米，厚约 0.17 米。台体内部为二券室二通道结构，券室南北向，长 4.3 米，宽 1.9 米，高 3.42 米，券室隔墙宽 1.7 米；通道东西向，通道长 4.13 米，宽 1.17 米，高 2.7 米。

182. 杏树洼 01 号敌台 130227352101170182

位于东城峪西 1.2 千米，坐标：东经 118° 14′ 06.20″，北纬 40° 25′ 59.30″，高程 328 米。

敌台原为砖石结构空心敌台，台体及部分台基已被人为拆毁，现仅存台基，残台东西长 9.3 米、南北 10.01 米，残高 4.46 米。台基底部施条石下碱，可见一层下碱条石，高 0.33 米；台基上部及台体用青砖包砌，整体保存差。敌台东北、西北两侧均连接石砌长城墙体。

183. 西城峪 01 号敌台 130227352101170183

位于西城峪村北 500 米，坐标：东经 118° 12′ 49.90″，北纬 40° 25′ 34.20″，高程 388 米。

敌台原为砖石结构空心敌台，底部东西 6.4 米，南北 6.68 米，南墙残高 7.5 米。台基为自然基础，台基底部施 3 层条石下碱，高 1.12 米。台基上部及台体均为青砖包砌，台基北侧外包砖大面积剥落，台体顶部及东、北、西侧墙体均已坍塌，内部结构已不可辨识。南侧墙体保存，墙上残存 2 箭窗，均残，残宽 0.48 米，高 1 米。

184. 西城峪 02 号敌台 130227352101170184

位于西城峪村内，坐标：东经 118° 12′ 52.10″，北纬 40° 25′ 19.60″，高程 237 米。

敌台原为砖石结构空心敌台，现整体被人为拆毁，仅台基东侧残存条石下碱一层，高 0.69 米，残台基南北 11.47 米，东西尺寸不清。敌台顶部及四周现为耕地，周围植有栗树。敌台南、北侧连接长城墙体，墙体均不明显。

185. 西城峪 03 号敌台 130227352101170185

位于西城峪村南 200 米，坐标：东经 118° 12′ 53.90″，北纬 40° 25′ 14.40″，高程 246 米。

敌台原为砖石结构空心敌台，于 20 世纪六七十年代被整体拆毁，形制、规制不清。现仅存台基内部碎石，顶部有一水泥电线杆，周围残有少量碎砖。敌台南、北侧连接长城墙体，北侧墙体不明显。

186. 漆棵岭 01 号敌台 130227352101170186

位于迁西县漆棵岭村南 1.4 千米，坐标：东经 118° 11′ 48.20″，北纬 40° 24′ 54.60″，高程 247 米。

敌台原为砖石结构空心敌台，于 20 世纪六七十年代被整体拆毁，形制不清；现仅存台基内部碎石、杂土台芯，台芯方形，东西 8.8 米，南北 8.8 米，残高 4.2 米，四周散落大量碎砖、石。

187. 三台山 01 号敌台 130227352101170187

位于迁西县三台山村北 500 米，坐标：东经 118° 11′ 27.70″，北纬 40° 24′ 39.80″，高程 216 米。

敌台原为砖石结构空心敌台，整体于 20 世纪六七十年代被人为拆毁，包砖及条石下碱均已不存，现仅存方形夯土台芯，东西 5 米，南北 4 米，南侧高 2 米，北侧高 3 米，整体形制不清。敌台周围散落大量的碎砖、石，四周杂草灌木丛生。东北、西南两侧连接石砌墙体。

188. 苏郎峪 01 号敌台 130227352101170188

位于迁西县苏郎峪村西 300 米，坐标：东经 118° 09′ 58.20″，北纬 40° 23′ 58.80″，高程 296 米。

敌台原为砖石结构空心敌台，台体及台基外侧包砖、下碱条石于 20 世纪六七十年代被人为拆毁，现只存块石砌筑的方形台芯，残台芯东西 9.1 米，南北 4.7 米，南侧残高 4.4 米。敌台形制不清。敌台周围碎砖碎石杂乱堆积，四周杂草灌木丛生。东北侧与石砌长城墙体相连，西南侧为山险。

189. 潘家口 01 号敌台 130227352101170189

位于迁西县原潘家口村北 300 米，坐标：东经 118° 16′ 13.00″，北纬 40° 25′ 51.20″，高程 208 米。

敌台原为砖石结构空心敌台，位于潘家口水库库区之内。其淹没水中。2010 年水库泄洪期间暴露出水面。台体部分已全部坍塌，现仅存残台基，台基底部东西 13 米，南北 11.8 米，南侧存高 3.4 米，北侧存 4.5 米。台基下部施条石下碱，东北侧可见下碱条石 3 层，高约 1.1 米。台芯部分为黄土夯筑。敌台西南侧、东北侧连接包砖墙体。

190. 潘家口 02 号敌台 130227352101170190

位于迁西县潘家口水库西北侧水库内，坐标：东经 118° 16′ 12.40″，北纬 40° 25′ 56.60″，高程 212 米。

敌台原为砖石结构空心敌台，位于潘家口水库内山崖顶部，台体全部坍塌，现仅存台基，台基底部东西 12.1 米，南北 11.8 米，南侧通高 4.35 米。南侧底部施 3 层条石下碱，高约 1.2 米，北侧底部施毛石土衬 3 层，高约 1.1 米，土衬上部施条石下碱 4 层，高约 1.4 米。台基北墙大部分坍塌，坍塌处暴露块石砌筑的台芯。敌台周围散落大量碎砖、石，四周环水，顶部建有马架窝棚一座；东南侧、西北两侧连接包砖墙体。

191. 潘家口 03 号敌台 130227352101170191

位于迁西县潘家口水库西北侧山上，坐标：东经 118° 16′ 06.90″，北纬 40° 26′ 08.80″，高程 246 米。

敌台为砖石结构空心敌台，长期淹没于水库之中。2010 年水库泄洪期间部分裸露出水面。暴露部分东西 6 米，南北宽 7 米，西侧高 3.6 米，东侧残高 1.9 米。台体大部分坍塌，西侧券道部分保存，券道宽 1.5 米，可见高度 2.05 米；中间券室顶部坍塌，西、南侧通道保存，通道宽 1.2 米，可见高度 1.2 米。敌台包砖长 0.4 米，宽 0.19 米，厚 0.08 米。

192. 潘家口 04 号敌台 130227352101170192

位于迁西县潘家口水库西北侧山上，坐标：东经 118° 15′ 53.60″，北纬 40° 26′ 10.80″，高程 374 米。

敌台原为砖石结构空心敌台，位于潘家口水库内，水位升高时敌台整体淹没于水下；台基利用自然基础，底部施条石下碱；现存台基东西长 9.02 米，南北宽 9.15 米，北墙残高 5.6 米，东墙残高 6.7 米。底部东南侧可见条石下碱 3 层，高约 1.4 米，下部施块石土衬 2 ～ 3 层，土衬高 0.8 ～ 1.2 米；西侧底部可见下碱条石 2 层，高约 1.1 米。台基上部及台体均为青砖包砌，台体全部不存，内部不清。

193. 潘家口 05 号敌台 130227352101170193

位于迁西县潘家口水库西北侧山上 1.2 千米，坐标：东经 118° 15′ 46.30″，北纬 40° 26′ 12.60″，高程 442 米。

台体原为砖石结构空心敌台，全部坍塌，仅存台基。台基东北角坍塌，其余保存较完整。台基下部施条石下碱，东北侧可见下碱条石 2 层，高约 0.75 米；台基东西 9.3 米，南北 9.3 米，西墙残高 6.6 米，台上建筑无存。周围散落大量碎砖、石杂，四周多生杂草、灌木。敌台南侧、西北侧与砖砌长城墙体相连。

194. 潘家口 06 号敌台 130227352101170194

位于迁西县潘家口水库西北侧山上 1.3 千米，坐标：东经 118° 15′ 41.70″，北纬 40° 26′ 17.30″，高程 510 米。

敌台原为砖石结构空心敌台，底部东西 12.3 米，南北 8.54 米，台体东西 11.4 米，南北 7.64 米；北墙残高 9.22 米，南墙残高 9.57 米。台基利用自然基础，底部施条石下碱 1 ～ 3 层，高 0.23 ～ 0.75 米；台基上部及台体均为青砖包砌，整体结构保存较完整。

东墙南侧、西墙中部设石质券门，保存均较完整。门宽 0.7 米，高 1.85 米，进深 0.35 米；压柱石长

0.56 米，厚 0.19 米；门柱石高 1.28 米，厚 0.2 米；门券石为一整体，厚 0.3 米；门槛石长 1.8 米，宽 0.73 米，厚 0.2 米；门洞宽 1.28 米，高 2.58 米，进深 0.87 米；东门券洞两侧墙上地面高 0.68 米保存两个完整门梢石，长 0.33 米，宽 0.33 米，门梢洞直径 0.14 米。

台体内部为二券室三通道结构，券室东西向，长 8.96 米，宽 1.63 米，高 3.45 米，券室间隔墙厚 1.94 米；通道南北向，东西两侧通道宽 1.64 米，高 3.35 米，中间通道宽 1.1 米，高 1.85 米，中间通道与东西侧通道间隔 2.29 米。东侧通道与中间通道隔墙南侧中部间设一券洞，券洞高 1.76 米，宽 0.81 米、进深 1.78 米，券洞东南角包砖脱落。

195. 潘家口 07 号敌台 130227352101170195

位于迁西县潘家口水库西北侧山上 1.4 千米，坐标：东经 118° 15′ 35.60″，北纬 40° 26′ 19.10″，高程 452 米。

敌台为砖石结构空心敌台，台体东西 8 米，南北 10.7 米，东墙残高 6.47 米，南墙残高 8.82 米，北墙残高 8.5 米，墙体收分约 0.5 米。台基底部为条石基础，下部为条石下碱，北侧设条石土衬一层，高约 0.35 米，上部为条石下碱二层，高约 0.65 米；南侧底部随山势而建，底部以自然山岩为基础，上部为条石下碱 1～4 层，高 0.35～1.35 米。台基上部及台体均为青砖包砌，台体顶部坍塌，内部结构不清，西南角残存半个券室，西券室东部残存两通道痕迹。

西墙南部设砖砌券门，券门保存完整，门宽 0.78 米，高 1.84 米，进深 0.26 米；门槛石长 1.25 米，宽 0.5 米，厚 0.2 米，内留有两个门轴榫，直径 0.06 米；门洞宽 1.06 米，高 2.3 米，进深 0.88 米；门内两侧墙体上保存完整门梢石两个，长 0.46 米，宽 0.38 米，门梢洞直径 0.22 米。

196. 潘家口 08 号敌台 130227352101170196

位于迁西县潘家口水库西北侧山上 1.5 千米，坐标：东经 118° 15′ 27.50″，北纬 40° 26′ 37.30″，高程 485 米。

敌台原为砖石结构空心敌台，顶部及东侧、南侧墙体整体坍塌，部分台基坍塌，内部结构不详，现残存北墙和西墙，西墙残长 8.6 米，北墙残长 10.06 米，残墙最高约 6.4 米，台基底部多为碎砖石及杂灌遮盖，情况不清。

西墙中部设砖质券门，门高 1.58 米，宽 0.77 米，进深 0.27 米；门洞高 1.95 米，宽 1.04 米，进深 0.96 米；门洞内南北两侧保存两块完整门梢石，门梢石长 0.37 米，宽 0.34 米，门梢洞直径 0.16 米；门槛石长 1.19 米，厚 0.23 米，宽度不详。西墙券门南、北侧各设 1 箭窗，箭窗高 0.77 米，宽 0.52 米，进深 0.31 米，下部不设窗坎石，窗槛宽 0.4 米；箭窗洞宽 1 米，进深 0.61 米，高度不详。西墙内侧大部被碎砖石所掩；西墙顶部残存垛口墙，高 0.8～1.1 米，垛墙下部保存完整望孔 3 个，方形，望孔高约 0.23 米，宽 0.18 米。

197. 小河口 01 号敌台 130227352101170197

位于潘家口北侧约 1.5 千米处乌树沟内山脊之上，坐标：东经 118° 15′ 25.80″，北纬 40° 26′ 46.10″，高程 390 米。

敌台为砖石结构空心敌台，底部东西 5.88 米，南北 15.6 米，台体东西 4.78 米，南北 14.5 米，西侧外墙高 8.18 米，东侧外墙高 9.63 米；台基为自然基础，底部施条石下碱，东西底部可见下碱条石 2～3 层，高 0.65～1 米；台基上部及台体均为青砖包砌，整体结构保存较完整。

北墙西侧设门，已坍塌，仅存槛石，形制不清。门槛石长 1.43 米，厚 0.2 米，宽度不详。敌台内部为单券室结构，券室南北向，长 11.64 米，宽 2.54 米，高 4.06 米。东、西墙各设五箭窗，东墙北侧四箭窗顶部券砖均已坍塌，北部二箭窗券洞坍塌，箭窗宽 0.65 米，高 1 米，墙厚 0.32 米，下坎墙上部设槛石，槛石长 1.1 米，宽 0.4 米，厚 0.19 米，窗槛宽 0.32 米，中间设铳孔，铳孔直径 4.5 厘米，深 6 厘米；箭窗洞宽 1.22 米，高 2.41 米，进深 0.72 米。西侧北部 3 箭窗残坏严重，第二箭窗完全坍毁，其余箭窗保存较为完整；南墙设 2 箭窗，均保存完整，箭窗洞宽 0.79 米，高 2.16 米，箭窗下坎墙高 0.59 米，箭窗洞南侧墙体距地面 0.87 米处均设小型券洞一个，券洞宽 0.28 米，高 0.38 米，进深 0.35 米。

198. 小河口 02 号敌台 130227352101170198

位于宽城县独石沟乡小河口村南偏西约 2.1 千米，坐标：东经 118° 15′ 28.60″，北纬 40° 26′ 50.63″，高程 423 米。

敌台为砖石结构空心敌台，整体用青砖包砌，保存较为完整，内部结构略有残损；台体东西长 10.11 米，南北长 9.28 米，南侧墙体高 5.16 米，东侧墙体高 5.53 米。西墙中部设门，门已坍塌，具体形制不清。台体内部为三券室三通道结构，券室东西向，券室长 8.05 米，宽 1.66 米，高 3.11 米；通道南北向，均已坍塌。

199. 小河口 03 号敌台 130227352101170199

位于宽城县独石沟乡小河口村南偏西约 2 千米坐标：东经 118° 15′ 26.90″，北纬 40° 26′ 56.30″，高程 431 米。

敌台为砖石结构空心敌台，底部南北长 11.5 米，东西宽 8.32 米；台体北侧高 7.5 米，西侧高 6.84 米；台基为自然基础，底部为糙毛石下碱，毛石间白灰勾缝，北部可见毛石下碱 9 层，高 2.38 米；台基上部及台体均为青砖包砌，敌台顶部大部分坍塌，内部结构已无法辨清，四周墙体保存较完整；东墙、北墙内侧砖剥落严重。

敌台南墙中部设一砖砌券门，保存较好，券门高约 1.76 米，宽 0.75 米，门内券洞高 2.6 米，宽 1.12 米，进深 0.89 米；门槛石为自然山石，已风化酥裂。南墙东、西各设一箭窗，箭窗宽 0.75 米，残高 1.03 米，坎墙高度不详，可见高约 0.3 米，大部分被屋顶坍塌物埋没，坎墙顶部多已残损；箭窗洞宽 1.25 米，可见高 1.68 米，进深 0.8 米。东墙、西墙均设四箭窗，箭窗大部保存较好，少量券砖脱落，坎墙上部残损，西墙箭窗洞保存完整，东墙箭洞券砖均有部分脱落，箭窗宽 0.7 米，高 0.91 米，内侧贴砖；箭洞宽 1.26 米，高 1.83 米，进深 0.89 米。北墙设 3 箭窗，由于内侧墙体坍塌，券洞均不存，仅存箭窗，箭窗保存基本完整，宽 0.71 米，高 0.94 米，箭窗间隔 1.62 米，坎墙以下被埋。

200. 小河口 04 号敌台 130227352101170200

位于宽城县独石沟乡小河口村南偏西约 1.8 千米，坐标：东经 118° 15′ 26.80″，北纬 40° 26′ 58.40″，高程 409 米。

敌台为砖石结构空心敌台，台体东西 7.02 米，南北 9.14 米；北墙通高 6.88 米。台基为自然基础，底部施过凿毛石下碱，台基上部及台体均为青砖包砌，顶部整体坍塌，四周墙体及台基保存较完整，南侧墙体西部和中部有两条自上而下贯通裂缝，宽约 0.1 米。

南、北墙中部设砖砌券门，南侧券门大部坍塌，北侧券门券砖脱落，西部墙体坍塌严重，券门宽 0.67 米，高 1.09 米，门洞进深 0.58 米，宽 1.03 米，残高 1.79 米。台体内部为三券室三通道结构，内部结构尚可辨识，券室南北向，长 7.74 米，宽 1.32 米，仅东侧券室北部残存一小部分，长约 1 米；通道东西向，均已无存。

201. 小河口 05 号敌台 130227352101170201

位于宽城县独石沟乡小河口村南偏西约 1.9 千米，坐标：东经 118° 15′ 26.00″，北纬 40° 27′ 00.20″，高程 438 米。

敌台原为砖石结构空心敌台，台基为自然基础，底部可见毛石下碱，高约 2 米；台体及大部分台基坍塌，仅西南角墙体残存，西侧墙体残存宽约 2.5 米；西南角残墙通高 7.17 米；南侧台基墙体残长 6.95 米，残高 3.7 米；东西侧墙体均已不存；北侧残存部分砖墙，残长约 4 米，高 2.5 米。

202. 小河口 06 号敌台 130227352101170202

位于小河村长树岭东南 1 千米山顶，坐标：东经 118° 15′ 21.50″，北纬 40° 27′ 12.70″，高程 420 米。

敌台为砖石结构空心敌台，底部东西 10.07 米，南北 9.41 米，台体东西 9.91 米，南北 9.25 米，东侧台体最高 8.87 米，西侧台体高 7.27 米；台基下部可见条石下碱二层，高约 0.65 米；台基上部及台体均为青砖包砌，整体保存较完整。

南、北墙中部设砖砌券门，北侧券门宽 0.81 米、高 1.76 米，下部设砂岩质门槛石，门槛石长 1.56 米，厚 0.24 米，门洞进深 0.64 米，宽 1.22 米，高 2.25 米；南门由箭窗改建而成，宽 0.59 米，残高 1.84 米，门洞进深 0.65 米，宽 1.07 米，高 2.25 米。北侧券门槛上沿距地面 4.3 米，南侧券门槛上沿距地面 3.1 米。台体内部为三券室三通道结构，券室南北向，券室长 7.67 米，宽 1.73 米，高 3.5 米，间隔墙厚 1.17 米；西侧券室北部被隔断成一个东西 2.25 米、南北 1.7 米的小型券室，券室顶部设登顶天井一处，东西长 1.3 米，南北宽 0.7 米；通道东西向，通道宽 1.27 米，高 2.23 米，通道间隔 1.67 米。

203. 小河口 07 号敌台 130227352101170203

位于小河村长树岭东南 850 米山顶，坐标：东经 118° 15′ 19.30″，北纬 40° 27′ 20.40″，高程 446 米。

敌台为砖石结构空心敌台，底部东西 10.07 米，南北 10.16 米，台体东西 9.27 米，南北 9.36 米；南侧墙体通高 9.73 米。台基为自然基础，底部施条石下碱，可见下碱条石三层，高 0.89 米，台基上部及台体均为青砖包砌，整体结构保存较完整，台体西南角下碱条石缺失。南墙中部设砖砌券门，券门宽 0.89 米，高 2.15 米，门槛石宽 0.43 米，长 1.5 米，门槛宽 0.265 米，门槛高 0.07 米，门槛上沿距地面 5.02 米；门槛外侧下设两块弯钩形稳梯石，长 0.54 米，宽 0.18 米，厚 0.17 米；门内右侧墙上保存完整门销石一块，方形：边长 0.375 米，中间插孔为圆形，直径 0.145 米；门洞宽 1.2 米，高 2，47 米，进深 0.68 米。券门外侧敌台底部用毛石垒起不规则方形踏跺一个，长 4.3 米，宽 2.9 米，存高 1.7 米。敌台内部为三券室三通道结构，券室南北向，长 7.46 米，宽 1.69 米，高 3.44 米，券室间隔墙厚 1.28 米；通道东西向，宽 1.27 米，高 2.38 米，通道间隔 1.77 米。

204. 小河口 08 号敌台 1302273521011170204

位于小河村长树岭东南 1 千米山顶，坐标：东经 118° 14′ 48.00″，北纬 40° 27′ 33.20″，高程 418 米。

敌台为砖石结构空心敌台，顶部及周围墙体大部分坍塌，台基保存较完整，现存底部东西（北侧墙体）7.8 米，南北（东侧墙体）7.26 米。台体墙体大部分坍塌，仅存南墙部分墙体，残长 4.6 米，南墙最高 5.6 米（不含垛口墙）。内部结构已无法辨清。

南墙中部设砖砌券门，券门下部坍塌，仅存顶部券砖，券筑方式为一伏一券。门宽 0.66 米，券高 0.36 米，门高度不清。门两侧各设箭窗 1 个，均残，残宽 0.55 米，残高 1.5 米；南墙顶部残存部分垛口墙，最高保存约 1.1 米，墙上保存砖砌射孔 2 个，射孔方形，建于垛口墙之上，射孔形制为外抹"八"字形，外侧宽约 0.33 米，内侧宽 0.18 米，高 0.22 米。

205. 小河口 09 号敌台 1302273521011170205

位于小河口村长树岭 1 千米山洼处，坐标：东经 118° 14′ 45.60″，北纬 40° 27′ 34.50″，高程 364 米。

敌台为砖石结构空心敌台，台体全部被毁，现仅余台基，台芯为杂土、碎石夯筑，中间部分顶部可见两层墁地砖，西南侧可见少量包砖墙，残存包砖墙长约 3.5 米，高约 2.9 米。台基残最高约 5.5 米。台基四周残损砖石杂乱堆积，杂草灌木丛生。

206. 小河口 10 号敌台 1302273521011170206

位于小河口村长树岭山脊密林之中北侧约 150 米处山坡上，坐标：东经 118° 14′ 45.00″，北纬 40° 27′ 36.60″，高程 387 米。

敌台为砖石结构空心敌台，台体及顶部全部坍塌，仅存台基，建筑形式不清。台基为自然基础，西侧墙底部可见条石一层，高 0.33 米，条石下部为毛石土衬一层，最高约 0.5 米；台基底部东西 10.51 米、南北 10.27 米。台基东、南侧墙体保存较好，北侧墙体全部坍塌、西墙北侧大部分坍塌。现东墙残高 6.8 米，南墙残高 9.1 米。顶部可见大量残碎砖瓦。

207. 小河口 11 号敌台 1302273521011170207

位于小河口村长树岭山脊密林之中北侧约 250 米处山坡上，坐标：东经 118° 14′ 40.50″，北纬 40° 27′ 38.60″，高程 437 米。

敌台为砖石结构空心敌台，现存底部东西 10.41 米，南北 6.83 米，东侧墙体最高 8.04 米。南、北墙体中间设砖砌门，为抽梯式，南门已毁，北门门洞也大部损坏，残宽 1.1 米，残高 2.08 米，石质门槛石保存，门槛石长约 1.4 米，厚 0.25 米，门槛石外侧下设两块弯钩形稳梯石，均残，稳梯石下沿距地面 3.37 米。敌台顶部及部分墙体坍塌严重，敌台内部建筑形制不清。

208. 小河口西 01 号敌台 1302273521011170208

位于小河口村西南 500 米长树岭山脊密林之中，坐标：东经 118° 14′ 25.90″，北纬 40° 27′ 43.30″，高程 491 米。

敌台为砖石结构空心敌台，底部东西 10.75 米，南北 7.83 米，台体东西 9.45 米，南北 6.53 米，南墙残高 7.85 米，北墙残高 7.67 米；台基为自然基础，南墙底部可见毛石下碱一层，高 0.45 米。台基上部及台体均为青砖包砌，整体结构保存较完整，西侧通道顶券部分脱落，门洞东墙部分坍塌剥落。台体内部碎砖杂土堆积，西侧通道尤为严重。南墙中部设砖砌券门，券门下部墙体残损。门宽 0.82 米，残高 1.99 米，进深 0.37 米；门洞进深 0.75 米，门洞宽 1.29 米，残高 2.45 米；门下设两个钩状稳梯石，稳梯石头部残损，残长 0.6 米，宽 0.2 米，厚 0.25 米，距地面高 4.02 米。

台体内部为三券室三通道结构，券室东西向，长 7.25 米，宽 1.34 米，残高 3.06 米、券室间隔墙厚 1.64 米；通道南北向，宽 1.33 米，残高 1.99 米，通道间隔 1.64 米；中间通道东墙北侧下角设一券洞，已残损，部分缺失，进深 0.79 米，宽 0.79 米，高度不详。

209. 小河口西 02 号敌台 130227352101170209

位于小河口村西南 600 米长树岭山脊密林之中，坐标：东经 118° 14′ 04.00″，北纬 40° 27′ 48.80″，高程 551 米。

敌台为砖石结构空心敌台，底部东西 9.73 米，南北 10.97 米，台体东西 10.07 米，南北 8.83 米。南墙高 7.9 米，北墙高 7.3 米。台基底部为碎砖石及杂灌覆盖。台顶西北角坍塌。东、西墙中部各设一砖砌券门，西侧门坍塌，形成宽 1.12 米，高 3.09 米的裂洞。东侧券门保存相对较好，顶券部分坍塌，门洞北侧墙体部分坍塌，门宽 0.76 米，残高 2.09 米，进深 0.29 米；门槛为石质，宽 0.68 米，长 1.22 米，厚 0.2 米，门槛石内侧上两端各设一直径 0.06 米门轴洞一个，门洞宽 0.98 米，高 2.2 米，进深 0.83 米。

台体内部为三券室三通道结构，券室南北向，两侧券室长 6.97 米，宽 1.62 米，残高 3.48 米，券室间隔墙厚 1.32 米，中券室长 5.43 米，宽 1.95 米，残高 3.3 米，东券室北部券顶及券窗洞坍塌无存；通道东西向，两侧通道宽 1 米，中间通道宽 1.29 米，残高 1.9 米，通道间隔 1.84 米。

210. 扁台子 01 号敌台 130227352101170210

位于迁西县扁台子村东北 500 米，坐标：东经 118° 14′ 01.30″，北纬 40° 27′ 26.40″，高程 446 米。

敌台为砖石结构空心敌台，底部东西 8.78 米，南北 12.49 米，台体东西 7.88 米，南北 11.65 米；墙体最高 9.5 米；南、北墙东侧设石质券门，门券部分均已坍塌无存，残门洞宽 1.3 米，高 2.48 米，门槛石长 1.61 米、宽 0.39 米、厚 0.18 米。北门内侧存券脸石一块，长 1.35 米，宽 0.31 米，厚 0.31 米。台体内部为二券室三通道结构，券室南北向，券室间隔墙北侧墙体坍塌，券室长 9.21 米，东券室宽 1.6 米，高 3.27 米，起券高 3 米，西券室宽 1.8 米，高 3.37 米，起券高 2.98 米，券室间隔墙厚 2.04 米；通道东西向，中间通道宽 1.08 米，可见高度 1.54 米，南、北两侧通道宽 1.7 米，高 2.4 米，起券高 1.57 米。

211. 扁台子 02 号敌台 130227352101170211

位于迁西县扁台子村东 300 米，坐标：东经 118° 13′ 56.50″，北纬 40° 27′ 18.80″，高程 350 米。

敌台为砖石结构空心敌台，底部东西 7.92 米，南北 11.57 米；通高 11.83 米。台基利用自然基础，底部为条石下碱，东侧可见二层下碱条石，高约 0.65 米；台基上部及台体均为砖砌，整体保存较完整。

台体南、北墙东侧设砖砌券门，均破坏严重，南门券洞宽 1.35 米，可见残高 3.13 米。台体内部为二券室三通道结构，保存较完整，券室南北向，东券室长 8.9 米，宽 1.81 米，高 3.54 米，西券室长 8.94 米，宽 2.01 米，地面残存方砖地幔，方砖长 0.38 米，宽 0.38 米，厚 0.09 米。东西券室间隔墙厚 1.9 米；通道东西向，南通道宽 1.56 米，高 2.26 米，中间通道宽 0.99 米，高 2.09 米，北通道宽 1.56 米, 高 2.6 米, 中、南通道东侧券墙设有壁龛, 高 1.93 米, 宽 0.92 米, 进深 0.63 米, 中间通道部分坍塌。

212. 扁台子 03 号敌台 130227352101170212

位于迁西县扁台子村东南 600 米, 坐标: 东经 118° 13′ 54.40″, 北纬 40° 27′ 14.20″, 高程 296 米。

敌台为砖石结构空心敌台, 现台体已全部被拆毁, 仅存残台基。台基底部东西 8.1 米, 南北 10.39 米, 残高 6.3 米。台基为自然基础, 底部施 4 层毛石土衬, 高 1.4 米; 土衬上部为 3 层料石下碱, 高 1.03 米。整体保存差。

213. 扁台子 04 号敌台 130227352101170213

位于迁西县扁台子村东南 800 米, 坐标: 东经 118° 13′ 51.70″, 北纬 40° 27′ 11.10″, 高程 296 米。

敌台为砖石结构空心敌台, 台体大部分坍塌, 现仅存东西 8.78 米, 南北 8.78 米, 西侧残高 8 米, 东侧坍塌, 残高 4.78 米。台基保存完整, 底部多被碎砖石掩埋。

台体坍塌较重, 券门位置无法辨识。内部结构为 "回" 字形, 四周为围廊式券道, 中间设小型券室, 券室四周墙体中部设砖券通道与外侧券道相通。西券道长 6.43 米, 宽 1.29 米, 可见高 3.38 米, 东券道坍塌, 南北券道仅西侧残存长 2.5 米; 东西向通道宽 1.17 米, 可见高 1.96 米, 进深 0.98 米。

214. 爬虎堂 01 号敌台 130227352101170214

位于迁西县爬虎堂村东 1.2 千米, 坐标: 东经 118° 13′ 42.70″, 北纬 40° 27′ 10.40″, 高程 200 米。

砖石结构空心敌台, 台体全部坍塌, 仅存台基, 台基西北角坍塌至底, 底部东西 15.6 米, 南北 6.4 米, 东侧最高 5.9 米, 当地群众称此台为 "扁台"。台基南侧可见二层毛石土衬, 高 0.5 米, 上部为五层下碱条石, 高 1.66 米, 台基中部为块石垒砌, 南、北两侧均残存部分包砖墙体, 然酥碱、断裂较重, 北侧包砖残存最高约 2.8 米。

215. 爬虎堂 02 号敌台 130227352101170215

位于宽城县独石沟乡爬虎堂村东南约 1.6 千米, 坐标: 东经 118° 13′ 33.20″, 北纬 40° 27′ 08.80″, 高程 361 米。

敌台为砖石结构空心敌台, 台体顶部大部分坍塌, 仅残存东南角部分券室, 内部结构不详。台基下部为毛石基础, 高 2.7 米, 白灰平缝, 底部东西长 10.2 米, 南北宽 8.33 米, 残高 9.32 米。台基上部及台体均为青砖包砌, 整体保存较差。台体西侧墙体全部坍塌, 券门已不存, 位置不清; 南墙西侧及北墙大部坍塌较重, 东、南、北墙外侧均可见 3 个箭窗, 仅东墙南侧箭窗完整, 箭窗宽 0.48 米, 高 0.88 米, 箭窗槛石宽 0.39 米, 厚 0.1 米; 箭窗券洞宽 0.97 米, 高 1.75 米, 进深 0.65 米。

216. 四楼沟 01 号敌台 130227352101170216

位于迁西县四楼沟村西北 300 米, 坐标: 东经 118° 10′ 41.60″, 北纬 40° 25′ 43.00″, 高程 267 米。

敌台为砖石结构空心敌台, 当地人称此敌台为 "三楼"。敌台整体已于 20 世纪六七十年代被当地村民拆毁, 建筑形制、结构已不可辨识。现敌台大部分已被辟为耕地, 仅西北角残存部分台基, 最高约 1.6 米。台基底部残存条石下碱一层, 高 0.36 米; 条石下碱上部保存六层外墙包砖, 包砖残宽约 0.95 米, 高 0.65 米。墙体包砖长 0.39 米, 宽 0.18 米, 厚 0.095 米。敌台四周可见砖瓦残块, 杂草丛生。东北侧、西南侧连接石砌长城墙体。

217. 四楼沟 02 号敌台 130227352101170217

位于迁西县四楼沟村西北 400 米坐标：东经 118° 10′ 33.40″，北纬 40° 25′ 40.80″，高程 254 米。

台原为砖石结构空心敌台，当地人称为"四楼"。敌台整体于 20 世纪六七十年代被当地村民拆毁，南侧被辟为栗树林，残存敌台现状为一隆起于地面的圆丘状碎砖石堆，直径约 6 米，中间最高约 1.9 米，碎砖石堆顶部及四周均被生长茂密的杂灌、荆棘所掩盖，方位、边际、形制、规制均无法辨清。

218. 四楼沟 03 号敌台 130227352101170218

位于迁西县四楼沟村西 600 米，坐标：东经 118° 10′ 14.50″，北纬 40° 25′ 41.20″，高程 370 米。

敌台为砖石结构空心敌台，当地村民称为"五楼"。敌台整体已于 20 世纪六七十年代被村民拆毁，方位、边际、形制均已无法辨清。现仅存部分台芯，现状为一圆丘状石堆，直径约 6.5 米，中间最高约 1.7 米。残台基顶部及四周多残砖瓦块分布，多生杂草灌木。东南侧、西南侧连接石砌长城墙体。

219. 北峪子 01 号敌台 130227352101170219

位于兴隆县北峪子村西北 1.3 千米，坐标：东经 118° 09′ 24.80″，北纬 40° 24′ 04.70″，高程 346 米。

敌台原为块石垒砌梯柱式实心台，现台体大部分已经坍塌，仅西墙残存部分包石墙体，残墙最高约 1 米，整体现状呈圆丘状，直径约 6.5 米。敌台四周顶部及四周多生杂灌。北侧为山险，东侧连接石砌长城墙体。

220. 北峪子 02 号敌台 130227352101170220

位于兴隆县北峪子村东南 1.2 千米，坐标：东经 118° 09′ 33.70″，北纬 40° 24′ 04.90″，高程 309 米。

敌台原为砖石结构空心敌台，台体及台基上部于 20 世纪六七十年代被当地村民拆毁，台体结构及台顶设施已无法辨识。现存台基底部东西 11.6 米，南北 9.6 米，北侧残高 4.85 米。台基北侧底部施四层毛石下碱，毛石间白灰勾缝，下碱通高 1.4 米；南侧底部施两层毛石下碱，高约 0.6 米，下碱底部为三层毛石土衬，向外出分 0.15～0.25 米，土衬通高 1.32 米。残台基中间部分可见裸露夯土台芯，夯土中杂有毛石和碎砖块。

221. 北峪子 03 号敌台 130227352101170221

位于兴隆县圆楼村东南 1.1 千米，坐标：东经 118° 09′ 36.50″，北纬 40° 24′ 01.90″，高程 280 米。

敌台原为砖石结构空心敌台。台体于 20 世纪六七十年代被当地村民拆毁，现仅存台基，底部东西 9.5 米，南北 9.08 米，东北角残高 6.83 米。台基底部用四层毛石放脚找平，上部再施毛石下碱，其中最高可见五层毛石下碱，通高 2 米；台基上部为青砖包砌，西侧墙体坍塌严重，其余三面墙体包砖多酥碱、剥落。

222. 北峪子 04 号敌台 130227352101170222

位于迁西县北峪子村西北 800 米，坐标：东经 118° 09′ 36.60″，北纬 40° 23′ 58.20″，高程 328 米。

敌台为砖石结构空心敌台，台体整体坍塌，形制不清。现仅存残台基，残台基底部长、宽均为 11.17 米，最高 5.4 米。台基东墙、北墙东侧包砖保存，其余均坍塌；台基东墙底部施四层条石下碱，高 1.77 米，东北角下碱条石坍塌。夯土台芯大部分裸露，顶部及周围长满杂灌。敌台东北侧连接石砌长城墙体，南侧为山险。

223. 北峪子 05 号敌台 130227352101170223

位于迁西县北峪子村东北 700 米，坐标：东经 118° 09′ 38.40″，北纬 40° 23′ 50.60″，高程 336 米。

敌台为砖石结构空心敌台，台体整体坍塌，形制不清。现仅存残台基，残台基东西 10.3 米，南北 9.4 米，北侧残高 5.43 米；台基北墙包砖大部分保存，西墙北侧残存部分包砖，其余墙体均坍塌。台基下部可见 3 层条石下碱，高 1.01 米。台基北墙中部残存砖砌券门遗迹和门槛石一块，门宽 0.84 米，残高 0.35 米；门槛石长 1.08 米，厚 0.3 米，宽度不详。台芯为砂石土夯筑，顶部及四周多生杂灌。

224. 北峪子 06 号敌台 130227352101170224

位于迁西县北峪子村北 600 米，坐标：东经 118° 09′ 35.80″，北纬 40° 23′ 46.80″，高程 340 米。

敌台原为砖石结构空心敌台，现台体坍塌，形制不清。现存台基，台基上部部分坍塌，其余墙体包砖保存较完整，多自然酥碱、脱落。台基底部东西 8.5 米，南北 12.16 米，残墙最高 6.1 米；东侧底部可见 4 层条石下碱，高 1.4 米；顶部及周围长满杂灌。

225. 北峪子 07 号敌台 130227352101170225

位于迁西县北峪子村西北 400 米，坐标：东经 118° 09′ 36.90″，北纬 40° 23′ 44.60″，高程 347 米。

敌台原为砖石结构空心敌台，台体整体坍塌，形制不清。现存台基，台基底部东西 10.9 米，南北 10.2 米，东墙残高 4.7 米。台基西墙、北墙、南墙西侧坍塌严重，南墙东侧、东墙包砖保存较为完整，部分自然酥碱、脱落。顶部长满荆棘等灌木。

226. 龙井关 01 号敌台 130227352101170226

位于迁西县龙井关村西北 500 米，坐标：东经 118° 09′ 11.30″，北纬 40° 23′ 24.90″，高程 189 米。

敌台原为砖石结构空心敌台，台体整体坍塌，形制已不可辨识。现存台基部分，残台基东西 11.6 米，南北 13.5 米，残存最高约 4.2 米。台基东、北侧坍塌严重，西墙、南墙大部分墙体保存。台基西南角下部可见条石下碱一层，高约 0.33 米，上部为包砖墙体，现存墙体包砖自然风化、酥碱严重。残台基顶部长满杂灌，周围为花椒树林。

227. 龙井关 02 号敌台 130227352101170227

位于迁西县龙井关西 400 米，坐标：东经 118° 09′ 07.50″，北纬 40° 23′ 25.30″，高程 186 米。

敌台原为砖石结构空心敌台，整体破坏严重，规制、形制均已不可辨识，中间部分高约 4 米。东、南、北三面墙体均已坍塌至底，现仅残存台基，台基东西约 9.5 米，南北约 10 米。西侧残存部分砌砖墙体，残宽约 5.3 米，高约 1 米，顶部长满杂灌，南侧为栗树林。

228. 龙井关 03 号敌台 130227352101170228

位于迁西县龙井关西南 500 米，坐标：东经 118° 09′ 02.80″，北纬 40° 23′ 24.90″，高程 182 米。

敌台原为砖石结构空心敌台。台体及台基整体被拆毁，现仅存少量台基遗迹，四周均被村民砌成多级梯田状。现场残存大量敌台包砖，也被村民垒砌于台基周围的梯田田埂之上，残敌台中部残高 4.5 米，顶部多生荆棘等杂灌木。四周梯田部分被村民栽植栗树。

229. 磨石安 01 号敌台 130227352101170229

位于迁西县龙井关西南 1.9 千米，坐标：东经 118° 08′ 24.70″，北纬 40° 22′ 58.50″，高程 509 米。

敌台为砖石结构空心敌台。底部东西 10.55 米，南北 10.65 米，台体东西 9.65 米，南北 9.75 米，南侧墙体通高 9.4 米，北侧墙体通高 10.7 米；台基底部为自然基础，北侧下设 4 层毛石土衬找平，高约 1.6 米，土衬上部施条石下碱 3 层，高约 1 米；台基上部及台体均为青砖包砌，整体保存较好，内部结构保存完整。

台体南、北墙中部设石质券门，北门石质构件缺失，南门保存完整，门宽 0.77 米，高 1.94 米，门槛石长 2.13 米，厚 0.23 米，门券由 3 块弧形券石拼合而成，券石宽 0.33 米，券拱高 0.39 米，压柱石厚 0.21 米，长 0.8 米，门柱石高 1.39 米，宽 0.33 米，厚 0.17 米，门洞宽 1.1 米，残高 2.65 米。

内部"回"字形结构，东、西侧各设一条南北向券道，东侧券道宽 1.83 米，长 7.25 米，高 3.45 米；西侧券道宽 1.67 米，长 7.25 米，高 3.45 米；中间设小型券室，券室南北向，长 2.03 米，宽 1.73 米，高 3.48 米；中心券室南、北侧各设东西向券道一条，券道长 3.65 米，高 3.3 米，北侧券道宽 1.27 米，南侧券道宽 1.36 米，南北券道与东西券道连接处，顶部设有券墙，券墙厚 0.92 米，起券高 2.4 米；中心券室东、西侧均设有券洞与东西券室相通，券洞宽 1.71 米，高 2.03 米；南、北侧也设小型券洞与南北券道相连，券洞宽 1.1 米，高 1.95 米；中心券室外侧墙体下部酥碱、剥蚀严重。

230. 磨石安 02 号敌台 130227352101170230

位于迁西县龙井关西南 2 千米，坐标：东经 118° 08′ 23.20″，北纬 40° 22′ 55.60″，高程 477 米。

敌台为砖石结构空心敌台，底部东西 11.7 米，南北 11.4 米，北墙通高约 10.6 米。台基利用自然基础，北侧底部设 4 层毛石土衬，高约 1.4 米，土衬上部为 3 层毛石下碱，高约 1.1 米，台基上部及台体为青砖包砌，整体保存较为完整。台体内部结构清晰、完整，南北侧券门均已坍塌不存，南侧墙体中部坍塌，北侧墙体西北角坍塌，登顶梯无存。台体内部为三券室三通道结构，券室南北向，券室宽 2.15 米，高 3.9 米，长 9.2 米，券室间隔墙厚 1.69 米。通道东西向，通道宽 1.75 米，高 2.5 米。

231. 磨石安 03 号敌台 130227352101170231

位于迁西县龙井关西南 2.1 千米，坐标：东经 118° 08′ 21.30″，北纬 40° 22′ 52.40″，高程 526 米。

敌台为砖石结构空心敌台，台体东西 9.8 米，南北 9.6 米，南侧通高 7.6 米，北侧通高 8.9 米。台基为自然基础，底部可见高 3 层条石下碱，高约 1 米；台基上部及台体为青砖包砌。台体东侧墙体、北墙东侧墙体坍塌，内部结构保存基本完整。南、北墙中部设石质券门，南侧券门构件均已脱落，北侧券门保存完整，券门宽 0.74 米，高 1.75 米；门券石由 3 块弧形券石拼接而成，券室宽 0.24 米，高 0.5 米，券拱高 0.26 米；压柱石长 0.65 米，厚 0.22 米；门柱石高 1.31 米，宽 0.22 米；门槛石长 1.55 米、厚 0.22 米。

台体内部为"回"字形，东西侧各设南北向券道，券道长 7.3 米、宽 1.8 米、高 3.6 米，东侧券室全部坍塌；中间设小型券室一个，券室南北向，南北 2 米、东西 1.6 米，券室周围墙体中部均设有砖券通道与周围券道相通，通道宽 1.16 米，高 1.9 米，进深 1 米；南、北侧券道东西向，券道长 3.6 米，宽 1.28 米，南北券道与东西券道连接处，顶部砌有券墙，券墙厚 0.75 米，起券高 2.5 米。

232. 二道城子 01 号敌台 130227352101170232

位于迁西县汉儿庄镇二道城子村北约 1.5 千米,坐标:东经 118° 07′ 43.60″,北纬 40° 22′ 34.50″,高程 559 米。

敌台为砖石结构空心敌台,台体平面为矩形,底部东西 10.47 米,南北 12.92 米,台体东西 9.42 米,南北 12.02 米,西南角最高 11.3 米,墙体由下部至顶部收分 5°～8°。台基部分基础为自然山岩取平,上砌 2 层石条下碱,高 0.6 米,西南角下部可见 4 层条石下碱,通高 1.8 米。条石下碱以上及台体为青砖包砌,整体保存一般。台基上部台体西墙北侧及西部券室部分坍塌,其余墙体上部外侧包砖风化、酥碱较重,台体券门、箭窗均残破严重。

台体南、北墙东侧设石质券门,南侧券门石质构件均已脱落不存,北侧券门墙体剥蚀较重,整体保存较差。门宽 0.78 米,高 1.87 米;券石厚 0.26 米,宽 0.25 米,为一整块石料;压柱石长 0.95 米,宽 0.26 米,厚 0.2 米;门柱石高 1.22 米,宽 0.26 米,厚 0.25 米;门槛石长 1.61 米,厚 0.26 米,宽 0.9 米;门券洞宽 1.25 米,高 2.02 米,进深 1.03 米。

台体内部为三券室三通道结构,券室东西向,长 6.9 米,券室间隔墙厚 1.15 米;南券室、中券室仅存东侧部分券室,长约 2.3 米,余部坍塌;南侧券室宽 1.8 米,最高 3.3 米;中间券室宽 3.48 米,可见高度 3 米,北券室宽 1.92 米,高 2.98 米,西券室北侧坍塌;通道南北向,东通道宽 1.66 米,高 1.82 米,通道间隔 2 米,西侧通道残毁较重。敌台内部堆有近 1.5 米高的碎砖。

233. 二道城子 02 号敌台 130227352101170233

位于迁西县汉儿庄镇二道城子村北约 1.6 千米,坐标:东经 118° 07′ 40.10″,北纬 40° 22′ 25.90″,高程 535 米。

敌台为砖石结构空心敌台,台体东西 9.52 米,南北 10.62 米,东侧墙体最高约 7.8 米。台基底部为毛石基础,上部包砖高 2.4 米,部分墙体也为块石砌筑,最高 5.4 米;敌台顶部及北、南、西三面墙坍塌,存东侧少量券室和部分台基,整体保存较差,内部结构无法辨识。台内发现"右"字砖。

234. 二道城子 03 号敌台 130227352101170234

位于迁西县汉儿庄镇二道城子村北约 1.8 千米,坐标:东经 118° 07′ 33.10″,北纬 40° 22′ 19.80″,高程 460 米。

敌台为砖石结构空心敌台,台体东西 10.7 米,南北 10.58 米,敌台通高 7.78 米。台基底部为自然基础,台基下部施条石下碱,东侧可见 7 层,高约 2.2 米;台基上部及台体为青砖包砌,西侧墙体中部及西部台顶坍塌,内部券墙残损严重,北侧台基西部外包砖大面积断裂、脱落,墙体均保存较好,整体结构尚可辨识。

南、北墙东侧设石质券门,南侧券门保存完整,北券门东侧门柱石缺失,其余构件完整。门宽 0.77 米,高 1.86 米;门券洞宽 1.25 米,高 2.43 米,进深 1.06 米;门券为整块弧形券石,高 0.7 米,宽 0.23 米,券拱高 0.47 米;压柱石长 0.85 米,厚 0.22 米;门柱石宽 0.22 米,高 1.17 米。

台体内部为三券室三通道结构,券室东西向,中券室及南券室西侧坍塌,北券室保存较完整;南券室长 8.1 米,宽 1.85 米,高 3.32 米,中券室长 8.1 米,宽 2.06 米,高 3.31 米,北券室宽 1.81 米,券室间隔墙厚 1.15 米；通道南北向；中间及西侧通道坍塌，仅存东侧通道，宽 1.85 米，高 2.27 米。

235. 二道城子 04 号敌台 130227352101170235

位于迁西县汉儿庄镇二道城子村西约 2 千米，坐标：东经 118° 07′ 32.40″，北纬 40° 22′ 15.80″，高程 413 米。

敌台原为砖石结构空心敌台。整体被人为拆毁，仅存圜丘状台芯，形制不清。残台芯东西 9.8 米，南北不清，残高约 4.2 米。台体北侧 3 米处耕土中埋有一整块门券石。

236. 二道城子 05 号敌台 130227352101170236

位于迁西县汉儿庄镇二道城子村西北约 1.1 千米，坐标：东经 118° 07′ 21.80″，北纬 40° 21′ 53.20″，高程 516 米。

敌台为砖石结构空心敌台，台体东西 9.95 米，南北 9.7 米，西、北部墙体通高 8.77 米。台基为自然基础，底部施条石下碱，西侧可见下碱条石 3 层，高约 0.97 米；台基上部及台体为青砖包砌。敌台顶部大部分坍塌，四面墙体保存较完整。

南、北墙中部设券门，门券不存，两侧墙体残损严重，门券洞宽 1.16 米，高 2.49 米，进深 0.81 米。台体内部为三券室三通道结构，券室南北向，东券室长 7.06 米、宽 1.52 米、高 3.12 米，中券室宽 1.26 米，高 3.25 米，西券室宽 1.52 米，券室中、西部坍塌；通道东西向，南、北通道宽 1.52 米，高 1.26 米，进深 1.5 米，中间通道宽 1.03 米，高 1.46 米，宽度与南、北通道相同，起券方式均为一伏一券，券厚 0.3 米。

237. 二道城子 06 号敌台 130227352101170237

位于迁西县汉儿庄镇二道城子村西北约 1.2 千米，坐标：东经 118° 07′ 18.30″，北纬 40° 21′ 44.10″，高程 379 米。

台体整体坍塌严重，仅存部分圜丘状台心，残高 4.9 米，边际不清。方位、形制、大小不详。

238. 二道城子 07 号敌台 130227352101170238

位于二道城子村西约 800 米，坐标：东经 118° 07′ 11.60″，北纬 40° 21′ 32.20″，高程 343 米。

敌台整体坍塌，仅存部分圜丘状台心，边际不清。方位、形制、大小不详。周围多生杂灌。

239. 二道城子 08 号敌台 130227352101170239

位于二道城子村东约 900 米坐标：东经 118° 07′ 07.20″，北纬 40° 21′ 27.60″，高程 349 米。

敌台为砖石结构空心敌台，底部东西 12.32 米，南北 12.52 米，北墙现存最高 6.25 米。台基为自然基础，底部施条石下碱，北侧可见 2～3 层下碱条石，高 0.6～0.95 米；台基上部及台体均为青砖包砌，北部台体坍塌。南墙东侧残存一门，券砖及墙体均已坍塌，整体呈砖洞状。台体内部可见南北向三券室，东、西券室宽 2.6 米，高 3.24 米，长度不清，中券室宽 1.62 米；通道情况不清，残存南通道宽 1.22 米，残高 2.82 米。

240. 二道城子 09 号敌台 130227352101170240

位于二道城子村东约 800 米坐标：东经 118° 07′ 02.90″，北纬 40° 21′ 23.30″，高程 357 米。

敌台整体坍塌，仅存圜丘状台芯，周围残砖遍布，灌木丛生。方位、形制、规制不清。

241. 横山 01 号马面 1302273521021702 41

位于擦崖子城西北 1.2 千米，坐标：东经 118° 35′ 09.80″，北纬 40° 15′ 45.40″，高程 361 米。

马面为毛石垒砌，向内凸出墙体 4.3 米，其中外缘 2.2 米已坍塌，顶部平缓，残宽约 6 米，残高约 3.5 米。台体大部分坍塌，残存顶部被杂草覆盖。

242. 横山 02 号马面 1302273521021702 42

位于擦崖子城西北 1.6 千米，坐标：东经 118° 34′ 55.50″，北纬 40° 15′ 49.20″，高程 422 米。

马面为自然基础，台体部分用毛石垒砌，坍塌较重；向内侧墙体凸出 4.8 米，墙体宽 1.4 米，南北 7.3 米，台体残高 1.5 米。

243. 横山 03 号马面 1302273521021702 43

位于擦崖子城西北 1.85 千米，坐标：东经 118° 34′ 42.90″，北纬 40° 15′ 47.10″，高程 438 米。

台体毛石垒砌，自然基础，向内凸出墙体约 5 米，南北 8 米，残高 4～8 米，西南部及东侧中部坍塌。

244. 横山 04 号马面 1302273521021702 44

位于擦崖子西北 1.8 千米，坐标：东经 118° 34′ 41.90″，北纬 40° 15′ 47.30″，高程 435 米。

台体为石砌，底部可见 3 层条石下碱，残高 1 米，整体坍塌较重。残马面东西 5.5 米，南北 5.2 米，南侧高 0.7 米，北侧高 1.2 米。马面四周及顶上有碎瓦痕迹，现场推断马面上原建有铺舍，现顶部及四周杂草灌木丛生，杂土堆积。

245. 城自岭口 01 号马面 1302273521021702 45

位于城自岭东北约 1.1 千米山梁处，坐标：东经 118° 34′ 03.30″，北纬 40° 15′ 57.50″，高程 336 米。

台体为块石干槎方式砌筑，顶部部分坍塌，下部保存较完整，整体保存较差。向内凸出墙体 4.8 米，现存南北 7.3 米，残高 1.5 米。

246. 头道岭西山 01 号马面 1302273521021702 46

位于宽城县铧尖乡三道岭村头道岭自然村西南 400 米处山坡上，坐标：东经 118° 32′ 51.30″，北纬 40° 17′ 09.70″，高程 345 米。

马面台体为块石干槎方式垒砌，现整体坍塌，仅存底部轮廓，现存东西长 5.1 米，向内突出墙体 4.7 米，残最高 1 米。

247. 大岭寨 01 号马面 1302273521021702 47

位于大岭寨东北约 400 米山脊处，坐标：东经 118° 31′ 45.40″，北纬 40° 17′ 42.90″，高程 319 米。

台体下部施条石下碱，残存 3 层，高约 1 米，上部青砖包砌，包砖被拆毁，裸露碎石、三合土砌筑梯形，损毁严重，向内凸出墙体约 3.5 米，东西约 7.3 米，残高 1.8 米。

248. 大岭寨 02 号马面 1302273521021702 48

位于大岭寨东北约 330 米，坐标：东经 118° 31′ 40.80″，北纬 40° 17′ 47.60″，高程 295 米。

台体用块石方式垒砌，块石间用白灰勾缝，台体大部分坍塌严重，东侧残存部分墙体，台体向内凸出墙体 5.2 米，东西长约 13 米，中间部分用毛石垒砌成约边长为 4 米的石墩，高约 2 米。

249. 大岭寨 03 号马面 130227352102170249

位于大岭寨西北约 500 米。坐标：东经 118° 31′ 37.70″，北纬 40° 17′ 50.10″，高程 305 米。

台体为块石砌筑，整体坍塌严重，无完整墙体。东西长约 11 米，向外凸出墙体 5.5 米，残高约 6 米。

250. 榆木岭 01 号马面 130227352102170250

位于榆木岭乡榆木岭村北约 600 米，坐标：东经 118° 31′ 58.70″，北纬 40° 22′ 08.30″，高程 381 米。

台体为青砖包砌，部分坍塌，现存东西 5.6 米，南北 6.2 米，高 2.1 米。

251. 榆木岭 02 号马面 130227352102170251

位于迁榆木岭乡榆木岭村北约 750 米，坐标：东经 118° 31′ 58.10″，北纬 40° 22′ 11.20″，高程 363 米。

台体周围青砖包砌，大部分坍塌，仅存西南部分墙体，其余坍塌严重，边际不清，东西约 7 米，向外凸墙体 2.5 米，残高 1.8 米。

252. 铁楼顶 01 号马面 130227352102170252

位于铁楼顶村西南约 700 米，坐标：东经 118° 32′ 00.90″，北纬 40° 22′ 29.50″，高程 433 米。

台体外墙为毛石包砌，顶部存碎砖杂土，上面灌木丛生，墙体毛石多已坍塌，仅局部残存。向外凸出长城墙体 2.8 米，残高 3 米，南北 6.8 米，东西 7.6 米。

253. 青山口 01 号马面 130227352102170253

位于青山口北约 450 米，坐标：东经 118° 32′ 44.10″，北纬 40° 24′ 33.90″，高程 437 米。

台体青砖包砌，大部分坍塌，仅东北角完整。向外凸出墙体 2.1 米，东西 7.1 米、南北 8.2 米，残高 0.6 ～ 1.7 米。

254. 黑马沟 01 号马面 130227352102170254

位于黑马沟自然村西北 1.4 千米，坐标：东经 118° 29′ 37.70″，北纬 40° 24′ 04.90″，高程 576 米。

台体为块石垒砌，顶部与墙体上部平齐，西北角坍塌，其余台体保存较完整，向外侧凸出墙体 4.86 米，东西 5.74 米，东侧存高 1.16 米。

255. 黑马沟 02 号马面 130227352102170255

位于黑马沟自然村西北 1.5 千米。坐标：东经 118° 29′ 23.10″，北纬 40° 24′ 10.40″，高程 510 米。

台体块石垒砌，东北侧墙体坍塌，西侧墙体保存较好。台体向外凸出墙体 5.23 米，东西长 9.71 米，西侧高 4.74 米，顶上有残砖瓦块。

256. 董家口 01 号马面 130227352102170256

位于董家口村北约 550 米，坐标：东经 118° 28′ 12.50″，北纬 40° 24′ 21.50″，高程 512 米。

马面为底部条石下碱，四周砖、石包砌，马面向内凸出，现状保存差。东西长 7.6 米，南北宽 6.7 米，整体坍塌，多处裸露碎石、三合土台芯，基石边际模糊。四周碎砖石杂乱堆积，杂草灌木丛生。

257. 李家峪 01 号马面 130227352102170257

位于李家峪村东约 1.5 千米，坐标：东经 118° 23′ 46.40″，北纬 40° 24′ 55.20″，高程 423 米。

马面台体为青砖包砌，底部为条石下碱，多被掩埋，下碱层数极高度不清，台体部分坍塌，顶部大量碎砖石堆积。台体向外出墙4.5米，东西长11.81米，东北角高5.47米。

258. 李家峪 02 号马面 1302273521021702 58

位于李家峪村东北约1.5千米，坐标：东经118° 23′ 22.90″，北纬40° 25′ 20.10″，高程528米。

台体为块石砌筑，少量残损，保存较完整，向内凸出墙体1.6米，东西2.2米，高4.6米。

259. 李家峪 03 号马面 1302273521021702 59

位于李家峪村东北约2千米。坐标：东经118° 23′ 20.50″，北纬40° 25′ 41.30″，高程503米。

台体为大块毛石砌筑，北侧已坍塌，可见部分基础，外凸墙体3.5米，长6.2米，残高4.1米。

260. 东城峪 01 号马面 1302273521021702 60

位于原东城峪东1.1千米，坐标：东经118° 15′ 22.20″，北纬40° 25′ 50.30″，高程248米。

整体为毛石垒砌，顶部少量坍塌，下部台体保存较完整。向外凸出墙体3.4米，南北长6.76米，北侧高2.7米。

261. 东城峪 02 号马面 1302273521021702 61

位于原东城峪东1千米，坐标：东经118° 15′ 15.70″，北纬40° 25′ 51.90″，高程310米。

台体为块石砌筑，北侧坍塌及西南角坍塌，底部石砌基础残存。向内凸出墙体5米，南北长7.5米，北侧石基残存高1.7米，上部碎石堆高1.5米。

262. 东城峪 03 号马面 1302273521021702 62

位于原东城峪东900米，坐标：东经118° 15′ 15.00″，北纬40° 25′ 57.70″，高程340米。

整体为块石砌筑，周边墙体下部保存较为完整，顶部坍塌较重。向南凸出墙体3.56米，东西长7.88米，基石高2.1米，通高3.6米。

263. 杏树洼 01 号马面 1302273521021702 63

位于杏树洼西北300米，坐标：东经118° 13′ 37.20″，北纬40° 25′ 49.40″，高程392米。

台体整体为块石砌筑，顶部坍塌，下部保存较完整。马面向北偏0.23米，南北宽5.81米，向东凸出3.9米，东侧坍塌长2.4米，南侧高4.61米，北侧高4.41米。

264. 漆棵岭 01 号马面 1302273521021702 64

位于漆棵岭村东南500米，坐标：东经118° 11′ 28.50″，北纬40° 24′ 50.10″，高程256米。

台体块石垒砌，顶部坍塌，下部保存较完整。南侧凸出墙体1.1米，北侧凸出墙体3.1米。东西长5.8米，南侧高3米，北侧高1.9米。上部为碎石填土，高约3米。

265. 小河口 01 号马面 1302273521021702 65

位于小河口村长树岭山脊密林之中，坐标：东经118° 14′ 45.70″，北纬40° 27′ 34.90″，高程362米。

台体为块石砌筑，顶部部分坍塌，整体保存较完整，顶部长满杂草，四周均为密灌。东西长4.75米，南北宽5.02米（含墙体宽），东北侧墙体残最高3.17米，顶部可见残碎砖瓦。

266. 苏郎峪 01 号马面 1302273521021702 66

迁西县苏朗村北500米，坐标：东经118° 10′ 09.70″，北纬40° 24′ 09.50″，高程292米。

马面建于巨石之上，台体为块石垒砌，顶部坍塌及东侧墙体部分坍塌。向北凸出墙体 3.1 米，北侧高 2.4 米，西侧高 2.8 米，西侧向北突出墙体 4 米。基石保存基本完整，上部坍塌成土堆，高约 1.5 米。

267. 北峪子 01 号马面 130227352102170267

位于北峪子村北 700 米，坐标：东经 118° 09′ 36.30″，北纬 40° 23′ 48.50″，高程 345 米。

台体为块石砌筑，凸出墙体部分大部坍塌，尺寸不详，东西残长 7.46 米，高 3.01 米。

268. 龙井关 01 号马面 130227352102170268

位于迁西县龙井关西 500 米，坐标：东经 118° 08′ 57.20″，北纬 40° 23′ 20.40″，高程 257 米。

台体为块石砌筑，坍塌较重，向西凸出墙体 3 米，南北长 6 米，顶部残存基石残存 2 层，高 0.7 米。

269. 大东沟 01 号马面 130227352102170269

位于兴隆县大东沟村东 1.2 千米，坐标：东经 118° 07′ 43.30″，北纬 40° 22′ 36.90″，高程 566 米。

台体为毛石垒砌，北、东两侧坍塌，顶部有碎瓦残存，向东侧凸出墙体 0.85 米，南北长 3.5 米，残高 0.8 米。

270. 大东沟 02 号马面 130227352102170270

位于兴隆县大东沟村东 1.2 千米，坐标：东经 118° 07′ 44.30″，北纬 40° 22′ 31.40″，高程 544 米。

台体毛石垒砌，南北长 3.6 米，向东凸出墙面 0.8 米，高 2.66 米，其中底部 1.73 米为毛石地脚。

271. 大东沟 03 号马面 130227352102170271

位于兴隆县大东沟村东 1.2 千米，坐标：东经 118° 07′ 37.10″，北纬 40° 22′ 24.90″，高程 526 米。

敌台毛石垒砌，白灰勾缝，其中底部 1 米高放脚找平，毡石保存较好，顶部残存二层条砖。南北宽 5.8 米，向东凸出墙面 0.8 米，高 3 米。

272. 大东沟 04 号马面 130227352102170272

位于兴隆县大东沟村东 1.2 千米，坐标：东经 118° 07′ 32.40″，北纬 40° 22′ 17.70″，高程 423 米。

敌台块石垒砌，部分坍塌，整体保存较差。台体向东凸出墙面 2 米，南北长 3.2 米，高 3.28 米。

273. 大东沟 05 号马面 130227352102170273

位于兴隆县大东沟村东 1.2 千米，坐标：东经 118° 07′ 32.50″，北纬 40° 22′ 14.70″，高程 427 米。

台体块石垒砌，顶部少量坍塌，向东凸出墙面 3.7 米，南北边长 4.8 米，可见高度 1.5 米。

274. 大东沟 06 号马面 130227352102170274

位于兴隆县大东沟村东 1.2 千米，坐标：东经 118° 07′ 32.30″，北纬 40° 22′ 12.00″，高程 436 米。

台体块石砌筑，部分坍塌，整体保存较完整。台体向东凸出墙面 2.7 米，南北边长 3.9 米，残高 1 米。

275. 小东沟 01 号马面 130227352102170275

位于兴隆县小东沟村东北 1 千米，坐标：东经 118° 07′ 18.20″，北纬 40° 21′ 49.40″，高程 447 米。

台体块石砌筑，东南侧坍塌，东西 3.9 米，南北 3.3 米，残高 1 米。

276. 小东沟 02 号马面 130227352102170276

位于兴隆县小东沟村东 1 千米，坐标：东经 118° 07′ 17.20″，北纬 40° 21′ 41.50″，高程 361 米。

台体为毛石垒砌，白灰平缝，局部残损。台体向东凸出墙面 2.26 米，南北宽 4.34 米，高 2.6 米。

277. 小东沟 03 号马面 130227352102170277

位于兴隆县小东沟村东 1 千米，坐标：东经 118° 07′ 17.20″，北纬 40° 21′ 40.80″，高程 362 米。

台体毛石垒砌，白灰平缝，西侧坍塌，宽度不清；向东侧凸出墙面 3.46 米，其中二次加长 1.77 米，残高 2.5 米。

278. 小东沟 04 号马面 130227352102170278

位于兴隆县小东沟村东 1 千米，坐标：东经 118° 07′ 17.60″，北纬 40° 21′ 38.90″，高程 345 米。

台体块石砌筑，南侧坍塌，宽度不详，向东凸出墙面 2.04 米，残高 1.93 米。

279. 小东沟 05 号马面 130227352102170279

位于兴隆县小东沟村东 1 千米，坐标：东经 118° 07′ 14.20″，北纬 40° 21′ 35.30″，高程 351 米。

台体块石垒砌，部分坍塌，整体保存一般。南北边长 4.46 米，向东凸出墙面 2.2 米。

280. 小东沟 06 号马面 130227352102170280

位于兴隆县小东沟村东 1 千米，坐标：东经 118° 07′ 12.70″，北纬 40° 21′ 33.10″，高程 353 米。

台体为块石垒砌，局部残存，整体保存较好。南北边长 4 米，向东凸出墙面 1.6 米，周围被淤土掩埋，可见高度 0.6 米。

281. 小东沟 07 号马面 130227352102170281

位于兴隆县小东沟村东 1 千米，坐标：东经 118° 07′ 04.60″，北纬 40° 21′ 24.50″，高程 342 米。

台体块石垒砌、局部少量残损，整体保存较好。东西边长 3.8 米，凸出墙面 2.3 米，残高 2.8 米。

282. 横山沟 01 号烽火台 130227353201170282

位于横山沟村东南约 400 米山脊处，坐标：东经 118° 36′ 31.30″，北纬 40° 15′ 17.30″，高程 378 米。

烽火台整体为毛石砌筑实心台，大部分已坍塌，位于长城墙体内侧山峰顶部。现存长 6.9 米，宽 6.2 米，高约 2.5 米，顶部中间有一直径 1.5 米的圆坑。

283. 横山沟 02 号烽火台 130227353201170283

位于横山沟村南约 200 米山脊顶部，坐标：东经 118° 36′ 10.70″，北纬 40° 15′ 16.50″，高程 334 米。

台体毛石垒砌，大部分坍塌，南部保存部分石砌墙体，现状呈圜丘状。南侧保存长约 7 米，最高约 3 米的三角形石砌墙面，南北残长约 7 米，整体残高约 5 米。

284. 城自岭 01 号烽火台 130227353201170284

位于杏树岭东南约 1 千米处，坐标：东经 118° 34′ 22.60″，北纬 40° 15′ 51.60″，高程 430 米。

台体为毛石垒砌，南、北均已坍塌，东、西侧尚存部分外墙，台芯为碎毛石堆砌，东西长约 8 米，南北宽约 6 米，残高约 2.5 米。

285. 城自岭 02 号烽火台 130227353201170285

位于城自岭口东高山顶部，坐标：东经 118° 33′ 53.30″，北纬 40° 16′ 00.70″，高程 261 米。

台体为大块毛石垒砌，南部及西北部大面积坍塌，仅东南部及北部保留部分墙体。东西约 5.3 米，南北约 5 米，残高约 3 米。

286. 头道岭西山 01 号烽火台 130227353201170286

位于宽城县铧尖乡三道岭村头道岭自然村西北约 800 米山顶，坐标：东经 118° 32′ 35.00″，北纬 40° 17′ 32.10″，高程 502 米。

台体为大块毛石垒砌，顶部坍塌较重，残存砖、瓦碎块，内部为碎石及三合土，长、宽均为 5.4 米，残高约 3.6 米。

287. 头道岭西山 02 号烽火台 130227353201170287

位于宽城县铧尖乡三道岭村头道岭自然村西北约 1 千米，坐标：东经 118° 32′ 27.40″，北纬 40° 17′ 34.70″，高程 494 米。

台体为块石砌筑实心台，整体坍塌较重，现状为圜丘状碎石堆，东西残长 7.6 米，南北残宽 6.4 米，残高约 1.2 米。

288. 头道岭西山 03 号烽火台 130227353201170288

位于宽城县铧尖乡三道岭村头道岭自然村西北约 1.2 千米，坐标：东经 118° 32′ 15.10″，北纬 40° 17′ 34.60″，高程 469 米。

台体坍塌严重，仅存部分碎石及杂土混筑台芯，现为圜丘状石堆，残高约 1.5 米，边界不清。

289. 大岭寨口北山 01 号烽火台 130227353201170289

位于大岭寨村北约 1.5 千米，坐标：东经 118° 31′ 41.60″，北纬 40° 18′ 24.60″，高程 500 米。

台体保存较好，整体为青砖包砌，底部东西 8.73 米，南北 8.95 米，北侧墙体高 5.4 米，南侧墙体高 4.48 米，东侧墙体高 4.5 米；下部施条石下碱，周围可见下碱条石 2 ～ 4 层，高 0.58 ～ 1.15 米，西南角条石下部施毛石土衬找平，高约 0.4 米。南、北侧墙体包砖风化、酥碱严重，包砖断裂、剥蚀较多，北墙顶部中间部位有小豁口一处，宽约 1.1 米，深 0.8 米；东西侧墙体保存较完整。

台顶四周均设三层砖质拔檐，高约 0.31 米。拔檐保存较完整，拔檐上部均残存部分垛口墙，最高约 1.2 米，垛口均已不存；周围垛墙上保存完整望孔 9 个，东墙 1 个、西墙 3 个、南墙 3 个、北墙 2 个，望孔上部为齿状花砖，望孔高约 0.24 米，宽 0.2 米。顶部中间原设有铺房，现已坍塌，大部分被碎砖掩埋，可见少量墙体，最高约 0.7 米。

290. 大岭寨口北山 02 号烽火台 130227353201170290

位于黄土坡村西北约 700 米，坐标：东经 118° 31′ 34.40″，北纬 40° 18′ 40.70″，高程 551 米。

烽火台为块石砌筑实心台，整体坍塌严重，石砌墙体均已不存，保存差，顶部可见碎石、杂土台芯。现存残台体东西长约 5.8 米，南北长 6.2 米，残高 1.2 ～ 2.8 米。

291. 大岭寨口北山 03 号烽火台 130227353201170291

位于宽城县铧尖乡黄土坡村西北约 850 米，坐标：东经 118° 31′ 31.80″，北纬 40° 18′ 53.70″，高程 537 米。

敌台为砖砌梯柱式实心台，底部东西长约 8.23 米，南北长 8.23 米，台体高 6.8 米，整体保存相对较好，四周墙体风化、酥碱较重，部分包砖断裂、缺失；底部可见条石下碱 3 层，高约 0.87 米。顶部残存垛口墙，宽 0.45 米，高 0.78 米，中部保存方形铺舍基址，长 3.47 米，距四周垛墙 1.93 米。烽燧四周碎石杂乱堆积，杂草灌木丛生。

292. 兰城沟 01 号烽火台 130227353201170292

位于兰城沟村东约 1.2 米，坐标：东经 118° 31′ 27.10″，北纬 40° 19′ 09.00″，高程 506 米。

烽火台底部东西 8.55 米，南北 8.6 米，高 4.96 米。台体为青砖包砌，底部施条石下碱，东部可见下碱条石 4 层，高约 1.15 米，西部可见条石下碱 3 层，高约 0.9 米。西、北、南面墙面风化、酥碱严重，外侧包砖部分断裂、脱落；顶部垛口残缺，垛口下有 2 层拔檐砖，保存相对完好；中间铺舍坍塌，残存部分墙体，长 3.97 米，宽 3.92 米，残高 0.6 ～ 1.1 米。

293. 铧尖 01 号烽火台 130227353201170293

位于宽城县铧尖乡东沟村西约 1.3 千米山脊上，坐标：东经 118° 31′ 42.50″，北纬 40° 20′ 02.90″，高程 707 米。

台体为块石砌筑，整体坍塌，现状为圜丘状石堆，残高约 5 米，底部直径约 15 米，顶部长满杂灌木。

294. 铧尖 02 号烽火台 130227353201170294

位于铧尖乡政府所在地西侧约 500 米处的山脊上，坐标：东经 118° 32′ 00.90″，北纬 40° 20′ 26.90″，高程 670 米。

台体为毛石垒砌，已坍塌，整体呈圆丘状，底部直径约 15 米，残高约 6 米，顶部残有碎砖瓦。

295. 南沟东山 01 号烽火台 130227353201170295

位于铧尖乡马道沟村西侧山脊之上，坐标：东经 118° 31′ 58.40″，北纬 40° 20′ 53.00″，高程 569 米。

台体为块石垒砌，长方形，东西 8.6 米，南北 7.5 米，四周残墙最高 1.5 米，残台最高 4.5 米，坍塌严重。

296. 榆木岭村 01 号烽火台 130227353201170296

位于榆木岭村南约 800 米，坐标：东经 118° 32′ 00.40″，北纬 40° 21′ 25.40″，高程 387 米。

烽火台台体碎石、黄土夯筑，整体坍塌呈圆丘状，底部直径约 15 米，残高约 4 米。

297. 榆木岭村 02 号烽火台 130227353201170297

位于榆木岭村南约 500 米，坐标：东经 118° 31′ 54.50″，北纬 40° 21′ 38.70″，高程 401 米。

台体周围为块石垒砌，内部碎石杂土填芯，四周石砌墙体坍塌严重，现存台体东西 11.8 米、南北 10.68 米，高 3.25 米。底部四周碎砖石杂乱堆积，杂草灌木丛生。

298. 榆木岭村 03 号烽火台 130227353201170298

位于榆木岭村北约 100 米，坐标：东经 118° 31′ 55.40″，北纬 40° 21′ 53.80″，高程 355 米。

台体周围墙体为块石包砌，内部用碎石杂土填芯，坍塌严重，现存台体高约 2.35 米，长约 3.7 米，宽因不详，顶部可见部分青砖铺墁痕迹。

299. 榆木岭 04 号烽火台 130227353201170299

位于榆木岭村北约 200 米，坐标：东经 118° 31′ 55.50″，北纬 40° 21′ 55.70″，高程 392 米。

烽火台台体四周小块毛石垒砌，呈圆形，中间为碎石夯土填芯，底部直径约 5.5 米，残高约 2.67 米。

300. 铁楼顶 01 号烽火台 130227353201170300

位于青山口东南侧 1 千米最高山峰顶，坐标：东经 118° 33′ 09.40″，北纬 40° 23′ 33.90″，高程 735 米。

烽火台四周墙体为毛石垒砌，已坍塌，现状为圆丘状石堆，乱石中混有青砖，底部直径约 15 米，现存墙体最高 5.5 米。

301. 青山关 01 号烽火台 130227353201170301

位于青山关村东南约 800 米，坐标：东经 118° 33′ 16.00″，北纬 40° 24′ 04.10″，高程 668 米。

台体周边用大块毛石垒砌，内部用毛石填心，方形，残高约 3 米，东西 8 米，南北 9.5 米，东北侧坍塌，南北侧保存残墙高约 1 米。

302. 青山关 02 号烽火台 130227353201170302

位于青山关村西南约 750 米，坐标：东经 118° 32′ 27.10″，北纬 40° 24′ 03.60″，高程 368 米。

台体四周墙体为块石、青砖混砌，中间碎石夯土填芯，现坍塌严重，南侧残存少量砖石及破损青砖墙体，大部分台芯保存，底部直径约 8 米，残高约 2.6 米。

303. 青山关 03 号烽火台 130227353201170303

位于青山关村西南约 650 米，坐标：东经 118° 32′ 28.90″，北纬 40° 24′ 12.00″，高程 458 米。

台体四周毛石包垒筑，基础保存相对完整，东、南侧被碎石掩埋；北侧可见毛石基础，高 1 米，东西 7.93 米，毛石上残存六层青砖包砌墙体，残长 4.21 米、残高 0.8 米；西侧南部可见两层毛石基础，高 0.75 米，毛石上可见七层青砖包砌墙体，两侧脱落较多，青砖墙残高 1 米，残最长 5.7 米；西墙为毛石包砌，存长 6.9 米，内为碎石、杂土装填，残高约 3.2 米。

304. 青山关 04 号烽火台 130227353201170304

位于青山关村北约 1.1 千米，坐标：东经 118° 32′ 53.00″，北纬 40° 24′ 55.60″，高程 626 米。

台体四周墙体为大块毛石垒砌，内部为小块毛石夯土装填，四周大部分坍塌，东侧北部留有长 4.5 米，高 2.4 米，厚约 0.6 米的毛石包砌墙体。烽火台东西约 9.5 米，南北约 10 米，残高约 5 米，顶部留有少量残砖、瓦，四周及顶部灌木丛生。

305. 八面峰 01 号烽火台 130227353201170305

位于青山关城西北约 1.2 千米，坐标：东经 118° 32′ 02.90″，北纬 40° 24′ 45.60″，高程 759 米。

烽火台外侧墙体为块石垒砌，内部为碎石填芯，整体坍塌，现状为圜丘状，残台体东西 9.1 米，南北 8.3 米，残高约 2.3 米，四周底部残存干垒毛石基础，残高 0.6 ～ 1.4 米，周围多杂灌。

306. 八面峰 02 号烽火台 130227353201170306

位于青山关城西北约 1.3 米，坐标：东经 118° 31′ 54.70″，北纬 40° 24′ 37.30″，高程 734 米。

烽火台外侧墙体为块石砌筑，台芯为碎石填充，整体坍塌严重，现状为圜丘状，底部直径约 16 米，东侧残存宽约 1.3 米，高 2.2 米大块毛石干垒墙体，残高约 4.2 米，四周留有大量碎石及部分青砖。

307. 八面峰 03 号烽火台 130227353201170307

位于小保城子自然村北约 1.6 千米，坐标：东经 118° 31′ 24.50″，北纬 40° 24′ 27.70″，高程 847 米。

烽火台外侧墙体为块石垒砌，内部为碎石填芯，大部分坍塌，东南、西南残存部分毛石干垒基础，其余均已坍塌，碎石堆积；东侧毛石墙体长约 8.56 米，残高 3.16 米，西南角毛石干垒痕迹长约 2.5 米，残高约 1 米，烽火台东西 8.92 米，南北 8.56 米，残最高为 3.16 米。

308. 八面峰 04 号烽火台 1302273532011170308

位于八面峰主峰西侧山峰顶部，坐标：东经 118° 31′ 14.80″，北纬 40° 24′ 22.20″，高程 828 米。

烽火台外侧墙体为毛石砌筑，内部碎石填芯，整体坍塌，现状呈圜丘状，残最高达 6 米，石堆直径可达 9 ～ 10 米。

309. 八面峰 05 号烽火台 1302273532011170309

位于八面峰主峰西约 600 米，坐标：东经 118° 30′ 57.80″，北纬 40° 24′ 15.70″，高程 806 米。

烽火台外侧墙体为块石砌筑，内部用碎石填芯，台体西北侧坍塌，东部墙体保存较好，南墙顶部坍塌。底部东西 6.78 米，南北 7.2 米，中间部位残高约 4 米，东北角残高 2.8 米，顶部可见青砖和残瓦片；青砖长 0.385 米、宽 0.185 米、厚 0.105 米。

310. 八面峰 06 号烽火台 1302273532011170310

位于窑沟自然村西北约 1 千米。坐标：东经 118° 30′ 29.80″，北纬 40° 24′ 08.40″，高程 693 米。

烽火台外侧墙体为块石砌筑，内部用碎石填芯，南侧坍塌较严重，北侧墙体保存完整，残高 2.3 米，东、西侧墙体北部均保存较好，残长约 2 米。台体东西 6.11 米，南北 6 米，残高约 4.5 米。顶部可见大量砖瓦残片。

311. 八面峰 07 号烽火台 1302273532011170311

位于上营乡北约 1 千米。坐标：东经 118° 29′ 59.80″，北纬 40° 24′ 04.30″，高程 692 米。

烽火台外侧墙体为块石砌筑，内部用碎石填芯，东、西、南三面墙体均已坍塌，北侧墙体保存尚可，东西 6 余米，南北不清，残高约 5 米，东北角墙体残高 1.7 米。

312. 董家口 01 号烽火台 1302273532011170312

位于董家口关东侧山顶，坐标：东经 118° 28′ 26.00″，北纬 40° 24′ 07.00″，高程 396 米。

烽火台外侧墙体为块石砌筑，内部用碎石填芯，坍塌严重，体量较小，整体呈圆丘状，底部直径约 3 米，高约 1.2 米。

313. 龙凤沟 01 号烽火台 1302273532011170313

位于南屯自然村东南侧山顶部，坐标：东经 118° 27′ 45.40″，北纬 40° 24′ 39.10″，高程 411 米。

烽火台东西 6.2 米，南北 6.5 米，残高 3.5 米。外侧墙体为块石砌筑，内部用碎石填芯，大部坍塌。现西部、北部及东南角残存部分墙体，中间裸露碎石夯土台芯，顶部可见少量残瓦，四周乱石中可见大量青砖。

314. 龙凤沟 02 号烽火台 1302273532011170314

位于龙凤沟自然村北部山顶，坐标：东经 118° 27′ 14.60″，北纬 40° 24′ 39.50″，高程 528 米。

烽火台东西 6.83 米，南北 5.4 米，残高 3 米。外侧墙体为块石砌筑，内部用碎石填芯，大部坍塌，底部残存毛石干垒基础。

315. 铁门关 01 号烽火台 130227353201170315

位于铁门关东山顶部，坐标：东经 118° 24′ 36.40″，北纬 40° 24′ 46.60″，高程 514 米。

烽火台外侧墙体为块石砌筑，内部用碎石填芯，为块石砌筑，现已整体坍塌，呈圜丘状，底部直径约 18 米，中部残高约 3.5 米。

316. 铁门关 02 号烽火台 130227353201170316

位于铁门关西约 600 米，坐标：东经 118° 23′ 51.70″，北纬 40° 24′ 47.30″，高程 553 米。

烽火台外侧墙体为块石砌筑，内部用碎石填芯，坍塌严重，现状为圜丘状，东西残长 8.2 米，南北残宽 6.6 米，残高约 1.8 米。

317. 李家峪 01 号烽火台 130227353201170317

位于李家峪东北约 1.5 米，坐标：东经 118° 23′ 36.60″，北纬 40° 25′ 12.60″，高程 502 米。

烽火台现存东西 6.21 米，南北 9.14 米，残高 4.03 米。外侧毛石包砌，东西残损严重，内部用碎石填芯；东侧墙体保存较好，西侧大部坍塌，仅余西南角部分墙体，顶部杂草丛生，碎石堆积。

318. 李家峪 02 号烽火台 130227353201170318

位于李家峪东北约 1.6 米，坐标：东经 118° 23′ 26.50″，北纬 40° 25′ 17.30″，高程 498 米。

烽火台四周下部为四层毛石基础，高 1.1 米，上为青砖砌筑，东西 8.1 米，南北 7.6 米，残高 5.45 米；北侧墙体外鼓，中东部有一石质出水嘴，长 0.6 米，西侧墙体中北部开约 0.12 米贯通裂缝，东墙包砖酥碱、部分脱落，顶部情况不详。

319. 李家峪 03 号烽火台 130227353201170319

位于李家峪东北约 2.5 米，坐标：东经 118° 23′ 18.60″，北纬 40° 25′ 50.20″，高程 525 米。

烽火台外侧墙体为块石砌筑，内部用碎石填芯，墙体坍塌严重，仅存碎石台芯，东西 6.2 米，南北 6.8 米，残高约 2.8 米，顶部残存碎瓦片。

320. 新甸子 01 号烽火台 130227353201170320

位于李家峪西偏北约 3 米，坐标：东经 118° 21′ 27.20″，北纬 40° 25′ 54.20″，高程 446 米。

烽火台外侧墙体为块石砌筑，内部用碎石填芯，坍塌严重，东西约 12 米，南北 11.4 米，残高 3.8 米，顶部碎石堆积，杂草灌木丛生。东侧上部可见青砖砌筑痕迹。

321. 新甸子 02 号烽火台 130227353201170321

位于新甸子村东南约 1.3 千米，坐标：东经 118° 20′ 38.50″，北纬 40° 25′ 50.00″，高程 581 米。

烽火台外侧墙体为块石砌筑，内部用碎石填芯，台体坍塌严重，东北角残存长 1.9 米，宽 0.8 米，高 2.2 米墙体，顶部有青砖砌筑痕迹。台体东西 9 米，南北 8 米，残高 6.2 米。

322. 新甸子 03 号烽火台 130227353201170322

位于新甸子村东南约 1.5 千米，坐标：东经 118° 20′ 40.30″，北纬 40° 25′ 45.50″，高程 503 米。

烽火台四周墙体为大块毛石砌筑，内填碎石、杂土，台体坍塌严重，底部毛石干垒基础较清晰。东西 9.2 米，南北 8.3 米，高约 3.3 米。

323. 新甸子 04 号烽火台 130227353201170323

位于新甸子村东南约 1.8 千米，坐标：东经 118° 20′ 36.80″，北纬 40° 25′ 35.00″，高程 520 米。

烽火台四周墙体为大块毛石砌筑，内部为碎石杂土填芯，坍塌严重，形制不清。现存东西 10 米，南北 6 米，高约 2.5 米。

324. 喜峰口 01 号烽火台 130227353201170324

位于喜峰口关城东侧偏北 520 米处的一处山脊之上，坐标：东经 118° 20′ 02.00″，北纬 40° 25′ 27.60″，高程 394 米。

烽火台周围墙体为毛石干插垒筑，内部用碎石、杂土填芯。四周墙体已坍塌，只存遗址。基址清晰，呈方形。东西 7.2 米、南北 7.4 米，存残高 1.6 米。

325. 新甸子 05 号烽火台 130227353201170325

位于新甸子村南约 1.3 千米，坐标：东经 118° 20′ 25.30″，北纬 40° 25′ 46.60″，高程 551 米。

烽火台外侧墙体为块石砌筑，内部用碎石填芯，坍塌严重，东西 8.6 米，南北 9 米，周边毛石墙残高 2.6～3.8 米，顶部碎石堆积，杂草丛生。周边毛石杂乱散落堆积，杂草灌木丛生。

326. 新甸子 06 号烽火台 130227353201170326

位于新甸子村西南约 1.6 千米，坐标：东经 118° 19′ 52.80″，北纬 40° 25′ 45.40″，高程 466 米。

烽火台外侧墙体为块石砌筑，内部用碎石填芯，台体坍塌严重，东西 8.8 米，南北 7.6 米，残高 1.9～3.2 米。现顶部可见夯土层及铺墁青砖，顶为 2 层灰土，3 层墁砖，顶部残存铺舍基础痕迹及碎石砖板瓦碎片。

327. 横城子 01 号烽火台 130227353201170327

宽城县新甸子村西南 2.2 千米，坐标：东经 118° 19′ 14.60″，北纬 40° 25′ 42.90″，高程 234 米。

烽火台现状为一个直径 7 米的土堆，内部夹杂碎石，中部被人为挖出一道深槽（此烽燧当地人传为和合二仙坟，20 世纪七八十年代被群众盗挖）。

328. 小喜峰口 01 号烽火台 130227353201170328

位于迁西县闸扣村北 500 米。坐标：东经 118° 18′ 52.80″，北纬 40° 25′ 09.30″，高程 458 米。

烽火台现存东西 8.9 米，南北不清，南侧甃石保存较好，残高 2.74 米。外侧墙体为块石砌筑，内部用碎石填芯，北侧坍塌严重。

329. 下走马哨 01 号烽火台 130227353201170329

位于走马哨村北 600 米。坐标：东经 118° 16′ 33.80″，北纬 40° 25′ 21.50″，高程 331 米。

烽火台底部直径约 18 米，残高约 1.8 米。外侧墙体为块石砌筑，内部用碎石填芯，坍塌严重，毛石散落成圜丘状。

330. 东城峪 01 号烽火台 130227353201170330

位于原东城峪东 500 米。坐标：东经 118° 15′ 01.60″，北纬 40° 25′ 59.90″，高程 284 米。

残存烽火台东西 6.5 米，南北 7.9 米，残高 3.1 米，北侧距长城墙体 1.91 米。外侧墙体为块石砌筑，内部用碎石填芯，整体坍塌，现为圜丘状石堆。

331. 东城峪 02 号烽火台 130227353201170331

位于原东城峪西 1 千米，坐标：东经 118° 14′ 11.20″，北纬 40° 26′ 02.10″，高程 370 米。

烽火台东西 7 米，南北 7.8 米，甃石残高 1.5 米。外侧墙体为块石砌筑，内部用碎石填芯，南侧台体坍塌，其余保存较好。

332. 杏树洼 01 号烽火台 130227353201170332

位于原东城峪西 1.3 千米，坐标：东经 118° 13′ 49.70″，北纬 40° 25′ 45.60″，高程 379 米。

烽火台东西 6.05 米，南北 7.5 米，残高 1.8 米，西南角甃石残高 0.6 米。外侧墙体为块石砌筑，内部用碎石填芯，周围墙体均不同程度坍塌。

333. 西城峪 01 号烽火台 130227353201170333

位于西城峪东北 1.5 千米，坐标：东经 118° 13′ 26.40″，北纬 40° 25′ 58.00″，高程 436 米。

烽火台建于山险顶部，外侧墙体为块石砌筑，内部用碎石填芯，整体坍塌严重，现状为一长方形石堆，石堆东西 6.6 米、南北 8 米，残高 2.4 米，西侧甃石残高 0.6 米，顶部长满灌木。

334. 西城峪 02 号烽火台 130227353201170334

位于西城峪东北 1.4 千米，坐标：东经 118° 13′ 08.10″，北纬 40° 26′ 00.40″，高程 452 米。

烽火台底部东西 7.1 米，南北 6 米，台体存高 2.7 米。墙体为块石砌筑，内部用碎石填芯，整体坍塌，现状为圜丘状；底部可见毛石基础，下部毛石基础残存 1 层～ 2 层。

335. 西城峪 03 号烽火台 130227353201170335

位于西城峪北 1 千米，坐标：东经 118° 12′ 55.60″，北纬 40° 25′ 51.30″，高程 417 米。

烽火台外侧墙体为块石砌筑，内部用碎石填芯，整体坍塌，现状为一长方形石堆，底部可见毛石基础，现存东西长 8.3 米，南北长 7.7 米，残高 3 米。毛石基础高 0.8 米，西侧毛石基残存长 2.7 米，高 1.2 米。

336. 三台山 01 号烽火台 130227353201170336

迁西县三台山村西北 500 米。坐标：东经 118° 10′ 55.50″，北纬 40° 24′ 23.50″，高程 302 米。

烽火台外侧墙体为块石砌筑，内部用碎石填芯，位于长城墙体南侧 1.83 米处，整体坍塌，现为东西 8 米、南北 8 米、高 3.5 米的长方形石堆。

337. 苏郎峪 01 号烽火台 130227353201170337

位于迁西县北峪子村北 600 米。坐标：东经 118° 09′ 37.40″，北纬 40° 23′ 42.00″，高程 344 米。

烽火台外侧墙体为块石砌筑，内部用碎石填芯，残毁严重，现存南侧毛石墙体，长 4.7 米，高 0.3 米，宽度不清。顶部长满荆棘等杂灌。

338. 大东沟 01 号烽火台 130227353201170338

兴隆县小东沟村东北 1.2 千米，坐标：东经 118° 07′ 20.80″，北纬 40° 21′ 58.20″，高程 598 米。

烽火台东西 8.1 米，南北 6.1 米，残高 1.6 米。位于小东沟东北尖山之巅，外侧墙体为块石砌筑，内部用碎石填芯，整体保存较完整。

339. 董家口谎城 130227352199170339

位于迁西县上营乡董家口村北约 800 米。坐标 ：东经 118° 28′ 27.00″，北纬 40° 24′ 06.90″，高程

388 米。

　　谎城位于董家口村北约 700 米处山顶部，随山势而建，整体呈不规则长方形，方位为东北——西南向，墙体破坏严重，整体保存一般。城墙周长 230 米，城域面积 2852 平方米。西北侧墙体利用险峻山脊和长城墙体，山脊处稍加劈削、两端用砖石垒砌，保存相对较好。山顶部建有一小型烽火台，编号董家口 01 号烽火台，坐标：北纬 40° 24′ 07.0″，东经 118° 28′ 26.0″，高程 396 米。已坍塌，保存较差。西南侧墙体全长约 47 米，外侧包砖，墙体东部坍塌约 15 米，其余墙体保存较好，墙体存高约 6.7 米，残宽约 1.67 米。东南侧墙体全长约 70 米，外侧包砖，大部分坍塌，仅中部残存约 10 米墙体，墙外侧残最高 7.25 米，内侧残墙最高 1.4 米，墙顶部残宽 1.13 米。东北侧墙体现存长约 27 米，内外均保存包砖，大部分坍塌，保存较好约 10 米，残砖墙内侧墙最高 4.48 米，外侧墙残最高 7.25 米，墙顶宽 2.1 米。

340. 游乡口谎城 130227352199170340

　　位于游乡口西北约 100 米处山顶部，坐标：东经 118° 27′ 55.20″，北纬 40° 24′ 37.20″，高程 395 米。

　　谎城为南北向小城，四周砖砌，北侧以长城为墙，南部随山就势，墙体保存均较好，整体呈月牙状。谎城周长 160 米，城域面积 1388 平方米。

　　东西侧各设一券门，东侧券门顶部及南侧砖体坍塌，残不存，券门尚存二伏二券，墙厚 1.7 米，城内侧较城墙低约 1.5 米，呈弯月形；西侧券门券筑方式均为三伏三券，门宽 1.57 米，进深 1.5 米，券门内有大量碎砖，具体高度不详，券拱顶部距墙顶 1.3 米，内侧约 5 米处为一小型南北向小山峰，山石突兀，保存原状，山峰南侧为平台，平台外侧为残存墙体，宽约 1 米，内侧墙体存高 1.2 ～ 1.5 米，外侧墙体高 1.7 ～ 4.2 米。

341. 喜峰口谎城 130227352199170341

　　位于喜峰口关城北侧约 400 米处山顶部，坐标：东经 118° 19′ 37.00″，北纬 40° 25′ 17.60″，高程 239 米。

　　谎城西、南、北三面均为陡崖，崖下为潘家口水库，所处地势高于水库水面 50 ～ 70 米。谎城整体依山势而建，呈不规则形状，周长约 600 米，城域面积 13984 平方米。东、南、西三面墙体为包砖墙体，西北部墙体为块石垒砌，墙体大部分存在不同程度坍塌、损坏，多为自然原因造成，整体保存较差。

　　谎城东、南两面设门，南门为砖砌券门，券筑方式为三伏三券，现已部分坍塌，门内侧已淤堵，券顶仅剩二伏二券。门宽 1.97 米，券高 1.1 米，墙厚 1.98 米。外侧南有一瓮城，瓮城宽 6.1 米，瓮城设东门、西门，墙残厚 1.5 米，内为毛石上为砖，包砖已无。东门残宽 1.6 米，西门完好。东侧残存墙体长 5.8 米。

　　瓮城西门：门下部宽 1.57 米，上部宽 1.4 米，顶部券高 0.72 米，门洞外层厚 1.36 米，内层厚 1.5 米，已残。门洞残高 1.7 米。瓮城南城墙及西城墙保存较好，外包砖尚存，下为毛石基础高 1.5 米（西南角），基础上为 15 层青砖，高 2.1 米，叠涩内收 0.03 米，向上为包砖高 2.8 米，西墙保存较好，长 7.8 米。

　　东墙外残高 3.85 米，内残高 1.8 米，残宽 3.6 米，东墙中部偏南处设券门一座，两侧墙体已坍塌，门宽 2.27 米，残高 3.06 米，门进深 2.1 米。内存两个碎石堆，长宽均为 8 米，具体用途不详。券门以北沿山脊向上，均为石砌墙体，坍塌严重，山顶部设券门一座，保存较好，券门宽 1.2 米，高 1.86 米，进深 2 米，外为悬崖。东西两墙在山峰顶部与喜峰口长城支线 2 段相交。谎城南约 0.3 千米处为喜峰口关城。

（三）关堡

迁西县明长城关堡一览表（单位：座）

序号	认定名称	认定编码	类型	周长（米）	保存程度				
					较好	一般	较差	差	消失
1	擦崖子城	1302273531021700001	砖墙	1325				√	
2	城自岭城	1302273531021700002	石墙	561			√		
3	大岭寨城	1302273531021700003	石墙	580				√	
4	蓝城沟城	1302273531021700004	石墙	413			√		
5	榆木岭关城	1302273531021700005	砖墙	1468			√		
6	上营营城	1302273531021700006	砖墙	944			√		
7	青山关关城	1302273531021700007	砖墙	422				√	
8	董家口关城	1302273531021700008	砖墙	580				√	
9	李家峪城	1302273531021700009	砖墙	335				√	
10	滦阳城	1302273531021700010	砖墙	1790				√	
11	汉儿庄城	1302273531021700011	砖墙	1923				√	
12	喜峰口城	1302273531021700012	砖墙					√	
13	龙井关城	1302273531021700013	砖墙	759				√	
14	太平寨城	1302273531021700014	砖墙	1158				√	
15	三屯营	1302273531021700015	砖墙					√	
16	擦崖子口	1302273531011700016	石墙					√	
17	城自岭口	1302273531011700017	石墙					√	
18	大岭寨口	1302273531011700018	石墙					√	
19	榆木岭口	1302273531011700019	砖墙					√	
20	青山口	1302273531011700020	砖墙					√	
21	董家口	1302273531011700021	砖墙					√	
22	游乡口	1302273531011700022	砖墙					√	
23	铁门关	1302273531011700023	砖墙					√	
24	喜峰口	1302273531011700024	砖墙					√	
25	小喜峰口	1302273531011700025	砖墙					√	
26	潘家口	1302273531011700026	砖墙					√	
27	东城峪	1302273531011700027	砖墙					√	
28	西城峪	1302273531011700028	砖墙					√	
29	榨子庵关	1302273531011700029	砖墙					√	
30	三台山水关	1302273531011700030	砖墙					√	
31	苏郎峪水关	1302273531011700031	砖墙					√	

（续）

序号	认定名称	认定编码	类型	周长（米）	保存程度				
					较好	一般	较差	差	消失
32	龙井关	130227353101170032	砖墙					√	
合计		共32座：砖墙26座，石墙6座					4	6	
百分比（%）		100					12.5	87.5	

保存程度：较好、一般、较差、差、消失

1. 擦崖子城 1302273531021 70001

位于太平寨镇擦崖子村，坐标；北纬40° 15′ 12.20″，东经118° 35′ 34.40″，高程163米。

该城所处为南北向山谷之间，沿山谷而建，北依长城，所处地势十分险要；东西城墙位于山脊之上，南北城墙东西向截断山谷，城周长1325米，城区面积95837平方米；但由于长期人为破坏，城内建筑及设施均已不存，城墙破坏严重，整体保存较差，现状描述如下：

北墙：全长约300米，原墙体中部设有一门，建有砖砌门台，现已被毁不存，北门所处地方，有连接迁西与青龙的县级公路经过。北门东侧墙体多数仅存残迹，少数尚可见到夯土墙芯，墙体包砖均已被拆毁，顶部残宽0.8～2.4米，残高0.5～3.5米，城东北角原设有角台一座，现仅存部分夯土台芯及少量台基，建筑形式、形制已不可辨识。角台西侧约5米处墙体外侧，残存有一段长6.6米，高0.75～1.1米包砖墙一段，包砖厚度为0.82米；北门西侧约85米墙体被民居所破坏，现已无迹可查；由此向西可见残墙，墙体包砖均已被拆毁，残墙最高2.95米，宽4.08米，底部可见条石墙基，墙基通高1.6米，最多可见基石五层，条石厚0.36米，长0.34～0.79米；

东墙：全长约390米，均沿山脊而建，墙体残毁严重，大部分段落可见残破的夯土墙芯，少数地段被平整为农用耕地，地表已无遗迹可寻，仅在远处尚可看到墙体轮廓。东墙与南墙交点处，建有角台一座，现仅存残迹，可见残存的三合土夯层及块石砌筑的基础遗迹，建筑形式、形制已不可辨识；

南墙：全长195米，原墙中间部位设有城门一座，建有门台，现均被毁无存。南门东侧墙体多已被毁，仅存夯土残基；南门向西约95米，墙体均被民居和公路破坏，已无迹可寻。由此向西至城西北角之间墙体，残长约55米，墙体包砖、基础条石均被拆毁，现存残最高2.3米，残宽0.5～1.25米砂石夯土墙；南墙与西墙相交处，建有角台一座，四周所包砖、石尽失，仅剩东西7.2米、南北6.5米的夯土残台，台顶及四周灌木丛生；

西墙：全长440米，原墙中间部位设有城门一座，建有门台，现均被毁无存。西南角台至西门北侧约38米处之间，墙体被农田和乡村公路占据，地表已无遗迹可寻，西门北侧约38米处向北至西北角台之间，可见保存较差的夯土墙，墙体残留高0.8～1.2米，墙顶残宽最宽3.5米；西北角设有角台一座，现所包砖、石均已不存，仅存部分砂石土夯筑的角台台芯。

相关遗迹、遗物：

（1）"擦崖关"石刻门额：原镶嵌于擦崖子关城北门上部，现存迁西县文物管理所。青石质，高56厘米、宽110厘米、厚20厘米，四周饰勾云纹，中间题字，字体为双钩阴刻行书，"擦崖关"三字保存完整，题记已风化不可辨识。

（2）擦崖子营城现存老井两处：古井 1，井口宽 0.63 米、长 0.75 米；古井 2，井口长 0.67 米、宽 0.81 米，现仍在使用。

（3）现存庙宇基址 2 座：

关帝庙：坐标北纬 40° 15′ 9.5″，东经 118° 35′ 32″，高程 159 米，关帝庙周边围墙无存，现庙宇为 2000 年后在原基址上修建的一座坐北朝南面阔三间进深一间前带廊硬山布瓦顶建筑，庙前存古柏一棵，古柏树围约 2 米；

真武庙：仅存基址。坐标北纬 40° 15′ 9.5″，东经 118° 35′ 32″，高程 159 米。

2. 城自岭城 130227353102170002

位于太平寨镇城自岭村，坐标：北纬 40° 16′ 00.70″，东经 118° 33′ 08.20″，高程 148 米。

该城始建于明弘治十三年，据《卢龙塞略》载："城子岭：城石，高丈四尺，周百六十八丈五尺，门曰东，曰西，曰南，居八十八家。"该城位于城子岭口西侧约 1000 米处，所处地势极为重要，东扼城子岭口，北控西口，在明代长城边防体系中，隶太平路擦崖子提调控辖。

东北—西南走向山前台地前端，东邻清河，西侧为清河支流。现城自岭城所处为城自岭行政村所在地，城内大部为民居所占。

城堡北部高山环绕，盛产高品质石灰岩，南部与山前丘陵相衔接，为林果及农耕用地。明长城自村东北沿山脊由东南向西北延伸，长城关口之一——城自岭口位于城堡东约 1000 米处，关口外侧为青龙满族自治县凉水河乡杏树岭村，青龙、迁西两县以长城为界。

该城堡平面略呈"弓"形，方位北偏西 30°，城周总体轮廓尚可辨认，周长 560 余米，城区面积 21237 平方米。由于多年来为城子岭村居民所占，多数城墙已遭破坏，大部分地方仅存墙基，可见宽度为 6～8 米；保存现状如下：

南墙：西北东南走向，全长 174 米，墙体保存相对较好，残存最高处可达 3.3 米，最低处 1.8 米，墙体残厚 3.8～6.1 米，均为大块毛石砌筑，部分尚可见白灰勾缝，墙体中部开门，门已不存，尺寸不清。西北端点坐标为（石城西南角）：北纬 40° 16′ 01.2″，东经 118° 33′ 03.7″，高程 134 米，东南端点坐标：北纬 40° 15′ 57.2″，东经 118° 33′ 09.0″，高程 134 米。

东墙：大部分原墙体已不存，其中一部分为修路时拆毁后重建，另一部分为自然倒塌后村民在原基础上重新垒砌，但墙基痕迹尚可辨认，东墙长 118 米。东门位于墙体中部，已无存，仅东门南、北部可见到残存的墙体，其中北部墙体残长约 15 米，残高约 1.4 米；

东南端点坐标：北纬 40° 15′ 57.2″，东经 118° 33′ 09.0″，高程 134 米；石城东北角坐标：北纬 40° 16′ 00.3″，东经 118° 33′ 12.0″，高程 141 米。

北墙：由东南向西北呈弧形延伸，墙体经过处现为农用耕地，全长约 170 米，墙体大部分已被破坏，石料被用于垒砌梯田，仅东南部尚存十余米残墙，墙基可见宽度约 6.2 米，残高 1.8 米，弧顶处可见厚约 0.5 米的夯土层，西部墙体包石均无，仅存墙芯夯土部分，此外未见其他遗迹。石城东北角坐标：北纬 40° 16′ 00.3″，东经 118° 33′ 12.0″，高程 141 米。石城西北角坐标：北纬 40° 16′ 03.2″，东经

118° 33′ 06.8″，高程 150 米。

西墙：由东北向东南延伸，全长约 100 米，最高处在西南拐角处，拐角处仅余残损碎石夯土，碎石颗粒 0.02 ～ 0.1 米，两侧包砌毛石均已缺失，残宽 5.9 ～ 6.5 米，残高 4.2 ～ 5.1 米。西南拐角向南残留 25 米，至南墙全部缺失。墙体中部原建有城门一座，现已不存。

3. 大岭寨城 130227353102170003

位于太平寨镇大岭寨村，坐标：北纬 40° 17′ 36.30″，东经 118° 31′ 30.40″，高程 162 米。

该城建于明嘉靖年间，据《卢龙塞略》载："大岭寨：城石，高丈五尺，周百六十三丈一尺，门曰东，曰西，居四十四家"。该城位于大岭寨口南侧约 1000 米处，在明代长城边防体系中，隶太平路榆木岭关提调控辖。

山前台地前端，西侧为清河支流。现大岭寨城所处为城子岭行政村所在地，城内大部为民居所占。

该城堡平面呈矩形，方位为东北—西南向，但由于多年来为城子岭村居民所占，多数城墙已遭破坏，大部分地方仅存墙基，极少数地段残存石砌墙体，城周总体轮廓尚可辨认，现状如下：

东南面城墙：全长约 120 米，东北—西南走向，墙体保存较差，残存墙体约 40 米，最高处可达 3.1 米，最低处 1.1 米，墙体残最宽 3.5 米，其余墙体均已不存。

东北面城墙：墙体均已不存，但断续的墙基痕迹尚可辨认，全长约 168 米，墙体中部原设有城门，现已不存。

西北面城墙：全长约 104 米，墙体大部分已被破坏，石料被用于垒砌梯田、房屋，少数地方尚可见城墙遗迹。

西南面城墙：全长约 197 米，墙体已全部被破坏，少数地方尚保存遗迹，可辨识墙体走向。墙体中间原建有城门一座，现仅存遗迹。

大岭寨城西侧约 100 米处有砖窑遗址，遗址面积约 1.8 万平方米；东南约 500 米处为灰窑遗址，遗址面积约 3 万平方米。

4. 蓝城沟城 130227353102170004

位于太平寨镇蓝城沟村，坐标：北纬 40° 19′ 17.60″，东经 118° 30′ 36.00″，高程 224 米。

该城建于明弘治年间，原为石城，据《卢龙塞略》载："烂柴沟：城石，高丈四尺，周百三十丈三尺，门在南，居五十八家"。明代中后期对城墙包砖。该城在明代长城边防体系中，隶太平路榆木岭关提调控辖。

所处为两山之间，城墙周长 415 米，城区面积近 1 万平方米，城墙外侧为青砖包砌，多年来因人为破坏及自然侵蚀，城内原有建筑均已不存，大部分城墙也遭到一定的破坏；现状如下：

东墙：长约 150 米，整体保存相对较好，墙体顶部宽约 4 ～ 4.5 米，底部宽约 5 ～ 5.5 米。最下部为高 0.3 ～ 0.7 米的毛石基础，上为高 0.85 米的三层条石，条石上为青砖包砌的寨墙，寨墙残高约 5.3 米，东寨墙中部残存寨门，底部为两层大块毛石土衬，高约 0.8 米，毛石以 0.15 米依次递减收分，土衬上为三层条石，高 0.9 米，条石上为青砖砌筑，顶部呈不规则坍塌状，中间设砖砌城门。

城门高 2.9 米，底部长 11 米，门宽 2.7 米，门洞进深 8.2 米，外侧突出寨墙 1.35 米，门洞顶部起券，券筑方式为三伏三券；城门券洞上部墙面原镶有一石质匾额，上书"烂柴沟寨"四字，于近年丢失；寨门南侧墙体中部坍塌，现被村民用毛石垒砌。

寨墙东北角设角台，角台墙体外侧包砖，东西长 6 米，凸出墙 0.55 米，大部分已坍塌，露出毛石堆砌的墙芯，角台北侧包砖部分保存较好，包砖厚 1 米；

北墙：全长 67 米，大部分地表墙体被村民拆毁，几近无存，仅东侧残存约 15 米，残墙宽约 4.3 米，墙体包砖已不存；其余墙体仅个别地点墙基尚能辨识，中间部分被正在建设中的民居所破坏。

西墙：全长约 147 米，仅部分墙体尚残存包砖，但多已断裂、酥碱，中间及南部约 103 米的墙体包砖及上部墙体被拆毁，石料被村民垒作田埂；墙体内侧为块石砌筑，残墙宽约 3.4 米，内侧残墙最高 3.88 米，外侧高 0.6 ～ 1.7 米。

城墙中部设有马面一座，原为条石下碱，上部为砖石结构，现大部分包砖、砌石均已缺失，仅存东西 3.58 米，南北 9.5 米，残高 1.6 ～ 2.9 米的夯土台。

南墙：全长 51 米，东侧约 30 米墙体被民房占据、破坏，仅存基址，西侧墙体也被民居占据，仅余部分外墙包砖，残宽 0.6 米，残墙高 0.2 ～ 2.95 米。

"烂柴沟寨"石刻门额：原嵌于烂柴沟城东门上部，2008 年丢失。门额为青石质，自然风化严重，门额高 29 厘米、宽 42 厘米，中部分两行双钩阴刻楷书"烂柴沟寨"四字。

5. 榆木岭关城 1302273531021170005

位于金厂峪镇榆木岭村，坐标：北纬 40° 21′ 49.50″，东经 118° 31′ 52.20″，高程 300 米。

该城始建于明洪武年间，据万历三十八年《卢龙塞略》p83 载："榆木岭提调：城石，高丈五尺，周百四十七丈三尺，门曰西、曰南，居百二十三家，教场城南"。明代中后期对关城墙体包砖。

城址所处为两山之间，南北两侧高峰对峙，现城内为榆木岭村所在地。城墙周长 1500 余米，城区面积 10 万余平方米，城墙均为青砖双侧包砌，北侧部分利用山险，东侧墙体、南墙东部墙体均系直接利用长城墙体，多年来因人为破坏及自然侵蚀，城址破坏严重，城内原有建筑均已不存。现状如下：

东墙：全长 538 米，系直接利用长城墙体为关城城墙，将南北两侧山脊与山谷截断，并在山谷处设关门一座，关门东向，现关门所处已为民居所占，关门及相关设施全部被毁，仅存残迹。关门以南约 60 米墙体地表部分已全部被毁，难见遗迹，其余墙体也多已残坏，外侧包砖被拆毁，暴露碎石、夯土墙芯，内侧墙体大部分包砖脱落、断裂，保存较差，仅局部墙体相对保存较好，两侧包砖、中间碎石、夯土，墙顶残存海墁，海墁用 0.38 米方砖，墙宽 3.7 米，残墙最高 2.4 米，包砖厚 0.8 米，墙间建有砖砌空心敌台二座，均已坍塌，保存较差；关门北侧 40 余米，墙体被民居和农田所占，仅存轮廓，其余墙体保存稍好，墙体宽 4.5 米，墙体为两侧包砖，中为碎石夯土墙体，包砖宽 0.9 米，墙体残高 0.6 ～ 2.7 米；墙间建有烽火台两座，敌台一座，均保存较差。

南墙：全长 192 米，系直接利用长城墙体，墙体外侧包砖保存较完整，内侧包砖部分被拆毁或自然损坏，残存墙体外侧最高约 5.5 米，内侧最高约 3.5 米，墙顶部残宽 3.85 米。

西墙：全长 465 米，基本沿山脊而建。墙体为双侧包砖。自南墙与西墙交点处向西北约 240 米，墙体均保存较好，高 4.2 米，内高 2.8 米，宽 3.8 米；交点处西北 35 米处，建有穿墙券门一座，顶部三伏三券，洞宽 1.7 米，进深 4.3 米，高 2.75 米；墙体 240～380 米，墙体保存较差，包砖剥蚀、脱落严重，内侧墙体坍塌较多，多数墙体暴露碎石、杂土墙芯，残墙顶部宽 2.6～3 米，内侧残高 0.4～1.6 米，外侧最高 3.4 米；其余墙体多被民居和农田破坏，大部分仅存遗迹。

北墙：全长 273 米，起于公路西北约 50 米处，现为村民住宅墙，可见残砖墙长约 50 米，南北向，然后转偏东，逐渐向上抬升，内侧砖墙残存约达 3.5 米，高达 3 米，其余墙体多仅存内部夯土墙芯，呈土梗状，直达山险处，山险下部残存墙体内外包砖，残高约 1.2 米，宽 4 米，包砖厚 0.6 米。墙起点西南公路处原设有城门，现已不存，西门至墙起点之间墙体均被破坏不存。

相关遗迹、遗物：

（1）榆木岭城"百雄"石刻门额：原嵌于榆木岭城门之上，现存迁西县文物管理所。门额保存完整，高 41 厘米、宽 68 厘米、厚 8.5 厘米。门额中部双钩阴刻"百雄"二字，隶书；左右均有双钩隶书题记，右侧为："范阳贾应隆题海昌周永祜书"，左侧："万历乙亥蕤宾 涿鹿高应节立"。

（2）关城西侧约 380 米处山峰顶部，建有观音庙一座，系在原址新建，山门坐北朝南，为一后做仿四柱三门台，内置坐西朝东硬山红琉璃瓦庙宇一座，庙宇面三进一，庙东南角为一后做钟台。山门东侧有一明隆庆六年重修碑记，山门西侧有一乾隆二十二年重修碑记。

6. 上营营城 1302273531102170006

位于上营乡上营村，坐标：北纬 40°22′42.50″，东经 118°29′28.40″，高程 250 米。

该城始建年代不详，据《卢龙塞略》记载："青山驻操营，城石，高二丈四尺，周二百三十一丈二尺，门曰东、曰西、曰南，居百六十九家。"

城址所处为长河东侧山前台地及部分山体，现城内为上营村所在地。城墙周长 945 米，城区面积 53290 平方米。多年来因人为破坏及自然侵蚀，城内历史建筑及附属设施均已无存，但城周墙体大部分尚存，局部墙体保存较好，营城轮廓清晰可辨，东南角墙体内缩，营城整体呈"刀把状"，现状如下：

东墙：全长 379 米，位于长河东侧山脊之上，随山脊而建，墙体为双侧用大块毛石包砌，墙间填以碎石，包砌块石间用白灰勾缝。该段墙体先呈西北东南走向，长约 164 米，至山脊最高点后转东北西南走向至山脚处，长约 106 米，然后转东西向，长约 45 米，再转南北向至营城东南角，长约 64 米。其中东北角处约 35 米墙体包石坍塌或被拆毁，仅存夯土墙芯残基；其余大部分墙体保存较好，局部存在不同程度坍塌或被民居压占。该段墙体保存最大高度为 5.9 米，最低处仅 1.4 米，墙顶部宽 4.4 米，墙底部宽 5.7 米。

南墙：全长 113 米，大部分已被拆毁，仅西部残存约 40 米墙体，残高 2 米左右。原墙体中部设有城门一座，现已不存。

西墙：全长 303 米，墙体外侧大部分保存较好，北部约 15 米墙体仅存内侧包石，中间约 70 米墙体顶部被民居占用；原墙体中部设有城门一座，据村民描述，毁于 20 世纪 70 年代，现原城门处为进村道路；现存墙体外侧最高为 5.6 米，内侧最高 1.9 米，墙宽 5.2 米，底部宽度无法量测。

北墙：全长 150 米，起于公路边，走向为东西向，墙顶部宽 5.1 米，内残高 2.2～2.8 米，外侧残高 0.8～2.5 米，部分段落被破坏，西侧约 40 米仅存内侧包石，包石最厚 1.3 米，内侧高 3.1 米，西北角处可见残墙基，宽 5.74 米，东侧墙体外侧多被埋没，内侧保存较好。

相关遗迹、遗物：

（1）"青山营"石刻门额：1990 年发现于上营城内，现存青山关。门额青石质，左侧两角部残缺，长 126 厘米、宽 69 厘米，门额中部楷书阴刻"青山营"三字，左右两侧均有阴刻楷书题记，右侧题记计四行，计 37 字，一字不可辨识，内容为："钦差镇守右监丞龚□、钦差巡按监察御史张学、钦差镇守总兵官马荣、钦差镇守右参将吴得"：左侧题记四行，现存 17 字，内容为："提调把总指挥潘……坐营指挥……委官……天顺七年……"此门额为迁西境内迄今发现最早的明代门额。

7. 青山关关城 1302273531021700007

位于上营乡青山口村，坐标：北纬 40° 24′ 25.50″，东经 118° 32′ 44.10 高程 392 米。

该城始建于洪武年间，据万历三十八年《卢龙塞略》载："青山营：城石，高丈四尺五寸，周六十六丈九尺，门在西，居三十八家"。明代中后期包砖。

所处为季节河北侧山前坡地上，关城呈不规则形状，周长 422 米，城区面积 10900 平方米。城周墙体均为双侧青砖包砌，多年来因人为破坏及自然侵蚀，城内历史建筑及附属设施均已无存，但城周墙体大部分尚存，局部墙体保存较好，营城轮廓清晰可辨；现状如下：

关城东墙：全长 157 米，系直接利用青山口长城 1 段部分墙体，墙体外侧包砖保存较好，内侧约 45% 存在不同程度坍塌，墙宽 4.6～5.5 米，外包砖 1.05 米，内包砖 0.8 米，中间为毛石夯土，墙体残高 3.5～4.6 米，墙顶局部可见残存的铺墁方砖。

关城南墙：全长 45 米，大体呈东北—西南走向，墙体中部设有城门一座，门宽 2.6 米，高 3.88 米，门洞宽 3.2 米，门洞券高 5.2 米，门洞进深 4.22 米，门进深 2.27 米，门总宽 7.7 米，门券洞上部嵌有青石质匾额一块，匾额长 90 厘米，高 40 厘米，中部双钩阴刻楷书"青山关"三字，左侧双勾阴刻楷书小字题记一行，文字为"万历十二年十月吉旦创建六"。南门西侧约 20 米墙体坍塌严重，内、外侧包砖缺失，仅余部分夯土墙芯，残宽 3.2 米，残高 2.1 米；南门东侧墙体包砖尚存，墙面风化、剥蚀、断裂严重。

关城东南侧城墙：全长 131 米，南侧约 85 米墙体外侧包砖残存，但风化、剥蚀严重，残墙最高 4.8 米，内侧墙体多已坍塌，现存墙体为近年旅游开发时用原墙残砖干砌而成；北侧约 46 米墙体由北向南呈阶梯式下降，墙体逐渐变宽，宽度为 3.5 米，外墙残高 3.7 米，内侧坍塌较重。

关城西北侧墙体：长约 53 米，此段墙体残破较为严重，外墙可见 0.8 米厚包砖，包砖因自然原因剥蚀、断裂、脱落严重，墙体残高 4.2～5.5 米，残宽 2.1 米；墙体内侧坍塌严重，轮廓模糊不清。

关城北侧墙体：全长约 36 米，墙体北侧设砖砌城门一座，城门规制基本与南门相同，保存现状较南门完整。两侧墙体保存较好，墙顶部宽 3.5 米左右，外侧墙体残高约 3.2～6.15 米，内侧墙体残高 4.6～6.65 米。

该城现已被辟为青山关景区主要景点，城内原有居民均已被迁出。

8. 董家口关城 1302273531021700008

位于上营乡董家口村北约 500 米，坐标：北纬 40° 24′ 03.70″，东经 118° 28′ 13.20″，高程 281 米。

始建于明洪武年间，原关城为石砌墙体，据《卢龙塞略》载："董家口提调：城石，高丈五尺五寸，周百八十一丈，门台曰东、曰西、曰南，居百十二家，教场城西南"，明代中期包砖。

因地而建，大体呈东北—西南方向，东南角内缩，整体呈"刀把状"；城墙周长560米，城区面积20900平方米。关城整体保存一般，城墙大部分保存，但多已遭到不同程度破坏，墙体包砖大部分被拆除，仅东北面墙体中间部分和东南面墙体北侧残存少量包砖；墙体顶部防御设施、城内历史建筑均已无存，关城整体轮廓较清晰。城内原住有董家口村部分村民，现村民已经全部迁出，现状如下：

关城西南墙体：全长约90米，北侧约20米墙体被农田所破坏，仅存墙体轮廓；其余墙体基本保存，但均不同程度破坏，墙体结构为中间块石砌筑墙体，块石间白灰勾缝，块石墙体外侧侧包砖，墙体外侧残高1.6～6.1米，内侧墙高0.2～2.4米，外侧残存包砖，厚0.8米，残墙顶部宽1.3～1.7米。

关城西北墙体：全长182米，墙体外侧包砖均被拆毁，裸露内侧块石包砌墙体，南侧111米墙体毁坏较严重，约25米墙体上部墙体已被村民拆毁，并将墙顶辟为耕地，调查中仅见残高约0.9米的外侧墙体，其余墙体外侧所包砌毛石坍塌严重，或被杂土淹没，部分墙体为村民在原墙体基础上利用原墙体石块重新垒砌，残墙外侧高约1.5～3米；北侧约71米墙体除外包砖被拆，石墙部分保存较好，外侧存高约2.8～3.7米，顶部宽约3.1米，内侧与城内地面相平。北侧墙体中间部位有两处豁口，为原来村民进、出村庄道路，南侧豁口处原建有城门，现已全部被毁，地表难寻遗迹。

关城东北墙体：全长115米，北墙外侧包砖大部分被拆毁，仅墙体中部约15米残存少量包砖，残高约1.3～1.8米，包砖下可见到条石基础1～2层，高约0.36～0.7米，包砖厚1米，外侧最高处墙体达5.8米，墙体中部马道上尚可见到残存的墁砖，墙芯部分毛石墙顶部宽3.1米；北墙内侧坍塌较多，中间段部分外墙保存包砖，长约15米。

关城东南墙体：全长约193米，墙体内、外包砖大部分被拆毁，仅东北角处外侧约15米包砖保存较好，包砖厚约0.9米，存高最高6.05米，墙顶部宽约6.3米；东北角处设角台一个，大部分坍塌，可见黄土夯筑台芯，墙体仅存南侧部分包砖，余均不存，残存部分突出墙体约1米，下部可见条石基础两层，高约0.75米；南侧墙体包砖全无，暴露内部毛石包砌墙体，墙基宽约6.1米，顶部宽约4.5米，外侧保存较好，墙体大块毛石砌筑，石间白灰勾缝，外侧高2.8～3.2米，内侧大部坍塌，最高约7米。

城内中部距北城墙约30米处，保存六角形水井一口，用条石与毛石混砌，井口宽约0.7米，现存深约1.5米，井内已被现代杂物填埋，不见水。

9. 李家峪城 1302273531021701709

位于滦阳镇李家峪村，坐标：北纬40°24′43.30″，东经118°22′43.20″，高程230米。

始建于明洪武年间，原关城为石砌墙体，据《卢龙塞略》载："李家峪提调：城石，高二丈五尺，周二百二十八丈一尺五寸，南门有台，居八十三家，教场城南。"明代中期包砖。

城墙周长694米，城区面积约26700平方米。大体呈东北—西南方向，平面呈长方形，东南角微内缩；关城整体保存较差，城墙大部分保存，但多已遭到严重破坏，仅局部墙体残存少量包砖。墙体防御设施损毁严重，城内历史建筑均已无存，关城整体轮廓较清晰。现状如下：

南侧墙体：全长约127米，墙体为大块毛石砌筑，最宽4.8米，外侧残最高2.35米，内侧残最高1.9

米，顶部碎石堆积，杂草丛生。城墙内侧的个别地段被村民拆毁，用作院墙，南门西侧墙体外侧残高1.4米，内侧残存情况不详，多为民居及农田占据；墙体中部原建有城门一座，现已破坏，仅门西侧残余部分城门基础。

西侧墙体：全长232米，西南角北侧26米墙体保存较好，内侧可见条石包砌，残高1.2米，包砖厚1米，砌筑方式为一丁一顺，包砖长0.41米、宽0.21米、厚0.11米，包砖底部可见两层条石基础，其余墙体多被村民居占据，残存程度不详。

北侧墙体：全长130米，地表墙体均被拆毁，墙基被辟为农田，仅存轮廓。

东侧墙体：全长约205米，东墙保存较好，外侧为块石包砌，白灰勾缝，残高2.8米，东南角部残宽4.2米，内侧被民居占用，保存情况不详。

（1）东南角台：位于李家峪城东墙、南墙相交处，方位北偏东28度，坐标：北纬40°24′39.5″，东经118°22′43.4″，高程237米；损毁严重，仅存夯土台心，东西6.14米，南北4.87米，残高约3.8米，出东侧墙体1米，顶部荆棘。

（2）西南角台北纬40°24′40.6″，东经118°22′38.2″，高程234米，残损严重，仅存夯土台心，残高约2.4米，宽约4.2米，长约2.6米。

（3）西北角台北纬40°24′40.8″，东经118°22′44.0″，高程230米，位于西墙南部内侧，距墙约5米，现依然使用。

10. 滦阳城 1302273531021700010

滦阳镇滦阳村，坐标：北纬40°22′06.10″，东经118°17′32.20″，高程200米。

始建年代不详，隆庆初，戚继光总理蓟镇防务，在此设车营，其间对该城进行了修筑。重修后的滦阳城城墙为黄土夯筑，高丈余，城周六百余丈，东、西、南三面设门，城南设有教场。万历中后期，又对该城城墙进行过包砖加固，20世纪五六十年代，该城遭严重破坏，城门被拆毁，墙体所包砖石大部分人为拆除。

该城位于迁西县滦阳镇滦阳村，大体呈北-南；平面呈矩形，城垣周长约1790米，城区面积198493平方米。城墙大部分保存，但多人为破坏，内、外包砌砖石多已被拆毁或自然坍塌，仅东墙、南墙局部墙体残存少量包砖及包砖下部2～3层条石下碱，其余墙体多被民居占据或仅存夯土墙芯；城墙上防御设施、城内历史建筑均已无存，整体保存较差，但城垣轮廓尚可辨析；现状如下：

东侧墙体：现存长约484米，墙体中部设城门一座，已毁，城门洞进深11.84米，门洞宽3.83米，两侧墙体残高1.63米，上部砖砌门券部分无存，现存门洞两侧下碱条石五层，通高1.96米，宽4.49米，进深8.87米，门洞内墙西侧现存稍洞两个，直径0.18米；城门南侧墙体长约207米，仅存外侧包砌青砖，残损严重，残墙最高保存2.31米，底部可见三层条石下碱，通高约1米；内侧墙体及基础均被民居和道路占用，地面已无任何遗迹；城门北侧墙体长约277米，仅存夯土墙心，墙残宽2.2米，残高1.6～3.8米。

南侧墙体：全长414米，墙体中部设城门一座，已毁无存；南门东侧墙体均被民居压占，地表墙体不存；南门西侧墙体局部残存外墙包砖，残高1.2米，厚约1米，风化严重，其余墙体均民房占压，地表部分无存。

西侧墙体：全长 484 米，建于小型山脊上部，南侧约 35 米被民房占压、破坏。墙体内、外包砖、条石均已被人为拆毁无存，仅存砂石土夯筑墙芯，顶部残宽 1～1.5 米，底部残宽 13～18 米，墙体残高 1.8～4 米；墙体中间原建有城门一座，现已不存。

北侧墙体：全长 415 米，东侧保存残墙约 155 米，西侧残存 110 米，墙顶残宽 2.2 米，墙底部残宽 8～15 米，墙体残高 1.6～3.8 米，内、外包砖、底部条石均被拆毁，从村民破坏的墙基处可见墙基为大块毛石垒砌，墙基上部为黄土夯筑墙体，夯层约 0.2～0.3 米；中部约 150 米墙体被完全破坏，基础条石被拆除后用于垒砌梯田埂，墙体所经之处现已辟为耕地。

11. 汉儿庄城 1302273531021700011

滦阳镇汉儿庄村，坐标：北纬 40° 21′ 54.80″，东经 118° 13′ 01.80″，高程 200 米。

初建年代不详，明初称为"汉儿庄营"。万历七年由戚继光等人主持重建该城，万历八年竣工，并在此设立车前营。据《卢龙塞略》记载，重建的汉儿庄城"高二丈，周五百二十六丈，设东、南、西三面设门，城东设有教场"，重修时墙体包砖。

墙体内外侧多为民房，西侧外为农田。大体呈北—南；平面大体呈长方形，城墙周长 1923 米，城区面积 20 余万平方米。城墙大部分保存差，多人为破坏，内、外包砌砖石多已被拆毁或自然坍塌，仅南侧局部墙体残存少量包砖及包砖下部 2～3 层条石下碱，其余墙体多被民居占据或仅存夯土墙芯；城内防御设施、历史建筑均已无存，关城整体保存较差，但轮廓尚可辨析；现状如下：南墙：全长 450 米，中部存有一砖砌城门，坐标：北纬 40° 21′ 44.8″，东经 118° 13′ 01.4″，高程 160 米。城门为七伏七券，门额为"带川门"。门宽 4.4 米，高 3.98 米，进深 2.24 米。内侧门洞进深 17.21 米，宽 5.7 米，高 5.41 米。下为四层条石基础高 1.43 米。南墙西半部现已不存，墙体位置现为民房。现存南墙为南门以东，至城东南角处，此段墙体底部为条石，以上为包砖墙。现基础保存较完整，以上存有部分包砖墙，墙体顶部垛口等设施不存。现存墙体墙宽 5.1 米，最高 4.1 米，包砖厚 1.12 米。包砖内侧为夯土墙芯，夯层厚 0.2～0.25 米。

西墙：全长 515 米，北部残存 150 米沙土夯筑墙芯。西北角存一角台遗址，现上为一现代圆形蓄水池；南侧墙体被公路占压，地表无任何遗迹。原西墙中部建有城门一座，现已无存。

北墙：全长 367 米，墙体所包砖石均已无存，仅存内部夯土部分。北墙中部存有一水门，门宽 1.24 米，进深 5.03 米。底部三层条石高 0.98 米，上起券，券高 1.8 米，砖残破。水门下底为条石铺墁，条石宽 0.48 米，水门内北侧存一菱形石柱。

东墙：全长约 591 米，墙体中部原建有城门一座，现已无任何遗迹。城门南侧墙体现被水渠和道路占压，局部可见墙基；城门北侧墙体大部分被平整为农田，仅东北角处残存约 120 米夯土墙芯，残高约 1.5～2.5 米，顶部宽约 0.7～1.2 米，底部宽约 6～8 米。东北角保存角台遗址，现已被渣土掩埋，局部可见青砖包砌墙体。角台残高 6.5 米，南北 7.5 米。

（1）石狮一对，现立于汉儿庄镇政府门外。石狮为青石质，狮身高 1.5 米，底座为仰莲须弥座，宽 0.78 米，长 1.05 米，可见高 0.47 米。

（2）"带川门"石刻门额：汉白玉质，现镶嵌于汉儿庄城南门顶部，保存完整。门额宽180厘米、高140厘米、厚20厘米；四周饰阴刻卷云纹，中间阴刻行楷"带川门"三字，字高50厘米，宽35厘米，左右两侧均有阴刻楷书题记。右侧题记计三行，共92字，内容为"钦差镇城蓟州等处地方兵备带管驿传山西提刑按察司副使东莱钱进学、钦差蓟州等处边备兼巡抚顺天等府地方都察院右佥都御使蓬莱张梦鲤、钦差总督保定等处军务兼理粮饷兵部尚书兼都察院右副都御使恒阳梁梦龙"；左侧题记计四行，共112字，内容为"钦差总理练兵事务兼镇守蓟州永平山海等处地方总兵官少保兼太子太保中军都督府左都督东牟戚继光、钦差镇守蓟州中路等处地方分理练兵事务副总兵官都指挥佥事北平史宸关中王抚民、钦差三屯车前营游击将军都指挥北平李廷时、万历八年岁次庚辰十二月吉立"。

（3）城东墙南侧为一引水渠，引水渠南部均用墙青砖砌筑，可见多种文字砖，可辨识的有"天津秋班中部造""天津秋班右部造""天津秋班左部造"等。

12. 喜峰口城 130227353102170012

位于滦阳镇石梯子村西2千米，坐标：北纬40°25′06.30″，东经118°19′52.70″，高程222米。

始建于明洪武年间，原为石砌城墙，明代中期在石墙基础上包砖，为蓟镇喜峰路参将驻地。据《卢龙塞略》载"喜峰路：关城：石，高二丈，周四百十八丈六尺，堞八十一丈五尺，西、南各门台，谎城在北，正阙有月城，居八百四十五家，教场城西"。现整体被潘家口水库淹没，水库水位下降时可见部分东墙。

平面呈不规则形状，城墙周长约1345米；现城主体已被潘家口水库淹没，近年水库水位下降，东侧部分墙体暴露出水面，残长272米，残墙最高3米余，底部宽8～12米。城墙双侧为块石包砌，块石间用白灰勾缝，中间用碎石、杂土填芯，顶部马道用三合土找平，局部墙顶可见0.24～0.28米厚的三合土。现存墙体外侧部分保存较好，包石高1.35～2.3米；内侧墙体包石坍塌严重，呈斜坡状。残墙顶部宽约0.8～2.5米。

（1）"喜峰营"石刻门额：原嵌于喜峰口营城南门之上，现存喜峰口抗战纪念馆。门额宽131厘米、高58厘米、厚28厘米，整体保存完整。门额四周饰卷云纹，中部双钩阴刻楷书"喜峰营"三字，左右两侧均有阴刻楷书题记。右侧题记三行，计35字，内容为"钦差总督军务兵部侍郎刘焘、钦差巡抚右佥都御使刘随乡、钦差蓟州兵备右参将罗瑶"；左侧题记五行，现存55字，内容为："钦差镇守总兵官胡镇、钦差分守太平寨参将时銮、钦差定州营游击将军周淮、钦差延绥游击将军赵九思、嘉靖丙寅三月吉旦同建"。

（2）喜峰口谎城：位于喜峰口城北侧约300米处水库东侧小山顶部，城周长765米，面积15438平方米，周围多陡崖，墙体建于陡崖之上，南向，整体呈水滴状。南部建有小规模瓮城，瓮城东西设门，东门坍塌，西门保存一般，为砖砌券门，宽1.57米，残高1.7米。谎城南墙中部设砖砌券门与瓮城相通，券门为三伏三券门，现存二伏二券，宽1.97米，券高1.1米，进深1.98米。此外东侧墙体上还设券门两处，外侧均临陡崖。谎城东墙、南墙、西墙南侧均为砖砌墙体，西墙北侧为石砌墙体，北墙直接利用山顶岩石。

（3）碑座，位于东墙南部内侧，长0.77米，宽0.52米。上部可见长0.32、宽0.2米，深0.2米榫槽。

13. 龙井关城 1302273531021700013

位于汉儿庄镇龙井关村西南 200 米。坐标：北纬 40° 23′ 20.40″，东经 118° 09′ 14.20″，高程 170 米。

始建于明洪武年间，城墙为块石砌筑，为蓟镇松棚路参将驻地。据《卢龙塞略》载："龙井关：城石，高一丈五尺四寸，城周二百九十七丈八尺，门曰南、曰北，东北月城，高二丈，周二十一丈一尺五寸，居百二十家"。明崇祯二年，皇太极率清军由此破关直逼京师，几乎导致明廷倾覆，史称"己巳之变"。事后，明军守将对龙井关进行了大规模的修葺、加固。

该城北依高山，东临洒河，明代为松棚路参将驻地。整体呈西北—东南方向。平面大致呈梯形，城墙周长 760 米，面积约 35150 平方米，现为龙井关行政村驻地。

该城主体设施均已被毁，城墙大部坍塌或被人为拆毁，仅存遗迹，城内建筑及历史设施均已无存。整体情况如下：

东南侧城墙：长约 165 米，块石垒砌，块石间白灰勾缝。现大部分墙体保存，墙体宽约 6 米，高 1.25～3 米，墙体中部原设有城门一处，现已不存。

西南侧城墙：长约 200 米，块石垒砌，块石间白灰勾缝。现大部分墙体保存，墙体宽约 6 米，高 2.3～3.7 米。

西北侧城墙：长约 155 米，块石垒砌，块石间白灰勾缝。现大部分墙体保存，墙体宽约 6 米，高 2.5～3.5 米，部分墙体被村民拆毁或被民居占压。墙间原建有城门一座，现已不存。北部接近城墙端点处保存石砌券洞一个，券洞宽约 1.5 米，高 1.6 米，保存完整。

东北侧城墙：长约 250 米，系直接利用长城墙体，墙体为块石垒砌，块石间白灰勾缝，大部分墙体保存，部分墙体被村民拆毁。墙宽约 6 米，高 0.7～3.3 米。墙体中部原建有城门一座，现已不存。

关城西北角外侧保存石碑一通，名为《重修龙井关真武庙碑》。

14. 太平寨城 1302273531021700014

位于太平寨镇，坐标：北纬 40° 14′ 11.60″，东经 118° 30′ 36.10″，高程 110 米。

始建于明洪武年间，据民国版《迁安县志·舆地志·建制》载："太平寨城，在县西北七十里，亦曰太平营"，明设蓟镇太平路参将驻此。城墙石砌，据《卢龙塞略》载"太平路：关城：石，高二丈六尺，周五百六丈六尺，堞五十一丈五尺，东、西、南门各有台，西小门、北水关、中鼓台，居千三百五十家，教场城南"。

青河由寨城西墙外侧流过，因此地山体富含铁矿，城四周矿场遍布。整个城址随山就势而建，呈不规则形，周长约 1158 米，面积约 162562 平方米；城内原有建筑及格局不存，现城内有四个行政村。整体保存现状如下：

北侧墙体：全长约 270 米，由城西北角向东至太平寨中心小学操场处，大部分墙体保存，保存较好约 150 米，墙体为双侧大块毛石包砌，中间填碎石、杂土，顶部宽 6.5 米，最高约 5 米，中间被一户村民建房时拆毁约 8 米。

东北侧墙体：全长约 201 米，由太平寨中心小学操场处起至城东北角台处，墙体保存较差，其中学校操场处及村东北道路处墙体均被拆毁，长约 106 米，其余墙体上部被拆毁，仅存残迹或少量墙体，宽约 6.5 米，残高约 1 米。

东侧墙体：现存长约 378 米，均沿北南走向山脊而建，由东北角台向南沿山脊至南侧山脚原东门处，墙体破坏严重，现多数存残墙，墙体走向基本清晰，残墙宽 4.5～6.5 米，残高 1～3.8 米。墙体南侧原建有城门一座，已毁，现无遗迹，原规制及建筑方式不清，现由太平寨通往擦崖子、城子岭等地公路由此经过。东门南侧墙体均为民居压占，已无遗迹可寻；东门北侧约 38 米处，残存向东侧突出马面一座，东侧块石垒砌可见高约 3.5 米，南侧残存少量砖墙，突出墙体约 2.5 米，长 5.8 米。

南侧墙体：均被民居占据，现地表已无遗迹保存，长约 300 米。

西侧墙体：存长 418 米，大部分可见外侧墙体，均为块石垒砌。残高 0.9～2.3 米。中部原建有城门一座，现已不存。城门南侧墙体破坏较严重；城门北侧墙体虽也被民居占用，但多保存一定墙体。墙体中间被村民拆开四处豁口，宽约 5～8 米，现为进出城中道路。

（1）太平寨城"太平营"石刻门额：原存于太平寨镇政府联合社门市部，现已不知去处。门额高 92 厘米、宽 215 厘米，右侧部分残缺。门额中部双钩阴刻楷书"太平营"三字，横排，左右两侧均竖排阴刻楷书题记。右侧题记四行，部分文字缺失，现存 50 字，内容为"……定等处军务兵部左侍……等处边备巡抚右佥都御使刘应节……按直隶监察御史孙代、钦差整饬蓟州兵备山西布政使司左参政口路"；左侧题记三行，计 51 字，一字磨损不可辨识，内容为："钦差镇守蓟州永平山海等处总兵官郭口、钦差分守太平寨等处地方参将都指挥佥事罗瑞、隆庆二年岁次戊辰秋七月吉日立"。

（2）东北侧城墙与东侧城墙和交叉点处建有角台一座，坐标：北纬 40° 14′ 13.2″，东经 118° 31′ 47.7″，高程 151 米。距太平寨中心小学东北约 220 米，保存现状较差，四周包砖、基础条石全部被拆除，仅存高约 5 米，宽约 4.20 米，长 3.4 米的不规则夯土台芯，夯土层厚 0.14 米，台基四周轮廓不清。

（3）鼓楼遗址：坐标北纬 40° 14′ 11.6″，东经 118° 31′ 36.1″，高程 110 米。底部为原基础，大块毛石砌筑，上部近期被太平寨三村用水泥浇筑为一方形平台，供村民休闲娱乐场所。

（4）关帝庙石牌坊：位于太平寨西北角约 29 米处，坐东朝西，构筑方式为四柱三台，面阔 6.12 米，进深 1.68 米，每柱东西向各设抱鼓石，牌台明间正面设匾额，上书"三界伏魔大帝"，匾背面书大清道光岁次乙未年关帝庙重修碑记。牌台南四间正面书"丹心耀日"，背面书道光年间重修功德碑，牌台整体 80 年代做过修缮，明间及次间分作铁箍加固，北次间匾额缺失，后用水泥替补。牌台西面两侧现存赑屃两尊，长 1.6 米，宽 0.87 米，碑座保存较好，碑已缺失。

（5）药王庙：位于太平寨城西北角外侧。现存庙宇系原址重建。内设药王殿、东西厢房、山门各一。药王殿坐北朝南，面阔三间，进深一间，前带廊，硬山布瓦顶建筑，明间施四扇六抹格扇斜方格心屉，两次间下施槛墙，上各施四扇四抹心屉窗，建筑前东西两侧各施重修碑记一幢，东面碑记为清道光二十四年重修药王庙碑记，西面为九四年秋太平寨一村立重修药王庙碑记。东西建有面阔两间，进深一间厢房，前带廊硬山布瓦顶建筑，整体建筑为九四年后建，建筑左侧开门，装修均为后做。山门面阔一间，进深一间，歇山式布瓦顶建筑，装修为板门。建筑群南北 26.7 米，东西 19.3 米。坐标：北纬 40° 14′ 17.4″，东经 118° 31′ 30.8″，高程 121 米。

（6）太平寨西山烽火台：位于清河西部山顶，据当地村民讲此处原为烽火台，2004 年后建休闲小广场，在烽火台处建凉亭一座，坐标：北纬 40° 14′ 11.6″，东经 118° 31′ 36.1″，高程 140 米。

（7）太平寨南山烽火台：位于太平寨城西南约 250 米小山顶部，仅存遗址，面积近千平方米，西南侧可见条石基础封护，最大条石长 1.36 米，宽 0.33 米，据现场分析应为一处建有围墙的烽火台。

15. 三屯营 130227353102170015

三屯营镇政府所在地，坐标：北纬 40° 13′ 13.9″，东经 118° 12′ 08.0″，高程 320 米。

明属迁安县地，为遵化县忠义中卫戍守屯驻地。景泰中，敕征东大将军驻此，以备三卫。天顺二年移蓟镇总兵于此，遂成重镇。正德五年时任蓟镇总兵马澄曾率军士重修南门城台并修建了四角敌台。隆庆二年，戚继光总理蓟镇练兵事务，此时三屯营旧城狭隘，墙垣年久失修，破败不堪，实与九边重镇之名颇不相符。万历三年三月，在刘应节、杨兆、汪道昆等人的支持下，开始对三屯营进行扩建、改造，历时三年完成，规模较旧城扩大了一倍，据《卢龙塞略》载："三屯营……，周千百九十丈七尺，门三：东曰宾日、西曰巩京、南曰景忠，门各有重。……池深二丈，广倍之。"在对镇城进行重新规划、建设的同时，还对"卑隘且偏介于城"的镇府进行了重建。重修后的三屯营镇城，功能设施更趋完备，实现了官有其衙、兵有其营、神有其祀，重现了九边巨镇的形象。

清代沿用了三屯营的军事功能，并设副将镇守。至清末民初之际，三屯营古城、镇府均保存完整。

20 世纪 30 年代以后，由于兵灾匪燹不断，曾经瑰丽堂皇的镇府惨遭劫掠破坏，并最终于 1947 年在国民党飞机的轰炸中成为一堆瓦砾。劫后余生的城墙也在 20 世纪 50 年代末至 70 年代中期被全部拆毁。

保存现状：

迁西县城至铁门关公路由古城西侧南北向经过。当地村民称古城所在地为旧城，所处地势为滦河支流河谷地带，周围为丘陵、低山。南约 5 千米处为景忠山。古城内现有八个行政村居民居住。

古城周长约 3.5 千米，城区面积 60 余万平方米，平面呈不规则形状，原城内建筑及四周城墙均已被毁，多已无遗迹可循。古城现状如下：

南城墙：长约 500 米，墙体大部分被民居占压，西侧被公路破坏，地表已无任何遗迹可循。南墙中部原建有城门一座，原名为"景忠"，现南门位置为进出古城的主要通道，已无任何遗迹。据村民回忆，南墙外侧原有护城河一条，修建公路和民居过程中被填平。近年村民在挖井过程中，曾在地下约 7 ~ 8 米的深度挖出腐朽的芦苇、木桩等。

西城墙：长约 950 米，南侧少部分被公路破坏，其余墙体均被村民拆毁，墙基被民居占压。地表遗物遗迹可寻。墙体中部原建有城门一座，名为"巩京"，现已不存，城门位置现为进村主要通道。西墙外侧原有护城河一条，现已被填平建有多处民居。

北城墙：长约 680 米，大部分墙体均被拆毁，墙基上部被修建为村间水泥路。东侧残存约 85 米墙芯，系用砂石土夯筑，残墙芯高约 3 ~ 4 米，墙基宽 15 ~ 18 米，残墙芯宽 3 ~ 5 米，部分段落破坏处可见墙芯夯土下部用碎砖、石、灰渣堆砌的墙基础。北墙外侧距城墙 20 ~ 30 米处建有护城河一条，现残存约 260 米，护城河宽 16 ~ 20 米，残深 1.2 米。

东城墙：长约 1200 米，墙体地上部分均被拆毁，墙基基本保存，上部多被道路所利用，部分被民居压占。墙中部原建有城门一座，名为"宾日"，现已不存，城门位置现为进出村中主要通道。东墙由北向南呈曲尺状梯级内收。首次内收点位于东门南侧约30米处，城墙先由东向西拐约50米，继转南北向延伸约160米，转为东西向延伸约20米，再次转为南北向直至城东南角。东墙外侧即为护城河遗址，现东门北侧护城河多被填平，上部建有民居；东门南侧护城河大体保存，宽度10～20米，深1～3.5米。护城河西岸上部局部可见到东墙底部条石，条石厚50厘米左右，向外侧单面过凿加工，其余三面均不加工，村民称为"坐子石"。

镇府：位于三屯营古城中部，镇府大堂于1947年毁于战火，镇府仅存遗址。20世纪60年代后期，镇府原址被利用为迁西县五金厂，后五金厂解散，镇府旧址闲置至今，现有部分居民居住其中。遗址内地表已无任何遗迹可循，居民生活生产活动过程中经常从地下挖出青砖、石柱础等遗物。现镇府内后期建有仿古碑亭一座，内存明代碑记四通、门额刻石一方，分别为《总兵都督李公边政碑记》《三屯总府题名碑记》《戚少保公功德碑记》《重建三屯营镇府碑记》、"巩京"门石刻门额。

相关遗迹、遗物：

1）三屯营"巩京"门石刻门额：原嵌于三屯营城西门上部，现存三屯营镇府碑亭内。门额为青石质，已残，约三分之一缺失，残长150厘米、宽86厘米、厚30厘米，四周饰卷草纹。门额中部双钩阴刻行书"巩京"二字，右侧为六行题记，题记首行为阴刻楷书，余为阴刻隶书，内容为："万历三年岁次乙亥、钦差整饬蓟州等……使齐丘辛应乾、钦差整饬蓟州等处地方……防王之弼、钦差……钦差……蓟州……王一鄂、钦差……"

2）三屯营镇府石狮：二只，青石质，现立于三屯营镇宝湖村村委会门前。狮身通高1.55米，底部为方形底座，底座宽0.78米、长0.95米，左侧石狮面部毁坏。

3）文字砖：三屯营城内民居，多为拆取城墙包砖建造，现民居墙上存有多处文字砖，调查中发现的文字砖主要有"万历三年右营造""万历三年天津营造""万历四年河南营春造""……德州营造""万历四年延绥营造""万历四年河南营造""万历伍年右营造"等。

16. 擦崖子口 1302273531011170016

擦崖子口是迁西长城最东端关口，位于太平寨镇擦崖子村，西南距县城27千米。《四镇三关志》载："洪武年建，通大川，各墩空通骑，冲；达摩谷、白草洼，通众骑，极冲。"

17. 城自岭口 1302273531011170017

位于太平寨镇城子岭村，西南距县城25千米。该关曾名城子峪关，《四镇三关志》载："城子峪关，弘治十三年建，通大川，平漫，通单骑，冲；迤东三墩空，山险，缓。"

18. 大岭寨口 1302273531011170018

位于太平寨镇大岭寨村东北，西南距县城25千米处。清河西支经此入迁西境，至太平寨村南与东支汇合。口门建于两山夹一沟的河道之上，被誉为长城第一窑的"左三窑"位于大岭寨关城处。

19. 榆木岭口 1302273531011170019

位于金厂峪镇榆木岭村，西南距县城30千米。横跨榆木岭沟南北，于谷底平漫处设置正门（水门）和便门两口门，该关古称"蓟北雄关"，四周群峰对峙，极为险峻，现为中国长城摄影基地。

20. 青山口 130227353101170020

位于上营乡上青山口村，西南距县城约 45 千米，关口现为豁口，处于两山之间的谷地，扼守交通要道。明洪武初大将徐达于此设关，万历年间重修。

21. 董家口 130227353101170021

位于上营乡董家口村，西南距县城 32 千米，长河经此入迁西境，口门横跨长河，关口两侧山势险峻，关里关外道路平阔，东西两侧之山对拱如门，形势险峻。此关为洪武初徐达始建，其后经数次修建。

22. 游乡口 130227353101170022

位于上营乡东贾庄子村龙凤沟村北 500 米处，西南距县城 32 千米，当地称为"洼子楼沟"。关口南北两侧山峰对拱，中间一条山路可通长城内外。

23. 铁门关 130227353101170023

位于滦阳镇铁门关村北，南距县城 31 千米。此关东西两山夹峙，奇峰对拱，状如铁门。两山之间自然形成狭窄的孔道，最窄处仅有四五十米宽，确有"一夫当关，万夫莫开"之势。

24. 喜峰口 130227353101170024

原址位于滦阳镇潘家口水库区内，南距县城 31 千米。关口两侧高山对拱、群峰矗立，地势极其险要，自古为兵家必争之险塞隘口。

25. 小喜峰口 130227353101170025

原址淹没于潘家口库区，南距县城 30 千米。《四镇三关志》载："小喜峰口关，洪武年建，正关东西稍城，通单骑，冲。"

26. 潘家口 130227353101170026

潘家口关，关口及关城已淹没于潘家口库区，原址南距县城 31 千米。此关位于两山壁立、一水中行的崖口。曾为河北平原通往东北的重要通道，历来为兵家必争之地。

27. 东城峪 130227353101170027

原址淹没于潘家口库区。《四镇三关志》载："东常谷关，洪武年建，通大川。正关、东稍城通单骑，冲；余通步，缓。"

28. 西城峪 130227353101170028

原址东临潘家口水库西城峪副坝处。《四镇三关志》载："西常谷关，洪武年建，正关口、东稍城、横岭墩各空，通单骑，冲；余通步，缓。"

29. 榨子庵关 130227353101170029

位于汉儿庄镇四楼沟村，东南距县城 35 千米，黑河经此入迁西境。

30. 三台山水关 130227353101170030

位于汉儿庄镇三台山村，俗称"黑河口"，处于东、西三台山之间的东段，黑河西岸。

31. 苏郎峪水关 130227353101170031

位于汉儿庄镇苏郎峪村西北 500 米处。关口两侧之山东缓而西险，一溪经此入关，狭窄难行。《四镇三关志》载："苏郎谷关，嘉靖十六年建，通步，缓。"

32. 龙井关 130227353101170032

位于汉儿庄镇龙井关村，东南距县城 31 千米。《四镇三关志》载："龙井儿关，洪武年建，通大川，正关口、河口、东西稍城、真武庙墩、椵木墩俱通骑，冲，余缓。"

遵化市

遵化市位于唐山市西北部，地理坐标：东经 117° 45′ 11″～118° 14′ 6″，北纬 39° 55′ 30″～40° 21′ 22″，县域东西长 53 千米，南北宽 43 千米，总面积 1521 平方千米。东与迁西县毗邻，南与丰润区、玉田县接壤，西与天津市蓟县毗邻，北与承德市兴隆县毗邻。距北京市 136 千米，距天津市 139 千米，距唐山市 65 千米，距石家庄 382 千米。

遵化市明长城分布在共 16 个乡镇。东接迁西县二道城子长城 2 段，西接天津市蓟县赤霞峪长城 8 段。

长城起点：小厂乡野鸡峪村东庄自然村东北 600 米处，坐标：东经 118° 06′ 58.60″，北纬 40° 21′ 20.70″，高程 372 米。

长城止点：东陵乡新立上海村西北约 2.4 千米处，坐标：东经 117° 34′ 01.10″，北纬 40° 11′ 20.20″，高程 887 米。

遵化市调查长城墙体 62 段，总长 68427 米；单体建筑 314 座，其中：敌台 249 座、马面 48 座、烽火台 15 座、水关（门）2 座；关堡 21 座；相关遗存 15 处。

（一）墙体

遵化市明长城墙体一览表（单位：米）

编号	认定编码	认定名称	类型	长度	保存程度				
					较好	一般	较差	差	消失
1	野鸡峪东庄长城 1 段	1302811382102170001	石墙	675		675			
2	野鸡峪东庄长城 2 段	1302811382103170002	砖墙	141			141		
3	野鸡峪东庄长城 3 段	1302811382102170003	石墙	378			378		
4	野鸡峪东庄长城 4 段	1302811382103170004	砖墙	617	256	361			
5	洪山口长城 1 段	1302811382102170005	石墙	485		268	217		
6	洪山口长城 2 段	1302811382103170006	砖墙	811	442	78	291		
7	洪山口长城 3 段	1302811382103170007	砖墙	97					97
8	洪山口长城 4 段	1302811382103170008	砖墙	813		556	257		
9	洪山口长城 5 段	1302811382102170009	石墙	2266		1698	568		
10	洪山口长城 6 段	1302811382103170010	砖墙	113			113		
11	南城子长城 1 段	1302811382102170011	石墙	3106		258	2848		
12	河口长城 1 段	1302811382103170012	砖墙	160			87	42	31

（续）

编号	认定编码	认定名称	类型	长度	保存程度				
					较好	一般	较差	差	消失
13	河口长城 2 段	1302813821031700 13	砖墙	61					61
14	河口长城 3 段	1302813821020140 14	石墙	1852	1215	228	355	54	
15	寨主沟长城 1 段	1302813821061700 15	山险	60	60				
16	双窑村长城 1 段	1302813821021700 16	石墙	3532	1686	1425	421		
17	马蹄峪长城 1 段	1302813821061700 17	山险	78	78				
18	马蹄峪长城 2 段	1302813821021700 18	石墙	275	275				
19	马蹄峪长城 3 段	1302813821061700 19	山险	347	347				
20	马蹄峪长城 4 段	1302813821021700 20	石墙	334		334			
21	马蹄峪长城 5 段	1302813821021700 21	石墙	158					158
22	马蹄峪长城 6 段	1302813821021700 22	石墙	551		264	273	14	
23	马蹄峪长城 7 段	1302813821031700 23	砖墙	126		126			
24	蔡家峪长城 1 段	1302813821021700 24	石墙	1450	370	571	509		
25	蔡家峪长城 2 段	1302813821021700 25	石墙	1031		893	82	24	32
26	甘查峪长城 1 段	1302813821021700 26	石墙	176					176
27	甘渣峪长城 2 段	1302813821021700 27	石墙	2164	677	799	688		
28	罗文峪长城 1 段	1302813821031700 28	砖墙	206			132	74	
29	罗文峪长城 2 段	1302813821031700 29	砖墙	97					97
30	罗文峪长城 3 段	1302813821021700 30	石墙	921	418	58	232	213	
31	罗文峪长城 4 段	1302813821031700 31	砖墙	83			83		
32	罗文峪长城 5 段	1302813821021700 32	石墙	3025	2167	664	119		75
33	后杖子长城 1 段	1302813821021700 33	石墙	5138	2721	398	2019		
34	沙坡峪长城 1 段	1302813821031700 34	砖墙	251	115	91	45		
35	沙坡峪长城 2 段	1302813821031700 35	砖墙	173					173
36	沙坡峪长城 3 段	1302813821021700 36	石墙	77		77			
37	沙坡峪长城 4 段	1302813821031700 37	砖墙	547		184	319	44	
38	沙坡峪长城 5 段	1302813821021700 38	石墙	3137	821	2112	150	54	
39	冷嘴头长城 1 段	1302813821031700 39	砖墙	168			168		
40	冷嘴头长城 2 段	1302813821031700 40	砖墙	107					107
41	冷嘴头长城 3 段	1302813821031700 41	砖墙	456			328	128	
42	冷嘴头长城 4 段	1302813821021700 42	石墙	3235		2543	692		
43	双义长城 1 段	1302813821021700 43	石墙	3610		3125	353	132	
44	大安口长城 1 段	1302813821031700 44	砖墙	154			154		
45	大安口长城 2 段	1302813821031700 45	砖墙	104					104
46	大安口长城 3 段	1302813821021700 46	石墙	5251	1100	2138	2013		
47	上关水库长城 1 段	1302813821031700 47	砖墙	239					239
48	平山寨长城 1 段	1302813821031700 48	砖墙	1704			1704		
49	平山寨长城 2 段	1302813821021700 49	石墙	1085	329	684	72		

（续）

编号	认定编码	认定名称	类型	长度	保存程度				
					较好	一般	较差	差	消失
50	平山寨长城3段	1302813821031700500	砖墙	528			528		
51	平山寨长城4段	130281382102170051	石墙	2068	410	1145	513		
52	马兰关长城1段	130281382103170052	砖墙	1720		93	1510	117	
53	马兰关长城2段	130281382102170053	砖墙	76					76
54	马兰关长城3段	130281382102170054	石墙	1007		121	285	601	
55	马兰关长城4段	130281382102170055	石墙	4677				4677	
56	西坡长城1段	130281382102170056	石墙	2041	827	694	520		
57	楦门子长城1段	130281382102170057	石墙	427					427
58	楦门子长城2段	130281382102170058	石墙	3732		141		3591	
59	上海长城1段	130281382106170059	山险	76	76				
60	上海长城2段	130281382102170060	石墙	250	110	46	94		
61	上海长城3段	130281382106170061	山险	178	178				
62	上海长城4段	130281382102170062	石墙	22		22			
合计	共62段：石墙32段，砖墙25段，山险5段			68427	14771	22777	18994	10136	1749
百分比（%）	100				21.64	33.36	27.82	14.85	2.56

类型：砖墙、石墙、土墙、山险墙、山险

保存程度：较好、一般、较差、差、消失

1. 野鸡峪东庄长城1段 130281382102170001

位于野鸡峪村东庄自然村东北 600 米处，起点坐标：东经 118° 06′ 58.60″，北纬 40° 21′ 20.70″，高程 372 米；止点坐标：东经 118° 06′ 42.60″，北纬 40° 21′ 09.10″，高程 387 米。

墙体长 675 米，其间设敌台 5 座，包括野鸡峪 01 ～ 05 号敌台。墙体残宽 2 ～ 2.4 米，残高 1.5 ～ 2.8 米。自然基础，墙体内外毛石砌筑，白灰勾缝，墙芯为土石混筑，顶部砖砌垛口墙及宇墙，地面砖墁。

登城步道：位于野鸡峪 01 号敌台北侧墙体内侧，毛石垒砌，已坍塌，残高 2.52 米，宽 1.9 米，残长 5.5 米。

墙体保存一般，形制较清晰。墙体内外侧均存多处坍塌，垛口墙、宇墙基本无存。墙顶长满杂草和各种小灌木，有少数的松树。

2. 野鸡峪东庄长城2段 130281382103170002

位于东庄自然村西北约 400 米处，起点坐标：东经 118° 06′ 42.60″，北纬 40° 21′ 09.10″，高程 387 米；止点坐标：东经 118° 06′ 23.70″，北纬 40° 21′ 06.40″，高程 396 米。

墙体长 141 米，宽 4.3 米，高 3.7 米。立面为三段式，下段条石基础，白灰砌筑，白灰勾缝；中段城砖包砌，白灰砌筑，白灰勾缝，墙芯为土石混筑；上段设砖砌垛口墙。地面墁砖。

墙体保存较差，形制较清晰。外侧包砖保存较好，内侧包砖有少量坍塌，顶部设施基本无存，墙体顶部长满杂草和各种小灌木。

3. 野鸡峪东庄长城3段 130281382102170003

位于东庄自然村西北约700米处，起点坐标：东经118°06′37.00″，北纬40°21′08.30″，高程382米；止点坐标：东经118°06′23.70″，北纬40°21′06.40″，高程396米。

墙体长378米，其间设敌台3座，包括野鸡峪06～08号敌台。墙体残宽3.7米，残高3.7～4.2米，自然基础，墙体内外毛石砌筑，白灰勾缝，墙芯为土石混筑，顶部设施形制无法辨别。

墙体保存较差，形制不清晰。墙体外侧保存较好，内侧坍塌严重，墙顶设施无存。

4. 野鸡峪东庄长城4段 130281382103170004

位于东庄自然村西北约500米处，起点坐标：东经118°06′23.70″，北纬40°21′06.40″，高程396米；止点坐标：东经118°06′04.90″，北纬40°21′14.30″，高程438米。

墙体长617米，其间设敌台2座、马面1座，包括野鸡峪08～09号敌台、野鸡峪01号马面。墙体宽4.6米，高4.2米。立面为三段式，下段条石基础，白灰砌筑，白灰勾缝，露明2层；中段城砖包砌，白灰砌筑，白灰勾缝，墙芯土石混筑；中段与上段间设一层拔檐分隔；上段内外设砖砌垛口墙，高1.9米，宽0.26～0.47米，厚0.44米，垛口间墙距2.65米，两垛口之间中部下方望孔，高0.3米，宽0.21米，上为一块预制望孔砖，上饰"～"形花纹。顶部地面方砖海墁，方砖规格0.37米×0.37米×0.09米。

墙体设登城步道2座。

登城步道01：位于野鸡峪09敌台北侧15米处的墙体内侧，保存较好。于墙体上砌一砖券门，下为一层条石基础，厚0.39米，上为砖砌，门宽0.8米，高2.1米，门墙厚0.38米，起券方式为一伏一券，已残。内为门洞，门洞宽1米，门洞进深0.58米。内为西向东向登城步道，阶已残，为砖砌。

登城步道02：位于野鸡峪09号敌台南侧墙体，保存一般，为南北向依墙体内侧而建，阶宽0.96米，外有护墙，仅存墙基，阶总宽1.2米，阶高0.3米，进深0.26米，台阶为砖砌，下为一卧砖，上为一陡砖，砌砖残破严重，但形制清晰。

墙体按照保存现状分为2段。第1段保存一般，长361米，起点坐标：东经118°06′23.7″，北纬40°21′06.4″，高程396米；止点坐标：东经118°06′09.9″，北纬40°21′07.1″，高程415米。墙体局部段落坍塌，外侧包砖脱落严重，风化酥碱最深处达0.25米，顶部残存部分墁地方砖。第2段保存较好，长256米，起点坐标：东经118°06′09.9″，北纬40°21′07.1″，高程415米；止点坐标：东经118°06′04.9″，北纬40°21′14.3″，高程438米。墙体保存较好，垛口墙局部缺失，顶部残存部分墁地方砖。

5. 洪山口长城1段 130281382102170005

位于东庄自然村西北约1.2千米处，起点坐标：东经118°06′04.90″，北纬40°21′14.30″，高程438米；止点坐标：东经118°05′47.80″，北纬40°21′11.00″，高程475米。

墙体长485米，其间设敌台1座、马面1座，包括洪山口01号敌台、洪山口01号马面。墙体顶宽2.3米，外侧残高2.3米，内侧残高1.3米，自然基础，墙体内外毛石干槎砌筑，墙芯为土石混筑，顶部设施形制无法辨别，地面城砖墁地。

　　墙体按照保存现状分为 2 段。第 1 段保存较差，长 217 米，起点坐标：东经 118° 06′ 04.9″，北纬 40° 21′ 14.3″，高程 438 米；止点坐标：东经 118° 05′ 47.8″，北纬 40° 21′ 11.0″，高程 475 米。墙体大部已坍塌，坐落于最高峰上，顶部存砖墁残迹，上长满杂草，外侧为茂密的灌木丛，内侧为荆棘和小灌木。第 2 段保存一般，长 268 米，内、外侧已大部坍塌，存小段落完好，墙体顶部存少量砖墁，长有少量杂草和小灌木。

6. 洪山口长城 2 段 130281382103170006

　　位于洪山口村东北约 900 米处，起点坐标：东经 118° 05′ 47.80″，北纬 40° 21′ 11.00″，高程 475 米；止点坐标：东经 118° 05′ 16.80″，北纬 40° 21′ 09.10″，高程 226 米。

　　墙体长 811 米，其间设敌台 2 座、烽火台 1 座，包括洪山口 02 ～ 03 号敌台、洪山口 01 号烽火台。墙体宽 4.4 米，外侧高 4.3 米，内侧残高 2.5 米。立面为三段式，下段条石基础，白灰砌筑，白灰勾缝；中段城砖包砌，白灰砌筑，白灰勾缝，墙芯土石混筑；中段与上段间设一层拔檐分隔；上段内外设砖砌垛口墙，厚 0.41 米。顶部地面青砖海墁。

　　墙体设登城步道 1 座：位于洪山口 01 号敌台东南侧 312 米处的墙体内侧，已全部坍塌，门为砖砌，上部券已毁，残高 1.08 米，口宽 0.86 米，门内台阶已毁。下为一层条石基础，厚 0.39 米，上为砖砌，门宽 0.8 米，残高 2.1 米，门墙厚 0.38 米，门起券方式为一伏一券，已残。内为门洞，门洞宽 1 米，门洞进深 0.58 米。内为西向东向登城步道，阶已残，为砖砌。

　　墙体按照保存现状分为 3 段。第 1 段：保存较好，长 442 米，起点坐标：东经 118° 05′ 47.8″，北纬 40° 21′ 11.0″，高程 475 米；止点坐标：东经 118° 05′ 30.8″，北纬 40° 21′ 05.5″，高程 325 米。墙体外包砖保存较好，局部保存有垛口墙，墙体顶部存少量砖墁，外侧为茂密的灌木丛，内侧为荆棘和小灌木。第 2 段：保存一般，长 78 米，起点坐标：东经 118° 05′ 30.8″，北纬 40° 21′ 05.5″，高程 325 米；止点坐标：东经 118° 05′ 28.2″，北纬 40° 21′ 05.5″，高程 296 米。内侧墙体已全部坍塌，外侧保存较好，墙体顶部设施无存。墙体顶部长有少量毛草和灌木。墙体内、外两侧为悬崖峭壁，沟壑交错，长满松林、杏树及荆棘。第 3 段：保存较差，长 291 米，起点坐标：东经 118° 05′ 28.2″，北纬 40° 21′ 05.5″，高程 296 米；止点坐标：东经 118° 05′ 16.8″，北纬 40° 21′ 09.1″，高程 226 米，内外侧包砖已基本全无，仅存顶宽 1 ～ 3 米，高 4 米的一条土硬。内外皆成大漫坡状，且长满杂草和小灌木，再向西为一条自然河谷，墙体基址无存。

7. 洪山口长城 3 段 130281382103170007

　　位于洪山口村北约 700 米处，起点坐标：东经 118° 05′ 16.80″，北纬 40° 21′ 09.10″，高程 226 米；止点坐标：东经 118° 05′ 13.30″，北纬 40° 21′ 10.60″，高程 262 米。

　　墙体长 97 米，位于一条自然河谷中，现已基址无存，据调查当地居民，此处原建有一个关口，名"双松关"，现已基址无存。现河谷中有一条遵化市小厂乡洪山口村通往兴隆县三道河乡的乡间公路，谷中有一条小河。

8. 洪山口长城 4 段 130281382103170008

　　位于洪山口村北约 700 米处，起点坐标：东经 118° 05′ 13.30″，北纬 40° 21′ 10.60″，高程 262 米；止

点坐标：东经118° 04′ 49.00″，北纬40° 21′ 10.90″，高程347米。

墙体长813米，其间设敌台4座、马面1座，包括洪山口04～07号敌台、洪山口04马面。墙体顶部宽4～4.2米，残高3.2～4.6米。立面为三段式，下段条石基础，白灰砌筑，白灰勾缝，高0.33～0.42米；中段城砖包砌，白灰砌筑，白灰勾缝，厚0.9米，城砖规格：长0.37米，宽0.18米，厚0.1米，墙芯土石混筑；中段与上段间设一层拔檐分隔；上段内外设砖砌垛口墙，残高0.5～1.1米，垛墙厚0.4米。顶部地面青砖海墁。

墙体设登城步道2座。

登城步道01：位于洪山口06号敌台西南侧，保存状况较差，已全部坍塌，仅存门口，宽2.49米，具体建筑形制不详。

登城步道02：位于洪山口02号马面西侧13米处的墙体内侧，保存状况较差，已全毁，直接砌于墙体上，宽1.2米，外侧存石砌阶3层，已残毁。

墙体按照保存现状分为2段。第1段保存较差，长257米，外侧包砖基本无存，内侧墙体，坍塌严重，保存较差，北侧为板栗园，南侧为一条深沟，内长有荆条、杂树。第2段保存一般，长556米，内外墙体存有小段落坍塌，墙体顶部设施已无存，仅洪山口07号敌台北侧保存一段长12米的垛口墙，墙体顶部长有杂草和小灌木，有小松树10余棵，墙体外侧为板栗园和小片松林，内侧为陡坡，长满灌木及杂草。

9. 洪山口长城5段 1302813821102170009

位于洪山口村西北约1千米处，起点坐标：东经118° 04′ 49.00″，北纬40° 21′ 10.90″，高程347米；止点坐标：东经118° 03′ 57.60″，北纬40° 20′ 24.70″，高程349米。

墙体长2266米，其间设敌台8座、马面3座，包括洪山口08～15号敌台、洪山口03～05号马面。墙体顶宽3.3～4.3米，高3.2米。自然基础，墙体内外毛石砌筑，白灰勾缝，墙芯为土石混筑。墙顶内外设砖砌垛口墙，残高0.8～1.1米，宽0.54米，垛口墙下部设望孔，望孔内口宽0.42米，高0.44米，外口宽0.25米。地面城砖墁地。

墙体设登城步道8座。

登城步道01：位于洪山口03号马面北侧12米处。已全部坍塌，为砖砌。

登城步道02：位于洪山口03号马面南侧，为砖砌，于墙体内侧设南北双向登城步道，台阶已全毁，只存砖券门，保存较好，门宽0.77米，门残高1.6米，起券方式为一伏一券。

登城步道03：位于洪山口08号敌台西南侧15米处存一登城步道，砌于墙体上，已全部坍塌，被坍塌的碎砖所填埋。

登城步道04：位于洪山口04号马面东北侧15米处，已全部坍塌，为砖砌。

登城步道05：位于洪山口09号敌台西侧12米处，已全部坍塌，为砖砌。

登城步道06：位于洪山口10号敌台东侧存一登城券门，保存较差，砌于墙体上，已全部坍塌，残长3.1米，宽1.05米，券门保存较好，起券方式为一伏一券，门口宽0.83米，门高1.36米，门内台阶已全毁。

登城步道07：位于洪山口05号马面南侧。已全部坍塌，为石砌，存5阶，残长3.4米，残高3.8米，阶宽1.25米。

登城步道08：位于洪山口15号敌台南侧5米处，已坍塌，残长2.7米，阶宽1.7米，阶残高3.9米，紧邻墙体而建，为南北向。

墙体按照保存现状分为3段。第1段保存一般，长793米，起点坐标：东经118°04′49.00″，北纬40°21′10.90″，高程347米，止点坐标：东经118°04′18.30″，北纬40°21′04.40″，高程387米。墙体存有小段落坍塌，残存垛口墙基础。墙体外侧为板栗园和小片松林，内侧为陡坡，长满灌木及杂草，有小块板栗园，墙体顶部长有杂草和小灌木。第2段保存较差，长568米，起点坐标：东经118°04′18.30″，北纬40°21′04.40″，高程387米；止点坐标：东经118°04′05.80″，北纬40°20′50.80″，高程395米。墙体已坍塌成石埂状。墙体顶部长有杂草和小灌木。第3段保存一般，长905米，起点坐标：东经118°04′05.80″，北纬40°20′50.80″，高程395米；止点坐标：东经118°03′57.60″，北纬40°20′24.70″，高程349米。墙体内侧坍塌严重，外侧存有小段落的坍塌，墙顶长满杂草和小灌木。

10. 洪山口长城6段 1302813821031700010

位于洪山口村西南约2.1千米处，起点坐标：东经118°03′57.60″，北纬40°20′24.70″，高程349米；止点坐标：东经118°03′55.00″，北纬40°20′22.60″，高程355米。

墙体长113米，其间设马面1座，为洪山口06号马面。墙体顶宽3.1～3.8米，残高5米。基础掩埋无法辨别，墙体城砖包砌，白灰勾缝，墙芯为土石混筑，顶部设施无存。

墙体保存较差，内侧已基本全部坍塌，墙体顶部杂草滋生。

11. 南城子长城1段 1302813821021700011

位于洪山口村西南约2.1千米处，起点坐标：东经118°03′55.00″，北纬40°20′22.60″，高程355米；止点坐标：东经118°03′22.50″，北纬40°19′08.70″，高程411米。

墙体长3106米，其间设敌台3座、马面9座，包括南城子01～02号敌台、河口01号敌台、洪山口07～09号马面、南城子01～10号马面。墙体顶宽2.4米，外侧残高2.9米，内侧残高2.6米。自然基础，墙体内外毛石砌筑，白灰勾缝，墙芯为土石混筑。墙顶外设石砌垛口墙，残高0.9米，宽0.95米。

墙体按照保存现状分为3段。第1段保存较差，长1593米，起点坐标：东经118°03′55.0″，北纬40°20′22.6″，高程355米；止点坐标：东经118°03′55.4″，北纬40°19′38.4″，高程407米。墙体大部坍塌，仅保存小段落。第2段保存一般，长258米，起点坐标：东经118°03′55.4″，北纬40°19′38.4″，高程407米；止点坐标：东经118°03′52.8″，北纬40°19′30.6″，高程414米。墙体存有小段落坍塌，顶部残存石砌垛口墙。第3段保存较差，长1255米，起点坐标：东经118°03′52.8″，北纬40°19′30.6″，高程414米；止点坐标：东经118°03′22.5″，北纬40°19′08.7″，高程411米。墙体全部坍塌，仅存墙体基址。

12. 河口长城1段 1302813821031700012

位于河口自然村东北约400米处，起点坐标：东经118°03′22.50″，北纬40°19′08.70″，高程411米；

止点坐标：东经 118° 03′ 16.00″，北纬 40° 19′ 07.60″，高程 367 米。

墙体长 160 米，宽 1 ～ 3 米，残高 4 米。墙体城砖包砌，墙芯为土石混筑。

墙体整体保存较差，外包砖基本无存，墙芯裸露。

13. 河口长城 2 段 1302813821103170013

位于河口自然村东北约 300 米处，起点坐标：东经 118° 03′ 16.00″，北纬 40° 19′ 07.60″，高程 367 米；止点坐标：东经 118° 03′ 14.10″，北纬 40° 19′ 06.30″，高程 395 米。

墙体长 61 米，墙体基址无存，现为河口村通往兴隆县小黑峪沟村的乡间公路从中穿过。

14. 河口长城 3 段 1302813821102170014

位于河口自然村北约 300 米处，起点坐标：东经 118° 03′ 14.10″，北纬 40° 19′ 06.30″，高程 395 米；止点坐标：东经 118° 02′ 15.00″，北纬 40° 18′ 37.00″，高程 718 米。

墙体长 1852 米，其间设敌台 5 座、马面 2 座，包括河口 02 ～ 03 号敌台、寨主沟 01 ～ 03 号敌台、河口 01 ～ 02 号马面。墙体顶宽 1.7 ～ 2.6 米，外侧残高 3.25 米，内侧残高 2.1 米。自然基础，墙体内外毛石砌筑，白灰勾缝，墙芯为土石混筑。墙顶外侧设石砌垛口墙，残高 1.46 米，宽 0.6 ～ 1 米，内侧无设施。地面块石铺墁。

墙体设登城步道 3 座。

登城步道 01：位于河口 01 号马面西南侧约 55 米的墙体内侧，直接于墙体上开口砌阶，为毛石垒砌，台阶宽 0.7 米，阶高 0.25 米，进深 0.3 米，残存 2 阶。

登城步道 02：位于寨主沟 02 号敌台西南角处，于山体岩石上直接开凿，存 3 阶，由下至上，第 1 阶：阶高 0.28 米，进深 0.09 米；第 2 阶：阶高 0.2 米，进深 0.13 米；第 3 阶：阶高 0.2 米。

登城步道 03：位于寨主沟 03 号敌台西侧 43 米处的墙体内侧，于墙体上开口砌阶，阶为石砌，墙体内存 6 阶，墙体外存 3 阶，阶高 1.5 米，口宽 0.7 米，阶宽 0.17 米，阶高 0.2 米。

墙体按照保存现状分为 5 段。第 1 段保存差，长 54 米，位于东经 118° 03′ 14.1″，北纬 40° 19′ 06.3″，至东经 118° 03′ 12.8″，北纬 40° 19′ 04.9″，墙体基本无存仅存外侧几块条石基础，其建筑形制不详。第 2 段保存较差，长 355 米，位于东经 118° 03′ 12.8″，北纬 40° 19′ 04.9″，至东经 118° 03′ 02.9″，北纬 40° 18′ 57.4″，墙体坍塌严重，局部位置残存垛口墙，墙体顶部长满杂草和少量小灌木，内外侧皆有栗树园。第 3 段保存较好，长 1081 米，位于东经 118° 03′ 02.9″，北纬 40° 18′ 57.4″，至东经 118° 02′ 28.2″，北纬 40° 18′ 41.3″，墙体存小段落的坍塌，但总体保存较好，外侧垛口墙，断续坍塌，墙体顶部长满杂草。第 4 段保存一般，长 228 米，位于寨主沟 02 号敌台至寨主沟 01 号马面之间，墙体内外侧有小段落的坍塌现象，墙体顶部设施已大多无存，顶部长满杂草和小灌木，两侧为陡坡和悬崖，长有茂密的小灌木丛。第 5 段保存较好，长 134 米，位于东经 118° 02′ 20.6″，北纬 40° 18′ 37.2″，至东经 118° 02′ 15.00″，北纬 40° 18′ 37.00″，局部存有小段落的坍塌，墙体顶部长满杂草，内侧为悬崖，外侧为陡坡。

15. 寨主沟长城 1 段 1302813821106170015

位于寨主沟村西北约 1.3 千米处，起点坐标：东经 118° 02′ 15.00″，北纬 40° 18′ 37.00″，高程 718 米；

止点坐标：东经 118° 02′ 12.80″，北纬 40° 18′ 37.00″，高程 743 米。

山险长 60 米，利用自然山体岩石为墙体，山势陡峭，墙体两侧植被多为低矮杂草和灌木。

16. 双窑村长城 1 段 1302813821021700016

位于寨主沟村西北约 1.3 千米处，起点坐标：东经 118° 02′ 12.80″，北纬 40° 18′ 37.00″，高程 743 米；止点坐标：东经 118° 00′ 23.70″，北纬 40° 17′ 45.20″，高程 476 米。

墙体长 3832 米，其间设敌台 8 座、马面 2 座，包括寨主沟 04 号敌台、双窑 01 ～ 07 敌台、双窑 01 ～ 02 号马面。墙体顶宽 2.8 米，外侧残高 3 米，内侧残高 2.4 米。自然基础，墙体内外毛石砌筑，白灰勾缝，墙芯为土石混筑。墙顶外侧设石砌垛口墙，残高 1.2 米，宽 1.1 米，内侧无设施。地面块石铺墁。

墙体设登城步道 1 座：位于寨主沟 04 号敌台西南 500 米的墙体内侧，宽 0.57 米，进深 0.16 米，阶高 0.1 米，为不规则毛石砌筑。

墙体按照保存现状分为 9 段。第 1 段保存较差，长 59 米，位于双窑村长城 1 段起点至寨主沟 04 号敌台之间，大部分坍塌。第 2 段保存较好，长 576 米，位于东经 118° 02′ 10.8″，北纬 40° 18′ 36.1″，749 米至东经 118° 02′ 06.1″，北纬 40° 18′ 19.8″，墙体形制基本完整，存有小段落的坍塌。第 3 段保存较差，长 142 米，位于：东经 118° 02′ 06.1″，北纬 40° 18′ 19.8″，至东经 118° 02′ 00.4″，北纬 40° 18′ 19.0″，墙体全部坍塌成石埂状。第 4 段保存一般，长 65 米，位于东经 118° 02′ 00.4″，北纬 40° 18′ 19.0″，至东经 118° 01′ 58.0″，北纬 40° 18′ 18.0″，墙体小段落坍塌，垛口墙大部坍塌、地面保存较好。第 5 段保存较差，长 220 米，位于东经 118° 01′ 58.0″，北纬 40° 18′ 18.0″，至东经 118° 01′ 50.8″，北纬 40° 18′ 14.0″，基本全毁。第 6 段保存较好，长 197 米，位于双窑 01 号马面至双窑 01 号敌台之间墙体，局部也有小段落的坍塌、残存垛口墙。第 7 段保存一般，长 803 米，位于东经 118° 01′ 43.4″，北纬 40° 18′ 13.2″，至东经 118° 01′ 16.5″，北纬 40° 18′ 01.7″，墙体局部也有小段落的坍塌，部长满杂草和小灌木，两侧为陡坡和悬崖，长有茂密的小灌木丛和少数的小松树。第 8 段保存较好，长 913 米，位于双村 04 号敌台至双窑 07 号敌台之间，墙体存有小段落的坍塌，垛口墙局部缺失，地面石局部缺失，顶部设有台阶，阶高 0.25 ～ 0.3 米，阶宽 0.2 ～ 0.3 米，为石砌，存 11 阶，顶部长满少量杂草，两侧为陡坡和悬崖，长有茂密的小灌木丛。第 9 段保存一般，长 557 米，位于双窑 07 号敌台至马蹄峪长城 1 段起点之间，墙体局部坍塌，垛口墙残存，顶部长满少量杂草和小灌木，两侧为陡坡和悬崖，长有茂密的小灌木丛。

17. 马蹄峪长城 1 段 130281382106170017

位于马蹄峪村东北约 1.7 千米处，起点坐标：东经 118° 00′ 23.70″，北纬 40° 17′ 45.20″，高程 476 米；止点坐标：东经 118° 00′ 20.40″，北纬 40° 17′ 45.10″，高程 450 米。

山险长 78 米，利用自然山体岩石为墙体，山势陡峭，墙体两侧植被多为低矮杂草和灌木。

18. 马蹄峪长城 2 段 130281382102170018

位于马蹄峪村东北约 1.7 千米处，起点坐标：东经 118° 00′ 20.40″，北纬 40° 17′ 45.10″，高程 450 米；止点坐标：东经 118° 00′ 13.00″，北纬 40° 17′ 39.00″，高程 479 米。

墙体长 275 米，其间设敌台 1 座、马面 2 座，为双窑 08 敌台。墙体顶宽 3.1 米，外侧高 4.62 米，内侧高 3.87 米。自然基础，墙体内外毛石砌筑，白灰勾缝，墙芯为土石混筑。墙顶外侧设石砌垛口墙，残高 0.8 米，宽 0.4 米，内侧无设施，垛口墙下设望孔，望孔内口高 0.45 米，宽 0.4 米，深 0.9 米，外口宽 0.15 米，高 0.15 米。地面块石铺墁。

墙体设登城步道 1 座：位于双窑 08 号敌台西南 91 处的墙体内侧，直接砌于墙体上，存 6 阶，阶高 0.1～0.25 米，阶进深 0.2～0.35 米，阶总长 1.3 米。

墙体保存较好，内侧墙体有小段落坍塌，垛口墙有小段落残损。墙体两侧为陡坡和悬崖，长有茂密的小灌木丛，有小片松树林。

19. 马蹄峪长城 3 段 130281382106170019

位于马蹄峪村东北约 1.4 千米处，起点坐标：东经 118° 00′ 13.00″，北纬 40° 17′ 39.00″，高程 479 米；止点坐标：东经 117° 59′ 58.90″，北纬 40° 17′ 37.80″，高程 375 米。

山险长 347 米，利用自然山体岩石为墙体，山势陡峭，墙体两侧植被多为低矮杂草和灌木。

20. 马蹄峪长城 4 段 130281382102170020

位于马蹄峪村东北约 1.3 千米处，起点坐标：东经 117° 59′ 58.90″，北纬 40° 17′ 37.80″，高程 375 米；止点坐标：东经 117° 59′ 52.50″，北纬 40° 17′ 31.10″，高程 228 米。

墙体长 334 米，其间设烽火台 1 座，为马蹄峪 01 号烽火台。墙体顶宽 3.2 米，高 2.9 米。自然基础，墙体内外毛石砌筑，白灰勾缝，墙芯为土石混筑。墙顶外侧设石砌垛口墙，残高 1.25 米，宽 0.63 米，内侧无设施。地面块石铺墁。

墙体整体保存一般，顶部垛口墙有小段落坍塌，墙体两侧为悬崖峭壁，长有茂密的灌木丛。

21. 马蹄峪长城 5 段 130281382102170021

位于马蹄峪村东北约 1 千米处，起点坐标：东经 117° 59′ 52.50″，北纬 40° 17′ 31.10″，高程 228 米；止点坐标：东经 117° 59′ 47.40″，北纬 40° 17′ 29.10″，高程 206 米。

墙体长 158 米，已无存，所处为一条自然山谷，谷中有一条小河穿过。山谷东侧有一条马蹄峪村通往兴隆县开庄的乡间公路，呈南北向穿过长城墙体基址。

22. 马蹄峪长城 6 段 130281382102170022

位于马蹄峪村东北约 1 千米处，起点坐标：东经 117° 59′ 47.40″，北纬 40° 17′ 29.10″，高程 206 米；止点坐标：东经 117° 59′ 26.70″，北纬 40° 17′ 32.90″，高程 384 米。

墙体长 551 米，其间设敌台 4 座，包括马蹄峪 03～06 号敌台。墙体顶宽 2.85 米，外侧高 3.3 米，内侧高 3.2 米。自然基础，墙体内外毛石砌筑，白灰勾缝，毛石规格：长 1.5 米，宽 0.55～1 米，墙芯为土石混筑。墙顶外侧设石砌垛口墙，残高 0.6 米，宽 0.85 米，内侧无设施。地面块石铺墁。

墙体设登城步道 4 座。

登城步道 01：位于马蹄峪 04 号敌台东侧，为石砌，紧邻墙体内侧而建，已大部坍塌，残存四阶，台阶残长 1.6 米，阶高 0.4 米，阶宽 0.35 米。

登城步道 02：位于马蹄峪 05 号敌台东侧，为石砌，紧邻墙体内侧而建，为东西方向，已大部坍塌，残长 4.5 米，宽 1.3 米，阶宽 0.35 米，阶高 0.3 米，总高 3.5 米。

登城步道 03：位于马蹄峪 05 号敌台西侧，台阶已全毁，为石砌，阶数不详，长满灌木荆棘，残宽 1.55 米，残高 1.9 米，为西向东向。

墙体按照保存现状分为 3 段。第 1 段保存差，长 14 米，位于马蹄峪长城 6 段起点至马蹄峪 03 号敌台之间，已坍塌成石埂状。第 2 段保存一般，长 264 米，位于东经 117° 59′ 47.0″，北纬 40° 17′ 28.8″，至东经 117° 59′ 36.4″，北纬 40° 17′ 29.4″，墙体内外侧均有小段落的坍塌，顶部残存垛口墙基础，两侧均为陡坡。第 3 段保存较差，长 273 米，位于东经 117° 59′ 36.4″，北纬 40° 17′ 29.4″，至东经 117° 59′ 26.7″，北纬 40° 17′ 32.9″，内外侧均有大段落的坍塌，垛口墙已无存。墙体两侧长有茂密的小灌木，有小片的松树林。

23. 马蹄峪长城 7 段 1302813382103170023

位于马蹄峪村东北约 1.2 千米处，起点坐标：东经 117° 59′ 26.70″，北纬 40° 17′ 32.90″，高程 384 米；止点坐标：东经 117° 59′ 22.00″，北纬 40° 17′ 31.40″，高程 373 米。

墙体长 126 米，其间设敌台 1 座、烽火台 1 座，包括蔡家峪 01 号敌台、蔡家峪 01 号烽火台。墙体顶宽 4.5 米，外侧高 3.5 米，内侧高 2.5 米。自然基础，墙体内外城砖砌筑，白灰勾缝，墙芯为土石混筑。墙顶设砖砌垛口墙，地面城砖铺墁。

墙体保存一般，墙体内外侧均有小段落的坍塌，垛口墙残存部分基础，墁砖地面基本无存。墙体两侧长有茂密的小灌木，有小片的松树林。

24. 蔡家峪长城 1 段 130281382102170024

位于蔡家峪村东北约 800 米的山脊上，起点坐标：东经 117° 59′ 22.00″，北纬 40° 17′ 31.40″，高程 373 米；止点坐标：东经 117° 58′ 33.30″，北纬 40° 17′ 36.20″，高程 199 米。

墙体长 1450 米，其间设敌台 5 座、马面 2 座、烽火台 2 座，包括蔡家峪 02、03、05、06 号和蔡家峪村 04 号敌台，蔡家峪 01 ~ 02 号马面、蔡家峪 02 ~ 03 号烽火台。墙体顶宽 3 米，外侧高 3.5 米，内侧高 2.9 米。自然基础，墙体内外毛石砌筑，白灰勾缝，毛石规格：长 1.5 米，宽 0.55 ~ 1 米，墙芯为土石混筑。墙顶外侧设石砌垛口墙，白灰勾缝，残高 0.5 米，宽 0.9 米，内侧无设施。地面块石铺墁。

墙体设登城步道 3 座。

登城步道 01：位于西至蔡家峪 02 号东北 15 米处的墙体内侧，已坍塌，残宽 1.3 米，为石砌，紧邻墙体内侧而建。

登城步道 02：位于蔡家峪 02 号敌台西侧，紧邻台体的墙体内侧，于山体崖石上开凿，风化严重。

登城步道 03：位于蔡家峪 04 号敌台北侧，为石砌，于墙体内侧而建，已坍塌，残宽 1.4 米，残长 2.5 米，残高 1.4 米。

墙体按照保存现状分为 4 段。第 1 段保存较好，长 370 米，位于蔡家峪 01 ~ 03 号敌台之间，墙体保存较好，垛口墙局部缺失。墙体两侧长有茂密的小灌木，有小片的松树林。第 2 段保存较差，长 278 米，位于东经 117° 59′ 08.5″，北纬 40° 17′ 26.8″，至东经 117° 58′ 57.7″，北纬 40° 17′ 28.5″，墙体坍塌严重，垛口墙基本无存。第 3 段保存一般，长 571 米，位于东经 117° 58′ 57.7″，北纬

40° 17′ 28.5″，至东经 117° 58′ 42.8″，北纬 40° 17′ 34.8″，墙体内外侧均有小段落的坍塌，砌垛口墙，坍塌严重，保存约三分之一，体两侧长满杂草和小灌木，外侧有小片松树林。第 4 段保存较差，长231 米，位于蔡家峪 02 号马面至蔡家峪 06 号敌台之间，墙体已基本全部坍塌，仅存极小段落。墙体两侧为小片松树林和栗树园。

25. 蔡家峪长城 2 段 130281382102170025

位于蔡家峪村西北约 900 米的山谷东侧，起点坐标：东经 117° 58′ 33.30″，北纬 40° 17′ 36.20″，高程199 米；止点坐标：东经 117° 57′ 55.20″，北纬 40° 17′ 30.30″，高程 220 米。

墙体长 1031 米，其间设敌台 5 座、烽火台 1 座，包括蔡家峪 07 ～ 08 敌台、甘渣峪 01 ～ 03 号敌台、蔡家峪 04 号烽火台。墙体顶宽 3.1 米，外侧高 4.5 米，内侧高 2.6 米。自然基础，墙体内外毛石砌筑，白灰勾缝，墙芯为土石混筑。墙顶外侧设石砌垛口墙，白灰勾缝，残高 1.4 米，宽 0.9 米，内侧无设施，垛口墙下部设望孔，高 0.4 米，宽 0.45 米。地面块石铺墁。

墙体整体保存一般，局部地段坍塌，墙体消失 32 米，垛口墙局部残存，地面大部分缺失，顶面杂草滋生，墙体外侧长有茂密的小灌木，内侧为栗树园。

26. 甘查峪长城 1 段 130281382102170026

位于甘查峪村北约 400 米的山谷东侧，起点坐标：东经 117° 57′ 55.20″，北纬 40° 17′ 30.30″，高程224 米；止点坐标：东经 117° 57′ 47.80″，北纬 40° 17′ 30.40″，高程 168 米。

墙体长 176 米，已消失，所处为一条自然山谷，谷中有一条小河。山谷东侧有一条甘查峪村通往兴隆县的乡间公路，呈南北向穿过长城墙体基址。

27. 甘渣峪长城 2 段 130281382102170027

位于甘渣峪村北约 400 米的山谷西侧，起点坐标：东经 117° 57′ 47.80″，北纬 40° 17′ 30.40″，高程168 米；止点坐标：东经 117° 57′ 00.80″，北纬 40° 16′ 53.20″，高程 201 米。

墙体长 2164 米，其间设敌台 9 座、烽火台 1 座，包括甘渣峪 04 ～ 10 号敌台、罗文峪 01 ～ 04 号敌台、罗文峪 01 号烽火台。墙体顶宽 3.6 米，外侧高 5.6 米，内侧高 2.1 米。自然基础，墙体内外毛石砌筑，白灰勾缝，厚 0.39 ～ 0.65 米，墙芯为土石混筑。墙顶外侧设石砌垛口墙，白灰勾缝，残高 1.85米，宽 0.7 米，内侧无设施，垛口墙下部设望孔，高 0.4 米，宽 0.4 米。地面片石铺墁，厚 0.1 ～ 0.2 米，白灰膏勾缝，地面陡峭段落横向立栽拦水石，厚 0.1 米，凸出地面 0.1 米。

墙体设登城步道 2 座。

登城步道 01：位于东经 117° 57′ 45.8″，北纬 40° 17′ 31.6″，高程 214 米，位于墙体内侧，与长城墙体垂直相接，为毛石砌，残长 3.16 米，下半部已坍塌，存上半部 6 阶，阶高 0.1 ～ 0.2 米，进深0.25 ～ 0.3 米，宽 1.8 米，为南北向，阶残高 1.6 米。

登城步道 02：位于甘渣峪 09 号敌台东侧的墙体内侧存有登城步道一个，已残毁，尺寸无法辨别。

墙体按照保存现状分为 5 段。第 1 段保存较差，长 219 米，位于东经 117° 57′ 47.80″，北纬40° 17′ 30.40″，至东经 117° 57′ 41.9″，北纬 40° 17′ 32.8″，坍塌严重，仅存极小段落，墙体顶部设施无存。第 2 段保存较好，长 677 米，位于甘渣峪 04 ～ 07 号敌台之间，墙体保存较好，外侧垛口墙存在不同程度的坍塌现象。第 3 段保存一般，长 423 米，位于东经 117° 57′ 32.0″，北纬 40° 17′ 15.4″，至东经 117° 57′ 15.4″，北纬 40° 17′ 13.9″，墙体局部坍塌，垛口墙坍塌严重，仅存少部分墙基。两侧山势较为平缓，外侧山坡上种有板栗。第 4 段保存较差，长 469 米，位于东经 117° 57′ 15.4″，北纬 40° 17′ 13.9″，至东经 117° 57′ 04.9″，北纬 40° 17′ 02.1″，墙体内外侧有坍塌现象，顶部垛口墙不存，墙顶及四周长有杂草、小灌木，两侧山势较为平缓，墙体内侧山坡上种有板栗，外侧长有杏树。第 5 段保存一般，长 376 米，位于东经 117° 57′ 04.9″，北纬 40° 17′ 02.1″，至东经 117° 57′ 00.80″，北纬 40° 16′ 53.20″，墙体内外侧部分有坍塌现象，残存部分垛口墙，墙体两侧山势平缓，内、外侧山坡上种有大量栗树。

37. 罗文峪长城 1 段 130281382103170028

位于罗文峪村东北约 300 米处，起点坐标：东经 117° 57′ 00.80″，北纬 40° 16′ 53.20″，高程 201 米；止点坐标：东经 117° 56′ 52.80″，北纬 40° 16′ 53.00″，高程 128 米。

墙体长 206 米，其间设敌台 2 座，包括罗文峪 05、06 号敌台。墙体顶宽 4.9 ～ 5.4 米，内侧存高 0.64 ～ 3.64 米，外侧残高 0.92 ～ 2.85 米。基础条石砌筑，露明 2 层，第一层高 0.2 米，第二层高 0.36 米，长 0.7 ～ 1.18 米、宽 0.3 ～ 0.4 米，墙体内外城砖砌筑，白灰勾缝，厚 1 米，城砖规格：380 米 × 185 米 × 0.09 米，墙芯为小块石掺灰泥砌筑。顶部设施缺失，地面 3 : 7 灰土垫层夯筑，厚 0.1 米；城砖垫层一层，白灰膏坐浆找坡砌筑，白灰浆灌注，城砖规格：0.38 米 × 0.185 米 × 0.09 米；方砖面层，白灰膏坐浆砌筑，白灰浆灌注，白灰膏勾缝。

墙体整体保存较差，包砖墙体已大部坍塌，裸露土石墙芯，垛口墙缺失，地面墁砖基本无存。内外两侧为板栗园。

29. 罗文峪长城 2 段 130281382103170029

位于罗文峪村东北约 100 米处，起点坐标：东经 117° 56′ 52.80″，北纬 40° 16′ 53.00″，高程 201 米；止点坐标：东经 117° 56′ 48.80″，北纬 40° 16′ 53.10″，高程 138 米

墙体长 97 米，墙体基址无存，所处为一条自然山谷，谷中有一条小河。谷中现有一条遵化通往兴隆县公路，呈南北向穿过长城墙体基址。

30. 罗文峪长城 3 段 130281382102170030

位于罗文峪村北：起点坐标：东经 117° 56′ 48.80″，北纬 40° 16′ 53.10″，高程 138 米；止点坐标：东经 117° 56′ 28.50″，北纬 40° 17′ 15.50″，高程 226 米。

墙体长 921 米，其间设敌台 4 座、马面 1 座，包括罗文峪 07 ～ 10 号敌台、罗文峪 01 号马面。墙体顶宽 3.2 米，外侧高 4.1 米，内侧高 1.9 米。自然基础，墙体内外毛石砌筑，白灰勾缝，墙芯为土石混筑。墙顶外侧设石砌垛口墙，白灰勾缝，宽 0.9 米，内侧无设施。地面片石铺墁。

墙体按照保存现状分为 3 段。第 1 段保存较差，长 232 米，位于东经 117° 56′ 48.80″，北纬 40° 16′ 53.10″ 至东经 117° 56′ 38.6″，北纬 40° 17′ 04.0″，坍塌严重，仅存遗址，间有小段落块石墙，最高 1.1 米，墙体内侧长有小灌木，有大片栗树园，外侧为陡坡。第 2 段保存较好，长 418 米，位于罗文峪 08 ～ 10 号敌台之间，墙体保存较好，顶部残存垛口墙基础，地面局部缺失，墙体顶部长有少量杂

草，两侧为栗树园。第 3 段保存一般，长 58 米，位于：东经 117° 56′ 30.0″，北纬 40° 17′ 14.2″ 至东经 117° 56′ 28.50″，北纬 40° 17′ 15.50″，内外侧均有小段落的坍塌，顶部残存垛口墙基础。

31. 罗文峪长城 4 段 130281382103170031

位于罗文峪村东北约 300 米处，起点坐标：东经 117° 56′ 28.50″，北纬 40° 17′ 15.50″，高程 226 米；止点坐标：东经 117° 56′ 25.80″，北纬 40° 17′ 17.20″，高程 225 米。

墙体长 83 米，其间马面 1 座，为罗文峪 02 号马面。墙体顶宽 3.7 米，外侧高 4.97 米，内侧高 3.12 米。自然基础，墙体城砖砌筑，白灰勾缝，墙芯为毛石砌筑，白灰勾缝。墙体设暗门 1 座：位于罗文峪 02 号马面东侧 17 米处，建于墙体底部，为砖砌，于长城墙体中穿过，内外相通，现内侧被人为用砖封堵。券洞内砖券脱落。券洞残高 1.83 米、宽 1.23 米、残长 3.25 米。

墙体保存较差，包砖大部坍塌，裸露出内部石砌墙芯，墙体顶部设施无存，墙体两侧长有茂密的小灌木，种植板栗树。

32. 罗文峪长城 5 段 130281382102170032

位于罗文峪村西北约 1 千米处，起点坐标：东经 117° 56′ 25.80″，北纬 40° 17′ 17.20″，高程 225 米；止点坐标：东经 117° 54′ 49.20″，北纬 40° 16′ 59.50″，高程 183 米。

墙体长 3025 米，其间设敌台 8 座、马面 1 座、烽火台 1 座，包括罗文峪 11 ～ 15 号敌台、后杖子 01 ～ 03 号敌台、罗文峪 03 号马面、后仗子 01 号烽火台。墙体顶宽 4 ～ 5.1 米，外侧高 2.7 ～ 5.6 米，内侧高 2 ～ 3.9 米。自然基础，墙体内外毛石砌筑，白灰勾缝，墙芯为土石混筑。墙顶外侧设石砌垛口墙，顶宽 0.55 米，底宽 0.86 米，垛口宽 0.52 米，高 0.63 米，垛口墙顶设垛口石一块，长 0.4 米，高 0.22 米，厚 0.19 米，内侧无设施，垛口墙下部设望孔，望孔内口宽 0.54 米，外口宽 0.27 米，高 0.4 米，深 0.51 米。地面块石铺墁。

墙体按照保存现状分为 5 段。第 1 段保存一般，长 118 米，位于东经 117° 56′ 25.80″，北纬 40° 17′ 17.20″ 至东经 117° 56′ 23.9″，北纬 40° 17′ 19.5″，墙体保存较好，于山势险要处建成台阶式，残存 6 阶，阶高 0.22 米，阶宽 0.38 米。垛口墙坍塌严重，墙体顶部长有少量杂草，两侧为栗树园。第 2 段墙体消失，长 75 米，墙体已被掩埋。第 3 段墙体保存较差，长 119 米，位于东经 117° 56′ 20.7″，北纬 40° 17′ 19.6″ 至东经 117° 56′ 16.7″，北纬 40° 17′ 18.1″，墙体坍塌较为严重，仅存极小段落。墙体顶部长有少量杂草，两侧为栗树园。第 4 段墙保存较好，长 2167 米，位于东经 117° 56′ 16.7″，北纬 40° 17′ 18.1″ 至东经 117° 55′ 07.9″，北纬 40° 17′ 03.2″，墙体保存较好，垛口墙局部缺失，墙体顶部长有少量杂草和小灌木，内外侧为梯田式栗树园。第 5 段墙保存一般，长 546 米，位于东经 117° 55′ 07.9″，北纬 40° 17′ 03.2″ 至东经 117° 54′ 49.20″，北纬 40° 16′ 59.50″，墙体坍塌严重，坍塌处可见二次修筑痕迹，残存垛口墙，墙体顶部长有杂草和小灌木，内外侧为茂密的树木和板栗树。

33. 后杖子长城 1 段 130281382102170033

位于后杖子村西北约 1 千米处，起点坐标：东经 117° 54′ 49.20″，北纬 40° 16′ 59.50″，高程 190 米；止点坐标：东经 117° 52′ 44.30″，北纬 40° 16′ 15.30″，高程 259 米。

墙体长 5138 米，其间设敌台 12 座、马面 5 座、烽火台 2 座，包括后杖子 04 ～ 10 号敌台、沙坡峪

01～05号敌台、后仗子01～04号马面、沙坡峪01号马面、邓家庄01～02号烽火台。墙体顶宽3.3米，外侧高5.1米，内侧高1.2米。自然基础，墙体内外毛石砌筑，白灰勾缝，墙芯为土石混筑。墙顶外侧设石砌垛口墙，宽0.47米，高1.8米。地面块石铺墁。

其间设登城步道2座。

登城步道01：位于沙坡峪01号敌台东5米处，于墙体内侧依墙而建，存5阶，阶高0.2～0.3米，进深0.4～0.5米，阶残长1.9米。

登城步道02：位于沙坡峪04号敌台东侧的墙体内侧，紧依台体而建，存台阶10阶，宽1.25米，阶高0.2米，进深0.3～0.6米，台阶总高2.4米。为毛石砌筑。

墙体按照保存现状分为12段。第1段保存较差，长218米，位于东经117°54′49.20″，北纬40°16′59.50″至北纬40°17′02.5″，东经117°54′41.1″，墙体坍塌严重，仅存小段落，顶部长有杂草和小灌木，内外侧为茂密的树木和栗子树。第2段保存较好，长242米，位于东经117°54′41.1″，北纬40°17′02.5″至东经117°54′31.0″，北纬40°17′03.6″，墙体顶部存石砌台阶，阶高0.2～0.3米，阶宽0.2～0.28米，为不规则毛石砌，保存较好，垛口墙局部缺失，墙体顶部长有少量杂草，两侧为栗树园。第3段保存较差，长228米，位于东经117°54′31.0″，北纬40°17′03.6″至东经117°54′22.9″，北纬40°17′06.2″，墙体坍塌严重，也有小段落完好，内外侧为茂密的树木和板栗树。第4段保存较好，长29米，位于东经117°54′22.9″，北纬40°17′06.2″至东经117°54′21.7″，北纬40°17′06.2″，墙体保存较好，块石地面保存较好，垛口墙局部缺失。第5段保存差，长162米，位于东经117°54′21.7″，北纬40°17′06.2″至东经117°54′15.6″，北纬40°17′08.3″，墙体大部坍塌，仅存基址，至后杖子06号敌台止。此段墙体顶部长存有少量杂草，两侧为陡坡，长有茂密的灌木丛。第6段保存较好，长652米，位于东经117°54′15.9″，北纬40°17′08.8″至东经117°53′59.7″，北纬40°16′55.1″，墙体保存较完整，垛口墙局部缺失，顶部长存有少量杂草和小灌木，内外侧为茂密的树木和栗子树。第7段保存较差，长1059米，位于东经117°53′59.7″，北纬40°16′55.1″至东经117°53′54.1″，北纬40°16′25.7″，墙体基本全毁，仅保存极小段落，墙体顶部长有杂草和小灌木，内外侧为茂密的树木。第8段保存较差，长240米，位于东经117°53′54.1″，北纬40°16′25.7″至东经117°53′53.2″，北纬40°16′18.2″，全部坍塌成石埂状。第9段保存较好，长1067米，位于东经117°53′53.2″，北纬40°16′18.2″至东经117°53′25.3″，北纬40°16′04.9″，墙体虽有小段落的坍塌，总体保存较好，垛口墙上局部保存有垛口和望孔，垛口墙与内外侧墙体上存白灰勾缝，墙体顶部长有杂草和小灌木，内外侧为茂密的树木。由后杖子10号敌台至"后杖子长城1段拐点029"，墙体为南北走向，走向蜿蜒曲折。墙体由后杖子10号敌台沿山脊向上至一小高山顶后又折而向下，至沙坡峪01号敌台。由沙坡峪01号敌台至"后杖子长城1段拐点039"，为石砌墙体，形制无变化，内外侧均有小段落坍塌，总体保存较好，垛口墙与内外侧墙体上存白灰勾缝，较好段墙体上还保存石砌垛口墙，上存垛口和射孔，射孔高0.17米，宽0.15米，近似于方形。第10段保存较差，长112米，位于东经117°53′25.3″，北纬40°16′04.9″至东经117°53′21.5″，北纬40°16′07.0″，墙体大部分坍塌，存小段落，于山体突出的岩石间垒砌。第11段保存一般，长398米，位于东经117°53′21.5″，北纬40°16′07.0″至东经117°53′09.8″，北纬40°16′14.9″，墙体内外侧均有小段落坍塌，垛口墙缺失，顶部长有杂草和小灌木，内外侧为茂密的树木，外侧有小片栗树园。第12段保存较好，长731米，位于东经117°53′09.8″，北纬40°16′14.9″至东经117°52′44.3″，北纬40°16′15.3″，墙体内外侧均有小段落坍塌，垛口墙仅存外侧的小段落，顶部长有杂草和小灌木，内外侧为茂密的树木，外侧有小片栗树园。

34. 沙坡峪长城1段 1302813821031700034

位于沙坡峪村东北约1千米处，起点坐标：东经117°52′44.30″，北纬40°16′15.30″，高程259米；止点坐标：东经117°52′36.90″，北纬40°16′09.50″，高程148米。

墙体长251米，其间设敌台1座、马面1座，包括沙坡峪06号敌台、沙坡峪02号马面。墙体顶部宽4.85米，高6.2米。立面为三段式，下段条石基础，白灰砌筑，白灰勾缝，露明高1～2层，条石厚0.45米；中段城砖包砌，厚1米，白灰砌筑，白灰勾缝，墙芯土石混筑；中段与上段间设拔檐分隔，上段内外设砖砌垛口墙，高1.6米，垛口间设望孔和射孔，垂直相对，望孔高0.15米，宽0.14米，射孔高0.22米，宽0.2米；顶部地面青砖海墁。

墙体按照保存现状分为3段。第1段保存较好，长115米，位于沙坡峪长城1段起点至沙坡峪02号马面之间，墙体整体保存较好，垛口墙局部缺失，墁地砖残存严重，墙体顶部长满杂草和小灌木，内外侧长满茂密的树木。第2段保存一般，长91米，位于沙坡峪02号马面至沙坡峪06号敌台之间，墙体局部坍塌，墙芯裸露，垛口墙已基本无存，砖墁残损严重，墙体顶部长有杂草和小灌木，内外侧为茂密的树木，外侧有小片栗树园。第3段保存差，长45米，位于沙坡峪06号敌台至沙坡峪长城2段起点，墙体已仅存基址。

35. 沙坡峪长城2段 1302813821031700035

位于沙坡峪村东北约600米处，起点坐标：东经117°52′36.90″，北纬40°16′09.50″，高程148米；止点坐标：东经117°52′33.10″，北纬40°16′04.90″，高程186米

墙体长173米，墙体基址无存，所处为一条自然山谷，谷中有一条小河，谷中现有一条遵化通往兴隆县公路，呈南北向穿过长城墙体基址。

36. 沙坡峪长城3段 1302813821021700036

位于沙坡峪村北约500米处，起点坐标：东经117°52′33.10″，北纬40°16′04.90″，高程186米；止点坐标：东经117°52′30.20″，北纬40°16′04.00″，高程182米。

墙体长77米，其间设敌台1座，为沙坡峪07号敌台。墙体顶宽3.8米，外侧高2.7米，内侧高1.8米。自然基础，墙体内外毛石砌筑，白灰勾缝，墙芯为土石混筑。墙顶外侧设石砌垛口墙。地面块石铺墁。

墙体保存一般，墙体局部坍塌，裸露墙芯，垛口墙基本无存，顶部杂草滋生。

37. 沙坡峪长城4段 1302813821031700037

位于沙坡峪村东北约500米处，起点坐标：东经117°52′30.20″，北纬40°16′04.00″，高程182米；止点坐标：东经117°52′08.80″，北纬40°16′06.10″，高程200米。

墙体长547米，其间设敌台1座，马面4座，烽火台1座，包括沙坡峪08号敌台、沙坡峪03～06

号马面、邓家庄 03 号烽火台。墙体顶部宽 4.85 米，高 6.2 米，立面为三段式，下段条石基础，白灰砌筑，白灰勾缝；中段城砖包砌，白灰砌筑，白灰勾缝，墙芯毛石砌筑；中段与上段间设拔檐分隔，上段形制不清。

墙体间设拦马沟 1 道：位于马面 37 号外侧 30 米处，为东西方向，与长城墙体平行，于山体岩石上开凿，长 30 米，沟底宽 4 米，内侧高 4.5 米，呈 "U" 字形，沟内现已种上栗树。

墙体按照保存现状分为 3 段。第 1 段保存一般，长 184 米，位于沙坡峪长城 4 段起点至沙坡峪 03 号马面之间，墙体外侧包砖仅存局部小部分，内侧包砖已基本全无，墙体顶部设施无存，墙体顶部长有少量茅草和小灌木，两侧均为栗树园。第 2 段保存差，长 44 米，位于沙坡峪 03 号马面至沙坡峪 04 号马面之间，墙体内外包砖墙，基本无存，呈埂状，墙体顶部长有杂草和小灌木，内外侧为大片的栗树园。第 3 段保存较差，长 319 米，位于沙坡峪 04 号马面至沙坡峪长城 4 段止点之间，墙体包砖已基本无存，裸露毛石砌筑的墙芯，墙体顶部长有杂草和小灌木，内外侧为大片的栗树园。

38. 沙坡峪长城 5 段 130281382102170038

位于沙坡峪村北约 700 米处，起点坐标：东经 117° 52′ 08.80″，北纬 40° 16′ 06.10″，高程 200 米；止点坐标：东经 117° 50′ 23.30″，北纬 40° 15′ 41.60″，高程 170 米。

墙体长 3137 米，其间设敌台 16 座、马面 5 座、烽火台 2 座，包括沙坡峪 10 ～ 18 号敌台、冷嘴头 01 ～ 08 号敌台、冷嘴头 01、02 号烽火台。墙体顶宽 4.7 米，外侧高 4.3 米，内侧高 2.4 米。自然基础，墙体内外毛石砌筑，白灰勾缝，墙芯为土石混筑。墙顶设施分为 2 种方式：第 1 种，外侧设砖砌垛口墙，宽 0.4 米，高 1.6 米，垛口墙上设望孔、射孔，望孔为内敞口式，内口宽 0.5 米，外口宽 0.23 米，高 0.41 米，射孔高 0.21 米，宽 0.2 米，地面城砖铺墁；第 2 种，设石砌垛口墙，宽 0.73 米，地面块石铺墁。

墙体间设登城步道 2 座。

登城步道 01：位于沙坡峪 10 号敌台东侧，砌于墙体上，存四阶，阶宽 1.2 米，阶高 0.22 米，进深 0.3 米，保存较好。

登城步道 02：位于沙坡峪 14 号敌台号北侧 18 米处的墙体内侧，依墙体内侧建一小平台，东西长 1.5 米，南北宽 1.6 米，东侧无阶，台高 2.1 米。西向东上，台阶存两阶，阶高 0.2 米，进深 0.2 米。正对小平台内的墙体上存台阶 3 阶，阶高 0.15 ～ 0.18 米，进深 0.2 ～ 0.25 米。台与阶均为毛石垒砌。

墙体按照保存现状分为 9 段，第 1 段保存较差，长 83 米，位于沙坡峪长城 5 段起点至沙坡峪 10 号敌台之间，墙体内侧有大段落的坍塌，外侧保存较好，顶部设施无存，墙体顶部长有少量杂草和茂密的小灌木，两侧均为栗树园。第 2 段保存一般，长 596 米，位于沙坡峪 10 号敌台至沙坡峪 16 号敌台之间，墙体内侧有小段落的坍塌，外侧保存较好，垛口墙已无存，残存墁地砖，墙体顶部长有杂草和茂密的小灌木，两侧均为栗树园，有少量小柴树。第 3 段保存较好，长 250 米，位于沙坡峪 16 号敌台至沙坡峪 17 号敌台之间，墙体内外侧有小段落的坍塌，砖砌垛口墙有小段落保存，顶部砖墁基本无存，墙体顶部长有杂草和茂密的小灌木，两侧均为栗树园，外侧有小片松林。第 4 段保存一般，长 198 米，位于沙坡峪 17 号敌台至沙坡峪 18 号敌台之间，内外侧墙体均有坍塌现象，垛口墙已无存，墁地砖已无存。墙体顶部长有杂草和茂密的小灌木，两侧均为栗树园，外侧有小片松林。第 5 段保存较好，长 250 米，位于沙坡峪 18 号敌台至冷嘴头 01 号敌台之间，墙体内外侧有大段落的坍塌，残存部分砖砌垛口墙，地面墁砖部分残存，墙体顶部长有杂草和茂密的小灌木，内外侧均有栗树园，长有小柴树。第 6 段保存一般，长 1318 米，位于冷嘴头 01 号敌台至冷嘴头 05 号敌台之间，墙体内侧已大部坍塌，外侧保存较好，垛口墙已无存，地面墁砖部分残存，墙体顶部长有杂草和少量小灌木，两侧均为栗树园。第 7 段保存较好，长 321 米，位于冷嘴头 05 号敌台至冷嘴头 07 号敌台之间，墙体保存较好，顶部外侧残存石砌垛口墙基，墙体顶部长有杂草和少量小灌木，两侧均为栗树园，内侧有小片松林。第 8 段保存较差，长 67 米，位于东经 117° 50′ 36.4″，北纬 40° 15′ 41.4″，至东经 117° 50′ 25.3″，北纬 40° 15′ 42.3″，墙体坍塌严重，仅存墙芯。第 9 段保存差，长 54 米，位于东经 117° 50′ 25.3″，北纬 40° 15′ 42.3″，至东经 117° 50′ 23.3″，北纬 40° 15′ 41.6″，墙体已仅存遗址，墙体顶部长有杂草和小灌木，两侧均为栗树园。

39. 冷嘴头长城 1 段 130281382103170039

位于冷嘴头村东北约 200 米处，起点坐标：东经 117° 50′ 23.30″，北纬 40° 15′ 41.60″，高程 170 米；止点坐标：东经 117° 50′ 17.00″，北纬 40° 15′ 39.30″，高程 154 米。

墙体长 168 米，其间设敌台 1 座，为冷嘴头 09 号敌台。墙体顶部宽 4.85 米，高 9 ～ 12 米，立面为三段式，下段条石基础，白灰砌筑，白灰勾缝，高 0.96 米；中段城砖包砌，高 8 ～ 11.04 米，白灰砌筑，白灰勾缝，墙芯土石混筑；中段与上段间设拔檐分隔，上段设施形制不清。

设登城券门 1 座：位于冷嘴头 08 号敌台东侧 80 米处的墙体内侧，为砖砌，设券门，起券方式为三伏三券，下设门柱石、平水石，门洞内设东西向登城步道，已无存，门口宽 1.86 米，底已被淤堵，残高 2.11 米，门墙厚 0.78 米，内门洞进深 2.38 米，内券洞宽 3.2 米，高 4.1 米，残长 5.2 米，顶部坍塌一长 3 米，宽 1.5 米的大洞。门上存一块红砂石质门额石，字迹已漫漶不清。门洞内被当地居民堆放柴草杂物。

墙体保存较差，内侧包砖墙体保存较好，外侧包砖已基本无存，坍塌成漫坡状，顶部设施无存。墙体内为民居，外侧有一条乡间土路。

40. 冷嘴头长城 2 段 130281382103170040

位于冷嘴头村西北约 100 米处，起点坐标：东经 117° 50′ 17.00″，北纬 40° 15′ 39.30″，高程 154 米；止点坐标：东经 117° 50′ 12.70″，北纬 40° 15′ 38.20″，高程 152 米。

墙体长 107 米，基址无存，所处为一条自然山谷，谷中有一条小河。现有一条遵化通往兴隆县公路，呈南北向穿过长城墙体基址。

41. 冷嘴头长城 3 段 130281382103170041

位于冷嘴头村西北约 100 米处，起点坐标：东经 117° 50′ 12.70″，北纬 40° 15′ 38.20″，高程 152 米；止点坐标：东经 117° 49′ 56.10″，北纬 40° 15′ 41.90″，高程 213 米。

墙体长 456 米，其间设敌台 3 座，包括冷嘴头 10 ～ 12 号敌台。墙体顶部宽 4.5 米，残高 9.7 米，立面为三段式，下段条石基础，白灰砌筑，白灰勾缝；中段城砖包砌，白灰砌筑，白灰勾缝，墙芯毛石混筑；中段与上段间设拔檐分隔，上段设施形制不清。

墙体按照保存现状分为 2 段。第 1 段保存差，长 128 米，位于冷嘴头长城 3 段起点至冷嘴头 10 号敌台之间，墙体严重坍塌，内外侧包砖大部分已脱落，垛口墙无存。第 2 段保存较差，长 328 米，外侧保存部分包砖，内侧包砖已全部脱落，垛口墙无存。墙体顶部长满灌木、杂草，内外侧为栗树园及农田。

42. 冷嘴头长城 4 段 130281382102170042

位于冷嘴头村西北约 500 米处，起点坐标：东经 117° 49′ 56.10″，北纬 40° 15′ 41.90″，高程 212 米；止点坐标：东经 117° 48′ 09.80″，北纬 40° 15′ 37.60″，高程 375 米。

墙体长 3253 米，其间设敌台 13 座，包括冷嘴头 13 ～ 18 号敌台、双义 01 ～ 03 号敌台、龙西寨 01 ～ 04 号敌台。墙体顶宽 2.55 米，外侧高 3.21 米，内侧高 1.5 米。自然基础，墙体内外毛石砌筑，白灰勾缝，墙芯为土石混筑。墙顶外侧设石砌垛口墙，宽 0.55 米，残高 0.35 米，地面块石铺墁。

墙体按照保存现状分为 2 段。第 1 段保存较差，长 692 米，位于冷嘴头长城 4 段起点至冷嘴头 15 号敌台之间，墙体大段落坍塌，有的地段已成一条土石埂状，墙体两侧山坡上零散地种有栗树，并长有小树、灌木，植被较茂密。第 2 段保存一般，长 2543 米，内侧墙有小段落坍塌，外侧墙体有部分鼓闪现象。残存部分垛口墙基础，两侧山坡上零散地种有栗树，并长有小树、灌木，植被较茂密。

43. 双义长城 1 段 130281382102170043

位于双义村北侧约 900 米处，起点坐标：东经 117° 48′ 09.80″，北纬 40° 15′ 37.60″，高程 375 米；止点坐标：东经 117° 46′ 19.80″，北纬 40° 14′ 40.20″，高程 152 米。

墙体长 3610 米，其间设敌台 16 座、马面 2 座、烽火台 2 座，包括双义 04 ～ 11 号敌台、大安口 01 ～ 06 号敌台、大安口村 07 号敌台、大安口 01 ～ 02 号马面、双义 01 ～ 02 号烽火台。墙体顶宽 4.1 米，外侧高 4.3 米，内侧高 2.1 米。自然基础，墙体内外毛石砌筑，白灰勾缝，墙芯为土石混筑。墙顶外侧设石砌垛口墙，宽 0.7 米，残高 0.8 米，地面块石铺墁。

建筑基址 1：位于双义 11 号敌台东侧 24 米处的墙体内侧有一建筑基址，呈方形，东西宽 3.64 米，南北残长 3.75 米，墙厚 0.5 米，东、北两面的墙均利用长城墙体，于南面墙设门，门宽 1.24 米。房址西、南两侧可见院墙基址，墙基宽 0.7 米，西侧围墙长 6.9 米，向北交于长城墙体；南侧围墙长 23.51 米，东边又向北延伸 3.15 米后交于长城墙体上。南院墙南侧 2.8 米处又见一道墙，东西走向，残长 12.8 米，厚 0.7 米，残高 1.4 米。

房址东面长城墙体上有一阴文文字石，刻有"兴州前山□□□东分修二十五丈三十一年四月初二日完"字样。

墙体按照保存现状分为 6 段。第 1 段保存一般，长 375 米，位于双义 03 号敌台至双义 05 号敌台之间，垛口墙无存，两侧山坡上种有大量栗树，并长有松树、洋槐，植被茂密。第 2 段保存较差，长 314 米，位于东经 117° 47′ 55.1″，北纬 40° 15′ 30.0″，至东经 117° 47′ 44.1″，北纬 40° 15′ 25.4″，墙体内侧全部坍塌，呈坡状，墙体外侧亦有小段落坍塌，垛口墙无存。两侧山坡上种有大片栗树，并长有松树、洋槐，植被茂密。第 3 段保存一般，长 779 米，位于东经 117° 47′ 44.1″，北纬 40° 15′ 25.4″，至东经

117° 47′ 33.7″，北纬 40° 15′ 06.8″，墙顶外侧存部分垛墙基础。两侧山坡上种有大量栗树，并长有松树、洋槐，植被茂密。第 4 段保存一般，长 1901 米，位于东经 117° 47′ 33.7″，北纬 40° 15′ 06.8″，至东经 117° 46′ 25.9″，北纬 40° 14′ 40.4″，墙体内侧大部分已坍塌，外侧保存较好。两侧山坡上种有栗树、果树，并长有松树、洋槐，植被茂密。第 5 段保存差，长 39 米，位于大安口村 02 号马面至大安口 08 号敌台之间，墙体内外侧均有较严重坍塌。两侧山坡上种有栗树、果树，并长有松树、洋槐，植被茂密。第 6 段保存较差，长 132 米，位于大安口 08 号敌台至大安口长城 1 段起点之间，墙体坍塌严重，仅存基址。两侧山坡较平缓，种有栗树。

44. 大安口长城 1 段 1302813821031 70044

位于大安口城东北角，起点坐标：东经 117° 46′ 19.80″，北纬 40° 14′ 40.20″，高程 152 米；止点坐标：东经 117° 46′ 13.40″，北纬 40° 14′ 39.10″，高程 147 米。

墙体长 154 米，保存差，此段墙体为大安口城北墙的一部分，墙体走势平缓，坍塌严重，呈堆状，部分地方可见条石基础。墙体外侧为河谷平地，现为农田，内侧为民房。

45. 大安口长城 2 段 1302813821031 70045

位于大安口城西北角，起点坐标：东经 117° 46′ 13.40″，北纬 40° 14′ 39.10″，高程 147 米；止点坐标：东经 117° 46′ 09.10″，北纬 40° 14′ 38.30″，高程 142 米。

墙体长 104 米，保存差，所处为一条自然山谷，谷中有一条河。现有一条遵化通往兴隆县乡间公路，呈南北向穿过长城墙体基址。

46. 大安口长城 3 段 1302813821021 70046

位于大安口村西北约 100 米处，起点坐标：东经 117° 46′ 09.10″，北纬 40° 14′ 38.30″，高程 142 米；止点坐标：东经 117° 43′ 55.90″，北纬 40° 13′ 50.50″，高程 137 米。

墙体长 5251 米，其间设敌台 28 座、马面 2 座、烽火台 2 座，包括大安口村 11、17 号和大安口 12 ~ 16、18 ~ 31 号敌台、鲇鱼池 01 ~ 07 号敌台、大安口 03 号马面、鲇鱼池 01 号马面、大安口 01 号烽火台、南草场 01 号烽火台。墙体顶宽 2.7 米，外侧高 3.4 米，内侧高 2.8 米。自然基础，墙体内外毛石砌筑，白灰勾缝，墙芯为土石混筑。墙顶外侧设石砌垛口墙，地面块石铺墁。

墙体其间设登城步道 3 座、暗门 1 座。

登城步道 01：位于大安口 23 号敌台北侧 25 米处的墙体内侧，附墙体内侧而建，台阶宽 1.8 米，踏步 0.3 米，存 9 阶。台阶残长 3.1 米，顶为一小平台，长 1.4 米，残高 3.3 米，台阶为北向南上。

登城步道 02：位于大安口 30 号敌台北侧 15 米处的墙体内侧，附墙而建，为石砌，台阶已坍塌，仅存一小平台，残高 3.4 米，台为 1.3 平方米。

登城步道 03：位于鲇鱼池 01 号马面东北侧 50 米处的墙体内侧附墙而建，为毛石砌，存 5 阶台阶，为南向北上，台阶抬步高 0.2 ~ 0.25 米，踏步宽 0.3 ~ 0.4 米，顶部为一小平台，宽 1.1 米，阶总长 2.1 米。

暗门 01：位于鲇鱼池 05 号敌台东北 40 米处的墙体上，建于墙体底部，内外相通，现内部已被淤塞，可见外侧上为两层过凿条石平铺做券，上条石长 1.9 米，下条石长 1.5 米，厚 0.23 米，内侧左右可见两层条石，门宽 1 米，可见高 0.8 米。

墙体按照保存现状分为 9 段。第 1 段保存较差，长 360 米，位于东经：117° 46′ 09.1″，北纬 40° 14′ 38.3″，至东经：117° 45′ 57.2″，北纬 40° 14′ 33.0″，墙体坍塌严重，仅存墙芯，墙体顶部长有杂草和小灌木，两侧为栗树园。第 2 段保存一般，长 792 米，位于东经：117° 45′ 57.2″，北纬 40° 14′ 33.0″，至东经 117° 45′ 32.1″，北纬 40° 14′ 36.5″，墙体坍塌严重，垛口墙残存基址，墙体顶部长有毛草和小灌木，两侧为梯田式栗树园。第 3 段保存较差，长 498 米，位于大安口 18 号敌台至大安口 22 号敌台之间，墙体全部坍塌，呈埂状，基址上长有杂草和小灌木，两侧为栗树园。第 4 段保存一般，长 553 米，位于大安口 22 号敌台至大安口 26 号敌台之间，墙体外侧保存较好，内侧已大部坍塌，保存完整一小段，坍塌处可见墙体有二次砌筑痕迹，外侧加厚 0.7 米，内加厚 1.55 米。墙体顶部长有杂草和小灌木，两侧为栗树园。第 5 段保存较差，长 344 米，位于大安口 26 号敌台至大安口 28 号敌台之间，墙体内外侧均有大段落的坍塌，墙体顶部长有杂草和小灌木，两侧为栗树园。第 6 段保存一般，长 538 米，位于大安口 28 号敌台至大安口 30 号敌台之间，墙体外侧保存较好，内侧坍塌严重，存小段落完整，墙体顶部长有杂草，两侧为茂密的小灌木。第 7 段保存较好，长 1100 米，位于大安口 30 号敌台至鲇鱼池 03 号敌台之间，总体保存较好，内外侧存有小段落的坍塌，墙体顶部长有杂草，两侧为茂密的小灌木，外侧有小片松林。第 8 段保存较差，长 811 米，位于鲇鱼池 03 号敌台至鲇鱼池 06 号敌台之间，墙体内外侧有大段落的坍塌，仅保存极小段落，顶部长有杂草，外侧有小片松林，内侧为小灌木和小片栗树。第 9 段保存一般，长 255 米，位于东经 117° 44′ 06.6″，北纬 40° 13′ 50.7″，至东经 117° 43′ 55.9″，北纬 40° 13′ 50.5″，墙体内侧有小段落坍塌，墙体两侧为陡坡，长有杂草和小灌木。

47. 上关水库长城 1 段 1302813821031700047

位于上关水库西岸，起点坐标：东经 117° 43′ 55.90″，北纬 40° 13′ 50.50″，高程 137 米；止点坐标：东经 117° 43′ 46.00″，北纬 40° 13′ 52.00″，高程 143 米。

墙体长 239 米，全部被上关水库淹没。

48. 平山寨长城 1 段 1302813821031700048

位于平山寨村东北约 1.8 千米处，起点坐标：东经 117° 43′ 46.00″，北纬 40° 13′ 52.00″，高程 143 米；止点坐标：东经 117° 42′ 47.90″，北纬 40° 14′ 11.10″，高程 245 米。

墙体长 1704 米，其间设敌台 12 座、烽火台 1 座，包括鲇鱼池 08 ～ 11 号敌台、平山寨 01 ～ 7 号敌台、南草场 02 号烽火台。墙体顶部宽 3.8 米，外侧残高 2.7 米，内侧残高 1.8 米，立面为三段式，下段条石基础，白灰砌筑，白灰勾缝，露明 2 ～ 3 层；中段城砖包砌，白灰砌筑，白灰勾缝，墙芯土石混筑；中段与上段间设拔檐分隔，上段形制不清。

其间设登城步道 1 座、暗门 1 座。

登城步道：位于平山寨 04 号敌台东、西两侧，西侧已全毁，东侧仅存两层条石基础，由墙内侧向外凸出一平台，东西长 3.5 米，凸出 1.8 米，高 0.7 米。

暗门 1：位于鲇鱼池 11 号敌台西侧 30 米处，外侧墙体已坍塌，仅露出暗门上部门券石一角，门已被淤塞。

墙体整体保存较差，墙体坍塌严重，外包砖大部分无存，裸露土石墙芯，顶部堞地无存。墙体上长有杂草和小灌木，外侧有小片松树，内侧为栗树园。

49. 平山寨长城 2 段 1302813821021700049

位于平山寨村北约 1.5 千米处，起点坐标：东经 117° 42′ 47.90″，北纬 40° 14′ 11.10″，高程 245 米；止点坐标：东经 117° 42′ 13.70″，北纬 40° 14′ 17.60″，高程 355 米。

墙体长 1085 米，其间设敌台 7 座、烽火台 2 座，包括平山寨 09 ～ 15 号敌台、南草场 03 ～ 04 号烽火台。墙体顶宽 2.6 米，外侧高 4.7 米，内侧高 1 米。自然基础，墙体内外毛石砌筑，白灰勾缝，墙芯为土石混筑。墙顶外侧设石砌垛口墙，宽 0.7 米，残高 0.8 米。地面块石铺墁。

墙体间设拦马沟 2 处。

拦马沟 01：位于平山寨 09 号敌台墙体外侧，设有拦马沟两道，两道间设有石墙一道，宽 1 米，残高 0.5 米，外沟宽 3 米，深 2.6 米，内沟宽 4.8 米，深 3.5 米。内拦马沟设有毛石包砌墙，残高 1.7 米，并设有横向墙一道，挡在沟口，残高 1.2 米，宽 1 米，长 4 米。现两道沟及中间间隔处种满栗子树。

拦马沟 02：位于平山寨 09 号敌台的墙体外侧，设有拦马沟，沟长 25 米，沟底宽 4 米，沟深 3 米，内已被平整种上了栗树。

墙体按照保存现状分为 4 段。第 1 段保存一般，长 450 米，位于平山寨长城 2 段起点至平山寨 11 号敌台间之间，墙体局部坍塌，垛口墙无存，墙体上长有杂草和小灌木，内侧为栗树园，外侧为杂树和松树。第 2 段保存较好，长 329 米，位于平山寨 11 号敌台至平山寨 13 号敌台之间，墙体整体保存较好，垛口墙局部缺失，墙体顶部长有杂草和小灌木，两侧为陡坡，均长有杂草小灌木、栗树园。第 3 段保存一般，长 234 米，位于平山寨 13 号敌台至平山寨 15 号敌台之间，墙体内外侧坍塌严重，局部残存垛口墙，顶部长有杂草和小灌木，两侧为陡坡，长满茂密的杂草、小灌木和杂树。第 4 段保存较差，长 72 米，位于平山寨 15 号敌台至平山寨长城 3 段起点之间，墙体已大部坍塌，仅保存小段落。

50. 平山寨长城 3 段 1302813821031700050

位于平山寨村西北约 1.8 千米处，起点坐标：东经 117° 42′ 13.70″，北纬 40° 14′ 17.60″，高程 355 米；止点坐标：东经 117° 41′ 56.50″，北纬 40° 14′ 09.10″，高程 342 米。

墙体长 528 米，其间设敌台 3 座，包括平山寨 16 ～ 18 号敌台。墙体顶立面为三段式，下段条石基础，白灰砌筑，白灰勾缝；中段城砖包砌，白灰砌筑，白灰勾缝，墙芯毛石砌筑；中段与上段间设拔檐分隔，上段形制不清。

墙体保存较差，墙体坍塌严重，外包砖基本无存，裸露毛石墙芯，顶部设施无存。墙体顶部长有杂草和小灌木，两侧为陡坡，长满茂密的杂草小灌木和杂树。

51. 平山寨长城 4 段 1302813821021700051

位于平山寨村北约 1.8 千米处，起点坐标：东经 117° 41′ 56.50″，北纬 40° 14′ 09.10″，高程 342 米；止点坐标：东经 117° 40′ 59.50″，北纬 40° 13′ 52.00″，高程 262 米。

墙体长 2068 米，其间设敌台 11 座，包括平山寨 19 号敌台、马兰关 01 ～ 10 号敌台。墙体顶宽 4.3 米，外侧高 6 米，内侧高 3 米。自然基础，墙体内外毛石砌筑，白灰勾缝，墙芯为土石混筑。墙顶外侧设石砌垛口墙，宽 0.97 米，残高 0.6 米。地面块石铺墁。

墙体按照保存现状分为 3 段。第 1 段保存一般，长 1145 米，位于平山寨长城 4 段起点至马兰关 05 号敌台之间，墙体局部坍塌、垛口墙及块石地面局部残存。墙体顶部长有杂草和小灌木，两侧为陡坡，长满茂密的杂草、小灌木和杂树。第 2 段保存状况较好，长 410 米，位于马兰关 05 号敌台至马兰关 07 号敌台之间，墙体内侧保存较好，外侧有小段坍塌。墙体顶部长有杂草和小灌木，两侧为陡坡，长满茂密的杂草、小灌木和杂树。第 3 段保存较差，长 513 米，位于马兰关 07 号敌台至马兰关长城 1 段起点之间，墙体大部分坍塌，仅存一小段外墙，长约 25 米，余皆塌毁成条石埂状。墙体顶部长有杂草和小灌木，两侧为陡坡，为梯田式栗树园。

52. 马兰关长城 1 段 130281382103170052

位于马兰关村东北约 1.3 千米处，起点坐标：东经 117° 40′ 59.50″，北纬 40° 13′ 52.00″，高程 262 米；止点坐标：东经 117° 40′ 23.50″，北纬 40° 13′ 14.90″，高程 135 米。

墙体长 1720 米，其间设敌台 10 座、马面 1 座，包括马兰关 11～20 号敌台、马兰关 01 号马面。墙体顶部宽 2.5 米，外侧残高 3.3 米，内侧残高 2.2 米，立面为三段式，下段条石基础，白灰砌筑，白灰勾缝；中段城砖包砌，白灰砌筑，白灰勾缝，墙芯毛石砌筑；中段与上段间设拔檐分隔，上段形制不清。

墙体按照保存现状分为 4 段，第 1 段保存较差，长 1246 米，位于东经 117° 40′ 59.5″，北纬 40° 13′ 52.0″至东经 117° 40′ 35.0″，北纬 40° 13′ 24.0″之间。墙体包砖已无存，裸露毛石砌筑的墙芯，墙芯保存较好，顶部设施无存，墙体顶部长有杂草和小灌木，两侧为陡坡，为梯田式栗树园。第 2 段保存差，长 117 米，位于东经 117° 40′ 35.0″，北纬 40° 13′ 24.0″至东经 117° 40′ 31.8″，北纬 40° 13′ 21.3″墙体已基本无存，仅存小段落，呈一条土石埂状。墙体顶部长有杂草和小灌木，外侧为陡坡，内侧为栗树园。第 3 段保存一般，长 93 米，位于东经 117° 40′ 31.8″，北纬 40° 13′ 21.3″至东经 117° 40′ 33.5″，北纬 40° 13′ 18.6″之间，墙体内侧存少量石砌墙芯部分，外侧存包砖，残毁脱落严重，墙体顶部设施无存，局部保存有灰土电池，可见三层，厚 0.07～0.11 米。墙体上长有杂草和小灌木，两侧为栗树园。有一条乡间土路，从墙体基址上穿过。第 4 段保存较差，长 264 米，位于东经 117° 40′ 33.5″，北纬 40° 13′ 18.6″至东经 117° 40′ 23.5″，北纬 40° 13′ 14.9″之间，墙体存内侧小部分包砖及部分墙芯。墙体内侧为马兰关村民居，外侧为栗树园，顶部存有一条宽 0.43 米，深 0.25 米的水渠，现已荒废。

53. 马兰关长城 2 段 130281382102170053

位于马兰关村北，起点坐标：东经 117° 40′ 23.50″，北纬 40° 13′ 14.90″，高程 135 米；止点坐标：东经 117° 40′ 20.50″，北纬 40° 13′ 14.00″，高程 130 米。

墙体长 76 米，基址无存，为一条自然河谷，河谷东侧有一条乡间公路呈南北向穿过长城基址。

54. 马兰关长城 3 段 130281382102170054

位于马兰关村西北约 900 米处，起点坐标：东经 117° 40′ 20.50″，北纬 40° 13′ 14.00″，高程 130 米；止点坐标：东经 117° 39′ 47.00″，北纬 40° 13′ 02.40″，高程 222 米。

墙体长 1007 米，其间设敌台 8 座，包括马兰关 21～28 号敌台。墙体顶宽 3.8 米，外侧高 3.7 米，内侧高 2.5 米。自然基础，墙体内外毛石砌筑，白灰勾缝，墙芯为土石混筑。顶部设施形制不清。

墙体按照保存现状分为 3 段。第 1 段保存较差，长 285 米，位于马兰关长城 3 段起点至马兰关 22 号敌台之间，墙体坍塌严重，呈土埂状，墙体顶部被当地居民开垦种地。第 2 段保存一般，长 121 米，位于马兰关 22 号敌台至马兰关 23 号敌台之间，墙体局部坍塌，顶部设施无存，墙体两侧为栗树园。第 3 段保存差，长 601 米，位于马兰关 23 号敌台至马兰关长城 4 段起点之间，墙体已全部坍塌，仅存基址，部分地段已种植栗树。

55. 马兰关长城 4 段 1302813821102170055

位于马兰关村西北，起点坐标：东经 117° 39′ 47.00″，北纬 40° 13′ 02.40″，高程 222 米；止点坐标：东经 117° 37′ 18.20″，北纬 40° 12′ 18.00″，高程 170 米。

墙体长 4677 米，墙体基本无存，极小段落残存毛石墙基。

56. 西坡长城 1 段 1302813821102170056

位于西坡村北约 600 米处，起点坐标：东经 117° 37′ 18.20″，北纬 40° 12′ 18.00″，高程 170 米；止点坐标：东经 117° 36′ 28.50″，北纬 40° 11′ 58.50″，高程 142 米。

墙体长 2041 米，其间设敌台 5 座、马面 3 座、烽火台 2 座，包括西坡 01 ～ 03 号敌台、楦门子 01 ～ 02 号敌台、西坡 01 号马面、楦门子 01 ～ 02 号马面、西坡 01 号烽火台、头拔子 01 号烽火台。墙体顶宽 3.2 米，外侧高 4.2 米，内侧高 2.2 米。自然基础，墙体内外毛石砌筑，白灰勾缝，墙芯为土石混筑，墙体顶部外侧石砌垛口墙，宽 1 米，残高 1.45 米，地面块石铺墁。

墙体其间设登城步道 9 座。

登城步道 01 ：位于西坡 01 号敌台西侧 20 米处的墙体上，存 5 阶，为石砌，阶高 0.34 ～ 0.42 米，进深 0.14 ～ 0.19 米。

登城步道 02 ：位于西坡 01 号马面西侧 74 米处的墙体上，存 10 阶，其中有一阶伸出墙外。为不规整过凿条石砌。阶高 0.15 ～ 0.3 米，进深 0.15 ～ 0.2 米，总高 2.4 米，总长 1.9 米，伸出墙外 0.2 米。

登城步道 03 ：位于西坡 01 号马面西侧 143 米处的墙体内侧，阶已全毁，存口宽 1 米。

登城步道 04 ：位于东经 117° 36′ 42.6″，北纬 40° 12′ 24.2″，高程 382 米处的墙体内侧，呈 "U" 字形，于墙体上砌筑，上口宽 0.6 米，下口宽 0.9 米，阶高 0.08 ～ 0.35 米，存 4 阶，为毛石砌。

登城步道 05 ：位于西坡 03 号敌台南侧 117 米处的墙体内侧，砌于墙体上，口宽 0.7 米，存 2 阶，阶高 0.23 米，进深 0.2 米，为石砌。

登城步道 06 ：位于西坡 03 号敌台南侧 214 米处的墙体内侧，砌于墙体上，口宽 0.83 米，阶高 0.17 ～ 0.3 米，进深 0.25 ～ 0.32 米，存 7 阶，为石砌。

登城步道 07 ：位于楦门子 01 号敌台北侧 188 米处的墙体内侧，砌于墙体上，口宽 0.7 米，阶高 0.22 ～ 0.3 米，进深 0.24 ～ 0.28 米，存 8 阶，为石砌。

登城步道 08 ：位于楦门子 01 号敌台南侧 36 米处的墙体内侧，砌于墙体上，口宽 0.8 米，存 5 阶，阶高 0.28 ～ 0.35 米，进深 0.2 ～ 0.35 米，为石砌，保存较好。

登城步道 09 ：位于楦门子 02 号敌台东北侧 30 米处的墙体内侧，砌于墙体上，口宽 0.75 米，存 4

阶，阶高 0.17 ～ 0.32 米，进深 0.2 ～ 0.28 米，为石砌，有少量坍塌。

墙体按照保存现状分为 4 段。第 1 段保存较差，长 520 米，位于西坡长城 1 段起点至西坡 01 号敌台之间，墙体大部坍塌，墙芯裸露，墙体内侧为龙洞峪关城，已仅存遗址，现为栗树园，外侧为陡坡，长有茂密的小灌木。第 2 段保存一般，长 532 米，位于西坡 01 号敌台至西坡 03 号敌台之间，墙体内外侧均有段落的坍塌，顶部残存垛口墙基础，墙体两侧为陡坡，长有茂密的小灌木和杂树、栗树。第 3 段保存较好，长 827 米，位于西坡 03 号敌台至檀门子 02 号敌台之间，墙体保存较好，墙体顶部外侧保存部分石砌垛口墙，垛口墙局部向内坍塌，堆于墙体顶部。墙体顶部长有杂草和小灌木，墙体两侧为陡坡，长有茂密的小灌木和杂树、栗树。第 4 段保存一般，长 162 米，位于檀门子 02 号敌台至檀门子长城 1 段起点之间，墙体存有小段落坍塌，垛口墙残存基础，此段墙体较低，内侧墙体几乎与山体齐平，顶部长有茅草和小灌木，两侧为陡坡，为栗树园。墙体为东北向西南走向，向下走势。

57. 檀门子长城 1 段 130281382102170057

位于檀门子村北，起点坐标：东经 117° 36′ 28.50″，北纬 40° 11′ 58.50″，高程 142 米；止点坐标：东经 117° 36′ 11.30″，北纬 40° 11′ 54.90″，高程 418 米。

墙体长 427 米，整体消失，现在为一条乡间土路和一条自然河谷。

58. 檀门子长城 2 段 130281382102170058

位于檀门子村西北，起点坐标：东经 117° 36′ 11.30″，北纬 40° 11′ 54.90″，高程 418 米；止点坐标：东经 117° 34′ 11.70″，北纬 40° 11′ 30.90″，高程 767 米。

墙体长 3732 米，其间设敌台 11 座，包括檀门子 03 ～ 04 号敌台、上海 01 ～ 09 号敌台。墙体顶宽 3 米，外侧残高 2.8 米，内侧残高 2.4 米。自然基础，墙体内外毛石砌筑，白灰勾缝，墙芯为土石混筑，墙体顶部外侧石砌垛口墙，地面块石铺墁。

墙体按照保存现状分为 2 段。第 1 段保存差，长 3591 米，位于檀门子 03 号敌台至上海 09 号敌台之间，墙体已全部坍塌，隐没于茂密的灌木丛中。墙体基址上长有杂草和小灌木，两侧为陡坡，长满茂密的灌木。第 2 段保存一般，长 141 米，位于上海 09 号敌台至上海村长城 1 段起之间，墙体已大部坍塌，局部地区借山险为墙，顶部残存垛口墙基础。

59. 上海长城 1 段 130281382106170059

位于上海村西北约 2.3 千米的山脊上，起点坐标：东经 117° 34′ 11.70″，北纬 40° 11′ 30.90″，高程 767 米；止点坐标：东经 117° 34′ 08.70″，北纬 40° 11′ 31.10″，高程 818 米。

山险长 76 米，利用自然山体岩石为墙体，山势陡峭，墙体两侧植被多为低矮杂草和灌木。

60. 上海长城 2 段 130281382102170060

位于上海村西北约 2.3 千米处，起点坐标：东经 117° 34′ 08.70″，北纬 40° 11′ 31.10″，高程 818 米；止点坐标：东经 117° 34′ 06.60″，北纬 40° 11′ 25.00″，高程 844 米。

墙体长 250 米，其间设烽火台 1 座，为头拔子 02 号烽火台。墙体顶宽 2.4 米，外侧残高 3.75 ～ 4.4 米，内侧残高 0.9 ～ 3.4 米。自然基础，墙体内外毛石干槎砌筑，墙芯为土石混筑，墙体顶部外侧石砌垛口墙，宽 0.47 米，高 1.75 米，间距 1.14 米，地面块石铺墁。

墙体按照保存现状分为 3 段。第 1 段保存一般,长 46 米,墙体保存较好。顶部外侧垛口墙,大部坍塌,仅存基址。第 2 段保存较差,长 94 米,墙体大多借山险为墙,墙体内侧全毁,顶部设施基本无存。第 3 段保存较好,长 110 米,墙体保存较好,局部存有垛口,地面保存较好。

61. 上海长城 3 段 130281382106170061

位于上海村西北约 2.4 千米的山脊上,起点坐标:东经 117° 34′ 06.60″,北纬 40° 11′ 25.00″,高程 844 米;止点坐标:东经 117° 34′ 01.50″,北纬 40° 11′ 20.80″,高程 887 米。

山险长 178 米,利用自然山体岩石为墙体,山势陡峭,墙体两侧植被多为低矮杂草和灌木。

62. 上海长城 4 段 130281382102170062

位于上海村西北约 2.3 千米处,起点坐标:东经 117° 34′ 01.50″,北纬 40° 11′ 20.80″,高程 887 米;止点坐标:东经 117° 34′ 01.10″,北纬 40° 11′ 20.20″,高程 887 米。

墙体长 22 米,其间敌台 1 座,为上海 10 号敌台。墙体顶宽 2.7 米,外侧残高 2.6 米,内侧残高 2.5 米。自然基础,墙体内外毛石干槎砌筑,墙芯为土石混筑,墙体顶部外侧石砌垛口墙,地面块石铺墁。

墙体保存一般,存小段落坍塌,垛口墙残存严重。两侧为陡坡和悬崖,长满茂密的灌木和柴树。

(二)单体建筑

遵化市明长城单体建筑一览表(单位:座)

编号	认定名称	认定编码	材质	保存程度				
				较好	一般	较差	差	消失
1	野鸡峪 01 号敌台	130281352101170001	砖		√			
2	野鸡峪 02 号敌台	130281352101170002	砖				√	
3	野鸡峪 03 号敌台	130281352101170003	砖			√		
4	野鸡峪 04 号敌台	130281352101170004	砖			√		
5	野鸡峪 05 号敌台	130281352101170005	砖	√				
6	野鸡峪 06 号敌台	130281352101170006	砖			√		
7	野鸡峪 07 号敌台	130281352101170007	砖			√		
8	野鸡峪 08 号敌台	130281352101170008	砖			√		
9	野鸡峪 09 号敌台	130281352102170009	砖			√		
10	洪山口 01 号敌台	130281352101170010	砖			√		
11	洪山口 02 号敌台	130281352101170012	砖			√		
12	洪山口 03 号敌台	130281352101170013	砖				√	
13	洪山口 04 号敌台	130281352101170014	砖				√	
14	洪山口 05 号敌台	130281352101170015	砖			√		
15	洪山口 06 号敌台	130281352101170016	砖			√		
16	洪山口 07 号敌台	130281352101170017	砖			√		
17	洪山口 08 号敌台	130281352101170018	砖			√		
18	洪山口 09 号敌台	130281352101170022	砖			√		
19	洪山口 10 号敌台	130281352101170024	砖			√		

（续）

编号	认定名称	认定编码	材质	保存程度				
				较好	一般	较差	差	消失
20	洪山口 11 号敌台	130281352101170025	砖	√				
21	洪山口 12 号敌台	130281352101170026	砖		√			
22	洪山口 13 号敌台	130281352101170027	砖			√		
23	洪山口 14 号敌台	130281352101170028	砖				√	
24	洪山口 15 号敌台	130281352101170030	砖		√			
25	洪山口 16 号敌台	130281352101170031	砖			√		
26	南城子 01 号敌台	130281352101170043	砖			√		
27	南城子 02 号敌台	130281352101170046	砖			√		
28	南城子 03 号敌台	130281352101170049	砖		√			
29	河口 01 号敌台	130281352101170050	砖		√			
30	河口 02 号敌台	130281352101170051	砖			√		
31	河口 03 号敌台	130281352101170052	砖			√		
32	寨主沟 01 号敌台	130281352101170056	砖		√			
33	寨主沟 02 号敌台	130281352101170057	砖		√			
34	寨主沟村 03 号敌台	130281352101170058	砖	√				
35	寨主沟 04 号敌台	130281352101170059	砖			√		
36	双窑 01 号敌台	130281352101170061	砖		√			
37	双窑 02 号敌台	130281352101170062	砖				√	
38	双窑 03 号敌台	130281352101170063	砖			√		
39	双窑 04 号敌台	130281352101170064	砖		√			
40	双窑 05 号敌台	130281352101170065	砖				√	
41	双窑 06 号敌台	130281352101170066	砖				√	
42	双窑 07 号敌台	130281352101170067	砖			√		
43	双窑 08 号敌台	130281352101170068	砖		√			
44	马蹄峪 01 号敌台	130281352101170070	砖		√			
45	马蹄峪 02 号敌台	130281352101170072	砖				√	
46	马蹄峪 03 号敌台	130281352101170073	砖				√	
47	马蹄峪 04 号敌台	130281352101170074	砖				√	
48	马蹄峪 05 号敌台	130281352101170075	砖			√		
49	马蹄峪 06 号敌台	130281352101170076	石			√		
50	蔡家峪 01 号敌台	130281352101170077	砖				√	
51	蔡家峪 02 号敌台	130281352101170078	砖		√			
52	蔡家峪 03 号敌台	130281352101170079	砖				√	
53	蔡家峪村 04 号敌台	130281352101170081	砖				√	
54	蔡家峪 05 号敌台	130281352101170084	砖				√	
55	蔡家峪 06 号敌台	130281352101170085	砖				√	
56	蔡家峪 07 号敌台	130281352101170086	砖				√	

（续）

编号	认定名称	认定编码	材质	保存程度				
				较好	一般	较差	差	消失
57	蔡家峪 08 号敌台	130281352101170087	砖				√	
58	甘渣峪 01 号敌台	130281352101170088	砖				√	
59	甘渣峪 02 号敌台	130281352101170089	砖			√		
60	甘渣峪 03 号敌台	130281352101170090	砖				√	
61	甘渣峪 04 号敌台	130281352101170095	砖				√	
62	甘渣峪 05 号敌台	130281352101170096	砖			√		
63	甘渣峪 06 号敌台	130281352101170097	砖				√	
64	甘渣峪 07 号敌台	130281352101170098	砖				√	
65	甘渣峪 08 号敌台	130281352101170099	砖		√			
66	甘渣峪 09 号敌台	130281352101170100	砖		√			
67	甘渣峪 10 号敌台	130281352101170101	砖			√		
68	罗文峪 01 号敌台	130281352101170102	砖			√		
69	罗文峪 02 号敌台	130281352101170103	砖			√		
70	罗文峪 03 号敌台	130281352101170104	砖				√	
71	罗文峪 04 号敌台	130281352101170105	砖			√		
72	罗文峪 05 号敌台	130281352101170106	砖			√		
73	罗文峪 06 号敌台	130281352101170107	砖				√	
74	罗文峪 07 号敌台	130281352101170109	砖				√	
75	罗文峪 08 号敌台	130281352101170110	砖				√	
76	罗文峪 09 号敌台	130281352101170111	砖			√		
77	罗文峪 10 号敌台	130281352101170113	砖			√		
78	罗文峪 11 号敌台	130281352101170114	砖				√	
79	罗文峪 12 号敌台	130281352101170115	砖				√	
80	罗文峪 13 号敌台	130281352101170118	砖			√		
81	罗文峪 14 号敌台	130281352101170119	砖			√		
82	罗文峪 15 号敌台	130281352101170120	砖			√		
83	后杖子 01 号敌台	130281352101170121	砖			√		
84	后杖子 02 号敌台	130281352101170122	砖			√		
85	后杖子 03 号敌台	130281352101170123	砖			√		
86	后杖子 04 号敌台	130281352101170125	砖			√		
87	后杖子 05 号敌台	130281352101170126	砖			√		
88	后杖子 06 号敌台	130281352101170129	石			√		
89	后杖子 07 号敌台	130281352101170131	砖		√			
90	后杖子 08 号敌台	130281352101170133	砖	√				
91	后杖子 09 号敌台	130281352101170134	石			√		
92	后杖子 10 号敌台	130281352101170135	砖			√		
93	沙坡峪 01 号敌台	130281352101170136	砖			√		

（续）

编号	认定名称	认定编码	材质	保存程度				
				较好	一般	较差	差	消失
94	沙坡峪 02 号敌台	1302813521 01170137	砖			√		
95	沙坡峪 03 号敌台	1302813521 01170139	砖	√				
96	沙坡峪 04 号敌台	1302813521 01170140	砖		√			
97	沙坡峪 05 号敌台	1302813521 01170141	砖			√		
98	沙坡峪 06 号敌台	1302813521 01170143	砖				√	
99	沙坡峪 07 号敌台	1302813521 01170146	砖				√	
100	沙坡峪 08 号敌台	1302813521 01170147	砖			√		
101	沙坡峪 09 号敌台	1302813521 01170152	砖				√	
102	沙坡峪 10 号敌台	1302813521 01170153	砖				√	
103	沙坡峪 11 号敌台	1302813521 01170154	砖			√		
104	沙坡峪 12 号敌台	1302813521 01170155	砖			√		
105	沙坡峪 13 号敌台	1302813521 01170156	砖			√		
106	沙坡峪 14 号敌台	1302813521 01170157	砖				√	
107	沙坡峪 15 号敌台	1302813521 01170158	砖				√	
108	沙坡峪 16 号敌台	1302813521 01170159	砖			√		
109	沙坡峪 17 号敌台	1302813521 01170160	砖			√		
110	沙坡峪 18 号敌台	1302813521 01170161	砖			√		
111	冷嘴头 01 号敌台	1302813521 01170162	砖			√		
112	冷嘴头 02 号敌台	1302813521 01170163	砖	√				
113	冷嘴头 03 号敌台	1302813521 01170164	砖			√		
114	冷嘴头 04 号敌台	1302813521 01170165	砖			√		
115	冷嘴头 05 号敌台	1302813521 01170166	砖			√		
116	冷嘴头 06 号敌台	1302813521 01170167	砖			√		
117	冷嘴头 07 号敌台	1302813521 01170168	砖				√	
118	冷嘴头 08 号敌台	1302813521 01170169	砖				√	
119	冷嘴头 09 号敌台	1302813521 01170170	砖				√	
120	冷嘴头 10 号敌台	1302813521 01170171	砖				√	
121	冷嘴头 11 号敌台	1302813521 01170174	砖				√	
122	冷嘴头 12 号敌台	1302813521 01170175	砖			√		
123	冷嘴头 13 号敌台	1302813521 01170176	砖				√	
124	冷嘴头 14 号敌台	1302813521 01170177	砖			√		
125	冷嘴头 15 号敌台	1302813521 01170178	砖		√			
126	冷嘴头 16 号敌台	1302813521 01170179	砖			√		
127	冷嘴头 17 号敌台	1302813521 01170180	砖			√		
128	冷嘴头 18 号敌台	1302813521 01170181	砖			√		
129	龙西寨 01 号敌台	1302813521 01170182	砖				√	
130	龙西寨 02 号敌台	1302813521 01170183	砖				√	

（续）

编号	认定名称	认定编码	材质	保存程度				
				较好	一般	较差	差	消失
131	龙西寨 03 号敌台	1302813521101170184	砖			√		
132	龙西寨 04 号敌台	1302813521101170185	砖			√		
133	双义 01 号敌台	1302813521101170186	砖			√		
134	双义 02 号敌台	1302813521101170187	砖			√		
135	双义 03 号敌台	1302813521101170188	砖			√		
136	双义 04 号敌台	1302813521101170189	砖				√	
137	双义 05 号敌台	1302813521101170190	砖			√		
138	双义 06 号敌台	1302813521101170191	砖				√	
139	双义 07 号敌台	1302813521101170192	砖			√		
140	双义 08 号敌台	1302813521101170193	砖				√	
141	双义 09 号敌台	1302813521101170194	砖			√		
142	双义 10 号敌台	1302813521101170195	砖				√	
143	双义 11 号敌台	1302813521101170196	砖			√		
144	大安口 01 号敌台	1302813521101170197	砖				√	
145	大安口 02 号敌台	1302813521101170198	砖				√	
146	大安口 03 号敌台	1302813521101170200	砖			√		
147	大安口 04 号敌台	1302813521101170201	砖				√	
148	大安口 05 号敌台	1302813521101170202	砖			√		
149	大安口 06 号敌台	1302813521101170203	砖				√	
150	大安口村 07 号敌台	1302813521101170204	砖			√		
151	大安口 08 号敌台	1302813521101170206	砖			√		
152	大安口 09 号敌台	1302813521101170207	砖				√	
153	大安口 10 号敌台	1302813521101170208	砖			√		
154	大安口村 11 号敌台	1302813521101170211	砖				√	
155	大安口 12 号敌台	1302813521101170212	砖				√	
156	大安口 13 号敌台	1302813521101170213	砖				√	
157	大安口 14 号敌台	1302813521101170214	砖			√		
158	大安口 15 号敌台	1302813521101170215	砖			√		
159	大安口 16 号敌台	1302813521101170217	砖			√		
160	大安口村 17 号敌台	1302813521101170218	砖			√		
161	大安口 18 号敌台	1302813521101170219	砖				√	
162	大安口 19 号敌台	1302813521101170220	砖				√	
163	大安口 20 号敌台	1302813521101170221	砖				√	
164	大安口 21 号敌台	1302813521101170222	砖				√	
165	大安口 22 号敌台	1302813521101170223	砖				√	
166	大安口 23 号敌台	1302813521101170224	砖				√	
167	大安口 24 号敌台	1302813521101170225	砖			√		

（续）

编号	认定名称	认定编码	材质	保存程度				
				较好	一般	较差	差	消失
168	大安口 25 号敌台	1302813521101170226	砖			√		
169	大安口 26 号敌台	1302813521101170227	砖			√		
170	大安口 27 号敌台	1302813521101170228	砖				√	
171	大安口 28 号敌台	1302813521101170229	砖			√		
172	大安口 29 号敌台	1302813521101170230	砖				√	
173	大安口 30 号敌台	1302813521101170231	砖				√	
174	大安口 31 号敌台	1302813521101170232	砖				√	
175	鲇鱼池 01 号敌台	1302813521101170233	砖				√	
176	鲇鱼池 02 号敌台	1302813521101170235	砖				√	
177	鲇鱼池 03 号敌台	1302813521101170236	砖				√	
178	鲇鱼池 04 号敌台	1302813521101170237	石	√				
179	鲇鱼池 05 号敌台	1302813521101170238	砖				√	
180	鲇鱼池 06 号敌台	1302813521101170239	砖				√	
181	鲇鱼池 07 号敌台	1302813521101170240	砖				√	
182	鲇鱼池 08 号敌台	1302813521101170242	砖				√	
183	鲇鱼池 09 号敌台	1302813521101170243	砖				√	
184	鲇鱼池 10 号敌台	1302813521101170244	砖				√	
185	鲇鱼池 11 号敌台	1302813521101170245	砖				√	
186	平山寨 01 号敌台	1302813521101170246	砖				√	
187	平山寨 02 号敌台	1302813521101170247	砖				√	
188	平山寨 03 号敌台	1302813521101170248	砖			√		
189	平山寨 04 号敌台	1302813521101170249	砖			√		
190	平山寨 05 号敌台	1302813521101170250	砖				√	
191	平山寨 06 号敌台	1302813521101170251	砖				√	
192	平山寨 07 号敌台	1302813521101170252	砖				√	
193	平山寨 08 号敌台	1302813521101170253	砖				√	
194	平山寨 09 号敌台	1302813521101170254	砖				√	
195	平山寨 10 号敌台	1302813521101170255	砖				√	
196	平山寨 11 号敌台	1302813521101170256	砖				√	
197	平山寨 12 号敌台	1302813521101170257	砖			√		
198	平山寨 13 号敌台	1302813521101170258	砖			√		
199	平山寨 14 号敌台	1302813521101170259	砖				√	
200	平山寨 15 号敌台	1302813521101170260	砖				√	
201	平山寨 16 号敌台	1302813521101170261	砖			√		
202	平山寨 17 号敌台	1302813521101170262	砖				√	
203	平山寨 18 号敌台	1302813521101170263	砖					
204	平山寨 19 号敌台	1302813521101170264	砖			√		

（续）

编号	认定名称	认定编码	材质	保存程度				
				较好	一般	较差	差	消失
205	马兰关 01 号敌台	1302813521101170265	砖				√	
206	马兰关 02 号敌台	1302813521101170266	砖				√	
207	马兰关 03 号敌台	1302813521101170267	砖			√		
208	马兰关 04 号敌台	1302813521101170268	砖				√	
209	马兰关 05 号敌台	1302813521101170269	砖			√		
210	马兰关 06 号敌台	1302813521101170270	砖			√		
211	马兰关 07 号敌台	1302813521101170271	砖				√	
212	马兰关 08 号敌台	1302813521101170272	砖				√	
213	马兰关 09 号敌台	1302813521101170273	砖				√	
214	马兰关 10 号敌台	1302813521101170274	砖			√		
215	马兰关 11 号敌台	1302813521101170275	砖				√	
216	马兰关 12 号敌台	1302813521101170276	砖				√	
217	马兰关 13 号敌台	1302813521101170277	砖			√		
218	马兰关 14 号敌台	1302813521101170278	砖				√	
219	马兰关 15 号敌台	1302813521101170279	砖				√	
220	马兰关 16 号敌台	1302813521101170280	砖				√	
221	马兰关 17 号敌台	1302813521101170281	砖				√	
222	马兰关 18 号敌台	1302813521101170282	砖				√	
223	马兰关 19 号敌台	1302813521101170283	砖				√	
224	马兰关 20 号敌台	1302813521101170285	砖				√	
225	马兰关 21 号敌台	1302813521101170286	砖				√	
226	马兰关 22 号敌台	1302813521101170287	砖			√		
227	马兰关 23 号敌台	1302813521101170288	砖			√		
228	马兰关 24 号敌台	1302813521101170289	砖				√	
229	马兰关 25 号敌台	1302813521101170290	砖				√	
230	马兰关 26 号敌台	1302813521101170291	砖				√	
231	马兰关 27 号敌台	1302813521101170292	砖				√	
232	马兰关 28 号敌台	1302813521101170293	砖				√	
233	西坡 01 号敌台	1302813521101170294	砖				√	
234	西坡 02 号敌台	1302813521101170295	砖				√	
235	西坡 03 号敌台	1302813521101170297	砖				√	
236	楦门子 01 号敌台	1302813521101170298	砖			√		
237	楦门子 02 号敌台	1302813521101170299	砖			√		
238	楦门子 03 号敌台	1302813521101170303	砖				√	
239	楦门子 04 号敌台	1302813521101170304	砖				√	
240	上海 01 号敌台	1302813521101170305	砖				√	
241	上海 02 号敌台	1302813521101170306	砖				√	

（续）

编号	认定名称	认定编码	材质	保存程度				
				较好	一般	较差	差	消失
242	上海 03 号敌台	1302813352101170307	砖				√	
243	上海 04 号敌台	1302813352101170308	砖				√	
244	上海 05 号敌台	1302813352101170309	砖				√	
245	上海 06 号敌台	1302813352101170310	砖				√	
246	上海 07 号敌台	1302813352101170311	砖				√	
247	上海 08 号敌台	1302813352101170312	砖				√	
248	上海 09 号敌台	1302813352101170313	砖				√	
249	上海 10 号敌台	1302813352101170314	砖			√		
250	洪山口 01 号烽火台	1302813353201170036	砖	√				
251	马蹄峪 01 号烽火台	1302813352101170071	石				√	
252	蔡家峪 01 号烽火台	1302813353201170091	砖				√	
253	蔡家峪 02 号烽火台	1302813353201170092	石				√	
254	蔡家峪 03 号烽火台	1302813353201170093	砖			√		
255	蔡家峪 04 号烽火台	1302813353201170094	石				√	
256	罗文峪 01 号烽火台	1302813353201170108	砖			√		
257	后仗子 01 号烽火台	1302813353201170144	石				√	
258	沙坡峪 01 号烽火台	1302813353201170145	石				√	
259	冷嘴头 01 号烽火台	1302813353201170172	石				√	
260	冷嘴头 02 号烽火台	1302813353201170173	石				√	
261	双义 01 号烽火台	1302813353201170209	砖			√		
262	双义 02 号烽火台	1302813353201170210	石				√	
263	大安口 01 号烽火台	1302813353201170241	石				√	
264	西坡 01 号烽火台	1302813353201170302	石				√	
265	野鸡峪 01 号马面	1302813352102170010	砖		√			
266	洪山口 01 号马面	1302813352102170011	砖				√	
267	洪山口 02 号马面	1302813352102170019	砖			√		
268	洪山口 03 号马面	1302813352102170020	砖		√			
269	洪山口 04 号马面	1302813352102170023	砖		√			
270	洪山口 05 号马面	1302813352102170029	砖		√			
271	洪山口 06 号马面	1302813352102170032	砖				√	
272	洪山口 07 号马面	1302813352102170033	砖				√	
273	洪山口村 08 号马面	1302813352102170034	砖				√	
274	洪山口 09 号马面	1302813352102170035	砖				√	
275	南城子 01 号马面	1302813352102170037	砖				√	
276	南城子 02 号马面	1302813352102170038	砖				√	
277	南城子 03 号马面	1302813352102170039	砖				√	
278	南城子 04 号马面	1302813352102170040	砖				√	

（续）

编号	认定名称	认定编码	材质	保存程度				
				较好	一般	较差	差	消失
279	南城子 05 号马面	1302813521 02170041	砖				√	
280	南城子 06 号马面	1302813521 02170042	砖				√	
281	南城子 07 号马面	1302813521 02170044	砖		√			
282	南城子 08 号马面	1302813521 02170045	石				√	
283	南城子 09 号马面	1302813521 02170047	砖				√	
284	南城子 10 号马面	1302813521 02170048	石				√	
285	河口 01 号马面	1302813521 02170053	石				√	
286	河口 02 号马面	1302813521 02170054	石		√			
287	寨主沟 01 号马面	1302813521 02170055	石			√		
288	双窑 01 号马面	1302813521 02170060	石			√		
289	双窑 02 号马面	1302813521 02170069	石			√		
290	蔡家峪 01 号马面	1302813521 02170082	石				√	
291	蔡家峪 02 号马面	1302813521 02170083	石				√	
292	罗文峪 01 号马面	1302813521 02170112	砖				√	
293	罗文峪 02 号马面	1302813521 02170116	砖			√		
294	罗文峪 03 号马面	1302813521 02170117	砖				√	
295	后仗子 01 号马面	1302813521 02170127	石	√				
296	后仗子 02 号马面	1302813521 02170128	石				√	
297	后仗子 03 号马面	1302813521 02170130	石		√			
298	后仗子 04 号马面	1302813521 02170132	石	√				
299	沙坡峪 01 号马面	1302813521 02170138	砖				√	
300	沙坡峪 02 号马面	1302813521 02170142	砖		√			
301	沙坡峪 03 号马面	1302813521 02170148	砖		√			
302	沙坡峪 04 号马面	1302813521 02170149	砖			√		
303	沙坡峪 05 号马面	1302813521 02170150	砖			√		
304	沙坡峪 06 号马面	1302813521 02170151	砖			√		
305	大安口 01 号马面	1302813521 02170199	石				√	
306	大安口 02 号马面	1302813521 02170205	石			√		
307	大安口 03 号马面	1302813521 02170216	石			√		
308	鲇鱼池 01 号马面	1302813521 02170234	石		√			
309	马兰关 01 号马面	1302813521 02170284	石				√	
310	西坡 01 号马面	1302813521 02170296	石			√		
311	楦门子 01 号马面	1302813521 02170300	石			√		
312	楦门子 02 号马面	1302813521 02170301	石			√		
313	蔡家峪村 01 号水关	1302813521 03170080	砖				√	
314	口门子水关	1302813521 03170124	石				√	

（续）

（续）

编号	认定名称	认定编码	材质	保存程度				
				较好	一般	较差	差	消失
合计		共314座：砖278座，石36座		8	29	119	158	
百分比（%）		100		2.6	9.4	38	50	

类型：单体建筑包括敌台、烽火台、马面等

保存程度：较好、一般、较差、差、消失

1. 野鸡峪01号敌台 130281352101170001

位于遵化市野鸡峪村东北约640米处，坐标：东经118° 06′ 58.60″，北纬40° 21′ 20.70″，高程372米。

南、北两侧与墙体相接，平面呈矩形，立面及剖面呈梯形，东西长10.86米，南北宽10.5米，高8.54米。敌台立面为三段式，下段为条石基础，白灰砌筑，白灰勾缝，高1.34米；中段城砖砌筑，白灰砌筑，白灰勾缝，高7.2米。南、北立面中部辟1券门、两侧各辟1箭窗。东、西立面各辟3箭窗，箭窗券室高1.88米，宽1.18米，进深0.82米。箭窗高0.98米，宽0.65米，墙厚0.45米，起券高0.65米，起券方式均为三伏三券；中段与上段间设拔檐分隔；上段设垛口墙。室内平面布局为南北三券室东西三通道，券室南北长8.03米，宽2.07米，高3.31米。通道长8.6米，宽1.2米，高1.93米。台体内西券室东南角设登顶梯道。

保存一般，台体结构、形制较清晰。西北角下部条石基础局部残损；墙体基本完整，北立面存有五道裂缝，宽0.03～0.15米，东立面存一条通顶裂缝，宽0.03～0.05米。西北角和西南角各存箭窗1个，保存现状较好，券门和其余的箭窗均全部坍塌。内部主券局部坍塌，台体顶部铺房已无存，垛口、望孔基本无存。顶部长有松树4棵和小灌木，松树胸径0.15米。

2. 野鸡峪02号敌台 130281352101170002

位于遵化市野鸡峪村东庄自然村东北约450米处，坐标：东经118° 06′ 58.70″，北纬40° 21′ 14.90″，高程369米。

敌台保存差，全部坍塌，存一高约5米的圆形土堆，四面皆呈大漫坡状。

3. 野鸡峪03号敌台 130281352101170003

位于遵化市野鸡峪村东庄自然村北约320米处，坐标：东经118° 06′ 53.50″，北纬40° 21′ 11.00″，高程387米。

南、北两侧与墙体相接，平面呈矩形，立面及剖面呈梯形，东西宽8.4米，南北长11.5米，残高6.9米。敌台现状立面为二段式，下段为条石基础，白灰砌筑，白灰勾缝，露明1层，高0.33米；中段城砖砌筑，白灰砌筑，白灰勾缝。

保存较差，台体结构、形制不清晰。台体上半部台室已全部坍塌，存一层条石基础和下半部包砖墙体，顶部长有荆棘等灌木、杂草。

4. 野鸡峪04号敌台 130281352101170004

位于遵化市野鸡峪村东庄自然村西北约330米处，坐标：东经118° 06′ 47.80″，北纬40° 21′ 10.10″，高程 390 米。

东、西两侧与墙体相接，平面呈矩形，立面及剖面呈梯形，东西长 10.5 米，南北宽 9.7 米，残高 8.1 米。敌台现状立面为二段式，下段为条石基础，白灰砌筑，白灰勾缝，露明 2～3 层，高 0.28～0.39 米；中段城砖砌筑，白灰砌筑，白灰勾缝，城砖长 0.37 米，宽 0.185 米，厚 0.085 米。

保存较差，台体结构、形制不清晰。条石基础保存较好，外侧包砖墙包砖脱落严重，中心台室坍塌 严重，仅存西侧券室一小部分。台体下已被坍塌的碎砖所掩埋，顶部长有荆棘等灌木、杂草。

5. 野鸡峪 05 号敌台 1302813521017170005

位于遵化市野鸡峪村东庄自然村西北约 360 米，坐标：东经 118° 06′ 44.20″，北纬 40° 21′ 09.30″，高 程 403 米。

东、西两侧与墙体相接，平面呈矩形，立面及剖面呈梯形，东西长 9.48 米，南北宽 9.28 米，高 8.2 米。敌台立面为三段式，下段为条石基础，白灰砌筑，白灰勾缝，露明 3 层，高 1.34 米；中段城砖砌筑，白灰砌筑，白灰勾缝，城砖长 0.37 米，宽 0.18 米，厚 0.1 米。东、西立面中部辟 1 券门、两侧各辟 1 箭窗，门宽 0.72 米，南、北立面各辟 2 箭窗，箭窗券室宽 1.71 米，起券高 1.55 米，高 2 米，进深 0.63 米，箭窗高 0.83 米，起券 0.55 米，宽 0.57 米，门、窗起券方式均为一伏一券；中段与上段间设拔檐分 隔；上段设垛口墙。

保存一般，台体结构、形制较清晰。西南角条石基础局部缺失。台体四立面包砖墙保存较好，西立 面墙体外闪，南立面墙体箭窗上有数道裂缝，宽 0.03～0.13 米，西立面墙体箭窗上部有裂缝三条，宽 0.03～0.15 米，东侧券门保存较好，西门残损，南侧券室东侧设梯道，现已坍塌，箭窗大部毁坏，西墙 南侧箭窗、北墙东侧箭窗保存较好。台顶设施无存，长满杂草和小灌木，有两棵小松树。

6. 野鸡峪 06 号敌台 1302813521017170006

位于遵化市野鸡峪村东庄自然村西北约 500 米处，坐标：东经 118° 06′ 35.40″，北纬 40° 21′ 09.10″，高程 379 米。

东、西两侧与墙体相接，平面呈矩形，立面及剖面呈梯形。敌台现状立面为二段式，下段为条石基 础，白灰砌筑，白灰勾缝，露明 1～3 层；中段城砖砌筑，白灰砌筑，白灰勾缝，残高 2.1 米。

保存较差，台体结构、形制不清晰。严重坍塌，仅存条石基础部分及少量包砖墙体。

7. 野鸡峪 07 号敌台 1302813521017170007

位于遵化市野鸡峪村东庄自然村西北约 620 米处，坐标：东经 118° 06′ 30.50″，北纬 40° 21′ 08.90″，高程 388 米。

保存较差，台体结构、形制不清晰。严重坍塌，墙体包砖已大部分坍塌，仅存基础部分及小段落未 坍塌段，台室及顶部不存，坍塌的碎砖堆积于敌台顶部及四周，顶部长满多种小灌木。

8. 野鸡峪 08 号敌台 1302813521017170008

位于遵化市野鸡峪村东庄自然村西北约 740 米处，坐标：东经 118° 06′ 23.70″，北纬 40° 21′ 06.40″，高程 396 米。

保存较差，台体结构、形制不清晰，坍塌严重，台室及顶部不存，墙体包砖已大部分坍塌，仅存基础部分及少量包砖墙。顶部长满杂草、灌木。

9. 野鸡峪 09 号敌台 130281352102170009

位于遵化市野鸡峪村东庄自然村西北约 1.1 千米处，坐标：东经 118° 06′ 09.90″，北纬 40° 21′ 07.10″，高程 415 米。

东、西两侧与墙体相接，平面呈矩形，立面及剖面呈梯形。敌台现状立面为二段式，下段为条石基础，白灰砌筑，白灰勾缝，高 0.9 米；中段城砖砌筑，白灰砌筑，白灰勾缝，残高 1.9 米。

保存较差，台体结构、形制不清晰。坍塌严重，仅存一向内凸出的方形台，略高出墙体。顶部长满杂草、灌木。

10. 洪山口 01 号敌台 130281352101170010

位于遵化市小厂乡洪山口村东北约 780 米的高山顶上，坐标：东经 118° 05′ 56.80″，北纬 40° 21′ 16.00″，高程 531 米。

南、北两侧与墙体相接，平面呈矩形，立面及剖面呈梯形，东西宽 7.7 米，南北长 12.8 米，残高 6.94 米。敌台现状立面为二段式，下段为条石基础，白灰砌筑，白灰勾缝；中段城砖砌筑，白灰砌筑，白灰勾缝。

保存较差，台体结构、形制不清晰。条石基础保存较好，墙体坍塌严重，残存 1 个箭窗及北立面门槛石，台室内部坍塌严重，仅存中券室局部。

11. 洪山口 02 号敌台 130281352101170012

位于遵化市洪山口村东北约 600 米处，坐标：东经 118° 05′ 30.80″，北纬 40° 21′ 05.50″，高程 325 米。

南、北两侧与墙体相接，平面呈矩形，立面及剖面呈梯形。敌台现状立面为二段式，下段为大块石基础，白灰砌筑，白灰勾缝，露明 2 层，高 0.8 米；中段城砖砌筑，白灰砌筑，白灰勾缝，残高 5.4 米。

保存较差，台体结构、形制不清晰。块石基础保存较好，墙体坍塌严重，仅存台体北半部。顶部及周围长满杂草、灌木。

12. 洪山口 03 号敌台 130281352101170013

位于遵化市洪山口村北约 570 米处，坐标：东经 118° 05′ 27.20″，北纬 40° 21′ 05.80″，高程 288 米。

南、北两侧与墙体相接，平面呈矩形，立面及剖面呈梯形。保存差，台体结构、形制不清晰。台体坍塌严重，坍塌的碎砖堆积于敌台周围，顶部及周围长满杂草、灌木。

13. 洪山口 04 号敌台 130281352101170014

位于遵化市洪山口村北约 580 米，坐标：东经 118° 05′ 13.00″，北纬 40° 21′ 12.00″，高程 289 米。

保存差，台体结构、形制不清晰。台体坍塌严重，四面包砖墙已基本无存，仅东面存有少部分包砖，坍塌的碎砖堆积于敌台四周，基址已不清晰，顶部及周围长满杂草、灌木。

14. 洪山口 05 号敌台 130281352101170015

位于遵化市洪山口村西北约 850 米的半山腰处，坐标：东经 118° 05′ 12.50″，北纬 40° 21′ 14.40″，高程 311 米。

南、北两侧与墙体相接，平面呈矩形，立面及剖面呈梯形，东西宽 9.27 米，南北长 9.87 米，残高 5.5 米。敌台现状立面为二段式，下段为条石基础，白灰砌筑，白灰勾缝，露明 2 层，高 0.97 米；中段城砖砌筑，白灰砌筑，白灰勾缝。

保存较差，台体结构、形制不清晰。坍塌严重，存条石基础及四立面底部墙体，券门、箭窗等设施无存，坍塌的碎砖堆积于敌台四周，台体基址已不清晰。敌台顶部长满荆条、酸枣树等小灌木。

15. 洪山口 06 号敌台 130281352101170016

位于遵化市洪山口村西北约 940 米的山脊处，坐标：东经 118° 05′ 07.40″，北纬 40° 21′ 16.70″，高程 325 米。

南、北两侧与墙体相接，平面呈矩形，立面及剖面呈梯形，东西宽长 9.27 米，南北宽 8.87 米，残高 5.86 米。敌台现状立面为二段式，下段为条石基础，白灰砌筑，白灰勾缝，露明 2 层，高 0.97 米；中段城砖砌筑，白灰砌筑，白灰勾缝。

保存较差，台体结构、形制不清晰。墙体坍塌严重，残存北半部墙体下部，面砖脱落严重，南半部墙体部分已全部坍塌。坍塌的碎砖堆积于敌台四周，台体基址已不清晰。西立面墙体底部存人为挖掘孔洞。敌台顶部长满荆条、酸枣树等小灌木。

16. 洪山口 07 号敌台 130281352101170017

位于遵化市洪山口村西北约 940 米的山脊处，坐标：东经 118° 04′ 59.70″，北纬 40° 21′ 13.80″，高程 368 米。

南、北两侧与墙体相接，平面呈矩形，立面及剖面呈梯形，东西宽 8.13 米，南北长 8.13 米。敌台现状立面为三段式，下段为条石基础，白灰砌筑，白灰勾缝；中段城砖砌筑，白灰砌筑，白灰勾缝；中段与上段间设三层拔檐分隔，上、下两层为直角檐、中间为菱角檐；上段设垛口墙，高 3 ～ 7 层砖。

保存较差，台体结构、形制不清晰。墙体坍塌严重，仅存中券室，东、西券室全部坍塌，券门、箭窗缺失，垛口墙大部分缺失。敌台顶部长满荆条、酸枣树等小灌木。

17. 洪山口 08 号敌台 130281352101170018

位于遵化市洪山口村西北约 1.1 千米的山脊处，坐标：东经 118° 04′ 42.40″，北纬 40° 21′ 08.50″，高程 327 米。

东、西两侧与墙体相接，平面呈矩形，立面及剖面呈梯形，东西宽 8.01 米，南北长 12.67 米，高 8.95 米。敌台现状立面为三段式，下段为条石基础，白灰砌筑，白灰勾缝，露明 1 层，高 0.32 米；中段城砖砌筑，白灰砌筑，白灰勾缝，东、西立面辟券门、箭窗，南、北立面辟箭窗，箭窗起券方式为一伏一券；中段与上段间设三层拔檐分隔，上、下两层为直角檐、中间为菱角檐；上段设垛口墙。

保存较差，台体结构、形制不清晰。条石基础，被坍塌的碎砖所填埋，墙体坍塌严重，上部大部分缺失，北墙存箭窗 3 个，西墙存箭窗 1 个，敌台顶部长满荆条、酸枣树等小灌木。

18. 洪山口 09 号敌台 130281352101170022

位于遵化市洪山口村西北约 1.1 千米的山脊处，坐标：东经 118° 04′ 36.40″，北纬 40° 21′ 06.30″，高程 373 米。

东、西两侧与墙体相接，平面呈矩形，立面及剖面呈梯形，东西长 11.6 米，南北长度无法辨别，高 6.44 米。敌台现状立面为二段式，下段为条石基础，白灰砌筑，白灰勾缝，露明 3 层，高 1.42 米；中段城砖砌筑，白灰砌筑，白灰勾缝，高 5.02 米。

保存较差，台体结构、形制不清晰。条石基础保存较好，墙体坍塌严重仅存敌台下半部墙体，券门、箭窗、垛口墙等设施均无存，敌台顶部长满荆条、酸枣树等小灌木。

19. 洪山口 10 号敌台 130281352101170024

位于遵化市洪山口村西北约 1.4 千米的山脊处，坐标：东经 118° 04′ 23.60″，北纬 40° 21′ 05.30″，高程 419 米。

东、西两侧与墙体相接，平面呈矩形，立面及剖面呈梯形。敌台现状立面为二段式，下段为条石基础，白灰砌筑，白灰勾缝，露明 3 层，高 1.42 米；中段城砖砌筑，白灰砌筑，白灰勾缝，高 4.68 米。

保存较差，台体结构、形制不清晰。敌台已大部分坍塌，台室部分及以上均不存，仅存下部少量包砖墙及条石基础，顶部成一大圆土堆状，长满杂草、小灌木。

20. 洪山口 11 号敌台 130281352101170025

位于遵化市洪山口村西北约 1.5 千米处的山脊上处，坐标：东经 118° 04′ 17.40″，北纬 40° 21′ 04.00″，高程 397 米。

东、西两侧与墙体相接，平面呈矩形，立面及剖面呈梯形，东西长 8.8 米，南北宽 8.8 米，高 8.2 米。敌台立面为三段式，下段为条石基础，白灰砌筑，白灰勾缝，露明 3 层，高 1.1 米；中段城砖砌筑，白灰砌筑，白灰勾缝。东、西立面中部辟 1 券门、两侧各辟 1 箭窗，门宽 1.18 米，门券室高 2.93 米，宽 1.09 米。南、北立面各辟 3 箭窗，箭窗宽 0.58 米，高 1.04 米，箭窗券室宽 1.24 米，高 2.07 米，进深 0.58 米，箭窗起券方式为二伏二券；中段与上段间设三层拔檐分隔，上、下两层为直角檐、中间为菱角檐；上段设垛口墙，高 2～5 层砖；室内平面布局为三券室三通道，中券室宽 1.11 米，南、北券室宽 1.96 米，券高 1.68 米，长 6.87 米，通道宽 1.2 米，高 2.1 米，墙厚 1 米，台体内中券室东门内上梯井口。

保存较好，台体结构、形制较清晰。条石基础保存较好，台体四面包砖墙保存基本完好，东墙门券已毁，存 1 个箭窗，保存较好，窗洞上有两条裂缝通顶，南墙上存 3 个箭窗保存较好。西墙门券已毁，只残留有半块门槛石和门洞，存两个箭窗，保存较好，存走闪现象。北墙存 3 个箭窗保存较好。台室内砌砖有少许破损，基本保存较好。台体顶存小段落垛口墙，顶部长有小槐树 3 棵，且长满杂草。

21. 洪山口 12 号敌台 130281352101170026

位于遵化市洪山口村西约 1.6 千米处的山脊上，坐标：东经 118° 04′ 10.40″，北纬 40° 20′ 59.00″，高程 386 米。

东、西两侧与墙体相接，平面呈矩形，立面及剖面呈梯形，东西宽 9.67 米，南北长 15.4 米，高 9.39 米。敌台立面为三段式，下段为条石基础，白灰砌筑，白灰勾缝，露明 3 层，高 1.2 米；中段城砖砌筑，白灰砌筑，白灰勾缝。东、西立面中部辟 1 券门、两侧各辟 1 箭窗，门高 2.52 米，宽 1.16 米，进深 1.18 米，门槛石长 1.36 米，宽 0.58 米，厚 0.22 米。南、北立面各辟 3 箭窗，箭窗高 0.8 米，宽 0.58 米，厚 0.38 米，箭窗券室宽 0.92 米，进深 1.18 米，高 1.8 米。箭窗起券方式为一伏一券；中段与上段间设三层拔檐分隔，上、下两层为直角檐、中间为菱角檐；上段设垛口墙，高 1～2 层砖，券室长 6.93

米，宽1.55米，高3.95米，通道高2.1米，宽1.05米，墙厚0.9米。梯道位于东北角，为北向南上，残存台阶13阶，梯道口宽0.68米，进深0.26米，阶高0.31米，总高5.13米。

保存一般，台体结构、形制较清晰。条石基础保存较好，台体四面包砖墙保存基本完好，有脱落和酥碱现象，门上部券残坏，四面墙体上的箭窗除下部窗台稍残外，余皆完好。台室内砖砌墙体毁坏严重，通道两侧上部砖券基本全毁。梯道台阶残损。台顶垛口墙基本无存，铺舍基址全无。台顶长有少量杂草。

22. 洪山口 13 号敌台 130281352101170027

位于遵化市洪山口村西约1.6千米处的山脊上，坐标：东经118° 04′ 09.30″，北纬40° 20′ 55.40″，高程393米。

南、北两侧与墙体相接，平面呈矩形，立面及剖面呈梯形。敌台现状立面为二段式，下段为条石基础，白灰砌筑，白灰勾缝，露明3层；中段城砖砌筑，白灰砌筑，白灰勾缝，高3.9米。

保存较差，台体结构、形制不清晰。敌台已大部分坍塌，台室部分及以上均不存，仅存下部少量包砖墙及条石基础，顶部长满杂草、小灌木。

23. 洪山口 14 号敌台 130281352101170028

位于遵化市洪山口村西约1.7千米处的山脊上，坐标：东经118° 04′ 05.80″，北纬40° 20′ 50.80″，高程395米。

南、北两侧与墙体相接。保存差，台体结构、形制不清晰，坍塌严重，碎砖堆积，呈圆形堆状，顶部长满杂草、灌木。

24. 洪山口 15 号敌台 130281352101170030

位于遵化市洪山口村西约1.7千米处的山脊上，坐标：东经118° 04′ 01.40″，北纬40° 20′ 41.10″，高程346米。

东、西两侧与墙体相接，平面呈矩形，立面及剖面呈梯形，高7.47米。敌台立面为三段式，下段为条石基础，白灰砌筑，白灰勾缝，露明3层，高1.34米；中段城砖砌筑，白灰砌筑，白灰勾缝。东、西立面中部辟1券门、两侧各辟1箭窗，券门高2.36米、宽1.14米，下设门槛石，东门槛石长1.66米，宽0.57米，厚0.3米，西门槛石长1.6米，宽0.63米，厚0.25米。南、北立面各辟4箭窗，箭窗券室宽1.07米，进深1.49米、高2.42米，箭窗高1.02米，宽0.57米，箭窗起券方式为一伏一券；中段与上段间设拔檐分隔；上段设垛口墙。室内平面布局为"回"字形样式，中心台体东西长9.82米，南北宽9.78米，内券道长6.71米，宽1.26米，高3.63米，券室内侧南北长2.37米，东西长1.59米，高3.68米，外侧东西长4.2米，南北宽3.5米。梯道位于台室西南角，为条石制，石宽0.4米，长0.8米，厚0.22米，存上部4块，下面3块，中间塌毁。

保存一般，台体结构、形制较清晰，条石基础保存较好，四面砖砌墙体保存较好，北侧存箭窗4个，上部砖券有少许脱落，东侧墙体上门已残毁，两个箭窗保存较好。西侧墙体上仅存1个箭窗保存较好，券门与北侧箭窗已残损。南侧存4个箭窗，保存较好。台体上部砖檐已全无，顶部设施也已无存，台体内砖砌墙体保存基本完好，梯道已坍塌。

25. 洪山口 16 号敌台 130281352101170031

位于遵化市洪山口村西约 2 千米处的山脊上，坐标：东经 118° 03′ 58.90″，北纬 40° 20′ 28.00″，高程 348 米。

南、北两侧与墙体相接，平面呈矩形，立面及剖面呈梯形，残高 7.36 米。敌台现状立面为二段式，下段为条石基础，白灰砌筑，白灰勾缝；中段城砖砌筑，白灰砌筑，白灰勾缝。

保存较差，台体结构、形制不清晰。条石基础保存较好，墙体坍塌严重仅存底部条石基础及东西两侧下半部分墙体，余皆毁。台顶长满杂草和小灌木。

26. 南城子 01 号敌台 130281352101170043

位于遵化市南城子村西北约 900 米的山脊上的一个小山包上，坐标：东经 118° 03′ 55.40″，北纬 40° 19′ 38.40″，高程 407 米。

南、北两侧与墙体相接，平面呈矩形，立面及剖面呈梯形，东西长 9.7 米，南北宽 9.3 米，残高 6.5 米。敌台现状立面为二段式，下段为条石基础，白灰砌筑，白灰勾缝，露明 3 层，高 1.4 米；中段城砖砌筑，白灰砌筑，白灰勾缝，高 5.1 米。

保存较差，台体结构、形制不清晰。条石基础保存较好，敌台已大部分坍塌，仅存北侧、东侧下部小部分墙体，台顶长满杂草和小灌木。

27. 南城子 02 号敌台 130281352101170046

位于遵化市南城子村西北约 930 米的山脊上，坐标：东经 118° 03′ 40.30″，北纬 40° 19′ 26.50″，高程 431 米。

东、西两侧与墙体相接，平面呈矩形，立面及剖面呈梯形，东西长 10.25 米，南北宽 9.1 米，残高 7.1 米。敌台现状立面为二段式，下段为条石基础，白灰砌筑，白灰勾缝，露明 4 层，高 1.9 米；中段城砖砌筑，白灰砌筑，白灰勾缝。

保存较差，台体结构、形制不清晰。条石基础保存较好，敌台已部分坍塌，台室及以上部分不存，西立面台体底部塌陷，宽 1.7 米，高 0.9 米，进深 0.4 米，台顶长满杂草和小灌木。

28. 南城子 03 号敌台 130281352101170049

位于遵化市南城子村西南约 1.1 千米山脊上的一个小山包上，坐标：东经 118° 03′ 32.10″，北纬 40° 19′ 09.90″，高程 463 米。

东、西两侧与墙体相接，平面呈矩形，立面及剖面呈梯形，东西长 8.92 米，南北宽 8.85 米，残高 7.83 米。敌台立面为三段式，下段为条石基础，白灰砌筑，白灰勾缝，露明 3 层，高 1.2 米；中段城砖砌筑，白灰砌筑，白灰勾缝，城砖长 0.39 米，宽 0.19 米，厚 0.09 米。东、西立面中部辟 1 券门、两侧各辟 1 箭窗，设门槛石 1 块，长 1.3 米，宽 0.58 米，厚 0.27 米。南、北立面各辟 3 箭窗，箭窗高 0.93 米，宽 0.61 米，箭窗起券方式为一伏一券；中段与上段间设拔檐分隔；上段设垛口墙。

保存一般，台体结构、形制较清晰，条石基础保存较好，四面砖墙部分坍塌，现存北券室、中券室少部分墙体和上部砖券，东面墙体和西南间一小部分墙体，其余上部砖券坍塌。门位于东、西两面中部位置，现已毁。东门存有门槛石，西门全毁。箭窗大部分损毁，现存有北面东、西箭窗，西面南箭窗，南面西箭窗，东面南、北箭窗。梯道已全部坍塌，顶部设施无存。

29. 河口 01 号敌台 130281352101170050

位于遵化市寨主沟村河口自然村东北约 400 米处的半山腰上，坐标：东经 118° 03′ 22.50″，北纬 40° 19′ 08.70″，高程 411 米。

东、西两侧与墙体相接，平面呈矩形，立面及剖面呈梯形，东西宽 9.74 米，南北长 9.8 米，残高 8.19 米。敌台立面为三段式，下段为条石基础，白灰砌筑，白灰勾缝，露明 4 层，高 1.64 米；中段城砖砌筑，白灰砌筑，白灰勾缝。东、西立面南侧辟 1 券门、北侧辟 2 箭窗，设门槛石 1 块、门柱石 2 块、平水石 2 块、门券石 1 块，门高 1.8 米，宽 0.78 米，起券 1.37 米。门槛石长 1.33 米，宽 0.55 米，外厚 0.24 米，内厚 0.16 米，门柱石高 1.15 米，宽 0.24 米，厚 0.24 米，平水石石长 0.96 米，宽 0.27 米，厚 0.19 米，门券石厚 0.25 米，宽 0.3 米。南、北立面各辟 3 箭窗，箭窗宽 1.11 米，进深 0.72 米，高 2.03 米；中段与上段间设拔檐分隔；上段设垛口墙。室内平面布局为三券室三通道，东西设券室，长 7.47 米，宽 1.63 米，高 3.03 米。南北为通道宽 1.6 米，高 2.09 米，墙厚 1.02 米、间隔墙厚 1.54 米，在 1.55 米处起券。

保存一般，台体结构、形制较清晰，条石基础保存较好，墙体存有不同程度脱落和酥碱现象，箭窗已全毁，东门毁坏严重，西门则保存较好，东立面墙体中箭窗外侧塌陷一洞，长 1.5 米、高 1.2 米、深 0.4 米，顶部设施基本无存。

30. 河口 02 号敌台 130281352101170051

位于遵化市寨主沟村河口自然村西北约 270 米处的半山腰上，坐标：东经 118° 03′ 12.80″，北纬 40° 19′ 04.90″，高程 418 米。

东、西两侧与墙体相接，平面呈矩形，立面及剖面呈梯形，东西长 8.3 米，南北宽 8.3 米，残高 5.35 米。敌台现状立面为二段式，下段为条石基础，白灰砌筑，白灰勾缝；中段城砖砌筑，白灰砌筑，白灰勾缝。

保存较差，台体结构、形制不清晰。敌台严重坍塌，仅存部分墙基及北立面一小段砖砌墙体。顶部长满杂草、灌木。

31. 河口 03 号敌台 130281352101170052

位于遵化市寨主沟村河口自然村西约 310 米处的半山腰上，坐标：东经 118° 03′ 02.90″，北纬 40° 18′ 57.40″，高程 479 米。

东、西两侧与墙体相接，平面呈矩形，立面及剖面呈梯形，残高 5.5 米。敌台现状立面为二段式，下段为条石基础，白灰砌筑，白灰勾缝，露明 3 层，高 1.37 米；中段城砖砌筑，白灰砌筑，白灰勾缝。

保存较差，台体结构、形制不清晰。敌台严重坍塌，仅存底部小段落的条石基础和砖砌墙，北半部台体全部坍塌，基址不清。顶部长满杂草、灌木。

32. 寨主沟 01 号敌台 130281352101170056

位于遵化市寨主沟村西北约 1 千米处的山脊上，坐标：东经 118° 02′ 35.20″，北纬 40° 18′ 46.90″，高程 680 米。

东、西两侧与墙体相接，平面呈矩形，立面及剖面呈梯形，东西长 11.2 米，南北宽 9.8 米，残高 9.71 米。敌台立面为三段式，下段为条石基础，白灰砌筑，白灰勾缝，露明 3 层，高 1.2 米；中段城砖砌筑，白灰砌筑，白灰勾缝。东、西立面中部辟 1 券门、两侧各辟 1 箭窗，券门设门槛石 1 块、门柱石 2 块、平水石 2 块、门券石 1 块，券门高 1.79 米，宽 0.77 米，门券室高 2.05 米，宽 1.33 米。南、北立面各辟 3 箭窗，箭窗高 0.87 米，宽 0.68 米，墙厚 0.46 米，箭窗券室高 1.79 米，宽 1.12 米，进深 0.76 米，箭窗起券方式为一伏一券；中段与上段间设三层拔檐分隔，上、下两层为直角檐、中间为菱角檐；上段设垛口墙，残高 1～3 层砖。室内平面布局为三券室三通道，券室长 7.16 米，高 3.27 米，东、西券室宽 1.78 米，中券室宽 2.63 米；通道高 2.01 米，墙厚 1.04 米、间隔墙厚 1.49 米，南北通道宽 1.63 米，中通道宽 1.03 米，起券高 1.4 米。

保存一般，台体结构、形制较清晰，条石基础保存较好，墙体面砖存不同程度的风化、酥碱，东立面门洞已坍塌，石质门券石保存完好，箭窗全毁；北面东箭窗损坏，西、中箭窗完好；西面中部只残存箭窗券室，石质门券石完好；南面西箭窗券室损坏，窗完好，东、中箭窗损毁，砖脱落严重，顶部设施基本无存。

33. 寨主沟 02 号敌台 130281352101170057

位于遵化市寨主沟村西北约 1 千米处的山脊上，坐标：东经 118° 02′ 28.20″，北纬 40° 18′ 41.30″，高程 687 米。

东、西两侧与墙体相接，平面呈矩形，立面及剖面呈梯形，东西长 9.97 米，南北宽 9.94 米，残高 8.13 米。敌台立面为三段式，下段为条石基础，白灰砌筑，白灰勾缝，露明 5 层，高 1.83 米；中段城砖砌筑，白灰砌筑，白灰勾缝，城砖长 0.35 米，宽 0.185 米，厚 0.085 米。东、西立面南侧辟 1 券门、北侧各辟 2 箭窗，券门设门槛石 1 块、门柱石 2 块、平水石 2 块、门券石 1 块，门高 1.75 米，宽 0.77 米，门券室高 2.22 米，宽 1.3 米，进深 1 米。南、北立面各辟 3 箭窗，箭窗高 0.86 米，宽 0.67 米，箭窗券室高 2.06 米，宽 1.07 米，进深 0.83 米，箭窗起券方式为一伏一券；中段与上段间设三层拔檐分隔，上、下两层为直角檐、中间为菱角檐；上段设垛口墙，残高 2～5 层砖。室内平面布局为三券室三通道，券室长 7.39 米，高 2.88 米，东西券室宽 1.67 米，中券室宽 2.2 米。通道高 2.16 米，墙厚 0.99 米，间隔厚 1.58 米，南北通道宽 1.61 米，中通道宽 1.02 米。

保存一般，台体结构、形制较清晰，条石基础保存较好，墙体面砖存不同程度的风化、酥碱，东面石质门券石和门洞完好，箭窗券室较好，箭窗全毁，门与箭窗上部有多条小裂缝至顶；北面箭窗和窗洞保存基本完好；西面门与门洞保存较好，箭窗保存较好，门上有两条小裂缝通顶；南面箭窗保存较完好，垛口墙局部缺失。

34. 寨主沟村 03 号敌台 130281352101170058

位于遵化市小厂乡寨主沟村西北侧约 1.2 千米处的山脊上，坐标：东经 118° 02′ 18.60″，北纬 40° 18′ 36.90″，高程 709 米。

东、西两侧与墙体相接，平面呈矩形，立面及剖面呈梯形，东西长 9.97 米，南北宽 9.94 米，残高 9.6 米。敌台立面为三段式，下段为条石基础，白灰砌筑，白灰勾缝，露明 5 层，高 1.84 米；中段城砖砌筑，白灰砌筑，白灰勾缝。东、西立面辟 1 券门、2 箭窗，门券室宽 1.16 米，进深 0.88 米，高 2.32 米，门宽 0.78 米，高 1.78 米，门为砖砌，上为两伏两券，门内两侧设砖砌门插孔，已残。南、北立面各辟 3 箭窗，箭窗券室宽 0.74 米，进深 0.67 米，高 1.89 米，窗宽 0.51 米，高 0.87 米，内设方形插孔，孔高 0.12 米，宽 0.11 米，进深 0.22 米，箭窗起券方式为一伏一券；中段与上段间设三层拔檐分隔，上、下两层为直角檐、中间为菱角檐；上段设垛口墙，残高 1～4 层砖。顶部设铺房，室内平面布局为“回”字形样式，于中间设四方形通顶券室，且高出台体顶部，与顶部铺舍成一体，券顶已坍塌，存东、西、北三面砖砌墙体，高 0.7～1.7 米间，墙厚 0.45 米，于东北角、东南角、西北角各存柱洞一个，直径 0.19 米，南墙无存。中层台体东西长 9.9 米，内券长 7.53 米，南北宽 9.65 米，内券长 7.17 米，券高 3.16 米，于东西券道与中心券室齐平处上部各设两券，券厚 0.87 米，距地面 2.14 米，为一伏一券。台体内中心券室，外侧东西长 5.04 米，内侧 2.83 米，南北外侧长 4.73 米，内 2.68 米，于四面墙体中间部位各设一门，门宽 0.77～0.84 米间，门高 1.76～1.95 米。中心间距地 3.5 米处设有一条深槽，残破严重。

保存较好，台体结构、形制较清晰，台体总体保存较好，墙体外侧包砖有少许脱落和酥碱现象，东墙上的箭窗残破严重，台顶铺房舍坍塌，四面垛口墙基本无存，台体内砖砌结构墙保存较好，台室内砖墁已无存。

35. 寨主沟 04 号敌台 130281352101170059

位于遵化市寨主沟村西北约 1.5 千米处的小高山顶上，坐标：东经 118° 02′ 10.80″，北纬 40° 18′ 36.10″，高程 749 米。

东、西两侧与墙体相接，平面呈矩形，立面及剖面呈梯形，东西长 10.7 米，残高 8.39 米。敌台立面为三段式，下段为条石基础，白灰砌筑，白灰勾缝，露明 3 层，高 1.1 米；中段城砖砌筑，白灰砌筑，白灰勾缝。东、西立面辟券门。南、北立面各箭窗，箭窗宽 0.53 米，厚 0.32 米；中段与上段间设三层拔檐分隔，上、下两层为直角檐、中间为菱角檐；上段设垛口墙，残高 1～3 层砖。

保存较差，台体结构、形制不清晰，敌台已大部分坍塌。下部条石基础保存较好，但多被坍塌的碎砖所填埋。台体砌砖亦大多坍塌，台顶存不到三分之一，保存北券室、北面墙体及箭窗 3 个，门已全部坍塌。

36. 双窑 01 号敌台 130281352101170061

位于遵化市双窑村西北约 830 米处的山脊上，坐标：东经 118° 01′ 49.10″，北纬 40° 18′ 12.90″，高程 563 米。

东、西两侧与墙体相接，平面呈矩形，立面及剖面呈梯形，东西长 9.63 米，南北宽 9.52 米，残高 6.13 米。敌台立面为三段式，下段为条石基础，白灰砌筑，白灰勾缝，露明 3 层，高 1.1 米；中段城砖砌筑，白灰砌筑，白灰勾缝。南立面中部辟 1 券门，两侧各辟 1 窗，东、西、北三立面各辟 3 箭窗，箭窗宽 0.53 米，高 0.81 米，厚 0.38 米，箭窗券室高 1.89 米，宽 0.96 米，进深 0.82 米，箭窗起券方式为一伏一券；中段与上段间设三层拔檐分隔，上、下两层为直角檐、中间为菱角檐；上段设垛口墙，残高 1～2 层砖。室内平面布局为三券室三通道，券室高 2.97 米，长 6.91 米，宽 1.57 米。通道高 1.75 米，宽 0.87 米，墙厚 1.06 米、间隔厚 2.09 米。

保存一般，台体结构、形制较清晰，敌台下部条石基础和砖砌墙体保存基本完好，敌台顶部设施无存。东墙上存两个箭窗，箭窗上部有裂缝 4 条；北墙上存 3 个箭窗，内窗洞坍塌，使两箭窗相连。西墙上存 2 个箭窗，有一条通顶裂缝，宽 0.01 ～ 0.03 米；南墙存 2 个箭窗，门已毁坏。台室内砖砌墙体和上部砖券毁坏严重。台顶长满灌木、杂草。

37. 双窑 02 号敌台 130281352101170062

位于遵化市双窑村北约 650 米山脊上的一个小高山上，坐标：东经 118° 01′ 32.70″，北纬 40° 18′ 09.70″，高程 557 米。

保存较差，台体结构、形制不清晰，敌台四面墙体已严重坍塌，存一高约 4 米的圆形石堆，顶部长满杂草、灌木。

38. 双窑 03 号敌台 130281352101170063

位于遵化市双窑村西北约 540 米的山脊处的一个小山坳中，坐标：东经 118° 01′ 20.40″，北纬 40° 18′ 02.40″，高程 479 米。

南、北两侧与墙体相接，平面呈矩形，立面及剖面呈梯形，南北长 11.24 米，残高 3.98 米。敌台现状立面为二段式，下段为条石基础，白灰砌筑，白灰勾缝，露明 7 层，高 2.38 米；中段城砖砌筑，白灰砌筑，白灰勾缝。

保存较差，台体结构、形制不清晰。敌台四面墙体已严重坍塌，台室及以上部分全部坍塌，仅存东、西两侧的条石基础及少部分包砖墙。顶部长满杂草、灌木。

38. 双窑 04 号敌台 130281352101170064

位于遵化市双窑村西北约 590 米的山脊处，坐标：东经 118° 01′ 16.50″，北纬 40° 18′ 01.70″，高程 502 米。

东、西两侧与墙体相接，平面呈矩形，立面及剖面呈梯形，东西宽 6.3 米，南北长 7.6 米，残高 4.59 米。敌台墙体为块石砌筑，台芯土石夯筑，顶部垛口墙块石砌筑，宽 1.1 米。

保存一般，台体结构、形制较清晰。敌台西南角墙体局部坍塌，东、北面墙体保存较好。四面设有石砌垛墙已残毁，顶部及周围地面有碎砖瓦片。顶部长满杂草、灌木。

40. 双窑 05 号敌台 130281352101170065

位于遵化市双窑村西北约 640 米处的小高山顶上，坐标：东经 118° 01′ 11.60″，北纬 40° 17′ 59.20″，高程 510 米。

东、西两侧与墙体相接，平面呈矩形，立面及剖面呈梯形。敌台现状立面为二段式，下段为条石基础，白灰砌筑，白灰勾缝，露明 7 层，高 2.38 米；中段城砖砌筑，白灰砌筑，白灰勾缝，城砖长 0.37 米，宽 0.175 米，厚 0.1 米，东、西立面辟券门，门宽 0.78 米，残高 1.88 米，南、北立面辟箭窗，箭窗宽 0.63 米，高 1.04 米，厚 0.4 米。

保存较差，台体结构、形制不清晰。敌台已大部分坍塌。下部条石基础保存较好，但多被坍塌的碎砖所填埋。台体砌砖亦大多坍塌，台顶存不到二分之一，保存北面墙体、北券室及箭窗 3 个，西墙保存大部分墙体、箭窗 1 个，中券室部分，东墙存上部门券，西门已坍塌。其余部分已全部坍塌。

41. 双窑 06 号敌台 130281352101170066

位于遵化市双窑村西北约 900 米处的小高山顶上，坐标：东经 118° 00′ 58.40″，北纬 40° 17′ 58.50″，高程 543 米。

东、西两侧与墙体相接，平面呈矩形，立面及剖面呈梯形，东西长 8.71 米，残高 8.05 米。敌台立面为三段式，下段为条石基础，白灰砌筑，白灰勾缝，露明 3 层，高 1.2 米；中段城砖砌筑，白灰砌筑，白灰勾缝。东、西中部辟 1 券门，两侧各辟 1 窗，门宽 0.78 米，高 2.46 米，券门起券方式为二伏二券。南、北立面辟箭窗，箭窗高 0.83 米，宽 0.53 米，厚 0.24 米，箭窗券室高 1.9 米，宽 0.81 米，进深 0.85 米，箭窗起券方式为一伏一券；中段与上段间设三层拔檐分隔，上、下两层为直角檐，中间为菱角檐；上段设垛口墙，残高 1～2 层砖。

保存差，台体结构、形制不清晰，条石保存较好，多被坍塌的碎砖所掩埋。中层台体砌砖亦大多坍塌，保存约三分之一，保存北面墙体、北券室及箭窗 3 个，西墙一部分墙体、券门和箭窗 1 个，东墙部分墙体和 1 个残毁的箭窗。其余部分已全部坍塌。

42. 双窑 07 号敌台 130281352101170067

位于遵化市双窑村西北约 1.3 千米的山脊上，坐标：东经 118° 00′ 41.70″，北纬 40° 17′ 53.70″，高程 545 米。

东、西两侧与墙体相接，平面呈矩形，立面及剖面呈梯形，东西长 10.18 米，南北宽 10.14 米，残高 7.03 米。敌台立面为三段式，下段为条石基础，白灰砌筑，白灰勾缝，露明 3 层，高 1.3 米；中段城砖砌筑，白灰砌筑，白灰勾缝。东、西辟券门，门宽 0.77 米，高 1.79 米，厚 0.37 米，门券室宽 1.26 米，高 2.17 米，进深 0.86 米。南、北立面各辟 3 箭窗，箭窗宽 0.63 米，高 0.96 米，箭窗券室宽 1.24 米，高 2 米，进深 0.84 米，箭窗起券方式为一伏一券；中段与上段间设三层拔檐分隔，上、下两层为直角檐、中间为菱角檐；上段设垛口墙，残高 1～3 层砖。

保存较差，台体结构、形制不清晰，敌台已大部分坍塌。下部条石基础保存较好，基址清晰，多被坍塌的碎砖所掩埋。中层台体砌砖亦大多坍塌，保存三分之一，保存南面墙体、南券室，南墙上存箭窗三个，上存有一半截石制吐水嘴；东墙只残存靠南侧一小段，存箭窗一个；西墙存靠南侧一小段，存箭窗两个，北墙已全部坍塌。

43. 双窑 08 号敌台 130281352101170068

位于遵化市双窑村西约 1.8 千米的山脊上，坐标：东经 118° 00′ 16.80″，北纬 40° 17′ 44.10″，高程 441 米。

东、西两侧与墙体相接，平面呈矩形，立面及剖面呈梯形，东西长 11.37 米，南北宽 11.07 米，残高 9.85 米。敌台立面为三段式，下段为条石基础，白灰砌筑，白灰勾缝，露明 12 层，高 5.15 米，条石长 0.54～1.16 米，高 0.39，厚 0.85 米；中段城砖砌筑，白灰砌筑，白灰勾缝，城砖规格：0.42 米 × 0.21 米 ×0.09 米，东、西立面中部辟石质券门、两侧各辟 1 箭窗，门高 1.82 米，宽 0.9 米，厚 0.4 米，券门门额上方为仿木垂花门形式，出檐 0.34 米。南、北立面各辟 3 箭窗，箭窗高 1.14 米，宽 0.75 米，厚 0.3 米，箭窗券室高 2.57 米，宽 1.43 米，进深 1.47 米，箭窗起券方式为二伏二券；中段与上段间设三层拔檐分隔，上、下两层为直角檐、中间为菱角檐；上段设垛口墙，宽 0.42 米。台顶设铺房，东西长 6.62 米，南北宽 3.94 米，门位于南侧，宽 1.04 米。

保存一般，台体结构、形制基本清晰，敌台整体保存基本完好。下部条石基础和砖砌台体保存较好，顶部设施基本无存。东墙门券石为石质，保存较好，两侧箭窗全毁，砖砌墙体上有多条小裂缝；南墙保存两侧的箭窗，中箭窗已坍塌至顶，顶存一石制吐水嘴，完好；北墙存一个箭窗，砖砌台体上有小裂缝多条；西墙石质门券保存较好，两侧的箭窗全毁。台体内砖砌墙保存较好，门洞和窗洞基本全毁。西门南侧宽 1.5 米，高 2 米的范围内有包砖脱落情况，深 0.2～0.6 米。

44. 马蹄峪 01 号敌台 1302813521011170070

位于遵化市马蹄峪村东北约 1.6 千米的一个高山尖上，坐标：东经 118° 00′ 12.50″，北纬 40° 17′ 38.30″，高程 496 米。

南、北两侧与墙体相接，平面呈矩形，立面及剖面呈梯形，东西长 8.85 米，南北宽 8.75 米，残高 7.2 米。敌台立面为三段式，下段为条石基础，白灰砌筑，白灰勾缝，露明 3 层，高 1.35 米；中段城砖砌筑，白灰砌筑，白灰勾缝，南立面中部辟券门、两侧各辟 1 箭窗，门高 1.66 米，宽 0.77 米，门墙厚 0.31 米，门券室高 2.03 米，宽 1.31 米，进深 1.08 米。北立面辟 3 箭窗，东、西立面各辟 2 箭窗，箭窗高 0.92 米，宽 0.59 米，墙厚 0.41 米，箭窗券室高 2.08 米，宽 1.3 米，进深 1.04 米，门窗起券方式均为一伏一券；中段与上段间设三层拔檐分隔，上、下两层为直角檐、中间为菱角檐；上段设垛口墙，残高 1～2 层砖。

保存一般，台体结构、形制基本清晰，下部条石基础和砖砌台体保存较好，敌台顶部设施基本无存。东墙存 2 箭窗，保存较好，墙体上有多条小裂缝；南墙保存门和两侧的箭窗，完好；北墙存 3 个箭窗，砖砌台体上有一条小裂缝；西墙保存 1 个箭窗较好，1 个箭窗稍残。台体东北角砌砖有少许脱落。台室内砖砌墙、砖券、门洞、窗洞，梯道都保存较好，底部保存有少量墁砖。

45. 马蹄峪 02 号敌台 1302813521011170072

位于遵化市马蹄峪村北约 1.3 千米处的河谷西侧，坐标：东经 117° 59′ 49.20″，北纬 40° 17′ 29.80″，高程 165 米。

南、北两侧与墙体相接，平面呈矩形，立面及剖面呈梯形。保存差，台体结构、形制不清晰，敌台已全部坍塌，仅存遗址，基址上残存碎砖。顶部长满灌木、杂草。

46. 马蹄峪 03 号敌台 1302813521011170073

位于遵化市马蹄峪村北约 1.2 千米的半山腰上，坐标：东经 117° 59′ 47.00″，北纬 40° 17′ 28.80″，高程 219 米。

南、北两侧与墙体相接，平面呈矩形，立面及剖面呈梯形。保存差，台体结构、形制不清晰，敌台已全部坍塌，基址上残存碎砖瓦，底部仅存几块条石基础，基址不清楚。顶部长满灌木、杂草。

47. 马蹄峪 04 号敌台 1302813521011170074

位于遵化市马路蹄峪村北约 1.3 千米的半山腰上，坐标：东经 117° 59′ 39.10″，北纬 40° 17′ 28.80″，高程 334 米。

东、西两侧与墙体相接，平面呈矩形，立面及剖面呈梯形。保存差，台体结构、形制不清晰，敌台全部坍塌，基址上残存碎砖，基址不清楚。顶部长满灌木、杂草。

48. 马蹄峪 05 号敌台 130281352101170075

位于遵化市马蹄峪村西北约 1.4 千米的山脊上，坐标：东经 117° 59′ 32.20″，北纬 40° 17′ 32.30″，高程 370 米。

东、西两侧与墙体相接，平面呈矩形，立面及剖面呈梯形。敌台现状立面为二段式，下段为条石基础，白灰砌筑，白灰勾缝，露明 3 层，高 0.9 米；中段城砖砌筑，白灰砌筑，白灰勾缝，高 4.5 米。

保存较差，台体结构、形制不清晰，敌台已大部分坍塌，仅存底部条石基础、部分砖砌墙体。顶部长满灌木、杂草。

49. 马蹄峪 06 号敌台 130281352101170076

位于遵化市马蹄峪村西北约 1.5 千米的小高山上，坐标：东经 117° 59′ 26.70″，北纬 40° 17′ 32.90″，高程 384 米。

东、西两侧与墙体相接，平面呈矩形，立面及剖面呈梯形，东西长 9.7 米，南北宽 6 米，残高 5 米，台体块石砌筑，白灰勾缝，台芯土石混筑。

保存较差，台体结构、形制不清晰，敌台大部坍塌，内侧石砌墙体保存较好。顶部长满灌木、杂草。

50. 蔡家峪 01 号敌台 130281352101170077

位于遵化市蔡家峪村东北约 710 米的山脊上，坐标：东经 117° 59′ 22.00″，北纬 40° 17′ 31.40″，高程 373 米。

东、西两侧与墙体相接，平面呈矩形，立面及剖面呈梯形，东西宽 9.5 米，南北长 10 米，残高 8.2 米。敌台立面为三段式，下段为条石基础，白灰砌筑，白灰勾缝，露明 2 层，高 1 米；中段城砖砌筑，白灰砌筑，白灰勾缝，东、西立面各辟 1 券门、辟 2 箭窗，南、北立面各辟 3 箭窗，箭窗宽 0.58 米，高 0.89 米，墙厚 0.35 米，箭窗起券方式均为一伏一券；中段与上段间设拔檐分隔；上段设垛口墙。

保存差，台体结构、形制基本清晰，敌台坍塌严重，底部条石基础保存较好。南墙上存 3 个箭窗和窗洞；西墙存两侧的小段落墙体；北墙存 3 个箭窗；东墙存 1 个箭窗，北、中箭窗完好有包砖脱落。

51. 蔡家峪 02 号敌台 130281352101170078

位于遵化市蔡家峪村东北约 700 米的山脊上，坐标：东经 117° 59′ 18.00″，北纬 40° 17′ 29.90″，高程 365 米。

东、西两侧与墙体相接，平面呈矩形，立面及剖面呈梯形，南北长 8.97 米，残高 9.8 米。敌台立面为三段式，下段为条石基础，白灰砌筑，白灰勾缝，露明 3 层，高 1.1 米；中段城砖砌筑，白灰砌筑，白灰勾缝，东、西立面各辟 1 券门、辟 2 箭窗，门宽 0.8 米，高 1.79 米，门墙厚 0.4 米，券门起券方式为二伏二券。南、北立面各辟 2 箭窗，箭窗起券方式均为一伏一券；中段与上段间设三层拔檐分隔，上、下两层为直角檐，中间为菱角檐；上段设垛口墙。

保存一般，台体结构、形制较清晰，敌台坍塌严重，底部条石基础保存较好。东南角坍塌，东墙门与箭窗全毁，残存门槛石一块；北墙仅存 1 个箭窗和内部箭窗券室；南墙存 2 个箭窗和箭窗券室，墙体基本完整；西墙存一门和两侧箭窗，墙体基本完好；中层台体内存三券室西半部分和西通道，券室和通道砌砖脱落严重。台体顶现存约二分之一。

52. 蔡家峪 03 号敌台 130281352101170079

位于遵化市蔡家峪村东北约 480 米的半山腰处，坐标：东经 117° 59′ 08.50″，北纬 40° 17′ 26.80″，高程 303 米。

东、西两侧与墙体相接，平面呈矩形，立面及剖面呈梯形。保存差，台体结构、形制不清晰，敌台已全部坍塌，仅存残高 5 米的一个圆形土堆，基址上残存碎砖，边界不清楚。顶部长满灌木、杂草。

53. 蔡家峪村 04 号敌台 130281352101170081

位于遵化市蔡家峪村北约 600 米的山脊上，坐标：东经 117° 58′ 56.90″，北纬 40° 17′ 32.80″，高程 264 米。

保存差，台体结构、形制不清晰，敌台已全部坍塌，基址上残存碎砖，边界不清楚。顶部长满灌木、杂草。

54. 蔡家峪 05 号敌台 130281352101170084

位于遵化市蔡家峪村西北约 730 米处的山脊上，坐标：东经 117° 58′ 44.40″，北纬 40° 17′ 35.40″，高程 322 米。

保存差，台体结构、形制不清晰，敌台已全部坍塌，边界不清楚，仅存一高约 4 米的圆形土堆。顶部长满灌木、杂草。

55. 蔡家峪 06 号敌台 130281352101170085

位于遵化市蔡家峪村西北约 900 米处的山谷东侧，坐标：东经 117° 58′ 33.30″，北纬 40° 17′ 36.20″，高程 199 米。

保存差，台体结构、形制不清晰，敌台已全部坍塌，边界不清楚，仅存一高约 3 米的土台。顶部长满灌木、杂草。

56. 蔡家峪 07 号敌台 130281352101170086

位于遵化市蔡家峪村西北约 920 米处的山谷西侧，坐标：东经 117° 58′ 32.10″，北纬 40° 17′ 36.60″，高程 200 米。

保存差，台体结构、形制不清晰，敌台已全部坍塌，边界不清楚。顶部长满灌木、杂草。

57. 蔡家峪 08 号敌台 130281352101170087

位于遵化市蔡家峪村西北约 1 千米处的半山腰处，坐标：东经 117° 58′ 25.20″，北纬 40° 17′ 36.20″，高程 267 米。

保存差，台体结构、形制不清晰，敌台已全部坍塌，仅存遗址，边界不清楚。顶部长满灌木、杂草。

58. 甘渣峪 01 号敌台 130281352101170088

位于遵化市秋科峪村甘渣峪自然村东北约 860 米的半山腰处，坐标：东经 117° 58′ 17.50″，北纬 40° 17′ 37.00″，高程 346 米。

南、北两侧与墙体相接，平面呈矩形，立面及剖面呈梯形。保存差，台体结构、形制不清晰，敌台已全部坍塌，仅存石砌台芯，残高 5 米，边界不清楚。周边残存有碎砖，顶部长满灌木、杂草。

59. 甘渣峪 02 号敌台 130281352101170089

位于遵化市秋科峪村甘渣峪自然村东北约 670 米处的山顶上，坐标：东经 117° 58′ 10.40″，北纬 40° 17′ 33.20″，高程 357 米。

南、北两侧与墙体相接，平面呈矩形，立面及剖面呈梯形，南北长 10.4 米，残高 9.4 米。敌台现状立面为二段式，下段为条石基础，白灰砌筑，白灰勾缝，露明 4 层；中段城砖砌筑，白灰砌筑，白灰勾缝，城砖长 0.42 米，宽 0.2 米，厚 0.1 米，南、北辟券门，东、西立面辟箭窗，箭窗券室宽 1.02 米，高 1.82 米，进深 0.7 米，箭窗宽 0.57 米，高 0.98 米，深 0.45 米。

保存较差，台体结构、形制不清晰，底部条石基础保存较好，敌台坍塌严重，保存北侧和南侧部分砖砌墙体，中心台室仅存部分西券室和西南角部分墙体。

60. 甘渣峪 03 号敌台 130281352101170090

位于遵化市秋科峪村甘渣峪自然村北约 640 米的半山腰处，坐标：东经 117° 57′ 56.10″，北纬 40° 17′ 30.60″，高程 234 米。

南、北两侧与墙体相接，平面呈矩形，立面及剖面呈梯形，东西残长 7.5 米，南北残宽 6.4 米，残高 5 米。保存差，台体结构、形制不清晰，敌台已全部坍塌，仅存碎砖、土台芯。顶部长满杂草、灌木。

61. 甘渣峪 04 号敌台 130281352101170095

位于遵化市甘渣峪村西北约 590 米处的山梁上，坐标：东经 117° 57′ 41.90″，北纬 40° 17′ 32.80″，高程 264 米。

南、北两侧与墙体相接，平面呈矩形，立面及剖面呈梯形。保存较差，台体结构、形制不清晰，敌台坍塌严重，仅存一石砌台芯，残高约 5 米，白灰勾缝，四周散落大量砖块。

62. 甘渣峪 05 号敌台 130281352101170096

位于遵化市甘渣峪村西北约 530 米处的山梁上，坐标：东经 117° 57′ 37.30″，北纬 40° 17′ 27.80″，高程 261 米。

南、北两侧与墙体相接，平面呈矩形，立面及剖面呈梯形，东西宽 8.3 米，南北长 10 米，残高 2.7 米。敌台现状立面为二段式，下段为条石基础，白灰砌筑，白灰勾缝，露明 3 层，高 1 米；中段城砖砌筑，白灰砌筑，白灰勾缝，高 1.7 米，城砖长 0.35 米，宽 0.18 米，厚 0.08 米。

保存较差，台体结构、形制不清晰，台体仅存基础和南侧、西侧少部分墙。

63. 甘渣峪 06 号敌台 130281352101170097

位于遵化市甘渣峪村西约 420 米处的山梁上，坐标：东经 117° 57′ 36.10″，北纬 40° 17′ 18.30″，高程 296 米。

南、北两侧与墙体相接，平面呈矩形，立面及剖面呈梯形。保存差，台体结构、形制不清晰，全部坍塌，呈土堆状，顶部及四周散落大量长城青砖。

64. 甘渣峪 07 号敌台 130281352101170098

位于遵化市甘渣峪村西约 510 米处的山梁上。坐标：东经 117° 57′ 32.00″，北纬 40° 17′ 15.40″，高程 296 米。

南、北两侧与墙体相接，平面呈矩形，立面及剖面呈梯形。保存差，台体结构、形制不清晰，全部坍塌，形成一砖石堆，高约 5.5 米，顶部及四周散落大量长城青砖。

65. 甘渣峪 08 号敌台 130281352101170099

位于遵化市甘渣峪村西约 650 米处的山梁上，坐标：东经 117° 57′ 26.10″，北纬 40° 17′ 15.50″，高程 314 米。

东、南两侧与墙体相接，平面呈矩形，立面及剖面呈梯形，东西宽 12.27 米，南北长 12.55 米，残高 7.15 米。敌台立面为三段式，下段为条石基础，白灰砌筑，白灰勾缝，露明 3 层，高 1.05 米；中段城砖砌筑，白灰砌筑，白灰勾缝，东、南立面辟券门，门券室宽 1.27 米，高 2.21 米，深 0.96 米，门宽 0.81 米。西立面辟 4 箭窗，北立面辟 3 箭窗，箭窗券室宽 1.18 米，深 0.59 米，高 2.02 米，箭窗宽 0.59 米；中段与上段间设三层拔檐分隔，上、下两层为直角檐，中间为菱角檐；上段设垛口墙。

保存一般，台体结构、形制较清晰，条石基础保存较好，墙体面砖存不同程度的风化酥碱，券门、箭窗存不同程度的残存，垛口墙基本无存。

66. 甘渣峪 09 号敌台 130281352101170100

位于遵化市甘渣峪村西约 750 米处的山梁上，坐标：东经 117° 57′ 22.00″，北纬 40° 17′ 15.30″，高程 320 米。

东、西两侧与墙体相接，平面呈矩形，立面及剖面呈梯形，东西长 12.54 米，南北宽 12.44 米，残高 9.27 米。敌台立面为三段式，下段为条石基础，白灰砌筑，白灰勾缝，露明 3 层，高 1.05 米；中段城砖砌筑，白灰砌筑，白灰勾缝，东、西立面辟 1 券门、2 箭窗，门券室宽 1.2 米，高 1.97 米，深 1.06 米。门宽 0.8 米，厚 0.27 米。南、北立面各辟 4 箭窗，箭窗券室宽 1.3 米，高 2.02 米，深 0.66 米，箭窗宽 0.57 米；中段与上段间设三层拔檐分隔，上、下两层为直角檐，中间为菱角檐；上段设垛口墙。室内平面布局为三券室四通道，东西向为券室，券室长 9.85 米，宽 2.33 米，高 3.31 米；通道长 9.81 米，宽 1.16 米，高 1.84 米。

保存一般，台体结构、形制较清晰，条石基础保存较好，墙体面砖存不同程度的风化酥碱，券门、箭窗存不同程度的残存，垛口墙基本无存。

67. 甘渣峪 10 号敌台 130281352101170101

位于遵化市甘渣峪村西约 900 米处的山梁上，坐标：东经 117° 57′ 15.70″，北纬 40° 17′ 14.60″，高程 338 米。

东、西两侧与墙体相接，平面呈矩形，立面及剖面呈梯形，东西长 9.5 米，残高 6.55 米。敌台现状立面为二段式，下段为条石基础，白灰砌筑，白灰勾缝，露明 2 层，高 0.64 米；中段城砖砌筑，白灰砌筑，白灰勾缝。

保存较差，台体结构、形制不清晰，台室及以上部分全部坍塌，残存条石基础及台室地面以下部分的砖墙。

68. 罗文峪 01 号敌台 130281352101170102

位于遵化市罗文峪村东北侧约 780 米处的山梁上，东距甘查峪村约 1 千米，坐标：东经 117° 57′ 11.50″，北纬 40° 17′ 07.60″，高程 260 米。

东、西两侧与墙体相接，平面呈矩形，立面及剖面呈梯形，东西长 10.3 米，残高 8.9 米。敌台现状立面为二段式，下段为条石基础，白灰砌筑，白灰勾缝，露明 2 层，高 0.64 米；中段城砖砌筑，白灰砌筑，白灰勾缝。

保存较差，台体结构、形制不清晰，敌台大部分坍塌，仅存北立面部分墙体，其余三侧墙体全毁，基础不清。台室仅存北侧三个箭窗及北券室一部分。台体顶部及四周发现大量碎砖块及部分瓦片。

69. 罗文峪 02 号敌台 130281352101170103

位于遵化市罗文峪村东北侧约 590 米处的山梁上，坐标：东经 117° 57′ 07.40″，北纬 40° 17′ 04.30″，高程 245 米。

东、西两侧与墙体相接，平面呈矩形，立面及剖面呈梯形。保存较差，台体结构、形制不清晰，敌台大部分坍塌，仅东墙南侧保存一部分砖墙，残长 1.5 米，基础被散落的碎砖石覆盖，边界不清。

70. 罗文峪 03 号敌台 130281352101170104

位于遵化市罗文峪村东北侧约 380 米处的山梁上，坐标：东经 117° 57′ 05.00″，北纬 40° 16′ 55.90″，高程 258 米。

南、北两侧与墙体相接，平面呈矩形，立面及剖面呈梯形。保存差，台体结构、形制不清晰，全部坍塌，形成一砖石堆，残高约 5 米。仅西北角底部可见少部分包砖，基础被散落的碎砖石覆盖，边界不清。

71. 罗文峪 04 号敌台 130281352101170105

位于罗文峪村东侧约 300 米的山梁上、罗文峪东城的东北角处，坐标：东经 117° 57′ 02.10″，北纬 40° 16′ 52.60″，高程 222 米。

东、西两侧与墙体相接，平面呈矩形，立面及剖面呈梯形，东西宽 10.27 米，南北长 10.82 米。敌台现状立面为二段式，下段为条石基础，基础下部放脚 1 层，高 0.33 米，宽 0.17 米；条石基础 3 层，高 1.41 米，东南、东北高于西南、西北 0.89 米，材质为花岗岩，条石长 0.54 ～ 1.16 米，高 0.4 ～ 0.59 米，厚 0.7 米，石材表面砍竖錾道，白灰膏砌筑，白灰浆灌注，白灰膏勾缝，勾缝方式为平缝；中段城砖砌筑，白灰砌筑，白灰勾缝，城砖规格：0.38 米 ×0.19 米 ×0.09 米。

保存较差，台体结构、形制不清晰，敌台大部分坍塌，西立面存有部分包砖，其余三面基础被砖石覆盖，边界不清。

72. 罗文峪 05 号敌台 130281352101170106

位于罗文峪村东侧约 130 米的山坡上、罗文峪东城的西北角处，坐标：东经 117° 56′ 55.40″，北纬 40° 16′ 54.20″，高程 171 米。

东、西两侧与墙体相接，平面呈矩形，立面及剖面呈梯形，东西长 11.44 米，南北宽 11.15 米，残高 12.23 米。敌台立面为三段式，下段为条石基础，基础下部东、南、西侧放脚 2 层，高 0.68 米，北侧放脚 3 层，高 0.69 米，逐层宽 0.16、0.12、0.08 米；条石基础 5 层，高 1.78 米，条石长 0.54 ～ 1.16 米，高 0.22 ～ 0.35 米，厚 0.7 米，石材表面砍竖錾道，白灰膏砌筑，白灰浆灌注，白灰膏勾缝，勾缝方式为平缝；中段城砖砌筑，白灰砌筑，白灰勾缝，东、西立面辟 1 券门、2 箭窗，南、北立面各辟 4 箭窗，宽 0.68 米，通高 1.19 米，厚 0.48 米，窗台距箭窗券室地面高 0.8 米，箭窗起券方式为一伏一券；中段与上段间设三层拔檐分隔，上、下两层为直角檐，中间为菱角檐；上段设垛口墙，宽 0.55 米，残高 0.2 米。

保存较差，台体结构、形制较清晰，条石基础保存较好，台室部分保存一般，北券室西侧顶部坍塌，地面散落有瓦片，西墙及西通道坍塌。东墙中部设门，仅存门洞。箭窗均有不同程度的残毁。梯井口位于南券室东侧，已残破。顶部全部坍塌，垛口墙基本无存。台体四周包砖有部分脱落。

73. 罗文峪 06 号敌台 130281352101170107

位于罗文峪村东侧山坡上、罗文峪东城西侧，坐标：东经 117° 56′ 52.80″，北纬 40° 16′ 53.00″，高程 128 米。

敌台保存差，台体结构、形制不清晰，全部坍塌，基础不清。东北角可见一层条石，厚 0.31 米。顶部及四周散落大量砖块。

74. 罗文峪 07 号敌台 130281352101170109

位于遵化市罗文峪村北约 400 米的半山腰上，坐标：东经 117° 56′ 40.80″，北纬 40° 16′ 59.70″，高程 179 米。

敌台保存差，台体结构、形制不清晰，全部坍塌，仅存遗址。基址上残存碎砖、碎石，边界不清。顶部长满杂草、灌木。

75. 罗文峪 08 号敌台 130281352101170110

位于遵化市罗文峪村西北约 540 米的小山包上，坐标：东经 117° 56′ 38.60″，北纬 40° 17′ 04.00″，高程 207 米。

东、西两侧与墙体相接，平面呈矩形，立面及剖面呈梯形。保存差，台体结构、形制不清晰，全部坍塌，仅存遗址，基址上残存碎砖、碎石，边界不清。于东北角保存两层条石基础，高 0.9 米。顶部长满杂草、灌木。

76. 罗文峪 09 号敌台 130281352101170111

位于遵化市罗文峪村西北约 700 米的山脊上，坐标:东经 117° 56′ 35.00″，北纬 40° 17′ 08.40″，高程 229 米。

东、西两侧与墙体相接，平面呈矩形，立面及剖面呈梯形，东西长 11.22 米，残高 6.5 米。敌台立面为三段式，下段为条石基础，白灰砌筑，白灰勾缝，露明 4 层，高 1.38 米;中段城砖砌筑，白灰砌筑，白灰勾缝，东、西立面辟券门。南、北立面辟箭窗，箭窗起券方式为一伏一券；中段与上段间设拔檐分隔；上段设垛口墙。

保存较差，台体结构、形制不清晰，敌台已大部坍塌，存条石基础，保存较好，台体砌砖坍塌严重，存北墙部分墙体及 1 个箭窗，南墙全毁，东墙存部分墙体，西墙存部分墙体及 2 个残坏的箭窗。残存的墙体存有多条裂缝。

77. 罗文峪 10 号敌台 130281352101170113

位于遵化市罗文峪村西北约 910 米的山脊上，坐标：东经 117° 56′ 30.00″，北纬 40° 17′ 14.20″，高程 239 米。

南、北两侧与墙体相接，平面呈矩形，立面及剖面呈梯形，东西长 11 米，残高 6.4 米。敌台现状立面为二段式，下段为条石基础，白灰砌筑，白灰勾缝，露明 9 层；中段城砖砌筑，白灰砌筑，白灰勾缝，城砖长 0.43 米，宽 0.22 米，厚 0.09 米。

保存较差，台体结构、形制不清晰，敌台已大部坍塌，条石基础保存较好，墙体坍塌严重，存北立面小部分墙体。

78. 罗文峪 11 号敌台 130281352101170114

位于遵化市罗文峪村西北约 1.1 千米的山脊上，坐标：东经 117° 56′ 25.90″，北纬 40° 17′ 19.50″，高程 218 米。

保存差，台体结构、形制不清晰，全部坍塌，仅存遗址，呈圆堆状，顶部布满碎砖、碎瓦。

79. 罗文峪 12 号敌台 130281352101170115

位于遵化市罗文峪村西北约 1.2 千米的山脊上，坐标：东经 117° 56′ 16.70″，北纬 40° 17′ 18.10″，高程 242 米。

保存差，台体结构、形制不清晰，已全部坍塌。顶部长满杂草、灌木。

80. 罗文峪 13 号敌台 130281352101170118

位于遵化市罗文峪村西北约 1.1 千米的山脊上，坐标：东经 117° 56′ 12.40″，北纬 40° 17′ 10.80″，高程 305 米。

东、西两侧与墙体相接，平面呈矩形，立面及剖面呈梯形，残高 8.62 米。敌台立面为三段式，下段为条石基础，白灰砌筑，白灰勾缝，露明 3 层；中段城砖砌筑，白灰砌筑，白灰勾缝，台芯毛石砌筑，城砖长 0.36 米，宽 0.19 米，厚 0.08 米，东、西立面辟券门，南、北立面辟箭窗，箭窗高 0.99 米，宽 0.67 米，厚 0.57 米，箭窗起券方式为一伏一券；中段与上段间设三层拔檐分隔，上、下两层为直角檐，中间为菱角檐；上段设垛口墙。

保存较差，台体结构、形制不清晰，敌台已大部坍塌，条石基础被坍塌的碎砖所掩埋，台体砌砖坍塌严重，存北墙部分墙体及 1 个箭窗，南墙全毁，东墙存部分墙体，西墙存部分墙体及 2 个残坏的箭窗。

81. 罗文峪 14 号敌台 130281352101170119

位于遵化市罗文峪村西北约 1.2 千米的山脊上，坐标：东经 117° 56′ 03.30″，北纬 40° 17′ 08.50″，高程 293 米。

东、西两侧与墙体相接，平面呈矩形，立面及剖面呈梯形，残高 7.2 米。敌台现状立面为二段式，下段为条石基础，白灰砌筑，白灰勾缝，高 1.2 米，上段城砖砌筑，白灰砌筑，白灰勾缝，残高 6 米。

保存较差，台体结构、形制不清晰，敌台已大部坍塌，条石基础被坍塌的碎砖所掩埋，砖砌台体已大部分坍塌，仅存极小段落。

81. 罗文峪 15 号敌台 130281352101170120

位于遵化市罗文峪村西北约 1.5 千米的山脊上，坐标：东经 117° 55′ 50.50″，北纬 40° 17′ 07.20″，高程 298 米。

东、西两侧与墙体相接，平面呈矩形，立面及剖面呈梯形，残高 3 米。敌台现状立面为二段式，下段为条石基础，白灰砌筑，白灰勾缝；上段城砖砌筑，白灰砌筑，白灰勾缝。

保存较差，台体结构、形制不清晰，敌台已大部坍塌，仅存西墙小段落砖砌墙，底部条石基础已被坍塌的碎砖所掩埋。

82. 后杖子 01 号敌台 130281352101170121

位于遵化市后杖子村西北约 1 千米的山脊上，坐标:东经 117° 55′ 23.30″，北纬 40° 17′ 03.70″，高程 389 米。

东、西两侧与墙体相接，平面呈矩形，立面及剖面呈梯形，残高 7.5 米。敌台立面为三段式，下段为条石基础，白灰砌筑，白灰勾缝；中段城砖砌筑，白灰砌筑，白灰勾缝。东、西立面辟券门。南、北立面辟箭窗，箭窗起券方式为一伏一券；中段与上段间设三层拔檐分隔，上、下两层为直角檐，中间为菱角檐；上段设垛口墙，残高 3 ～ 5 层。

保存较差，台体结构、形制不清晰，敌台已大部坍塌，条石基础被坍塌的碎砖所掩埋，仅存南墙、西墙小段落砖砌墙。

84. 后杖子 02 号敌台 130281352101170122

位于遵化市后杖子村西北约 940 米的半山腰上，坐标：东经 117° 54′ 52.90″，北纬 40° 16′ 57.70″，高程 240 米。

东、西两侧与墙体相接，平面呈矩形，立面及剖面呈梯形，残高 7.5 米。敌台现状立面为二段式，下段为条石基础，白灰砌筑，白灰勾缝，露明 3 层；上段城砖砌筑，白灰砌筑，白灰勾缝。

保存较差，台体结构、形制不清晰，条石基础保存较好，墙体坍塌严重，仅存北立面小段落墙体。

85. 后杖子 03 号敌台 130281352101170123

位于遵化市后杖子村西北约 900 米的半山腰上，坐标：东经 117° 54′ 58.10″，北纬 40° 16′ 59.20″，高程 251 米。

南、北两侧与墙体相接，平面呈矩形，立面及剖面呈梯形，南北长 9.85 米，残高 11.03 米。敌台立面为三段式，下段为条石基础，白灰砌筑，白灰勾缝，露明 6 层，高 2.84 米；中段城砖砌筑，白灰砌筑，白灰勾缝，高 8.19 米。南、北立面辟券门，东、西立面各辟 4 箭窗，窗宽 0.62 米，高 0.96 米，厚 0.26 米，箭窗起券方式为一伏一券；中段与上段间设三层拔檐分隔，上、下两层为直角檐，中间为菱角檐；上段设垛口墙。

保存较差，台体结构、形制不清晰，敌台已大部坍塌，条石基础被坍塌的碎砖所掩埋，仅存西墙和东北角小段落砖砌墙。

86. 后杖子 04 号敌台 130281352101170125

位于遵化市后杖子村西北约 1.1 千米的半山腰上，坐标：东经 117° 54′ 44.80″，北纬 40° 17′ 01.40″，高程 224 米。

东、西两侧与墙体相接，平面呈矩形，立面及剖面呈梯形，残高 9.65 米。敌台现状立面为二段式，下段为条石基础，白灰砌筑，白灰勾缝，露明 4 层，高 1.9 米；上段城砖砌筑，白灰砌筑，白灰勾缝，残高 7.75 米。

保存较差，台体结构、形制不清晰，条石基础保存较好，墙体坍塌严重，仅存东、北小段落砖砌墙。

87. 后杖子 05 号敌台 130281352101170126

位于遵化市后杖子村西北约 1.3 千米的半山腰上，坐标：东经 117° 54′ 37.80″，北纬 40° 17′ 02.70″，高程 278 米。

东、西两侧与墙体相接，平面呈矩形，立面及剖面呈梯形，残高 5.12 米。敌台现状立面为二段式，下段为条石基础，白灰砌筑，白灰勾缝，露明 2 层，高 0.9 米；上段城砖砌筑，白灰砌筑，白灰勾缝，残高 4.22 米。

保存较差，台体结构、形制不清晰，敌台已大部坍塌，仅存北侧条石基础及小段落砖砌墙体。

88. 后杖子 06 号敌台 130281352101170129

位于遵化市后杖子村西北约 1.7 千米的半山腰上，坐标：东经 117° 54′ 16.00″，北纬 40° 17′ 08.10″，高程 450 米。

东、西两侧与墙体相接，平面呈矩形，立面及剖面呈梯形，东西长 7.6 米，南北宽 7.1 米，残高 2.9 米。敌台整体为毛石砌筑，白灰勾缝。

保存较差，台体结构、形制不清晰，西、北立面墙体坍塌严重，顶部杂草、灌木滋长。

89. 后杖子 07 号敌台 130281352101170131

位于遵化市后杖子村西北约 1.7 千米的山脊上，坐标：东经 117° 54′ 09.40″，北纬 40° 16′ 59.40″，高程 485 米。

南、北两侧与墙体相接，平面呈矩形，立面及剖面呈梯形，露明 4 层，残高 10.54 米。敌台现状立面为二段式，下段为条石基础，白灰砌筑，白灰勾缝，露明 4 层，高 1.65 米；上段城砖砌筑，白灰砌筑，白灰勾缝。南、北立面各辟 1 券门、1 箭窗，门高 1.92 米，宽 0.78 米，厚 0.36 米，门券高 0.38 米，门券室高 2.52 米，宽 1.24 米，进深 0.9 米；东、西立面各辟 4 箭窗，箭窗券室高 2.19 米，宽 1.12 米，进深 0.85 米，窗台高 0.78 米，厚 0.43 米。

保存一般，台体结构、形制不清晰，基础条石保存好，墙体坍塌严重。东墙箭窗已全毁，内侧存 4 箭窗券室，北箭窗毁，只残存箭窗券室，其余 3 箭窗只存窗台，砌砖脱落；北墙为石质门券，完好，门券室顶部塌陷，箭窗已坍塌至顶；西墙 4 箭窗残损严重，只存窗台和窗洞；南墙门完好，门券室顶部坍塌。台体内东券室保存较好，西券室已全毁。四面墙体上有裂缝多道，面砖脱落严重。

90. 后杖子 08 号敌台 130281352101170133

位于遵化市后杖子村西北约 1.9 千米的山脊上，坐标：东经 117° 53′ 59.70″，北纬 40° 16′ 55.10″，高程 488 米。

东、西两侧与墙体相接，平面呈矩形，立面及剖面呈梯形，东西长 12.09 米，南北宽 10.64 米，残高 9.1 米。敌台立面为三段式，下段为条石基础，白灰砌筑，白灰勾缝，露明 3 层，高 1.5 米；中段城砖砌筑，白灰砌筑，白灰勾缝。东、西立面各辟 1 石质券门、1 箭窗，南、北立面各辟 4 箭窗，窗下设石质窗槛石，箭窗起券方式为一伏一券；中段与上段间设三层拔檐分隔，上、下两层为直角檐，中间为菱角檐；上段设垛口墙，残高 1～9 层砖，垛口间设垛口石一块，垛口石两侧为燕尾式，长 0.78 米，宽 0.38 米，厚 0.22 米。

保存较好，台体结构、形制较清晰，条石基础保存较好，四面墙体保存基本完好。东墙门上部门券石已失，箭窗残损严重；南墙上存 4 窗，箭窗残存严重；西墙面砖存脱落现象，券门保存较好；北墙存 4 箭窗，箭窗残存严重。四面墙体上有多条小裂缝，台体面砖酥碱风化，最深达 0.2 米。

91. 后杖子 09 号敌台 130281352101170134

位于遵化市后杖子村西约 1.9 千米的一个小高山上，坐标：东经 117° 53′ 54.80″，北纬 40° 16′ 45.20″，高程 538 米。

南、北两侧与墙体相接，平面呈矩形，立面及剖面呈梯形，东西长 7.3 米，南北宽 6.4 米，残高 4 米。敌台整体为毛石砌筑，白灰勾缝，台芯小块砌筑。

保存较差，台体结构、形制不清晰，四面石砌墙体坍塌严重，台芯裸露，顶部杂草、灌木滋长。

92. 后杖子 10 号敌台 130281352101170135

位于遵化市后杖子村西北约 1.9 千米的山脊上，坐标：东经 117° 53′ 54.10″，北纬 40° 16′ 25.70″，高程 497 米。

南、北两侧与墙体相接，平面呈矩形，立面及剖面呈梯形，东西宽 8.16 米，南北长 11.31 米，残高 8.97 米。敌台立面为三段式，下段为条石基础，白灰砌筑，白灰勾缝，露明 3 层，高 1.1 米；中段城砖砌筑，白灰砌筑，白灰勾缝，城砖长 0.39 米，宽 0.195 米，厚 0.095 米。东、西立面各辟 1 石质券门、1 箭窗，券门上为两块券石拼成半圆形，下设门柱石、平水石、门槛石，门高 1.88 米，宽 0.76 米，厚 0.33 米，券高 0.4 米，门券室高 2.64 米，宽 1.2 米，进深 0.86 米，起券 2.07 米。南、北立面各辟 4 箭窗，窗下设石质窗槛石，箭窗高 0.98 米，宽 0.66 米，窗台厚 0.31 米，高 0.83 米，箭窗券室高 2.25 米，宽 1.11 米，进深 0.82 米，起券 1.72 米，箭窗起券方式为一伏一券；中段与上段间设拔檐分隔；上段设垛口墙。室内平面布局为两券室三通道，南北向券室高 3.31 米，长 8.89 米，宽 1.93 米。东西向通道高 2.25 米，墙厚 2.03 米，间隔墙厚 1.99 米，中通道宽 1.2 米，北通道宽 1.81 米。龛宽 0.33 米，高 0.47 米，进深 0.4 米。西券室北通道与中通道间隔墙内设登顶梯道，为西向东进折而北向南上，残存台阶 4 阶，梯道口高 2.1 米，宽 0.78 米，台阶高 0.22 米，进深 0.31 米。

保存较差，台体结构、形制较清晰，条石基础保存较好，墙体保存基本完好。北墙存石质门券石，箭窗已残毁，只存窗槛石；西墙 4 箭窗残损严重；南墙门券石保存较好，箭窗残损严重；东墙存 1 个较好箭窗，其余 3 窗毁坏，存下部窗槛石。墙体面砖风化酥碱严重，存多条小裂缝。台室内砖券残坏严重，砖砌墙保存较好。台体顶部设施无存。

93. 沙坡峪 01 号敌台 130281352101170136

位于遵化市沙坡峪村东北约 1.5 千米的山脊处，坐标：东经 117° 53′ 33.80″，北纬 40° 16′ 04.50″，高程 429 米。

东、西两侧与墙体相接，平面呈矩形，立面及剖面呈梯形，东西长 11.1 米，南北宽 9.22 米，残高 11.04 米。敌台立面为三段式，下段为条石基础，白灰砌筑，白灰勾缝，露明 4 层，高 4.1 米；中段城砖砌筑，白灰砌筑，白灰勾缝，城砖长 0.4 米，宽 0.18 米，厚 0.09 米。东、西立面各辟券门，南、北立面各辟 4 箭窗，箭窗高 0.93 米，宽 0.68 米，窗台厚 0.39 米，箭窗券室高 1.87 米，宽 0.95 米，进深 0.99 米；中段与上段间设拔檐分隔；上段设垛口墙。

保存较差，台体结构、形制不清晰，条石基础保存较好，墙体坍塌严重，仅存南墙及中券室部分、南通道。南墙上存裂缝多条，宽 0.01 ～ 0.17 米，存三个箭窗较好。

94. 沙坡峪 02 号敌台 130281352101170137

位于遵化市沙坡峪村北约 1.3 千米的山脊处，坐标：东经 117° 53′ 11.40″，北纬 40° 16′ 11.50″，高程 355 米。

南、北两侧与墙体相接，平面呈矩形，立面及剖面呈梯形，南北长 9.37 米，残高 7.64 米。敌台立面为三段式，下段为条石基础，白灰砌筑，白灰勾缝，露明 4 层，高 1.3 米；中段城砖砌筑，白灰砌筑，白灰勾缝。南、北立面各辟券门，门宽 0.83 米，残高 1.77 米，门券室宽 1.2 米，高 1.92 米，进深 0.9 米。东、西立面辟箭窗，箭窗宽 0.53 米，高 0.98 米，厚 0.34 米，箭窗券室宽 1.04 米；中段与上段间设三层拔檐分隔，上、下两层为直角檐、中间为菱角檐；上段设垛口墙，残高 15 层砖。

保存较差，台体结构、形制不清晰，条石基础保存较好，墙体坍塌严重，仅存东墙和东南角、东北角小段墙体，东墙上存 2 箭窗。

95. 沙坡峪 03 号敌台 130281352101170139

位于遵化市沙坡峪村北约 1.3 千米的山脊处，坐标：东经 117° 52′ 57.60″，北纬 40° 16′ 20.10″，高程 320 米。

南、北两侧与墙体相接，平面呈矩形，立面及剖面呈梯形，东西宽 9.36 米，南北长 9.48 米，残高 8.46 米。敌台立面为三段式，下段为条石基础，白灰砌筑，白灰勾缝，露明 3 层，高 1.05 米；中段城砖砌筑，白灰砌筑，白灰勾缝，城砖长 0.39 米，宽 0.18 米，厚 0.08 米。南、北立面中部辟 1 券门，两侧各辟 1 箭窗，门宽 0.85 米，墙厚 0.34 米，门券室进深 0.97 米，宽 1.27 米，高 2.33 米。东、西立面各辟 3 箭窗，箭窗高 0.8 米，宽 0.54 米，厚 0.4 米，窗箭券室宽 0.94 米，高 1.89 米，进深 0.86 米。门窗起券方式为一伏一券。东立面顶部残存石质吐水嘴 1 个；中段与上段间设三层拔檐分隔，上、下两层为直角檐，中间为菱角檐；上段设垛口墙，残高 1 ～ 5 层砖。室内平面布局为三券室三通道，东西向券室长 6.76 米，宽 1.51 米，高 3.11 米；南北向通道宽 1.19 米，高 1.91 米，墙厚 1.14 米，间隔墙长 1.57 米。

保存较好，台体结构、形制较清晰，条石基础保存较好。东墙存一门两窗，墙体上有裂缝一条，通顶；西墙门与窗已残损，门券与窗券上有小裂缝；南墙上存三窗较好；北墙存三窗较好，有通顶裂缝一条。台室内砌砖有脱落，砖券保存较好。垛口墙局部缺失。

96. 沙坡峪 04 号敌台 130281352101170140

位于遵化市沙坡峪村东北约 1.2 千米的山脊处，坐标：东经 117° 52′ 50.10″，北纬 40° 16′ 19.40″，高程 285 米。

东、西两侧与墙体相接，平面呈矩形，立面及剖面呈梯形，东西长 9.45 米，南北宽 9.45 米，残高 9.4 米。敌台立面为三段式，下段为条石基础，白灰砌筑，白灰勾缝，露明 3 层，高 1.05 米；中段城砖砌筑，白灰砌筑，白灰勾缝，城砖长 0.39 米，宽 0.18 米，厚 0.08 米。东、西立面中部辟 1 券门，两侧各辟 1 箭窗，门宽 0.78 米，厚 0.4 米，高 1.71 米，门券室进深 1.07 米，宽 1.44 米，高 1.83 米。南、北立面各辟 3 箭窗，箭窗高 0.73 米，宽 0.53 米，厚 0.4 米，箭窗券室宽 0.95 米，高 1.83 米，进深 0.67 米。门窗起券方式为一伏一券。东、南、北立面顶部各残存石质吐水嘴 1 个；中段与上段间设三层拔檐分隔，上、下两层为直角檐、中间为菱角檐；上段设垛口墙，残高 2～9 层砖。

保存一般，台体结构、形制较清晰，条石基础保存较好，墙体局部坍塌严重，东墙存一门两窗，墙体上有小裂缝一条，通顶；西墙已基本全毁；南墙仅存一个箭窗和小段墙体；北墙存三个箭窗，砖砌墙体保存较好。台室内仅存北券室和中券室、南券室部分。垛口墙局部缺失。

97. 沙坡峪 05 号敌台 130281352101170141

位于遵化市沙坡峪村东北约 1.1 千米的小高山上，坐标：东经 117° 52′ 46.20″，北纬 40° 16′ 17.40″，高程 297 米。

东、西两侧与墙体相接，平面呈矩形，立面及剖面呈梯形，残高 8.67 米。敌台立面为三段式，下段为条石基础，白灰砌筑，白灰勾缝，露明 3 层，高 1.35 米；中段城砖砌筑，白灰砌筑，白灰勾缝。东、西立面中部辟 1 券门，两侧辟券门。南、北立面各辟 4 箭窗，箭窗起券方式为一伏一券；中段与上段间设三层拔檐分隔，上、下两层为直角檐，中间为菱角檐；上段设垛口墙，残高 1～3 层砖。

保存较差，台体结构、形制不清晰，条石基础保存较好，砖砌台体已大部坍塌，仅存北墙，上存 4 个箭窗，东、西、南 3 立面墙体坍塌严重。垛口墙大部分缺失。

98. 沙坡峪 06 号敌台 130281352101170143

位于遵化市沙坡峪村东北约 920 米的半山腰上，坐标：东经 117° 52′ 38.10″，北纬 40° 16′ 10.60″，高程 176 米。

保存差，台体结构、形制不清晰，台体坍塌严重，裸露石砌墙芯，箭窗、券门、垛口墙全部缺失。

99. 沙坡峪 07 号敌台 130281352101170146

位于遵化市沙坡峪村北约 720 米的公路旁的小山上，坐标：东经 117° 52′ 32.50″，北纬 40° 16′ 04.50″，高程 196 米。

东、西两侧与墙体相接，平面呈矩形，立面及剖面呈梯形，残高 9.08 米。敌台现状立面为二段式，下段为条石基础，白灰砌筑，白灰勾缝，露明 9 层，高 3.4 米；中段城砖砌筑，白灰砌筑，白灰勾缝。东、西立面辟券门，南、北立面各辟 4 箭窗，箭窗起券方式为二伏二券。

保存差，台体结构、形制不清晰，条石基础保存较好，砖砌台体已大部坍塌，仅存北墙保存较好，上存箭窗 3 个，垛口墙缺失。

100. 沙坡峪 08 号敌台 130281352101170147

位于遵化市沙坡峪村西北约 700 米的一个小高山上，坐标：东经 117° 52′ 26.50″，北纬 40° 16′ 02.80″，高程 221 米。

东、西两侧与墙体相接，平面呈矩形，立面及剖面呈梯形，东西宽 10.62 米，南北长 10.83 米，残高 8.59 米。敌台现状立面为二段式，下段为条石基础，白灰砌筑，白灰勾缝，露明 5 层，高 1.89 米；上段城砖砌筑，白灰砌筑，白灰勾缝。东、西立面中部辟 1 券门，两侧辟券门。南、北立面各辟 4 箭窗，箭窗高 0.96 米，宽 0.55 米，厚 0.38 米，窗台高 0.77 米，箭窗券室高 2.08 米，宽 0.96 米，进深 0.38 米，起券高 1.62 米。箭窗起券方式为一伏一券。室内平面布局为三券室三通道，券室残长 8.48 米，宽 1.93 米，高 4.12 米，起券高 2.59 米。通道高 1.96 米，宽 1.26 米，墙厚 0.85 米，间隔墙厚 2.29 米。台室内于南券室西侧箭窗洞内设登顶梯道，梯道宽 0.7 米，台阶高 0.3 米，宽 0.18 米。砖长 0.37 米，宽 0.18 米，厚 0.1 米。

保存较差，台体结构、形制不清晰，条石基础保存较好，砖砌台体已大部坍塌，仅存北墙，上存 4 个箭窗，东、西、南 3 立面墙体坍塌严重。垛口墙大部分缺失。

101. 沙坡峪 09 号敌台 130281352101170152

位于遵化市沙坡峪村西北约 990 米的山脊上，坐标：东经 117° 52′ 10.00″，北纬 40° 16′ 06.70″，高程 198 米。

保存差，台体结构、形制不清晰，敌台全部坍塌，顶部杂草滋生。

102. 沙坡峪 10 号敌台 130281352101170153

位于遵化市沙坡峪村西北约 1.1 千米的山脊上，坐标：东经 117° 52′ 05.40″，北纬 40° 16′ 06.50″，高程 211 米。

保存差，台体结构、形制不清晰，敌台已全部坍塌为圆形土堆，残高约 5 米。顶部堆满碎砖瓦。

103. 沙坡峪 11 号敌台 130281352101170154

位于遵化市沙坡峪村西北约 1.1 千米的山脊上，坐标：东经 117° 52′ 02.90″，北纬 40° 16′ 06.00″，高程 222 米。

东、西两侧与墙体相接，平面呈矩形，立面及剖面呈梯形，东西长 11.7 米，残高 6.98 米。敌台现状立面为二段式，下段为条石基础，白灰砌筑，白灰勾缝，露明 2 层，高 0.8 米；上段城砖砌筑，白灰砌筑，白灰勾缝。东、西立面辟券门，南、北立面各辟 4 箭窗，箭窗起券方式为二伏二券。

保存较差，台体结构、形制不清晰，条石基础保存较好，砖砌台体已大部坍塌，仅存北墙，上存 4 个箭窗，保存 3 个。拔檐、垛口墙缺失。

104. 沙坡峪 12 号敌台 130281352101170155

位于遵化市沙坡峪村西北约 1.1 千米的山脊上，坐标：东经 117° 51′ 59.70″，北纬 40° 16′ 05.30″，高程 218 米。

东、西两侧与墙体相接，平面呈矩形，立面及剖面呈梯形，南北长 9.37 米，残高 9.42 米。敌台立面为三段式，下段为条石基础，白灰砌筑，白灰勾缝，露明 3 层，高 1.2 米；中段城砖砌筑，白灰砌筑，白灰勾缝。东、西立面辟券门，南、北立面辟箭窗；中段与上段间设三层拔檐分隔，上、下两层为直角檐，中间为菱角檐；上段设垛口墙，残高 17 层砖。

保存较差，台体结构、形制不清晰，条石基础保存较好，砖砌台体已大部坍塌，仅存西南角墙体及上部砖砌垛口墙。

105. 沙坡峪 13 号敌台 130281352101170156

位于遵化市沙坡峪村西北约 1.3 千米的山脊上，坐标：东经 117° 51′ 53.20″，北纬 40° 16′ 05.50″，高程 226 米。

东、西两侧与墙体相接，平面呈矩形，立面及剖面呈梯形，残高 9.11 米。敌台立面为三段式，下段为条石基础，白灰砌筑，白灰勾缝，露明 3 层，高 1.4 米；中段城砖砌筑，白灰砌筑，白灰勾缝。东、西立面辟券门，南、北立面辟箭窗；中段与上段间设三层拔檐分隔，上、下两层为直角檐，中间为菱角檐；上段设垛口墙，残高 16 层砖。

保存较差，台体结构、形制不清晰，条石基础保存较好，砖砌台体已大部坍塌，仅存东南角、东北角部分墙体，墙体上包砖脱落严重。残存部分砖砌垛口墙。

106. 沙坡峪 14 号敌台 130281352101170157

位于遵化市沙坡峪村西北约 1.3 千米的山脊上，坐标：东经 117° 51′ 49.00″，北纬 40° 16′ 04.30″，高程 224 米。

保存差，台体结构、形制不清晰，全部坍塌，呈堆状，四周散落碎砖，顶部杂草滋长。

107. 沙坡峪 15 号敌台 130281352101170158

位于遵化市沙坡峪村西北约 1.3 千米的山脊上，坐标：东经 117° 51′ 45.60″，北纬 40° 16′ 01.90″，高程 249 米。

保存差，台体结构、形制不清晰，全部坍塌呈堆状，四周散落碎砖，顶部杂草滋长。

108. 沙坡峪 16 号敌台 130281352101170159

位于遵化市沙坡峪村西北约 1.3 千米的山脊上，坐标：东经 117° 51′ 44.60″，北纬 40° 15′ 59.60″，高程 266 米。

东、西两侧与墙体相接，平面呈矩形，立面及剖面呈梯形，残高 7.6 米。敌台现状立面为三段式，下段为条石基础，白灰砌筑，白灰勾缝；上段城砖砌筑，白灰砌筑，白灰勾缝。

保存较差，台体结构、形制不清晰，敌台已大部坍塌。仅残存底部条石基础及中券室部分，四面墙体已严重坍塌，仅存极小段落，下侧条石基础已被坍塌的碎砖所填埋。

109. 沙坡峪 17 号敌台 130281352101170160

位于遵化市沙坡峪村西北约 1.6 千米的山脊上，坐标：东经 117° 51′ 34.80″，北纬 40° 15′ 59.10″，高程 297 米。

东、西两侧与墙体相接，平面呈矩形，立面及剖面呈梯形，残高 9.26 米。敌台现状立面为三段式，下段为条石基础，白灰砌筑，白灰勾缝，露明 3 层，高 1.3 米；上段城砖砌筑，白灰砌筑，白灰勾缝。

保存较差，台体结构、形制不清晰，敌台已大部坍塌，残存底部条石基础及东北角 1 箭窗及部分中券室，顶部已坍毁。

110. 沙坡峪 18 号敌台 130281352101170161

位于遵化市沙坡峪村西北约 1.7 千米的山脊上，坐标：东经 117° 51′ 27.40″，北纬 40° 15′ 59.60″，高程 300 米。

东、西两侧与墙体相接，平面呈矩形，立面及剖面呈梯形，东西长 11.35 米，南北宽 11.04 米，残高 9.13 米。敌台立面为三段式，下段为条石基础，白灰砌筑，白灰勾缝，露明 3 层，高 1.4 米；中段城砖砌筑，白灰砌筑，白灰勾缝。东、西立面辟券门，门宽 0.7 米，高 1.68 米。南、北立面各辟 4 箭窗，箭窗高 1.18 米，宽 0.56 米，厚 0.51 米，箭窗券室高 1.83 米，宽 1.33 米，进深 0.67 米，箭窗起券方式为二伏二券；中段与上段间设三层拔檐分隔，上、下两层为直角檐、中间为菱角檐；上段设垛口墙，残高 19 层砖，垛口墙上设望孔，望孔为内方外圆形，内侧为方形 0.3 米 × 0.3 米，外面为圆形孔径 0.195 米，为 2 块砖拼成。室内平面布局为三券室三通道，南北向券室长 8.39 米，宽 1.81 米，高 2.98 米；东西向通道高 1.96 米，墙厚 1.81 米，宽 1.47 米，间隔墙宽 1.86 米。

保存较差，台体结构、形制不清晰，敌台下部条石基础保存较好，砖砌台体已大部坍塌。四面砖砌墙体坍塌严重，南墙存大部分，上存箭窗 3 个，上部保存小段落的垛口墙；北墙保存较好，上存箭窗 4 个；东墙存小段落，门与窗全毁；西墙全毁。敌台台室内券室坍塌，仅存中券室和两通道间隔墙。

111. 冷嘴头 01 号敌台 130281352101170162

位于遵化市冷嘴头村东北约 1.7 千米的一个高山尖上，坐标：东经 117° 51′ 18.10″，北纬 40° 16′ 02.90″，高程 371 米。

东、西两侧与墙体相接，平面呈矩形，立面及剖面呈梯形，东西长 10.75 米，南北宽 7.33 米，残高 7.78 米。敌台立面为三段式，下段为条石基础，白灰砌筑，白灰勾缝，露明 3 层，高 1 米；中段城砖砌筑，白灰砌筑，白灰勾缝，城砖长 0.4 米，宽 0.2 米，厚 0.09 米。东、西立面辟券门。南、北立面各辟 4 箭窗，箭窗高 1.11 米，宽 0.74 米，厚 0.45 米，箭窗券室高 2.27 米，宽 1.08 米，进深 0.55 米，箭窗起券方式为一伏一券；中段与上段间设三层拔檐分隔，上、下两层为直角檐，中间为菱角檐；上段设垛口墙，残高 1 ~ 2 层砖。

保存较差，台体结构、形制不清晰，敌台已大部坍塌，北墙保存较完好，上存四个箭窗，其他三面墙体已坍塌，存小段落未塌至底，台顶全毁。

112. 冷嘴头 02 号敌台 130281352101170163

位于遵化市冷嘴头村东北约 1.4 千米的山脊上，坐标：东经 117° 51′ 10.40″，北纬 40° 15′ 56.10″，高程 344 米。

东、西两侧与墙体相接，平面呈矩形，立面及剖面呈梯形，东西长 13.6 米，南北宽 6.92 米，残高 8.3 米。敌台立面为三段式，下段为条石基础，白灰砌筑，白灰勾缝，露明 4 ~ 5 层，高 1 米；中段城砖砌筑，白灰砌筑，白灰勾缝，城砖长 0.37 米，宽 0.19 米，厚 0.09 米。东、西立面辟 1 石质券门，券门上为一块半圆形门券石，下设门柱石，门槛石，门高 1.79 米，宽 0.76 米，厚 0.31 米，门券室高 2.37

米，宽 1.15 米，进深 0.8 米。南、北立面各辟 5 箭窗，南立面箭窗高 1.08 米，宽 0.56 米，窗台厚 0.52 米，箭窗券室高 2.14 米，宽 0.98 米，进深 0.56 米，两窗洞间隔 1.35 米。北面箭窗高 0.94 米，宽 0.58 米，窗台厚 0.53 米，箭窗券室高 2.19 米，宽 0.98 米，进深 0.625 米，两箭窗洞间隔 0.98 米，箭窗起券方式为一伏一券；中段与上段间设三层拔檐分隔，上、下两层为直角檐、中间为菱角檐；上段设垛口墙，残高 15 层砖。室内平面布局为两券室三通道，东西向券室长 11.52 米，宽 1.92 米，高 3.17 米，券室起券 2.68 米。南北向通道高 2.45 米，宽 1.3 米，墙厚 1.03 米，间隔墙厚 3.93 米。

保存较好，台体结构、形制基本清晰，条石基础和砖砌墙体保存较好，垛口墙局部缺失，台室内平券砖有少许脱落外余皆保存其原有形制。

113. 冷嘴头 03 号敌台 130281352101170164

位于遵化市冷嘴头村东北约 1.2 千米的山脊上，坐标：东经 117° 51′ 04.00″，北纬 40° 15′ 47.70″，高程 300 米。

东、西两侧与墙体相接，平面呈矩形，立面及剖面呈梯形，东西长 10.73 米，南北宽 7.84 米，残高 7.92 米。敌台立面为三段式，下段为条石基础，白灰砌筑，白灰勾缝，露明 3 层，高 1.1 米；中段城砖砌筑，白灰砌筑，白灰勾缝。东、西立面辟券门。南、北立面各辟 4 箭窗，箭窗宽 0.63 米，箭窗券室宽 1.05 米，进深 0.67 米；中段与上段间设拔檐分隔；上段设垛口墙。

保存较差，台体结构、形制不清晰，敌台已大部坍塌，下部条石基础保存较好，台顶坍塌，存北墙和南墙，东西墙坍塌，中心台室内结构墙仅存基址。箭窗残损严重，券门缺失。

114. 冷嘴头 04 号敌台 130281352101170165

位于遵化市沙坡峪村东北约 850 米的山脊上，坐标：东经 117° 50′ 52.00″，北纬 40° 15′ 43.30″，高程 267 米。

东、西两侧与墙体相接，平面呈矩形，立面及剖面呈梯形，残高 5.45 米。敌台现状立面为二段式，下段为条石基础，白灰砌筑，白灰勾缝，露明 1 层，高 0.3 米；上段城砖砌筑，白灰砌筑，白灰勾缝。

保存较差，台体结构、形制不清晰，敌台严重坍塌，残存西南角一小部分砖砌墙体。下部条石基础大部分被坍塌的碎砖所掩埋。

115. 冷嘴头 05 号敌台 130281352101170166

位于遵化市冷嘴头村东约 540 米的山脊上，坐标：东经 117° 50′ 40.20″，北纬 40° 15′ 40.10″，高程 260 米。

东、西两侧与墙体相接，平面呈矩形，立面及剖面呈梯形，东西长 12.4 米，南北宽 9.4 米，残高 8.8 米。敌台现状立面为二段式，下段为条石基础，白灰砌筑，白灰勾缝，露明 3 层，高 1.4 米；上段城砖砌筑，白灰砌筑，白灰勾缝。东、西立面辟券门，南、北立面各辟 4 箭窗。

保存较差，台体结构、形制不清晰，敌台已大部坍塌，底部条石基础保存较好，砖砌台体存南、北墙，东、西面墙体已坍塌，台室内仅存部分南券室和中券室，台顶坍塌，保存不到三分之一。

116. 冷嘴头 06 号敌台 130281352101170167

位于遵化市冷嘴头村东约 470 米的山脊上，坐标：东经 117° 50′ 36.40″，北纬 40° 15′ 41.40″，高程

233 米。

东、西两侧与墙体相接，平面呈矩形，立面及剖面呈梯形，东西长 13.8 米，南北宽 8.1 米，残高 6.7 米。敌台现状立面为二段式，下段为条石基础，白灰砌筑，白灰勾缝，露明 4 层，高 1.42 米；上段城砖砌筑，白灰砌筑，白灰勾缝。

保存较差，台体结构、形制不清晰，条石基础保存较好，敌台坍塌严重，仅存下半部砖砌台体，面砖脱落严重。

117. 冷嘴头 07 号敌台 130281352101170168

位于遵化市冷嘴头村东约 470 米的山脊上，坐标：东经 117° 50′ 27.60″，北纬 40° 15′ 43.60″，高程 202 米。

东、西两侧与墙体相接，平面呈矩形，立面及剖面呈梯形。保存差，台体结构、形制不清晰，全部坍塌，仅存土台芯，基址边界不清。

118. 冷嘴头 08 号敌台 130281352101170169

位于遵化市冷嘴头村东约 200 米的山脊上，坐标：东经 117° 50′ 23.30″，北纬 40° 15′ 41.60″，高程 170 米。

保存差，台体结构、形制不清晰，全部坍塌，残存长 8 米，宽 5.5 米的一个土台，残高 1.3 米，基址边界不清。

119. 冷嘴头 09 号敌台 130281352101170170

位于遵化市冷嘴头村北，坐标：东经 117° 50′ 17.00″，北纬 40° 15′ 39.30″，高程 154 米。

东、西两侧与墙体相接，平面呈矩形，立面及剖面呈梯形，东西长 11 米，残高 7.9 米。敌台现状立面为二段式，下段为条石基础，白灰砌筑，白灰勾缝，露明 4 层；上段城砖砌筑，白灰砌筑，白灰勾缝。

保存差，台体结构、形制不清晰，敌台已大部坍塌，仅存条石基础及下半部砖砌台体，墙体面砖脱落严重。敌台南墙上存有文字砖，阴文行书"万历十四年马路造"。

120. 冷嘴头 10 号敌台 130281352101170171

位于遵化市冷嘴头村内河谷西岸，坐标：东经 117° 50′ 11.00″，北纬 40° 15′ 37.50″，高程 158 米。

保存差，台体结构、形制不清晰，全部坍塌，形成一砖石堆，残高 7 米。

121. 冷嘴头 11 号敌台 130281352101170174

位于冷嘴头村西侧约 200 米的山坡上，坐标：东经 117° 50′ 02.50″，北纬 40° 15′ 39.40″，高程 233 米。

东、西两侧与墙体相接，平面呈矩形，立面及剖面呈梯形，残高 1.8 米。敌台现状立面为二段式，下段为条石基础，白灰砌筑，白灰勾缝；上段城砖砌筑，白灰砌筑，白灰勾缝。

保存差，台体结构、形制不清晰，敌台坍塌严重，形成一砖、石堆，西面残存部分包砖墙。

122. 冷嘴头 12 号敌台 130281352101170175

位于冷嘴头村西侧约 330 米的山梁上，坐标：东经 117° 49′ 57.70″，北纬 40° 15′ 41.00″，高程 224 米。

东、西两侧与墙体相接，平面呈矩形，立面及剖面呈梯形，残高 5.3 米。敌台现状立面为二段式，下段为条石基础，白灰砌筑，白灰勾缝；上段城砖砌筑，白灰砌筑，白灰勾缝。

保存较差，台体结构、形制不清晰，台室及以上部分全部坍塌，仅存部分基础，基础西南角保存有少部分包砖墙。

123. 冷嘴头 13 号敌台 130281352101170176

位于冷嘴头村西北侧约 520 米的山梁上，坐标：东经 117° 49′ 52.20″，北纬 40° 15′ 46.60″，高程 234 米。

东、西两侧与墙体相接，平面呈矩形，立面及剖面呈梯形。保存较差，台体结构、形制不清晰，全部坍塌为一砖石堆，基础部分被覆盖，建筑边界不可见。

124. 冷嘴头 14 号敌台 130281352101170177

位于冷嘴头村西北侧约 800 米的山梁上，坐标：东经 117° 49′ 39.70″，北纬 40° 15′ 47.60″，高程 275 米。

东、西两侧与墙体相接，平面呈矩形，立面及剖面呈梯形，残高 8.8 米。敌台现状立面为二段式，下段为条石基础，白灰砌筑，白灰勾缝，露明 2 层，高 0.85 米；上段城砖砌筑，白灰砌筑，白灰勾缝，台芯素土分层夯筑，夯层厚 0.1～0.17 米。东、西立面辟券门，券门高 2.1 米，南、北立面辟箭窗，箭窗宽 0.54 米，箭窗券室宽 0.95 米，高 2.12 米，进深 0.4 米。

保存差，台体结构、形制不清晰，条石基础保存较好，敌台坍塌严重，台室部分仅存南券室一部分及券室东侧的门洞，券室内存 1 个箭窗，台体顶部不存。

125. 冷嘴头 15 号敌台 130281352101170178

位于冷嘴头村西北侧约 1 千米的山梁上，坐标：东经 117° 49′ 31.40″，北纬 40° 15′ 49.10″，高程 340 米。

东、西两侧与墙体相接，平面呈矩形，立面及剖面呈梯形，东西长 11.95 米，南北宽 7.86 米，残高 8.85 米。敌台立面为三段式，下段为条石基础，白灰砌筑，白灰勾缝，露明 2 层，高 0.94 米；中段城砖砌筑，白灰砌筑，白灰勾缝。东、西立面辟 1 券门、2 箭窗，门券室宽 1.31 米。南立面辟 4 箭窗，北立面辟 5 箭窗，箭窗高 1.02 米，宽 0.56 米，厚 0.39 米，箭窗券室宽 1.01 米，进深 0.67 米，箭窗起券方式为一伏一券；中段与上段间设三层拔檐分隔，上、下两层为直角檐，中间为菱角檐；上段设垛口墙，残高 1～2 层砖。

保存一般，台体结构、形制较清晰，基础保存较完整，可见两层条石、一层料石。台室部分存东、南、北三面墙体及西面部分墙体。北面墙 5 个箭窗，其中靠西侧的 2 个箭窗全毁，其余完好；西面墙为 1 门 2 箭窗，门及门洞顶部坍塌，箭窗券室相连，顶部券坍塌；南面墙 4 个箭窗除东侧箭窗全毁，其余完好。门位于东、西面墙南侧，现已全毁只残存有门槛石。垛口墙基本无存。

126. 冷嘴头 16 号敌台 130281352101170179

位于冷嘴头村西北侧约 1 千米的山梁上，坐标：东经 117° 49′ 27.40″，北纬 40° 15′ 42.20″，高程 341 米。

东、西两侧与墙体相接，平面呈矩形，立面及剖面呈梯形。保存较差，台体结构、形制不清晰，坍塌严重，仅残存夯土台芯及土台上坍塌形成的碎石堆，不见包砖。台芯底部东西长 7.12 米，南北长 7.16 米，残高 3.15 米，夯层厚 0.15 米。夯土层较为规整，土内夹杂沙子、小石子。

127. 冷嘴头 17 号敌台 130281352101170180

位于冷嘴头村西侧约 1.1 千米的山梁上，坐标：东经 117° 49′ 23.60″，北纬 40° 15′ 33.50″，高程 336 米。

东、西两侧与墙体相接，平面呈矩形，立面及剖面呈梯形，残高 3.5 米。保存较差，台体结构、形制不清晰，坍塌严重，残存片石筑的台芯，包砖已无存。

128. 冷嘴头 18 号敌台 130281352101170181

位于冷嘴头村西侧约 1.4 千米的山梁上，坐标：东经 117° 49′ 12.60″，北纬 40° 15′ 30.50″，高程 309 米。

东、西两侧与墙体相接，平面呈矩形，立面及剖面呈梯形，东西残长 12.3 米，残高 5.08 米。敌台现状立面为二段式，下段为条石基础，白灰砌筑，白灰勾缝，露明 3 层，高 1.18 米；上段城砖砌筑，白灰砌筑，白灰勾缝。

保存较差，台体结构、形制不清晰，条石基础保存较好，台室及顶部现已坍塌成一砖石堆，仅东、北面残存部分包砖墙。

129. 龙西寨 01 号敌台 130281352101170182

位于龙西寨村东北侧约 800 米的山梁上，坐标：东经 117° 49′ 03.50″，北纬 40° 15′ 29.80″，高程 302 米。

保存差，台体结构、形制不清晰，全部坍塌，形成一砖土堆，残高 5.5 米。

130. 龙西寨 02 号敌台 130281352101170183

位于龙西寨村东北侧约 670 米的山梁上，坐标：东经 117° 48′ 50.30″，北纬 40° 15′ 31.60″，高程 332 米。

保存差，台体结构、形制不清晰，全部坍塌，于台体基础之上形成一砖石堆，台顶残存大量碎砖和瓦片，坍塌形成的砖石堆高出墙体 2 米。

131. 龙西寨 03 号敌台 130281352101170184

位于龙西寨村北侧约 550 米的山梁上，坐标：东经 117° 48′ 38.60″，北纬 40° 15′ 28.70″，高程 325 米。

保存较差，台体结构、形制不清晰，坍塌严重，呈一堆状，直径 6.2 米，残高 5.8 米。

132. 龙西寨 04 号敌台 130281352101170185

位于龙西寨村北侧约 510 米的山梁上，坐标：东经 117° 48′ 32.90″，北纬 40° 15′ 27.10″，高程 339 米。

东、西两侧与墙体相接，平面呈矩形，立面及剖面呈梯形。保存较差，台体结构、形制不清晰，坍塌严重，仅存毛石砌筑的台芯，东西残长 8 米，南北残宽 5 米，残高 2.5 米，顶部可见碎砖及白灰。

133. 双义 01 号敌台 130281352101170186

位于双义村东北侧约 900 米的山梁上，坐标：东经 117° 48′ 25.00″，北纬 40° 15′ 33.90″，高程 333 米。

东、西两侧与墙体相接，平面呈矩形，立面及剖面呈梯形。保存较差，台体结构、形制不清晰，坍塌严重，仅存毛石砌筑的台芯，东西残长 8.5 米，南北残宽 8.5 米，残高 4.4 米，顶部可见碎砖及白灰。

134. 双义 02 号敌台 130281352101170187

位于双义村东北侧约 850 米的山梁上，坐标：东经 117° 48′ 15.30″，北纬 40° 15′ 34.30″，高程 339 米。

东、西两侧与墙体相接，平面呈矩形，立面及剖面呈梯形。保存较差，台体结构、形制不清晰，坍塌严重，仅存台芯，台芯为毛石、灰土层筑，台芯东西残宽 5.8 米，南北残长 6.1 米，残高 3.1 米，灰土层厚 0.15 米。

135. 双义 03 号敌台 130281352101170188

位于双义村北侧 800 米的山梁上，坐标：东经 117° 48′ 09.80″，北纬 40° 15′ 37.60″，高程 375 米。

东、西两侧与墙体相接，平面呈矩形，立面及剖面呈梯形。保存较差，台体结构、形制不清晰，坍塌严重，仅存台芯，台芯毛石砌筑，白灰勾缝，东西残长 8.3 米，南北残宽 7.4 米，残高 5 米。四周散落大量碎砖。

136. 双义 04 号敌台 130281352101170189

位于双义村北侧约 800 米的山梁上，坐标：东经 117° 48′ 02.80″，北纬 40° 15′ 34.60″，高程 365 米。

东、西两侧与墙体相接，平面呈矩形，立面及剖面呈梯形。保存差，台体结构、形制不清晰，坍塌严重，仅存土石混筑台芯。四周散落大量碎砖。

137. 双义 05 号敌台 130281352101170190

位于双义村北侧约 700 米的山梁上，坐标：东经 117° 47′ 55.10″，北纬 40° 15′ 30.00″，高程 367 米。

东、西两侧与墙体相接，保存较差，台体结构、形制不清晰，坍塌严重，仅存土石混筑台芯，台芯东西残宽 4.5 米，南北残长 10 米，残高 4 米。

138. 双义 06 号敌台 130281352101170191

位于双义村西北侧约 700 米的山梁上，坐标：东经 117° 47′ 48.80″，北纬 40° 15′ 27.80″，高程 382 米。

东、西两侧与墙体相接，保存差，台体结构、形制不清晰，坍塌严重，仅存土石混筑台芯，台芯东西残长 6.6 米，南北残宽 3.7 米，外侧残高 5.5 米。

139. 双义 07 号敌台 130281352101170192

位于双义村西北侧约 750 米的山梁上，西侧山坡下为兴隆县后井峪村。坐标：东经 117° 47′ 39.10″，北纬 40° 15′ 23.10″，高程 372 米。

南、北两侧与墙体相接，保存较差，台体结构、形制不清晰，坍塌严重，仅存夯土台芯，呈方形，台芯东西残长 7.5 米，南北残宽 6.5 米，残高 4.5 米，残高 2.5 米，夯层厚 0.08 ～ 0.12 米。

140. 双义 08 号敌台 130281352101170193

位于双义村西侧约 570 米的山梁上，西侧山坡下为兴隆县后井峪村。坐标：东经 117° 47′ 41.30″，北纬 40° 15′ 13.10″，高程 322 米。

南、北两侧与墙体相接，保存差，台体结构、形制不清晰，坍塌严重，塌下的碎砖、毛石、土形成堆状，砖石堆东西长 9.6 米，南北宽 7 米，残高 6 米。部分被砖土、灌木及杂草所覆盖。

141. 双义 09 号敌台 130281352101170194

位于双义村西侧约 720 米的山梁上，坐标：东经 117° 47′ 33.70″，北纬 40° 15′ 06.80″，高程 309 米。

东、西两侧与墙体相接，保存较差，台体结构、形制不清晰，坍塌严重，仅存毛石台芯，台芯呈方形，东西残长 8.5 米，南北残宽 7.43 米，残高 7.8 米。台芯为灰土、毛石分层砌筑，石层厚 0.27 ～ 0.35

米，土层厚 0.08～0.15 米。

142. 双义 10 号敌台 130281352101170195

位于双义村西侧约 970 米的山梁上，坐标：东经 117° 47′ 23.40″，北纬 40° 15′ 03.70″，高程 294 米。

东、西两侧与墙体相接，保存差，台体结构、形制不清晰，坍塌严重，仅存毛石台芯，东西残长 7.32 米，南北残宽 5.3 米，残高 6 米。

143. 双义 11 号敌台 130281352101170196

位于双义村西侧约 1.2 千米的山梁上，坐标：东经 117° 47′ 16.00″，北纬 40° 15′ 02.00″，高程 295 米。

东、西两侧与墙体相接，保存较差，台体结构、形制不清晰，坍塌严重，仅存夯土台芯，台芯东西残宽 7.6 米，南北残长 8 米，残高 4.5 米，夯层厚 0.06～0.14 米。

144. 大安口 01 号敌台 130281352101170197

位于大安口村东侧约 1.4 千米的山梁上，南侧山坡下为塔义村。坐标：东经 117° 47′ 07.30″，北纬 40° 15′ 01.00″，高程 293 米。

东、西两侧与墙体相接，保存差，台体结构、形制不清晰，坍塌严重，仅存毛石台芯，台芯近似圆锥形，底径约 4.5 米，残高 4.5 米

145. 大安口 02 号敌台 130281352101170198

位于大安口村东侧约 1.2 千米的山梁上，坐标：东经 117° 47′ 00.00″，北纬 40° 14′ 57.60″，高程 265 米。

东、西两侧与墙体相接，保存差，台体结构、形制不清晰，坍塌严重，仅存毛石台芯，近似于圆形，台芯东西残宽 8.5 米，南北残长 8.6 米，残高 7 米。

146. 大安口 03 号敌台 130281352101170200

位于大安口村东侧约 1 千米的山梁上。坐标：东经 117° 46′ 53.40″，北纬 40° 14′ 54.40″，高程 276 米。

东、西两侧与墙体相接，保存较差，台体结构、形制不清晰，坍塌严重，仅存夯土台芯，台芯东西残宽 6.5 米，南北残长 7.5 米，外侧残高 6 米，素土分层夯筑，夯层厚 0.15～0.2 米。

147. 大安口 04 号敌台 130281352101170201

位于大安口村东侧约 780 米的山梁上，坐标：东经 117° 46′ 45.10″，北纬 40° 14′ 49.80″，高程 270 米。

东、西两侧与墙体相接，保存差，台体结构、形制不清晰，坍塌严重，仅存土石混筑台芯，东西残宽 6 米，南北残长 6.1 米，残高 5 米。

148. 大安口 05 号敌台 130281352101170202

位于大安口村东侧约 650 米的山梁上，坐标：东经 117° 46′ 42.70″，北纬 40° 14′ 47.30″，高程 279 米。

南、北两侧与墙体相接，保存较差，台体结构、形制不清晰，坍塌严重，仅存土石混筑台芯，呈方形，东西残长 13 米，南北残宽 11 米。

149. 大安口 06 号敌台 130281352101170203

位于大安口村东侧约 550 米的山梁上，坐标：东经 117° 46′ 38.60″，北纬 40° 14′ 45.50″，高程 245 米。

东、西两侧与墙体相接，保存差，台体结构、形制不清晰，坍塌严重，仅存土石混筑台芯，南北残

长 6.8 米，残高 3 米。

150. 大安口村 07 号敌台 130281352101170204

位于大安口村东侧约 300 米的山梁上，坐标：东经 117° 46′ 30.30″，北纬 40° 14′ 42.00″，高程 229 米。

东、西两侧与墙体相接，现状平面呈矩形，立面及剖面呈梯形。保存较差，台体结构、形制不清晰，坍塌严重，仅存夯土台芯，东西残宽 7.1 米，南北残长 7.4 米，残高 4.5 米，台芯素土分层夯筑，夯层厚 0.06～0.13 米。

151. 大安口 08 号敌台 130281352101170206

位于大安口村东侧约 210 米的山梁上，坐标：东经 117° 46′ 24.90″，北纬 40° 14′ 41.30″，高程 191 米。

东、西两侧与墙体相接，现状平面呈矩形，立面及剖面呈梯形。保存较差，台体结构、形制不清晰，坍塌严重，仅存夯土台芯，东西残长 6.9 米，南北残宽 6.8 米，内侧残高 3.5 米，外侧残高 1.5 米。台芯素土分层夯筑，夯层厚 0.06～0.13 米。

152. 大安口 09 号敌台 130281352101170207

位于大安口村内、关城北城墙中部，坐标：东经 117° 46′ 15.70″，北纬 40° 14′ 39.60″，高程 148 米。

东、西两侧与墙体相接，保存差，台体结构、形制不清晰，坍塌严重成一土石堆，土石堆呈圆形，直径约 5 米，残高 3 米。

153. 大安口 10 号敌台 130281352101170208

位于龙西寨村北侧约 510 米的山梁上，东距冷嘴头村约 2.3 千米。坐标：东经 117° 48′ 32.90″，北纬 40° 15′ 27.10″，高程 339 米。

东、西两侧与墙体相接，保存较差，台体结构、形制不清晰，坍塌严重成一土石堆，顶部长满杂草。

154. 大安口村 11 号敌台 130281352101170211

位于遵化市大安口村西北约 280 米处的半山腰上，坐标：东经 117° 46′ 03.50″，北纬 40° 14′ 38.00″，高程 190 米。

东、西两侧与墙体相接，保存差，台体结构、形制不清晰，坍塌严重，残存夯土台芯，台芯，东西残长 8.07 米，南北残长 7.05 米，夯层已不清晰。

155. 大安口 12 号敌台 130281352101170212

位于遵化市大安口村西北约 280 米处的半山腰上，坐标：东经 117° 46′ 01.20″，北纬 40° 14′ 36.30″，高程 201 米。

东、西两侧与墙体相接，保存差，台体结构、形制不清晰，敌台已全部坍塌成一土堆，基址边界不清。

156. 大安口 13 号敌台 130281352101170213

位于遵化市大安口村西约 360 米处的山脊上，坐标：东经 117° 45′ 59.00″，北纬 40° 14′ 33.50″，高程 229 米。

南、北两侧与墙体相接，保存差，台体结构、形制不清晰，敌台坍塌严重，仅存土石混筑台芯，东西残长 8.1 米，南北残长 6 米，残高 4.5 米。

157. 大安口 14 号敌台 130281352101170214

位于遵化市大安口村西约 560 米处的山脊上，坐标：东经 117° 45′ 50.40″，北纬 40° 14′ 33.80″，高程 255 米。

南、北两侧与墙体相接，保存较差，台体结构、形制不清晰，敌台坍塌严重，仅存土石混筑台芯，东西残长 8 米，南北残宽 8 米，残高 2.9 米。

158. 大安口 15 号敌台 130281352101170215

位于遵化市大安口村西约 700 米的山脊上，坐标：东经 117° 45′ 44.30″，北纬 40° 14′ 38.60″，高程 272 米。

南、北两侧与墙体相接，保存较差，台体结构、形制不清晰，敌台坍塌严重，仅存灰土台芯，呈方形，东西宽 6.2 米，南北长 6.6 米，灰土层厚 0.17～0.3 米，台顶残存有碎砖。

159. 大安口 16 号敌台 130281352101170217

位于遵化市大安口村西约 860 米的山尖上，坐标：东经 117° 45′ 38.80″，北纬 40° 14′ 41.10″，高程 307 米。

东、西两侧与墙体相接，保存较差，台体结构、形制不清晰，敌台坍塌严重，仅存台芯，呈方形，东西残长 8.3 米，南北残宽 4 米，台芯下为毛石砌筑，上为素土夯筑，夯土层厚 0.1～0.17 米，台四周残存有碎砖。台体东南角存门槛石一块，长 1.64 米，厚 0.53 米，宽 0.76 米。

160. 大安口村 17 号敌台 130281352101170218

位于遵化市大安口村西约 930 米的山脊上。坐标：东经 117° 45′ 35.20″，北纬 40° 14′ 39.10″，高程 272 米。

南、北两侧与墙体相接，保存较差，台体结构、形制不清晰，敌台坍塌严重，仅存灰土夯筑台芯，呈方形，东西残宽 5 米，南北残长 8.4 米，残高 2.1 米。灰土层厚 0.15～0.3 米。外侧底部残存毛石台角宽 1.7 米，西北角存 2 层条石，高 0.63 米。

161. 大安口 18 号敌台 130281352101170219

位于遵化市大安口村西约 1 千米的山脊上，坐标：东经 117° 45′ 32.10″，北纬 40° 14′ 36.50″，高程 277 米。

南、北两侧与墙体相接，保存差，台体结构、形制不清晰，敌台坍塌严重，仅存毛石砌筑台芯，东西残长 8.2 米，南北残宽 7.6 米，外侧残高 2.9 米。台北侧存有两块柱础石，已被土覆盖，基址上残存有碎砖。

162. 大安口 19 号敌台 130281352101170220

位于遵化市大安口村西约 1 千米的山脊上，坐标：东经 117° 45′ 29.90″，北纬 40° 14′ 32.10″，高程 269 米。

南、北两侧与墙体相接，保存差，台体结构、形制不清晰，敌台坍塌严重，仅存毛石砌筑台芯，东西残宽 7.6 米，南北残长 8 米，残高 3 米。基址上残存碎砖。

163. 大安口 20 号敌台 130281352101170221

位于遵化市大安口村西约 1 千米的山脊上，坐标：东经 117° 45′ 29.40″，北纬 40° 14′ 29.00″，高程

258 米。

南、北两侧与墙体相接，保存差，台体结构、形制不清晰，敌台仅存遗址，现已被平整种地，基址上残存有碎砖。

164. 大安口 21 号敌台 130281352101170222

位于遵化市大安口村西南约 1.1 千米的山脊上，坐标：东经 117° 45′ 26.20″，北纬 40° 14′ 27.00″，高程 252 米。

南、北两侧与墙体相接，保存差，台体结构、形制不清晰，敌台已全部坍塌，基址不清。仅存灰土夯筑台芯，残高 3 米，夯土层 0.13 ～ 0.2 米。台芯东部下陷，整体向东侧倾斜。

165. 大安口 22 号敌台 130281352101170223

于遵化市大安口村西南约 1.3 千米的山脊上，坐标：东经 117° 45′ 20.70″，北纬 40° 14′ 26.10″，高程 266 米。

南、北两侧与墙体相接，保存差，台体结构、形制不清晰，敌台已全部坍塌，残存毛石筑台芯，东西残长 8.2 米，南北残宽 4.6 米，残高 3.4 米。敌台西侧存一残破的门槛石，长 1.7 米，宽 0.85 米，厚 0.37 米。敌台基址上存有石臼一个，长 0.65 米，宽 0.39 米，高 0.49 米，孔径 0.32 米，孔深 0.23 米。

166. 大安口 23 号敌台 130281352101170224

位于遵化市大安口村西南约 1.3 千米的山脊上，坐标：东经 117° 45′ 20.00″，北纬 40° 14′ 22.50″，高程 246 米。

南、北两侧与墙体相接，保存差，台体结构、形制不清晰，敌台已全部坍塌，残存土石混筑台芯，东西残长 7.7 米，南北残长 6.4 米，残高 3.5 米。台芯上层为素土夯筑，下层为毛石砌筑。

167. 大安口 24 号敌台 130281352101170225

位于遵化市大安口村西南约 1.4 千米的山脊上，坐标：东经 117° 45′ 17.70″，北纬 40° 14′ 19.40″，高程 264 米。

南、北两侧与墙体相接，保存较差，台体结构、形制不清晰，敌台已全部坍塌，残存土石混筑台芯，东西残长 7 米，南北残长 6.94 米，残高 3 米。台芯下层为毛石砌筑，高 1.85 米，上层为素土夯筑，层厚 0.3 ～ 0.47 米。

168. 大安口 25 号敌台 130281352101170226

位于遵化市大安口村西南约 1.6 千米的山脊上，坐标：东经 117° 45′ 12.50″，北纬 40° 14′ 17.20″，高程 258 米。

南、北两侧与墙体相接，保存较差，台体结构、形制不清晰，敌台已全部坍塌，基址边界不清，只可见一砖、土、瓦堆，略高于长城墙体。

169. 大安口 26 号敌台 130281352101170227

位于遵化市大安口村西南约 1.7 千米的山脊上，坐标：东经 117° 45′ 09.40″，北纬 40° 14′ 12.20″，高程 253 米。

南、北两侧与墙体相接，保存较差，台体结构、形制不清晰，敌台已全部坍塌，仅西侧存有小段包砖墙，顶部坍塌，呈一土石堆，基址上残存有碎砖。

170. 大安口 27 号敌台 130281352101170228

位于遵化市大安口村西南约 1.8 千米的山脊上，坐标：东经 117° 45′ 03.90″，北纬 40° 14′ 10.90″，高程 258 米。

南、北两侧与墙体相接，保存差，台体结构、形制不清晰，敌台已全部坍塌，形成一土石堆，残高 6 米。台体基址上存柱础石两块，长 0.63 米，宽 0.6 米，厚 0.38 米，鼓径 0.39 米，鼓高 0.05 米。

171. 大安口 28 号敌台 130281352101170229

位于遵化市大安口村西南约 1.9 千米的山脊上，坐标：东经 117° 45′ 03.40″，北纬 40° 14′ 05.20″，高程 324 米。

南、北两侧与墙体相接，保存较差，台体结构、形制不清晰，敌台已大部分坍塌，存底部四层条石基础，高 1.35 米，上部砖砌墙体已无存，仅存夯土台芯，台芯东西长 7.9 米，南北宽 7 米，残高 1.9 米，夯土层厚 0.1 ～ 0.16 米，条石基础外边至夯土台芯距离 1.7 米。基址上残存有碎砖，台体四周散落的碎砖上发现"河南营"字样文字砖。

172. 大安口 29 号敌台 130281352101170230

位于遵化市大安口村西南约 1.9 千米的山脊上，坐标：东经 117° 45′ 05.10″，北纬 40° 14′ 00.00″，高程 323 米。

南、北两侧与墙体相接，保存差，台体结构、形制不清晰，敌台已全部坍塌，呈一土石堆状，残高 6 米，基址上残存有碎砖。

173. 大安口 30 号敌台 130281352101170231

位于遵化市大安口村西南约 2.1 千米的山脊上，坐标：东经 117° 45′ 01.40″，北纬 40° 13′ 51.90″，高程 306 米。

南、北两侧与墙体相接，保存差，台体结构、形制不清晰，敌台已全部坍塌，只残存毛石台芯，现也已坍塌成一长条状，长满灌木及杂草。

174. 大安口 31 号敌台 130281352101170232

位于遵化市大安口村西南约 2.5 千米的山脊上，坐标：东经 117° 44′ 52.80″，北纬 40° 13′ 45.40″，高程 360 米。

南、北两侧与墙体相接，保存差，台体结构、形制不清晰，敌台已严重坍塌，残存一小段砖砌墙体，基址上散落有碎砖，边界不清。

175. 鲇鱼池 01 号敌台 130281352101170233

位于遵化市鲇鱼池村东北约 1.3 千米的山脊上，坐标：东经 117° 44′ 46.50″，北纬 40° 13′ 38.90″，高程 315 米。

保存差，台体结构、形制不清晰，敌台已全部坍塌，仅存基址，基址上散落有碎砖，边界不清。

176. 鲇鱼池 02 号敌台 130281352101170235

位于遵化市鲇鱼池村东北约 1.1 千米的一个小高山尖上。坐标：东经 117° 44′ 38.20″，北纬

40° 13′ 34.00″，高程 337 米。

保存差，台体结构、形制不清晰，敌台已全部坍塌成一个圆形土堆状，基址上散落有碎砖，边界不清。

177. 鲇鱼池 03 号敌台 130281352101170236

位于遵化市鲇鱼池村东北约 1 千米的山脊上，坐标：东经 117° 44′ 28.30″，北纬 40° 13′ 37.90″，高程 314 米。

东、西两侧与墙体相接，现状平面呈矩形，立面及剖面呈梯形，东西残长 9.5 米，南北残宽 5.1 米，外侧残高 3.1 米，基础条石砌筑，露明 3 层，高 1.3 米。

保存差，台体结构、形制不清晰，敌台已严重坍塌，残存条石基础及毛石层筑台芯。

178. 鲇鱼池 04 号敌台 130281352101170237

位于遵化市鲇鱼池村东北约 1 千米的山脊上，坐标：东经 117° 44′ 22.20″，北纬 40° 13′ 39.70″，高程 315 米。

东、西两侧与墙体相接，平面呈矩形，立面及剖面呈梯形，东西长 9.8 米，南北宽 9.4 米，残高 6.5 米。台体条石砌筑，白灰勾缝，长 0.68 ～ 1.2 米，厚 0.3 ～ 0.33 米，台芯土石混筑。

保存一般，南、西、北三立面条石坍塌至仅存一半，可见内部土石混筑台芯，顶部建筑全无，长满杂草。

179. 鲇鱼池 05 号敌台 130281352101170238

位于遵化市鲇鱼池村北约 1.2 千米的山脊上，坐标：东经 117° 44′ 17.60″，北纬 40° 13′ 45.50″，高程 251 米。

180. 鲇鱼池 06 号敌台 130281352101170239

位于遵化市鲇鱼池村北约 1.3 千米的一个小高山上，坐标：东经 117° 44′ 06.60″，北纬 40° 13′ 50.70″，高程 265 米。

南、北两侧与墙体相接，现状平面呈矩形，立面及剖面呈梯形，东西残宽米，南北宽长 8 米，外侧残高 2.2 米，台芯素土分层夯筑，层厚 0.1 ～ 0.23 米。

保存差，台体结构、形制不清晰，敌台已严重坍塌，残存夯土筑台芯。

181. 鲇鱼池 07 号敌台 130281352101170240

位于遵化市鲇鱼池村北约 1.3 千米的山脊处，坐标：东经 117° 44′ 00.80″，北纬 40° 13′ 51.00″，高程 214 米。

东、西两侧与墙体相接，保存差，台体结构、形制不清晰，敌台已严重坍塌，残存一个碎砖土堆，基址不清。

182. 鲇鱼池 08 号敌台 130281352101170242

位于遵化市鲇鱼池村西北约 1.5 千米的山脊处，坐标：东经 117° 43′ 42.50″，北纬 40° 13′ 53.10″，高程 172 米。

保存差，台体结构、形制不清晰，敌台已严重坍塌，存部分夯土台芯，夯土层次不清。

183. 鲇鱼池 09 号敌台 130281352101170243

位于遵化市鲇鱼池村西北约 1.5 千米的山脊处，坐标：东经 117° 43′ 40.40″，北纬 40° 13′ 53.80″，高程 181 米。

保存差，台体结构、形制不清晰，敌台已严重坍塌，残存夯土台芯，台芯东西残长 6.6 米，南北残宽 4.5 米，外侧残高 1.8 米，内侧残高 2.5 米。

184. 鲇鱼池 10 号敌台 130281352101170244

位于遵化市鲇鱼池村西北约 1.7 千米的山脊处，坐标：东经 117° 43′ 35.80″，北纬 40° 13′ 53.70″，高程 216 米。

保存差，台体结构、形制不清晰，敌台已严重坍塌，残存夯土台芯，夯层不清，呈锥状。残高 5 米。

185. 鲇鱼池 11 号敌台 130281352101170245

位于遵化市鲇鱼池村西北约 1.7 千米的山脊处，坐标：东经 117° 43′ 29.50″，北纬 40° 13′ 56.20″，高程 230 米。

东、西两侧与墙体相接，平面呈矩形，立面及剖面呈梯形。保存差，台体结构、形制不清晰，敌台已严重坍塌，残存台芯，台芯分为三层，最底层为条石筑，中间为毛石筑、白灰勾缝，上部为毛石干垒，底部南北残长 10.05 米，中间一层东西残长 10.5 米，厚 3 米，顶层东西残长 6.6 米，南北残长 3.2 米，厚 2.6 米。

186. 平山寨 01 号敌台 130281352101170246

位于遵化市平山寨村东北约 1.6 千米的山脊处，坐标：东经 117° 43′ 25.30″，北纬 40° 13′ 59.00″，高程 265 米。

东、西两侧与墙体相接，保存差，台体结构、形制不清晰，敌台全部坍塌，残存夯土台芯，台芯东西残宽 7.9 米，南北残长 8.4 米，残高 2 米，夯土层厚 0.06 ～ 0.13 米。

187. 平山寨 02 号敌台 130281352101170247

位于遵化市平山寨村东北约 1.5 千米的山脊处，坐标：东经 117° 43′ 20.40″，北纬 40° 14′ 00.30″，高程 246 米。

东、西两侧与墙体相接，保存差，台体结构、形制不清晰，敌台全部坍塌，残存夯土台芯，台芯东西残长 8.9 米，南北残宽 5 米，外侧残高 4.3 米，夯层层次不清。

188. 平山寨 03 号敌台 130281352101170248

位于遵化市平山寨村东北约 1.5 千米的一个小高山顶上，坐标：东经 117° 43′ 16.70″，北纬 40° 14′ 03.80″，高程 312 米。

东、西两侧与墙体相接，东西残长 10 米，南北残宽 6.3 米，东北角残高 7 米。

保存较差，台体结构、形制不清晰，台体严重坍塌，仅存东侧小部分包砖墙体，其余三面均坍塌呈堆状，散落大量碎砖，基址边界不清。

189. 平山寨 04 号敌台 130281352101170249

位于遵化市平山寨村东北约 1.5 千米的山脊上，坐标：东经 117° 43′ 10.80″，北纬 40° 14′ 05.40″，高程 260 米。

东、西两侧与墙体相接，平面呈矩形，立面及剖面呈梯形，东西长 10.28 米。

保存较差，台体结构、形制不清晰，敌台现已大部分坍塌，仅存北立面底部条石基础和条石上夯土台芯。条石基础露明 4 层，高 1.75 米，台芯南北残宽 6.3 米，残高 2.3 米，夯土层厚 0.1～0.15 米，台芯底边与条石基础底边间隔 2.1 米。

190. 平山寨 05 号敌台 130281352101170250

位于遵化市平山寨村东北约 1.5 千米的山脊上，坐标：东经 117° 43′ 04.80″，北纬 40° 14′ 06.60″，高程 238 米。

东、西两侧与墙体相接，保存差，台体结构、形制不清晰，敌台全部坍塌，只残存夯土台芯部分，现已坍塌成圆堆状。

191. 平山寨 06 号敌台 130281352101170251

位于遵化市平山寨村东北约 1.5 千米的山脊上，坐标：东经 117° 43′ 01.50″，北纬 40° 14′ 06.20″，高程 239 米。

东、西两侧与墙体相接，保存差，台体结构、形制不清晰，敌台全部坍塌，只残存夯筑台芯，东西残长 7.3 米，南北残宽 4.5 米，残高 3 米。台芯仅东面可见夯层，其他三面均坍塌成堆状，东面夯层厚 0.08～0.13 米。

192. 平山寨 07 号敌台 130281352101170252

位于遵化市平山寨村北约 1.4 千米的山脊上，坐标：东经 117° 42′ 54.60″，北纬 40° 14′ 06.80″，高程 214 米。

东、西两侧与墙体相接，保存差，台体结构、形制不清晰，敌台坍塌严重，残存夯土台芯，台芯东西残长 7.6 米，残高 2.5 米，夯层厚 0.06～0.15 米。

193. 平山寨 08 号敌台 130281352101170253

位于遵化市平山寨村北约 1.5 千米的山脊上，坐标：东经 117° 42′ 48.90″，北纬 40° 14′ 10.70″，高程 247 米。

东、西两侧与墙体相接，平面呈矩形，立面及剖面呈梯形，东西残长 8 米，南北残长宽米，内侧残高 3.6 米。

保存差，台体结构、形制不清晰，敌台现已大部分坍塌，仅存底部部分条石基础及夯土台芯。条石基础露明 4 层，高 1.4 米，台芯夯层 0.1～0.15 米。

194. 平山寨 09 号敌台 130281352101170254

位于遵化市平山寨村北约 1.5 千米的山脊上，坐标：东经 117° 42′ 44.40″，北纬 40° 14′ 13.20″，高程 253 米。

东、西两侧与墙体相接，东西残宽 6 米，南北残长 6.3 米，外侧残高 2 米。

保存差，台体结构、形制不清晰，敌台现已大部分坍塌，仅存底部部分条石基础及夯土台芯。

195. 平山寨 10 号敌台 130281352101170255

位于遵化市平山寨村北约 1.5 千米的山脊上，坐标：东经 117° 42′ 36.10″，北纬 40° 14′ 14.60″，高程 272 米。

东、西两侧与墙体相接，保存差，台体结构、形制不清晰，敌台全部坍塌，仅残存基址，在台体西侧存门槛石一块，长 1.45 米，宽 0.66 米，厚 0.3 米。

196. 平山寨 11 号敌台 130281352101170256

位于遵化市平山寨村北约 1.7 千米的山脊上，坐标：东经 117° 42′ 31.60″，北纬 40° 14′ 16.60″，高程 286 米。

东、西两侧与墙体相接，保存差，台体结构、形制不清晰，敌台全部坍塌，只残存圆堆形基址。基址上散落有碎砖。

197. 平山寨 12 号敌台 130281352101170257

位于遵化市平山寨村西北约 1.9 千米的山脊上，坐标：东经 117° 42′ 27.60″，北纬 40° 14′ 22.40″，高程 315 米。

东、西两侧与墙体相接，平面呈矩形，立面及剖面呈梯形，东西残宽 5.5 米，南北残长 6.8 米，残高 5 米。现状立面为二段式，下段为条石基础，白灰砌筑，白灰勾缝，露明 3 层；上段为台芯，素土分层夯筑，层厚 0.1 ～ 0.15 米。

保存较差，台体结构、形制不清晰，敌台现已大部分坍塌，仅存底部部分条石基础及条石上的夯土台芯，台芯顶部及周围可见碎砖。

198. 平山寨 13 号敌台 130281352101170258

位于遵化市平山寨村西北约 2 千米的一个小高山上，坐标：东经 117° 42′ 23.00″，北纬 40° 14′ 24.00″，高程 349 米。

东、西两侧与墙体相接，平面呈矩形，立面及剖面呈梯形，残高 6 米。现状立面为二段式，下段为条石基础，白灰砌筑，白灰勾缝；上段城砖砌筑，台芯土石混筑。

保存较差，台体结构、形制不清晰，敌台现已大部分坍塌，仅存北面条石基础及部分包砖墙，其余部分均已坍塌，呈土石堆状。

199. 平山寨 14 号敌台 130281352101170259

位于遵化市平山寨村西北约 2 千米的一个小高山上，坐标：东经 117° 42′ 20.90″，北纬 40° 14′ 22.00″，高程 348 米。

东、西两侧与墙体相接，保存差，台体结构、形制不清晰，敌台全部坍塌成一圆堆，残高 5 米，在基址上散落碎砖。

200. 平山寨 15 号敌台 130281352101170260

位于遵化市平山寨村西北约 1.9 千米的山脊上，坐标：东经 117° 42′ 15.60″，北纬 40° 14′ 19.40″，高程 336 米。

东、西两侧与墙体相接，保存差，台体结构、形制不清晰，敌台现已大部分坍塌，仅存底部部分条石基址，东、南两面可见条石 4 层，其余部分已坍塌呈堆状。

201. 平山寨 16 号敌台 130281352101170261

位于遵化市平山寨村西北约 1.9 千米的山脊上，坐标：东经 117° 42′ 08.20″，北纬 40° 14′ 15.80″，高程 330 米。

东、西两侧与墙体相接，平面呈矩形，立面及剖面呈梯形，南北残长 11 米，残高 7 米。现状立面为二段式，下段为条石基础，白灰砌筑，白灰勾缝，露明 2 层，高 0.7 米；上段城砖砌筑，台芯土石混筑。

保存较差，台体结构、形制不清晰，敌台大部分坍塌，仅存南面部分条石基础及少量包砖墙，其余部分均已坍塌呈堆状，略高于长城墙体，顶部及周围散落有碎砖、瓦。

202. 平山寨 17 号敌台 130281352101170262

位于遵化市平山寨村西北约 1.8 千米的山脊上，坐标：东经 117° 42′ 03.30″，北纬 40° 14′ 14.40″，高程 326 米。

东、西两侧与墙体相接，保存差，台体结构、形制不清晰，敌台大部分坍塌，仅北面存少量砖砌墙，其余部分均已坍塌成堆状，基址边界不清。坍塌所成的圆形土堆顶径 5 米，残高 7 米。

203. 平山寨 18 号敌台 130281352101170263

位于遵化市平山寨村西北约 1.8 千米的山脊上，坐标：东经 117° 42′ 01.00″，北纬 40° 14′ 12.10″，高程 315 米。

东、西两侧与墙体相接，保存差，台体结构、形制不清晰，敌台已大部分坍塌，存毛石、土混筑台芯，台芯东西残长 7 米，南北残宽 6 米，残高 6 米。

204. 平山寨 19 号敌台 130281352101170264

位于遵化市平山寨村西北约 1.9 千米的平山顶上，坐标：东经 117° 41′ 48.90″，北纬 40° 14′ 07.20″，高程 392 米。

南、北两侧与墙体相接，平面呈矩形，立面及剖面呈梯形，东西残宽 7.5 米，南北残长 9.5 米，残高 7 米。现状立面为二段式，下段为条石基础，白灰砌筑，白灰勾缝，露明 5 层，高 2.2 米；上段城砖砌筑，厚 0.9 米，台芯素土分层夯筑，层厚厚 0.1 ～ 0.14 米。

保存较差，台体结构、形制不清晰，敌台已大部分坍塌，存底部条石基础，西、南面残存部分包砖墙，东、南面可见内部夯土台芯。

205. 马兰关 01 号敌台 130281352101170265

位于遵化市马兰关村东北约 2.6 千米的山脊上，坐标：东经 117° 41′ 41.60″，北纬 40° 14′ 08.30″，高程 349 米。

东、西两侧与墙体相接，保存差，台体结构、形制不清晰，敌台已全部坍塌，呈圆堆状，顶径 7.5 米。顶部及四周散落有碎砖、瓦。

206. 马兰关 02 号敌台 130281352101170266

位于遵化市马兰关村东北约 2.6 千米的山脊上，坐标：东经 117° 41′ 32.90″，北纬 40° 14′ 11.50″，高程 322 米。

东、西两侧与墙体相接，保存差，台体结构、形制不清晰，敌台现已大部分坍塌，仅存西面部分条石基础及条石上夯土台芯部分，基址边界不清。

207. 马兰关 03 号敌台 130281352101170267

位于遵化市马兰关村东北约 2.6 千米的山脊上，坐标：东经 117° 41′ 32.90″，北纬 40° 14′ 11.50″，高程 322 米。

东、西两侧与墙体相接，现状立面为二段式，下段为条石基础，白灰砌筑，白灰勾缝，露明 3 层；上段城砖砌筑，残高 5 米。

保存较差，台体结构、形制不清晰，敌台现已大部分，仅北面残存条石基础及部分包砖墙体，其余三面已坍塌成坡状，基址边界不清。

208. 马兰关 04 号敌台 130281352101170268

位于遵化市马兰关村东北约 2.5 千米的山脊上，坐标：东经 117° 41′ 25.00″，北纬 40° 14′ 14.60″，高程 349 米。

东、西两侧与墙体相接，东西残宽 8 米，南北残长 9 米，残高 7 米。

保存差，台体结构、形制不清晰，敌台已全部坍塌，呈一堆状，顶部及周围散落有碎砖、瓦。

209. 马兰关 05 号敌台 130281352101170269

位于遵化市马兰关村东北约 2.4 千米的山尖上，坐标：东经 117° 41′ 17.60″，北纬 40° 14′ 14.70″，高程 368 米。

东、西两侧与墙体相接，平面呈矩形，立面及剖面呈梯形，东西残宽 7.8 米，南北残长 8.7 米。现状立面为二段式，下段为条石基础，白灰砌筑，白灰勾缝，露明 3 层，高 1.1 米；上段城砖砌筑，台芯土石混筑。

保存较差，台体结构、形制不清晰，敌台严重坍塌，存有底部条石基础及四面部分包砖墙体，台室及顶部全部坍塌。

210. 马兰关 06 号敌台 130281352101170270

位于遵化市马兰关村东北约 2.4 千米的山尖上，坐标：东经 117° 41′ 11.50″，北纬 40° 14′ 12.30″，高程 318 米。

东、西两侧与墙体相接，平面呈矩形，立面及剖面呈梯形，东西残长 11.8 米，残高 7.5 米。现状立面为二段式，下段为条石基础，白灰砌筑，白灰勾缝，露明 6 层，高 2.9 米；上段为毛石砌筑台芯。

保存较差，台体结构、形制不清晰，敌台严重坍塌，仅存毛石台芯及下部条石。

211. 马兰关 07 号敌台 130281352101170271

位于遵化市马兰关村东北约 2 千米的山脊上，坐标：东经 117° 41′ 03.20″，北纬 40° 14′ 08.10″，高程 318 米。

东、西两侧与墙体相接，平面呈矩形，立面及剖面呈梯形，东西残长 8 米，南北残宽 7.8 米，残高 4 米，台芯素土分层夯筑，层厚 0.06 ～ 0.15 米。

保存差，台体结构、形制不清晰，敌台严重坍塌，仅存夯土台芯。顶部散落碎砖。

212. 马兰关 08 号敌台 130281352101170272

位于遵化市马兰关村东北约 2 千米的山脊上，坐标：东经 117° 41′ 03.20″，北纬 40° 14′ 04.80″，高程

299 米。

东、西两侧与墙体相接，平面呈矩形，立面及剖面呈梯形，东西残长 6.9 米，南北残宽 6.7 米，残高 5 米。

保存差，台体结构、形制不清晰，敌台严重坍塌，仅存土石混筑台芯。

213. 马兰关 09 号敌台 130281352101170273

位于遵化市马兰关村东北约 1.8 千米的山脊上，坐标：东经 117° 41′ 01.30″，北纬 40° 13′ 59.20″，高程 271 米。

东、西两侧与墙体相接，平面呈矩形，立面及剖面呈梯形，东西残长 7.85 米，南北残宽 7 米，残高 4 米。

保存差，台体结构、形制不清晰，敌台已全部坍塌，残存夯土台芯，层次不清。

214. 马兰关 10 号敌台 130281352101170274

于遵化市马兰关村东北约 1.7 千米的山脊上，坐标：东经 117° 41′ 00.60″，北纬 40° 13′ 55.70″，高程 275 米。

南、北两侧与墙体相接，平面呈矩形，立面及剖面呈梯形，东西残宽 6.5 米，南北残长 9.5 米，残高 3 米。台芯素土夹杂碎石分层夯筑，层厚 0.06 ～ 0.15 米。

保存较差，台体结构、形制不清晰，敌台已全部坍塌，残存方形夯土台芯，夯土层次清晰。

215. 马兰关 11 号敌台 130281352101170275

位于遵化市马兰关村东北约 1.5 千米的山脊上，坐标：东经 117° 40′ 56.10″，北纬 40° 13′ 49.90″，高程 251 米。

东、西两侧与墙体相接，平面呈矩形，立面及剖面呈梯形，东西残长 6.5 米，南北残宽 6.5 米，残高 4 米。

保存差，台体结构、形制不清晰，敌台已全部坍塌，残存毛石砌筑台芯，台芯严重坍塌。

216. 马兰关 12 号敌台 130281352101170276

位于遵化市马兰关村东北约 1.3 千米的山脊上，坐标：东经 117° 40′ 53.60″，北纬 40° 13′ 43.80″，高程 234 米。

东、西两侧与墙体相接，平面呈矩形，立面及剖面呈梯形，东西残长 8 米，南北残宽 8 米，残高 3.5 米。台芯素土分层夯筑，层厚 0.07 ～ 0.13 米。

保存差，台体结构、形制不清晰，敌台已全部坍塌，残存部分夯土台芯。

217. 马兰关 13 号敌台 130281352101170277

位于遵化市马兰关村东北约 1.2 千米的山脊上，坐标：东经 117° 40′ 53.40″，北纬 40° 13′ 38.80″，高程 212 米。

东、西两侧与墙体相接，平面呈矩形，立面及剖面呈梯形，东西残长 8.7 米，南北残宽 8 米，残高 3.5 米。

保存较差，台体结构、形制不清晰，敌台已全部坍塌，残存部分夯土台芯，夯层层次不清。

218. 马兰关 14 号敌台 130281352101170278

位于遵化市马兰关村东北约 1 千米的山脊上，坐标：东经 117° 40′ 49.50″，北纬 40° 13′ 34.20″，高程 230 米。

东、西两侧与墙体相接，保存差，台体结构、形制不清晰，敌台已全部坍塌，仅存遗址，基址已被当地农民平整种上了栗树。

219. 马兰关 15 号敌台 130281352101170279

位于遵化市马兰关村东北约 850 米的山脊上，坐标：东经 117° 40′ 47.90″，北纬 40° 13′ 29.60″，高程 204 米。

东、西两侧与墙体相接，平面呈矩形，立面及剖面呈梯形，东西残宽 7 米，南北残长 7.5 米，残高 5.5 米。台芯素土分层夯筑，层厚 0.06 ～ 0.1 米。

保存差，台体结构、形制不清晰，敌台已全部坍塌，残存部分夯土台芯，夯土层清晰。

220. 马兰关 16 号敌台 130281352101170280

位于遵化市马兰关村东北约 750 米的山脊上，坐标：东经 117° 40′ 43.60″，北纬 40° 13′ 28.30″，高程 191 米。

东、西两侧与墙体相接，平面呈矩形，立面及剖面呈梯形，东西残宽 8 米，南北残长 8.5 米，残高 3.5 米。台芯素土分层夯筑，层厚 0.06 ～ 0.13 米。

保存差，台体结构、形制不清晰，敌台已全部坍塌，残存部分夯土台芯，夯土层清晰。

221. 马兰关 17 号敌台 130281352101170281

位于遵化市马兰关村东北约 670 米的山脊上，坐标：东经 117° 40′ 38.60″，北纬 40° 13′ 27.80″，高程 193 米。

东、西两侧与墙体相接，平面呈矩形，立面及剖面呈梯形，东西残长 7 米，南北残宽 5.2 米，残高 3.5 米。台芯素土分层夯筑，层厚 0.06 ～ 0.15 米。

保存差，台体结构、形制不清晰，敌台已全部坍塌，残存部分夯土台芯，夯土层清晰。

222. 马兰关 18 号敌台 130281352101170282

位于遵化市马兰关村东北约 600 米的山脊上，坐标：东经 117° 40′ 36.70″，北纬 40° 13′ 26.10″，高程 186 米。

东、西两侧与墙体相接，平面呈矩形，立面及剖面呈梯形，东西残宽 7 米，南北残长 8.5 米，残高 3.5 米。台芯素土分层夯筑。

保存差，台体结构、形制不清晰，敌台已全部坍塌，残存部分夯土台芯，夯土层不清晰。

223. 马兰关 19 号敌台 130281352101170283

位于遵化市马兰关村东北约 500 米的山脊上，坐标：东经 117° 40′ 32.00″，北纬 40° 13′ 21.80″，高程 150 米。

保存差，台体结构、形制不清晰，敌台已全部坍塌，仅存基址，边界不清，呈一略宽于墙体的土堆状，上散落有碎砖。

224. 马兰关 20 号敌台 130281352101170285

位于遵化市马兰关村北侧，坐标：东经 117° 40′ 23.50″，北纬 40° 13′ 14.90″，高程 135 米。

东、西两侧与墙体相接，保存差，台体结构、形制不清晰，敌台已全部坍塌，仅存基址，边界不清。

225. 马兰关 21 号敌台 130281352101170286

位于遵化市马兰关村西北侧，坐标：东经 117° 40′ 14.00″，北纬 40° 13′ 11.40″，高程 139 米。

东、西两侧与墙体相接，台体结构、形制不清晰，敌台已全部坍塌，仅存土石混筑台芯，边界不清。

226. 马兰关 22 号敌台 130281352101170287

位于遵化市马兰关村西北约 300 米处的山脊上，坐标：东经 117° 40′ 10.70″，北纬 40° 13′ 09.30″，高程 192 米。

东、西两侧与墙体相接，平面呈矩形，立面及剖面呈梯形，东西残长 7 米，南北残宽 6.5 米，残高 3.4 米。台芯素土分层夯筑，层厚 0.1 ～ 0.17 米。

保存较差，台体结构、形制不清晰，敌台已全部坍塌，残存夯土台芯，夯土层清晰。

227. 马兰关 23 号敌台 130281352101170288

位于遵化市马兰关村西南约 380 米处的山脊上，坐标：东经 117° 40′ 09.10″，北纬 40° 13′ 05.80″，高程 211 米。

东、西两侧与墙体相接，平面呈矩形，立面及剖面呈梯形，东西残长 7.5 米，南北残宽 7 米，残高 3 米。

保存较差，台体结构、形制不清晰，敌台坍塌严重，残存土石混筑台芯，台芯现已大部坍塌，四面呈坡状。

228. 马兰关 24 号敌台 130281352101170289

位于遵化市马兰关村西南约 530 米处的山脊上，坐标：东经 117° 40′ 02.70″，北纬 40° 13′ 05.30″，高程 195 米。

东、西两侧与墙体相接，平面呈矩形，立面及剖面呈梯形，东西残宽 6.3 米，南北残长 6.5 米，残高 1.5 米。

保存差，台体结构、形制不清晰，敌台大部分已坍塌，仅存夯土台芯。

229. 马兰关 25 号敌台 130281352101170290

位于遵化市马兰关村西南约 640 米处的山脊上，坐标：东经 117° 39′ 58.00″，北纬 40° 13′ 04.60″，高程 199 米。

东、西两侧与墙体相接，平面呈矩形，立面及剖面呈梯形，东西残长 8.5 米，南北残宽 8.3 米，残高 2 米。

保存差，台体结构、形制不清晰，敌台大部分已坍塌，仅存土石胡筑台芯，现已大部坍塌。

230. 马兰关 26 号敌台 130281352101170291

位于遵化市马兰关村西南约 740 米处的山脊上，坐标：东经 117° 39′ 53.70″，北纬 40° 13′ 04.80″，高程 199 米。

东、西两侧与墙体相接，平面呈矩形，立面及剖面呈梯形，东西残长 7.5 米，南北残宽 7.5 米，残高 2 米。

保存差，台体结构、形制不清晰，敌台严重坍塌，残存土石混筑台芯，顶部较平。

231. 马兰关 27 号敌台 130281352101170292

位于龙西寨村北侧约 510 米的山梁上，东距冷嘴头村约 2.3 千米，坐标：东经 117° 48′ 32.90″，北纬 40° 15′ 27.10″，高程 339 米。

东、西两侧与墙体相接，平面呈矩形，立面及剖面呈梯形，东西残长 8 米，南北残宽 7.9 米，残高 2.5 米。

保存差，台体结构、形制不清晰，敌台严重坍塌，残存部分土石混筑台芯，基址边界不清，顶部杂草滋生。

232. 马兰关 28 号敌台 130281352101170293

位于遵化市马兰关村西南约 910 米处的山脊上，坐标：东经 117° 39′ 47.00″，北纬 40° 13′ 02.40″，高程 222 米。

东、西两侧与墙体相接，保存差，台体结构、形制不清晰，敌台已全部坍塌，仅存基址，边界不清。

233. 西坡 01 号敌台 130281352101170294

位于遵化市西坡村西北约 800 米处的山脊上，坐标：东经 117° 36′ 57.30″，北纬 40° 12′ 20.10″，高程 319 米。

东、西两侧与墙体相接，平面呈矩形，立面及剖面呈梯形，东西残宽 6.9 米，南北残长 7.5 米，残高 2.6 米。现状立面为二段式，下段为条石基础，白灰砌筑，白灰勾缝，露明 3 层；上段城砖砌筑，台芯素土分层夯筑，层厚 0.07 ～ 0.14 米。

保存差，台体结构、形制不清晰，敌台严重坍塌，仅东墙存部分包砖，东北角可见条石 3 层，其余部分仅存夯土墙芯。

234. 西坡 02 号敌台 130281352101170295

位于遵化市西坡村西北约 900 米处的山脊上，坐标：东经 117° 36′ 51.10″，北纬 40° 12′ 20.90″，高程 294 米。

东、西两侧与墙体相接，平面呈矩形，立面及剖面呈梯形，东西残长 7.7 米，南北残宽 6.2 米，残高 2.7 米。

保存差，台体结构、形制不清晰，敌台严重坍塌，仅存毛石砌筑台芯部分。

235. 西坡 03 号敌台 130281352101170297

位于遵化市西坡村西北约 1.2 千米的山尖上，坐标：东经 117° 36′ 37.00″，北纬 40° 12′ 24.20″，高程 409 米。

东、西两侧与墙体相接，保存差，台体结构、形制不清晰，敌台严重坍塌，仅存部分土石混筑台芯，已塌呈堆状，残高 6 米。

236. 楦门子 01 号敌台 130281352101170298

位于遵化市楦门子村北约 280 米的山脊上，坐标：东经 117° 36′ 34.60″，北纬 40° 12′ 09.30″，高程 294 米。

南、北两侧与墙体相接，平面呈矩形，立面及剖面呈梯形，东西残宽 10.6 米，南北残长 11.4 米。现状立面为二段式，下段为条石基础，白灰砌筑，白灰勾缝，露明 6 层，高 2.45 米；上段为素土分层夯筑台芯，层厚 0.14 ～ 0.19 米。

保存较差，台体结构、形制不清晰，敌台严重坍塌，基础条石保存好，台体包砖无存，残存素土台芯。

237. 楦门子 02 号敌台 130281352101170299

位于遵化市楦门子村东北的山脊上，坐标：东经 117° 36′ 34.20″，北纬 40° 12′ 01.20″，高程 206 米。

南、北两侧与墙体相接，平面呈矩形，立面及剖面呈梯形，东西残长 11.3 米，南北残长宽 10.2 米，残高 5 米。现状立面为二段式，下段为条石基础，白灰砌筑，白灰勾缝，露明 6 层，高 2.2 米；上段为毛石砌筑台芯。

保存较差，台体结构、形制不清晰，敌台现已大部分坍塌，仅存下部条石基础，条石上残存毛石砌筑台芯。

238. 楦门子 03 号敌台 130281352101170303

位于遵化市楦门子村西约 400 米的山脊上，坐标：东经 117° 36′ 11.30″，北纬 40° 11′ 54.90″，高程 418 米。

南、北两侧与墙体相接，保存差，台体结构、形制不清晰，敌台已全部坍塌，仅存基址，残宽 8.6 米。

239. 楦门子 04 号敌台 130281352101170304

位于遵化市楦门子村西约 710 米的山脊上，坐标：东经 117° 36′ 07.40″，北纬 40° 11′ 38.90″，高程 432 米。

南、北两侧与墙体相接，保存差，台体结构、形制不清晰，敌台已全部坍塌，仅存基址，边界不清晰。

240. 上海 01 号敌台 130281352101170305

位于遵化市上海村东北约 1.3 千米的山脊上，坐标：东经 117° 36′ 00.80″，北纬 40° 11′ 37.30″，高程 394 米

东、西两侧与墙体相接，保存差，台体结构、形制不清晰，敌台已全部坍塌，仅存基址，边界不清晰。

241. 上海 02 号敌台 130281352101170306

位于遵化市上海村东北约 1.1 千米的山脊上，坐标：东经 117° 35′ 56.00″，北纬 40° 11′ 35.30″，高程 398 米。

东、西两侧与墙体相接，保存差，台体结构、形制不清晰，敌台已全部坍塌，仅存基址，边界不清。

242. 上海 03 号敌台 130281352101170307

位于遵化市上海村北约 810 米的山脊上，坐标：东经 117° 35′ 38.90″，北纬 40° 11′ 29.60″，高程 392 米。

东、西两侧与墙体相接，保存差，台体结构、形制不清晰，敌台已全部坍塌，残存一毛石垒砌长方形台，东西残长 14.5 米，南北残宽 6 米，残高 1.5 米。

243. 上海 04 号敌台 130281352101170308

位于遵化市上海村西北约 720 米的山脊上，坐标：东经 117° 35′ 25.50″，北纬 40° 11′ 24.10″，高程 467 米。

东、西两侧与墙体相接，保存差，台体结构、形制不清晰，残存一毛石垒砌长方形台，东西残长 6.7 米，南北残宽 6 米，残高 1 米。台上长满各种灌木及杂草。

244. 上海 05 号敌台 130281352101170309

位于遵化市上海村西北约 1.3 千米的山脊上，坐标：东经 117° 34′ 59.80″，北纬 40° 11′ 32.20″，高程 512 米。

东、西两侧与墙体相接，平面呈矩形，立面及剖面呈梯形，台芯南北残长 6.1 米，东西残长 6 米，残高 1.5 米。

保存差，台体结构、形制不清晰，敌台全部坍塌，残存夯土台芯，夯层不清晰。

245. 上海 06 号敌台 130281352101170310

位于遵化市上海村北约 1.5 千米的山脊上，坐标：东经 117° 34′ 51.20″，北纬 40° 11′ 34.20″，高程 526 米。

东、西两侧与墙体相接，保存差，台体结构、形制不清晰，敌台全部坍塌，残存夯土台芯，夯层不清晰。敌台已全部坍塌，残存一长条状毛石堆，基址边界不清。毛石堆残高 1.5 米

246. 上海 07 号敌台 130281352101170311

位于遵化市上海村北约 1.5 千米的山脊上，坐标：东经 117° 34′ 49.00″，北纬 40° 11′ 36.60″，高程 550 米。

东、西两侧与墙体相接，东西残长 9.2 米，残高 2 米。保存差，台体结构、形制不清晰，敌台已全部坍塌，残存毛石砌筑的台芯，在敌台的内侧散落碎砖。敌台上长满茂密的杂草及灌木。

247. 上海 08 号敌台 130281352101170312

位于遵化市上海村西北约 1.8 千米的山脊上，坐标：东经 117° 34′ 37.20″，北纬 40° 11′ 37.90″，高程 672 米。

东、西两侧与墙体相接，保存差，台体结构、形制不清晰，敌台全部坍塌，仅存基址，边界不清晰。

248. 上海 09 号敌台 130281352101170313

位于遵化市上海村西北约 2.1 千米的山脊上，坐标：东经 117° 34′ 20.80″，北纬 40° 11′ 34.70″，高程 714 米。

东、西两侧与墙体相接，保存差，台体结构、形制不清晰，敌台全部坍塌，只可见一碎石堆，夹杂着碎砖。碎石堆东西残长 7.5 米，残高 3 米。

249. 上海 10 号敌台 130281352101170314

位于遵化市上海村西北约 2.4 千米的山脊上，坐标：东经 117° 34′ 01.10″，北纬 40° 11′ 20.20″，高程 887 米。

东、西两侧与墙体相接，平面呈矩形，立面及剖面呈梯形，东西长 10.7 米，南北宽 9 米，残高 3.7 米。现状立面为二段式，下段为条石基础，白灰砌筑，白灰勾缝，露明 6 层，高 2.1 米；上段毛石砌筑台芯，高 1.5 米。

保存较差，台体结构、形制不清晰，敌台现已大部分坍塌，存下部条石基础，基础上存有毛石砌筑台芯。台顶长满杂草、灌木。

250. 洪山口 01 号烽火台 130281353201170036

位于洪山口村北侧约 210 米处的小山包顶上，坐标：东经 118° 05′ 23.70″，北纬 40° 20′ 54.20″，高程 276 米。

烽火台平面呈矩形，立面及剖面呈梯形，东西长 10.9 米，南北宽 10.9 米，高 10.76 米。烽火台立面为三段式，下段为条石基础，白灰砌筑，白灰勾缝，露明 4 层，高 1.2 米；中段城砖砌筑，白灰砌筑，白灰勾缝，高 8.06 米，城砖长 0.38 米，宽 0.19 米，厚 0.08 米。东立面中部辟 1 券门、两侧各辟 1 箭窗。南、西、北立面各辟 3 箭窗，箭窗起券方式为二伏二券；中段与上段间设三层拔檐分隔，上、下两层为直角檐、中间为菱角檐；上段设垛口墙，高 3 ～ 14 层砖。

保存较好，台体结构、形制较清晰。条石基础保存较好，墙体面砖存不同程度的酥碱，东门上存有门券石、平水石，门柱石不存，顶部垛墙部分残损。底部西南角被人为挖凿开一个洞，深 8.5 米，最宽处直径 2.7 米。

251. 马蹄峪 01 号烽火台 130281352101170071

位于遵化市马蹄峪村东北约 1.3 千米的一个高山尖上，坐标：东经 118° 00′ 12.50″，北纬 40° 17′ 38.30″，高程 496 米。

毛石垒砌，南北残宽 6.5 米，东西残长 7 米，坍塌严重，呈堆状，长满灌木及杂草。

252. 蔡家峪 01 号烽火台 130281353201170091

位于蔡家峪村东北侧约 900 米处长城主线内侧，紧邻墙体，坐标：东经 117° 59′ 26.10″，北纬 40° 17′ 32.40″，高程 387 米。

烽火台全部坍塌，边界不清楚，顶部约为 5 平方米，残高 6 米，呈堆状，布满碎砖石。顶部长满灌木、杂草。

253. 蔡家峪 02 号烽火台 130281353201170092

位于蔡家峪村北侧约 350 米处的一个小山包上，坐标：东经 117° 58′ 54.40″，北纬 40° 17′ 24.90″，高程 242 米。

毛石垒砌，直径约 6 米，残高 2 米，坍塌严重，呈堆状。台体四周散落大量的碎石，植被覆盖多为低矮灌木。

254. 蔡家峪 03 号烽火台 130281353201170093

位于蔡家峪村北侧约 790 米处的一个小山包上长城主线内侧 4 米处，坐标：东经 117° 58′ 50.00″，北纬 40° 17′ 37.00″，高程 341 米。

烽火台平面呈圆形，台体城砖砌筑，白灰勾缝，残高 1.8 米，厚 1.4 米，直径约 12 米。台芯毛石砌筑。台体大部分已坍塌，毛石台芯保存较好，顶部长满灌木、杂草。

255. 蔡家峪 04 号烽火台 130281353201170094

位于蔡家峪村西北侧约 1.1 千米、甘查峪村东北约 900 米处长城主线内侧，坐标：东经 117° 58′ 20.80″，北纬 40° 17′ 37.10″，高程 317 米。

烽火台平面呈圆形，毛石砌筑，直径约 10 米，残高 5 米。坍塌严重，呈堆状。台体四周散落碎石，顶部长满灌木、杂草。

256. 罗文峪 01 号烽火台 130281353201170108

位于罗文峪村东北侧约 350 米处长城主线内侧山包上，坐标：东经 117° 57′ 05.10″，北纬 40° 17′ 00.70″，高程 260 米。

烽火台平面呈矩形，立面及剖面呈梯形，东西长 10.75 米，南北宽 10.7 米，高 5.55 米。烽火台现状立面为二段式，下段为条石基础，白灰砌筑，白灰勾缝，露明 3 层，高 1 米；中段城砖砌筑，白灰砌筑，白灰勾缝，台芯素土分层夯筑。

保存较差，台体结构、形制较清晰。台体西侧、北侧的下半部分保存较好，存条石基础及部分砖。东侧、南侧墙体及台体南部坍塌，基础被覆盖。北墙存有一道裂缝，宽约 0.09 米，西墙存有两道裂缝，较宽的一道宽约 0.04 米。

257. 后仗子 01 号烽火台 130281353201170144

位于后仗子村北侧约 920 米处长城主线内侧 3 米的山包上，坐标：东经 117° 55′ 11.50″，北纬 40° 17′ 02.50″，高程 398 米。

毛石垒砌，坍塌严重，呈堆状，宽约 6 米，高约 5 米，顶部长满灌木及杂草。

258. 沙坡峪 01 号烽火台 130281353201170145

位于石头营村北侧约 1.8 千米处、长城主线内侧 2 米的山包上，坐标：东经 117° 53′ 37.60″，北纬 40° 16′ 02.80″，高程 453 米。

毛石垒砌，坍塌严重，呈堆状，高约 4 米，顶部长满灌木及杂草。

259. 冷嘴头 01 号烽火台 130281353201170172

位于冷嘴头村东侧偏北处约 1.3 千米处，坐标：东经 117° 51′ 09.10″，北纬 40° 15′ 51.30″，高程 329 米。

烽火台全部坍塌，呈一碎石堆状，长满杂草、灌木。

260. 冷嘴头 02 号烽火台 130281353201170173

位于冷嘴头村东侧偏北处约 1.1 千米处，坐标：东经 117° 51′ 01.30″，北纬 40° 15′ 44.10″，高程 283 米。

烽火台毛石砌筑，台芯土石混筑，严重坍塌，四面石砌墙体脱落，残存一土石堆，仅北面残存部分墙体，土石堆直径 4 米，残高约 6 米。北面残存墙体长 4 米，高 2.5 米，墙体顶部残宽 0.9 米。

261. 双义 01 号烽火台 130281353201170209

位于双义村西约 640 米、长城主线内侧，坐标：东经 117° 47′ 37.40″，北纬 40° 15′ 05.30″，高程 315 米。

烽火台平面呈矩形，立面及剖面呈梯形，东西长 5.8 米，南北宽 5 米，残高 3.2 米，墙体城砖砌筑，台芯分为内外两部分，外侧为毛石砌筑，为灰土、碎石分层夯筑，灰土厚 0.03 ～ 0.04 米，碎石层厚 0.13 米。台体外包砖坍塌严重，仅底部残存，台芯西南角坍塌，东面、南面、北面均大部分坍塌。

262. 双义 02 号烽火台 130281353201170210

位于双义村西约 0.86 米、长城主线内侧。坐标：东经 117° 47′ 28.20″，北纬 40° 15′ 04.90″，高程 306 米。

烽火台坍塌严重，呈堆状，顶部直径 5.5 米，残高 2.5 米。顶部有一直径 1.5 米，深 0.5 米的坑洞。

263. 大安口 01 号烽火台 130281353201170241

位于遵化市大安口村西南约 2 千米的一小山包上、长城主线内侧，坐标：东经 117° 45′ 06.50″，北纬 40° 13′ 54.70″，高程 326 米。

烽火台毛石砌筑，台芯土石混筑，东西残长 7 米，南北残宽 5 米，残高 2.2 米。台体坍塌严重，呈一毛石、土堆，顶部杂草、灌木滋长。

264. 西坡 01 号烽火台 130281353201170302

位于西坡村北侧约 600 米处的一小山包上、长城主线内侧，坐标：东经 117° 37′ 12.70″，北纬 40° 12′ 17.10″，高程 234 米。

烽火台毛石砌筑，白灰勾缝。已大部分坍塌，基址边界不清，仅存部分东墙，东墙残长 3.9 米，厚 0.8 米，内侧残高 1.9 米，外侧残高 4.2 米。

265. 野鸡峪 01 号马面 130281352102170010

位于遵化市野鸡峪村东庄自然村西北约 1.1 千米处，坐标：东经 118° 06′ 09.90″，北纬 40° 21′ 07.10″，高程 415 米。

平面呈矩形，向南外凸于墙体。东西长 6.4 米，南北宽 1.7 米，残高 2.1 米。底部基础条石砌筑，白灰勾缝，高 0.9 米。墙体城砖砌筑，白灰勾缝，墙芯土石夯筑。南立面墙体局部坍塌，顶部长满杂草、灌木。

266. 洪山口 01 号马面 130281352102170011

位于遵化市小厂乡洪山口村东北约 1.3 千米处，坐标：东经 118° 05′ 59.80″，北纬 40° 21′ 15.80″，高程 506 米。

马面已全部坍塌，顶部长满杂草、灌木。

267. 洪山口 02 号马面 130281352102170019

位于遵化市洪山口村西北约 1 千米的山脊上，坐标：东经 118° 04′ 55.80″，北纬 40° 21′ 11.60″，高程 360 米。

平面呈矩形，向北外凸于墙体。东西长2.5米，南北宽2.1米。底部基础条石砌筑，白灰勾缝，墙体城砖砌筑，白灰勾缝，墙芯土石夯筑。墙体坍塌严重，呈坡状，顶部长满杂草、灌木。

268. 洪山口03号马面 1302813521021 70020

位于遵化市洪山口村西约1千米的山脊处，坐标：东经118° 04′ 47.20″，北纬40° 21′ 10.40″，高程349米。

平面呈矩形，向北外凸于墙体。东西长3米，南北宽2.5米。底部基础条石砌筑，白灰勾缝，墙体城砖砌筑，白灰勾缝，墙芯土石夯筑，顶部设施无存。墙体坍塌严重，呈坡状，顶部长满杂草、灌木。

269. 洪山口04号马面 1302813521021 70023

位于遵化市洪山口村西约1.2千米的山脊处，坐标：东经118° 04′ 31.50″，北纬40° 21′ 06.80″，高程384米。

平面呈矩形，向北外凸于墙体。东西长3米，南北宽2.5米。底部基础条石砌筑，白灰勾缝，墙体城砖砌筑，白灰勾缝，墙芯土石夯筑，顶部设施无存。墙体坍塌严重，顶部西北角有一大坑，深至台底，可从台西面底部进出。

270. 洪山口05号马面 1302813521021 70029

位于遵化市洪山口村西约1.8千米的山脊处，坐标：东经118° 04′ 00.10″，北纬40° 20′ 37.40″，高程366米。

平面呈矩形，向西外凸于墙体。东西长6.2米，残高5.83米。底部基础条石砌筑，白灰勾缝，露明1～2层。墙体城砖砌筑，白灰勾缝，墙芯土石夯筑，顶部设施无存。墙体包砖坍塌严重，砖存的不同程度的酥碱。顶部长满杂草、灌木。

271. 洪山口06号马面 1302813521021 70032

位于遵化市洪山口村西南约2.1千米的山脊上，坐标：东经118° 03′ 54.70″，北纬40° 20′ 22.80″，高程362米。

马面坍塌严重，呈圆形土堆状，直径5米，形制无法辨别。顶部长满杂草、灌木。

272. 洪山口07号马面 1302813521021 70033

位于遵化市洪山口村西南约2.2千米的山脊上，坐标：东经118° 03′ 54.70″，北纬40° 20′ 18.30″，高程342米。

马面坍塌严重，呈圆形土堆状，直径4.5米，形制无法辨别。顶部长满杂草、灌木。

273. 洪山口村08号马面 1302813521021 70034

位于遵化市洪山口村西南约2.1千米的山脊上，坐标：东经118° 04′ 01.80″，北纬40° 20′ 12.70″，高程351米。

马面全部坍塌，仅存基址。顶部长满杂草、灌木，并有部分碎砖。

274. 洪山口09号马面 1302813521021 70035

位于遵化市洪山口村西南约2.2千米的山脊上，坐标：东经118° 04′ 03.00″，北纬40° 20′ 05.20″，高程377米。

马面全部坍塌，仅存基址，呈圆形土堆状。顶部长满杂草、灌木，并有部分碎砖。

275. 南城子 01 号马面 130281352102170037

位于遵化市南城子村西北约 1.5 千米的山脊上，坐标：东经 118° 03′ 58.90″，北纬 40° 20′ 00.10″，高程 400 米。

平面呈矩形，向西外凸于墙体。东西长 6.2 米，残高 5.83 米。底部基础条石砌筑，白灰勾缝，墙体城砖砌筑，白灰勾缝，墙芯土石夯筑。墙体包砖坍塌严重，存西立面部分墙体，其他三面墙体已全毁。台顶堆有碎砖，长有灌木及杂草。

276. 南城子 02 号马面 130281352102170038

位于遵化市南城子村西北约 1.3 千米的山脊上，坐标：东经 118° 04′ 00.60″，北纬 40° 19′ 55.50″，高程 384 米。

马面全部坍塌，呈圆形土堆状。顶部长满杂草、灌木。

277. 南城子 03 号马面 130281352102170039

位于遵化市南城子村西北约 1.25 千米的山脊上，坐标：东经 118° 04′ 02.20″，北纬 40° 19′ 53.40″，高程 378 米。

马面全部坍塌，呈土石堆状，基址边界不清。顶部及周围有碎石块，长有灌木及杂草。

278. 南城子 04 号马面 130281352102170040

位于遵化市南城子村西北约 1.2 千米的山脊上，坐标：东经 118° 04′ 02.60″，北纬 40° 19′ 50.00″，高程 379 米。

马面严重坍塌，仅存东立面和北立面小段落包砖墙，基址边界不清，残存包砖墙最高处 5 米。顶部长满灌木及杂草。

279. 南城子 05 号马面 130281352102170041

位于遵化市南城子村西北约 1.1 千米的山脊上，坐标：东经 118° 03′ 59.70″，北纬 40° 19′ 46.30″，高程 392 米。

马面全部坍塌，裸露土石台芯，基址边界不清。顶部长满灌木及杂草。

280. 南城子 06 号马面 130281352102170042

位于遵化市南城子村西北约 960 米的山脊上，坐标：东经 118° 03′ 59.00″，北纬 40° 19′ 42.20″，高程 394 米。

台体顶部东西残长约 6 米，南北残长约 6 米，残高约 6.5 米。马面全部坍塌，形成一近似方形的土台，基址边界不清。顶部有部分碎砖石，长满灌木及杂草。

281. 南城子 07 号马面 130281352102170044

位于遵化市南城子村西北约 800 米的山脊上，坐标：东经 118° 03′ 53.60″，北纬 40° 19′ 32.90″，高程 416 米。

平面呈矩形，向西外凸于墙体。东西宽 5 米，南北长 9.7 米，残高 6 米。底部基础条石砌筑，白灰勾缝，露明 4 层，高 1.74 米；墙体城砖砌筑，白灰勾缝，台芯土石夯筑。马面整体完好，下部为条石基础保存较好，马面包砖存脱落现象，上部设施无存。顶部长满灌木及杂草。

282. 南城子 08 号马面 130281352102170045

位于遵化市南城子村西北，坐标：东经 118° 03′ 50.30″，北纬 40° 19′ 29.70″，高程 411 米。

马面全部坍塌，基础边界不清。顶部长满杂草、灌木。

283. 南城子 09 号马面 130281352102170047

位于遵化市南城子村西约 940 米的山脊上，坐标：东经 118° 03′ 39.30″，北纬 40° 19′ 23.40″，高程 447 米。

马面坍塌严重，基础边界不清，外侧存少部分包砖墙体，残高 5.3 米，顶部长满灌木及杂草。

284. 南城子 10 号马面 130281352102170048

位于遵化市南城子村西约 990 米的山脊上，坐标：东经 118° 03′ 34.70″，北纬 40° 19′ 17.10″，高程 441 米。

马面全部坍塌，呈圆形土堆状，残高 7 米，顶部长满杂草、灌木。

285. 河口 01 号马面 130281352102170053

位于遵化市寨主沟村河口自然村西约 520 米的半山腰处，坐标：东经 118° 02′ 54.70″，北纬 40° 18′ 58.70″，高程 549 米。

平面呈矩形，向北外凸于墙体。东西长 6.8 米，南北宽 3.4 米，残高 3.2 米，墙体块石砌筑，墙芯小块石垒砌。墙体坍塌严重，基址不清。顶部长满杂草、灌木。

286. 河口 02 号马面 130281352102170054

位于遵化市寨主沟村河口自然村西约 570 米的山脊上，坐标：东经 118° 02′ 52.20″，北纬 40° 18′ 58.10″，高程 591 米。

平面呈矩形，向东外凸于墙体。东西宽 4.5 米，南北长 5 米，残高 2.1 米，墙体块石砌筑，墙芯小块石垒砌。墙体局部坍塌，顶部存有一孔洞，东西宽 0.8 米，南北长 2 米，深 0.8 米。

287. 寨主沟 01 号马面 130281352102170055

位于遵化市寨主沟村西北约 1.1 千米的山脊上的一个小山包处，坐标：东经 118° 02′ 20.60″，北纬 40° 18′ 37.20″，高程 727 米。

马面四面墙体已严重坍塌，边界不清楚。顶部长满杂草、灌木，存一椭圆形深坑，南北宽 2.2 米，东西长 2.8 米，残深 0.6 米。

288. 双窑 01 号马面 130281352102170060

位于遵化市双窑村东北约 860 米的山脊上的一个小高山上，坐标：东经 118° 01′ 50.80″，北纬 40° 18′ 14.00″，高程 571 米。

平面呈矩形，南北长 7 米，残高 3.5 米，墙体块石砌筑，墙芯小块石垒砌。墙体坍塌严重，仅存外侧一小段石墙。边界不清楚。顶部长满杂草、灌木，有一椭圆形深坑，直径 2 米，坑深 1.2 米。

289. 双窑 02 号马面 130281352102170069

位于遵化市双窑村西约 1.1 千米的山脊处、敌台 041 号西南侧 0.22 千米，坐标：东经 118° 00′ 50.20″，北纬 40° 17′ 55.30″，高程 544 米。

平面呈矩形，向北外凸于墙体。东西长 4.8 米，南北宽 4.3 米，残高 3 米，墙体块石砌筑，墙芯小块石垒砌。墙体坍塌严重，仅存外侧一小段石墙。边界不清楚。顶部长满杂草、灌木，有一椭圆形深坑，南北宽 2.8 米，东西长 3.4 米。

290. 蔡家峪 01 号马面 130281352102170082

位于遵化市蔡家峪村西北约 730 米的山脊上，坐标：东经 117° 58′ 51.20″，北纬 40° 17′ 37.20″，高程 335 米。

台体全部坍塌。濒临消失，边界不清，顶部有部分砖块，仅存稍宽出于墙体的一堆碎石。顶部长满灌木、杂草。

291. 蔡家峪 02 号马面 130281352102170083

位于遵化市蔡家峪村西北约 730 米的山脊上，坐标：东经 117° 58′ 42.80″，北纬 40° 17′ 34.80″，高程 317 米。

平面呈矩形，向内凸于墙体。东西长 5 米，残高 0.75 米，墙体块石砌筑，墙芯小块石垒砌。墙体严重坍塌，仅存内侧部分墙体，外侧已全部坍塌。顶部长满灌木、杂草。

292. 罗文峪 01 号马面 130281352102170112

位于遵化市罗文峪村西北约 800 米的山脊上，坐标：东经 117° 56′ 32.80″，北纬 40° 17′ 11.20″，高程 249 米。

平面呈矩形，向东外凸于墙体。东西长 6.7 米，残高 6.58 米。底部基础条石砌筑，白灰勾缝，露明 3 层。墙体城砖砌筑，白灰勾缝，台芯土石混筑。马面内侧全部坍塌，外侧东半部墙体保存较好，西半部坍塌，顶部设施全无，长满灌木、杂草。

293. 罗文峪 02 号马面 130281352102170116

位于遵化市罗文峪村西北约 1 千米的山脊上，坐标：东经 117° 56′ 27.00″，北纬 40° 17′ 16.30″，高程 229 米。

平面呈矩形，向东外凸于墙体，残高 4 米。底部基础条石砌筑，白灰勾缝，露明 1 层。墙体城砖砌筑，白灰勾缝，台芯土石混筑。马面大部分坍塌，外侧存条石基础及北面小段落墙体。顶部长满灌木、杂草。

294. 罗文峪 03 号马面 130281352102170117

位于遵化市罗文峪村西北约 1.2 千米的山脊上，坐标：东经 117° 56′ 18.60″，北纬 40° 17′ 19.70″，高程 223 米。

马面全部坍塌，呈圆堆状，残高约 3 米。四周散落碎砖、碎石，顶部长满灌木、杂草。

295. 后仗子 01 号马面 130281352102170127

位于遵化市后杖子村西北约 1.2 千米的山脊上，坐标：东经 117° 54′ 41.10″，北纬 40° 17′ 02.50″，高程 246 米。

平面呈矩形，向北外凸于墙体，东西长 5.8 米，南北宽 3.5 米。立面为二段式，下段墙体大块毛石砌筑，白灰勾缝；下段与上段间石拔檐分隔；上部垛口墙小块毛石砌筑，白灰勾缝，宽 0.68 米，残高 0.7

米。马面整体保存较好，垛口墙局部缺失，地面杂草滋生。

296. 后仗子 02 号马面 130281352102170128

位于遵化市后杖子村西北约 1.5 千米的小高山上，坐标：东经 117° 54′ 27.30″，北纬 40° 17′ 04.20″，高程 392 米。

平面呈半圆形，向北外凸 3 米于墙体，东西长 5.8 米。墙体大块毛石砌筑，白灰勾缝。马面墙体严重，三面石砌墙体全部坍塌，存基址。

297. 后仗子 03 号马面 130281352102170130

位于遵化市后杖子村西北约 1.8 千米的山脊上，坐标：东经 117° 54′ 11.70″，北纬 40° 17′ 06.70″，高程 445 米。

平面呈矩形，向北外凸于墙体，东西长 6.8 米，南北宽 3.92 米，残高 5.06 米。立面为二段式，下段墙体大块毛石砌筑，白灰勾缝；下段与上段间石拔檐分隔，出檐 0.1 米；上部垛口墙小块毛石砌筑，白灰勾缝。马面整体保存一般，垛口墙基本无存，地面杂草滋生。

298. 后仗子 04 号马面 130281352102170132

位于遵化市后杖子村西北约 1.8 千米的山脊上，坐标：东经 117° 54′ 04.70″，北纬 40° 16′ 55.60″，高程 475 米。

平面呈矩形，向北外凸于墙体，东西长 6.8 米，南北宽 3.53 米。立面为二段式，下段墙体大块毛石砌筑，白灰勾缝；下段与上段间石拔檐分隔；上部垛口墙小块毛石砌筑，白灰勾缝，宽 0.65 米，残高 1～1.5 米。马面整体保存较好，垛口墙局部缺失，地面杂草滋生。

登城步道：位于马面内侧，直接砌于墙体上，为毛石砌筑，完好，存 8 阶，口宽 1.3 米，阶高 0.2～0.23 米，进深 0.2～0.25 米。

299. 沙坡峪 01 号马面 130281352102170138

位于遵化市沙坡峪村东北约 1.3 千米的山脊上，坐标：东经 117° 53′ 09.80″，北纬 40° 16′ 14.90″，高程 372 米。

平面呈矩形，向南外凸于墙体。底部基础条石砌筑，白灰勾缝。墙体城砖砌筑，白灰勾缝，台芯毛石砌筑。马面已严重坍塌，仅存小段落的石砌台芯，顶部存碎砖。

300. 沙坡峪 02 号马面 130281352102170142

位于遵化市沙坡峪村西北约 980 米处的半山腰上，坐标：东经 117° 52′ 40.60″，北纬 40° 16′ 12.90″，高程 218 米。

平面呈矩形，向北外凸于墙体 5.5 米，残高 7 米。底部基础条石砌筑，白灰勾缝。墙体城砖砌筑，白灰勾缝。马面外包砖坍塌严重。

301. 沙坡峪 03 号马面 130281352102170148

位于遵化市沙坡峪村西北约 790 米处山脊上，坐标：东经 117° 52′ 23.40″，北纬 40° 16′ 04.00″，高程 218 米。

平面呈矩形，向北外凸于墙体，东西长 6.1 米，南北宽 2.45 米，残高 2.12 米。现状立面为二段式，下段为条石基础，白灰砌筑，白灰勾缝，露明 1 层，高 0.35 米。上段墙体为城砖砌筑，白灰勾缝，厚 0.67 米，台芯毛石砌筑。马面墙体局部坍塌，面砖脱落严重，顶部设施无存。

302. 沙坡峪 04 号马面 130281352102170149

位于遵化市沙坡峪村西北约 800 米处山脊上，坐标：东经 117° 52′ 21.80″，北纬 40° 16′ 04.70″，高程 206 米。

平面呈矩形，向外凸出 4 米，东西残宽 5 米，外侧残高 3 米，坍塌严重，呈堆状，顶部杂草、灌木滋长。

303. 沙坡峪 05 号马面 130281352102170150

位于遵化市沙坡峪村西北约 850 米处山脊上，坐标：东经 117° 52′ 17.90″，北纬 40° 16′ 05.10″，高程 200 米。

平面呈矩形，向北外凸约 4 米，东西残长 7.5 米，残高 2.5 米。马面坍塌严重，包砖已全部脱落，裸露出内部毛石筑台芯，外凸部分已坍塌，呈坡状。

304. 沙坡峪 06 号马面 130281352102170151

位于遵化市沙坡峪村西北约 910 米处的山脊上，坐标：东经 117° 52′ 14.40″，北纬 40° 16′ 05.80″，高程 177 米。

平面呈矩形，向北外凸约 4.6 米，东西残长 19.6 米，外侧残高 3 米。马面坍塌严重，仅存北立面局部墙体，墙体面砖基本无存，顶部杂草、灌木滋长。

305. 大安口 01 号马面 130281352102170199

位于大安口村东侧约 1.2 千米的山梁上，坐标：东经 117° 46′ 58.40″，北纬 40° 14′ 56.60″，高程 271 米。

平面呈矩形，向南外凸约 3.1 米，东西残长 7.1 米，外侧残高 5.8 米。墙体毛石砌筑，马面坍塌严重，顶部杂草、灌木滋长。

306. 大安口 02 号马面 130281352102170205

位于大安口村东侧约 210 米的山梁上，坐标：东经 117° 46′ 25.90″，北纬 40° 14′ 40.40″，高程 214 米。

平面呈矩形，外凸约 3.5 米，东西宽 7.6 米，残高 2.5 米。墙体毛石砌筑，墙芯土石混筑，西立面严重坍塌。

307. 大安口 03 号马面 130281352102170216

位于遵化市大安口村西北约 800 米处的山脊上，坐标：东经 117° 45′ 41.30″，北纬 40° 14′ 40.90″，高程 301 米。

平面呈矩形，向东外凸 3.2 米，残高 2.5 米。墙体毛石砌筑，白灰勾缝。马面三面墙体已大部坍塌，仅存小段落石砌墙体。

308. 鲇鱼池 01 号马面 130281352102170234

位于遵化市鲇鱼池村东北约 1.2 千米的山脊上，坐标：东经 117° 44′ 42.40″，北纬 40° 13′ 36.20″，高程 325 米。

平面呈矩形，向北外凸 4.1 米，东西宽 5.98 米，残高 3.75 米。墙体毛石砌筑，白灰勾缝，墙芯土石混筑。整体保存一般，顶部设施无存。

309. 马兰关 01 号马面 130281352102170284

位于遵化市马兰关村内北部，坐标：东经 117° 40′ 28.90″，北纬 40° 13′ 16.80″，高程 137 米。

马面全部坍塌，仅存基址，向外凸出。马面基址东西残宽 8 米。

310. 西坡 01 号马面 130281352102170296

位于遵化市西坡村西北约 1 千米处的山脊上，坐标：东经 117° 36′ 48.40″，北纬 40° 12′ 22.70″，高程 317 米。

平面呈矩形，向北外凸 1.7 米，东西宽 5.5 米，残高 2 米。墙体毛石砌筑，白灰勾缝，墙芯土石混筑。三面墙体已大部坍塌。

311. 楦门子 01 号马面 130281352102170300

位于遵化市楦门子村北的山脊上，坐标：东经 117° 36′ 30.30″，北纬 40° 11′ 59.40″，高程 167 米。

平面呈矩形，向南外凸 4.1 米，东西宽 7 米，残高 2 米。墙体毛石砌筑，白灰勾缝，墙芯土石混筑。三面墙体已大部坍塌，顶部杂草滋长。

312. 楦门子 02 号马面 130281352102170301

位于遵化市楦门子村北，坐标：东经 117° 36′ 28.70″，北纬 40° 11′ 58.70″，高程 164 米。

平面呈矩形，向北外凸于墙体，东西宽 6.8 米，残高 2.2 米。墙体毛石砌筑，白灰勾缝，墙芯土石混筑。三面墙体已大部坍塌，存北立面和西侧石砌墙体，顶部杂草滋长。

313. 蔡家峪村 01 号水关 130281352103170080

位于遵化市蔡家峪村东北约 460 米的山谷中。坐标：东经 117° 59′ 00.60″，北纬 40° 17′ 28.50″，高程 193 米。

水关台已全部坍塌，存东半部基址，台西半部基址已毁，仅存遗址。水口位于水关台中部，存两侧块石墙，东侧墙保存较好，西侧有少量坍塌。

关台东半部基址南北残长 10 米，仅存下部块石垒砌的基础，已大部坍塌，残高 4.5 米，可见 7 层块石，层厚 0.6～1.1 米。台顶存碎砖和白灰渣。水口宽 8.5～9 米，残高 4.5 米。

314. 口门子水关 130281352103170124

位于遵化市后杖子村西北约 1 千米的半山腰上，坐标：东经 117° 54′ 49.20″，北纬 40° 16′ 59.40″，高程 190 米。

水关已无存，现口宽 9.06～11 米，于自然河谷两侧的岩石上残存有人工开凿的石槽，槽距地面 2.1 米，高 0.14 米，深 0.2 米。东侧岩石高 3 米，上存条石三层，高 1.15 米，已坍塌。水门下侧残存一石质构件，上存圆孔和一槽，石长 1.2 米，宽 0.6 米，不规则，孔径 0.13 米，槽宽 0.11 米，应为岩石上脱落下来。西侧岩石上也存一孔，孔径 0.14 米，深 0.15 米。

（三）关堡

遵化市明长城关堡一览表（单位：座）

编号	认定名称	认定编码	类型	周长（米）	保存程度				
					较好	一般	较差	差	消失
1	洪山口城堡	1302813531021700 01	石墙	1200				√	
2	南城子城堡	1302813531021700 02	砖墙					√	
3	寨主沟城堡	1302813531021700 03	石墙					√	
4	前山寨城堡	1302813531021700 04	石墙	440				√	
5	马蹄峪城堡	1302813531021700 05	石墙	600				√	
6	秋科峪城堡	1302813531021700 06	石墙					√	
7	下营城堡	1302813531021700 07	砖墙	1060				√	
8	罗文峪东关城	1302813531011700 08	砖墙	500	√				
9	罗文峪西关城	1302813531011700 09	砖墙	1000				√	
10	口门子关城	1302813531011700 10	石墙	433			√		
11	石头营城堡	1302813531021700 11	石墙					√	
12	沙坡峪关城	1302813531011700 12	石墙					√	
13	沙坡峪城堡	1302813531021700 13	石墙	500				√	
14	冷嘴头关城	1302813531011700 14	石墙				√		
15	大安口关城	1302813531011700 15	石墙	640			√		
16	西下营城堡	1302813531021700 16	石墙	590				√	
17	鲇鱼池城堡	1302813531021700 17	石墙	820			√		
18	马兰关东关城	1302813531011700 18	石墙	700		√			
19	马兰关西关城	1302813531011700 19	石墙	540		√			
20	龙洞峪关城	1302813531011700 20	石墙					√	
21	楦门子关城	1302813531011700 21	石墙	510		√			
合计		共21座：石墙17座，砖墙4座			1	3	4	13	
百分比（%）		100		9533	4.76	14.29	19.05	61.9	

保存程度：较好、一般、较差、差、消失

1. 洪山口城堡 130281353102170001

位于遵化市小厂乡洪山口村内，坐标：为东经 118° 05′ 20.70″，北纬 40° 20′ 47.40″，高程 241 米。

平面呈矩形，占地面积 80000 平方米，周长 1200 米，现存有敌台一座。堡内住满居民，原城内历史格局已辨识不清，历史建筑基本无存，现存洪山口戏楼。

现存高度最高 3.1 米。洪山口城堡位于主线长城内侧，直线距长城墙体最近仅 0.95 千米。在洪山口城北一自然山谷处原建有口关，名双松关，已无存。

墙体内外毛石砌筑，白灰勾缝，墙芯碎石夯填，顶宽 2.7 ～ 6.2 米，高 3.1 米。北墙体中间位置设敌台，顶东西长 19 米，南北宽 13 米，外侧残高 8 米，内侧残高 6 米，敌台已全部坍塌，仅存一略高于墙体的圆形土堆。

城堡墙体坍塌严重，外侧坍塌成大漫坡状，内侧存小段落石砌墙体，关堡城墙大部分无存，轮廓不清。墙体结构损毁严重，仅存北墙部分石砌墙体，有不同程度残损，墙体顶部附属设施无存，杂草灌木丛生。现关城三面墙体已基址无存，仅存北墙小段落，且坍塌严重，长约160米，城墙外侧已坍塌成大漫坡状，且长满杂草，内侧存小段落石砌墙体，被当地居民当作院墙。

在此段墙体中间位置有一座敌台。不过敌台已全部坍塌，外侧坍塌成大漫坡状，内侧存小段落石砌墙体，外侧残高8米，内侧残高6米，顶东西长19米，南北宽13米。敌台北侧为农田。南侧为民居。

2. 南城子城堡 130281353102170002

位于遵化市侯家寨乡南城子村内，坐标：东经118° 04′ 16.30″，北纬40° 19′ 14.30″，高程283米。

平面呈不规则形，占地面积和周长不详。西北直线距长城墙体最近0.7千米，东北距洪山口城堡约3千米。南城子城堡现关城墙体已基址无存，据调查当地居民，关城原建有东西两个城门，早期被毁。

墙体设施和堡内遗迹皆无存，仅在南城子村一村民家中采集文字砖一块，"乾元玉清太极神图泰尚□斩界"。文字为阴刻，篆书，砖长0.36米，宽0.18米，厚0.1米，为长城用砖。

3. 寨主沟城堡 130281353102170003

位于遵化市侯家寨乡寨主沟村内，坐标：东经118° 03′ 06.90″，北纬40° 18′ 28.30″，高程378米。

平面呈不规则形，占地面积和周长不详。城内无遗迹，原历史格局已辨识不清。墙体为毛石干垒墙，东侧残存部分墙体，长约85米，于自然山体上包砌，残高3.2米，南侧残存小段落墙体，长约30米，残高3米。

保存差，城堡墙体已大部无存，仅存东、南墙小段落石砌墙体。

4. 前山寨城堡 130281353102170004

位于遵化市侯家寨乡前山寨村西，坐标：东经118° 02′ 13.90″，北纬40° 17′ 41.30″，高程278米。

平面呈不规则形，占地面积8400平方米，周长为440米，城内无遗迹，原历史格局已辨识不清。墙体毛石砌筑，白灰勾缝，墙芯土石混筑，底宽2.9米，内侧残高1.7米，外侧残高4.5米。关城墙体已大部无存，东墙、北墙仅存基址，西墙仅存小段落墙基，南墙存小段落石砌墙体6米。能根据残存的小段落石墙看出当初的轮廓。

城堡始建于明洪武年间，保存程度差。关城墙体已大部无存，东墙、北墙仅存基址，西墙仅存小段落墙基，南墙存小段落石砌墙体，能根据残存的小段落石墙看出当初的轮廓。

5. 马蹄峪城堡 130281353102170005

位于遵化市侯家寨乡前马蹄峪村中，坐标：东经117° 59′ 57.00″，北纬40° 16′ 56.20″，高程139米。

平面呈不规则形，占地面积24000平方米，周长为600米，现存东南角台一座。城内无遗迹，原历史格局已辨识不清。墙体毛石砌筑，白灰勾缝，墙芯土石混筑，顶部残宽5.5米，内侧残高3米，外残高3米。东南角台毛石砌筑，白灰勾缝，残高3.9米。南北残宽6米。

城堡整体状况差，墙体设施仅存角台一座。关城墙体已大部无存，西墙、北墙仅存基址，东墙仅存小段落墙基15米，据调查当地居民，马蹄峪城原设有东门、南门，现都已无存。

6. 秋科峪城堡 130281353102170006

位于遵化市秋科峪村北的一个高台地上，坐标：东经 117° 58′ 10.80″，北纬 40° 16′ 57.50″，高程 154 米。平面呈不规则形，占地面积为 24000 平方米，周长 600 米，城内无遗迹，原历史格局已辨识不清。关城墙体已全部无存，轮廓已不清晰，仅存三条石埂，上堆满碎砖。

7. 下营城堡 130281353102170007

位于遵化市侯家寨乡下营村中，坐标：东经 117° 57′ 34.40″，北纬 40° 16′ 16.50″，高程 117 米。

平面呈矩形，占地面积 74000 平方米，周长 1060 米，城内无遗迹，原历史格局已辨识不清。城堡基础条石砌筑，白灰勾缝，露明 3 层，条石厚 0.36 ～ 0.42 米，墙体城砖砌筑，残高 3.6 米，墙芯毛石砌筑。

关城墙体已大部无存，仅存北墙小部分墙体 20 米。西北角存墙体 15 米。

8. 罗文峪东关城 130281353102170008

位于遵化市侯家寨乡罗文峪村东侧，坐标：东经 117° 56′ 53.60″，北纬 40° 16′ 53.20″，高程 145 米。

平面呈不规则形，占地面积 13000 平方米，周长 500 米，城内无遗迹，原历史格局已辨识不清。北墙东半部为块石墙，内侧包砖，西半部为块石墙芯，内外侧包砖。墙宽 3.6 ～ 4.6 米，包砖厚 0.9 米，外高 3.8 米，内高 5 米。

整体保存较好，垛口墙不存，包砖部分脱落，块石墙芯略高于包砖墙，少部分墙体内外侧有坍塌现象。东墙建于山脊上，为石砌，内外侧存石砌垛口墙基，顶用大块石铺墁，墙体坍塌严重。南墙为内外包砖墙，墙体下为毛石基础，勾灰缝，高 0.75 米。墙体顶宽 2.7 米，内侧高 3.5 米，外侧高 3.6 米（含垛口墙）。顶部内外设砖砌垛口墙，有 78 米保存较好，上保存垛口、射孔、望孔，为内外侧相对。射孔为方形，高 0.22 米，宽 0.23 米，望孔内口有被人为凿大的痕迹，为向内敞口式，内口宽 0.57 米，高 0.34 米，外口高 0.2 米，宽 0.2 米。垛口墙最高 1.7 米，垛口宽 0.46 米，残高 0.7 米，垛口间距 1.7 米。墙体顶部为砖墁，已无存，上残存拦水石两处，为半圆形石拼成，存三块，成斜线状砌于墙体顶部，石宽 0.43 米，外侧石檐高 0.27 米，内侧高 0.15 米。拦水石接于内侧墙体上的出水口，出水口已残。西墙墙体保存较差，大部分仅存基址，地面可见碎砖。

9. 罗文峪西关城 130281353102170009

位于遵化市侯家寨乡罗文峪村东，坐标：东经 117° 56′ 44.40″，北纬 40° 16′ 54.40″，高程为 156 米。

平面呈不规则形，占地面积 63000 平方米，周长 1000 米，城内无遗迹，原历史格局已辨识不清。城堡墙体宽 2.5 米，残高 3.4 ～ 5 米。基础条石砌筑，白灰勾缝，露明 2 ～ 3 层，厚 0.35 ～ 0.42 米，墙体毛石砌筑，白灰勾缝。

关城保存差，关城墙体已大部分坍塌，西墙残存长 273 米一段，仅存一条堆满碎石的土埂，最高约 5 米，顶宽不足 1 米。南墙存一段长约 20 米的大块石墙，被当地百姓用作院墙，长约 10 米，残高 3.4 米，坍塌严重，底部残宽 0.5 米。东墙残存小段落，北墙仅存部分基址。

堡内遗迹目前只存在一处水井，水井位于南门遗址西侧，坐标：东经 117° 56′ 50.4″，北纬 40° 16′ 41.2″，高程 138 米。井口呈一方形，面积 0.77 平方米，水位距井口 0.7 米，为石砌。

10. 口门子关城 130281353102170010

位于承德市兴隆县口门子村南，坐标：东经 117° 54′ 42.70″，北纬 40° 16′ 57.30″，高程 202 米。

平面呈矩形，占地面积 12000 平方米，周长 433 米，城内无遗迹，原历史格局已辨识不清。关城东西宽 102 米，南北长 126 米，墙体顶部宽 0.8 ～ 2.3 米，外侧残高 5.3 米，内侧高 3.5 米，毛石垒砌，墙芯毛石混筑。

关城保存较差，关城中原有建筑已无存，关城墙体已严重坍塌，但轮廓清晰，存西墙外侧石砌墙体及少部分南墙，东墙、北墙已坍塌成土石埂状。

11. 石头营城堡 130281353102170011

位于遵化市石头营村中，坐标：东经 117° 53′ 44.50″，北纬 40° 15′ 18.60″，高程 142 米。

平面呈矩形，占地面积、周长和现存高度不详，城内无遗迹，原历史格局已辨识不清。

关城总体保存差，关城墙体已严重坍塌，已基本无存，仅存南墙小段落毛石墙基。

12. 沙坡峪关城 130281353101170012

位于遵化市沙坡峪村北 700 米的墙体内侧，坐标：东经 117° 52′ 35.00″，北纬 40° 16′ 03.90″，高程 156 米。

平面呈不规则形，占地面积、周长和现存高度皆不详，城内无遗迹，原历史格局已辨识不清。

关城墙体已严重坍塌，基本无存，仅存西墙小段落毛石墙基，呈一条断续的石埂状，城址中残存碎砖瓦。

13. 沙坡峪城堡 130281353102170013

位于遵化市沙坡峪村营子里自然村中，坐标：东经 117° 52′ 30.80″，北纬 40° 15′ 48.20″，高程 134 米。

平面呈不规则形，占地面积 14000 平方米，周长 500 米，城内无遗迹，原历史格局已辨识不清。墙体毛石垒砌，墙芯土石混筑，宽 4.6 米，残高 1.3 米。

关城保存差，关城四面墙体已严重坍塌，东墙仅存基址，北墙仅存小段落内侧墙体，西墙仅存基址，南墙存小段落外侧石砌墙体，长 25 米。

14. 冷嘴头关城 130281353101170014

位于遵化市冷嘴头村中，坐标：东经 117° 50′ 22.60″，北纬 40° 15′ 41.10″，高程为 140 米。

平面呈不规则形，占地面积和周长不详，城内无遗迹，原历史格局已辨识不清。墙体毛石垒砌，墙芯土石混筑，顶宽 3.3 米，残高 2.5 米。

关城墙体已大部坍塌，仅存东墙断续相连，为石砌，断续相连，南墙存长 12 米，东墙和南墙已被当地居民当作院墙，西墙已无存。

15. 大安口关城 130281353101170015

位于遵化市大安口村中，坐标：东经 117° 46′ 21.60″，北纬 40° 15′ 35.60″，高程为 145 米。

平面呈矩形，南北长约 180 米，东西宽约 160 米，占地面积为 28800 平方米，周长 640 米，城内无遗迹，原历史格局已辨识不清，堡内现住满居民。墙体毛石垒砌，墙芯土石混筑，顶宽 4 米，外侧高 3.4 米，内侧高 3 米。

关城墙体坍塌严重，三面墙体仅存小段落断续相连，但城址基线清晰。东墙仅存小部分外侧墙体，内侧墙体已被当地居民当作院墙。南墙存一段，长 90 米，保存较好。西墙存一段石墙，长 75 米，有小段落坍塌。

16. 西下营城堡 130281353102170016

位于遵化市西下营乡西下营村中，坐标：东经 117° 47′ 51.40″，北纬 40° 12′ 11.30″，高程 83 米。

平面呈矩形，占地面积 21000 平方米，周长 590 米，城内无遗迹，原历史格局已辨识不清。墙体毛石垒砌，小块石填缝，墙芯土石混筑，底宽 7.4 米，残高 1.5 米。

保存差，关城墙体坍塌严重，四面墙体仅存小段落断续相连，城址基线清晰，西墙长约 139 米，东墙长约 161 米，南墙长约 137 米，北墙长约 153 米。

17. 鲇鱼池城堡 130281353102170017

位于遵化市汤泉乡鲇鱼池村中，坐标：东经 117° 43′ 58.80″，北纬 40° 13′ 06.80″，高程 114 米。

平面呈矩形，占地面积 41600 平方米，周长 820 米，城内无遗迹，原历史格局已辨识不清。墙体毛石砌筑，白灰勾缝，墙芯土石混筑，顶宽 6.3 米，外侧残高 3.3 米，内侧残高 1.5 米。

关城保存较差，墙体坍塌严重，四面墙体仅存小段落断续相连，城址基线清晰。北墙、西墙大部消失，偶尔可见在民房下的墙基；南墙存小段落石砌墙体，白灰勾缝；东墙残存部分墙体，为大块毛石垒砌，东北角为半圆抹角状，残存小段落墙基。

18. 马兰关东关城 130281353101170018

位于遵化市马兰峪镇马兰关村中，坐标：东经 117° 40′ 31.40″，北纬 40° 13′ 10.30″，高程为 133 米。

平面呈矩形，占地面积为 29700 平方米，周长 700 米，现存东南角台、西南角台 2 座，城内无遗迹，原历史格局已辨识不清。基础毛石砌筑，白灰勾缝，墙体城砖砌筑，白灰勾缝，墙芯毛石砌筑，白灰勾缝，顶宽 4 米，外侧残高 3.2 米，内侧残高 3.5 米。

东南角台坐标：东经 117° 40′ 36.8″，北纬 40° 13′ 12.9″，高程 132 米。西墙向南凸出 4.78 米，下为三层条石基础，高 1 米，上为砖砌，总高 5.25 米，其他三面墙体已被民居占用。

西南角台坐标：东经 117° 40′ 31.4″，北纬 40° 13′ 10.3″，高程 133 米。向南凸出，为过凿条石砌，保存较好，底南北长 7 米，顶长 6 米，底东西长 7.3 米，顶 5.8 米，残高 5.9 米。

关城墙体已大部分无存，仅存小段落断续相连，轮廓清晰。北墙为长城主线墙体；东墙已基本无存，现为一条土路；南墙存长 30 米的一段；西墙仅存小段落的外侧石砌墙，断续相连，交接于主线墙体上。

19. 马兰关西关城 130281353101170019

位于遵化市马兰峪镇马兰关村中，坐标：东经 117° 40′ 21.00″，北纬 40° 13′ 08.10″，高程 127 米。

平面呈矩形，占地面积 18000 平方米，周长 540 米，城内无遗迹，原历史格局已辨识不清。墙体大块毛石砌筑，存白灰勾缝，墙芯土石混筑，顶部宽 3.9 米，内侧残高 4.5 米，外侧残高 5 米。

关城保存一般，大多数墙体坍塌严重，东墙保存较好，中间位置有一宽约 4 米的豁口，南墙残存 32 米，西墙残存 52 米，只残存墙基，南墙，西墙已大部无存。

（续）

20. 龙洞峪关城 1302813531011700020

位于遵化市西坡村北约500米的长城墙体内侧，坐标：东经117°37′15.90″，北纬40°12′15.10″，高程176米。

平面呈不规则形，占地面积、周长与现存高度皆不详，城内无遗迹，原历史格局已辨识不清。关城墙体已基本无存，北墙为长城主线墙体，已全部坍塌，呈土埂状，仅南墙存有一小段毛石墙基。关城轮廓不清。

21. 楦门子关城 130281353101170021

位于遵化市东陵乡楦门子村北一个自然山谷中，坐标：东经117°36′33.90″，北纬40°11′56.10″，高程175米。

平面呈不规则形，占地面积16000平方米，周长510米，城内无遗迹，原历史格局已辨识不清。墙体毛石砌筑，存白灰勾缝，墙芯土石混筑，顶宽4.7～5.4米，残高5.4～10米。

关城依长城主线墙体为北墙，西半部墙体为毛石垒砌，有小段落的坍塌，但总体保存较好，沿外侧河谷走向呈弧形延伸，西墙体内侧有一登城步道，存台阶2阶，为石砌，阶高0.26米，进深0.47米，东南角已被拆成一豁口，宽3.6米；关城东墙保存较好，为毛石砌筑，墙长90米，中间位置存一门，现仅存基址，口宽3.73米，下存一层条石基础，高0.45米；北墙存石砌墙体，顶宽4.7米，外侧高3.9米，内侧最高达10米，西北角与长城墙体交界处的墙顶上存一条马道，长7米，内侧宽2.46米，直接连于长城墙体上。

保存一般，关城四面墙体保存较完整，有小段落的坍塌，轮廓清晰。

（四）相关遗存

遵化市相关遗存一览表（单位：处）

编号	认定名称	认定编码	类型	保存程度				
				较好	一般	较差	差	消失
1	洪山口01号房址	130281354107170001	石			√		
2	南城子02号房址	130281354107170003	石			√		
3	寨主沟01号房址	130281354107170005	石			√		
4	双窑01号房址	130281354107170007	石			√		
5	双窑02号房址	130281354107170008	石			√		
6	马蹄峪01号房址	130281354107170009	石			√		
7	马蹄峪02号房址	130281354107170010	石			√		
8	罗文峪01号房址	130281354107170012	石			√		
9	双义01号房址	130281354107170013	石			√		
10	上海村01号房址	130281354107170015	石			√		
11	洪山口01号碑刻	130281354111170016	石			√		
12	上海村01号碑刻	130281354111170017	石				√	
13	温泉村01号碑刻	130281354111170019	石		√			

（续）

编号	认定名称	认定编码	类型	保存程度				
				较好	一般	较差	差	消失
14	温泉池	130281354199170020	石	√				
15	双义村刻石01号	130281354110170021	石		√			
合计		共15处：居住址10处，碑刻5处		1	2	11	1	
百分比（%）		100		7	13	73	7	

保存程度：较好、一般、较差、差、消失

1. 洪山口01号房址 130281354107170001

位于遵化市洪山口村东北约800米处，坐标：东经118°05′41.60″，北纬40°21′08.20″，高程426米。

处于洪山口01号敌台东南侧430米处的墙体内侧，墙体毛石砌筑，南北长4.2米，东西宽3.2米，墙基残高0.5米，北墙中部设门，口宽0.5米。

保存较差，已全部坍塌，基址清晰，现被杂草和小灌木所覆盖。

2. 南城子02号房址 130281354107170003

位于遵化市洪山口村东北约800米处，坐标：东经118°03′34.60″，北纬40°19′16.50″，高程442米。

位于南城子10号马面南侧20米的墙体内侧，紧邻墙体而建，毛石垒砌，已坍塌。基址南北宽4米，东西长5米，残高1.4米。内长满杂草和小灌木。

3. 寨主沟01号房址 130281354107170005

位于遵化市寨主沟村西北1千米处的山脊上，坐标：东经118°02′28.20″，北纬40°18′41.20″，高程680米。

紧邻寨主沟02号敌台西侧，于墙体内侧依墙体而建，将长城墙体作为北墙，门位于东墙，已毁，存石砌墙基，南北长2.9米，东西长3.8米，石墙最高1.9米。内长满小灌木。

4. 双窑01号房址 130281354107170007

位于遵化市双窑村西北1.3千米的山脊上，坐标：东经118°00′34.60″，北纬40°17′48.90″，高程548米。

房址位于双窑07号敌台西侧，为石砌。已坍塌，仅剩毛石垒砌的残墙，外墙址南北长3.6米，东西宽2.7米，内东西长1.9米，残高0.6米。

5. 双窑02号房址 130281354107170008

位于遵化市双窑村西北约1.3千米的山脊上，坐标：东经118°00′29.20″，北纬40°17′48.90″，高程558米。

位于双窑07号敌台西侧约400米的墙体内侧。紧邻墙体而建，南北长4米，东西宽3.5米，墙厚1米，残高0.8米。已全部坍塌，四面存石砌墙基，基址清晰

6. 马蹄峪 01 号房址 130281354107170009

位于遵化市马蹄峪村东北 1.6 千米的山脊上，坐标：东经 118° 00′ 13.00″，北纬 40° 17′ 39.00″，高程 479 米。

处于马蹄峪 01 号敌台东北 27 米处的陡坡上，南北长 3.1 米，东西长 3 米，为石砌墙，残高 0.8 米，残毁严重。房址上长满茂密的小灌木。

7. 马蹄峪 02 号房址 130281354107170010

位于遵化市马路蹄峪村北约 1.3 千米的半山腰上，坐标：东经 117° 59′ 41.90″，北纬 40° 17′ 28.60″，高程 301 米。

处于马蹄峪 04 号敌台东侧 68 米的墙体内侧，为石砌，以长城墙体为墙，另砌三面墙体，基址清晰，房址内侧长、宽为 2.4 米，墙厚 0.7 米，残高 0.9 米，房址内长满小洋槐树。

8. 罗文峪 01 号房址 130281354107170012

位于遵化市罗文峪村西北约 1.1 千米的山脊上，坐标：东经 117° 56′ 06.70″，北纬 40° 17′ 08.20″，高程 291 米。

处于罗文峪村 13 号敌台西侧 157 米处的墙体内侧，以长城墙体为墙，石砌，东西长 4.6 米，南北宽 2.15 米，墙体残高 1.1 米，墙厚 0.45 米，于西墙靠长城墙体设门，门宽 1.15 米。房址内长满小灌木。

9. 双义 01 号房址 130281354107170013

位于遵化市双义村西侧约 1.2 千米的山梁上，坐标：东经 117° 47′ 16.80″，北纬 40° 15′ 01.60″，高程 297 米。

处于双义 11 号敌台东侧 24 米处的墙体内侧，呈方形，东西宽 3.64 米，南北残长 3.75 米，墙厚 0.5 米，东、北两面的墙均利用长城墙体，于南面墙设门，门宽 1.24 米。房址西、南两侧可见院墙基址，墙基宽 0.7 米，西侧围墙长 6.9 米，向北交于长城墙体；南侧围墙长 23.51 米，东边又向北延伸 3.15 米后交于长城墙体上。南院墙南侧 2.8 米处又见一道墙，东西走向，残长 12.8 米，厚 0.7 米，残高 1.4 米。

10. 上海村 01 号房址 130281354107170015

位于遵化市上海村西北约 1.6 千米的山脊上，坐标：东经 117° 34′ 48.68″，北纬 40° 11′ 36.50″，高程 549 米。

处于上海 07 号敌台内侧，仅存基址，为毛石垒砌，南北长 3.7 米，东西长 4.8 米。现已被杂草灌木覆盖。

11. 洪山口 01 号碑刻 130281354111170016

位于遵化市洪山口村东北约 800 米处，坐标：东经 118° 06′ 20.00″，北纬 40° 18′ 54.90″，高程 290 米。

碑为半圆形碑首，上饰卷云纹，现已碎成六块，宽 0.62 米，高 1.22 米，厚 0.12 米，碑首高 0.33 米。碑额为竖行两行，楷书，每行三字，"天津春防碑记"，碑文 26 行，竖行楷书，字数约 600 字。

立碑时间为万历四十四年五月（1616）。多年来的风吹日晒及雨水冲刷，字迹有磨损现象。

12. 上海村 01 号碑刻 130281354111170017

位于遵化市上海村西北约 1.6 千米处，坐标：东经 117° 34′ 48.80″，北纬 40° 11′ 36.40″，高程 548 米。

石碑处于遵化市上海村西北约 1.6 千米的 246 号敌台南侧，石碑为半圆形碑首，上饰卷云纹，现残存大小不一的五块，宽 0.6 米，高不详，厚 0.12 米，碑首高 0.33 米。碑额为竖行，楷书两字，"碑记"，碑文残存 12 行，竖行楷书，字数约 160 字。立碑时间为万历十五年（1587）。

13. 温泉村 01 号碑刻 130281354111170019

位于遵化市汤泉乡温泉村，坐标：东经 117° 45′ 32.40″，北纬 40° 12′ 22.30″，高程 118 米。

石碑下为六角形束腰石座，座高 0.72 米，每边长 0.72 米，上为六棱状碑身，高 1.4 米，边长 0.37 米，三面为碑文，三面为汤泉总图，阴刻，字迹风化残损近二分之一。上为石雕仿木结构六角攒尖顶式碑盖，碑文为"特进光禄大夫、中军都督府左都督、奉敕总理练兵事务兼镇守蓟州、永平、山海等处地方、前福浙江广伸威营总兵官署都指挥佥事戚继光"所撰，陈经翰书。石碑立于万历五年（1577）。

14. 温泉池 130281354199170020

位于遵化市汤泉乡温泉村，坐标：东经 117° 45′ 32.00″，北纬 40° 12′ 21.00″，高程 109 米。

温泉池条石砌筑，上为汉白玉石质围栏，下为石砌长方形温泉池，池壁内东西长 7.91 米，南北宽 4.73 米，池壁至水面 2.6 米，池南北各有一个龙头溢水口，向南则为石砌流觞槽，槽为"U"字形，深 0.17 米，折而相对。流觞槽上为一现代重建的六角攒尖亭，占地面积约 35 平方米。

15. 双义村刻石 01 号 130281354110170021

位于双义村西侧 1.2 千米的山梁上，坐标：东经 117° 47′ 16.80″，北纬 40° 15′ 01.60″，高程 297 米。

刻石处于双义村 11 号敌台东侧 24 米，文字刻石于一块较大的长城墙体砌石上镌刻，竖行，四行，阴文，字迹较为潦草，共计 24 字，且有 3 字不能辨认，分析为当时修筑长城的土兵所刻，"三十一年"应为万历三十一年（1603）。

承德市

承德市，别称"热河"，地理坐标：东经 115° 54′～ 119° 15′，北纬 40° 12′～ 42° 37′，市域东西长 280 千米，南北宽约 269 千米，总面积为 39702.4 平方千米。北部与内蒙古自治区赤峰市、锡林郭勒盟相邻，东与辽宁省朝阳市相邻，南邻秦皇岛市、唐山市，西南与北京市、张家口市毗邻。距石家庄市 440 千米，距北京市 175 千米，距天津市 218 千米。

一、地形地貌

承德市境内地形复杂，山脉纵横，河流交错。地势自北向南倾斜，北部为内蒙古高原的东南边缘，中部为浅山区，南部为燕山山脉。全域地形呈现"八山一水一分田"的典型特征，全境属山丘区，为华北平原与内蒙古高原的过渡带。地貌类型分为中山、低山、沟谷和川平地，山地面积占 80%，沟谷川平地面积占 20%。

二、气候

承德市属季风气候区，风向的变化具有明显的季节。冬季 12 至 2 月以偏北风为主，夏季 6 至 8 月以偏南风为主，春秋两季是这两种气流的转换季节，春季接近夏季情况，秋季则近于冬季。承德市气温由西向东逐渐增高，全年平均气温 9.0℃。平均气温年变化特征是：从二月份起温度逐月增高，夏季最热月平均气温 23.0℃，无炎热期，形成良好的避暑环境。八月份温度开始下降，冬季最冷月平均气温～ 10℃。年降雨量 402.3 至 882.6 毫米，南部 627.1 至 882.6 毫米，最多可达 1500.2 毫米，最少为 298 毫米；中部 501.0 至 609.1 毫米，最多 923.8 毫米，最少 206.8 毫米；北部为 402.3 至 515.4 毫米，最多

885.6 毫米，最少 249.0 毫米；坝上 411.6 至 514.0 毫米，最多 627.9 毫米，最少 298.8 毫米。

三、自然资源

（一）水资源

承德市年产水量 37.6 亿立方米，是京津唐的重要供水源地（占潘家口水库年入库总水量的 93.4%、密云水库入库总水量的 56.7%）。林地面积占河北省的 43.4%，草地面积占 40%，森林覆盖率 48%。

（二）矿产资源

承德市是华北地区最大的食用菌生产基地，中国北方地区重要的中药材生产基地。已发现的矿产有 98 种，开发利用 50 种，是我国除攀枝花外的大型钒钛磁铁矿资源基地，已探明钒钛磁铁矿资源储量 3.57 亿吨，超贫钒钛磁铁矿资源量 75.59 亿吨。黄金产量居河北省第一位，钼、银、铜、铅、锌和花岗岩、大理石等资源丰富。

四、明长城资源

此次调查明长城资源涉及宽城县、兴隆县、滦平县共 3 个县。宽城县与唐山市迁西县以长城内外为界，兴隆县与唐山市迁西县、遵化市、天津市蓟县、北京市平谷区、密云县以长城内外为界，滦平县与北京市密云县以长城内外为界。

长城起点：宽城县铧尖乡三道岭村西，坐标：东经 118° 55′ 06.40″，北纬 40° 08′ 52.80″，高程 341 米。

长城止点：滦平县巴克什营镇北门村西南约 600 米，坐标：东经 117° 09′ 06.30″，北纬 40° 41′ 57.10″，高程 290 米。

承德市调查长城墙体 19 段，总长 14037 米；单体建筑 91 座，其中：敌台 53 座、马面 4 座、烽火台 32 座、其他单体建筑 1 座、水关（门）1 座；关堡 4 座；相关遗存 30 处。

承德市明长城资源调查统计表

地域	墙体（段、米）		单体建筑（座）					关堡	相关遗存
	段数	长度	敌台	马面	烽火台	水关（门）	其他单体建筑		
宽城县	1	1120	2	2	9				
兴隆县	11	5947	7	2	10				30
滦平县	7	6970	44		13	1	1	4	
总计	19	14037	53	4	32	1	1	4	30
			91						

宽城满族自治县

宽城满族自治县位于承德市东南部，地理坐标：东经 118° 10′ ～ 119° 10′，北纬 40° 17′ ～ 40° 45′，县域东西长 87.7 千米，南北宽 47.8 千米，总面积 1933 平方千米。东南与辽宁省朝阳市凌源市、秦皇岛市青龙满族自治县毗邻，南与唐山市迁西县接壤，西兴隆县、承德县毗邻，北与平泉市毗邻。距北京市 251 千米，距天津市 296 千米，距承德市 85 千米，距石家庄市 443 千米。

宽城满族自治县明长城分布在华尖乡、梓罗台镇，共 2 个乡镇。与迁西县以长城内外为界。

长城起点：铧尖乡三道岭村西头道岭东偏南 1.1 千米处，坐标：东经 118° 33′ 43.20″，北纬 40° 17′ 05.60″，高程 426 米。

长城止点：喜峰口水库北侧高山顶，坐标：东经 118° 19′ 14.60″，北纬 40° 26′ 27.80″，高程 322 米。

宽城县调查长城墙体 1 段，总长 1120 米；单体建筑 13 座，其中：敌台 2 座、马面 2 座、烽火台 9 座。

（一）墙体

宽城县明长城墙体一览表（单位：米）

编号	认定名称	认定编码	类型	长度	保存程度				
					较好	一般	较差	差	消失
1	头道岭长城	130827382102170001	石墙	1120	160		960		
合计		共 1 段：石墙 1 段		1120	160		960		
百分比（%）		100			14.3		85.7		

类型：砖墙、石墙、土墙、山险墙、山险
保存程度：较好、一般、较差、差、消失

1. 头道岭长城 130827382102170001

位于华尖乡三道岭村头道岭自然村东偏南 1.1 千米处，起点坐标：东经 118° 33′ 43.20″，北纬 40° 17′ 05.60″，高程 426 米，止点坐标：东经 118° 33′ 05.30″，北纬 40° 17′ 15.40″，高程 221 米。

墙体长 1120 米，其间设烽火台 1 座、马面 2 座，包括头道岭 02 号烽火台、头道岭 01、02 号马面。墙体均为石砌，砌筑方式有两种：一种为两侧块石包砌，中间填碎石，该类墙体较宽，保存相对较好；另一种为不规则小块石和片石混砌，墙体窄而低矮，大部分坍塌，多数现状为土垄状。该段长城南与头道岭山险相接，沿山脊南—北向延伸约 130 米后，转东—西向沿山脊向下延伸，直至头道岭村南约 50 米处山脚处路边止。

根据墙体保存现状，整段长城可分 3 段：

第 1 段：山险北侧石墙起点长约 680 米，墙体块石垒砌，大部坍塌，呈石垄状，最宽仅 1.9 米，最高 1.2 米，保存较差。

第 2 段：长约 160 米，整体保存较好；该段长城双侧均为大块毛石包砌，内用碎石装填，顶部用大块毛石铺成马道，顶宽为 3.1 米，外侧残最高为 2.8 米，内侧为 2.7 米，部分地段残存少量石砌垛口墙，垛墙残最宽 0.75 米，高约 0.3 ～ 0.7 米。

第 3 段：长约 280 米，保存较差。长城砌筑方式与第二段相同，但坍塌严重，现状多呈石垄状，墙体残宽约 2 米，残高约 0.2 ～ 0.5 米。

（二）单体建筑

宽城县明长城单体建筑一览表（单位：座）

编号	认定名称	认定编码	材质	保存程度				
				较好	一般	较差	差	消失
1	小喜峰口 01 号敌台	130827352101170001	砖		√			
2	小喜峰口 02 号敌台	130827352101170002	砖		√			
3	头道岭 01 号烽火台	130827353201170003	石			√		
4	头道岭 02 号烽火台	130827353201170004	石			√		
5	游乡口 01 号烽火台	130827353201170005	石				√	
6	游乡口 02 号烽火台	130827353201170006	石			√		
7	游乡口 03 号烽火台	130827353201170007	石				√	
8	永存烽火台	130827353201170008	石			√		
9	勃椤台 01 号烽火台	130827353201170009	石			√		
10	新甸子 02 号烽火台	130827353201170010	石			√		
11	新甸子 03 号烽火台	130827353201170011	石			√		
12	头道岭 01 号马面	130827352102170012	石			√		
13	头道岭 02 号马面	130827352102170013	石			√		
合计		共 13 座：砖 2 座，石 11 座			2	9	2	
百分比（%）		100			15.4	69.2	15.4	

类型：单体建筑包括敌台、烽火台、马面等
保存程度：较好、一般、较差、差、消失

1. 小喜峰口 01 号敌台 130827352101170001

位于梓罗台镇喜峰口村小喜峰口东南 500 米，坐标：东经 118° 18′ 42.80″，北纬 40° 25′ 21.10″，高程 240 米。

敌台西侧约 4 米处有小段南北向石砌墙体，平面呈矩形，南北长 11.88 米，东西宽 10.65 米，立面及剖面呈梯形，空心敌台。敌台立面为三段式，下段为条石下碱，2 ～ 6 层，最高处高 2.41 米，条石长 0.64 ～ 1.8 米，宽 0.6 ～ 0.8 米，厚 0.24 ～ 0.38 米；中段为城砖包砌，城砖长 0.38 米，宽 0.19 米，厚 0.09 米，白灰浆灌注，白灰勾缝，现存高度 7.62 米，东西辟 3 箭窗，南辟 1 门、2 箭窗，中间设门，北辟 4 箭窗；上段设施已坍塌。

台芯碎土石掩埋，台内形制无法识别，顶部全部坍塌，台体北墙东侧、西墙北侧、东墙南侧分别残存部分墙体，残墙外层包砖多已剥蚀脱落。

2. 小喜峰口 02 号敌台 130827352101170002

位于梓罗台镇喜峰口村小喜峰口南 900 米，坐标：东经 118° 18′ 29.70″，北纬 40° 25′ 11.30″，高程

404 米。

敌台东侧、西南侧均有小段石砌墙体连接，砖石结构，平面布局为单券室，立面及剖面呈梯形，东西 13.9 米，南北 7.1 米，高 10.19 米。敌台为三段式，下段条石基 6 层，高 2 米；中段城砖砌筑，东辟 1 门、1 箭窗，南侧设石质券门，门宽 0.7 米，高 1.6 米，门券石宽 0.36 米，厚 0.2 米，门柱石高 1.18 米，宽 0.29 米，厚 0.25 米，门槛石长 1.12 米，厚 0.32 米，门闩石宽 0.42 米，高 0.42 米，厚 0.16 米，孔径 0.15 米，券洞宽 1.2 米、可见高 1.88 米，进深 1.33 米，箭窗上部墙体坍塌，南辟 4 箭窗，均保存较好，西辟 2 箭窗，皆残，其一已坍塌成豁口状，北墙辟 4 箭窗，中间两箭窗保存完整，两侧箭窗均残，箭窗高 0.88 米，宽 0.6 米，下坎墙上部设石质窗槛石，槛石长约 1 米，厚 0.25 米，箭窗洞因残砖瓦堵塞无法测量；中段与上段间设拔檐分隔；上段为垛口墙，已坍塌。

敌台顶部整体坍塌，东墙、西墙上部及北侧部分墙体坍塌，台内堆积大量台顶塌落物。台体外墙均有不同程度的裂隙，宽 0.03 ～ 0.15 米，外墙顶部包砖风化严重，尤以东、北两侧为重。

3. 头道岭 01 号烽火台 130827353201170003

位于华尖乡三道岭村头道岭自然村东 1.5 千米，坐标：东经 118° 33′ 23.40″，北纬 40° 17′ 15.10″，高程 361 米。

台体四周为大块毛石垒砌，中间为碎石填芯；大部已坍塌，仅西侧下部基础尚完整，东西长 7.8 米，南北宽 7.8 米，残高 3.7 米。

4. 头道岭 02 号烽火台 130827353201170004

位于华尖乡三道岭村头道岭自然村东南 250 米陡崖顶，坐标：东经 118° 33′ 07.20″，北纬 40° 17′ 16.10″，高程 240 米。

台体四周为大块毛石垒砌，中间为碎石填芯，已坍塌，仅存边长约为 5 米的正方形残迹，残高约 0.6 米，其余不清。

5. 游乡口 01 号烽火台 130827353201170005

位于迁西县上营乡游乡口村东南约 500 米，坐标：东经 118° 28′ 16.00″，北纬 40° 24′ 31.00″，高程 338 米。

烽火台坍塌严重，边际不清，仅存碎石夯土台芯，坍塌严重，呈堆状，底部直径约 9.5 米，顶部直径约 2.5 米，残高约 5.5 米，顶部可见残碎瓦片。

6. 游乡口 02 号烽火台 130827353201170006

位于迁西县上营乡游乡口村东南约 200 米，坐标：东经 118° 28′ 03.60″，北纬 40° 24′ 33.10″，高程 354 米。

台体四周为大块毛石砌筑，中部碎石填芯，顶部夯三合土，台体大部坍塌，顶部残存墁砖及碎砖瓦，北墙西部及西墙保存较好，底部南北长 10.28 米，东西因坍塌长度不详，西南角高 5.47 米，残台体保存最高 8.06 米。

7. 游乡口 03 号烽火台 130827353201170007

位于迁西县上营乡游乡口村东约 400 米，坐标：东经 118° 28′ 13.80″，北纬 40° 24′ 36.70″，高程 301 米。

台体存圆形土堆，顶部被村民削平种有药材，残高约 3.5 米，顶部直径约 6 米，四周可见砖、瓦残块。

8. 永存烽火台 130827353201170008

位于梓罗台镇永存村东北部约 500 米山巅，坐标：东经 118° 22′ 12.90″，北纬 40° 27′ 07.30″，高程 312 米。

台体四周为大块毛石垒砌，中间为碎石、杂土填芯。现周围砌石均无存，仅存碎石、杂土台芯，现状呈圜丘状，底部直径约 11 米，残高约 3.8 米，顶部存有一直径 2.8 米，深 0.5 米圆坑。

9. 勃椤台 01 号烽火台 130827353201170009

位于梓罗台镇勃椤台村西南小山脊上，坐标：东经 118° 21′ 47.30″，北纬 40° 27′ 44.10″，高程 273 米。

台体四周为块石垒砌，中间为碎石、杂土填芯；现周围包石均已无存，仅存碎石、夯土台芯，现状呈圜丘状，残高约 3.5 米，顶部较平，面积约 15 平方米，杂草丛生。

10. 新甸子 02 号烽火台 130827353201170010

位于梓罗台镇潘家口水库北面一分支河流西侧的山顶上，坐标：东经 118° 19′ 40.60″，北纬 40° 26′ 59.10″，高程 346 米。

台体毛石垒砌，白灰勾缝，为圆形台，东西 9 米，南北 8 米，残高 6.2 米。西面坍塌，其余三面完好，西面坍塌处台心裸露，为三合土与毛石层筑，现已层次不清，东北角残存长 1.9 米，宽 0.8 米，高 2.2 米，顶部有青砖砌筑痕迹。

11. 新甸子 03 号烽火台 130827353201170011

位于梓罗台镇潘家口水库北侧高山顶，坐标：东经 118° 19′ 14.60″，北纬 40° 26′ 27.80″，高程 322 米。

台体外包毛石内为碎石夯土砌筑，圆形砌体，残损较为严重，现存直径 13.8 米圆形墩台，东残高 1.6 米，西残高 3 米，南高 2.5 米，北高 2.6 米，东侧墙体部分坍塌，部分包砌毛石剥落，顶部杂草丛生。

12. 头道岭 01 号马面 130827352102170012

位于华尖乡三道岭村头道岭自然村东 1.3 千米，坐标：东经 118° 33′ 17.40″，北纬 40° 17′ 16.40′ 高程 327 米。

马面毛石垒砌，大部已坍塌，西北角较完整。向外凸出墙体 1.7 米，高 2.25 米，长 4.1 米。

13. 头道岭 02 号马面 130827352102170013

位于华尖乡三道岭村头道岭自然村东 600 米，坐标：东经 118° 33′ 10.50″，北纬 40° 17′ 16.90″，高程 266 米。

马面为毛石垒砌，大部已坍塌，边际不清，残高约 3.5 米。

兴隆县

兴隆县位于承德市南部，地理坐标：东经 117° 12′ ～ 118° 15′，北纬 40° 11′ ～ 41° 42′，县域东西长 86 千米，南北宽 57 千米，总面积 3116 平方千米。东南与宽城县、唐山市迁西县毗邻，南与唐山市遵化市、天津市蓟县接壤，西与北京市平谷区、密云县毗邻，北与承德县毗邻。距北京市 109 千米，距天津市 150 千米，距承德市 73 千米，距石家庄 369 千米。

兴隆县明长城分布在蘑菇峪乡、孤山子镇、八卦岭满族乡、半壁山镇、挂兰峪镇、三道河镇、安子岭乡，共 7 个乡镇。兴隆县与唐山市迁西县、遵化市、天津市蓟县、北京市平谷区、密云县以长城内外为界。

长城起点：蘑菇峪乡关门岭村北约 1.1 千米，坐标：东经 118° 10′ 34.90″，北纬 40° 26′ 10.40″，高程 275 米。

长城止点：雾灵山镇雾灵山村西，坐标：东经 117° 29′，北纬 40° 38′，高程 730 米。

兴隆县调查长城墙体 11 段，总长 5947 米；单体建筑 19 座，其中：敌台 7 座、马面 2 座、烽火台 10 座；相关遗存 30 处。

（一）墙体

兴隆县明长城墙体一览表（单位：米）

编号	认定名称	认定编码	类型	长度	保存程度				
					较好	一般	较差	差	消失
1	关门岭长城 1 段	1308223821 02170001	石墙	564		544			20
2	关门岭长城 2 段	1308223821 02170002	石墙	73		73			
3	榨子庵关	1308223821 02170003	石墙	85		7			78
4	关门岭长城 3 段	1308223821 06170004	山险	470	470				
5	邓家庄长城 1 段	1308223821 02170005	石墙	180			180		
6	南草场 01 段山险墙	1308223821 05170006	山险墙	93	93				
7	南草场 02 段山险墙	1308223821 05170007	山险墙	317	317				
8	南草场 03 段山险墙	1308223821 05170008	山险墙	453	453				
9	头拨子长城 1 段	1308223821 02170009	石墙	3139	180	2959			
10	头拨子长城 2 段	1308223821 02170010	石墙	281					281
11	头拨子长城 3 段	1308223821 02170011	石墙	292				292	
合计		共 11 段：石墙 7 段、山险 1 段、山险墙 3 段		5947	1513	3583	180	292	379
百分比（%）		100			25.5	60.2	3	4.9	6.4

类型：砖墙、石墙、土墙、山险墙、山险
保存程度：较好、一般、较差、差、消失

1. 关门岭长城 1 段 1308223821 02170001

位于蘑菇峪乡关门岭村北约 1.1 千米，起点坐标：东经 118° 10′ 34.90″，北纬 40° 26′ 10.40″，高程 275 米，止点坐标：东经 118° 10′ 25.30″，北纬 40° 25′ 53.70″，高程 250 米。

墙体长 564 米，其间设马面 2 座，包括关门岭 01、02 号马面。墙体残宽 2.6 米，外残高 2.7 米，内残高 0.4 米，内外毛石砌筑，中间以碎石、黄土混筑，顶部马道三合土夯筑垫层，墁地无法辨别，部分墙体单侧小段坍塌较多，所处为一南北走向小型山系，黑河由北而南环绕该山系流过，山系两侧均为陡坡，遍生杂灌。

2. 关门岭长城 2 段 130822382102170002

位于蘑菇峪乡关门岭村东北约 100 米，起点坐标：东经 118° 10′ 34.80″，北纬 40° 26′ 00.80″，高程 212 米，止点坐标：东经 118° 10′ 36.50″，北纬 40° 25′ 58.90″，高程 243 米。

墙体长 73 米，其间设敌台 2 座，包括关门岭 01、02 号敌台，墙体宽 4.3 ～ 5.6 米，外残高 2.8 ～ 4 米，内残高 1.2 ～ 2.4 米，内外毛石砌筑，中间以碎石、黄土混筑，顶部马道三合土夯筑垫层，墁地无法辨别，内侧坍塌约 50%，外侧保存较好，西侧为陡崖，东侧现为农田，承栗公路从北侧穿过。

3. 榨子庵关 130822382102170003

位于蘑菇峪乡关门岭村东北约 250 米黑河北岸山脚处，起点坐标：东经 118° 10′ 32.50″，北纬 40° 26′ 02.80″，高程 216 米，止点坐标：东经 118° 10′ 34.80″，北纬 40° 26′ 00.80″，高程 212 米。

墙体长 85 米，部分消失，仅北侧残存约 7 米，内外侧块石包砌，墙芯土、碎石混筑，残宽约 3.5 米，残高约 0.5 ～ 1.7 米，处于黑河主道两侧，原建有水关，已被洪水及修建公路所毁。

4. 关门岭长城 3 段 130822382106170004

位于蘑菇峪乡关门岭村东北约 150 米，起点坐标：东经 118° 10′ 36.50″，北纬 40° 25′ 58.90″，高程 243 米，止点坐标：东经 118° 10′ 44.70″，北纬 40° 25′ 45.80″，高程 296 米。

山险长 470 米，利用自然山体为险，未经人为改造，西侧为陡崖，东侧现为农田。

5. 邓家庄长城 1 段 130822382102170005

位于孤山子镇邓家庄村东北 700 米处，起点坐标：东经 117° 52′ 56.70″，北纬 40° 16′ 21.30″，高程 305 米，止点坐标：东经 117° 52′ 49.70″，北纬 40° 16′ 19.80″，高程 276 米。

墙体长 180 米，内外侧块石包砌，墙芯土、碎石混筑，外侧设石砌垛口墙，南侧与长城墙体主线并行，距长城墙体主线 10 ～ 40 米，大部分已坍塌，存小段落完好，断续相连，保存较好段，顶宽 2.7 米，高 3.8 米，石砌垛口墙厚 0.65 米，外侧山势较缓，墙体两侧已被当地居民开垦种栗树。

6. 南草场 01 段山险墙 130822382105170006

位于八卦岭满族乡南草场村东南 1.3 千米处，起点坐标：东经 117° 45′ 03.10″，北纬 40° 14′ 10.90″，高程 244 米，止点坐标：东经 117° 45′ 02.80″，北纬 40° 14′ 08.00″，高程 256 米。

山险墙长 93 米，外侧的山坡上铲削，将山体岩石开凿接近于 90 度，上用毛石干垒墙体，高 3 ～ 5 米，痕迹清晰，墙体存小段落，与长城墙体主线并行，距长城墙体主线 20 米，外侧当地居民栽种栗树。

7. 南草场 02 段山险墙 130822382105170007

位于八卦岭满族乡南草场村东南 1.5 千米处，起点坐标：东经 117° 45′ 04.20″，北纬 40° 14′ 04.70″，高程 313 米，止点坐标：东经 117° 45′ 04.90″，北纬 40° 13′ 55.70″，高程 316 米。

山险墙长 317 米，外侧的山坡上铲削，将山体岩石开凿接近于 90 度，上用毛石干垒墙体，高 3 ～ 6 米，痕迹清晰，墙体存小段落，与长城墙体主线并行，距长城墙体主线 10 ～ 20 米，外侧当地居民栽种栗树。

8. 南草场 03 段山险墙 130822382105170008

位于八卦岭满族乡南草场村西南约 1.3 千米处，起点坐标：东经 117° 43′ 33.50″，北纬 40° 13′ 55.10″，高程 208 米，止点坐标：东经 117° 43′ 19.70″，北纬 40° 14′ 01.40″，高程 288 米。

墙体长 453 米，外侧的山坡上铲削，将山体岩石开凿接近于 90 度，上用毛石干垒墙体，高 2 ～ 8 米，痕迹清晰，墙体存小段落，与长城墙体主线并行，距长城墙体主线 20 ～ 40 米，外侧当地居民栽种栗树，墙体两侧现为茂密的树林。

9. 头拨子长城 1 段 130822382102170009

位于八卦岭满族乡头拨子村东北 700 米处，起点坐标：东经 117° 36′ 37.00″，北纬 40° 12′ 24.20″，高程 409 米，止点坐标：东经 117° 36′ 07.40″，北纬 40° 12′ 13.00″，高程 180 米。

墙体长 3139 米，为长城支线，其间设敌台 5 座，包括头拨子 01 ～ 05 号敌台。墙体北外毛石干垒，墙芯土石混筑，顶部未设垛口墙，尺寸为两种：顶宽 1.5 米，外侧最高 1.4 米，内侧最高 1.8 米；顶宽 3.8 米，外侧高 4.4 米，内侧高 2.9 米。西坡 03 号敌台至头拨子 01 号敌台间墙体，保存状况较差，大部分坍塌成石埂状，顶宽 3.8 米，外侧高 4.4 米，内侧高 2.9 米，顶部、两侧长满茂密的灌木和杂树；头拨子 01 号敌台至头拨子 02 号敌台间墙体，保存一般，顶部局部坍塌，顶宽 1.5 米，外侧残高 1.6 米，内侧残高 1.6 米，墙体两侧山坡地势较平缓，为农田；头拨子 02 号敌台至止点，保存状况较差，大部分段落已坍塌为石埂状，顶部长满杂草，墙体两侧山坡地势较平缓，为农田。

10. 头拨子长城 2 段 130822382102170010

位于八卦岭满族乡头拨子村西 100 米处，起点坐标：东经 117° 36′ 07.40″，北纬 40° 12′ 13.00″，高程 180 米，止点坐标：东经 117° 36′ 10.80″，北纬 40° 12′ 03.90″，高程 337 米

墙体长 281 米，位于山谷，季节性河流及乡间土路穿断，墙体基址已无存。

11. 头拨子长城 3 段 130822382102170011

位于八卦岭满族乡头拨子村南约 200 米处，起点坐标：东经 117° 36′ 10.80″，北纬 40° 12′ 03.90″，高程 337 米，止点坐标：东经 117° 36′ 11.30″，北纬 40° 11′ 54.90″，高程 418 米。

墙体长 292 米，仅存小部分石砌墙基，两侧为茂密的灌木丛，基址已被覆盖。

（二）单体建筑

兴隆县明长城单体建筑一览表（单位：座）

编号	认定名称	认定编码	材质	保存程度				
				较好	一般	较差	差	消失
1	关门岭 01 号敌台	130822352101170001	砖			√		
2	关门岭 02 号敌台	130822352101170002	砖				√	
3	关门岭 01 号马面	130822352102170003	石			√		
4	关门岭 02 号马面	130822352102170004	石			√		
5	前座洼烽火台	130822353201170005	石			√		
6	邓家庄 01 号烽火台	130822353201170006	石			√		

（续）

编号	认定名称	认定编码	材质	保存程度				
				较好	一般	较差	差	消失
7	邓家庄 02 号烽火台	130822353201170007	石				√	
8	邓家庄 03 号烽火台	130822353201170008	石			√		
9	南草场 01 号烽火台	130822353201170009	石			√		
10	南草场 02 号烽火台	130822353201170010	石			√		
11	南草场 03 号烽火台	130822353201170011	石				√	
12	南草场 04 号烽火台	130822353201170012	砖				√	
13	头拨子 01 号烽火台	130822353201170013	石			√		
14	头拨子 01 号敌台	130822352101170014	石				√	
15	头拨子 02 号敌台	130822352101170015	石				√	
16	头拨子 03 号敌台	130822352101170016	砖					√
17	头拨子 04 号敌台	130822352101170017	砖				√	
18	头拨子 05 号敌台	130822352101170018	砖			√		
19	头拨子 02 号烽火台	130822353201170019	砖				√	
合计		共 19 座：砖 7 座，石 12 座				10	8	1
百分比（%）		100				52.6	42.1	5.3

类型：单体建筑包括敌台、烽火台、马面等

保存程度：较好、一般、较差、差、消失

1. 关门岭 01 号敌台 130822352101170001

位于蘑菇峪乡关门岭村，北侧紧临承栗公路，东约 300 米为唐山市与兴隆县分界点，坐标：东经 118° 10′ 35.20″，北纬 40° 26′ 00.50″，高程 220 米。

外包毛石砌筑，台芯土石夯筑，东西残长 5 米，南北残宽 4 米，残高 1.2 ～ 2.7 米，东南西侧存少量毛石墙，北侧坍塌，顶部杂草丛生。

2. 关门岭 02 号敌台 130822352101170002

位于蘑菇峪乡关门岭村东北约 300 米山脊上，坐标：东经 118° 10′ 36.50″，北纬 40° 25′ 58.90″，高程 243 米。

砖石结构，空心敌台，平面结构无法辨别，楼体坍塌，仅存包砖台墩，东侧及北侧西部包砖不存，外露碎夯土台芯，西侧东北部坍塌，现存包砖墙长约 5.5 米，高约 2.9 米，包砖厚 1.4 米，西墙中部长 2.2 米，高 1.4 米，包砖脱落处碎石干垒，西墙底部露明一层条石基础，存条石 3 块，高 0.48 米，长 2.05 米，顶面残砖瓦块，杂草丛生。

3. 关门岭 01 号马面 130822352102170003

位于蘑菇峪乡关门岭村北 200 米山脊处，坐标：东经 118° 10′ 31.00″，北纬 40° 26′ 03.90″，高程 277 米。

马面外包毛石砌筑，台芯土石夯筑，残损严重，东西残宽 5 米，南北长 6.3 米，残高 4.2 米，凸出墙体 1.2 米，顶部杂土堆积，杂草丛生。

4. 关门岭 02 号马面 130822352102170004

位于蘑菇峪乡关门岭村北 220 米山脊处，坐标：东经 118° 10′ 29.40″，北纬 40° 26′ 02.20″，高程 274 米。

马面外包毛石砌筑，台芯土石夯筑，残损严重，东西残长 5 米，南北宽 4 米，东南西侧存外包毛石墙，残高 1.2 ～ 2.7 米，北侧坍塌，顶部杂草丛生。

5. 前座洼烽火台 130822353201170005

位于半壁山镇千总洼村东南约 600 米的山脊上，坐标：东经 118° 05′ 02.20″，北纬 40° 21′ 20.40″，高程 336 米。

台体坍塌严重，南北残长 15.3 米，东西残宽 9.3 米，南、西残高 1 ～ 1.5 米，西南角塌毁，残存块石基础，顶部散落碎砖块，东南距洪山口城堡 1.1 千米。

6. 邓家庄 01 号烽火台 130822353201170006

位于孤山子镇邓家庄村东约 550 米的小山包上，坐标：东经 117° 52′ 43.20″，北纬 40° 16′ 17.80″，高程 278 米。

烽火台现已大部分坍塌，南北残长 6.3 米，东西残宽 3 米，西墙残高 2.4 米，西、北侧存部分石砌墙。

7. 邓家庄 02 号烽火台 130822353201170007

位于孤山子镇邓家庄村东约 390 米的小山包上，坐标：东经 117° 52′ 36.40″，北纬 40° 16′ 16.50″，高程 233 米。

烽火台块石垒砌，南北残宽 8 米，东西残长 9.5 米，残高 3.5 米，已大部分坍塌，基址清晰。

8. 邓家庄 03 号烽火台 130822353201170008

位于孤山子镇邓家庄村南约 300 米的小山包上，坐标：东经 117° 52′ 23.50″，北纬 40° 16′ 05.30″，高程 213 米。

基址边界不清，东墙底部长 10 米，顶部长 4 米，北墙底部长 11 米，顶部长 3.5 米，北墙外高 5.5 米，东北角块石 14 层，台体残存东、北两面墙，其他已坍塌，呈坡状。西北侧设拦马沟一道，沟底宽 1.8 米，口宽 3.1 米，深 2 米，长约 12 米，最宽处 8.7 米。

9. 南草场 01 号烽火台 130822353201170009

位于八卦岭满族乡南草场村南约 1.6 千米的小山包上，坐标：东经 117° 44′ 17.60″，北纬 40° 13′ 52.00″，高程 251 米。

烽火台毛石垒砌，白灰勾缝，底部南北长 9.8 米，东西宽 10.2 米，残高 6 米，东面、南面、北面墙体保存较好，西墙坍塌，呈坡状。

10. 南草场 02 号烽火台 130822353201170010

位于八卦岭满族乡南草场村西南约 1.8 千米的山坡上，坐标：东经 117° 43′ 35.80″，北纬 40° 13′ 55.00″，高程 217 米。

烽火台毛石垒砌，白灰勾缝，底部南北长 5 米，东西长 7.6 米，顶部南北残长 3 米，东西残长 4 米，残高 5.1 米，现存南、西墙、西南角保存较好，其余坍塌。

11. 南草场 03 号烽火台 130822353201170011

位于八卦岭满族乡南草场村西南约 2.3 千米的山坡上，坐标：东经 117° 42′ 50.50″，北纬 40° 14′ 18.30″，高程 285 米。

烽火台毛石垒砌，南北残长 8.3 米，残高 3.5 米，仅北墙残存一段毛石墙体，其他面皆不存。距北墙 2.2 米处设毛石墙体一道，顶残宽 2 米，残高 0.8 米，呈环状围绕烽火台，并向西南、东南延伸，已坍塌呈高不足 1 米的石埂状。

12. 南草场 04 号烽火台 130822353201170012

位于八卦岭满族乡南草场村西南约 2.7 千米的山坡上，坐标：东经 117° 42′ 37.10″，北纬 40° 14′ 16.50″，高程 266 米。

烽火台砖石砌筑，台芯土石混筑，边长 6 米，残高 1.5 米，砖长 0.38 米，宽 0.19 米，厚 0.07 米，南侧存少量包砖墙，其余皆毁坏，四周种有果树。烽火台距长城墙体约 60 米，其间设有台阶，在自然石上开凿，阶宽 0.15 米，高 0.25 米，进深 0.4 米。

13. 头拨子 01 号烽火台 130822353201170013

位于挂兰峪镇头拨子村东南约 550 米的山坡上，坐标：东经 117° 36′ 31.30″，北纬 40° 12′ 02.50″，高程 215 米。

烽火台大块毛石垒砌，东墙存东北角，顶长 2 米，底长 4 米，北墙仅存西北角，残高 4.6 米，西墙残高 5 米，中部坍塌，南墙存顶长 3 米，底长 5 米，墙体已大部坍塌。

14. 头拨子 01 号敌台 130822352101170014

位于挂兰峪镇头拨子村北约 1.4 千米的山脊上，坐标：东经 117° 36′ 13.50″，北纬 40° 12′ 56.40″，高程 594 米。

敌台已坍塌成圆形石堆，圆形石堆残高 7 米，直径 6 米。

15. 头拨子 02 号敌台 130822352101170015

位于挂兰峪镇头拨子村北约 1.5 千米的山脊上，坐标：东经 117° 36′ 07.10″，北纬 40° 12′ 59.40″，高程 588 米。

敌台已全部坍塌，仅西侧可见小部分毛石墙基础，其余全毁。

16. 头拨子 03 号敌台 130822352101170016

位于挂兰峪镇头拨子村约 1.3 千米的山脊上，坐标：东经 117° 35′ 57.30″，北纬 40° 12′ 52.30″，高程 549 米。

台体大块毛石干砌，小石块填缝，底部东西 7 米，南北 7.42 米，残高 4.5 米，西北角已坍塌成坡状，其余部分保存较完整。

17. 头拨子 04 号敌台 130822352101170017

位于挂兰峪镇头拨子村北约 1 千米的山脊上，坐标：东经 117° 35′ 56.70″，北纬 40° 12′ 43.60″，高程 486 米。

台体已坍塌为毛石堆，呈椭圆形，东西 6.5 米，南北 7 米，残高 5.5 米，台顶中心长有一棵桑树。

18. 头拨子 05 号敌台 130822352101170018

位于挂兰峪镇头拨子村北约 370 米的山脊上，坐标：东经 117° 36′ 00.20″，北纬 40° 12′ 20.10″，高程 338 米。

台体已严重坍塌为一圆形毛石堆，仅东北角保存部分墙基，呈直角，坍塌的毛石堆直径 8.5 米，东侧残高 5 米。

19. 头拨子 02 号烽火台 130822353201170019

位于挂兰峪镇头拨子村西南约 3.2 千米的山坡上，坐标：东经 117° 34′ 08.70″，北纬 40° 11′ 31.10″，高程 818 米。

烽火台毛石砌筑，现已大部分坍塌呈圆形台，毛石垒砌弧形边仅存小段落，最高 0.5 米，台体基址直径 10 米，残高 4 米。南侧有一段石砌墙体与主线墙体相连。

（三）相关遗存

兴隆县明长城相关遗存一览表（单位：处）

编号	认定名称	认定编码	保存程度				
			较好	一般	较差	差	消失
1	前座洼拦马沟	130822354106170001			√		
2	前座洼挡马墙	130822354104170002	√				
3	黑峪沟拦马沟	130822354106170003			√		
4	小黑峪沟 01 号挡马墙	130822354104170004			√		
5	小黑峪沟 02 号挡马墙	130822354104170005		√			
6	峪湾 01 号挡马墙	130822354104170006		√			
7	峪湾 02 号挡马墙	130822354104170007		√			
8	峪湾 01 号拦马沟	130822354106170008		√			
9	峪湾 02 号拦马沟	130822354106170009		√			
10	秋峪湾挡马墙	130822354104170010			√		
11	甘渣峪拦马沟	130822354106170011			√		
12	甘渣峪挡马墙	130822354104170012	√				
13	甘渣峪拦马沟	130822354106170013			√		
14	罗文峪拦马沟	130822354106170014			√		
15	邓家庄拦马沟	130822354106170015			√		
16	冷嘴头挡马墙	130822354104170016			√		
17	杨家楼 01 号拦马沟	130822354106170017			√		
18	杨家楼 02 号拦马沟	130822354106170018			√		
19	杨家楼 03 号拦马沟	130822354106170019			√		
20	南草场拦马沟	130822354106170020			√		
21	平山寨 01 号拦马沟	130822354106170021			√		
22	平山寨 01 号挡马墙	130822354104170022	√				

（续）

编号	认定名称	认定编码	保存程度				
			较好	一般	较差	差	消失
23	平山寨 02 号拦马沟	130822354106170023			√		
24	平山寨 03 号拦马沟	130822354106170024			√		
25	长梁沟挡马墙	130822354104170025			√		
26	头拨子拦马沟	130822354106170026		√			
27	楦门子 01 号挡马墙	130822354104170027			√		
28	楦门子 02 号挡马墙	130822354104170028			√		
29	楦门子 03 号挡马墙	130822354104170029			√		
30	楦门子 04 号挡马墙	130822354104170030				√	
合计		共 30 处：挡马墙 14 处，拦马沟 16 处	3	6	20	1	
百分比（%）		100	10	20	66.7	3.3	

保存程度：较好、一般、较差、差、消失

1. 前座洼拦马沟 130822354106170001

位于半壁山镇千总洼村东南约 700 米处的山脊上，坐标：东经 118° 05′ 57.30″，北纬 40° 21′ 16.40″，高程 518 米。

位于洪山口 01 号敌台东北侧 17 米处，于山脊上下挖，将山脊横断，内已长满杂草和各种小灌木，轮廓已不明显，占地面积约 50 平方米。

2. 前座洼挡马墙 130822354104170002

位于半壁山镇千总洼村东南约 700 米处的山脊上，坐标：东经 118° 05′ 52.40″，北纬 40° 21′ 13.40″，高程 508 米。

位于洪山口 01 号敌台西南 130 米处的墙体外侧，总体保存较好，于山体岩石上包砌，块石干垒，长约 80 米，残高 3.5 米，局部有小段落的坍塌。

3. 黑峪沟拦马沟 130822354106170003

位于三道河镇黑峪沟村东约 1.1 千米处的山脊上，坐标：东经 118° 03′ 40.00″，北纬 40° 19′ 26.60″，高程 428 米。

位于南城子 02 号敌台外侧 8 米处，口宽 6.5 米，深 3.5 米，长约 8 米。外侧设拦马沟一条，口宽 6.3 米，残深 3 米，于山脊上下挖，平行分布于敌台外侧，顶部及四周长有果树。

4. 小黑峪沟 01 号挡马墙 130822354104170004

位于三道河镇小黑峪沟村西南约 700 米的山脊上，坐标：东经 118° 02′ 38.80″，北纬 40° 18′ 49.30″，高程 605 米。

位于寨主沟 01 号敌台东北 114 米的墙体外侧 30 米处，长约 20 米，残高 2.5 米，大部分坍塌。

5. 小黑峪沟 02 号挡马墙 130822354104170005

位于三道河镇小黑峪沟村西南约 1.3 千米的山脊上，坐标：东经 118° 02′ 16.00″，北纬 40° 18′ 37.80″，高程 695 米。

位于寨主沟 03 号敌台西侧 66 米的墙体外侧 30 米处，长约 20 米，高 1.5～2.6 米，顶宽 1.4 米，于山体自然山石上包砌，局部坍塌。

6. 峪湾 01 号挡马墙 130822354104170006

位于安子岭乡峪湾村东北约 900 米处的山脊上，坐标：东经 118°02′11.00″，北纬 40°18′33.00″，高程 698 米。

位于寨主沟 04 号敌台南侧 100 米的墙体外侧，共分四个小段落，总长约 50 米，断续相连，于山体自然山石上包砌，较好段：外侧高 4.7 米，顶宽 1.45 米，有少量坍塌。

7. 峪湾 02 号挡马墙 130822354104170007

位于安子岭乡峪湾村东约 600 米山脊上，坐标：东经 118°01′33.00″，北纬 40°18′10.90″，高程 543 米。

位于双窑 01 号敌台至双窑 03 号敌台外侧的山坡上，距长城墙体 20～30 米，大部分坍塌，毛石干垒，小段落残存，最长段长 15 米，于山体岩石上包砌，多位于山体较缓或山沟两侧处，此段墙体内侧山势险要，而外侧则较缓，山势较低。

8. 峪湾 01 号拦马沟 130822354106170008

位于安子岭乡峪湾村东南约 900 米处的山脊上，坐标：东经 118°01′05.10″，北纬 40°18′00.80″，高程 537 米。

位于双窑 05 号敌台西侧 166 米处的墙体外侧，此处正对一山脊，沟于山脊上下挖，将山脊横断，存口宽 3～6 米，沟深 3.6 米，沟内侧岩石上包砌石墙，宽 0.8～2.5 米，内已长满小灌木，外侧边界已不清晰。

9. 峪湾 02 号拦马沟 130822354106170009

位于安子岭乡峪湾村西南约 1.1 千米的山脊上，坐标：东经 118°00′41.40″，北纬 40°17′54.30″，高程 539 米。

位于双窑 07 号敌台外侧 20 米处，两侧毛石砌筑，口宽 7 米，呈"U"字形，沟深 5 米，沟内长满杂草和小灌木，此处正对一山脊，沟于山脊上下挖，将山脊横断，沟两侧的山体有人为开凿痕迹。

10. 秋峪湾挡马墙 130822354104170010

位于安子岭乡峪湾村西南约 600 米处的半山腰上，坐标：东经 117°58′20.20″，北纬 40°17′37.40″，高程 312 米。

位于蔡家峪 07～08 号敌台间的墙体外侧 14 米处，存 4 个小的段落，已大部分坍塌，毛石干垒，高 4 米，长约 30 米，存顶宽 1.5 米。

11. 甘渣峪拦马沟 130822354106170011

位于遵化市甘渣峪村西北约 500 米处的山梁上，坐标：东经 117°57′35.30″，北纬 40°17′24.20″，高程 539 米。

甘渣峪 05 号敌台南侧 123 米处墙体外侧，长约 20 米，口宽 4.5 米，呈"U"字形，内长满杂草、灌木，此处正对一山脊，沟于山脊上下挖，将山脊横断。

12. 甘渣峪挡马墙 130822354104170012

位于遵化市甘渣峪村西约 600 米的山坡上，坐标：东经 117° 57′ 25.80″，北纬 40° 17′ 16.00″，高程 313 米。

距敌台北侧 6 米处设一道挡马墙，东西走向，材质与墙体相同，建于自然岩石上，岩石最高处距地面 2.3 米。挡马墙长约 30 米，外侧距地面 3.2 ~ 5.2 米，内侧距地面 1.5 ~ 2 米，墙厚 1.9 米，墙上存出水口 2 个。墙内侧有两小段分支墙，向敌台方向延伸，距敌台 3.35 米，挡马墙西侧现存一道挡马沟，于岩石上直接开凿而成，长约 30 米，残高 1 米，为块石堆砌，材质与墙体一致。敌台南侧岩石上存一石臼，直径 0.24 米，深 0.08 米。

13. 甘渣峪拦马沟 130822354106170013

位于遵化市甘渣峪村西约 1 千米的山坡上，坐标：东经 117° 57′ 16.20″，北纬 40° 17′ 15.10″，高程 325 米。

甘渣峪 10 号敌台东北侧的山脊上存一段拦马沟，长约 20 米，口宽 5.5 米，呈"U"字形，内长满杂草、灌木，此处正对一山脊，沟于山脊上下挖，将山脊横断，内已长满小灌木，外侧边界已不清晰。

14. 罗文峪拦马沟 130822354106170014

位于遵化市罗文峪村东北侧约 400 米的山梁上，坐标：东经 117° 57′ 04.40″，北纬 40° 16′ 56.00″，高程 249 米。

罗文峪 03 号敌台西侧的山脊上存两段拦马沟，长约 10 米，口宽 5 米，呈"U"字形，西侧拦马沟长约 8 米，口宽 4 米，内已种有果树，此处正对一山脊，沟于山脊上下挖，将山脊横断。此段墙体的外侧，有多条山脊，与长城墙体所处山脊垂直相交，上存拦马沟，大多已仅存遗址，种有果树。

15. 邓家庄拦马沟 130822354106170015

位于孤山子镇邓家庄村西南约 300 米处山脊上，坐标：东经 117° 52′ 23.40″，北纬 40° 16′ 04.90″，高程 207 米。

位于沙坡峪 03 号马面外侧 30 米处，为东西方向，与长城墙体平行，于山体岩石上开凿，存长 30 米，沟底宽 4 米，内侧高 4.5 米，呈"U"字形，沟内种有栗树。

16. 冷嘴头挡马墙 130822354104170016

位于遵化市冷嘴头村西北侧约 0.5 千米处，坐标：东经 117° 49′ 59.70″，北纬 40° 15′ 44.80″，高程 171 米。

冷嘴头 10 号敌台外侧存挡马墙两道，其中一道距敌台 120 米，总长 20 米，大部分仅存墙基，仅存一段长 7.5 米的墙保存较好，残高 4 米，为块石包砌；另一道位于第一道外侧 10 米处，长 15 米，仅存墙基，此处为一自然山沟，挡马墙砌于沟口处。

17. 杨家楼 01 号拦马沟 130822354106170017

位于八卦岭满族乡杨家楼村东北约 600 米的山脊上，坐标：东经 117° 45′ 38.30″，北纬 40° 14′ 41.80″，高程 298 米。

位于大安口村 16 号敌台外侧 30 米处，沟深 3.5 ~ 4.5 米，宽 5 米，东西方向，与长城墙体平行，于山体岩石上开凿，呈"U"字形，沟外侧有一个小矿洞，内长满小灌木。

18. 杨家楼 02 号拦马沟 130822354106170018

位于八卦岭满族乡杨家楼村东北约 500 米的山脊上，坐标：东经 117° 45′ 31.70″，北纬 40° 14′ 36.60″，高程 268 米。

位于大安口村 18 号敌台外侧，沟口残宽 7 米，深 2.5 米，南北方向，与长城墙体平行，于山下挖，呈"U"字形，现沟内已被当地居民开垦种上了栗树，沟的边界已被破坏。

19. 杨家楼 03 号拦马沟 130822354106170019

位于八卦岭满族乡杨家楼村西南约 500 米的山脊上，坐标：东经 117° 45′ 02.20″，北纬 40° 14′ 11.20″，高程 240 米。

共两道，第一道位于大安口 27 号敌台外侧 40 米处，沟底宽 2 米，口宽 6 米，深 3.4 米，长约 15 米，再向西又有一道；第二道位于大安口村 27 号敌台外侧 70 米处，存底宽 3.5 米，口宽 6 米，沟深 4 米。两条沟为南北方向，与长城墙体平行，于山脊上开凿，呈"U"字形，现沟内种有栗树，沟边界清晰。

20. 南草场拦马沟 130822354106170020

位于八卦岭满族乡南草场村西南约 1.5 千米的山脊处，坐标：东经 117° 43′ 34.90″，北纬 40° 13′ 54.70″，高程 211 米。

位于鲇鱼池 10 号敌台外侧的山脊上，沟底残宽 5 米，残深 2 米，为东西方向，与长城墙体平行，于山脊上开凿，呈"U"字形，沟内种有栗树，沟边界已被破坏。

21. 平山寨 01 号拦马沟 130822354106170021

位于遵化市平山寨村北约 1.4 千米的山脊上，坐标：东经 117° 42′ 54.80″，北纬 40° 14′ 07.60″，高程 208 米。

位于平山寨 07 号敌台外侧的山脊上，存 4 道，仅存痕迹，宽 3 ~ 5 米。为东西方向，与长城墙体平行，于山脊上开凿，呈"U"字形，沟内种有栗树，沟边界已被破坏。

22. 平山寨 01 号挡马墙 130822354104170022

位于遵化市平山寨村北 1.4 千米的山脊上，坐标：东经 117° 42′ 53.50″，北纬 40° 14′ 07.80″，高程 207 米。

位于平山寨 07 号敌台西北侧的一个自然山沟处，距墙体 30 米，为毛石干垒，高 4.8 米，顶宽 2.1 米，长 20 米，保存较好。此处为一自然山沟，挡马墙砌于沟口处，长 20 米，高 4.8 米，顶宽 2.1 米。

23. 平山寨 02 号拦马沟 130822354106170023

位于遵化市平山寨村北约 1.6 千米的山脊上，坐标：东经 117° 42′ 44.90″，北纬 40° 14′ 14.20″，高程 243 米。

位于平山寨 09 号敌台墙体外侧，设拦马沟两道，两道间设石砌墙一道，宽 1 米，残高 0.5 米，已大部坍塌，外道沟宽 3 米，深 2.6 米，内道沟宽 4.8 米，深 3.5 米。内道拦马沟毛石砌筑，残高 1.7 米，并设有一横向石砌墙挡在沟口，残高 1.2 米，宽 1 米，长 4 米。现两道沟及中间间隔处种有栗树。沟为东西方向，与长城墙体平行，于山脊上开凿，呈"U"字形，沟边界已被破坏。

24. 平山寨 03 号拦马沟 130822354106170024

位于遵化市平山寨村北约 1.7 千米的山脊上，坐标：东经 117° 42′ 36.00″，北纬 40° 14′ 15.30″，高程 243 米。

位于平山寨 10 号敌台墙体外侧，设拦马沟，长约 25 米，底宽 4 米，深 3 米。沟为东西方向，与长城墙体平行，于山脊上开凿，呈"U"字形，沟内种有栗树，沟边界已被破坏。

25. 长梁沟挡马墙 130822354104170025

位于八卦岭满族乡长梁沟村南约 800 米半山腰上，坐标：东经 117° 42′ 02.40″，北纬 40° 14′ 15.00″，高程 318 米。

位于平山寨 17 ～ 18 号敌台至的墙体外侧的半山坡上，存多个小段落，断续相连，于山体岩石上包砌，大部分坍塌，总长约 40 米，距墙体 30 米，为毛石干垒，呈南北走向，与长城墙体平行。

26. 头拨子拦马沟 130822354106170026

位于八卦岭满族乡头拨子村东北约 500 米的山脊上，坐标：东经 117° 36′ 30.60″，北纬 40° 12′ 21.80″，高程 342 米。

位于西坡 03 号敌台西南侧的一个山脊上，距长城墙体 110 米，将山脊横断下挖，存口宽 7 ～ 9 米，深 3 ～ 5 米，长约 10 米，内已长满杂树，最大胸径 0.15 米。

27. 楦门子 01 号挡马墙 130822354104170027

位于遵化市楦门子村北，坐标：东经 117° 36′ 29.00″，北纬 40° 11′ 59.30″，高程 170 米。

位于楦门子城北侧，距长城墙体约 10 米，为石砌，外侧设石砌垛口墙，总长约 50 米，顶宽 2.1 米，外侧残高 2.4 米，内侧残高 1.3 米，垛口墙底宽 0.67 米，坍塌严重，保存较好约 20 米。拦马墙呈南北方向，与长城墙体平行。墙体两侧种有栗树。

28. 楦门子 02 号挡马墙 130822354104170028

位于遵化市楦门子村北，坐标：东经 117° 36′ 29.10″，北纬 40° 12′ 00.00″，高程 178 米。

位于楦门子城北侧，距长城墙体约 30 米，为石砌，总长约 80 米，顶宽 1.9 米，外侧残高 1.4 米，内侧残高 1.4 米，坍塌严重，基址清晰，呈南北走向，与长城墙体平行，墙体两侧种有栗树。

29. 楦门子 03 号挡马墙 130822354104170029

位于遵化市楦门子村北，坐标：东经 117° 36′ 28.70″，北纬 40° 12′ 01.20″，高程 158 米。

位于楦门子城北侧，距长城墙体约 60 米，为石砌，残存约 20 米，残高 1.5 米，坍塌严重，基址清晰，呈南北方向，与长城墙体平行，墙体西侧被一条乡间土路所截断，墙体两侧种有栗树。

30. 楦门子 04 号挡马墙 130822354104170030

位于遵化市楦门子村北，坐标：东经 117° 36′ 29.20″，北纬 40° 12′ 02.00″，高程 157 米。

位于楦门子城北侧，距长城墙体约 85 米，为石砌，残存约 10 米，已全部坍塌，基址清晰，墙底宽 1.9 米，呈南北走向，与长城墙体平行，东侧抵于山下，西侧被矿渣填埋。

滦平县

滦平县位于承德市西部，地理坐标：东经 116° 40′ 15″～117° 46′ 03″，北纬 40° 39′ 21″～41° 12′ 53″，县域东西长 95.7 千米，南北宽 67 千米，总面积 2993 平方千米。东与双滦区、承德县毗邻，南与北京市密云县接壤，西与北京市怀柔区、丰宁县满族自治毗邻，北与隆化县毗邻。距北京市 139 千米，距天津市 206 千米，距承德市 51 千米，距石家庄 402 千米。

滦平县明长城分布在巴克什营镇，共 1 个镇。滦平县与北京市密云县以长城内外为界。

长城起点：涝洼乡涝洼村东南，坐标：东经 117° 29′，北纬 40° 39′，高程 1173 米。

长城止点：巴克什营镇北门村西南约 600 米，坐标：东经 117° 09′ 06.30″，北纬 40° 41′ 57.10″，高程 290 米。

滦平县调查长城墙体 7 段，总长 6970 米；单体建筑 59 座，其中：敌台 44 座、烽火台 13 座、水关（门）1 座、其他单体建筑 1 座；关堡 4 座。

（一）墙体

滦平县明长城墙体一览表（单位：米）

编号	认定名称	认定编码	类型	长度	保存程度				
					较好	一般	较差	差	消失
1	金山岭长城	130824382103170001	砖墙	5750	5750				
2	金山岭长城支墙 1 段	130824382103170002	砖墙	80	80				
3	金山岭长城支墙 2 段	130824382102170003	砖墙	220	220				
4	北门长城 1 段	130824382103170004	砖墙	330			290		40
5	北门长城 2 段	130824382102170005	石墙	120					120
6	北门长城 3 段	130824382102170006	石墙	170			170		
7	北门长城	130824382103170007	砖墙	300			300		
合计		共 7 段：砖墙 5 段、石墙 2 段		6970	6050		590	170	160
百分比（%）		100			86.8		8.5	2.4	2.3

类型：砖墙、石墙、土墙、山险墙、山险
保存程度：较好、一般、较差、差、消失

1. 金山岭长城 130824382103170001

位于巴克什营镇花楼沟村东南约 2.3 千米，滦平县与北京市密云县交界的山脊上，大部分位于滦平县金山岭长城景区内，起点坐标：东经 117° 15′ 41.00″，北纬 40° 40′ 30.70″，高程 605 米；止点坐标：东经 117° 12′ 46.40″，北纬 40° 41′ 15.80″，高程 320 米。

墙体长 5750 米，其间设敌台 28 座，包括金山岭 01～41 号敌台。墙体立面为三段式，下段条石基础；中段城砖包砌，外侧墙上设悬眼，由多层弧形砖构成，从上到下弧度逐渐增大，墙芯为土石混筑；中段与上段间设拔檐分隔，内侧为砖檐，外侧为石檐；上段设垛口墙、宇墙，顶部地面方砖海墁，马道每遇到大小陡坡，设砖砌台阶及砖砌障墙，障墙至障墙间地面方砖铺墁，障墙腰部设拔檐一层，墙身辟双望孔、"品"字形望孔等形制，顶部设劈水砖。

墙体多为 20 世纪 80 年代修缮，西侧约有 1300 米长墙体尚未维修。

第 1 段：金山岭 01 号敌台至金山岭 06 号敌台间墙体，宽 2.98～3.04 米，内高 3.11 米，外高 5.2 米，垛口墙高 1.85 米，宽 0.61 米，垛口高 0.79 米，垛口间距 3.2 米，礌石孔内宽 0.55 米，高 0.76 米，券高 0.35 米，拔檐石厚 0.1 米；宇墙高 1.36 米，厚 0.41 米，两层射孔，孔距 1.67 米，射孔大口 0.3 米，内口 0.18 米，高 0.23 米；海墁方砖 0.37 米 ×0.37 米。

金山岭 01 号敌台西接墙体上存多处文字砖，砖长 0.37 米，宽 0.1 米，内容为"万历六年振武营右造""万历陆年镇虏奇兵营造"，字体阴刻楷书，饰单线边框，框长 0.3 米，宽 5.5 厘米；"明月"文字砖，阴刻楷书，字径 7.5 厘米；"天字七号地九"文字砖，阴刻行书，字径 5 厘米；另保存有葫芦形等图案的砖刻。

金山岭 02 号敌台东接墙体内侧包砖厚 0.53 米，高 4.3 米，台体南侧 8.68 米处设登城阶梯，宽 1.92 米，高 2.96 米。

金山岭 04 号敌台南侧 4 米处设便门，门宽 1.13 米，高 2 米，通往存石臼处，石臼北距敌台 15 米，石臼直径 0.37 米。

金山岭 06 号敌台西侧 2 米处设登城便门，已用砖堵死，门宽 1.05 米，高 2.05 米，券脚高 1.48 米，一伏一券。

第 2 段：金山岭 06 号敌台至金山岭 10 号敌台间墙体，内高 6.07 米，外高 6.42 米，外侧垛墙高 1.86 米，垛口宽 0.42 米，高 0.71 米，礌石孔宽 0.6 米，总高 0.79 米，券以下 0.51 米，拔檐石厚 0.12 米，内侧宇墙高 1.5 米，墙宽 3.13 米。

第 3 段：金山岭 10 号敌台至金山岭 18 号敌台间墙体，20 世纪 80 年代修缮。墙体宽 3.13 米，外墙高 6.42 米，内墙高 6.07 米，外侧垛墙高 1.86 米，垛口宽 0.42 米，高 0.71 米，礌石孔宽 0.6 米，总高 0.79 米，券以下 0.51 米，拔檐石厚 0.12 米，内侧宇墙高 1.5 米。

第 4 段：金山岭 18 号敌台至金山岭 21 号敌台间墙体，20 世纪 80 年代修缮。墙体宽 3.13 米，内墙高 6.07 米，外墙高 6.42 米，外侧垛墙高 1.86 米，垛口宽 0.42 米，高 0.71 米，礌石孔宽 0.6 米，总高 0.79 米，券以下 0.51 米，拔檐石厚 0.12 米，内侧宇墙高 1.5 米，敌台两侧多设障墙。

金山岭 19 号敌台东北侧约 15 米设登城便门，门券洞宽 1.2 米，加券高 2.82 米，券脚高 2.2 米，门券宽 0.9 米，总高 2.21 米，券脚高 1.57 米，两伏两券，高 0.58 米。登城便门东侧有 26 级台阶，障墙长 1.97 米，高 1.78 米，厚 0.38 米，共有 6 道障墙。西南侧共 12 级台阶，3 道障墙，墙长 1.29 米，高 1.69 米，厚 0.38 米。

金山岭 20 号敌台至金山岭 21 号敌台间有一用途不明的台体，东西宽 4.5 米，高 0.92 米，内填毛石、砂土，台体东北侧墙体上多为台阶。

金山岭 21 号敌台东南侧约 20 米处设台阶、障墙，台阶共 21 级，障墙长 1.58 米，高 1.92 米。

第 5 段：金山岭 21 号敌台至金山岭 26 号敌台间墙体，20 世纪 80 年代修缮。墙高 5.52 米（拔檐石以下），垛口墙高 1.6 米，垛口宽 0.44 米，垛口高 0.47 米，垛口石长 0.75 米，厚 0.2 米，宽 0.39 米，孔径 0.45 米，深 0.05 米，孔外方形凸棱线 14.5 厘米 ×14.5 厘米，线宽 2 厘米，墙宽 3.19 米，宇墙高 1.63 米。

金山岭长城 21 号敌台北侧约 30 米处设障墙，共 10 道，长 1.64 米，厚 0.44 米，高 1.69 米，障墙中间设望孔，内宽 0.3 米，外宽 0.21 米，高 0.125 米，敌台北侧设炮台 3 座，炮台 1 长 2.6 米，宽 1.6 米，高 0.53 米，炮台 2 东西长 2.02 米，南北宽 1.65 米，高 0.64 米。

金山岭 24 号敌台东侧约 5 米处有登城便门，门宽 1.15 米，高 2.56 米，券脚高 2.03 米，两伏两券。

金山岭 25 号敌台至金山岭 26 号敌台间墙体，设炮台 1 座，长 1.5 米，宽 1.4 米，残高 0.65 米，外包砖不存，毛石台芯。

金山岭 25 号敌台西侧 9.2 米处设便门，门券洞宽 1.69 米，高 3.23 米，券脚高 2.45 米，券洞深 3.96 米，门券宽 1.29 米，高 2.25 米，券脚高 1.48 米，厚 0.97 米，均为三伏三券。券洞东转登城阶梯，25 级台阶，阶道宽 1.29 米，踏步宽 0.28 米，踢步高 0.19 米。

金山岭 26 号敌台东南侧设 6 道障墙，障墙长 1.83 米，高 1.82 米。台阶 60 级，台阶宽 0.31 米，高约 0.2 米。

第 6 段：金山岭 26 号敌台至金山岭 32 号敌台西侧，为 20 世纪 80 年代修缮，墙外侧高 5.02 米，内侧高 3.9 米，垛口墙高 1.55 米，垛口宽 0.5 米，高 0.69 米，宇墙高 1.46 米，顶部均为"△"形劈水砖。墙面马道及外侧垛口墙，内侧宇墙。马道由下而上逐渐抬升，马道由青色方砖铺砌成台阶状，外侧垛墙中间下部均设有礌石孔，墙体上有半圆形直径 0.45 米，高 0.45 米的礌石滑道。内侧宇墙大部为原墙，设上、中、下三排射、望孔及排水孔。

第 7 段：金山岭 32 号敌台至金山岭 33 号敌台间墙体，内侧存宇墙，外侧垛口墙坍塌，最高存 4 层砖。墙体宽 4.03 米，外侧高 4.07 米，垛口墙宽 0.46 米，内侧高 5.66 米，宇墙最高 1.42 米。

第 8 段：金山岭 33 号敌台至金山岭 34 号敌台间墙体，宇墙保存较好，外侧墙全无，内侧最高 9.14 米，外侧高 5.87 米，顶宽 4.05 米，顶部劈水砖长 0.36 米，宽 0.37 米，厚 0.17 米。

第 9 段：金山岭 34 号敌台至金山岭 35 号敌台间墙体，顶宽 4.9 米，外侧高 4.68 米，内侧高 6.5 米，战台长 3.61 米，宽 1.28 米，障墙厚 0.405 米，墙体顶部设施大部无存，山势陡峭处设障墙与战台，顶部存少量方砖地面。

第 10 段：金山岭 35 号敌台至金山岭 36 号敌台间墙体，内侧条石基础高 0.38 米，下部石墙高 1.85 米，墙体顶部宽 4.4 米，外侧高 4.79 米，礌石孔径深 0.24 米，宽 0.42 米，外侧垛口墙存基，内侧宇墙保存约二分之一，最高 1.32 米，外侧最高 6.46 米。

第 11 段：金山岭 36 号敌台至金山岭 37 号敌台间墙体，顶部宽 4.2 米，外侧高 4.2 米，墙体顶部设施无存，存小段宇墙，内侧坍塌一段长约 25 米，包砖脱落严重，墙体外侧后期人为修筑。内外侧均为悬崖陡坡。内侧最高 7.1 米（包括宇墙）。墙体坍塌处可见内侧为三合土筑。

第 12 段：金山岭 37 号敌台至金山岭 38 号敌台间墙体，内侧下部存小段落条石基础，上为砖砌，墙体最高 4.35 米，顶部宽 4.3 米，外高 3.7 米，外侧为一层条石基础。存礌石孔，间距 2.6～2.9 米。内侧宇墙保存较好，最高 1.35 米（原始尺寸）存劈水砖。

第 13 段：金山岭 38 号敌台至金山岭长城 39 号敌台间墙体，顶宽 4.71 米，宇墙最高 1.2 米，外侧高 4.4 米，内侧最高 6.57 米，内侧条石基础一层，上为砖砌。墙体内侧存小段落护坡墙，外侧垛墙无存，内侧宇墙保存较好，劈水砖全无，墙体顶部存砖墁，为条砖与方砖两种铺成，方砖 0.37 米见方，条砖长 0.37 米，宽 0.18 米，厚 0.085 米。

第 14 段：金山岭 39 号敌台至金山岭 40 号敌台间墙体，外侧垛墙全无，存小段落障墙和小型战台，内侧宇墙保存较为完好，顶部宽 0.41 米，外侧垛墙基宽 0.53 米，墙体顶部宽 4.13 米。墙体外侧存拦马沟残迹，共 2 道，内已长满树木。墙体外侧垛口墙基下存礌石孔，直径 0.43 米，深 0.17 米，长 1.08 米。

第 15 段：金山岭 40 号敌台至金山岭 41 号敌台间墙体，内侧宇墙保存较好，外侧垛墙已基本无存，障墙台已坍塌，墙体顶部宽 3.94 米，墙体顶部长满杂草和小灌木。

第 16 段：金山岭 41 号敌台至金山岭长城止点间墙体长 80 米，由水门向东南墙体沿陡峭的山脊上行，为内外包砖墙体，保存较好。外侧垛口墙已坍塌，残存障墙，上存望孔和射孔，望孔为半圆形，直径 0.245 米，高 0.2 米，由一块整砖雕制，宽 0.145 米，高 0.22 米。由于山势陡峭，墙体顶部靠内侧设砖阶，阶宽 1.34 米，阶高 0.24 米，进深 0.22 米，残毁严重；射孔内口 0.315 米，外口 0.2 米。墙体顶宽 3.87 米（不连垛口墙），内侧高 5.49 米，外侧高 2.23 米。障墙台长 3.2 米，宽 2.6 米。

墙体北侧设拦马墙，距墙体 15 ～ 100 米，由金山岭 15 敌台向西至金山岭 25 敌台，长约 1100 米，个别地段设两道，拦马墙整体保存较差，墙体宽 1.6 ～ 2. 米，部分段落墙体外侧上部保留垛口墙，墙宽 0.5 米左右，内侧马道宽 1.4 ～ 1.6 米，外侧最低 0.7 米，最高处墙体 4.9 米，均为大块毛石垒砌，墙内侧或高于地面或与地平，一些地段内侧墙高约 1 米。

2. 金山岭长城支墙 1 段 130824382103170002

位于巴克什营镇花楼沟村东南约 800 米，滦平县金山岭长城景区，起点坐标：东经 117° 14′ 03.80″，北纬 40° 40′ 34.30″，高程 457 米；止点坐标：东经 117° 14′ 04.50″，北纬 40° 40′ 36.70″，高程 455 米。

墙体长 80 米，20 世纪 80 年代修缮，其间设敌台 1 座，为金山岭 22 号敌台，宽 3.3 米，高 6.2 米。墙体立面为二段式，下段毛石砌筑，墙芯为土石混筑；中段与上段间设一层砖拔檐分隔；上段设双垛口墙，设劈水砖，垛口宽 0.41 米，高 0.6 米，望孔宽 0.18 米，高 0.23 米，垛墙高 1.62 米。顶部地面方砖海墁，马道每遇到大小陡坡，设砖砌台阶。顶部存炮台 3 座。

3. 金山岭长城支墙 2 段 130824382102170003

位于巴克什营镇花楼沟村东南约 800 米，滦平县金山岭景区，起点坐标：东经 117° 14′ 04.50″，北纬 40° 40′ 36.70″，高程 455 米；止点坐标：东经 117° 14′ 06.30″，北纬 40° 40′ 42.50″，高程 410 米。

墙体长 220 米，为 20 世纪 80 年代修缮，其间设敌台 1 座，为金山岭 23 号敌台，宽 3.13 米，高 6.06 米。墙体立面为二段式，下段毛石砌筑，墙芯为土石混筑；中段与上段间设一层砖拔檐分隔；上段设双垛口墙，设劈水砖，垛墙高 1.62 米，垛口宽 0.41 米，高 0.6 米，望孔宽 0.18 米，高 0.23 米，顶部地面方砖海墁，马道每遇到大小陡坡，设砖砌台阶。顶部存炮台 5 座，炮台东西长 2.02 米，南北宽 1.65 米，高 0.64 米。金山岭 23 号敌台西南侧约 20 米处，设登城便门，宽 0.9 米，阶梯宽 1.05 米，10 级台阶。

4. 北门长城 1 段 130824382103170004

位于巴克什营镇北门村西南约 60 米，起点坐标：东经 117° 09′ 32.00″，北纬 40° 41′ 54.80″，高程 221 米；止点坐标：东经 117° 09′ 39.70″，北纬 40° 42′ 01.40″，高程 224 米。

墙体长 330 米，内外侧城砖砌筑，墙芯素土夹杂少量毛石夯筑，墙宽 3.6 米，高 4.5 米，外包砖厚 0.6 米，大部分不存，仅存底部 2 层条石基础，高 0.64 米，个别地段残存条砖 13 ～ 24 层，墙顶长满山枣树及杂灌木，东侧为耕地，墙体西侧紧邻京承公路，再西为潮河。

5. 北门长城 2 段 130824382102170005

位于巴克什营镇北门村东南约 300 米，起点坐标：东经 117° 09′ 39.70″，北纬 40° 42′ 01.40″，高程 224 米；止点坐标：东经 117° 09′ 39.80″，北纬 40° 42′ 05.20″，高程 221 米。

墙体长 120 米，已消失，西侧紧邻京承公路，再西为潮河。

6. 北门长城 3 段 130824382102170006

位于巴克什营镇北门村东南约 400 米，起点坐标：东经 117° 09′ 39.80″，北纬 40° 42′ 05.20″，高程 221 米；止点坐标：东经 117° 09′ 44.40″，北纬 40° 42′ 08.90″，高程 169 米。

墙体长 170 米，坍塌严重，呈土石垄状，墙体西侧紧邻京承公路，再西为潮河。

7. 北门长城 130824382103170007

位于巴克什营镇北门村西南约 600 米，起点坐标：东经 117° 09′ 12.60″，北纬 40° 41′ 50.90″，高程 236 米；止点坐标：东经 117° 09′ 06.30″，北纬 40° 41′ 57.10″，高程 290 米。

墙体长 300 米，其间设敌台 3 座，包括北门长城 01 ～ 03 号敌台，内外包砖，坍塌严重，外包砖厚 0.6 米，墙残高 3.56 米，残宽 3 米，内侧坍塌，墙芯为沙土填筑，位于潮河西侧矮山山脊上。

（二）单体建筑

滦平县明长城单体建筑一览表（单位：座）

序号	认定名称	认定编码	材质	保存程度				
				较好	一般	较差	差	消失
1	金山岭 01 号敌台	130824352101170001	砖	√				
2	金山岭 02 号敌台	130824352101170002	砖	√				
3	金山岭 03 号敌台	130824352101170003	砖	√				
4	金山岭 04 号敌台	130824352101170004	砖		√			
5	金山岭 05 号敌台	130824352101170005	砖	√				
6	金山岭 06 号敌台	130824352101170006	砖	√				
7	金山岭 07 号敌台	130824352101170007	砖		√			
8	金山岭 08 号敌台	130824352101170008	砖	√				
9	金山岭 09 号敌台	130824352101170009	砖		√			
10	金山岭 10 号敌台	130824352101170010	砖		√			
11	金山岭 11 号敌台	130824352101170011	砖		√			
12	金山岭 12 号敌台	130824352101170012	砖		√			

（续）

序号	认定名称	认定编码	材质	保存程度				
				较好	一般	较差	差	消失
13	金山岭 13 号敌台	130824352101170013	砖	√				
14	金山岭 14 号敌台	130824352101170014	砖	√				
15	金山岭 15 号敌台	130824352101170015	砖	√				
16	金山岭 16 号敌台	130824352101170016	砖	√				
17	金山岭 17 号敌台	130824352101170017	砖	√				
18	金山岭 18 号敌台	130824352101170018	砖		√			
19	金山岭 19 号敌台	130824352101170019	砖	√				
20	金山岭 20 号敌台	130824352101170020	砖			√		
21	金山岭 21 号敌台	130824352101170021	砖	√				
22	金山岭 22 号敌台	130824352101170022	砖		√			
23	金山岭 23 号敌台	130824352101170023	砖	√				
24	金山岭 24 号敌台	130824352101170024	砖	√				
25	金山岭 25 号敌台	130824352101170025	砖		√			
26	金山岭 26 号敌台	130824352101170026	砖	√				
27	金山岭 27 号敌台	130824352101170027	砖	√				
28	金山岭 28 号敌台	130824352101170028	砖	√				
29	金山岭 29 号敌台	130824352101170029	砖	√				
30	金山岭 30 号敌台	130824352101170030	砖	√				
31	金山岭 31 号敌台	130824352101170031	砖		√			
32	金山岭 32 号敌台	130824352101170032	砖		√			
33	金山岭敌台 33 号	130824352101170033	砖		√			
34	金山岭敌台 34 号	130824352101170034	砖		√			
35	金山岭敌台 35 号	130824352101170035	砖		√			
36	金山岭敌台 36 号	130824352101170036	砖		√			
37	金山岭敌台 37 号	130824352101170037	砖			√		
38	金山岭敌台 38 号	130824352101170038	砖		√			
39	金山岭敌台 39 号	130824352101170039	砖		√			
40	金山岭敌台 40 号	130824352101170040	砖		√			
41	金山岭敌台 41 号	130824352101170041	砖	√				
42	龙峪口水关 01 号	130824352103170042	砖		√			
43	北门长城 01 号敌台	130824352101170043	砖				√	
44	北门长城 02 号敌台	130824352101170044	砖			√		
45	北门长城 03 号敌台	130824352101170045	砖	√				
46	金山岭长城 1 号铺房	130824352199170046	砖	√				
47	金山岭 01 号烽火台	130824353201170047	石	√				
48	金山岭 02 号烽火台	130824353201170048	石	√				
49	龙峪口烽火台	130824353201170049	石		√			

（续）

序号	认定名称	认定编码	材质	保存程度				
				较好	一般	较差	差	消失
50	二寨南沟 01 号烽火台	1308824353201170050	石			√		
51	二寨南沟 02 号烽火台	1308824353201170051	石			√		
52	巴克什营烽火台	1308824353201170052	石	√				
53	北门 01 号烽火台	1308824353201170053	石				√	
54	北门 02 号烽火台	1308824353201170054	石				√	
55	营盘 01 号烽火台	1308824353201170055	石			√		
56	营盘 02 号烽火台	1308824353201170056	石			√		
57	营盘 03 号烽火台	1308824353201170057	石			√		
58	营盘 04 号烽火台	1308824353201170058	石			√		
59	营盘 05 号烽火台	1308824353201170059	石			√		
合计		共 59 座，砖 46 座，石 13 座		25	21	10	3	
百分比（%）		100		42.4	35.6	16.9	5.1	

类型：单体建筑包括敌台、烽火台、马面等

保存程度：较好、一般、较差、差、消失

1. 金山岭 01 号敌台 130824352101170001

位于巴克什营镇花楼沟村东南约 2.3 千米，坐标：东经 117° 15′ 41.00″，北纬 40° 40′ 30.70″，高程 605 米。

俗称"大弧顶楼"，敌台东西接墙，砖石结构，平面布局呈"回"字形，立面及剖面呈梯形，东西宽 9.81 米，南北长 10.29 米，高 9.24 米。敌台为三段式，下段条石基础 10 层，高 3.2 米；中段城砖砌筑，南北辟 1 门 2 箭窗，东西辟 3 箭窗，门券室宽 2.17 米，高 2.7 米，进深 0.87 米，券脚高 2 米，门已毁，券脸石高 0.35 米，厚 0.39 米，门肩石长 0.97 米，宽 0.4 米，厚 0.135 米，门柱石 0.345 米 ×0.36 米，厚 0.12 米，孔径 0.12 米，北门存门槛石，箭窗券室宽 1.79 米，高 2.8 米，进深 0.8 米，券脚高 2.04 米，箭窗内小外大，内口宽 0.79 米，外口宽 0.96 米，高 1.3 米，券脚窗 0.72 米，箭窗石长 1.123 米，宽 0.38 米，厚 0.1 米；中段与上段间设三层砖拔檐分隔，第二层为菱角花檐，上下层为直檐；上段为垛口墙。

中南券室长 7.35 米，宽 1.49 米，高 3.59 米，券脚高 3.1 米；西券室长 7.22 米，宽 1.29 米，高 3.59 米，北券室长 7.31 米，宽 1.49 米。高 3.63 米；东券室长 7.81 米，宽 1.3 米，高 3.61 米；中心券室为四角攒尖穹隆顶，南北 2.86 米，东西 2.86 米，券脚高 1.82 米，高 4.17 米（地面至穹隆顶），中心券室设四向通道，东通道宽 0.97 米，高 2.16 米，券脚高 1.7 米，厚 0.96 米；北券室顶东端天井，东西宽 1.1 米，南北长 1.63 米。地面方砖墁地，规格：0.36 米 ×0.36 米。

楼内发现多块文字砖，内容为"万历六年振武营右造"，条砖规格：0.37 米 ×0.18 米 ×0.95 米。

2. 金山岭 02 号敌台 130824352101170002

位于巴克什营镇花楼沟村东南约 2.3 千米，坐标：东经 117° 15′ 33.00″，北纬 40° 40′ 35.50″，高程 589 米。

俗称"麒麟楼"，敌台东西接墙，砖石结构，平面布局呈"回"字形，立面及剖面呈梯形，东西宽9.8 米，南北长 10.36 米，高 11.59 米（含顶层垛墙高 1.97 米）。敌台为三段式，下段条石基础 7 层；中段城砖砌筑，南北辟 1 门 2 箭窗，东西辟 3 箭窗，门券室宽 2.1 米，高 2.87 米，进深 0.99 米，券脚高 2米，门宽 0.9 米，高 1.87 米，门脸石厚宽 0.37 米，门肩石长 1.06 米，宽 0.34 米，厚 0.02 米，门柱石高1.3 米，厚 0.34 米，宽 0.34 米，门柱石，马蹄形闩孔，石高 0.34 米，宽 0.33 米，厚 0.175 米，孔径 0.15米，门槛石长 1.7 米，宽 0.78 米，厚 0.25 米，南门存门柱石，门券脸石、门枕石，箭窗券券宽 1.8 米，高 2.4 米，深 0.8 米，窗为内小外大，内宽 0.73 米，外口宽 0.96 米，高 1.16 米，券脚高 0.82 米，窗石长 1.2 米，宽 0.42 米，厚 0.12 米；中段与上段间设三层砖拔檐分隔，第二层为菱角花檐，上下层为直檐；上段为垛口墙。

中心券室为八角形穹隆顶，边长 1.1～1.2 米，高 3.92 米，中心券室四向通道，宽 0.62 米，高 2.1米，厚 1 米；南券室长 7.36 米，宽 1.51 米，高 3.5 米，券脚高 3.24 米，东券室长 7.6 米，宽 1.3 米，高3.4 米，西券室长 7.3 米，宽 1.5 米，高 3.5 米；西券室北端天井，南北 1.9 米，东西 0.87 米。

楼顶海墁方砖：南侧垛墙正中位置垒砌有须弥座影壁墙一座，高 2.17 米，宽 2 米，座高 0.4 米，上部覆有鸳鸯瓦檐（东侧已毁），影壁墙内心镶嵌由十五块琉璃方砖拼构的麒麟图案，高 1.13 米，宽 1.82米，麒麟尾部上扬，呈回首奔跑状，麒麟影壁是明长城建筑中罕见的艺术精品，现琉璃已脱落，露出砖红色。

北侧门外存石碑座一个，高 0.45 米，宽 0.68 米，厚 0.3 米，榫槽长 0.245 米，宽 0.13 米，深 0.175 米。

3. 金山岭 03 号敌台 130824352101170003

位于巴克什营镇花楼沟村东南约 2 千米，坐标：东经 117° 15′ 25.20″，北纬 40° 40′ 40.20″，高程600 米。

俗称"东五眼楼"，敌台东西接墙，砖石结构，平面布局两券室五通道，立面及剖面呈梯形，东西长 13.89 米，南北宽 7.64 米，高 10.48 米。敌台为三段式，下段条石基础 5 层；中段城砖砌筑，南北辟1 门 1 箭窗，东西辟 5 箭窗，西门券室宽 1.31 米，高 2.3 米，券脚高 1.68 米，深 0.72 米，门宽 0.89 米，高 1.96 米，券脚高 1.58 米，厚 0.41 米，门槛石宽 0.48 米，长 0.86 米，厚 0.21 米，门枕石长 0.58 米，宽0.23 米，厚 0.27 米，东门已毁，门外有金山岭长城管理处安装的金属登楼扶梯，箭窗券室宽 1.49 米，高2.4 米，券脚高 1.82 米，进深 0.79 米，箭窗宽 0.65 米，高 1.02 米，券脚高 0.72 米，厚 0.48 米，窗台高0.25 米；中段与上段间设三层砖拔檐分隔，第二层为菱角花檐，上下层为直檐；上段为垛口墙。

南券室长 11.52 米，宽 1.64 米，高 3.92 米，券脚高 3.2 米，北券室长 11.39 米，宽 1.59 米，高 3.82米，券脚高 3.04 米，中通道宽 1.5 米，高 2.4 米，券脚高 1.82 米；楼西北角设天井，东西长 2 米，南北宽 1.61 米。

4. 金山岭 04 号敌台 130824352101170004

位于巴克什营镇花楼沟村东南约 2 千米，坐标：东经 117° 15′ 23.30″，北纬 40° 40′ 41.50″，高程589 米。

俗称"三眼楼"，敌台东西接墙，木平顶已坍塌，四周城砖砌筑，立面及剖面呈梯形，东西宽 12.9

米，南北宽9米，高3.36～14.2米。敌台为三段式，下段条石基础北侧19层，高4.15米；中段城砖砌筑，腰檐高2.66米，东辟1门2箭窗，西下辟1门上辟3箭窗，南辟3箭窗，北辟4箭窗，西门内室高2.53米，宽0.9米，进深1.58米，设11级石阶登楼，宽0.78米，箭窗内室置木过梁，已缺失，外宽1.26米，内宽0.83米，高1.87米，箭窗内小外大，内宽0.8米，外宽1.01米，高1.14米，券脚高0.72米；中段与上段间设三层砖拔檐分隔，第二层为菱角花檐，上下层为直檐；上段为垛口墙，垛口南北各6个，东西各3个，垛口间设上下两层射（望）孔。

5. 金山岭05号敌台 130824352101170005

位于巴克什营镇花楼沟村东南约2千米，坐标：东经117°15′20.10″，北纬40°40′45.10″，高程594米。

俗称"黑楼"，敌台东西接墙，砖石结构，平面布局为"回"字形，立面及剖面呈梯形，东西宽9.63米，南北长10.31米，高8.92米。敌台为三段式，下段条石基础6～11层；中段城砖砌筑，东西辟1门2箭窗，南北辟3箭窗，门券室宽1.34米，高2.36米，进深0.66米，门宽0.84米，高1.96米，门券脸石为一整块花岗岩雕凿而成，高0.4米，厚0.36米，门肩石长1.1米，高0.36米，厚0.2米，门柱石高1.2米，厚0.36米，宽0.395米，门槛石宽0.47米，长1.67米，厚0.08米，窗券室宽1.36米，高2.18米，深0.61米，券脚高1.72米，窗内宽0.59米，外宽0.87米，高0.85米，厚0.46米，箭窗石长1.03米，宽0.54米，厚0.15米，楼内通道、箭窗券皆为两伏两券做法；中段与上段间设三层砖拔檐分隔，第二层为菱角花檐，上下层为直檐；上段为垛口墙。

地面海墁方砖，规格：0.36米×0.36米。东券室长8.27米，宽1.85米，高3.34米，券脚高2.72米，西券室长8.19米，宽1.83米，高3.3米，北券室长7.75米，宽1.85米，高3.3米，南券室长7.85米，宽1.83米，高3.3米；中心券室南北长3.17米，东西宽2.51米，高3.51米，券脚高2.7米，中心券室开四向通道，西通道宽1.29米，高2.1米，厚0.7米，南通道宽1.31米，高2.14米，厚0.7米，东通道宽1.31米，高2.11米，厚0.67米，北通道宽1.31米，高2.13米，厚0.7米；中心券楼顶西南角设天井，南北长1.34米，东西宽0.98米。

6. 金山岭06号敌台 130824352101170006

位于巴克什营镇花楼沟村东南约2千米，坐标：东经117°15′13.40″，北纬40°40′46.70″，高程552米。

俗称"无名楼"，敌台东西接墙，木平顶已坍塌，四周城砖砌筑，立面及剖面呈梯形，东西长11.98米，南北宽9.44米，北侧高6.45～12.3米。敌台为三段式，下段条石基础东侧15层，高3.83米；中段城砖砌筑，东下辟1门上辟2箭窗，西辟1门2箭窗，南辟3箭窗，北辟4箭窗，东门进入后，转南设踏跺9步进入一层地面，踏跺宽0.75米，宽0.2米，箭窗内室"八"字形，内宽1.35米，外宽0.78米，窗台高0.3米；中段与上段间设三层砖拔檐分隔，第二层为菱角花檐，上下层为直檐；上段为垛口墙。

楼内东西长9.99米，南北宽7.45米，地表存柱础4个，柱础0.79米×0.8米，鼓径0.46米，鼓面高0.09米，东西明间面阔3.84米，南北进深2.8米，东北角有一斜向射孔。

7. 金山岭 07 号敌台 130824352101170007

位于巴克什营镇花楼沟村东南约 1.8 千米，坐标：东经 117° 15′ 10.10″，北纬 40° 40′ 48.30″，高程 577 米。

俗称"拐角楼"，敌台东南接墙，木平顶已坍塌，四周城砖砌筑，立面及剖面呈梯形，东西 10.8 米，南北 11.28 米，高 9.9 米。敌台为三段式，下段条石基础东侧 15 层，高 3.83 米；中段城砖砌筑，东墙中部设门，内室内宽 1.49 米，外宽 1.17 米，上部坍塌，门宽 0.93 米，高 2.17 米，券脚高 1.7 米，厚 0.4 米，存门槛石一块，南墙西侧设门，门宽 2.84 米，高 2 米，券脚高 1.8 米，厚 0.4 米，门券洞不存，箭窗内室内口宽 1.63 米，外口宽 0.82 米，高 1.89 米，进深 0.44 米，窗内口宽 0.69 米，外口宽 0.84 米，高 1.25 米，券脚高 0.82 米，厚 0.33 米，窗台高 0.4 米，踢木不存；中段与上段间设三层砖拔檐分隔，第二层为菱角花檐，上下层为直檐；上段为垛口墙，南墙存垛口 2 个，东墙存 2 个，垛口两侧设射孔，垛口间设望孔。

明间南北 3.68 米，东西 3.68 米，方砖墁地，可见四个石质柱础，柱础 0.78 米 ×0.78 米，鼓径 0.49 米，高 0.09 米。

8. 金山岭 08 号敌台 130824352101170008

位于巴克什营镇花楼沟村东南约 1.6 千米，坐标：东经 117° 15′ 04.00″，北纬 40° 40′ 44.70″，高程 547 米。

俗称"将军楼"，敌台东西接墙，砖石结构，平面布局两券室五通道，立面及剖面呈梯形，南北 7.8 米，东西 12.91 米。高 9.88 米（至拔檐）。敌台为三段式，下段条石基础 9 层，北侧 7 层放脚；中段城砖砌筑，南北辟 4 箭窗，西下辟 1 门、上辟 3 箭窗，东辟 1 门 1 箭窗，东门内室宽 1.16 米，高 2.38 米，券脚高 1.93 米，厚 0.55 米，门券不存，西门内室宽 1.12 米，高 2.45 米，厚 0.55 米，低于楼内地面 2.18 米，箭窗内室内口宽 1.07 米，外口宽 0.81 米，进深 0.47 米，高 2.23 米，券脚高 1.65 米，窗内口宽 0.66 米，外口宽 0.81 米，高 1.15 米，券脚高 0.81 米，厚 0.48 米，窗台高 0.65 米；中段与上段间设三层砖拔檐分隔，第二层为菱角花檐，上下层为直檐；上段为垛口墙。

中心室设四出通道，东西 5.49 米，南北 1.94 米，高 3.48 米，券脚高 2.51 米；南券室长 10.85 米，宽 1.28 米，高 3.6 米，券脚高 2.9 米，南券室地表裸露台芯土，北券室长 11.1 米，宽 1.24 米，高 3.33 米，券脚高 2.78 米，北券室海墁方砖存 70%，西券室长 6.02 米，宽 1.42 米，高 3.4 米，券脚高 2.8 米，东券室长 6.21 米宽 1.43 米，高 3.37 米，券脚高 2.82 米；东通道位于墙体南侧，宽 0.8 米，高 1.84 米，厚 1.85 米，西通道位于墙体偏南位置，距南墙 0.46 米，宽 0.82 米，高 1.81 米，厚 0.83 米，南通道宽 0.95 米，高 1.89 米，厚 0.82 米，通道为两伏两券做法，券高 0.58 米，北通道券顶坍塌。梯道设于中券室东墙，由北向南上，16 级砖阶（下面 3 级已毁），西转 4 级登顶，梯道宽 0.97 米。

楼顶存铺房基址，坐北朝南，东西内长 7.77 米，南北内宽 3.86 米，墙厚 0.47 米，东西 5 间，南北 3 间，周围廊。明间东西 3.65 米，次间东西 2.38 米，廊步 0.85 米，进深 3.87 米。内存柱础石 15 个，鼓面 0.51 米 ×0.54 米，鼓径 0.32 米，高 0.03 米。四周垛墙不存，残存南侧影壁及四周排水槽，槽宽 0.105 米，深 0.05 米，南侧石出水嘴长 1.55 米，宽 0.32 米，北侧石出水嘴断裂。楼顶斜墁方砖，规格：0.36 米 ×0.345 米。

楼内发现文字砖多处，内容为"万历六年墙子路造"，模印，楷书，饰单线边框。

9. 金山岭 09 号敌台 130824352101170009

位于巴克什营镇花楼沟村东南约 1.4 千米，坐标：东经 117° 15′ 02.90″，北纬 40° 40′ 43.70″，高程 513 米。

俗称"沙子楼"，敌台南北接墙，木平顶已坍塌，四周城砖砌筑，立面及剖面呈梯形，东西 10.86 米，南北 10.94 米，高 11.9 米。敌台为三段式，下段条石基础西南角 13 层条石，高 3.32 米；中段城砖砌筑，腰檐高 3.5 米，东辟 3 箭窗，南北下辟 1 门、上辟 3 箭窗，西辟 4 箭窗，西门宽 0.72 米，高 1.82 米，进深 0.26 米，门为石质，立柱石高 1.12 米，宽 0.34 米，压柱石长 0.72 米，高 0.13 米，进深同门，门券石由 4 块组成，东侧缺失，现用青砖补砌，门洞宽 1 米，门内西侧设梯道，宽 0.76 米，上 13 步，踏跺高 0.32 米，宽 0.25 米，东墙东北角窗缺失，后用碎砖堆砌，北墙东窗存部分槛墙，高 0.62 米，宽 0.41 米，东墙窗间隔墙 1.5 米，中窗残宽 0.68 米，为下外敞上券窗，券已缺损，进深 0.46 米，窗洞为内敞式，外窄内宽，外宽 0.86 米，内宽 1.7 米，槛墙高 0.78 米，槛墙下踢台高 0.33 米，东墙南窗保存较好，南墙西窗与西墙南窗交接处设两个向下倾斜 10° 左右斜射孔，高 0.2 米，宽 0.22 米，西墙射孔残，西墙箭窗保存较好；中段与上段间设三层砖拔檐分隔，第二层为菱角花檐，上下层为直檐；上段为垛口墙，顶部垛墙西墙保存较好，存两个垛口，垛墙高 2.6 米，垛口高 1.1 米，宽 0.6 米，其余三面垛墙不存。

台室地面四角及东、西、南墙有柱洞痕迹，柱径 0.35 米，中部地面可见四柱础，直径 0.5 米，柱础方石 0.8 平方米，柱间距东西 3.85 米，西距墙 2.53 米，东距墙 2.53 米。

10. 金山岭 10 号敌台 130824352101170010

位于巴克什营镇花楼沟村东南约 1.3 千米，坐标：东经 117° 14′ 59.10″，北纬 40° 40′ 40.50″，高程 491 米。

俗称"后川楼"，敌台东西接墙，木平顶已坍塌，四周城砖砌筑，立面及剖面呈梯形，东西 11.91 米，南北 11.35 米，高 10.16 米（台基至拔檐砖下）、东北角 10.2 米。敌台为三段式，下段条石基础 6 层条石，高 2.09 米，4 层毛石护脚，高 0.9 米，金边 0.17 米；中段城砖砌筑，腰檐高 0.8 米，东西辟 1 门 2 箭窗，南北辟 4 箭窗，西门保存较好，西门宽 0.99 米，高 2.05 米，进深 0.38 米，门洞为"八"字形，向内敞，内宽 1.54 米，进深 0.57 米，东门大部券砖坍塌，存少量墙体及槛石，槛石长 1.05 米，宽 0.56 米，厚 0.12 米，箭窗内室多已坍塌，仅存下部墙体，箭窗下部向外敞开，内宽 0.72 米，外宽 0.91 米，高 1 米，下坎墙高 0.53 米，窗洞为内敞式，内宽 1.17 米，外宽 0.77 米，残高 2.73 米，进深 0.46 米，下部为砖砌高出地面平台，高 0.41 米；中段与上段间设三层砖拔檐分隔，第二层为菱角花檐，上下层为直檐；上段为垛口墙。

墙体内侧四角及墙体中部均残有柱洞痕迹，柱径 0.33 米，残存墁地方砖及圆形柱础两个，柱础直径 0.35 米，柱间距东西 3.5 米（中间），两侧 3.1 米。

11. 金山岭 11 号敌台 130824352101170011

位于巴克什营镇花楼沟村东南约 1.1 千米，坐标：东经 117° 14′ 51.80″，北纬 40° 40′ 40.30″，高程

517 米。

俗称"高尖楼"，敌台东西接墙，木平顶已坍塌，四周城砖砌筑，立面及剖面呈梯形，楼体东西 12.61 米，南北 8.95 米，高 8.8 米（西北角台基至拔檐砖下）。敌台为三段式，下段条石基础西南角 13 层，高 3.73 米；中段城砖砌筑，腰檐高 0.95 米，东西辟 1 门、2 箭窗，南北辟 3 箭窗，箭窗与门间隔 1.06 米，箭窗间隔 0.78 米，门与箭窗内室均向内敞，呈抹"八"字形，门为砖券，宽 0.92，高 2.2 米，墙厚 0.4 米，石质槛石，宽 0.55 米，厚 0.18 米，长 1.1 米，门洞内宽 1.5 米，箭窗下部外敞，高 1.26 米，外宽 0.85 米，内宽 0.67 米，坎墙残高 0.75 米，窗内室倒"八"字，内宽 0.82 米，外宽 1.7 米，进深 0.45 米，下部为券砖砌平台，高出楼地面 0.5 米，东门上部已全部坍塌，仅存下部墙体及门槛石，西门保存尚好，内部贴砖脱落，南墙东侧箭窗已坍塌，其余箭窗保存相对较好；中段与上段间设三层砖拔檐分隔，第二层为菱角花檐，上下层为直檐；上段为垛口墙，西南角残存垛口墙约 2 米。

楼内地面现存四柱础，直径 0.4 米，柱础石长 0.8 米，宽 0.8 米，柱间南北 3.2 米，东西 4.2 米。东门内侧 2.35 米处残存稳梯石一块，距南墙 0.75 米，长 1.12 米，宽 0.38 米，梯脚间距 0.7 米，梯脚宽 0.012 米。

12. 金山岭 12 号敌台 130824352101170012

位于巴克什营镇花楼沟村东南约 1 千米，坐标：东经 117° 14′ 45.00″，北纬 40° 40′ 39.20″，高程 490 米。

俗称"窑沟楼"，敌台东西接墙，木平顶已坍塌，四周城砖砌筑，立面及剖面呈梯形，楼体东西 11.62 米，南北 11.71 米，高 8.12 米。敌台为三段式，下段条石基础 5 层，高 1.53 米，土衬石 4 层，高 1.06 米；中段城砖砌筑，腰檐高 2.9 米，东西辟 1 门 2 箭窗，南北辟 3 箭窗，东侧墙体门和箭窗均已残毁，存 3 个大洞，洞高 2.1～2.8 米，宽 11.7 米，存门槛石一块，长 1.2 米，宽 0.31 米，厚 0.18 米，西门及南侧箭窗已坍塌，仅存石质门槛石一块，长 1.2 米，宽 0.5 米，西墙北侧箭窗仅存部分墙壁和砖券，其余墙体及下坎墙已坍塌，箭窗内室仅存下部高约 0.95 米的墙体，由残墙可见其形制为内敞式箭窗洞，内侧宽 1.2 米，进深 0.32 米，箭窗券拱高 0.38 米，北侧墙体残存箭窗 4 个，箭窗内室已坍塌，仅存下部墙体高 0.5～0.8 米；中段与上段间设三层砖拔檐分隔，第二层为菱角花檐，上下层为直檐；上段为垛口墙，东北部保存完整，设四口五垛，南墙残存两口三垛，西墙残存一口两垛，口为平口，无常见的抹八字做法，其中口宽 0.48 米，高 0.65 米，垛墙长约 1.85～1.9 米，高 1.6 米，顶部未见劈水砖，垛墙上部密布方形射孔，3～7 个，射孔方形，高约 0.15 米，宽 0.15 米，射孔下为较大望孔，望孔下沿距楼顶 0.42 米，望孔高 0.33 米，宽约 0.25 米，内侧呈"斗"状。

现存墙体内侧墙角及箭窗与门、箭窗与箭窗之间的隔墙上，均残留有半圆形的立柱痕迹，柱径 0.28 米，高 3.37 米，柱间距 3.5 米，地面墁砖尚存，为 36.5 厘米见方的方砖，南北向铺墁，地面保存四个圆形柱础，直径 0.35 米。

13. 金山岭 13 号敌台 130824352101170013

位于巴克什营镇花楼沟村东南约 910 米，坐标：东经 117° 14′ 40.00″，北纬 40° 40′ 36.40′高程 497 米。

俗称"大金山楼"，敌台东西接墙，砖石结构，平面布局三券室三通道，立面及剖面呈梯形，楼内东西 11.78 米，南北 8.66 米。敌台为三段式，下段条石基础 7 层，高 2.24 米；中段城砖砌筑，东西辟 1 门 2 箭窗，南北辟 3 箭窗，门为石质，西门宽 0.84 米，高 1.8 米，进深 0.3 米，两侧为立柱石，高 1.4 米，面宽 0.25 米，进深 0.18 米，下槛石高 0.23 米，门内为"八"字形，外宽 1.3 米，内宽 1.47 米，门洞宽 1.26 米，高 2.5 米，进深 1.22 米，门南与窗洞间隔 0.83 米，箭窗为下部外敞，券不外敞，窗高 1.04 米，外敞内宽 0.7 米，外宽 0.87 米，进深 0.38 米，窗下槛 0.7 米，窗内室宽 1.29 米，高 2.48 米，门北侧箭窗进深 1.4 米，南侧进深 0.94 米；中段与上段间设三层砖拔檐分隔，第二层为菱角花檐，上下层为直檐；上段为垛口墙，北面为 5 个垛口，南面为 4 个垛口，东西为 3 垛口，跺下设望孔，垛墙高 1.87 米，跺高 0.76 米，口宽 0.45 米，为"八"字形，内外宽 0.8 米，垛墙下设排水沟，宽 0.135 米，南北各设两个石沟嘴子。

楼内地面方砖墁地，规格：0.39 米 × 0.39 米。楼内东西为券室，南券室长 9.68 米，宽 1.31 米，高 3.77 米，间隔墙厚 0.81 米，中券室宽 2.23 米，高 4.04 米，南北为通道，宽 1.35 米，高 2.44 米，间隔 1.27 米；西门与北箭窗洞间隔墙设北向南上梯道，梯道宽 0.74 米，向上 8 步至平台，长 1.69 米，再向上 6 步至顶，踏跺高 0.36 米，宽 0.28 米。

楼顶西南设梯井房，顶部东高西低单坡硬山顶，东部与铺房西墙搭接，梯井房东西 2.22 米，南北 2.51 米，与铺房西墙形成一南北向券道，宽 0.82 米，进深 1.75 米。铺房坐北朝南，东西长 7.28 米，南北 4.13 米，为面三进一硬山布瓦顶建筑，地面至博风顶 4.1 米；内部为东西向券室，宽 2.72 米，长 5.8 米，高 3.52 米，地面为东西向 0.395 米见方水泥砖铺墁，为后修；明间开券门，内为"八"字形，内宽 1.36 米，外宽 1.08 米，门宽 1 米，高 1.74 米，墙厚 0.73 米，外部门窗隔墙 1.15 米，窗宽 0.87 米，高 0.81 米，为一伏一券，进深同墙厚。铺房正面正对一影壁，高 1.98 米，长 2.73 米。顶部地面西、北为 0.39 米见方水泥方砖铺墁，东、南为 0.28 米见方水泥方砖铺墁。

14. 金山岭 14 号敌台 130824352101170014

位于巴克什营镇花楼沟村东南约 810 米，坐标：东经 117° 14′ 35.10′北纬 40° 40″，36.50′高程 492 米。

俗称"小金山楼"，敌台东西接墙，砖石结构，平面布局三券室四通道，立面及剖面呈梯形，东西长 12.5 米，西北角高 11.1 米（地面至拔檐砖），东北角高 6.8 米（地面至拔檐砖）。敌台为三段式，下段条石基础西北角 8 层，高 3 米；中段城砖砌筑，北辟 4 箭窗，西辟 3 箭窗，东辟 1 门 1 箭窗，南辟 1 门 3 箭窗，南门位于东侧，西北角北窗下部外敞，券部不外敞，窗高 0.93 米，内宽 0.69 米，外宽 0.82 米，进深 0.35 米，槛墙高 0.71 米，窗内室宽 1.3 米，高 2.54 米，进深 0.95 米，窗内室间隔 1.17 米，南北箭窗保存较完整，窗下槛有部分残损，槛框均缺失，南侧门高 1.71 米，宽 0.83 米，进深 0.31 米，门内室宽 1.33 米，高 2.71 米，进深 0.86 米，东墙北侧箭窗，下部槛墙拆毁，后改为门，宽 0.65 米，窗内室保存较好，宽 1.32 米，高 2.53 米，进深 1.61 米，东墙中部设门，宽 0.83 米，高 1.76 米，进深 0.33 米，内部槛框缺失，门内室宽 1.46 米，高 2.78 米，进深 1.67 米，与窗内室间隔 2.02 米，与梯道间隔 1.98 米，地面为预制水泥方砖，为 0.395 见方；中段与上段间叠涩四层拔檐砖；上段为垛口墙，垛墙宽 1.66 米，垛口为内外"八"字形，外宽 0.77 米，四面均为 5 个垛口，北垛墙中部距地面 0.49 米处设望孔，孔内为斗状，外为方形，内宽 0.3 米，外宽 0.11 米，高 0.29 米，北垛墙距铺房北墙 2.58 米，西距 2.21

米，南距 2.53 米。

东墙南侧与门交接处设登顶梯道，先向东上，后转向北上，梯道口宽 1.26 米，高 2.35 米，进深 1.3 米，向东 3 步踏跺，每步高 0.43 米，进深 0.27 米，梯道间宽 0.82 米，向北为 11 步，踏跺下为砖质，上为石质，高 0.27 米，进深 0.24 米，梯道内顶部为券顶式，为东向单坡硬山顶，东西宽 1.5 米，南北 2.85 米，高 2.42 米，脊高 0.41 米。券室长 8.64 米，宽 1.76 米，高 3.63 米，券室隔墙厚 1.07 米，中券室宽 2.35 米，通道宽 1.29 米，高 2.36 米，间隔 1.17 米。

顶部中央为 1982 年后修缮铺房一座（原存有基址），为面三进一硬山布瓦建筑，砖仿木制做法，南面设一门两窗，东西长 6.5 米，南北 4.41 米，地面为 0.4 米见方方砖墁地，四周设排水沟，垛墙保存较好，部分劈水砖缺失，垛墙高 1.67 米，垛口宽 0.42 米，高 0.77 米，垛口槛石长 0.77 米，宽 0.37 米，厚 0.14 米，中间设圆形冲孔，直径 0.055 米，深 0.1 米。南侧垛墙中部设影壁一座，宽 2.73 米，高 2.12 米。垛墙外南北设石沟嘴，凸出 0.75 米，底宽 0.3 米，顶宽 0.18 米。

15. 金山岭 15 号敌台 130824352101170015

位于巴克什营镇花楼沟村东南约 710 米，坐标：东经 117° 14′ 29.60″，北纬 40° 40′ 35.90″，高程 462 米。

俗称"二号楼"，敌台东西接墙，木平顶已坍塌，四周城砖砌筑，立面及剖面呈梯形，东西 11.72 米，南北 8.15 米，北侧高 5.6 米，南侧高 7.05 米（均为拨檐以下）。敌台为三段式，下段条石基础；中段城砖砌筑，原墙残高 1～1.3 米，上部至垛口均为 20 世纪 80 年代初期重修，保存完好，高 4.46 米，楼内地面海墁亦为 80 年代修复，腰檐高 4.2 米，东西辟 1 门 1 箭窗，南北辟 3 箭窗，门位于墙中部，宽 1.26，高 2.29 米，进深 0.45 米，箭窗位于门北侧 1.97 米处，箭窗宽 0.98 米，高 1.82 米，外宽 1.4 米，外敞式，下坎墙高 0.98 米，南北墙箭窗间隔 2.27 米；一层地面存柱础 6 个，柱础东西间距 3.5 米，南北 1.68 米，柱径 0.35 米。中段与上段间设三层砖拔檐分隔，第二层为菱角花檐，上下层为直檐；上段为垛口墙。

16. 金山岭 16 号敌台 130824352101170016

位于巴克什营镇花楼沟村东南约 670 米，坐标：东经 117° 14′ 25.10″，北纬 40° 40′ 34.10″，高程 452 米。

俗称"一号楼"，敌台东西接墙，木平顶已坍塌，四周城砖砌筑，立面及剖面呈梯形，台内部南北 9.77 米，东西 10.15 米，内部北侧高 5.23 米，南南 4.42 米。敌台为三段式，中段城砖砌筑，上部为 20 世纪 80 年代后期维修，东西辟 1 门 2 箭窗，南北辟 3 箭窗，门高 2.17 米，宽 1 米，进深 0.45 米，箭窗高 1.38 米，中宽 1 米，外宽 1.36 米，内宽 1.3 米，窗间距 1.73 米；一层地面存柱础 4 个，础径 0.38 米，础间距 3.4 米，距北墙 2.2 米，东墙 2.45 米。中段与上段间设三层砖拔檐分隔，第二层为菱角花檐，上下层为直檐；上段为垛口墙，南北设 4 垛口，东西设 3 垛口，高 1.56 米，下设"十"字形望孔。

17. 金山岭 17 号敌台 130824352101170017

位于巴克什营镇花楼沟村东南约 610 米，坐标：东经 117° 14′ 22.80″，北纬 40° 40′ 34.90″，高程 445 米。

俗称"黑楼子"，敌台东西接墙，砖石结构，平面布局三券三通，立面及剖面呈梯形，顶部东西 12.56 米，南北 8.77 米，北侧台高 7.07 米。敌台为三段式，下段条石基础；中段城砖砌筑，砖腰檐一层，东辟 1 门 2 箭窗，南北辟 3 箭窗，西下辟 1 门上辟 3 箭窗，箭窗宽 0.85 米，高 1.18 米，箭窗外侧为外敞式，外宽 0.87 米，下槛高 0.71 米；中段与上段间设三层砖拔檐分隔，第二层为菱角花檐，上下层为直檐；上段为垛口墙，东西 3 垛口，垛口宽 0.47 米，高 0.74 米，垛墙高 1.77 米，南北 4 垛口。券室东西长 11.1 米，券室宽 1.53 米，高 2.97 米，通道南北向，宽 1.37 米，高 1.82 米，券室间隔墙 1.38 米，通道间隔 2.61 米。台顶铺房为硬山布瓦顶，坐北朝南；西北设登顶梯室，为后修；二层地面为 0.38 米方砖铺墁。

18. 金山岭 18 号敌台 130824352101170018

位于巴克什营镇花楼沟村东南约 590 米，坐标：东经 117° 14′ 20.50″，北纬 40° 40′ 34.10″，高程 434 米。

俗称"东方台"，敌台东西接墙，砖石结构，夯土台芯，1983 年进行过维修，北侧条石基础 5 层，高 1.5 米，毛石部分风化酥碱，底部东西长 13.37 米；顶部平台东西 12.65 米，南北 7.81 米，北侧高 4.09 米，南侧高 3.32 米；地面海墁城砖，规格：0.38 米 ×0.18 米 ×0.09 米，砖东西向竖墁，柱础 6 个，柱础径 0.38 米，柱间距 3.8 米，四周有原始楼体残墙高 0.78 米，厚 0.81 米。

19. 金山岭 19 号敌台 130824352101170019

位于巴克什营镇花楼沟村东南约 800 米，坐标：东经 117° 14′ 17.50″，北纬 40° 40′ 32.50″，高程 439 米。

俗称"西方台"，敌台东西接墙，砖石结构，1996 年经金山岭长城管理处维修，条石基础 7 层，台内东西 10.14 米，南北 10.43 米，高 5.35 米；地面墁条砖，砖长 0.37 米，宽 0.175 米，柱础石存 16 个，成网状布局，柱间距 3.55 米，柱础石边长 0.55 米 ×0.55 米，鼓面径 0.35 米，四周环置砖砌矮墙，高 0.84 米，厚 0.8 米，东西正中位置开门，门宽 0.97 米。

20. 金山岭 20 号敌台 130824352101170020

位于巴克什营镇花楼沟村东南约 800 米，坐标：东经 117° 14′ 11.00″，北纬 40° 40′ 31.20″，高程 461 米。

俗称"西域楼"，敌台东西接墙，木平顶已坍塌，四周城砖砌筑，立面及剖面呈梯形，南北 10.98 米，高东北角 9.2 米。敌台为三段式，下段条石基础 9 层，每层厚 0.28 米；中段城砖砌筑，砖腰檐一层，东下辟门，南北辟 4 箭窗，西辟 1 门 2 箭窗，东南墙不存，北、西墙内侧损坏严重，东券门蹬道北转登楼，券门宽 0.73 米，加券脚高 1.82 米，券脚高 1.27 米，券脚石厚 0.25 米，宽 0.3 米，高 1.27 米，门内室宽 0.94，高 2.02 米，顶为三块料石，平顶，总宽 0.91 米，厚 0.3 米，东券门内踏跺 14 级，踏步宽 0.22 米，高 0.31 米，箭窗呈"八"字形，窗内室外宽 1.55 米，内宽 0.82 米，窗内宽 0.68 米，外宽 0.88 米，高 1.27 米，券脚高 0.77 米；中段与上段间设三层砖拔檐分隔，第二层为菱角花檐，上下层为直檐；上段为垛口墙。开间各 3 间，地墁条砖，明间东西 3.66 米，南北 3.66 米，柱础石 0.74 米 ×0.74 米，鼓面径 0.49 米，鼓面高 0.09 米。

21. 金山岭 21 号敌台 130824352101170021

位于巴克什营镇花楼沟村东南约 800 米，坐标：东经 117° 14′ 04.30″，北纬 40° 40′ 31.60″，高程 482 米。

俗称"库房楼"，1996 年由金山岭长城管理处维修，敌台南北接墙，砖石结构，平面布局三券室三通道，立面及剖面呈梯形，东西 9.61 米，南北 10.52 米。敌台为三段式，下段条石基础 12 层；中段城砖砌筑，腰檐高 1.2 米，南北辟 1 门 2 箭窗，东西辟 4 箭窗，门内室高 1.23 米，进深 0.83 米，高 2.45 米，门宽 0.77 米，高 1.75 米，门券脸石高 0.32 米，厚 0.23 米，由三块拱形石组成。门柱石高 1.39 米，宽

0.28 米，厚 0.24 米，门闩石 0.34 米 × 0.34 米见方，孔径 0.16 米。门槛石长 1.5 米，宽 0.56 米，厚 0.07 米，海窝径 0.1 米。箭窗内室券脚高 1.6 米，宽 1.03 米，洞高 2.17 米，站台高 0.1 米，进深 0.63 米，窗外大内小，内宽 0.63 米，外宽 0.83 米，高 0.99 米，券脚高 0.66 米，箭窗槛框内宽 0.08 米，厚 0.05 米，箭窗石长 0.94 米，宽 0.37 米，厚 0.08 米，孔径 0.05 米；中段与上段间设三层砖拔檐分隔，第二层为菱角花檐，上下层为直檐；上段为垛口墙，垛口石厚 0.1 米，长 0.91 米，宽 0.385 米。

中券室长 8.33 米，宽 1.64 米，高 3.28 米，券脚高 2.5 米，东券室长 8.37 米，宽 1.44 米，高 3.24 米，南券室长 8.27 米，宽 1.23 米，高 3.2 米，券室内顶皆安装有加固墙体的南北向铁闩；南通道宽 1.59 米，高 2 米，券脚高 1.2 米，中通道宽 1.54 米，高 2 米，北通道宽 1.59 米，宽 0.48 米，进深 0.37 米；梯道位于西券室南侧，西进 1.25 米后折而北上，16 级石阶，踏步宽 0.31 米，抬步高 0.28 米，梯道宽 0.7 米，梯道口安装铁栅栏门；铺房为硬山式。敌台外侧设战墙 1 道。

22. 金山岭 22 号敌台 130824352101170022

位于巴克什营镇花楼沟村东南约 800 米，坐标：东经 117° 14′ 04.50″，北纬 40° 40′ 36.70″，高程 455 米。

俗称"敞楼子"，敌台南北接墙，木平顶已坍塌，四周城砖砌筑，立面及剖面呈梯形，敌台东西 10.9 米，南北 10.9 米。敌台为三段式，下段条石基础；中段城砖砌筑，砖腰檐一层，南辟 1 门 2 箭窗，其他三面辟 4 箭窗，内部东西 3 间，南北 3 间，明间东西 3.72 米，南北 3.64 米，南墙西南角设门，门平顶过木，箭窗内室"八"字形，内大外小，内口宽 0.75 米，外口宽 1.23 米，券高 1.13 米，券脚高 0.68 米，厚 0.34 米，窗台高 0.7 米，站台高 0.4 米；中段与上段间设三层砖拔檐分隔，第二层为菱角花檐，上下层为直檐；上段为垛口墙。

一层地面存柱础石 4 个，尺寸 0.76 米 × 0.8 米，径 0.49 米，鼓面高 0.08 米，东北角存花岗岩质石臼一个。

23. 金山岭 23 号敌台 130824352101170023

位于巴克什营镇花楼沟村东南约 800 米，坐标：东经 117° 14′ 06.20″，北纬 40° 40′ 42.50″，高程 410 米。

俗称"四方台"，敌台南接墙，砖石结构，1996 年经金山岭长城管理处维修，台内边长 12.74 米，高 10.23 米；地面墁方砖，规格：0.38 米 × 0.38 米，存铺房址，东西长 7.74 米，南北 3.74 米，南设门，宽 1.49 米，铺房墙高 0.5 米，厚 0.58 米，东南、西南角各有一小铺房址，东西 2.24 米，南北 2.93 米，墙厚 0.39 米。垛口墙每面各设垛口 4 个，垛口墙高 1.55 米，厚 0.37 米，垛口宽 0.4 米，高 0.69 米，垛口两侧设方形望（射）孔，距顶面 0.9 米，东、西各设低于地面 0.25 米的石质出水嘴。

24. 金山岭 24 号敌台 130824352101170024

位于巴克什营镇花楼沟村东南约 800 米，坐标：东经 117° 13′ 58.10″，北纬 40° 40′ 36.10″，高程 419 米。

实芯敌台，1996 年由金山岭长城管理处维修，东西 9.2 米，南北 9.28 米，高 4.31 米，平铺方砖，四周砖砌矮墙，高 0.84 米，厚 0.47 米，存砖排水槽 6 个，台顶东北角立有一块青白石质碑，厚 0.75 米，宽 0.8 米，高 0.81 米，碑阳刻"中央电视台新闻联播节目片头长城镜头在此地拍摄"。

25. 金山岭 25 号敌台 130824352101170025

位于巴克什营镇花楼沟村东南约 800 米，坐标：东经 117° 13′ 55.70″，北纬 40° 40′ 36.30″，高程 413 米。

俗称"墙垛楼"，实芯敌台，东西 14.04 米，南北 11.55 米，高 7.95 米，平铺方砖，规格：0.38 米 × 0.38 米；中间位置建有两层箭楼，坐北朝南，东西长 11.36 米，南北宽 6.1 米，北山墙距垛墙 2.01 米，东西各距垛墙 1.4 米，开间 5 间，进深 1 间，原为上下两层，一层高 2.9 米，隔层及顶部不存，东西山墙现存楼楞木方槽 12 个，西侧 7 个，东侧 5 个，高 0.22 米，宽 0.18 ～ 0.3 米，箭楼残高 5.1 米，明间宽 3.64 米，次间宽 2.28 米，稍间宽 1.18 米，进深 4.88 米，二层高度不详。东西各存箭窗 1 个，北面 3 个。箭楼四周环置垛墙，墙高 1.6 米，厚 0.4 米，垛口高 0.71 米，宽 0.44 米，北、南两面各设 5 个垛口，东西两面各设 2 个垛口，下置出水嘴。

26. 金山岭 26 号敌台 130824352101170026

位于巴克什营镇花楼沟村东南约 800 米，坐标：东经 117° 13′ 53.90″，北纬 40° 40′ 38.40″，高程 428 米。

俗称"砖垛口楼"，1996 年由金山岭长城管理处维修，实芯敌台，东墙长 9.5 米，南墙长 8.37 米，西墙长 10.1 米，北墙长 9.24 米，高 4.82 米，平铺方砖，存柱顶石 8 个，鼓形，径 0.33 米，方砖边长 0.37 米 × 0.37 米；明间开间 3.43 米，次间开间 1.36 米，进深 3.47 米；四周环置矮墙，砖砌，高 0.84 米，厚 0.4 米；台体东墙开内嵌式梯道，进深 2.07 米，宽 0.95 米，存石阶 3 组，踏步宽 0.31 ～ 0.45 米，高 0.17 米。

27. 金山岭 27 号敌台 130824352101170027

位于巴克什营镇花楼沟村西南约 440 米，坐标：东经 117° 13′ 49.80″，北纬 40° 40′ 40.40″，高程 450 米。

俗称"西梁砖垛楼"，敌台东西接墙，木平顶已坍塌，四周城砖砌筑，立面及剖面呈梯形，东西 10.23 米，南北 11.67 米。敌台为三段式，下段条石基础 4 层，高 1.48 米；中段城砖砌筑，砖腰檐一层，东辟 1 门 3 箭窗，西南辟 1 门 2 箭窗，北辟 5 箭窗，东门位于南侧，高 2.06 米，宽 0.67 米，进深 0.47 米，门内室为"八"字形，高 1.95 米，进深 0.59 米，外宽 1.49 米，内宽 0.91 米，门两侧各设一门销洞，门洞与相邻窗洞间隔 0.98 米，箭窗内室间隔 0.2 米，0.98 米，北侧箭窗高 1.06 米，宽 0.69 米，进深 0.47 米，窗内室为"八"字形，进深 0.72 米，高 1.98 米，内宽 0.93 米，外宽 1.33 米，两侧窗洞与中部窗洞间隔 0.65 米，中间两窗洞间隔 0.15 米，南墙中间设门，门高 2.08 米，宽 0.91 米，进深 0.56 米，门内室"八"字形，内宽 1.15 米，外宽 1.9 米，高 2.1 米，东箭窗宽 0.68 米，高 1.1 米，进深 0.45 米，下槛高 0.76 米，窗内室内宽 0.92 米，外宽 1.47 米，进深 0.69 米，高 1.93 米，西门位于南侧，宽 0.91 米，高 2.07 米，进深 0.59 米，门内室内宽 1.14 米，外宽 1.92 米，高 2.11 米，进深 0.48 米，与窗内室间隔 1.5 米，1.71 米，窗宽 0.7 米，高 1.1 米，进深 0.48 米，窗内室内宽 0.92 米，外宽 1.51 米，进深 0.62 米，高 1.97 米，下槛高 0.76 米，槛下台高 0.32 米，同其他窗的槛下台；中段与上段间设三层砖拔檐分隔，第二层为菱角花檐，上下层为直檐；上段为垛口墙，垛墙四面均为 5 垛口，下设望孔，垛墙高 1.6 米，垛口高 0.63 米。

台室地面为后期修缮，地面柱础 16 个，中心 4 个，四角各 1 个，门窗、窗与窗之间各 1 个，柱间距东西 3.5 米，东间距 2.25 米，西间距 2.2 米，南北柱间距由南向北依次为 2.89 米、3.65 米、2.88 米，四面墙体有柱嵌入墙体痕迹，柱洞直径 0.38 米，柱洞顶部可见向外有 0.5 米踏台至垛墙。东南侧可见原始登楼木梯嵌角石及支柱石，西北角有一碑座，上宽 0.38 米，上长 0.72 米，下宽 0.41 米，下长 0.77 米，高 0.51 米，榫长 0.22 米，宽 0.115 米。

28. 金山岭 28 号敌台 130824352101170028

位于巴克什营镇花楼沟村西南约 530 米，坐标：东经 117° 13′ 44.60″，北纬 40° 40′ 41.10″，高程 465 米。

俗称"西五眼楼"，敌台东西接墙，砖石结构，平面布局二券室四通道，立面及剖面呈梯形，东北角高 4.9 米。敌台为三段式，下段条石基础西北角 5 层，高 1.95 米；中段城砖砌筑，腰檐砖 2 层，下层为菱角檐，上层为直檐，厚 0.21 米，东西辟 1 门 1 箭窗，南北辟 5 箭窗，门宽 0.98 米，高 2.16 米，两伏两券，门槛石宽 0.38 米，厚 0.18 米，长 1.15 米，内侧设石质门墩，上有圆形门柱孔，直径 0.08 米，门内室高 2.46 米，宽 1.28 米，进深 1 米，门洞两侧墙上距地面 1.03 米处设方形圆孔插杠石，高 0.36 米，宽 0.4 米，厚 0.18 米，孔径 0.15 米，箭窗宽 0.67 米，高 1.14 米，下坎高 1.1 米，墙厚 0.69 米，箭窗墙厚 0.46 米，内侧贴砖均已脱落，砖厚 0.06 米，箭窗内室宽 1.44 米，高 2.93 米，进深 0.74 米；中段与上段间设三层砖拔檐分隔，第二层为菱角花檐，上下层为直檐；上段为垛口墙，顶部残存少量垛墙，最高 1.3 米，东部残存射孔 4 个，南北侧各残存出水嘴 2 块。

券室东西向，长 10.9 米，宽 1.8 米，高 4.08 米，间隔墙厚 1.36 米。通道南北向，宽 1.37 米，高 2.54 米，间隔 1.78 米，通道间隔墙中部下设宽 0.55 米，高 1.05 米，进深 0.93 米的小型券洞。南券室中部存砖砌梯道痕迹，立载条砖两层，券室东侧顶部为长方形天井，砖规格 0.42 米 ×0.21 米 ×0.11 米。

29. 金山岭 29 号敌台 130824352101170029

位于巴克什营镇花楼沟村西南约 580 米，坐标：东经 117° 13′ 41.20″，北纬 40° 40′ 43.60″，高程 450 米。

敌台东西接墙，木平顶已坍塌，四周城砖砌筑，立面及剖面呈梯形，东西长 12.14 米，南北宽 10.89 米，高 11.4 米。敌台为三段式，下段条石基础南侧 10 层，高 3.1 米，北侧 5 层，高 1.52 米；中段城砖砌筑，砖腰檐一层，东西辟 1 门 2 箭窗，南北辟 4 箭窗，门位于中部，宽 0.95 米，高 2.03 米，进深 0.41 米，门内室"八"字形，内宽 0.97 米，外宽 1.87 米，进深 0.61 米，残高 2.57 米，过木无存，槛石通宽 1.05 米，长 1.37 米，门内室与北箭窗内室间隔 1.17 米，窗槛框无存，宽 0.75 米，高 1.05 米，进深 0.36 米，内室为"八"字形，内宽 0.74 米，外宽 1.86 米，残高 2.6 米，进深 0.59 米，下槛高 0.87 米，过木到地面 2.04 米；中段与上段间设三层砖拔檐分隔，第二层为菱角花檐，上下层为直檐；上段为垛口墙，垛墙高 1.75 米，垛口高 0.82 米，四面垛墙各 5 个垛口，下设望孔，南北各设 2 石质出水嘴。

楼内地面存海墁痕迹，杂草丛生，存柱础 16 个，柱径 0.56 米，底座 0.66 米 ×0.66 米，明间南北础间距 3.6 米，东西础间距 3.45 米，西与墙间距 2.65 米，东与墙间距 2.7 米，楼体四周墙角存柱窝，南北两侧隔墙存柱窝，直径 0.38 米，东西侧上部柱窝两侧存额枋木嵌入痕迹，痕迹上 4 层砖，有嵌板痕迹，厚 0.09 米，柱高 3.48 米，上为 2 层砖到台，高 0.18 米，台边距垛墙 0.5 米。

30. 金山岭 30 号敌台 130824352101170030

位于巴克什营镇花楼沟村西约 560 米，坐标：东经 117° 13′ 40.70″，北纬 40° 40′ 48.60″，高程 475 米。

敌台东西接墙，木平顶已坍塌，四周城砖砌筑，立面及剖面呈梯形，东西宽 10.19 米，南北长 11.42 米。敌台为三段式，下段条石基础 4 层，高 2.3 米；中段城砖砌筑，砖腰檐一层，南辟 1 门 2 箭窗，其他面辟 4 箭窗，南门起券方式为两伏两券，残高 2.1 米，宽 0.72 米，门内室内宽 1.41 米，进深 0.72 米，窗内室为内敞式，呈"八"字形，木过梁已缺失，顶部砌砖大部脱落，宽 1.35 米，外宽 0.91 米，进深 0.67 米，下部砌有高出楼地面 0.35 米的砖台，箭窗内侧贴砖脱落，宽 0.68 米，高 1.02 米，起券方式为两伏两券；中段与上段间设三层砖拔檐分隔，第二层为菱角花檐，上下层为直檐；上段为垛口墙，高 1.65 米，垛口高 0.72 米，宽 0.48 米，东西设五垛四口，南北设六垛五口，垛墙中间距楼顶 0.3 米高处设望孔，望孔方形，内部为"斗"形，宽 0.26，高 0.28 米，除东侧垛口墙，其他均保存完好，南北垛墙下各设石质出水口 2 个，均残，出墙 0.3 ～ 0.5 米。

地面存砾岩质碑座，长 0.75 米，宽 0.3 米，高 0.45 米，榫槽长 0.21 米，深约 0.15 米。

31. 金山岭 31 号敌台 130824352101170031

位于巴克什营镇花楼沟村西北约 630 米，坐标：东经 117° 13′ 38.00″，北纬 40° 40′ 51.80″，高程 454 米。

俗称"桃春楼"，敌台东西接墙，砖石结构，平面布局呈"回"字形，立面及剖面呈梯形，东西长 10.25 米，南北宽 9.55 米，墙身高 5.97 米。敌台为三段式，下段条石基础 6 层，高 2.3 米；中段城砖砌筑，东西辟 1 门 1 箭窗，南北辟 4 箭窗，券门宽 1.12 米，高 2.16 米，起券方式均为二伏二券，门券室宽 1.44 米，高 2.71 米，箭窗宽 0.66 米，高 0.93 米，起券方式为"二伏二券"，箭窗券室宽 0.98 米，高 2.1 米；中段与上段之间用 4 层砖砌拔檐分隔，高 0.4 米；上段为垛口墙，宽 0.4 米，残高 0.1 ～ 0.3 米。

中心室四面设通道，东西券室长 8.12 米，宽 1.69 米，高 3.74 米，南券室中通道与东券室间隔墙设有南向登顶梯道，宽 0.92 米，踏跺 16 级，底为砖，上为石，高 0.2 ～ 0.25 米。

南北各设石沟嘴子 2 块；铺房仅存基础，东西 6.5 米，南北 3.66 米，方砖海墁地面，基础厚 0.45 米，柱础 18 个，为面三进一，前后带廊，础径 0.25 米，柱础石为 0.4 米见方，柱间距明间 3.15 米，次间 1.45 米，进深（南北）廊 0.98 米，到墙中柱 1.6 米，到北墙中 1.96 米，后廊 1 米，北墙高 9.22 米，南墙高 10 米，铺房墁地砖保存较好，规格：0.375 米 × 0.375 米 × 0.085 米。

32. 金山岭 32 号敌台 130824352101170032

位于巴克什营镇花楼沟村西北约 680 米，坐标：东经 117° 13′ 36.80″，北纬 40° 40′ 55.50″，高程 476 米。

俗称"六眼楼"，敌台南西接墙，木平顶已坍塌，四周城砖砌筑，立面及剖面呈梯形，东西长 13.93 米，南北宽 10.3 米，墙身高 3.98 ～ 5.68 米。敌台为三段式，下段条石基础 5 层，高 1.53 米，放脚宽 0.09 米；中段城砖砌筑，箭窗下 0.83 米处，设腰檐 2 层，南西辟 1 门 2 箭窗，北辟 3 箭窗，东辟 6 箭窗，券门宽 0.93 米，高 1.93 米，起券方式为二伏二券，顶部券砖部分脱落，门内室呈"八"字形，门室内宽 0.99 米，外宽 1.61 米，高 2.2 米，上置木过梁，箭窗内宽 0.7 米，外宽 0.97 米，高 1.2 米，起券方式为二伏二券，箭窗内室呈"八"字形，起券方式为二伏二券，箭窗券室内宽 0.76 米，外宽 1.27 米，高 2.2 米，上置木过梁，顶部坍塌；中段与上段间设三层砖拔檐分隔，第二层为菱角花檐，上下层为直檐；上段为垛口墙，东、西侧均辟 5 垛口 6 望孔，南、北侧均辟 4 垛口 5 望孔，垛口墙宽 0.4 米，高 1.5 米，南墙及北墙东部坍塌外。

四周墙体内侧间隔墙上均保留柱位，东西为四根，柱间距为 3.85 米，4.15 米，3.85 米；南北四柱间距为 2.55 米，3.05 米，2.55 米，柱高 3.5 米左右，楼内生满杂草及碎砖瓦堆积，西南部可见一残存柱础，底座 0.4 米 × 0.4 米，鼓径 0.36 米，柱径 0.3 米。

33. 金山岭敌台 33 号 130824352101170033

位于付营子镇头道梁村东南侧约 600 米处的山脊上，坐标：东经 117° 13′ 31.10″，北纬 40° 40′ 57.60″，高程 443 米。

敌台南北接墙，木平顶已坍塌，四周城砖砌筑，立面及剖面呈梯形，南北 10.49 米，东西 9.43 米，高 7.8 米。敌台为三段式，下段条石基础 6 层，高 2.27 米，料石放脚 1 层，高 0.4 米；中段城砖砌筑，设砖腰檐 1 层，南北辟 1 门 2 箭窗，东西辟 3 箭窗，门内室内口宽 1.53 米，外口宽 1.19 米，门宽 0.9 米，顶部均已残缺，南门及南面东侧箭窗人为后期青砖封堵，箭窗内室为内敞口，残高 1.83 米，顶部凹槽高 0.17 米，箭窗为外敞口，内口宽 0.7 米，外口宽 0.85 米，高 1.15 米，券脚高 0.54 米；中段与上段间设三层砖拔檐分隔，第二层为菱角花檐，上下层为直檐；上段为垛口墙，垛口及望孔均保存较完整，四面各设垛口 4 个，望孔 5 个，东、西面各设 2 个出水嘴，垛墙上有劈水砖。

室地面被顶部坍塌下的砖、土掩埋，局部裸露墁地方砖，规格 0.37 米 × 0.37 米。台室四角各有 1 柱孔，四面中部各有 2 个柱孔，直径 0.33 米。北侧紧挨敌台处有一登城步道，为"T"字形，墙体内侧起始位置为一券门，进入后向两侧各有一梯道，宽 2.03 米，总高 2.34 米，北侧存踏垛 7 阶，南侧现已残破，级数不清，券门洞宽 1.32 米，高 2.18 米，进深 0.71 米，门洞两侧有门闩插孔，券门现已残破至与门洞平齐。

34. 金山岭敌台 34 号 130824352101170034

位于付营子镇头道梁村东南侧约 500 米处的山脊上，坐标：东经 117° 13′ 25.70″，北纬 40° 40′ 59.30″，高程 446 米。

敌台东西接墙，砖石结构，平面布局三券室三通道，立面及剖面呈梯形，东西 11.91 米，南北 10.32 米，北侧底部至拔檐高 8.98 米。敌台为三段式，下段条石基础 10 层，高 3.45 米；中段城砖砌筑，设砖腰檐 1 层，东西辟 1 门 1 箭窗，南北辟 4 箭窗，门内室宽 1.49 米，高 2.76 米，进深 0.54 米，券角高 2.02 米，门宽 0.93 米，高 2.06 米，厚 0.43 米，券角高 1.61 米，南、北墙箭窗内口宽 0.74 米，外口宽 1.05 米，残高 1.18 米，券角高 0.58 米，窗台厚 0.44 米，高 0.87 米，箭窗东宽 0.87 米，残高 2.45 米，进深 1.08 米，间隔墙宽 1.68 米，券角高 1.89 米，中间两箭窗间隔 0.58 米，东、西箭窗洞宽 0.92 米，高 2.69 米，进深 1.07 米；中段与上段间设三层砖拔檐分隔，第二层为菱角花檐，上下层为直檐；上段为垛口墙，东侧垛墙高 1.92 米，厚 0.43 米，垛口中间宽 0.54 米，两侧宽 0.64 米，高 0.72 米，铳孔直径 0.25 米，深 0.06 米，垛口间距 2.05 米。望孔内口宽 0.39 米，中间宽 0.19 米，高 0.27 米，东侧 4 个垛口、4 个望孔；西侧 3 个垛口、4 个望孔；南侧 5 个垛口、6 个望孔，北侧 3 个垛口。

南券室长 8.88 米，高 2.92 米，宽 1.62 米，券角高 2.14 米，中券室长 9.81 米，宽 1.55 米，高 2.9 米，券角高 2.17 米，北券室长 8.95 米，高 2.97 米，宽 1.61 米，券角高 2.23 米；西通道高 1.98 米，宽 1.78 米，厚 0.28 米，间隔墙宽 1.87 米，券角高 0.91 米，中通道高 1.91 米，宽 1.62 米，券角高 0.87 米。

顶部有铺房遗迹，现长满杂草，西侧墙残长 3.6 米，宽 0.43 米，残高 0.8 米，顶部长满各种杂草及灌木。西门外 3.6 米处有一登城券门及登城步道，登城步道高 3.75 米，宽 1.34 米，可见 13 层砖质台阶，高 0.22 米，宽 0.3 米，券门东侧坍塌，残宽 1.36 米，券顶坍塌，残高 3.32 米，券角高 1.66 米。

35. 金山岭敌台 35 号 130824352101170035

位于付营子镇头道梁村西南侧约 500 米处的山脊上，坐标：东经 117° 13′ 18.40″，北纬 40° 41′ 01.80″，高程 432 米。

敌台南北接墙，木平顶已坍塌，四周城砖砌筑，立面及剖面呈梯形，南北 11.68 米，东西 8.4 米，高 8.89 米。敌台为三段式，下段条石基础 7 层，高 2.6 米；中段城砖砌筑，设砖腰檐 1 层，南北辟 1 门 2 箭窗，东西辟 4 箭窗，门内室内口宽 1.82 米，外口宽 1.2 米，进深 0.96 米，门洞两侧设有门闩插孔，门宽 0.9 米，厚 0.39 米，箭窗内室为内敞口，北侧箭内室内口宽 1.1 米，外口宽 0.9 米，进深 0.58 米，箭窗为向外敞口，内口宽 0.7 米，外口宽 1 米，东侧箭窗内室内口宽 1.62 米，外口宽 0.91 米，进深 0.58 米；中段与上段间设三层砖拔檐分隔，第二层为菱角花檐，上下层为直檐；上段为垛口墙，东、西面各存垛口 5 个，望孔 6 个，2 个出水嘴；南、北面各存垛口 3 个，望孔 4 个，垛墙上设劈水砖。

台室地面被顶部坍塌下的砖、土垫高。四角各有 1 柱孔，四面中部各有 2 个柱孔，直径 0.33 米。

敌台南侧 1 米处有一登城步道，为 "L" 字形，墙体内侧起始位置为一券门，转弯后为踏跺，现已残破级数不清，总长 4.47 米，宽 1.51 米。券门宽 0.87 米，进深 0.34 米，券门外有一砖砌方台，凸出墙体 1.8 米，南北长 2.9 米，高 1.45 米。

36. 金山岭敌台 36 号 130824352101170036

位于付营子镇头道梁村西南侧约 500 米处的山脊上，坐标：东经 117° 13′ 13.20″，北纬 40° 41′ 03.80″，高程 428 米。

敌台南北接墙，木平顶已坍塌，四周城砖砌筑，立面及剖面呈梯形，北 10.7 米，东西 10.4 米。敌台为三段式，下段条石基础 6 层，高 2.27 米，料石放脚 2 层，高 0.97 米；中段城砖砌筑，设砖腰檐 1 层，距条石 2.88 米，南北辟 1 门 2 箭窗，东西辟 4 箭窗，门内室内口宽 1.53 米，外口宽 1.16 米，门宽 1.01 米，门闩孔直径 0.23 米，深 0.5 米；中段与上段间设三层砖拔檐分隔，第二层为菱角花檐，上下层为直檐；上段为垛口墙，东面存垛口 4 个，北面存 1 个，南存 1 个，西面不存。

台室四周墙内侧可见近似圆形的柱孔，直径 0.33 米。东面垛墙外侧石质出水嘴 2 块，已断，残长 0.3 米，西侧石质出水嘴 1 块，已断。

敌台南侧有一登城步道，为 "L" 字形，墙体内侧起始位置为一券门，券门宽 0.84 米，其余部分现已坍塌，尺寸无法测量。距敌台西南角 0.35 米处有一石臼，直径 0.42 米，深 0.3 米。

37. 金山岭敌台 37 号 130824352101170037

位于付营子镇头道梁村西南侧约 500 米处的山脊上，坐标：东经 117° 13′ 11.80″，北纬 40° 41′ 07.00″，高程 430 米。

敌台西南接墙，木平顶已坍塌，四周城砖砌筑，立面及剖面呈梯形，南北 12.05 米，东西 12.24 米，高 8.8 米（地坪至拔檐）。敌台为三段式，下段条石基础 8 层，高 2.28 米，料石放脚 1 层，高 0.2 米；中段城砖砌筑，设砖腰檐 1 层，仅存西墙、西南角、东南角部分墙，其中西墙残长 4.7 米，原北墙不存，在原北墙位置上后期建有一道墙，为城砖垒砌，水泥勾缝，长 12.24 米，高 1.5 米，厚 0.38 米，仅西面存窗内室，残高 1 米，宽 0.7 米，券角高 0.67 米；西南角、东南角墙内侧可见柱孔及柱础石，柱孔直径 0.33 米，台室地面被顶部坍塌下的砖、土垫高。台室内西北角、东北角位置各向下挖有一地堡，为后期建造，深 1.95 米，南北长 1.7 米，东西长 1.8 米，内部西、北各有 1 望孔。中段与上段间设三层砖拔檐分隔，第二层为菱角花檐，上下层为直檐；上段为垛口墙，南面存 1 个垛口，3 个望孔，西面存 1 个望孔，东面存 1 个望孔。

敌台西侧券门门宽 1 米、残高 1.87 米。门洞宽 1.19 米、高 2 米、进深 0.46 米，通道高 2.65 米，宽 1.27 米，长 4.6 米，为南进东向西上。敌台东侧墙体下有券门一处，现外侧已被人为用青砖和水泥封死，券门为两伏两券，进深约 4 米，宽 1.97 米，残高 4.1 米，洞内有大量碎砖。

38. 金山岭敌台 38 号 130824352101170038

位于付营子镇头道梁村西南侧约 500 米处的山脊上，坐标：东经 117° 13′ 02.80″，北纬 40° 41′ 07.80″，高程 437 米。

敌台东西接墙，木平顶已坍塌，四周城砖砌筑，立面及剖面呈梯形，楼体内东西 10.1 米，南北 10.21 米，高 8.15 米（地坪至拔檐）。敌台为三段式，下段条石基础 5 层，高 2.25 米；中段城砖砌筑，设砖腰檐 1 层，东西辟 1 门 2 箭窗，南北辟 3 箭窗，箭窗高 1 米，宽 0.73 米，厚 0.43 米，箭窗内室宽 1.41 米，进深 0.43 米，残高 1.64 米，门高 1.84 米，宽 1.9 米，厚 0.37 米，门内室宽 1.34 米，进深 0.55 米；中段与上段间设三层砖拔檐分隔，第二层为菱角花檐，上下层为直檐；上段为垛口墙。

在箭窗洞间隔墙及楼体四个角均设柱孔，直径 0.32 米。东门外侧设登城券门及登城道，登城道宽 1.03 米，残高 1.97 米，券门为一伏一券，高 2.36 米，门插孔高 0.3 米，宽 0.14 米，深 0.76 米，券门外西侧墙体包砖脱落，砖长 0.38 米，宽 0.17 米，厚 0.075 米。

39. 金山岭敌台 39 号 130824352101170039

位于付营子镇头道梁村西南侧约 500 米处的山脊上，坐标：东经 117° 12′ 58.00″，北纬 40° 41′ 10.00″，高程 425 米。

敌台东西接墙，木平顶已坍塌，四周城砖砌筑，立面及剖面呈梯形，南北长 10.8 米，东西长 10.54 米，高 7.7 米（地坪至拔檐）。敌台为三段式，下段条石基础 6 层，高 1.73 米；中段城砖砌筑，设砖腰檐 1 层，东西辟 1 门 2 箭窗，南北辟 3 箭窗，西门宽 0.94 米，高 2 米，门内室残破，北墙仅存西北角及中部残长 1.6 米；中段与上段间设三层砖拔檐分隔，第二层为菱角花檐，上下层为直檐；上段为垛口墙，垛墙高 1.8 米，垛口高 0.95 米，宽 0.54 米，厚 0.64 米，望孔宽 0.24 米，高 0.2 米。

台室四周墙内侧存圆形柱孔，直径 0.33 米。敌台东侧 3.5 米处有一登城步道，为 "L" 字形，墙体内侧起始位置为一券门，转弯后为 5 级踏跺，每级高 0.19 米，深 0.28 米，宽 1 米，券门宽 0.98 米，进深 0.42 米。

40. 金山岭敌台 40 号 130824352101170040

位于付营子镇头道梁村 4 队东南侧约 500 米处的山脊上，坐标：东经 117° 12′ 53.00″，北纬 40° 41′ 14.00″，高程 387 米。

敌台东西接墙，木平顶已坍塌，四周城砖砌筑，立面及剖面呈梯形，南北 10.27 米，东西 10.92 米，高 8.7 米（地坪至拔檐）。敌台为三段式，下段条石基础 4 层，高 1.17 米；中段城砖砌筑，设砖腰檐 1 层，南北辟箭窗，东西辟门及箭窗，东墙存有一豁口，应为原门位置，北面存箭窗 3 个，南面、西面各存 1 个，箭窗宽 0.74 米，高 1.13 米，西墙南部、西南角、东南角已坍塌不存，西墙仅存长度 5.5 米，北墙较完整，东墙仅存东门两端少部分墙；中段与上段间设三层砖拔檐分隔，第二层为菱角花檐，上下层为直檐；上段为垛口墙。

台室地面被顶部坍塌下的砖、土垫高至与箭窗石上表面平齐。四周墙内侧可见近似圆形的柱孔，直径 0.33 米。

41. 金山岭敌台 41 号 130824352101170041

位于付营子镇头道梁村 4 队东南侧约 500 米处的山脊上，坐标：东经 117° 12′ 49.50″，北纬 40° 41′ 15.70″，高程 350 米。

敌台东西接墙，砖石结构，平面布局三券室二通道，立面及剖面呈梯形，南北 10.76 米，东西 10.7 米，高 10.16 米。立面为三段式，下段条石基础 5 层；中段城砖砌筑，砖腰檐 1 层，南北辟 1 门 2 箭窗，东西辟 4 箭窗，箭窗内室宽 1.28 米，高 2.52 米，进深 1.28 米，箭窗外口宽 0.84 米，内口宽 0.64 米，窗台高 0.9 米，窗槛石厚 0.13 米，长 0.9 米，宽 0.47 米，西门券顶坍毁，中、北两箭窗残存窗台部分，北箭窗存窗台，东门已坍毁，存门内室，被坍塌物覆盖，箭窗现被人为用砖封砌，南箭窗中箭窗存一窗槛石，窗全部毁坏；中段与上段间设三层砖拔檐分隔，第二层为菱角花檐，上下层为直檐；上段为垛口墙，垛口石厚 0.1 米，长 0.91 米，宽 0.385 米。

中券室与东券室设有三通道，三通道间隔墙下部设有烟道两个，中间通道为一伏一券，西券室高 4.04 米，长 7.32 米，宽 1.28 米，中券室宽 1.71 米，东券室宽 1.31 米，通道宽 0.99 米，高 2.36 米，壁厚 1.67 米，中券室与东券室中通道，高 2.16 米，宽 0.63 米，起券高 1.81 米，中券室与西券室南通道北面下部设一小券洞，宽 0.73 米，高 1.4 米，进深 0.39 米，起券高 1 米，西券室与中券室北通道南面设有一北向东上的梯道，存石质台阶 19 阶，台阶抬步 0.26 米，踏步 0.26 米，梯道口宽 0.8 米，高 2.26 米。铺房存东、西、北三面墙体，铺房东西长 5.43 米，南北宽 3.15 米，墙厚 0.45 米，残高 1.04（北墙），南墙存有射孔，为半椭圆形，内口宽 0.49 米，高 0.44 米。

敌台东侧存登城券门一处，现已被坍塌土填埋。

42. 龙峪口水关 01 号 130824352103170042

位于付营子镇头道梁村西侧约 1 千米处的沟底，坐标：东经 117° 12′ 46.40″，北纬 40° 41′ 15.80″，高程 320 米。

水门东西接墙，顶部南北 10.33 米，东西 15.1 米，外侧残高 2.3 米，内侧残高 9.2 米，门东侧与长城墙体人为截断，券洞外侧被水泥和青砖堵死，门内砌砖残毁严重，坍塌处可见有二次修筑痕迹，东侧坍塌处可见水门土芯，顶部被当地居民堆放玉米秸秆，并长有一棵松树，胸径 0.7 米。

43. 北门长城 01 号敌台 130824352101170043

位于巴克什营镇北门村西南约 600 米处，坐标：东经 117° 09′ 12.60″，北纬 40° 41′ 50.90″，高程

236 米。

敌台整体坍塌，残留部分台体，东西 7.9 米，南北 6.1 米，残高 4.9 米，外包砖不存。

44. 北门长城 02 号敌台 130824352101170044

位于巴克什营镇北门村西南约 600 米，坐标：东经 117° 09′ 10.80″，北纬 40° 41′ 53.20″，高程 266 米。

敌台南北接墙，砖石结构，平面布局三券室三通道，立面及剖面呈梯形，南北 9.7 米，东西 9.53 米，高 8.61 米。敌台为三段式，下段条石基础 3 层，高 0.86 米；中段城砖砌筑，砖腰檐 1 层，南北辟 1 门 2 箭窗，东西辟 3 箭窗，窗内室宽 1.28 米，高 2.4 米，券脚高 1.82 米，深 0.7 米，窗台高 1.1 米，宽 0.49 米，高 0.71 米，券脚高 0.44 米，厚 0.4 米，西墙 3 窗残损严重；中段与上段间设三层砖拔檐分隔，第二层为菱角花檐，上下层为直檐；上段为垛口墙，垛口石厚 0.1 米，长 0.91 米，宽 0.385 米。

西券室长 7.19 米，宽 1.5 米，中券室长 7.32 米，宽 1.4 米，东券室长 8.05 米，宽 1.49 米，券室高 3.75 米，东侧北通道宽 1.33 米，高 2.35 米，券脚高 1.8 米，中通道宽 1.33 米，高 2.35 米，南通道宽 1.29 米，西侧南通道宽 1.32 米，北通道宽 1.23 米，高 2.32 米，券脚高 1.75 米，东券室顶部中间位置开天窗，东西 1.47 米，南北 1.05 米，中券室北通道券顶坍塌大部，东券室地面堆有大堆瓦砾，南侧北通道券顶坍塌。楼顶东侧存石质出水嘴 1 个。

45. 北门长城 03 号敌台 130824352101170045

位于巴克什营镇北门村西约 700 米，坐标：东经 117° 09′ 06.30″，北纬 40° 41′ 57.10″，高程 291 米。

敌台南北接墙，砖石结构，一层平面布局"十"字形，二层三券室三通道，立面及剖面呈梯形，东西 9.96 米，南北 10.02 米，高 9 米（地坪至拔檐），一层东西 9.77 米，南北 9.75 米，二层东西 9.39 米，南北 9.51 米。敌台为三段式，下段条石基础 11 层，高 2.69 米；中段城砖砌筑；中段与上段间设三层砖拔檐分隔，第二层为菱角花檐，上下层为直檐；上段为垛口墙。

一层东西向券室长 7.68 米，宽 1.96 米，高 2.35 米，券脚高 1.34 米，南北向券室长 9.05 米，宽 1.35 米，高 1.94 米，券脚高 1.23 米，两券室斜向交叉，南北向券室，方向为北偏西 4°；门内室宽 1.21 米，高 1.24 米，厚 1.02 米，门已不存，箭窗窗台高 0.75 米，厚 0.19 米，窗高 1.1 米，宽 0.68 米，厚 0.38 米，券脚高 0.75 米，北窗损坏严重，已被拆成门状；东西向券室南墙东侧为梯道券洞，向南进 2.35 米折西上二层，券洞宽 1.12 米，沙土堆积。

二层南券室长 7.92 米，宽 1.97 米，高 3.29 米，中券室长 7.99 米，宽 1.62 米，高 2.92 米，券脚高 2.74 米，北券室长 8.05 米，宽 1.99 米，高 3.01 米；西通道宽 1.12 米，高 2.23 米，厚 1.1 米，中通道宽 1.18 米，高 1.96 米，东通道宽 1.1 米，高 1.94 米；东辟 2 仅存，其他三面辟 3 个，东墙箭窗内室宽 1.04 米，高 1.9 米，进深 0.18 米，窗宽 0.51 米，高 0.75 米，厚 0.57 米，北墙箭窗内室宽 0.94 米，进深 0.27 米，高 1.89 米，箭窗为内大外小，内宽 0.52 米，外宽 0.48 米，高 0.95 米，厚 0.61 米，西墙箭窗南、中两窗破坏严重；南券室东侧顶开天窗，窗东西 0.76 米，南北长 1.99 米。

台体东北角条石缺失，形成空洞，裸露碎石砂土台芯。

46. 金山岭长城 1 号铺房 130824352199170046

位于巴克什营镇花楼东村东南约 800 米，坐标：东经 117° 14′ 04.20″，北纬 40° 40′ 31.10″，高程

478 米。

位于金山岭 21 号敌台（库房楼）南 15 米处，南北 9.53 米，东西 6.1 米，进深 5.9 米，前廊南北 8.64 米，进深 1.31 米。

1986 年由金山岭长城管理处维修，硬山式，坐西朝东，面阔 3 门，进深 2 间，前出廊。陡板正脊，设望兽。布灰瓦顶，兽头圆当，桃形滴水。内部梁架为五檩抬梁式，圆椽，条形木望板，内白灰墙面，灰砖墙裙，木地板。对开 4 扇木板门，门宽 3 米，木棂"十"字形窗棂。

47. 金山岭 01 号烽火台 130824353201170047

位于巴克什营镇花楼沟村东南约 800 米，坐标：东经 117° 14′ 17.00″，北纬 40° 40′ 48.70″，高程 428 米。

南距长城墙体约 470 米，北侧沟谷中为金山岭长城登山索道，烽火台为圆形，直径 8.5 米，高 3.8 米，毛石垒砌实芯台体，白灰平缝，垛口墙为金山岭长城管理处维修，高 1.6 米。设 9 个垛口，高 0.7 米，宽 0.25 米，厚 0.4 米，垛口下设排水孔，垛口墙南侧辟门，高 1.25 米，宽 0.3 米。

48. 金山岭 02 号烽火台 130824353201170048

位于巴克什营镇花楼沟村西南约 230 米，坐标：东经 117° 13′ 55.10″，北纬 40° 40′ 47.50″，高程 444 米。

烽火台为圆形，毛石垒砌实芯台体，白灰平缝，下部为块石垒砌，上部为青砖砌筑垛口墙，顶部直径 8 米；台面青砖铺砌，台高 3.75 米，垛口墙外高 1.8 米，内高 1.72 米，垛口高 0.7 米，宽 0.4 米，"八"字形，共九口十垛；西侧辟门，门宽 0.51 米，高 1.43 米，进深 0.45 米，门口距地面 4.07 米；中间偏北部存铺舍基础，基础残高 0.61 米，东西 3.12，南北 3.66，南侧设门，宽 0.84 米，进深 0.45 米。顶部为 0.39 米 ×0.39 米方砖铺墁，墁砖泛水 30%，垛下设排水孔，西南侧灌木直径 0.02 ～ 0.03 米。

49. 龙峪口烽火台 130824353201170049

位于付营子镇头道梁村四队南约 400 米龙峪口东侧山脊上，坐标：东经 117° 12′ 52.30″，北纬 40° 41′ 19.70″，高程 362 米。

底部东西 11 米，南北不清，残高 4.37 米，顶部东西 8.8 米，南北 6 米，现存碎石土台芯和东侧毰石，东侧毰石长 2.5 米，高 1.5 米，白灰勾缝。周围存细布纹板瓦。

50. 二寨南沟 01 号烽火台 130824353201170050

位于巴克什营镇二寨南沟六组东南约 1.2 千米，坐标：东经 117° 11′ 18.50″，北纬 40° 41′ 54.20″，高程 365 米。

南距长城线约 350 米，外侧毰石缺失，土石台芯坍塌，呈堆状，顶径 4.5 米，底径 8.5 米，残高 3.2 米。顶部立有三角形铁架，高 5 米，荒草灌木覆盖，四周有采石痕迹，台体东侧生长一株直径约 0.2 米杏树。

51. 二寨南沟 02 号烽火台 130824353201170051

位于巴克什营镇二寨南沟 6 组西侧 500 米山顶部，坐标：东经 117° 10′ 40.70″，北纬 40° 42′ 29.20″，高程 355 米。

外侧毰石缺失，土石台芯坍塌，呈堆状，东西 3.2 米，南北 4.3 米，残高 2.4 米，荒草灌木覆盖。

52. 巴克什营烽火台 130824353201170052

位于巴克什营镇营盘村东南约 1.3 千米，坐标：东经 117° 11′ 15.90″，北纬 40° 43′ 01.70″，高程 358 米。

台体南北 8.84 米，东西 9.88 米，地面距拔檐 5.98 米，拔檐砖 2 层，收分 5.6%，垛砌垛口墙口现已全部缺失，台芯碎石夯土，四周毛石包砌，四角条石护角上窄下宽，17 层，高 4.88 米，西北角上部条石护角缺失 2 层，条石基础 4 层，高 1.58 米，保存较好。南面距地面 4.1 米处设门，门已残损，残高 0.28 米，长 0.92 米，宽 0.3 米，槛石、门柱石及券石缺失，现为豁口，东西 1.6 米，高 1.2 米。台顶部杂草丛生，散落碎砖瓦。

53. 北门 01 号烽火台 130824353201170053

位于巴克什营镇北门村北约 400 米，坐标：东经 117° 09′ 44.40″，北纬 40° 42′ 08.90″，高程 269 米。

毛石垒砌，夯土台芯，南北存 6.6 米，东西存 8.2 米，存高 3.4 米，顶平，长满酸枣树，形制不清，破坏严重，台体现已坍塌成堆状，四周包砌毛石大部分已脱落。

54. 北门 02 号烽火台 130824353201170054

位于巴克什营镇北门村北约 800 米，坐标：东经 117° 09′ 53.80″，北纬 40° 42′ 20.90″，高程 207 米。

毛石干垒，坍塌成圆丘状，长满小灌木及酸枣树，底径 7 米，残高 3 米，四周存石墙残迹，体现已坍塌成堆状，四周包砌毛石大部分已脱落。

55. 营盘 01 号烽火台 130824353201170055

位于巴克什营镇营盘村东南约 1.7 千米，坐标：东经 117° 09′ 19.00″，北纬 40° 42′ 18.30″，高程 273 米。

平面呈圆形，中心碎石夯土、四周毛石包砌，现存台体底部周长 42 米，残高 3.4 米，台体现已坍塌成堆状，四周包砌毛石大部分已脱落。

56. 营盘 02 号烽火台 130824353201170056

位于巴克什营镇营盘村东南约 1.3 千米，坐标：东经 117° 09′ 11.00″，北纬 40° 42′ 31.00″，高程 335 米。

平面呈圆形，台芯土石夯筑、外包毛石砌筑，现存台体底部周长 52 米，顶部周长 16 米，高 3.7 米，顶部杂草丛生，可见部分碎砖瓦。台体现已坍塌成堆状，四周包砌毛石大部分已脱落。

57. 营盘 03 号烽火台 130824353201170057

位于巴克什营镇营盘村东南约 1.3 千米，坐标：东经 117° 08′ 59.20″，北纬 40° 42′ 22.50″，高程 331 米。

平面呈圆形，台芯土石夯筑、外包毛石砌筑，顶部设砖砌垛墙，现台体包砌毛石及砖垛口均已缺失，底部周长 60 米，顶部周长 18.6 米，残高 4.1 米，顶部杂草丛生，有砖瓦痕迹，底南侧有登台梯踏痕迹。

58. 营盘 04 号烽火台 130824353201170058

位于巴克什营镇营盘村东南约 1.3 千米，坐标：东经 117° 08′ 47.60″，北纬 40° 42′ 16.00″，高程 323 米。

平面呈圆形，台芯土石夯筑、外包毛石砌筑，现存台体底部周长 50 米，顶部周长 16 米，残高 4 米，顶部杂草丛生，有砖瓦痕迹。

59. 营盘 05 号烽火台 130824353201170059

位于巴克什营镇营盘村东南约 1.3 千米，坐标：东经 117° 08′ 33.60″，北纬 40° 42′ 07.60″，高程 316 米。

平面呈圆形，台芯土石夯筑、外包毛石砌筑，现存台体底部周长 42 米，残高 2.6 米，顶部杂草丛生，有砖瓦痕迹。

（三）关堡

滦平县明长城关堡一览表（单位：座）

编号	认定名称	认定编码	类型	周长（米）	保存程度				
					较好	一般	较差	差	消失
1	后川口	130824353101170001	砖墙		√				
2	砖垛口	130824353101170002	砖墙		√				
3	沙岭口	130824353101170003	砖墙		√				
4	龙峪口	130824353101170004	砖墙		√				
合计		共 4 座：砖墙 4 座			4				
百分比（%）		100			100				

1. 后川口 130824353101170001

位于巴克什营镇花楼沟村东南约 1.3 千米，坐标：东经 117° 14′ 59.00″，北纬 40° 40′ 40.40″，高程 490 米。

后川口楼西侧 9.4m 处辟随墙券门，券门通高 2.87 米，门长 4.2 米，内侧门口宽 1.6 米，起券方式为二伏二券，外侧门口宽 1.2 米，起券方式为一伏一券。

2. 砖垛口 130824353101170002

位于巴克什营镇花楼沟村东南约 800 米，坐标：东经 117° 13′ 53.90″，北纬 40° 40′ 38.40″，高程 428 米。

砖垛楼西侧 9.2 米处设便门，门券洞宽 1.69 米，高 3.23 米，券脚高 2.45 米，券洞深 3.96 米；门券宽 1.29 米，高 2.25 米，券脚高 1.48 米，厚 0.97 米，均为三伏三券。券洞东转登城阶梯，25 级台阶，阶道宽 1.29 米，踏步宽 0.28 米，踢步高 0.19 米。

3. 沙岭口 130824353101170003

位于巴克什营镇花楼沟村东南约 610 米，坐标：东经 117° 14′ 22.80″，北纬 40° 40′ 34.90″，高程 445 米。

沙岭口建于明洪武年间，是金山岭关隘之一，因关隘建于沙岭子而得名，归古北口路管辖。

4. 龙峪口 130824353101170004

位于付营子镇头道梁村西侧约 1 千米处的沟底，坐标：东经 117° 12′ 46.40″，北纬 40° 41′ 15.80″，高程 320 米。

龙峪口水关修建于洪武十五年（1382），由大将徐达主持修建，龙峪口水关地处两山之间，是扼守要道的重要关隘。在抗日战争时期，特别是 1933 年的长城抗战中，这里发生了激烈的战斗。

蓟镇历史文献线图

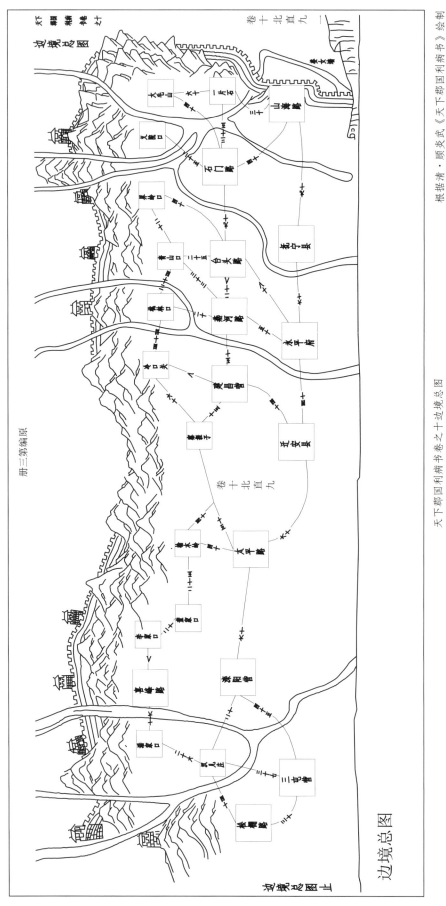

天下郡国利病书卷之十边境总图

根据清·顾炎武《天下郡国利病书》绘制

边境总图

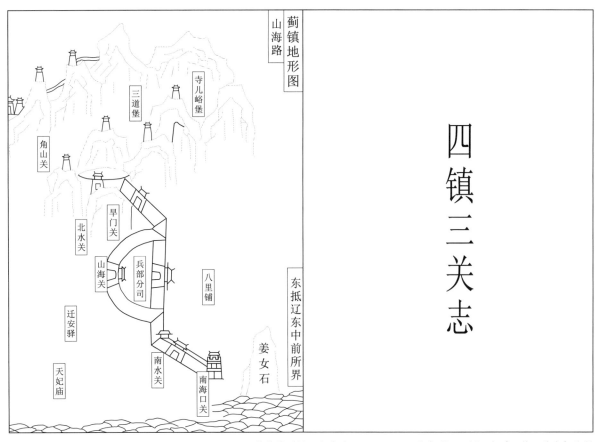

蓟镇地形图·山海路　　　根据明·万历四年《四镇三关志》绘制

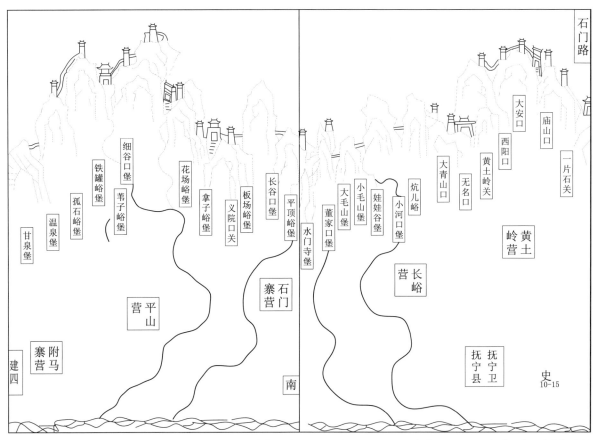

蓟镇地形图·石门路　　　根据明·万历四年《四镇三关志》绘制

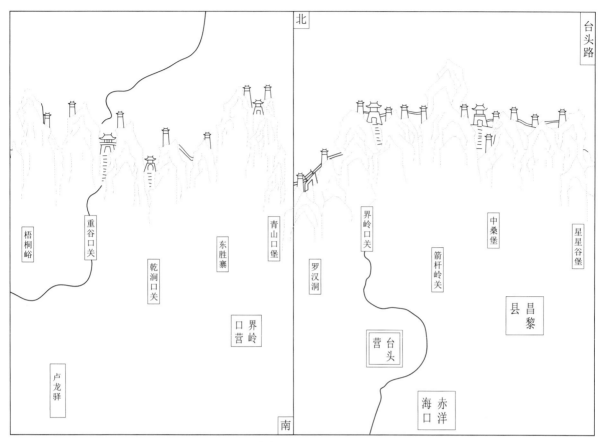

蓟镇地形图·台头路　　　根据明·万历四年《四镇三关志》绘制

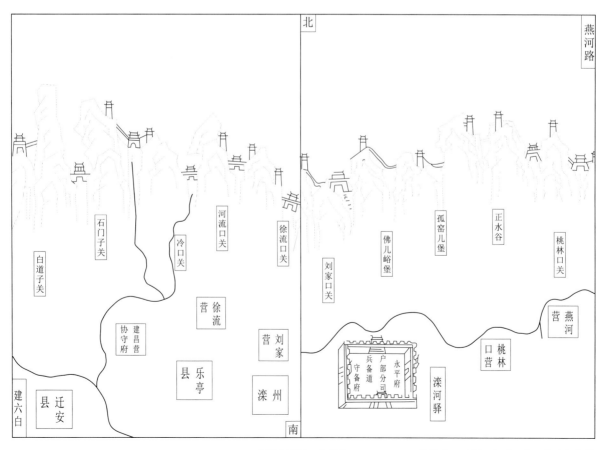

蓟镇地形图·燕河路　　　根据明·万历四年《四镇三关志》绘制

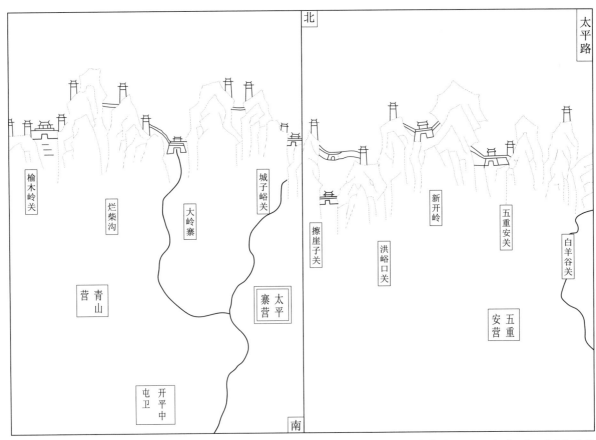

蓟镇地形图·太平路　　　根据明·万历四年《四镇三关志》绘制

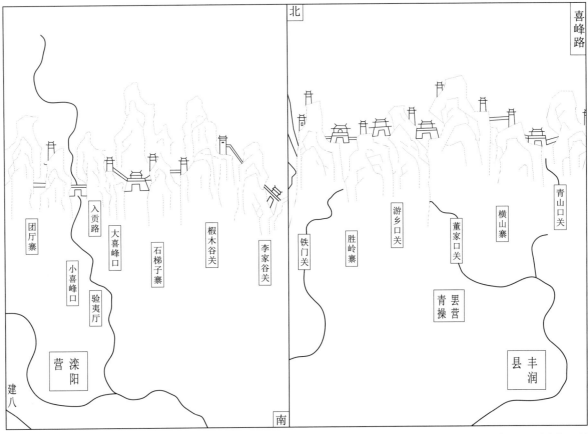

蓟镇地形图·喜峰路　　　根据明·万历四年《四镇三关志》绘制

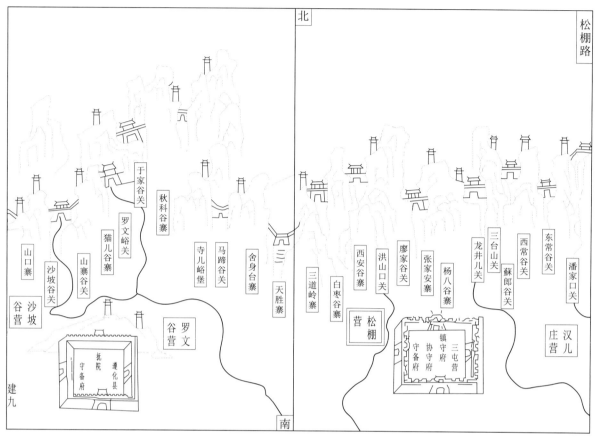

蓟镇地形图·松棚路　　　　根据明·万历四年《四镇三关志》绘制

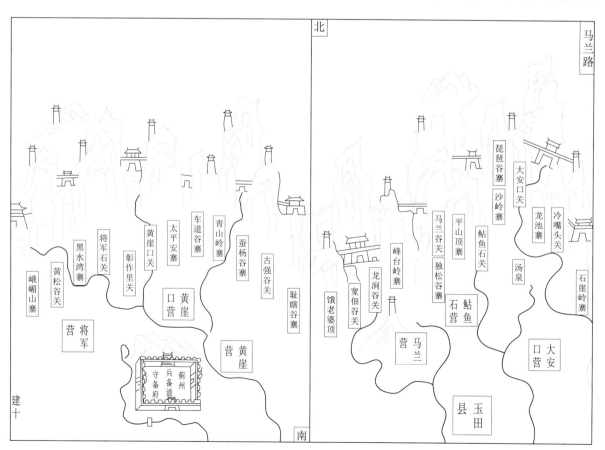

蓟镇地形图·马兰路　　　　根据明·万历四年《四镇三关志》绘制

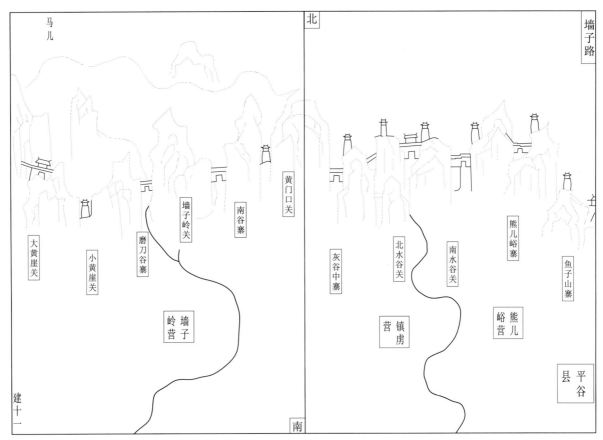

蓟镇地形图·墙子路　　　根据明·万历四年《四镇三关志》绘制

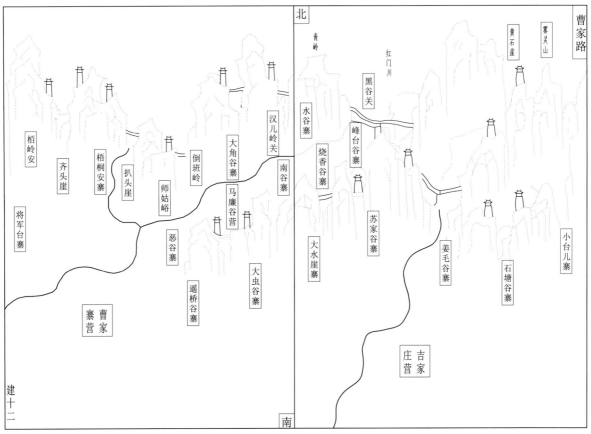

蓟镇地形图·曹家路　　　根据明·万历四年《四镇三关志》绘制

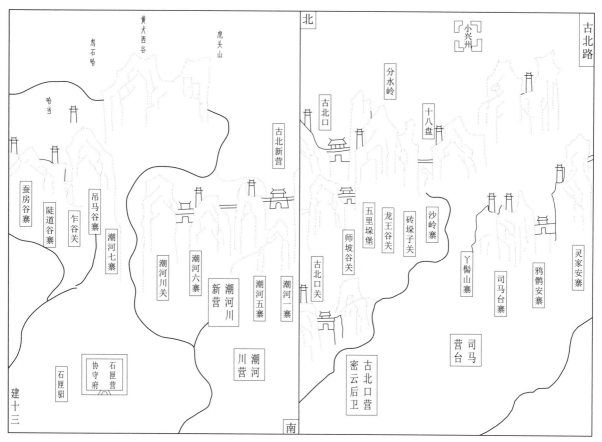

蓟镇地形图·古北路　　　根据明·万历四年《四镇三关志》绘制

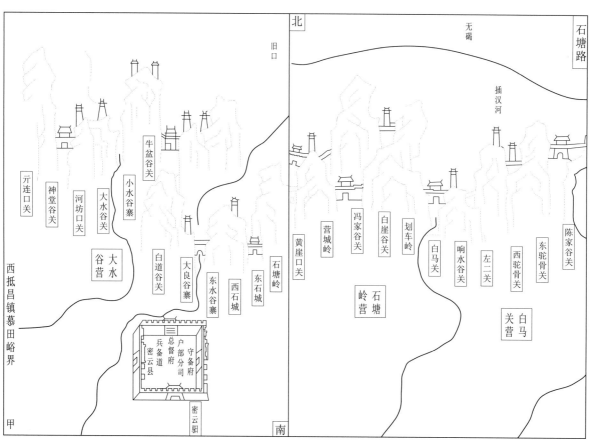

蓟镇地形图·石塘路　　　根据明·万历四年《四镇三关志》绘制

唐山市明长城资源

分　布　图

图一 唐山市明长城资源分布图

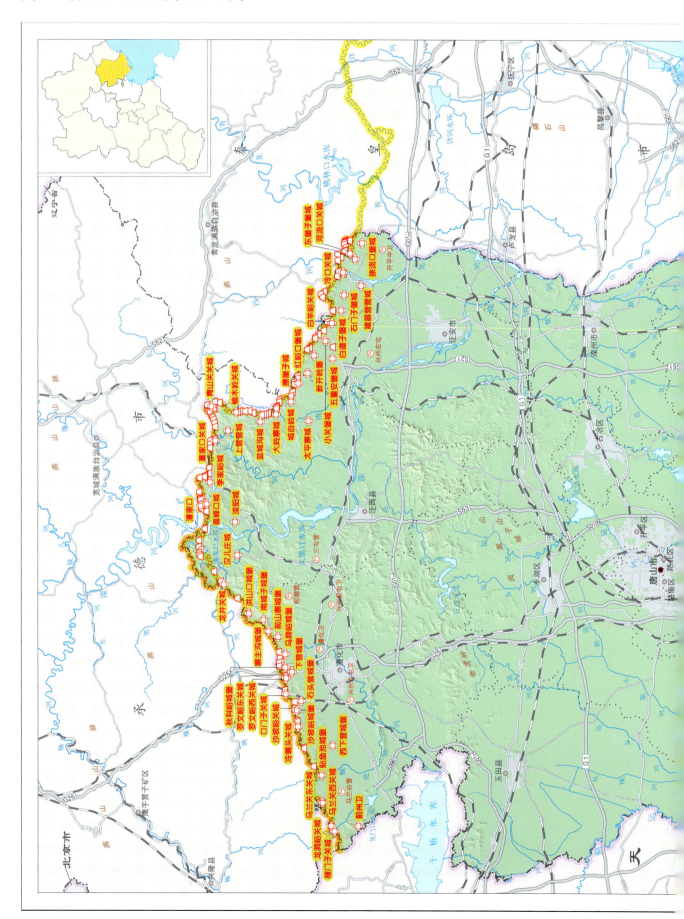

图 例

	明长城墙体
	关堡
	烽火台
	挡马墙
	敌台
	马面
	水门（关）
	砖瓦窑
	碑碣
	居住址
	其他相关遗址、遗迹
	首都
	省级行政中心
	雄安新区市民服务中心
	地级行政中心
	县级行政中心
	省级界
	地级界
	雄安新区界
	县级界
	铁路
G7	高速公路及编号
G207	国道及编号
	省道
	水系及闸坝

比例尺　1：655 000

唐山市长城资源概况

　　唐山市调查长城墙体288段，总长220169米；单体建筑931座，其中：敌台646座、马面178座、烽火台96座、其他单体建筑9座、水关（门）2座；关堡65座；相关遗存27处。

图二 迁安市明长城墙体、关堡、烽火台、相关遗存分布图

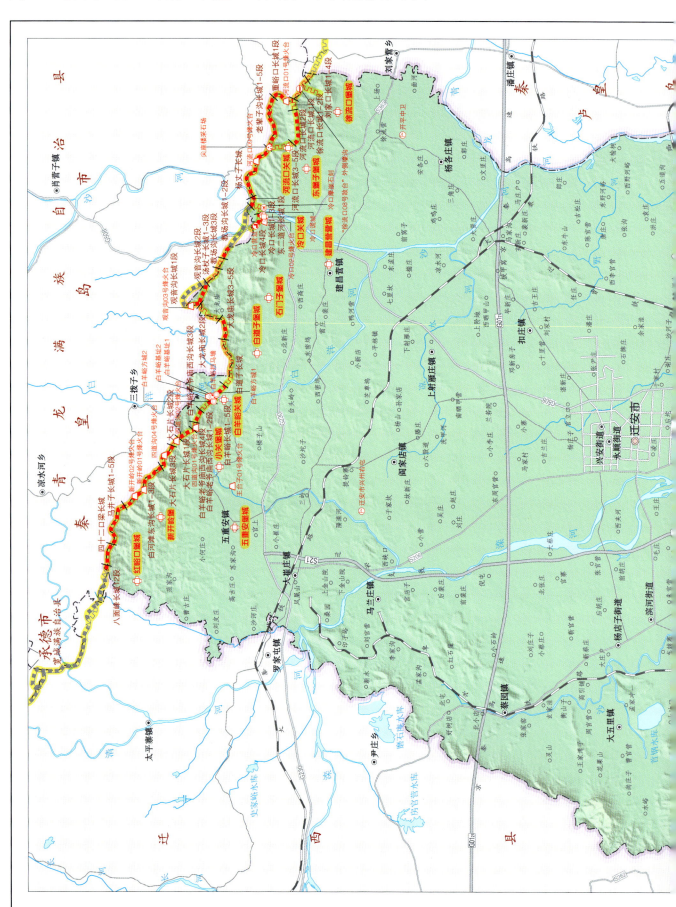

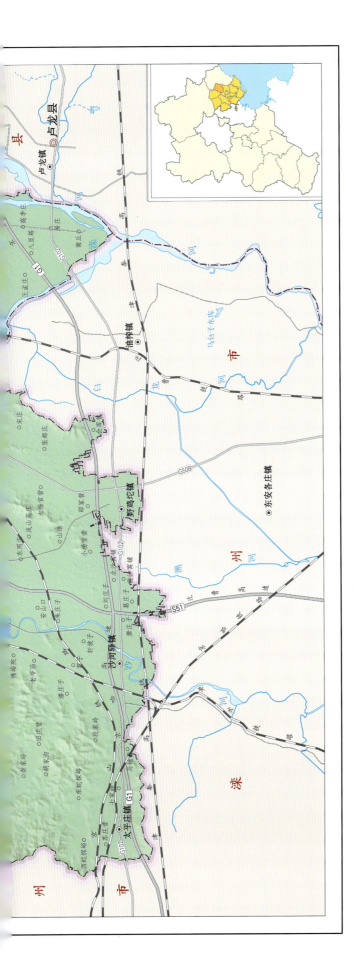

图　例

▭▭▭	土墙
■■■	石墙
∿∿∿	砖墙
～～～	消失墙体
ΛΛΛ	山险
⌒⌒⌒	河险
∧∧∧	山险墙
▲▲▲	壕堑
‒ ‒ ‒	其他墙体
✛	关堡
△	烽火台
◠	挡马墙
▣	敌台
▢	马面
▥	水关（门）
▨	砖瓦窑
▦	碑碣
◩	居住址
◫	其他相关遗址、遗迹
✪	省级行政中心
◉	地级行政中心
◎	县级行政中心
◉	乡、镇
○	行政村
—‒—‒—	省级界
‒ ‒ ‒	地级界
‒ ‒	雄安新区界
——	县级界
▬▬	铁路
G7	高速公路及编号
G207	国道及编号
S247	省道及编号
——	县道
〰	水系及闸坝

比例尺　1：180 000

迁安市长城资源概况

迁安市调查长城墙体54段，总长45303米；单体建筑276座，其中：敌台157座、马面89座、烽火台24座、其他单体建筑6座；关堡12座；相关遗存12处。

图三 迁安市明长城敌台、马面分布图

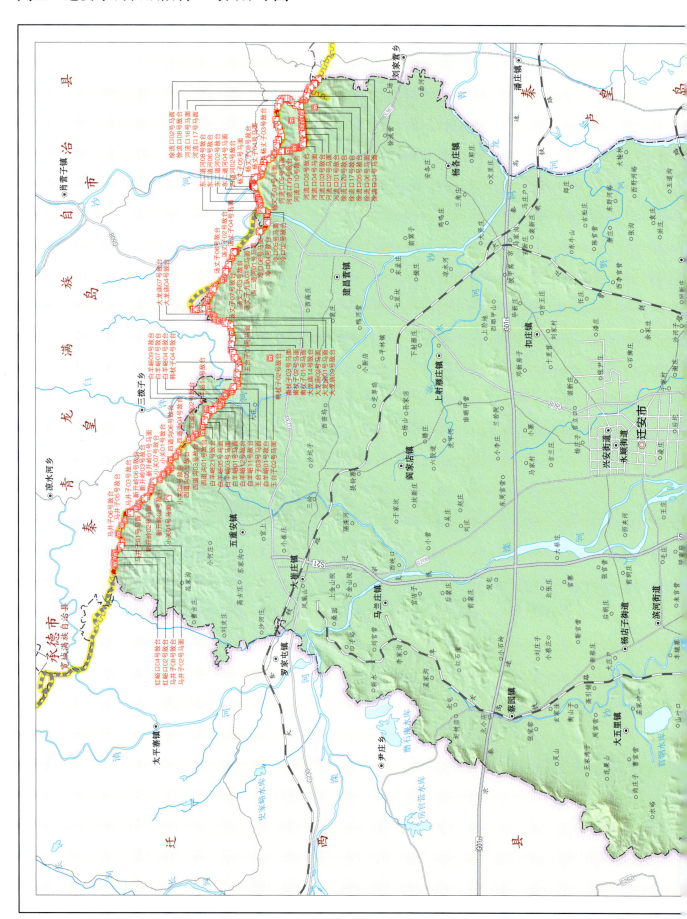

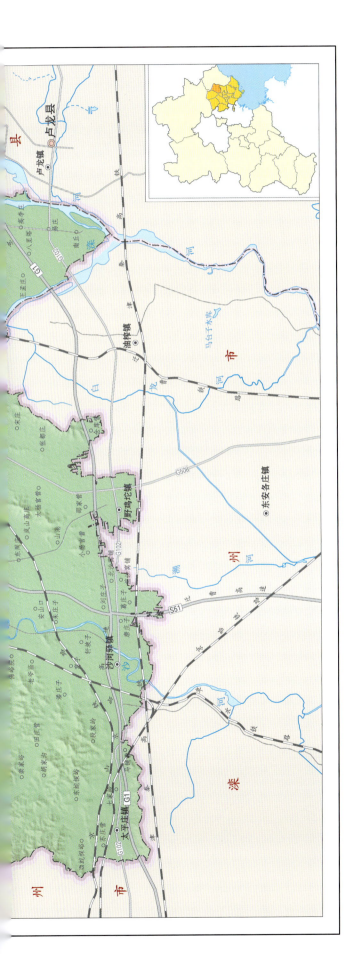

图 例

土墙
石墙
砖墙
消失墙体
山险
河险
山险墙
壕堑
其他墙体
关堡
烽火台
挡马墙
敌台
马面
水关（门）
砖瓦窑
碑碣
居住址
其他相关遗址、遗迹
省级行政中心
地级行政中心
县级行政中心
乡、镇
行政村
省级界
地级界
雄安新区界
县级界
铁路
高速公路及编号
国道及编号
省道及编号
县道
水系及闸坝

比例尺　1：180 000

迁安市长城资源概况

迁安市调查长城墙体54段，总长45303米；单体建筑276座，其中：敌台157座、马面89座、烽火台24座、其他单体建筑6座；关堡12座；相关遗存12处。

图四 迁西县明长城墙体、关堡、烽火台、马面、相关遗存分布图

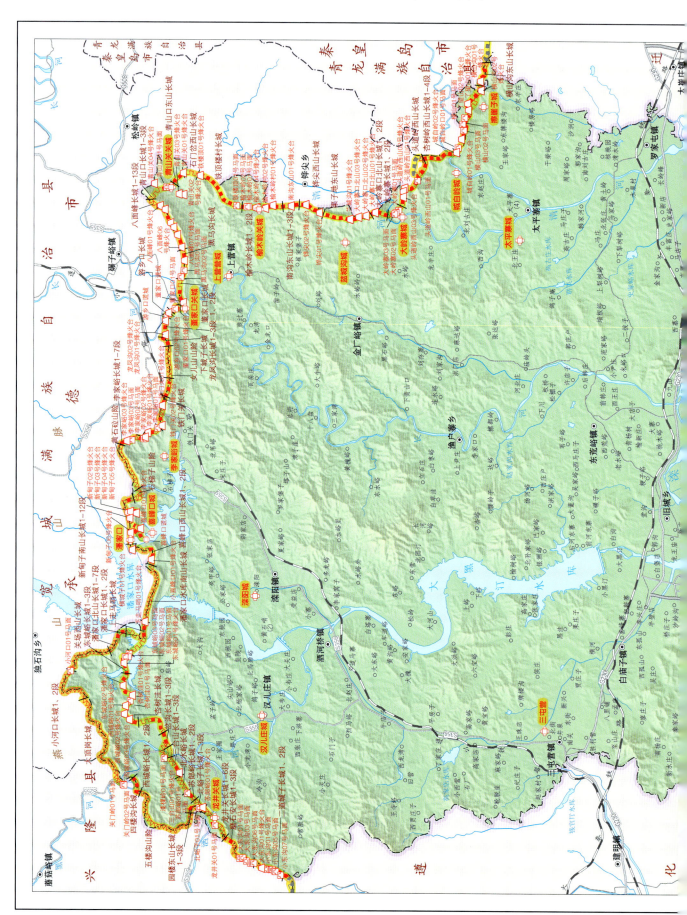

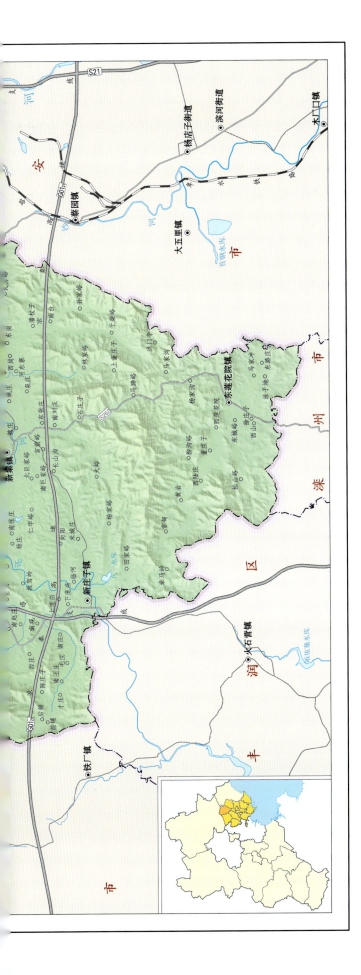

图例

ᔕᔕᔕᔕᔕᔕ	土墙
▪▪▪▪▪▪▪	石墙
∿∿∿∿∿	砖墙
⌐⌐⌐⌐⌐	消失墙体
⋀⋀⋀⋀⋀	山险
०००००	河险
⌃⌃⌃⌃⌃	山险墙
▲▲▲▲▲	壕堑
------	其他墙体
⌶	关堡
△	烽火台
⊖	挡马墙
▣	敌台
⊡	马面
⊞	水关（门）
⊚	砖瓦窑
Ⓟ	碑碣
Ⓛ	居住址
⊡	其他相关遗址、遗迹
★	省级行政中心
◉	地级行政中心
◎	县级行政中心
⊙	乡、镇
○	行政村
–··–··–	省级界
–·–·–·–	地级界
––––––	雄安新区界
––––––	县级界
▬▬▬▬	铁路
▰▰ G7 ▰▰	高速公路及编号
▭ G207 ▭	国道及编号
▭ S247 ▭	省道及编号
––––––	县道
〜〜	水系及闸坝

比例尺　1∶185 000

迁西县长城资源概况

迁西县调查长城墙体172段，总长106439米；单体建筑341座，其中：敌台240座、马面41座、烽火台57座、其他单体建筑3座；关堡32座。

图五　迁西县明长城敌台分布图

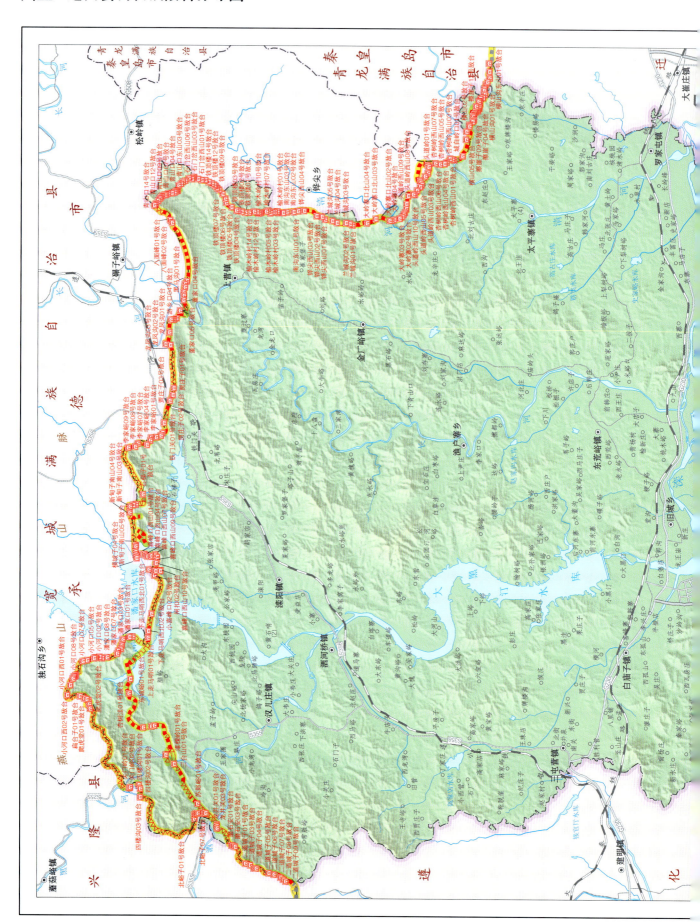

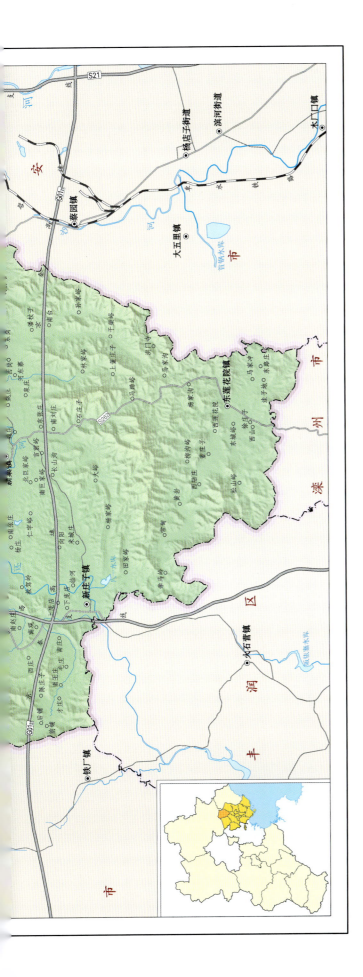

图 例

	土墙
	石墙
	砖墙
	消失墙体
	山险
	河险
	山险墙
	壕堑
	其他墙体
	关堡
	烽火台
	挡马墙
	敌台
	马面
	水关（门）
	砖瓦窑
	碑碣
	居住址
	其他相关遗址、遗迹
	省级行政中心
	地级行政中心
	县级行政中心
	乡、镇
	行政村
	省级界
	地级界
	雄安新区界
	县级界
	铁路
G7	高速公路及编号
G207	国道及编号
S247	省道及编号
	县道
	水系及闸坝

比例尺　1：185 000

迁西县长城资源概况

迁西县调查长城墙体172段，总长106439米；单体建筑341座，其中：敌台240座、马面41座、烽火台57座、其他单体建筑3座；关堡32座。

图六 遵化市明长城墙体、关堡、相关遗存分布图

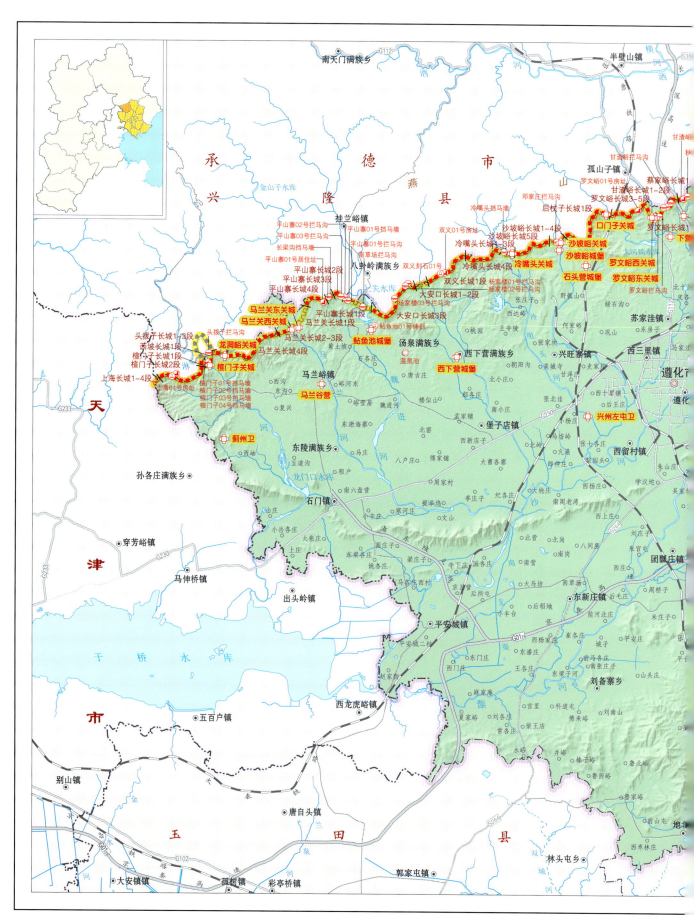

图 例

	土墙
	石墙
	砖墙
	消失墙体
	山险
	河险
	山险墙
	壕堑
	其他墙体
	关堡
	烽火台
	挡马墙
	敌台
	马面
	水关（门）
	砖瓦窑
	碑碣
	居住址
	其他相关遗址、遗迹
	省级行政中心
	地级行政中心
	县级行政中心
	乡、镇
	行政村
	省级界
	地级界
	雄安新区界
	县级界
	铁路
G7	高速公路及编号
G207	国道及编号
S247	省道及编号
	县道
	水系及闸坝

比例尺 1：220 000

遵化市长城资源概况

遵化市调查长城墙体62段，总长68427米；单体建筑314座，其中：敌台249座、马面48座、烽火台15座、水关（门）2座；关堡21座；相关遗存15处。

图七　遵化市明长城单体建筑分布图

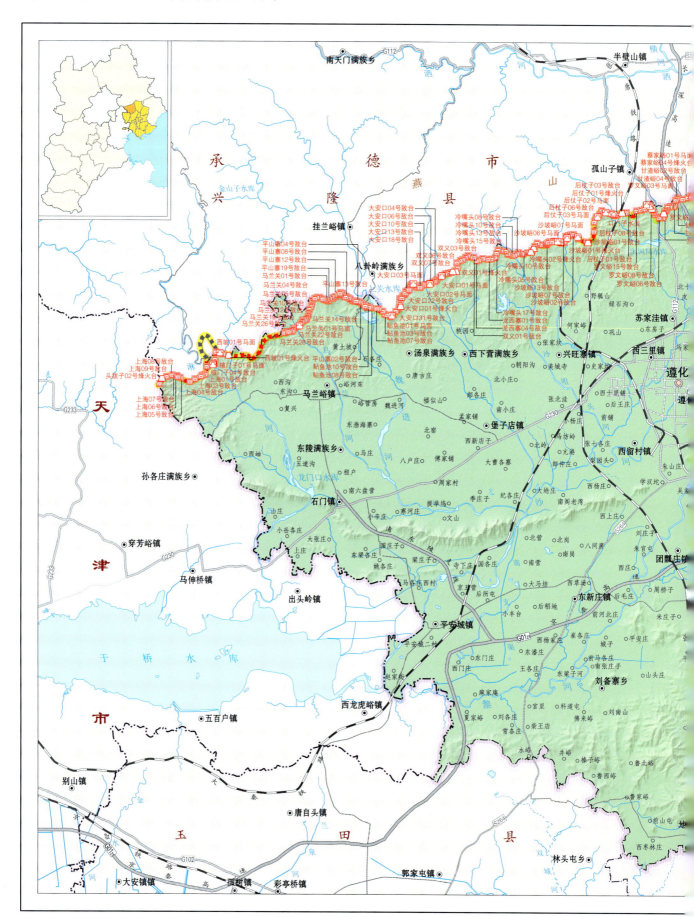

图 例

	土墙
	石墙
	砖墙
	消失墙体
	山险
	河险
	山险墙
	壕堑
	其他墙体
	关堡
	烽火台
	挡马墙
	敌台
	马面
	水关（门）
	砖瓦窑
	碑碣
	居住址
	其他相关遗址、遗迹
	省级行政中心
	地级行政中心
	县级行政中心
	乡、镇
	行政村
	省级界
	地级界
	雄安新区界
	县级界
	铁路
G7	高速公路及编号
G207	国道及编号
S247	省道及编号
	县道
	水系及闸坝

比例尺　1：220 000

遵化市长城资源概况

遵化市调查长城墙体62段，总长68427米；单体建筑314座，其中：敌台249座、马面48座、烽火台15座、水关（门）2座；关堡21座；相关遗存15处。

唐山市明长城资源照片

迁安市

（一）墙体

1.徐流口长城1段130283382103170001

2.徐流口长城2段130283382102170002

3.河流口长城1段130283382103170003

4.河流口长城2段130283382102170004

5.河流口长城3段130283382103170005

6.河流口长城4段130283382103170006

7.河流口长城5段130283382103170007

8.老辈子沟长城1段130283382102170008

9.老辈子沟长城 2 段 1302833382102170009

10.老辈子沟长城 3 段 1302833382106170010

11.老辈子沟长城 4 段 1302833382102170011

12.老辈子沟长城 5 段 1302833382106170012

13.杨丈子长城 1302833382102170013

14.东二道河长城 1 段 1302833382102170014

15.东二道河长城 2 段 1302833382102170015

16.冷口长城 1 段 1302833382103170016

17. 冷口长城 2 段 1302833382106170017

18. 冷口长城 3 段 1302833382103170018

19. 冷口长城 4 段 1302833382102170019

20. 教场沟长城 1 段 1302833382103170020

21. 教场沟长城 2 段 1302833382102170021

22. 教场沟长城 3 段 1302833382103170022

23. 汤杖子长城 1 段 1302833382102170023

24. 汤杖子长城 2 段 1302833382103170024

25.汤杖子长城3段130283382102170025

26.观音沟长城1段130283382102170026

27.观音沟长城2段130283382102170027

28.大龙庙长城1段130283382102170028

29.大龙庙长城2段130283382103170029

30.大龙庙长城3段130283382102170030

31.大龙庙长城4段130283382106170031

32.大龙庙长城5段130283382102170032

33. 白道子长城 1302833382103170033

34. 白羊峪长城 1 段 1302833382102170034

35. 白羊峪长城 2 段 1302833382102170035

36. 白羊峪长城 3 段 1302833382102170036

37. 白羊峪长城 4 段 1302833382102170037

38. 白羊峪长城 5 段 1302833382103170038

39. 白羊峪老爷庙西沟长城 1 段 1302833382102170039

40. 白羊峪老爷庙西沟长城 2 段 1302833382103170040

41. 白羊峪老爷庙西沟长城 3 段 130283382102170041　　42. 白羊峪老爷庙西沟长城 4 段 130283382106170042

43. 大片石长城 1 段 130283382102170043　　44. 大片石长城 2 段 130283382103170044

45. 大片石长城 3 段 130283382102170045　　46. 白河滩东沟长城 1 段 130283382102170046

47. 白河滩东沟长城 2 段 130283382106170047　　48. 白河滩东沟长城 3 段 130283382102170048

49. 马井子长城 1 段 13028333821021 70049

50. 马井子长城 2 段 130283382103170050

51. 马井子长城 3 段 130283382102170051

52. 马井子长城 4 段 130283382103170052

53. 马井子长城 5 段 130283382102170053

54. 四十二口梁长城 130283382102170054

（二）单体建筑

1. 徐流口 01 号敌台 130283352101170001

2. 徐流口 02 号敌台 130283352101170002

3. 徐流口 03 号敌台 130283352101170003

4. 徐流口 04 号敌台 130283352101170004

5. 徐流口 05 号敌台 130283352101170005

6. 徐流口 06 号敌台 130283352101170006

7. 徐流口 07 号敌台 130283352101170007

8. 徐流口 08 号敌台 130283352101170008

9. 徐流口 09 号敌台 130283352101170009

10. 徐流口 10 号敌台 130283352101170010

11. 徐流口 11 号敌台 130283352101170011

12. 徐流口 12 号敌台 130283352101170012

13. 徐流口 13 号敌台 130283352101170013

14. 徐流口 14 号敌台 130283352101170014

15. 徐流口 15 号敌台 130283352101170015

16. 徐流口 16 号敌台 130283352101170016

17. 徐流口 17 号敌台 130283352101170017

18. 徐流口 18 号敌台 130283352101170018

19. 徐流口 19 号敌台 130283352101170019

20. 徐流口 20 号敌台 130283352101170020

21. 徐流口 21 号敌台 130283352101170021

22. 河流口 01 号敌台 130283352101170022

23. 河流口 02 号敌台 130283352101170023

24. 河流口 03 号敌台 130283352101170024

25. 河流口 04 号敌台 130283352101170025

26. 河流口 05 号敌台 130283352101170026

27. 河流口 06 号敌台 130283352101170027

28. 河流口 07 号敌台 130283352101170028

29. 河流口 08 号敌台 130283352101170029

30. 河流口 09 号敌台 130283352101170030

31. 河流口 10 号敌台 130283352101170031

32. 河流口 11 号敌台 130283352101170032

33. 河流口 12 号敌台 130283352101170033

34. 河流口 13 号敌台 130283352101170034

35. 河流口 14 号敌台 130283352101170035

36. 河流口 15 号敌台 130283352101170036

37. 河流口 16 号敌台 130283352101170037

38. 河流口 17 号敌台 130283352101170038

39. 杨丈子 01 号敌台 130283352101170039

40. 杨丈子 02 号敌台 130283352101170040

41. 杨丈子 03 号敌台 130283352101170041

42. 杨丈子 04 号敌台 130283352101170042

43. 杨丈子 05 号敌台 130283352101170043

44. 杨丈子 06 号敌台 130283352101170044

45. 杨丈子 07 号敌台 130283352101170045

46. 杨丈子 08 号敌台 130283352101170046

47. 四道河 01 号敌台 130283352101170047

48. 四道河 02 号敌台 130283352101170048

49. 东二道河 01 号敌台 1302833352101170049

50. 东二道河 02 号敌台 1302833352101170050

51. 东二道河 03 号敌台 1302833352101170051

52. 东二道河 04 号敌台 1302833352101170052

53. 东二道河 05 号敌台 1302833352101170053

54. 东二道河 06 号敌台 1302833352101170054

55. 东二道河 07 号敌台 1302833352101170055

56. 东二道河 08 号敌台 1302833352101170056

57.冷口 01 号敌台 130283352101170057

58.冷口 02 号敌台 130283352101170058

59.冷口 03 号敌台 130283352101170059

60.冷口 04 号敌台 130283352101170060

61.西二道河 01 号敌台 130283352101170061

62.西二道河 02 号敌台 130283352101170062

63.西二道河 03 号敌台 130283352101170063

64.西二道河 04 号敌台 130283352101170064

65. 汤丈子 01 号敌台 130283352101170065　　　　66. 汤丈子 02 号敌台 130283352101170066

67. 汤丈子 03 号敌台 130283352101170067　　　　68. 汤丈子 04 号敌台 130283352101170068

69. 汤丈子 05 号敌台 130283352101170069　　　　70. 汤丈子 06 号敌台 130283352101170070

71. 汤丈子 07 号敌台 130283352101170071　　　　72. 汤丈子 08 号敌台 130283352101170072

73. 观音沟 01 号敌台 130283352101170073

74. 小龙庙 01 号敌台 130283352101170074

75. 小龙庙 02 号敌台 130283352101170075

76. 小龙庙 03 号敌台 130283352101170076

77. 大龙庙 01 号敌台 130283352101170077

78. 大龙庙 02 号敌台 130283352101170078

79. 大龙庙 03 号敌台 130283352101170079

80. 大龙庙 04 号敌台 130283352101170080

81. 大龙庙 05 号敌台 130283352101170081

82. 大龙庙 06 号敌台 130283352101170082

83. 大龙庙 07 号敌台 130283352101170083

84. 大龙庙 08 号敌台 130283352101170084

85. 大龙庙 09 号敌台 130283352101170085

86. 大龙庙 10 号敌台 130283352101170086

87. 大龙庙 11 号敌台 130283352101170087

88. 大龙庙 12 号敌台 130283352101170088

89. 大龙庙 13 号敌台 130283352101170089

90. 大龙庙 14 号敌台 130283352101170090

91. 大龙庙 15 号敌台 130283352101170091

92. 南杖子 01 号敌台 130283352101170092

93. 南杖子 02 号敌台 130283352101170093

94. 南杖子 03 号敌台 130283352101170094

95. 韩杖子 01 号敌台 130283352101170095

96. 韩杖子 02 号敌台 130283352101170096

97. 韩杖子 03 号敌台 130283352101170097

98. 韩杖子 04 号敌台 130283352101170098

99. 韩杖子 05 号敌台 130283352101170099

100. 王台子 01 号敌台 130283352101170100

101. 王台子 02 号敌台 130283352101170101

102. 王台子 03 号敌台 130283352101170102

103. 王台子 04 号敌台 130283352101170103

104. 白羊峪 01 号敌台 130283352101170104

105. 白羊峪 02 号敌台 130283352101170105

106. 白羊峪 03 号敌台 130283352101170106

107. 白羊峪 04 号敌台 130283352101170107

108. 白羊峪 05 号敌台 130283352101170108

109. 白羊峪 06 号敌台 130283352101170109

110. 白羊峪 07 号敌台 130283352101170110

111. 白羊峪 08 号敌台 130283352101170111

112. 白羊峪村 09 号敌台 130283352101170112

113. 白羊峪 10 号敌台 1302833352101170113

114. 白羊峪 11 号敌台 1302833352101170114

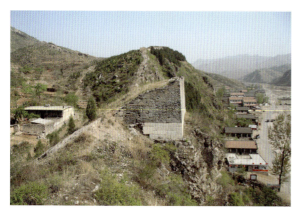

115. 白羊峪 12 号敌台 1302833352101170115

116. 白羊峪 13 号敌台 1302833352101170116

117. 白羊峪 14 号敌台 1302833352101170117

118. 白羊峪 15 号敌台 1302833352101170118

119. 白羊峪 16 号敌台 1302833352101170119

120. 白羊峪 17 号敌台 1302833352101170120

121. 白羊峪 18 号敌台 130283352101170121

122. 白羊峪 19 号敌台 130283352101170122

123. 白羊峪 20 号敌台 130283352101170123

124. 白羊峪 21 号敌台 130283352101170124

125. 四道沟 01 号敌台 130283352101170125

126. 四道沟 02 号敌台 130283352101170126

127. 四道沟 03 号敌台 130283352101170127

128. 四道沟 04 号敌台 130283352101170128

129. 四道沟 05 号敌台 130283352101170129

130. 四道沟 06 号敌台 130283352101170130

131. 小关 01 号敌台 130283352101170131

132. 小关 02 号敌台 130283352101170132

133. 小关 03 号敌台 130283352101170133

134. 小关 04 号敌台 130283352101170134

135. 小关 05 号敌台 130283352101170135

136. 小关 06 号敌台 130283352101170136

137. 小关 07 号敌台 130283352101170137

138. 新开岭 01 号敌台 130283352101170138

139. 新开岭 02 号敌台 130283352101170139

140. 新开岭 03 号敌台 130283352101170140

141. 新开岭 04 号敌台 130283352101170141

142. 新开岭 05 号敌台 130283352101170142

143. 新开岭 06 号敌台 130283352101170143

144. 马井子 01 号敌台 130283352101170144

145. 马井子 02 号敌台 130283352101170145

146. 马井子 03 号敌台 130283352101170146

147. 马井子 04 号敌台 130283352101170147

148. 马井子 05 号敌台 130283352101170148

149. 马井子 06 号敌台 130283352101170149

150. 马井子 07 号敌台 130283352101170150

151. 马井子 08 号敌台 130283352101170151

152. 马井子 09 号敌台 130283352101170152

153.红峪口 01 号敌台 130283352101170153

154.红峪口 02 号敌台 130283352101170154

155.红峪口 03 号敌台 130283352101170155

156.红峪口 04 号敌台 130283352101170156

157.红峪口 05 号敌台 130283352101170157

158.河流口 01 号烽火台 130283353201170158

159.河流口 02 号烽火台 130283353201170159

160.河流口 03 号烽火台 130283353201170160

161. 河流口 04 号烽火台 1302833532011170161

162. 河流口 05 号烽火台 1302833532011170162

163. 河流口 06 号烽火台 1302833532011170163

164. 河流口 07 号烽火台 1302833532011170164

165. 河流口 08 号烽火台 1302833532011170165

166. 河流口 09 号烽火台 1302833532011170166

167. 冷口 01 号烽火台 1302833532011170167

168. 冷口 02 号烽火台 1302833532011170168

169. 西二道河 01 号烽火台 130283353201170169

170. 西二道河 02 号烽火台 130283353201170170

171. 观音沟 01 号烽火台 130283353201170171

172. 观音沟 02 号烽火台 130283353201170172

173. 观音沟 03 号烽火台 130283353201170173

174. 王台子 01 号烽火台 130283353201170174

175. 白羊峪 01 号烽火台 130283353201170175

176. 四道沟 01 号烽火台 130283353201170176

177. 四道沟 02 号烽火台 130283353201170177

178. 四道沟 03 号烽火台 130283353201170178

179. 四道沟 04 号烽火台 130283353201170179

180. 新开岭 01 号烽火台 130283353201170180

181. 新开岭 02 号烽火台 130283353201170181

182. 徐流口长城 01 段 1 号暗门 130283352199170182

183. 杨丈子长城（13 段）1 号暗门 130283352199170183

184. 大龙庙长城 1 号暗门 130283352199170184

185. 韩丈子长城 1 号暗门 1302833352199170185

186. 马井子长城 1 号暗门 1302833352199170186

187. 红峪口长城 1 号暗门 1302833352199170187

188. 徐流口 01 号马面 1302833352102170188

189. 徐流口 02 号马面 1302833352102170189

190. 徐流口 03 号马面 1302833352102170190

191. 徐流口 04 号马面 1302833352102170191

192. 徐流口 05 号马面 1302833352102170192

193. 徐流口 06 号马面 1302833352102170193

194. 河流口 01 号马面 1302833352102170194

195. 河流口 02 号马面 1302833352102170195

196. 河流口 03 号马面 1302833352102170196

197. 河流口 04 号马面 1302833352102170197

198. 河流口 05 号马面 1302833352102170198

199. 河流口 06 号马面 1302833352102170199

200. 河流口 07 号马面 1302833352102170200

201. 河流口 08 号马面 130283352102170201

202. 河流口 09 号马面 130283352102170202

203. 河流口 10 号马面 130283352102170203

204. 河流口 11 号马面 130283352102170204

205. 河流口 12 号马面 130283352102170205

206. 河流口 13 号马面 130283352102170206

207. 河流口 14 号马面 130283352102170207

208. 河流口 15 号马面 130283352102170208

209. 河流口 16 号马面 130283352102170209

210. 河流口 17 号马面 130283352102170210

211. 河流口 18 号马面 130283352102170211

212. 河流口 19 号马面 130283352102170212

213. 河流口 20 号马面 130283352102170213

214. 河流口 21 号马面 130283352102170214

215. 河流口 22 号马面 130283352102170215

216. 河流口 23 号马面 130283352102170216

217. 河流口 24 号马面 130283352102170217

218. 河流口 25 号马面 130283352102170218

219. 河流口 26 号马面 130283352102170219

220. 河流口 27 号马面 130283352102170220

221. 杨丈子 01 号马面 130283352102170221

222. 杨丈子 02 号马面 130283352102170222

223. 杨丈子 03 号马面 130283352102170223

224. 杨丈子 04 号马面 130283352102170224

225. 杨丈子 05 号马面 1302833352102170225

226. 四道河 01 号马面 1302833352102170226

227. 东二道河 01 号马面 1302833352102170227

228. 东二道河 02 号马面 1302833352102170228

229. 东二道河 03 号马面 1302833352102170229

230. 东二道河 04 号马面 1302833352102170230

231. 冷口 01 号马面 1302833352102170231

232. 冷口 02 号马面 1302833352102170232

233. 冷口 03 号马面 130283352102170233

234. 冷口 04 号马面 130283352102170234

235. 冷口 05 号马面 130283352102170235

236. 冷口 06 号马面 130283352102170236

237. 西二道河 01 号马面 130283352102170237

238. 西二道河 02 号马面 130283352102170238

239. 汤丈子九队 01 号马面 130283352102170239

240. 汤丈子 02 号马面 130283352102170240

241.汤丈子 03 号马面 130283352102170241

242.汤丈子 04 号马面 130283352102170242

243.汤丈子 05 号马面 130283352102170243

244.汤丈子 06 号马面 130283352102170244

245.小龙庙 01 号马面 130283352102170245

246.观音沟 01 号马面 130283352102170246

247.观音沟 02 号马面 130283352102170247

248.观音沟 03 号马面 130283352102170248

249. 观音沟 04 号马面 130283352102170249

250. 观音沟 05 号马面 130283352102170250

251. 观音沟 06 号马面 130283352102170251

252. 观音沟 07 号马面 130283352102170252

253. 观音沟 08 号马面 130283352102170253

254. 观音沟 09 号马面 130283352102170254

255. 观音沟 10 号马面 130283352102170255

256. 观音沟 11 号马面 130283352102170256

257. 观音沟 12 号马面 130283352102170257　258. 大龙庙 01 号马面 130283352102170258

259. 大龙庙 02 号马面 130283352102170259　260. 南杖子 01 号马面 130283352102170260

261. 南杖子 02 号马面 130283352102170261　262. 南杖子 03 号马面 130283352102170262

263. 南杖子 04 号马面 130283352102170263　264. 王台子 01 号马面 130283352102170264

265. 王台子 02 号马面 1302833352102170265

266. 王台子 03 号马面 1302833352102170266

267. 白羊峪 01 号马面 1302833352102170267

268. 白羊峪 02 号马面 1302833352102170268

269. 白羊峪 03 号马面 1302833352102170269

270. 白羊峪 04 号马面 1302833352102170270

271. 白羊峪 05 号马面 1302833352102170271

272. 小关 01 号马面 1302833352102170272

273. 新开岭 01 号马面 130283352102170273

274. 新开岭 02 号马面 130283352102170274

275. 马井子 01 号马面 130283352102170275

276. 马井子 02 号马面 130283352102170276

（三）关堡

1. 徐流口堡城 1302833531021 70001

3. 河流口关城 1302833531011 70003

4. 新开岭堡 1302833531021 70004

5.冷口关城 130283353101170005

6.建昌营营城 130283353102170006

7. 石门子堡城 1302833531021 70007

8. 白道子堡城 1302833531021700008

9. 白羊峪关城 130283353101170009

10. 小关堡城 130283353102170010

11. 五重安堡城 130283353102170011

12.红峪口堡城 13028333531020170012

（四）相关遗存

1. 尖座楼采石场 1302833354101170001

2. 冷口摩崖石刻 1302833354110170002

3. 白羊峪挡马墙 1302833354104170003

4. 冷口营址 1302833354107170004

5. 冷口谎城 1302833354199170005

6. 白羊峪方城1 1302833354199170006

7. 白羊峪方城2 1302833354199170007

8. 白羊峪基址1 1302833354107170008

9. 白羊峪基址 2 130283354107170009

10. "徐流口 08 号敌台"外侧壕沟 130283354106170010

11. "徐流口 06 号敌台"外侧采石场 130283354101170011

12. "徐流口 06 号敌台"外侧壕沟 130283354106170012

迁西县

（一）墙体

1.将军帽山险 130227382106170001

2.横山沟东山长城 130227382102170002

3.横山沟长城 1 段 130227382102170003

4.横山沟长城 2 段 130227382102170004

5.横山沟山险 130227382106170005

6.横山沟长城 3 段 130227382102170006

7.擦崖子长城 1 段 130227382103170007

8.擦崖子长城 2 段 130227382102170008

9. 瞭望山山险 130227382106170009

10. 横山长城 1 段 130227382102170010

11. 横山长城 2 段 130227382106170011

12. 城自岭口长城 130227382102170012

13. 杏树岭西山长城 1 段 130227382102170013

14. 杏树岭西山长城 2 段 130227382103170014

15. 杏树岭西山长城 3 段 130227382102170015

16. 杏树岭西山长城 4 段 130227382102170016

17. 头道岭长城 1 段 1302273821021700017

18. 头道岭长城 2 段 1302273821031700018

19. 头道岭长城 3 段 1302273821021700019

20. 头道岭长城 4 段 1302273821031700020

21. 头道岭长城 5 段 1302273821061700021

22. 头道岭西山长城 1302273821021700022

23. 大岭寨长城 1 段 1302273821031700023

24. 大岭寨长城 2 段 1302273821021700024

25. 大岭寨口长城 1302273821 02170025

26. 大岭寨口北山长城 1 段 1302273821 02170026

27. 大岭寨口北山长城 2 段 1302273821 02170027

28. 渠子地东山长城 1302273821 02170028

29. 家山沟山险 1302273821 06170029

30. 铧尖西山长城 1302273821 02170030

31. 铧尖西山山险 1302273821 06170031

32. 南沟东山长城 1 段 1302273821 02170032

33. 南沟东山长城 2 段 130227382106170033

34. 南沟东山长城 3 段 130227382102170034

35. 榆木岭南山山险 130227382106170035

36. 榆木岭长城 1 段 130227382102170036

37. 榆木岭长城 2 段 130227382103170037

38. 铁顶楼长城 130227382102170038

39. 石门岔西山长城 130227382103170039

40. 青山口东山长城 130227382102170040

41.青山口长城1段130227382103170041

42.青山口长城2段130227382102170042

43.青山口长城3段130227382103170043

八面峰长城山段

44.八面峰长城1段130227382106170044

45.八面峰长城2段130227382102170045

46.八面峰长城3段130227382106170046

47.八面峰长城4段130227382102170047

48.八面峰长城5段130227382106170048

49.八面峰长城 6 段 130227382102170049

50.八面峰长城 7 段 130227382106170050

51.八面峰长城 8 段 130227382102170051

52.八面峰长城 9 段 130227382106170052

53.八面峰长城 10 段 130227382102170053

54.八面峰长城 11 段 130227382106170054

55.八面峰长城 12 段 130227382102170055

56.八面峰长城 13 段 130227382106170056

57.黑马沟长城 130227382102170057

58.董家口长城 1 段 130227382103170058

59.董家口长城 2 段 130227382102170059

60.董家口关东南山险 130227382106170060

61.董家口关长城 130227382102170061

62.董家口关西山长城 130227382102170062

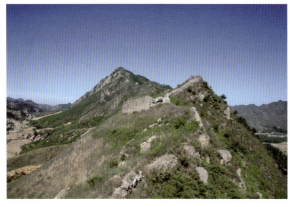

63.游乡口山险 130227382106170063

64.游乡口长城 130227382103170064

65.龙凤沟长城1段 130227382102170065

66.龙凤沟长城2段 130227382106170066

67.龙凤沟长城3段 130227382102170067

68.下城子长城 130227382102170068

69.女儿山山险 130227382106170069

70.贾庄子长城1段 130227382102170070

71.贾庄子长城2段 130227382106170071

72.贾庄子长城3段 130227382102170072

73.史家峪长城1段 1302273821106170073　　　74.史家峪长城2段 1302273821102170074

75.史家峪长城3段 1302273821103170075　　　76.史家峪长城4段 1302273821106170076

77.铁门关东山长城1段 1302273821102170077　　78.铁门关东山长城2段 1302273821106170078

79.铁门关东山长城3段 1302273821102170079　　80.铁门关长城 1302273821106170080

81.铁门关西山长城13022738210217 0081

82.李家峪长城1段13022738210317 0082

83.李家峪长城2段13022738210217 0083

84.李家峪长城3段13022738210217 0084

85.李家峪长城4段13022738210617 0085

86.李家峪长城5段13022738210217 0086

87.李家峪长城6段13022738210617 0087

88.李家峪长城7段13022738210217 0088

89.黄石砬山险 130227382106170089

90.石梯子长城 130227382102170090

91.石梯子山险 130227382106170091

92.新甸子南山长城 1 段 130227382102170092

93.新甸子南山长城 2 段 130227382106170093

94.新甸子南山长城 3 段 130227382102170094

95.新甸子南山长城 4 段 130227382106170095

96.新甸子南山长城 5 段 130227382102170096

97. 新甸子南山长城 6 段 130227382106170097

98. 新甸子南山长城 7 段 130227382102170098

99. 新甸子南山长城 8 段 130227382106170099

100. 新甸子南山长城 9 段 130227382102170100

101. 新甸子南山长城 10 段 130227382106170101

102. 新甸子南山长城 11 段 130227382102170102

103. 新甸子南山长城 12 段 130227382106170103

104. 横城子长城 1 段 130227382102170104

105. 横城子长城2段 130227382103170105

106. 横城子长城3段 130227382102170106

107. 喜峰口长城支线1段 130227382102170107

108. 喜峰口长城支线2段 130227382102170108

109. 喜峰口支线长城3段 130227382102170109

110. 喜峰口长城 130227382103170110

111. 喜峰口西山长城1段 130227382103170111

112. 喜峰口西山长城2段 130227382102170112

113. 小喜峰口长城 130227382106170113

114. 潘家口水库南山长城 130227382106170114

115. 上走马哨长城 130227382102170115

116. 潘家口长城 1 段 130227382103170116

117. 潘家口长城 2 段 130227382103170117

118. 潘家口北山长城 1 段 130227382102170118

119. 潘家口北山长城 2 段 130227382106170119

120. 潘家口北山长城 3 段 130227382103170120

121.潘家口北山长城 4 段 130227382106170121

122.潘家口北山长城 5 段 130227382103170122

123.潘家口北山长城 6 段 130227382106170123

124.潘家口北山长城 7 段 130227382102170124

125.关场西山长城 130227382106170125

126.小河口长城 1 段 130227382102170126

127.小河口长城 2 段 130227382106170127

128.爬虎堂长城 130227382102170128

129. 大顶岗长城 130227382106170129

130. 东城峪长城 1 段 130227382102170130

131. 东城峪长城 2 段 130227382106170131

132. 东城峪长城 3 段 130227382102170132

133. 杏树洼长城 130227382102170133

134. 西城峪长城 1 段 130227382301170134

135. 西城峪长城 2 段 130227382102170135

136. 石家口长城 130227382106170136

137.岔沟长城1段 1302273821021 70137

138.岔沟长城2段 1302273821061 70138

139.岔沟长城3段 1302273821020 20139

140.漆稞岭长城1段 1302273821061 70140

141.漆稞岭长城2段 1302273821021 70141

142.三台山水关长城 1302273821991 70142

143.三台山长城1段 1302273821021 70143

144.三台山长城2段 1302273821061 70144

145.三台山长城 3 段 130227382102170145

146.北水峪长城 130227382106170146

147.苏郎峪长城 1 段 130227382102170147

148.苏郎峪长城 2 段 130227382106020148

149.北峪子长城 1 段 130227382102170149

150.北峪子长城 2 段 130227382106020150

151.北峪子长城 3 段 130227382102020151

152.龙井关长城 1 段 130227382106170152

153.龙井关长城2段 13022738 2107 170153

154.龙井关长城3段 13022738 2102 170154

155.龙井关长城4段 13022738 2103 170155

156.龙井关长城5段 13022738 2102 170156

157.龙井关长城6段 13022738 2106 170157

158.磨石安长城1段 13022738 2102 170158

159.磨石安长城2段 13022738 2106 170159

160.磨石安长城3段 13022738 2102 170160

161.二道城子长城 1 段 130227382106170161

162.二道城子长城 2 段 130227382102170162

163.四楼沟长城 130227382102170163

164.五楼沟山险 130227382106170164

165.园楼东山长城 1 段 130227382102170165

166.园楼东山长城 2 段 130227382106170166

167.园楼东山长城 3 段 130227382102170167

168.关门岭长城 1 段 130822382102170168

169.关门岭长城 2 段 130822382102170169

170.榨子庵关 130822382102170170

171.关门岭长城 3 段 130822382106170171

172.头道岭长城 6 段 130827382102170172

（二）单体建筑

1. 横山沟东山 01 号敌台 130227352101170001

2. 横山沟东山 02 号敌台 130227352101170002

3. 横山沟东山 03 号敌台 130227352101170003

4. 横山沟东山 04 号敌台 130227352101170004

5. 横山沟东山 05 号敌台 130227352101170005

6. 横山沟东山 06 号敌台 130227352101170006

7. 横山沟 01 号敌台 130227352101170007

8. 横山沟 02 号敌台 130227352101170008

9. 擦崖子 01 号敌台 130227352101170009

10. 擦崖子 02 号敌台 130227352101170010

11. 擦崖子 03 号敌台 130227352101170011

12. 擦崖子 04 号敌台 130227352101170012

13. 擦崖子 05 号敌台 130227352101170013

14. 擦崖子 06 号敌台 130227352101170014

15. 擦崖子 07 号敌台 130227352101170015

16. 擦崖子 08 号敌台 130227352101170016

17. 擦崖子 09 号敌台 1302273521011170017

18. 擦崖子 10 号敌台 1302273521011170018

19. 擦崖子 11 号敌台 1302273521011170019

20. 擦崖子 12 号敌台 1302273521011170020

21. 擦崖子 13 号敌台 1302273521011170021

22. 瞭望山敌台 1302273521011170022

23. 横山 01 号敌台 1302273521011170023

24. 横山 02 号敌台 1302273521011170024

25.横山03号敌台130227352101170025

26.横山04号敌台130227352101170026

27.横山05号敌台130227352101170027

28.城自岭口01号敌台130227352101170028

29.杏树岭西山01号敌台130227352101170029

30.杏树岭西山02号敌台130227352101170030

31.杏树岭西山03号敌台130227352101170031

32.杏树岭西山04号敌台130227352101170032

33. 杏树岭西山 05 号敌台 130227352101170033

34. 杏树岭西山 06 号敌台 130227352101170034

35. 杏树岭西山 07 号敌台 130227352101170035

36. 头道岭 01 号敌台 130227352101170036

37. 头道岭 02 号敌台 130227352101170037

38. 头道岭 03 号敌台 130227352101170038

39. 头道岭 04 号敌台 130227352101170039

40. 头道岭西山 01 号敌台 130227352101170040

41. 头道岭西山 02 号敌台 130227352101170041

42. 头道岭西山 03 号敌台 130227352101170042

43. 头道岭西山 04 号敌台 130227352101170043

44. 头道岭西山 05 号敌台 130227352101170044

45. 头道岭西山 06 号敌台 130227352101170045

46. 头道岭西山 07 号敌台 130227352101170046

47. 头道岭西山 08 号敌台 130227352101170047

48. 头道岭西山 09 号敌台 130227352101170048

49.头道岭西山 10 号敌台 130227352101170049　　50.大岭寨 01 号敌台 130227352101170050

51.大岭寨 02 号敌台 130227352101170051　　52.大岭寨 03 号敌台 130227352101170052

53.大岭寨 04 号敌台 130227352101170053　　54.大岭寨 05 号敌台 130227352101170054

55.大岭寨口北山 01 号敌台 130227352101170055　　56.大岭寨口北山 02 号敌台 130227352101170056

57. 大岭寨口北山 03 号敌台 130227352101170057

58. 大岭寨口北山 04 号敌台 130227352101170058

59. 兰城沟 01 号敌台 130227352101170059

60. 兰城沟 02 号敌台 130227352101170060

61. 兰城沟 03 号敌台 130227352101170061

62. 兰城沟 04 号敌台 130227352101170062

63. 兰城沟 05 号敌台 130227352101170063

64. 铧尖西山 01 号敌台 130227352101170064

65. 铧尖西山 02 号敌台 130227352101170065

66. 铧尖西山 03 号敌台 130227352101170066

67. 铧尖西山 04 号敌台 130227352101170067

68. 南沟东山 01 号敌台 130227352101170068

69. 南沟东山 02 号敌台 130227352101170069

70. 南沟东山 03 号敌台 130227352101170070

71. 榆木岭村 01 号敌台 130227352101170071

72. 榆木岭村 02 号敌台 130227352101170072

73.榆木岭村 03 号敌台 130227352101170073

74.榆木岭村 04 号敌台 130227352101170074

75.榆木岭村 05 号敌台 130227352101170075

76.榆木岭村 06 号敌台 130227352101170076

77.榆木岭村 07 号敌台 130227352101170077

78.榆木岭村 08 号敌台 130227352101170078

79.榆木岭村 09 号敌台 130227352101170079

80.榆木岭村 10 号敌台 130227352101170080

81. 榆木岭村 11 号敌台 130227352101170081

82. 榆木岭村 12 号敌台 130227352101170082

83. 榆木岭村 13 号敌台 130227352101170083

84. 榆木岭村 14 号敌台 130227352101170084

85. 铁顶楼 01 号敌台 130227352101170085

86. 铁顶楼 02 号敌台 130227352101170086

87. 铁顶楼 03 号敌台 130227352101170087

88. 铁顶楼 04 号敌台 130227352101170088

89. 铁顶楼 05 号敌台 130227352101170089

90. 铁顶楼 06 号敌台 130227352101170090

91. 铁顶楼 07 号敌台 130227352101170091

92. 铁顶楼 08 号敌台 130227352101170092

93. 铁顶楼 09 号敌台 130227352101170093

94. 铁顶楼 10 号敌台 130227352101170094

95. 铁顶楼 11 号敌台 130227352101170095

96. 铁顶楼 12 号敌台 130227352101170096

97. 铁顶楼 13 号敌台 130227352101170097

98. 铁顶楼 14 号敌台 130227352101170098

99. 铁顶楼 15 号敌台 130227352101170099

100. 石门岔西山 01 号敌台 130227352101170100

101. 石门岔西山 02 号敌台 130227352101170101

102. 石门岔西山 03 号敌台 130227352101170102

103. 石门岔西山 04 号敌台 130227352101170103

104. 石门岔西山 05 号敌台 130227352101170104

105. 石门岔西山 06 号敌台 130227352101170105　　106. 青山口东山 01 号敌台 130227352101170106

107. 青山口东山 02 号敌台 130227352101170107　　108. 青山口东山 03 号敌台 130227352101170108

109. 青山口东山 04 号敌台 130227352101170109　　110. 青山口 01 号敌台 130227352101170110

111. 青山口 02 号敌台 130227352101170111　　112. 青山口 03 号敌台 130227352101170112

113. 青山口 04 号敌台 1302273521011170113

114. 青山口 05 号敌台 1302273521011170114

115. 青山口 06 号敌台 1302273521011170115

116. 青山口 07 号敌台 1302273521011170116

117. 青山口 08 号敌台 1302273521011170117

118. 青山口 09 号敌台 1302273521011170118

119. 青山口 10 号敌台 1302273521011170119

120. 青山口 11 号敌台 1302273521011170120

121.青山口 12 号敌台 130227352101170121

122.青山口 13 号敌台 130227352101170122

123.青山口 14 号敌台 130227352101170123

124.八面峰 01 号敌台 130227352101170124

125.八面峰 02 号敌台 130227352101170125

126.黑马沟 01 号敌台 130227352101170126

127.黑马沟 02 号敌台 130227352101170127

128.董家口 01 号敌台 130227352101170128

129. 董家口 02 号敌台 1302273521011170129

130. 董家口 03 号敌台 1302273521011170130

131. 董家口 04 号敌台 1302273521011170131

132. 董家口 05 号敌台 1302273521011170132

133. 游乡口 01 号敌台 1302273521011170133

134. 游乡口 02 号敌台 1302273521011170134

135. 游乡口 03 号敌台 1302273521011170135

136. 游乡口 04 号敌台 1302273521011170136

137. 龙凤沟 01 号敌台 130227352101170137

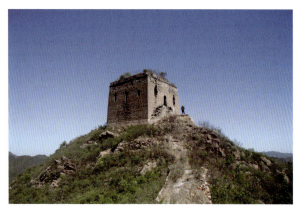

138. 龙凤沟 02 号敌台 130227352101170138

139. 龙凤沟 03 号敌台 130227352101170139

140. 贾庄子 01 号敌台 130227352101170140

141. 贾庄子 02 号敌台 130227352101170141

142. 贾庄子 03 号敌台 130227352101170142

143. 铁门关 01 号敌台 130227352101170143

144. 李家峪 01 号敌台 130227352101170144

145. 李家峪 02 号敌台 130227352101170145　　146. 李家峪 03 号敌台 130227352101170146

147. 李家峪 04 号敌台 130227352101170147　　148. 李家峪 05 号敌台 130227352101170148

149. 李家峪 06 号敌台 130227352101170149　　150. 李家峪 07 号敌台 130227352101170150

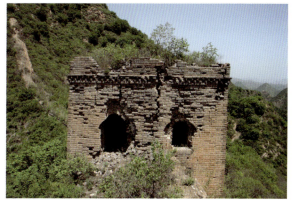

151. 李家峪 08 号敌台 130227352101170151　　152. 李家峪 09 号敌台 130227352101170152

153. 石梯子 01 号敌台 13022735210117 0153

154. 新甸子南山 01 号敌台 13022735210117 0154

155. 新甸子南山 02 号敌台 13022735210117 0155

156. 新甸子南山 03 号敌台 13022735210117 0156

157. 新甸子南山 04 号敌台 13022735210117 0157

158. 新甸子南山 05 号敌台 13022735210117 0158

159. 新甸子南山 06 号敌台 13022735210117 0159

160. 横城子 01 号敌台 13022735210117 0160

161. 横城子 02 号敌台 130227352101170161

162. 横城子 03 号敌台 130227352101170162

163. 横城子 04 号敌台 130227352101170163

164. 喜峰口西山 01 号敌台 130227352101170164

165. 喜峰口西山 02 号敌台 130227352101170165

166. 喜峰口西山 03 号敌台 130227352101170166

167. 喜峰口西山 04 号敌台 130227352101170167

168. 喜峰口西山 05 号敌台 130227352101170168

169. 喜峰口西山 06 号敌台 130227352101170169

170. 喜峰口西山 07 号敌台 130227352101170170

171. 喜峰口西山 08 号敌台 130227352101170171

172. 喜峰口西山 09 号敌台 130227352101170172

173. 喜峰口西山 10 号敌台 130227352101170173

174. 小喜峰口 02 号敌台 130227352101170174

175. 喜峰口西山 13 号敌台 130227352101170175

176. 闸扣 01 号敌台 130227352101170176

177. 闸扣 02 号敌台 130227352101170177

178. 下走马哨西北 01 号敌台 130227352101170178

179. 下走马哨西北 02 号敌台 130227352101170179

180. 上走马哨 01 号敌台 130227352101170180

181. 东城峪 01 号敌台 130227352101170181

182. 杏树洼 01 号敌台 130227352101170182

183. 西城峪 01 号敌台 130227352101170183

184. 西城峪 02 号敌台 130227352101170184

185. 西城峪 03 号敌台 130227352101170185

186. 漆棵岭 01 号敌台 130227352101170186

187. 三台山 01 号敌台 130227352101170187

188. 苏郎峪 01 号敌台 130227352101170188

189. 潘家口 01 号敌台 130227352101170189

190. 潘家口 02 号敌台 130227352101170190

191. 潘家口 03 号敌台 130227352101170191

192. 潘家口 04 号敌台 130227352101170192

193.潘家口 05 号敌台 130227352101170193

194.潘家口 06 号敌台 130227352101170194

195.潘家口 07 号敌台 130227352101170195

196.潘家口 08 号敌台 130227352101170196

197.小河口 01 号敌台 130227352101170197

198.小河口 02 号敌台 130227352101170198

199.小河口 03 号敌台 130227352101170199

200.小河口 04 号敌台 130227352101170200

201. 小河口 05 号敌台 130227352101170201

202. 小河口 06 号敌台 130227352101170202

203. 小河口 07 号敌台 130227352101170203

204. 小河口 08 号敌台 130227352101170204

205. 小河口 09 号敌台 130227352101170205

206. 小河口 10 号敌台 130227352101170206

207. 小河口 11 号敌台 130227352101170207

208. 小河口西 01 号敌台 130227352101170208

209. 小河口西 02 号敌台 130227352101170209

210. 扁台子 01 号敌台 130227352101170210

211. 扁台子 02 号敌台 130227352101170211

212. 扁台子 03 号敌台 130227352101170212

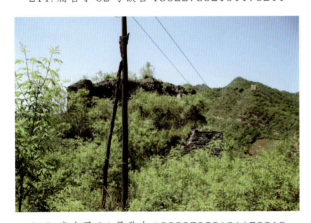

213. 扁台子 04 号敌台 130227352101170213

214. 爬虎堂 01 号敌台 130227352101170214

215. 爬虎堂 02 号敌台 130227352101170215

216. 四楼沟 01 号敌台 130227352101170216

217. 四楼沟 02 号敌台 130227352101170217　　218. 四楼沟 03 号敌台 130227352101170218

219. 北峪子 01 号敌台 130227352101170219　　220. 北峪子 02 号敌台 130227352101170220

221. 北峪子 03 号敌台 130227352101170221　　222. 北峪子 04 号敌台 130227352101170222

223. 北峪子 05 号敌台 130227352101170223　　224. 北峪子 06 号敌台 130227352101170224

225. 北峪子 07 号敌台 1302273521011170225

226. 龙井关 01 号敌台 1302273521011170226

227. 龙井关 02 号敌台 1302273521011170227

228. 龙井关 03 号敌台 1302273521011170228

229. 磨石安 01 号敌台 1302273521011170229

230. 磨石安 02 号敌台 1302273521011170230

231. 磨石安 03 号敌台 1302273521011170231

232. 二道城子 01 号敌台 1302273521011170232

233.二道城子 02 号敌台 130227352101170233

234.二道城子 03 号敌台 130227352101170234

235.二道城子 04 号敌台 130227352101170235

236.二道城子 05 号敌台 130227352101170236

237.二道城子 06 号敌台 130227352101170237

238.二道城子 07 号敌台 130227352101170238

239.二道城子 08 号敌台 130227352101170239

240.二道城子 09 号敌台 130227352101170240

241. 横山 01 号马面 130227352102170241

242. 横山 02 号马面 130227352102170242

243. 横山 03 号马面 130227352102170243

244. 横山 04 号马面 130227352102170244

245. 城自岭口 01 号马面 130227352102170245

246. 头道岭西山 01 号马面 130227352102170246

247. 大岭寨 01 号马面 130227352102170247

248. 大岭寨 02 号马面 130227352102170248

249.大岭寨 03 号马面 130227352102170249

250.榆木岭 01 号马面 130227352102170250

251.榆木岭 02 号马面 130227352102170251

252.铁楼顶 01 号马面 130227352102170252

253.青山口 01 号马面 130227352102170253

254.黑马沟 01 号马面 130227352102170254

255.黑马沟 02 号马面 130227352102170255

256.董家口 01 号马面 130227352102170256

257.李家峪 01 号马面 130227352102170257

258.李家峪 02 号马面 130227352102170258

259.李家峪 03 号马面 130227352102170259

260.东城峪 01 号马面 130227352102170260

261.东城峪 02 号马面 130227352102170261

262.东城峪 03 号马面 130227352102170262

263.杏树洼 01 号马面 130227352102170263

264.漆棵岭 01 号马面 130227352102170264

265. 小河口 01 号马面 13022735210 2170265

266. 苏郎峪 01 号马面 13022735210 2170266

267. 北峪子 01 号马面 13022735210 2170267

268. 龙井关 01 号马面 13022735210 2170268

269. 大东沟 01 号马面 13022735210 2170269

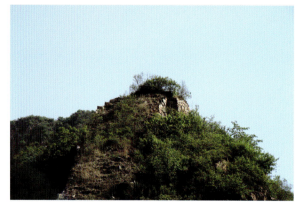

270. 大东沟 02 号马面 13022735210 2170270

271. 大东沟 03 号马面 13022735210 2170271

272. 大东沟 04 号马面 13022735210 2170272

273. 大东沟 05 号马面 130227352102170273

274. 大东沟 06 号马面 130227352102170274

275. 小东沟 01 号马面 130227352102170275

276. 小东沟 02 号马面 130227352102170276

277. 小东沟 03 号马面 130227352102170277

278. 小东沟 04 号马面 130227352102170278

279. 小东沟 05 号马面 130227352102170279

280. 小东沟 06 号马面 130227352102170280

281. 小东沟 07 号马面 13022735210217 0281　　282. 横山沟 01 号烽火台 130227353201170282

283. 横山沟 02 号烽火台 130227353201170283　　284. 城自岭 01 号烽火台 130227353201170284

285. 城自岭 02 号烽火台 130227353201170285　　286. 头道岭西山 01 号烽火台 130227353201170286

287. 头道岭西山 02 号烽火台 130227353201170287　　288. 头道岭西山 03 号烽火台 130227353201170288

289.大岭寨口北山 01 号烽火台 130227353201170289

290.大岭寨口北山 02 号烽火台 130227353201170290

291.大岭寨口北山 03 号烽火台 130227353201170291

292.兰城沟 01 号烽火台 130227353201170292

293.铧尖 01 号烽火台 130227353201170293

294.铧尖 02 号烽火台 130227353201170294

295.南沟东山 01 号烽火台 130227353201170295

296.榆木岭村 01 号烽火台 130227353201170296

297.榆木岭村 02 号烽火台 130227353201170297　　　298.榆木岭村 03 号烽火台 130227353201170298

299.榆木岭 04 号烽火台 130227353201170299　　　300.铁楼顶 01 号烽火台 130227353201170300

301.青山关 01 号烽火台 130227353201170301　　　302.青山关 02 号烽火台 130227353201170302

303.青山关 03 号烽火台 130227353201170303　　　304.青山关 04 号烽火台 130227353201170304

305. 八面峰 01 号烽火台 130227353201170305

306. 八面峰 02 号烽火台 130227353201170306

307. 八面烽 03 号烽火台 130227353201170307

308. 八面峰 04 号烽火台 130227353201170308

309. 八面峰 05 号烽火台 130227353201170309

310. 八面峰 06 号烽火台 130227353201170310

311. 八面峰 07 号烽火台 130227353201170311

312. 董家口 01 号烽火台 130227353201170312

313.龙凤沟 01 号烽火台 13022735320117 0313

314.龙凤沟 02 号烽火台 13022735320117 0314

315.铁门关 01 号烽火台 13022735320117 0315

316.铁门关 02 号烽火台 13022735320117 0316

317.李家峪 01 号烽火台 13022735320117 0317

318.李家峪 02 号烽火台 13022735320117 0318

319.李家峪 03 号烽火台 13022735320117 0319

320.新甸子 01 号烽火台 13022735320117 0320

321. 新甸子 02 号烽火台 13022735320117 0321　　322. 新甸子 03 号烽火台 13022735320117 0322

323. 新甸子 04 号烽火台 13022735320117 0323　　324. 喜峰口 01 号烽火台 13022735320117 0324

325. 新甸子 05 号烽火台 13022735320117 0325　　326. 新甸子 06 号烽火台 13022735320117 0326

327. 横城子 01 号烽火台 13022735320117 0327　　328. 小喜峰口 01 号烽火台 13022735320117 0328

329.下走马哨 01 号烽火台 130227353201170329

330.东城峪 01 号烽火台 130227353201170330

331.东城峪 02 号烽火台 130227353201170331

332.杏树洼 01 号烽火台 130227353201170332

333.西城峪 01 号烽火台 130227353201170333

334.西城峪 02 号烽火台 130227353201170334

335.西城峪 03 号烽火台 130227353201170335

336.三台山 01 号烽火台 130227353201170336

337. 苏郎峪 01 号烽火台 130227353201170337

338. 大东沟 01 号烽火台 130227353201170338

339. 董家口谎城 130227352199170339

340. 游乡口谎城 130227352199170340

341. 喜峰口谎城 130227352199170341

（三）关堡

1.擦崖子城 1302273531102170001

2.城自岭城 1302273531102170002

3.大岭寨城 1302273531102170003

4.蓝城沟城 1302273531102170004

5.榆木岭关城 130227353102170005

6.上营营城 130227353102170006

7.青山关关城 130227353102170007

8.董家口关城 130227353102170008

9.李家峪城 130227353102170009

10.滦阳城 130227353102170010

12.喜峰口城 130227353102170012

13.龙井关城 130227353102170013

11. 汉儿庄城 130227353102170011

14.太平寨城 130227353102170014

15. 三屯营镇城 130227353102170015

遵化市

（一）墙体

1. 野鸡峪东庄长城 1 段 13028138 2102170001

3. 野鸡峪东庄长城 3 段 13028138 2102170003

2. 野鸡峪东庄长城 2 段 13028138 2103170002

4. 野鸡峪东庄长城 4 段 13028138 2103170004

6. 洪山口长城 2 段 13028138 2103170006

5. 洪山口长城 1 段 13028138 2102170005

7. 洪山口长城 3 段 1302813821103170007

8. 洪山口长城 4 段 1302813821103170008

9. 洪山口长城 5 段 1302813821102170009

10. 洪山口长城 6 段 1302813821103170010

11. 南城子长城 1 段 1302813821102170011

13. 河口长城 2 段 1302813821103170013

12. 河口长城 1 段 1302813821103170012

14. 河口长城 3 段 13028138210 2170014

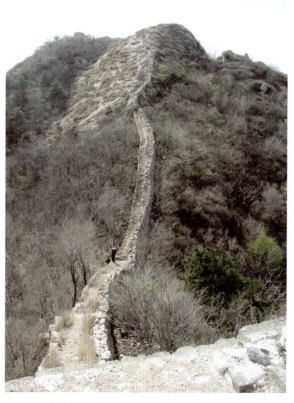

15. 寨主沟长城 1 段 1302813821 06170015

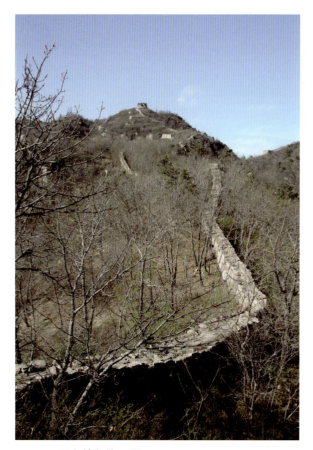

16. 双窑村长城 1 段 13028138210 2170016

18. 马蹄峪长城 2 段 13028138210 2170018

17. 马蹄峪长城 1 段 1302813821 06170017

19.马蹄峪长城 3 段 130281382106170019

20.马蹄峪长城 4 段 130281382102170020

21.马蹄峪长城 5 段 130281382102170021

22.马蹄峪长城 6 段 130281382102170022

23.马蹄峪长城 7 段 130281382103170023

24.蔡家峪长城 1 段 130281382102170024

25.蔡家峪长城 2 段 130281382102170025

26.甘查峪长城 1 段 130281382102170026

27.甘渣峪长城 2 段 1302813821021700027

28.罗文峪长城 1 段 1302813821031700028

29.罗文峪长城 2 段 1302813821031700029

30.罗文峪长城 3 段 1302813821021700030

31.罗文峪长城 4 段 1302813821031700031

32.罗文峪长城 5 段 1302813821021700032

33.后杖子长城 1 段 1302813821021700033

34.沙坡峪长城 1 段 1302813821031700034

35.沙坡峪长城 2 段 13028138 2103170035

36.沙坡峪长城 3 段 13028138 2102170036

37.沙坡峪长城 4 段 13028138 2103170037

38.沙坡峪长城 5 段 13028138 2102170038

39.冷嘴头长城 1 段 13028138 2103170039

40.冷嘴头长城 2 段 13028138 2103170040

41.冷嘴头长城 3 段 13028138 2103170041

42.冷嘴头长城 4 段 13028138 2102170042

43. 双义长城 1 段 13028l3821021701700043

44. 大安口长城 1 段 13028l3821031701700044

45. 大安口长城 2 段 13028l3821031701700045

46. 大安口长城 3 段 13028l3821021701700046

47. 上关水库长城 1 段 13028l3821031701700047

48. 平山寨长城 1 段 13028l3821031701700048

49. 平山寨长城 2 段 13028l3821021701700049

50. 平山寨长城 3 段 13028l3821031701700050

51.平山寨长城4段13028 1382102170051

52.马兰关长城1段13028 1382103170052

53.马兰关长城2段13028 1382102170053

54.马兰关长城3段13028 1382102170054

55.马兰关长城4段13028 1382102170055

56.西坡长城1段13028 1382102170056

57.楦门子长城1段13028 1382102170057

58.楦门子长城2段13028 1382102170058

59.上海长城1段13028138210617 0059

60.上海长城2段13028138210217 0060

61.上海长城3段13028138210617 0061

62.上海长城4段13028138210217 0062

（二）单体建筑

1. 野鸡岭 01 号敌台 130281352101170001

2. 野鸡岭 02 号敌台 130281352101170002

3. 野鸡岭 03 号敌台 130281352101170003

4. 野鸡岭 04 号敌台 130281352101170004

5. 野鸡岭 05 号敌台 130281352101170005

6. 野鸡岭 06 号敌台 130281352101170006

7. 野鸡岭 07 号敌台 130281352101170007

8. 野鸡岭 08 号敌台 130281352101170008

9. 野鸡峪 09 号敌台 130281352101170009

10. 洪山口 01 号敌台 130281352101170010

11. 洪山口 02 号敌台 130281352101170011

12. 洪山口 03 号敌台 130281352101170012

13. 洪山口 04 号敌台 130281352101170013

14. 洪山口 05 号敌台 130281352101170014

15. 洪山口 06 号敌台 130281352101170015

16. 洪山口 07 号敌台 130281352101170016

17. 洪山口 08 号敌台 130281352101170017

18. 洪山口 09 号敌台 130281352101170018

19. 洪山口 10 号敌台 130281352101170019

20. 洪山口 11 号敌台 130281352101170020

21. 洪山口 12 号敌台 130281352101170021

22. 洪山口 13 号敌台 130281352101170022

23. 洪山口 14 号敌台 130281352101170023

24. 洪山口 15 号敌台 130281352101170024

25. 洪山口 16 号敌台 130281352101170025

26. 南城子 01 号敌台 130281352101170026

27. 南城子 02 号敌台 130281352101170027

28. 南城子 03 号敌台 130281352101170028

29. 河口 01 号敌台 130281352101170029

30. 河口 02 号敌台 130281352101170030

31. 河口 03 号敌台 130281352101170031

32. 寨主沟 01 号敌台 130281352101170032

33. 寨主沟 02 号敌台 130281352101170033

34. 寨主沟 03 号敌台 130281352101170034

35. 寨主沟 04 号敌台 130281352101170035

36. 双窑 01 号敌台 130281352101170036

37. 双窑 02 号敌台 130281352101170037

38. 双窑 03 号敌台 130281352101170038

39. 双窑 04 号敌台 130281352101170039

40. 双窑 05 号敌台 130281352101170040

41. 双窑 06 号敌台 1302813352101170041

42. 双窑 07 号敌台 1302813352101170042

43. 双窑 08 号敌台 1302813352101170043

44. 马蹄峪 01 号敌台 1302813352101170044

45. 马蹄峪 02 号敌台 1302813352101170045

46. 马蹄峪 03 号敌台 1302813352101170046

47. 马蹄峪 04 号敌台 1302813352101170047

48. 马蹄峪 05 号敌台 1302813352101170048

49. 马蹄峪 06 号敌台 1302813521011170049

50. 蔡家峪 01 号敌台 1302813521011170050

51. 蔡家峪 02 号敌台 1302813521011170051

52. 蔡家峪 03 号敌台 1302813521011170052

53. 蔡家峪 04 号敌台 1302813521011170053

54. 蔡家峪 05 号敌台 1302813521011170054

55. 蔡家峪 06 号敌台 1302813521011170055

56. 蔡家峪 07 号敌台 1302813521011170056

57.蔡家峪 08 号敌台 13028135210117 0057

58.甘渣峪 01 号敌台 13028135210117 0058

59.甘渣峪 02 号敌台 13028135210117 0059

60.甘渣峪 03 号敌台 13028135210117 0060

61.甘渣峪 04 号敌台 13028135210117 0061

62.甘渣峪 05 号敌台 13028135210117 0062

63.甘渣峪 06 号敌台 13028135210117 0063

64.甘渣峪 07 号敌台 13028135210117 0064

65. 甘渣峪 08 号敌台 1302813352101170065

66. 甘渣峪 09 号敌台 1302813352101170066

67. 甘渣峪 10 号敌台 1302813352101170067

68. 罗文峪 01 号敌台 1302813352101170068

69. 罗文峪 02 号敌台 1302813352101170069

70. 罗文峪 03 号敌台 1302813352101170070

71. 罗文峪 04 号敌台 1302813352101170071

72. 罗文峪 05 号敌台 1302813352101170072

73. 罗文峪 06 号敌台 130281352101170073

74. 罗文峪 07 号敌台 130281352101170074

75. 罗文峪 08 号敌台 130281352101170075

76. 罗文峪 09 号敌台 130281352101170076

77. 罗文峪 10 号敌台 130281352101170077

78. 罗文峪 11 号敌台 130281352101170078

79. 罗文峪 12 号敌台 130281352101170079

80. 罗文峪 13 号敌台 130281352101170080

81. 罗文峪 14 号敌台 1302813521011 70081

82. 罗文峪 15 号敌台 1302813521011 70082

83. 后杖子 01 号敌台 1302813521011 70083

84. 后杖子 02 号敌台 1302813521011 70084

85. 后杖子 03 号敌台 1302813521011 70085

86. 后杖子 04 号敌台 1302813521011 70086

87. 后杖子 05 号敌台 1302813521011 70087

88. 后杖子 06 号敌台 1302813521011 70088

89. 后杖子 07 号敌台 130281352101170089

90. 后杖子 08 号敌台 130281352101170090

91. 后杖子 09 号敌台 130281352101170091

92. 后杖子 10 号敌台 130281352101170092

93. 沙坡峪 01 号敌台 130281352101170093

94. 沙坡峪 02 号敌台 130281352101170094

95. 沙坡峪 03 号敌台 130281352101170095

96. 沙坡峪 04 号敌台 130281352101170096

97. 沙坡峪 05 号敌台 1302813521011170097

98. 沙坡峪 06 号敌台 1302813521011170098

99. 沙坡峪 07 号敌台 1302813521011170099

100. 沙坡峪 08 号敌台 1302813521011700100

101. 沙坡峪 09 号敌台 1302813521011700101

102. 沙坡峪 10 号敌台 1302813521011700102

103. 沙坡峪 11 号敌台 1302813521011700103

104. 沙坡峪 12 号敌台 1302813521011700104

105.沙坡峪 13 号敌台 13028135210111700105

106.沙坡峪 14 号敌台 13028135210111700106

107.沙坡峪 15 号敌台 13028135210111700107

108.沙坡峪 16 号敌台 13028135210111700108

109.沙坡峪 17 号敌台 13028135210111700109

110.沙坡峪 18 号敌台 13028135210111700110

111.冷嘴头 01 号敌台 13028135210111700111

112.冷嘴头 02 号敌台 13028135210111700112

113.冷嘴头 03 号敌台 13028135210117000113

114.冷嘴头 04 号敌台 13028135210117000114

115.冷嘴头 05 号敌台 13028135210117000115

116.冷嘴头 06 号敌台 13028135210117000116

117.冷嘴头 07 号敌台 13028135210117000117

118.冷嘴头 08 号敌台 13028135210117000118

119.冷嘴头 09 号敌台 13028135210117000119

120.冷嘴头 10 号敌台 13028135210117000120

121.冷嘴头 11 号敌台 13028135210011700121

122.冷嘴头 12 号敌台 13028135210011700122

123.冷嘴头 13 号敌台 13028135210011700123

124.冷嘴头 14 号敌台 13028135210011700124

125.冷嘴头 15 号敌台 13028135210011700125

126.冷嘴头 16 号敌台 13028135210011700126

127.冷嘴头 17 号敌台 13028135210011700127

128.冷嘴头 18 号敌台 13028135210011700128

129. 龙西寨 01 号敌台 13028135210117700129

130. 龙西寨 02 号敌台 13028135210117700130

131. 龙西寨 03 号敌台 13028135210117700131

132. 龙西寨 04 号敌台 13028135210117700132

133. 双义 01 号敌台 13028135210117700133

134. 双义 02 号敌台 13028135210117700134

135. 双义 03 号敌台 13028135210117700135

136. 双义 04 号敌台 13028135210117700136

137. 双义 05 号敌台 13028135521011700137

138. 双义 06 号敌台 13028135521011700138

139. 双义 07 号敌台 13028135521011700139

140. 双义 08 号敌台 13028135521011700140

141. 双义 09 号敌台 13028135521011700141

142. 双义 10 号敌台 13028135521011700142

143. 双义 11 号敌台 13028135521011700143

144. 大安口 01 号敌台 13028135521011700144

145. 大安口 02 号敌台 13028135210111700145

146. 大安口 03 号敌台 13028135210111700146

147. 大安口 04 号敌台 13028135210111700147

148. 大安口 05 号敌台 13028135210111700148

149. 大安口 06 号敌台 13028135210111700149

150. 大安口 07 号敌台 13028135210111700150

151. 大安口 08 号敌台 13028135210111700151

152. 大安口 09 号敌台 13028135210111700152

153. 大安口 10 号敌台 13028135210117700153

154. 大安口 11 号敌台 13028135210117700154

155. 大安口 12 号敌台 13028135210117700155

156. 大安口 13 号敌台 13028135210117700156

157. 大安口 14 号敌台 13028135210117700157

158. 大安口 15 号敌台 13028135210117700158

159. 大安口 16 号敌台 13028135210117700159

160. 大安口 17 号敌台 13028135210117700160

161. 大安口 18 号敌台 13028135521011700161

162. 大安口 19 号敌台 13028135521011700162

163. 大安口 20 号敌台 13028135521011700163

164. 大安口 21 号敌台 13028135521011700164

165. 大安口 22 号敌台 13028135521011700165

166. 大安口 23 号敌台 13028135521011700166

167. 大安口 24 号敌台 13028135521011700167

168. 大安口 25 号敌台 13028135521011700168

169. 大安口 26 号敌台 13028135210011700169

170. 大安口 27 号敌台 13028135210011700170

171. 大安口 28 号敌台 13028135210011700171

172. 大安口 29 号敌台 13028135210011700172

173. 大安口 30 号敌台 13028135210011700173

174. 大安口 31 号敌台 13028135210011700174

175. 鲇鱼池 01 号敌台 13028135210011700175

176. 鲇鱼池 02 号敌台 13028135210011700176

177. 鲇鱼池 03 号敌台 13028135210111700177

178. 鲇鱼池 04 号敌台 13028135210111700178

179. 鲇鱼池 05 号敌台 13028135210111700179

180. 鲇鱼池 06 号敌台 13028135210111700180

181. 鲇鱼池 07 号敌台 13028135210111700181

182. 鲇鱼池 08 号敌台 13028135210111700182

183. 鲇鱼池 09 号敌台 13028135210111700183

184. 鲇鱼池 10 号敌台 13028135210111700184

185. 鲇鱼池 11 号敌台 13028135210117000185

186. 平山寨 01 号敌台 13028135210117000186

187. 平山寨 02 号敌台 13028135210117000187

188. 平山寨 03 号敌台 13028135210117000188

189. 平山寨 04 号敌台 13028135210117000189

190. 平山寨 05 号敌台 13028135210117000190

191. 平山寨 06 号敌台 13028135210117000191

192. 平山寨 07 号敌台 130281352101170252

193.平山寨 08 号敌台 13028135521011700193

194.平山寨 09 号敌台 13028135521011700194

195.平山寨 10 号敌台 13028135521011700195

196.平山寨 11 号敌台 13028135521011700196

197.平山寨 12 号敌台 13028135521011700197

198.平山寨 13 号敌台 13028135521011700198

199.平山寨 14 号敌台 13028135521011700199

200.平山寨 15 号敌台 13028135521011700200

201. 平山寨 16 号敌台 13028135210117002010201

202. 平山寨 17 号敌台 13028135210117002002

203. 平山寨 18 号敌台 13028135210117002003

204. 平山寨 19 号敌台 13028135210117002004

205. 马兰关 01 号敌台 13028135210117002005

206. 马兰关 02 号敌台 13028135210117002006

207. 马兰关 03 号敌台 13028135210117002007

208. 马兰关 04 号敌台 13028135210117002008

209. 马兰关 05 号敌台 1302813521011700209

210. 马兰关 06 号敌台 1302813521011700210

211. 马兰关 07 号敌台 1302813521011700211

212. 马兰关 08 号敌台 1302813521011700212

213. 马兰关 09 号敌台 1302813521011700213

214. 马兰关 10 号敌台 1302813521011700214

215. 马兰关 11 号敌台 1302813521011700215

216. 马兰关 12 号敌台 1302813521011700216

217. 马兰关 13 号敌台 13028135210011700217

218. 马兰关 14 号敌台 13028135210011700218

219. 马兰关 15 号敌台 13028135210011700219

220. 马兰关 16 号敌台 13028135210011700220

221. 马兰关 17 号敌台 13028135210011700221

222. 马兰关 18 号敌台 13028135210011700222

223. 马兰关 19 号敌台 13028135210011700223

224. 马兰关 20 号敌台 13028135210011700224

225. 马兰关 21 号敌台 1302813521011700225

226. 马兰关 22 号敌台 1302813521011700226

227. 马兰关 23 号敌台 1302813521011700227

228. 马兰关 24 号敌台 1302813521011700228

229. 马兰关 25 号敌台 1302813521011700229

230. 马兰关 26 号敌台 1302813521011700230

231. 马兰关 27 号敌台 1302813521011700231

232. 马兰关 28 号敌台 1302813521011700232

233. 西坡 01 号敌台 1302813521011700233

234. 西坡 02 号敌台 1302813521011700234

235. 西坡 03 号敌台 1302813521011700235

236. 楦门子 01 号敌台 1302813521011700236

237. 楦门子 02 号敌台 1302813521011700237

238. 楦门子 03 号敌台 1302813521011700238

239. 楦门子 04 号敌台 1302813521011700239

240. 上海 01 号敌台 1302813521011700240

241. 上海 02 号敌台 13028135210111700241

242. 上海 03 号敌台 13028135210111700242

243. 上海 04 号敌台 13028135210111700243

244. 上海 05 号敌台 13028135210111700244

245. 上海 06 号敌台 13028135210111700245

246. 上海 07 号敌台 13028135210111700246

247. 上海 08 号敌台 13028135210111700247

248. 上海 09 号敌台 13028135210111700248

249. 上海 10 号敌台 13028135210 1170 0249

250. 洪山口 01 号烽火台 13028135 3201170036

251. 马蹄峪 01 号烽火台 13028135 2101170071

252. 蔡家峪 01 号烽火台 13028135 3201170091

253. 蔡家峪 02 号烽火台 13028135 3201170092

254. 蔡家峪 03 号烽火台 13028135 3201170093

255. 蔡家峪 04 号烽火台 13028135 3201170094

256. 罗文峪 01 号烽火台 13028135 3201170108

257. 后伕子 01 号烽火台 13028135320l170144

258. 沙坡峪 01 号烽火台 13028135320l170145

259. 冷嘴头 01 号烽火台 13028135320l170172

260. 冷嘴头 02 号烽火台 13028135320l170173

261. 双义 01 号烽火台 13028135320l170209

262. 双义 02 号烽火台 13028135320l170210

263. 大安口 01 号烽火台 13028135320l170241

264. 西坡 01 号烽火台 13028135320l170302

265. 野鸡峪 01 号马面 13028135 2102170010

266. 洪山口 01 号马面 13028135 2102170011

267. 洪山口 02 号马面 13028135 2102170019

268. 洪山口 03 号马面 13028135 2102170020

269. 洪山口 04 号马面 13028135 2102170023

270. 洪山口 05 号马面 13028135 2102170029

271. 洪山口 06 号马面 13028135 2102170032

272. 洪山口 07 号马面 13028135 2102170033

273.洪山口村 08 号马面 1302813521102170034　　　274.洪山口 09 号马面 1302813521102170035

275.南城子 01 号马面 1302813521102170037　　　276.南城子 02 号马面 1302813521102170038

277.南城子 03 号马面 1302813521102170039　　　278.南城子 04 号马面 1302813521102170040

279.南城子 05 号马面 1302813521102170041　　　280.南城子 06 号马面 1302813521102170042

281. 南城子 07 号马面 13028135210217 00 44

282. 南城子 08 号马面 130281352102170045

283. 南城子 09 号马面 130281352102170047

284. 南城子 10 号马面 130281352102170048

285. 河口 01 号马面 130281352102170053

286. 河口 02 号马面 130281352102170054

287. 寨主沟 01 号马面 130281352102170055

288. 双窖 01 号马面 130281352102170060

289. 双窑 02 号马面 13028135102170069

290. 蔡家峪 01 号马面 13028135102170082

291. 蔡家峪 02 号马面 13028135102170083

292. 罗文峪 01 号马面 13028135102170112

293. 罗文峪 02 号马面 13028135102170116

294. 罗文峪 03 号马面 13028135102170117

295. 后伏子 01 号马面 13028135102170127

296. 后伏子 02 号马面 13028135102170128

297. 后仗子 03 号马面 130281352102170130

298. 后仗子 04 号马面 130281352102170132

299. 沙坡峪 01 号马面 130281352102170138

300. 沙坡峪 02 号马面 130281352102170142

301. 沙坡峪 03 号马面 130281352102170148

302. 沙坡峪 04 号马面 130281352102170149

303. 沙坡峪 05 号马面 130281352102170150

304. 沙坡峪 06 号马面 130281352102170151

305. 大安口 01 号马面 13028135210217 0199　　　　306. 大安口 02 号马面 13028135210217 0205

307. 大安口 03 号马面 13028135210217 0216　　　　308. 鲇鱼池 01 号马面 13028135210217 0234

309. 马兰关 01 号马面 13028135210217 0284　　　　310. 西坡 01 号马面 13028135210217 0296

311. 楦门子 01 号马面 13028135210217 0300　　　　312. 楦门子 02 号马面 13028135210217 0301

313. 蔡家峪村 01 号水关 130281352103170080　　　314. 口门子水关 130281352103170124

（三）关堡

1.洪山口城堡 1302813531021700001

2.南城子城堡 1302813531021700002

3.寨主沟城堡 1302813531021700003

4.前山寨城堡 13028 1353102170004

5.马蹄峪城堡 13028 1353102170005

7.下营城堡 13028 1353102170007

6.秋科峪城堡 1302813531021700006

8.罗文峪东关城 1302813531021700008

9.罗文峪西关城 1302813531021700009

10.口门子关城 13028135310217010

11.石头营城堡 13028135310217011

13.沙坡峪城堡 13028135310217013

12. 沙坡峪关城 1302813531021700012

14. 冷嘴头关城 130281353102170014

15. 大安口关城 130281353102170015

16. 西下营城堡 130281353102170016　　　　17. 鲇鱼池城堡 130281353102170017

18. 马兰关东关城 130281353102170018

19. 马兰关西关城 130281353102170019

21. 楦门子关城 130281353102170021

20. 龙洞峪关城 1302813531102170020

（四）相关遗存

1. 洪山口 01 号房址 130281354107170001

2. 南城子 02 号房址 130281354107170003

3. 寨主沟 01 号房址 130281354107170005

4. 双窑 01 号房址 130281354107170007

5. 双窑 02 号房址 130281354107170008

6. 马蹄峪 01 号房址 130281354107170009

7. 马蹄峪 02 号房址 130281354107170010

8. 罗文峪 01 号房址 130281354107170012

9. 双义 01 号房址 13028135410717 0013

10. 上海村 01 号房址 13028135410717 0015

11. 洪山口 01 号碑刻 13028135411117 0016

12. 上海村 01 号碑刻 13028135411117 0017

13. 温泉村 01 号碑刻 13028135411117 0019

14. 温泉池 13028135419917 0020

15. 双义村刻石 01 号 13028135411017 0021

承德市明长城资源

分 布 图

图一 承德市明长城资源分布图

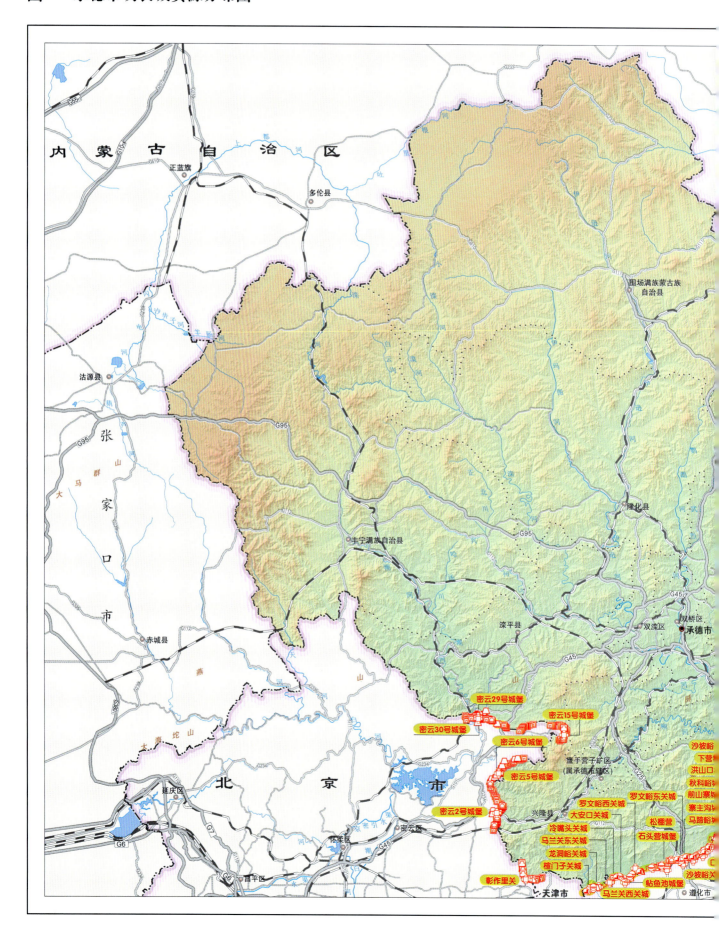

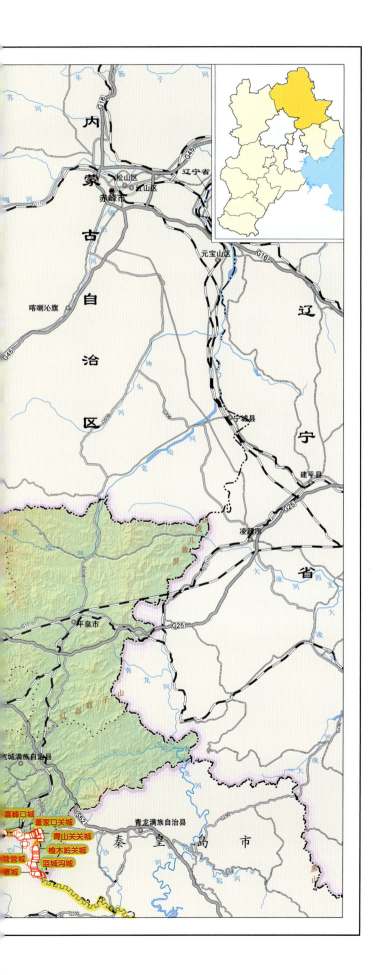

图 例

明长城墙体
堡
烽火台
挡马墙
敌台
马面
水门（关）
砖瓦窑
碑碣
居住址
其他相关遗址、遗迹
首都
省级行政中心
雄安新区市民服务中心
地级行政中心
县级行政中心
省级界
地级界
雄安新区界
县级界
铁路
高速公路及编号
国道及编号
省道
水系及闸坝

比例尺　　1∶1 130 000

承德市长城资源概况

　　承德市调查长城墙体19段，总长14037米；单体建筑91座，其中：敌台53座、马面4座、烽火台32座、其他单体建筑1座、水关（门）1座；关堡4座；相关遗存30处。

图二　宽城满族自治县明长城墙体、关堡分布图

图 例

	土墙
	石墙
	砖墙
	消失墙体
	山险
	河险
	山险墙
	壕堑
	其他墙体
	关堡
	烽火台
	挡马墙
	敌台
	马面
	水关（门）
	砖瓦窑
	碑碣
	居住址
	其他相关遗址、遗迹
	省级行政中心
	地级行政中心
	县级行政中心
	乡、镇
	行政村
	省级界
	地级界
	雄安新区界
	县级界
	铁路
G7	高速公路及编号
G207	国道及编号
S247	省道及编号
	县道
	水系及闸坝

比例尺　1：268 000

宽城满族自治县长城资源概况

宽城满族自治县调查长城墙体1段，总长1120米；
单体建筑13座，其中：敌台2座、马面2座、烽火台9座。

图三　宽城满族自治县明长城单体建筑分布图

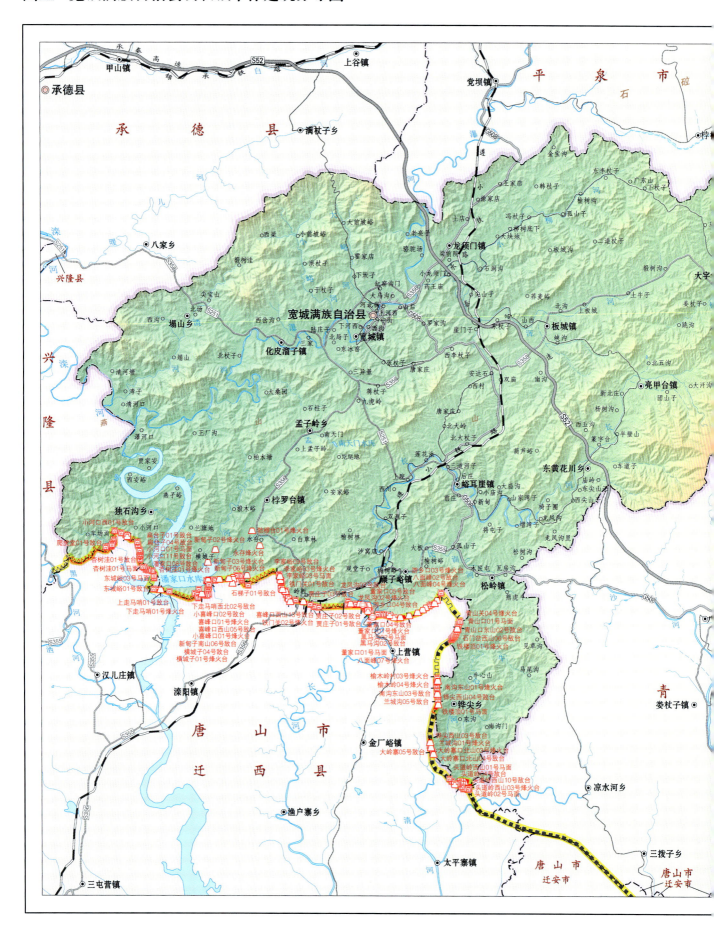

图　例

图例	名称
	土墙
	石墙
	砖墙
	消失墙体
	山险
	河险
	山险墙
	壕堑
	其他墙体
	关堡
	烽火台
	挡马墙
	敌台
	马面
	水关（门）
	砖瓦窑
	碑碣
	居住址
	其他相关遗址、遗迹
	省级行政中心
	地级行政中心
	县级行政中心
	乡、镇
	行政村
	省级界
	地级界
	雄安新区界
	县级界
	铁路
G7	高速公路及编号
G207	国道及编号
S247	省道及编号
	县道
	水系及闸坝

比例尺　1∶268 000

宽城满族自治县长城资源概况

宽城满族自治县调查长城墙体1段，总长1120米；单体建筑13座，其中：敌台2座、马面2座、烽火台9座。

图四　兴隆县明长城墙体、关堡、相关遗存分布图

图 例

	土墙
	石墙
	砖墙
	消失墙体
	山险
	河险
	山险墙
	壕堑
	其他墙体
	关堡
	烽火台
	挡马墙
	敌台
	马面
	水关（门）
	砖瓦窑
	碑碣
	居住址
	其他相关遗址、遗迹
	省级行政中心
	地级行政中心
	县级行政中心
	乡、镇
	行政村
	省级界
	地级界
	雄安新区界
	县级界
	铁路
G7	高速公路及编号
G207	国道及编号
S247	省道及编号
	县道
	水系及闸坝

比例尺　1：280 000

兴隆县长城资源概况

　　兴隆县调查长城墙体11段，总长5947米；单体建筑19座，其中：敌台7座、马面2座、烽火台10座；相关遗存30处。

图五　兴隆县明长城单体建筑分布图

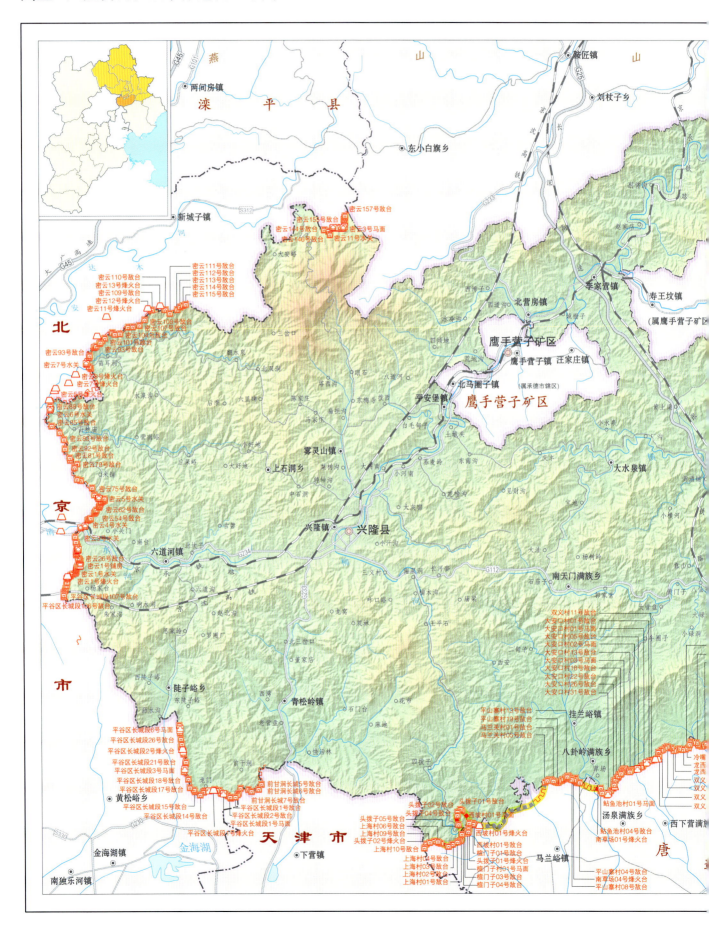

图 例

▢▢▢▢▢	土墙
▬▬▬▬	石墙
⌐⌐⌐⌐	砖墙
〜〜〜	消失墙体
∧∧∧∧	山险
⌒⌒⌒	河险
∧∧∧∧	山险墙
▲▲▲▲	壕堑
-----	其他墙体
⊞	关堡
⌂	烽火台
⊖	挡马墙
▣	敌台
◹	马面
▢	水关（门）
⊙	砖瓦窑
⊡	碑碣
◩	居住址
⊡	其他相关遗址、遗迹
✪	省级行政中心
◉	地级行政中心
◎	县级行政中心
⊙	乡、镇
○	行政村
—— — ——	省级界
— — —	地级界
· — · —	雄安新区界
— — —	县级界
▬▬▬	铁路
G7	高速公路及编号
G207	国道及编号
S247	省道及编号
————	县道
〜〜〜	水系及闸坝

比例尺　1：280 000

兴隆县长城资源概况

　　兴隆县调查长城墙体11段，总长5947米；单体建筑19座，其中：敌台7座、马面2座、烽火台10座；相关遗存30处。

图六 滦平县明长城资源分布图

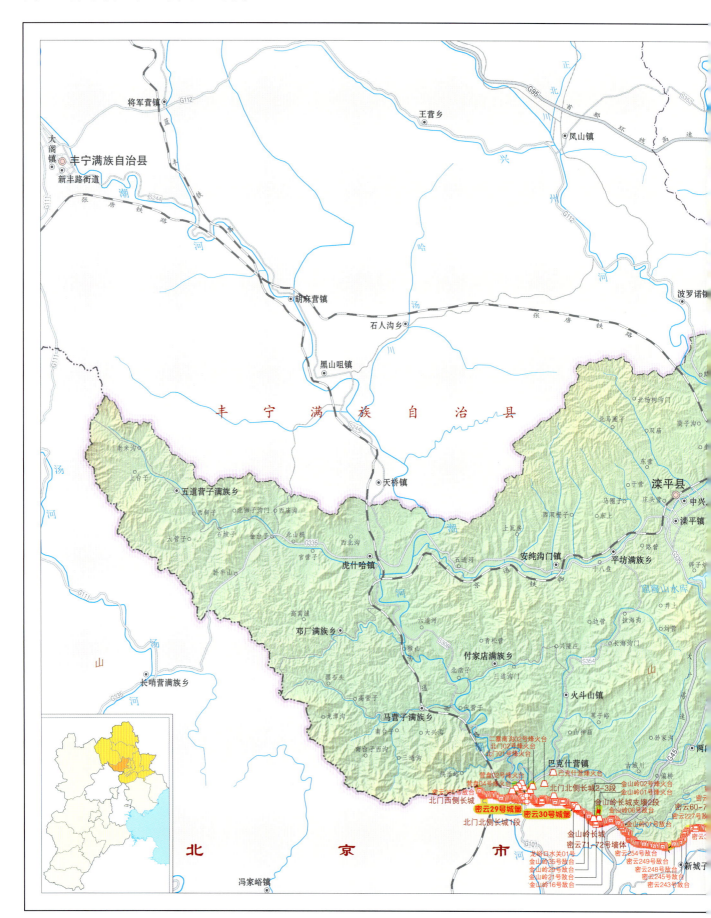

图　例

	土墙
	石墙
	砖墙
	消失墙体
	山险
	河险
	山险墙
	壕堑
	其他墙体
	关堡
	烽火台
	挡马墙
	敌台
	马面
	水关（门）
	砖瓦窑
	碑碣
	居住址
	其他相关遗址、遗迹
	省级行政中心
	地级行政中心
	县级行政中心
	乡、镇
	行政村
	省级界
	地级界
	雄安新区界
	县级界
	铁路
	高速公路及编号
	国道及编号
	省道及编号
	县道
	水系及闸坝

比例尺　1∶314 000

滦平县长城资源概况

　　滦平县调查长城墙体7段，总长6970米；单体建筑59座，其中：敌台44座、烽火台13座、水关（门）1座、其他单体建筑1座；关堡4座。

宽城满族自治县

（一）墙体

1. 头道岭长城 130827382102170001

（二）单体建筑

1. 小喜峰口 01 号敌台 130827352101170001

2. 小喜峰口 02 号敌台 130827352101170002

3. 头道岭 01 号烽火台 130827353201170003

4. 头道岭 02 号烽火台 130827353201170004

5. 游乡口 01 号烽火台 130827353201170005

6. 游乡口 02 号烽火台 130827353201170006

7. 游乡口 03 号烽火台 130827353201170007

8. 永存烽火台 130827353201170008

9. 勃椤台 01 号烽火台 130827353201170009

10. 新甸子 02 号烽火台 130827353201170010

11. 新甸子 03 号烽火台 130827353201170011

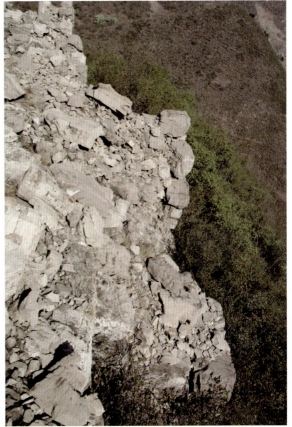

13. 头道岭 02 号马面 130827352102170013

12. 头道岭 01 号马面 130827352102170012

兴
隆
县

（一）墙体

1.关门岭长城 1 段 1308223821021700001

2.关门岭长城 2 段 1308223821021700002

3.榨子庵关 1308223821021700003

4.关门岭长城 3 段 1308223821061700004

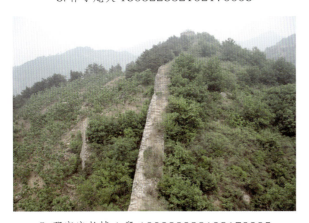

5.邓家庄长城 1 段 1308223821021700005

6.南草场 01 段山险墙 1308223821051700006

7.南草场 02 段山险墙 1308223821051700007

8.南草场03段山险墙130822382105170008

9.头拨子长城1段130823382102170009

10.头拨子长城2段130823382102170010

11.头拨子长城3段130823382102170011

（二）单体建筑

1. 关门岭 01 号敌台 130822352101170001

2. 关门岭 02 号敌台 130822352101170002

3. 关门岭 01 号马面 130822352102170003

4. 关门岭 02 号马面 130822352102170004

5. 前座洼烽火台 130822353201170005

6. 邓家庄 01 号烽火台 130822353201170006

7. 邓家庄 02 号烽火台 130822353201170007

8. 邓家庄 03 号烽火台 130822353201170008

9. 南草场 01 号烽火台 130822353201170009

10. 南草场 02 号烽火台 130822353201170010

11. 南草场 03 号烽火台 130822353201170011

12. 南草场 04 号烽火台 130822353201170012

13. 头拨子 01 号烽火台 130822353201170013

14. 头拨子 01 号敌台 130822352101170014

15. 头拨子 02 号敌台 130822352101170015

16. 头拨子 03 号敌台 130822352101170016

17. 头拨子 04 号敌台 1308223521011170017

18. 头拨子 05 号敌台 1308223521011170018

19. 头拨子 02 号烽火台 1308223532011170019

（三）相关遗存

1.前座洼拦马沟 130822354106170001

3.黑峪沟拦马沟 130822354106170003

2.前座洼挡马墙 130822354104170002

4.小黑峪沟 01 号挡马墙 130822354104170004

5.小黑峪沟 02 号挡马墙 130822354104170005

6.峪湾 01 号挡马墙 130822354104170006

7.峪湾 02 号挡马墙 130822354104170007

8. 峪湾 01 号拦马沟 130822354106170008

9. 峪湾 02 号拦马沟 130822354106170009

11. 甘渣峪拦马沟 130822354106170011

10. 秋峪湾挡马墙 130822354104170010

12. 甘渣峪挡马墙 130822354104170012

13. 甘渣峪拦马沟 130822354106170013

14. 罗文峪拦马沟 130822354106170014

15. 邓家庄拦马沟 1308223354106170015

16. 冷嘴头挡马墙 1308223354104170016

17. 杨家楼 01 号拦马沟 1308223354106170017

18. 杨家楼 02 号拦马沟 1308223354106170018

19. 杨家楼 03 号拦马沟 1308223354106170019

20. 南草场拦马沟 1308223354106170020

21. 平山寨 01 号拦马沟 1308223354106170021

22. 平山寨 01 号挡马墙 1308223354104170022

23.平山寨 02 号拦马沟 130822354106170023

24.平山寨 03 号拦马沟 130822354106170024

25.长梁沟挡马墙 130822354104170025

26.头拨子拦马沟 130822354106170026

27.楦门子 01 号挡马墙 130822354104170027

28.楦门子 02 号挡马墙 130822354104170028

29.楦门子 03 号挡马墙 130822354104170029

30.楦门子 04 号挡马墙 130822354104170030

滦平县

（一）墙体

1.金山岭长城 130824382103170001

2.金山岭长城支墙1段 130824382103170002

3.金山岭长城支墙2段 130824382102170003

4.北门长城1段 130824382103170004

5.北门长城2段 130824382102170005

6.北门长城3段 130824382102170006

7.北门长城 130824382103170007

（二）单体建筑

1. 金山岭 01 号敌台 130824352101170001

2. 金山岭 02 号敌台 130824352101170002

3. 金山岭 03 号敌台 130824352101170003

4. 金山岭 04 号敌台 130824352101170004

5. 金山岭 05 号敌台 130824352101170005

6. 金山岭 06 号敌台 130824352101170006

7. 金山岭 07 号敌台 130824352101170007

8. 金山岭 08 号敌台 130824352101170008

9. 金山岭 09 号敌台 130824352101170009

10. 金山岭 10 号敌台 130824352101170010

11. 金山岭 11 号敌台 130824352101170011

12. 金山岭 12 号敌台 130824352101170012

13. 金山岭 13 号敌台 130824352101170013

14. 金山岭 14 号敌台 130824352101170014

15. 金山岭 15 号敌台 130824352101170015

16. 金山岭 16 号敌台 130824352101170016

17. 金山岭 17 号敌台 130824352101170017

18. 金山岭 18 号敌台 130824352101170018

19. 金山岭 19 号敌台 130824352101170019

20. 金山岭 20 号敌台 130824352101170020

21. 金山岭 21 号敌台 130824352101170021

22. 金山岭 22 号敌台 130824352101170022

23. 金山岭 23 号敌台 130824352101170023

24. 金山岭 24 号敌台 130824352101170024

25. 金山岭 25 号敌台 130824352101170025

26. 金山岭 26 号敌台 130824352101170026

27. 金山岭 27 号敌台 130824352101170027

28. 金山岭 28 号敌台 130824352101170028

29. 金山岭 29 号敌台 130824352101170029

30. 金山岭 30 号敌台 130824352101170030

31. 金山岭 31 号敌台 130824352101170031

32. 金山岭 32 号敌台 130824352101170032

33. 金山岭敌台 33 号 130824352101170033

34. 金山岭敌台 34 号 130824352101170034

35. 金山岭敌台 35 号 130824352101170035

36. 金山岭敌台 36 号 130824352101170036

37. 金山岭敌台 37 号 130824352101170037

38. 金山岭敌台 38 号 130824352101170038

39.金山岭敌台 39 号 130824352101170039

40.金山岭敌台 40 号 130824352101170040

41.金山岭敌台 41 号 130824352101170041

42.龙峪口水关 01 号 130824352103170042

43.北门长城 01 号敌台 130824352101170043

44.北门长城 02 号敌台 130824352101170044

45.北门长城 03 号敌台 130824352101170045

46.金山岭长城 1 号铺房 130824352199170046

47. 金山岭 01 号烽火台 130824353201170047

48. 金山岭 02 号烽火台 130824353201170048

49. 龙峪口烽火台 130824353201170049

50. 二寨南沟 01 号烽火台 130824353201170050

51. 二寨南沟 02 号烽火台 130824353201170051

52. 巴克什营烽火台 130824353201170052

53. 北门 01 号烽火台 130824353201170053

54. 北门 02 号烽火台 130824353201170054

55. 营盘 01 号烽火台 130824353201170055

56. 营盘 02 号烽火台 130824353201170056

57. 营盘 03 号烽火台 130824353201170057

58. 营盘 04 号烽火台 130824353201170058

59. 营盘 05 号烽火台 130824353201170059